— 2025 —
ERP 정보관리사

물류
생산

임상종 · 김혜숙 · 김진우 지음

2급

SAMIL 삼일회계법인
삼일인포마인

머리말

우리나라 대부분의 기업들이 ERP 시스템을 도입하였거나, 도입을 검토하고 있는 현실에서 한국생산성본부(KPC)에서는 ERP 시스템의 운용과 정보관리에 필요한 인력을 확충하기 위하여 국가공인 ERP 정보관리사 자격시험, ERP Master 제도 및 ERP 공인강사 PTE (Professional Trainer for ERP) 제도를 시행하고 있다.

ERP 정보관리사 자격시험은 국내 최초로 국가가 인정한 비즈니스 전문 자격시험으로 공기업 및 민간기업의 취업에서 가산점이 부여될 만큼 '실무와 취업에 강한 자격증'으로 자리매김하고 있다.

본 교재는 산업현장에서 다년간 ERP를 구축한 사례와 오랜 강의 경험을 바탕으로 집필하였기에 실무자에게는 ERP 실무 적응에 도움을 주며, ERP 정보관리사 자격시험을 준비하는 수험생들에게는 합격을 보장하는 지침서가 될 것이다.

본 교재의 특징은

첫째, 최근 기출문제 분석을 통한 다양한 신규출제 문제 반영!

기출문제를 철저히 분석한 유형별 연습문제와 신규출제 문제를 충실히 반영하였기에 모든 수험생들이 이론 및 실무영역 모두 완벽하게 시험에 대비하도록 구성하였으며, 혼자 공부하는 수험생을 위해서 해설과 풀이를 충실하게 하였다.

둘째, 다양한 사례를 통해 실무 적응 및 응용력 상승!

더존 ICT그룹이 개발하여 보급하고 있는 핵심ERP 실습을 교육현장에서도 쉽게 접근할 수 있도록 다양한 사례를 제공하였으며, 사례실습을 통해 ERP 시스템의 핵심적인 기능과 프로세스를 익혀 실무에서의 적응 및 응용력을 높일 수 있도록 하였다.

셋째, 국가직무능력표준(NCS, National Competency Standards)으로 교재 구성!

NCS에 맞추어 산업현장에서 직무를 성공적으로 수행하기 위해 요구되는 능력을 갖출 수 있도록 내용을 구성하였다.

넷째, 교재 핵심ERP 실무 부분의 백데이터를 장별로 제공하여 원하는 곳부터 실습이 가능!

수험생과 강의하는 분들의 편의를 위해 수강을 못한 경우에도 큰 무리가 없도록 핵심ERP 실무 부분의 내용 중 원하는 곳부터 실습할 수 있도록 백데이터를 구분 제공하였다.

본 교재를 통해 산업현장의 실무자의 실무적응 능력을 높임과 동시에, ERP 정보관리사 자격시험을 준비하는 수험생들이 자격증 취득을 바탕으로 ERP 전문인력으로 거듭날 수 있기를 바란다.

끝으로 본 교재를 출간하도록 도와주신 삼일피더블유씨솔루션 이희태 대표이사님을 비롯한 관계자와 바쁘신 일정속에서 시간을 내어 꼼꼼한 감수작업을 해주신 감수자분들께 깊은 감사를 드리고, 앞으로도 계속 노력하여 보다 충실한 교재로 거듭날 것을 약속드리며, 독자들의 충고와 질책을 바라는 바이다.

저자 일동

ERP 정보관리사 자격시험 안내

1. ERP 정보관리사란?

　ERP 정보관리사 자격시험은 한국생산성본부가 주관하여 시행하고 있으며, 기업정보화의 핵심인 ERP 시스템을 효율적으로 운용하기 위해 필요한 이론과 실무적 지식을 습득하여 ERP 전문인력 양성을 목적으로 하는 국가공인 자격시험이다.

2. 시험일정

2025년 ERP 정보관리사 자격시험 일정표					
회차	시험일	온라인접수	방문접수	수험표공고	성적공고
제1회	01.25.	24.12.26.~25.01.02.	01.02.	01.16.	02.11.
제2회	03.22.	02.19.~02.26.	02.26.	03.13.	04.08.
제3회	05.24.	04.23.~04.30.	04.30.	05.15.	06.10.
제4회	07.26.	06.25.~07.02.	07.02.	07.17.	08.12.
제5회	09.27.	08.27.~09.03.	09.03.	09.18.	10.14.
제6회	11.22.	10.22.~10.29.	10.29.	11.13.	012.09.

3. 시험시간 및 종목

교시	구분	시험시간	과목	응시자격
1교시	이론	09:00 ~ 09:40 (40분)	회계 1급, 회계 2급 생산 1급, 생산 2급 (위 과목 중 택1)	응시제한 없음
	실무	09:45 ~ 10:25 (40분)		
2교시	이론	11:00 ~ 11:40 (40분)	인사 1급, 인사 2급 물류 1급, 물류 2급 (위 과목 중 택1)	
	실무	11:45 ~ 12:25 (40분)		

　- 시험방식: CBT(Computer Based Testing) 및 IBT(Internet Based Testing) 방식
　- 같은 교시의 응시과목은 동시신청 불가(예: 회계, 생산모듈은 동시 응시 불가)

4. 합격기준

구분	합격점수	문항 수
1급	평균 70점 이상(단, 이론 및 실무 각 60점 이상 시)	이론 32문항, 실무 25문항 (인사모듈 이론은 33문항)
2급	평균 60점 이상(단, 이론 및 실무 각 40점 이상 시)	이론 20문항, 실무 20문항

5. 응시료 및 납부방법

구분	1과목	2과목	응시료 납부방법
1급	40,000원	70,000원	전자결제
2급	28,000원	50,000원	

- 동일등급 2과목 응시 시 응시료 할인(단, 등급이 다를 경우 개별적인 응시료 적용)

6. ERP 정보관리사 출제기준

▷ 물류 2급 출제기준 (이론 20문항, 실무 20문항)

평가영역	과목	배점	문항별 점수 × 문항 수
이론	경영혁신과 ERP	20	5점(객관식) × 4문항
	공급망관리(SCM)	30	5점(객관식) × 6문항
	영업관리	30	5점(객관식) × 6문항
	구매관리	20	5점(객관식) × 4문항
	소 계	100	5점(객관식) × 20문항
실무	ERP 물류모듈 기본정보관리	15	5점(객관식) × 3문항
	ERP 영업관리	40	5점(객관식) × 8문항
	ERP 구매/재고관리	45	5점(객관식) × 9문항
	소 계	100	5점(객관식) × 20문항

▷ 생산 2급 출제기준 (이론 20문항, 실무 20문항)

구분	과목	배점	문항별 점수 × 문항 수
이론	경영혁신과 ERP	20	5점(객관식) × 4문항
	생산계획/통제	30	5점(객관식) × 6문항
	공정관리	30	5점(객관식) × 6문항
	자재소요/생산능력계획	20	5점(객관식) × 4문항
	소 계	100	5점(객관식) × 20문항
실무	ERP 생산모듈 기본정보관리	15	5점(객관식) × 3문항
	ERP 생산관리	85	5점(객관식) × 17문항
	소 계	100	5점(객관식) × 20문항

※ ERP 정보관리사 자격시험에 대한 세부적인 사항은 홈페이지(http://license.kpc.or.kr/)를 참고하시기 바랍니다.

차례

차 례

제1부

경영혁신과 ERP

제 **1** 장

경영혁신과 ERP

01 ERP 개념과 등장

1.1 ERP의 개념

ERP(Enterprise Resource Planning)란 우리말로 '전사적 자원관리', '기업 자원관리', '통합정보시스템' 등 다양한 명칭으로 불리우고 있다. ERP는 선진 업무프로세스(Best Practice)를 기반으로 최신의 IT(Information Technology)기술을 활용하여 영업, 구매, 자재, 생산, 회계, 인사 등 기업 내 모든 업무를 실시간 및 통합적으로 관리할 수 있는 통합정보시스템이다.

ERP라는 용어를 처음으로 사용한 미국의 정보기술 컨설팅회사인 가트너그룹은 ERP를 '제조, 물류, 회계 등 기업 내의 모든 업무기능이 조화롭게 운영될 수 있도록 지원하는 애플리케이션의 집합'이라고 정의하였다. 또한 미국생산관리협회에서는 '기존의 MRP Ⅱ 시스템과는 차별화된 것이며, 최신의 정보기술을 수용하고 고객 주문에서부터 제품 출하까지의 모든 자원을 효율적으로 관리하는 회계지향적인 정보시스템'으로 정의하고 있다.

1.2 ERP의 구성

ERP는 기업에서 영업, 구매/자재, 생산, 품질, 원가, 회계, 인사 등 정보생성의 단위업무 시스템이 하나의 통합시스템으로 구성되어 있다. 각 모듈에서 발생된 거래내역은 최종적으로 회계모듈로 전송되어 재무제표 작성까지 연결된다.

대부분의 ERP 시스템은 환경설정과 기준정보관리 등을 담당하는 시스템관리 모듈과 영업, 구매, 생산, 회계, 인사 등의 단위업무별 모듈과 경영진 및 관리자들을 위한 경영정보 모듈로 구성되는 것이 일반적이다. ERP의 주요 구성은 다음과 같이 나타낼 수 있다.

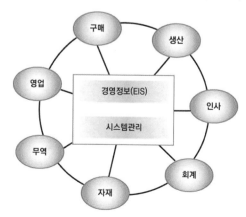

(1.3) 경영혁신과 ERP의 등장

20세기 후반부터 세계 각국의 본격적인 경제개방으로 인해 기업의 경영환경은 급변하게 되었다. 시장은 세계화되고 경쟁이 심화되면서 기업은 생존을 위해 혁신이 필수적인 것으로 이해되고 있으며, 실제로 대부분의 기업 경영자들은 경영혁신을 핵심적인 경쟁전략으로 채택하고 있다.

기업들은 경영혁신을 위해 BPR(Business Process Re-engineering), 다운사이징(Downsizing), JIT(Just in Time), TQM(Total Quality Management) 등 다양한 혁신기법들을 도입하여 실행하고 있다. 그러나 BPR(업무프로세스 재설계)을 실행한 상당수의 기업들이 혁신에 실패하거나 그 성과에 대해 만족하지 못하였다.

그 이유는 업무효율성을 극대화할 수 있도록 업무프로세스를 재설계하였으나, 여전히 부서 간의 커뮤니케이션이 단절되고 일부 반복적인 중복업무의 발생 등으로 인해 큰 성과를 내지 못한 것이다.

이러한 결과를 초래한 가장 큰 이유는 기존의 전통적인 정보시스템은 생산, 물류, 회계, 인사 등 각 시스템이 기능별 단위업무에 초점을 두어 기능별 최적화는 가능하였으나 데이터의 통합성이 결여되어 기업 전체적인 차원에서의 최적화는 어려웠던 것이다. 따라서 이러한 전통적인 정보시스템이 내포하고 있는 한계점을 극복하고 경영혁신의 성과를 극대화하는데 필요한 통합정보시스템 ERP가 등장하게 되었다.

전통적인 정보시스템(MIS)과 ERP는 목표와 업무처리 방식 등 다양한 측면에서 다음과 같은 큰 차이를 보이고 있다.

구 분	전통적인 정보시스템(MIS)	E R P
목 표	부분 최적화	전체 최적화
업무범위	단위업무	통합업무
업무처리	기능 및 일 중심(수직적 처리)	프로세스 중심(수평적 처리)
접근방식	전산화, 자동화	경영혁신 수단
전산화 형태	중앙집중 방식	분산처리 방식
의사결정방식	Bottom-Up(상향식), 상사	Top-Down(하향식), 담당자
설계기술	3GL, 프로그램 코딩에 의존	4GL, 객체지향기술
시스템구조	폐쇄성	개방성, 확장성, 유연성
저장구조	파일시스템	관계형데이터베이스(RDBMS)

개념 익히기

■ **업무프로세스 재설계(BPR: Business Process Re-engineering)**

비용, 품질, 서비스, 속도와 같은 핵심적 부분에서 극적인 성과를 이루기 위해 기업의 업무프로세스를 기본적으로 다시 생각하고 근본적으로 재설계하는 것으로, BPR은 모든 부분에 걸쳐 개혁을 하는 것이 아니라 중요한 비즈니스 프로세스, 즉 핵심프로세스를 선택하여 그것들을 중점적으로 개혁해 나가는 것이다.

■ **프로세스 혁신(PI: Process Innovation)**

PI는 정보기술을 활용한 리엔지니어링을 의미하며, ERP 시스템이 주요도구로 활용될 수 있다. 기업의 업무처리 방식, 정보기술, 조직 등에서 불필요한 요소들을 제거하고 효과적으로 재설계함으로써 기업의 가치를 극대화하기 위한 경영기법이라 할 수 있다.

■ **업무프로세스 개선(BPI: Business Process Improvement)**

ERP 구축 전에 수행되는 것으로, 단계적인 시간의 흐름에 따라 비즈니스 프로세스를 개선해가는 점증적 방법

02 ERP 발전과정과 특징

2.1 ERP의 발전과정

ERP는 1970년대에 등장한 MRP(Material Requirement Planning: 자재소요계획)가 시초가 되어 경영 및 IT 환경의 변화에 따라 지속적으로 발전하게 되었다.

① 1970년대의 MRP Ⅰ(Material Requirement Planning: 자재소요계획)은 기준생산 계획과 부품구성표, 재고정보 등을 근거로 재고감소를 목적으로 개발된 단순한 자재 수급관리 정보시스템이다. MRP Ⅰ은 종속적인 수요를 가지는 품목의 재고관리시스 템으로 구성 품목의 수요를 산출하고 필요한 시기를 추적하며, 품목의 생산 혹은 구 매에 사용되는 리드타임을 고려하여 작업지시 혹은 구매주문을 하기 위한 재고통제 시스템으로 개발된 것이다.

② 1980년대에 등장한 MRP Ⅱ(Manufacturing Resource Planning: 제조자원계획)는 MRP Ⅰ의 자재수급관리뿐만 아니라 제조에 필요한 자원을 효율적으로 관리하기 위 한 것으로 확대되었다. MRP Ⅱ는 생산에 필요한 모든 자원을 효율적으로 관리하기 위하여 이전 단계의 개념이 확대된 개념으로서 시스템이 보다 확장되어 생산능력이 나 마케팅, 재무 등의 영역과 다양한 모듈과 특징들이 추가된 새로운 개념이다.

③ 1990년대 ERP(Enterprise Resource Planning: 전사적 자원관리)는 MRP Ⅱ의 제 조자원뿐만 아니라 영업, 회계, 인사 등 전사적인 차원의 관리를 위한 시스템이다.

④ 2000년대 이후에는 확장형 ERP(EERP - Extended ERP)라는 이름으로 기존 ERP 의 고유기능 확장뿐만 아니라 e-business 등 다양한 분야의 정보시스템과 연결하 는 등 협업체제의 시스템으로 확장되었다.

ERP의 발전과정과 각 연대별 정보시스템이 추구하는 목표와 관리범위를 요약하면 다 음과 같다.

[ERP의 발전과정과 특징]

2.2 ERP의 기능적 특징

구분	세부내용
글로벌 대응(다국적, 다통화, 다언어)	글로벌 기업이 사용하는 ERP는 국가별로 해당 언어와 통화 등 각국의 상거래 관습, 법률 등을 지원한다.
중복업무의 배제 및 실시간 정보처리체계 구축	조직 내에서 공통적으로 사용하는 거래처, 품목정보 등 마스터데이터는 한 번만 입력하면 되고, 입력된 데이터는 실시간 서로 공유한다.
선진 비즈니스 프로세스 모델에 의한 BPR 지원	선진 업무프로세스(Best Practice)가 채택되어 있기 때문에, ERP의 선진 업무프로세스를 적용함으로써 자동적으로 경영혁신(BPR) 효과를 볼 수 있다.
파라미터 지정에 의한 프로세스 정의	자사의 업무처리 프로세스에 맞도록 옵션설정 등을 할 수 있으며, 조직 변경이나 프로세스 변경이 있을 시에 유연하게 대처할 수 있다.
경영정보 제공 및 경영 조기경보체계 구축	실시간(Real Time) 처리되는 기업의 경영현황을 파악할 수 있으며, 리스크관리를 통해 위험을 사전에 감지할 수 있다.
투명 경영의 수단으로 활용	조직을 분권화하고 상호견제 및 내부통제제도를 강화하여 부정의 발생을 사전에 예방할 수 있다.
오픈 - 멀티벤더 시스템	특정 하드웨어나 운영체제에만 의존하지 않고 다양한 애플리케이션과 연계가 가능한 개방형 시스템이다.

개념 익히기

■ 선진 업무프로세스(Best Practice)

Best Practice란 업무처리에 있어 여러 방법들이 있을 수 있으나 그 어떤 다른 방법으로 처리한 결과보다 더 좋은 결과를 얻어낼 수 있는 표준 업무처리 프로세스를 의미한다.

■ 파라미터(Parameter)

프로그램 소스에 코딩하는 것이 아니라 프로그램상의 특정 기능을 사용하여 조직의 변경이나 프로세스 변경에 유연하게 대응하기 위한 것이다.

2.3 ERP의 기술적 특징

구분	세부내용
4세대 언어로 개발	Visual Basic, C++, Power Builder, Delphi, Java 등과 같은 4세대 언어로 개발되었다.
관계형 데이터베이스 시스템(RDBMS) 채택	원장형 통합데이터베이스 구조를 가지며, 관계형 데이터베이스시스템(RDBMS: Relational DataBase Management System)이라는 소프트웨어를 사용하여 데이터의 생성과 수정 및 삭제 등의 모든 관리를 한다. 대표적으로 MS SQL, Oracle, Sybase 등이 있다.
객체지향기술 사용	객체지향기술(OOT: Object Oriented Technology)은 공통된 속성과 형태를 가진 데이터와 프로그램을 결합하여 모듈화한 후 이를 다시 결합하여 소프트웨어를 개발하는 기술이다. 시스템 업그레이드, 교체 등의 경우에 전체적으로 변경하지 않고 필요한 모듈만 변경이 가능하다.
인터넷 환경의 e-비즈니스를 수용할 수 있는 Multi-Tier 환경 구성	클라이언트서버(C/S) 시스템을 통하여 업무의 분산처리가 가능하며, 웹과의 연동으로 e-비즈니스를 수용한다. 웹서버, ERP 서버 등의 Multi-Tier 환경을 구성하여 운영할 수 있다.

03 ERP 도입과 구축

ERP 도입의 성공여부는 BPR을 통한 업무개선이 중요하며 BPR은 원가, 품질, 서비스, 속도와 같은 주요 성과측정치의 극적인 개선을 위해 업무프로세스를 급진적으로 재설계하는 것이라고 정의할 수 있다. 따라서 ERP를 도입하여 구축 시에는 BPR이 선행되어 있거나 BPR과 ERP 시스템 구축을 병행하는 것이 바람직하며, 기업 내 ERP 시스템 도입의 최종 목적은 고객만족과 이윤의 극대화 이다.

3.1 ERP 도입 시 고려사항

ERP 도입을 원하는 회사에서는 일반적으로 ERP 시스템을 회사의 업무에 적합하도록 자체 또는 외주의뢰를 통해 직접 개발하거나, 시중에서 유통되고 있는 ERP 패키지를 구입하여 도입할 수 있다.

최근에는 ERP 패키지를 도입하는 경우가 대부분을 차지하는데, 그 이유는 ERP 패키지 내에는 선진 비즈니스 프로세스가 내장되어 있어 BPR을 자동적으로 수행하는 효과를 볼 수 있으며, 시간과 비용적인 측면에서도 효율적이기 때문이다. 하지만 ERP 패키지를 도입하는 경우, 다음의 사항들은 반드시 고려되어야 한다.

① 자사에 맞는 패키지 선정(기업의 요구에 부합하는 시스템)
② TFT(Task Force Team)는 최고 엘리트 사원으로 구성
③ 경험이 많은 유능한 컨설턴트를 활용
④ 경영진의 확고한 의지
⑤ 전사적인 참여 유도
⑥ 현업 중심의 프로젝트 진행
⑦ 구축방법론에 의한 체계적인 프로젝트 진행
⑧ 커스터마이징(Customizing)을 최소화 및 시스템 보안성
⑨ 가시적인 성과를 거둘 수 있는 부분에 집중
⑩ 지속적인 교육 및 워크숍을 통해 직원들의 변화 유도

■ 커스터마이징(Customizing)

'주문제작하다'라는 뜻의 Customize에서 나온 말이다. 사용자가 사용방법과 기호에 맞춰 하드웨어나 소프트웨어를 설정 및 수정하거나 기능을 변경하는 것을 의미한다. ERP 패키지를 도입할 때, 자사의 업무 프로세스와 기능에 부합되도록 ERP 시스템을 회사 실정에 맞게 조정할 수도 있다.

3.2 ERP 도입효과

ERP의 성공적인 구축과 운영은 기업의 다양한 측면에서 그 효과를 찾아볼 수 있다.

1) 통합업무시스템 구축

ERP는 영업, 구매/자재, 생산, 회계, 인사 등 모든 부문에서 발생되는 정보를 서로 공유하여 의사소통이 원활해지며, 실시간 경영체제를 실현하여 신속한 의사결정을 지원한다.

2) 기준정보 표준체계(표준화, 단순화, 코드화) 정립

업무의 표준화는 ERP 구축의 선행요건이다. 예컨대 ERP 시스템 내에서 제품판매를 처리하기 위해서는 거래처와 품목정보 등이 필수적으로 등록되어야 한다. 이러한 거래처와 품목정보 등은 항상 코드화해서 운용되며, 복잡하게 정의하지 않고 단순화하여 정의하는 것이 효율적이다.

3) 투명한 경영

ERP를 사용하면 각 업무영역의 분리와 연계성 등에 의해 자동적으로 조직이 분권화되고, 상호견제 및 내부통제가 강화되어 부정의 발생을 사전에 예방할 수 있다.

4) 고객만족도 향상

ERP를 사용함으로써 실시간 정보를 파악할 수 있기 때문에 고객 피드백 및 응답시간 등의 단축으로 인해 고객만족도가 향상될 수 있다.

5) BPR 수행을 통한 경영혁신 효과

ERP 내에는 다양한 산업에 대한 최적의 업무관행인 베스트 프랙티스(Best Practices)가 채택되어 있기 때문에, ERP의 선진 업무프로세스를 적용함으로써 자동적으로 경영혁신(BPR) 효과를 볼 수 있다.

6) 차세대 기술과의 융합

차세대 ERP는 인공지능 및 빅데이터 분석 기술과의 융합으로 분석도구가 추가되어 선제적 예측과 실시간 의사결정지원이 가능하다.

7) 각종 경영지표의 개선

　① 재고 및 물류비용 감소(재고감소, 장부재고와 실물재고의 일치)
　② 부서별 및 사업장별 손익관리를 통한 수익성 개선
　③ 생산성 향상을 통한 원가절감 및 종업원 1인당 매출액 증대
　④ 업무의 정확도 증대와 업무시간 단축(생산계획 수립, 결산작업 등)
　⑤ 리드타임(Lead Time) 감소 및 사이클타임(Cycle Time) 단축

개념 익히기

■ **리드타임(Lead Time)**

시작부터 종료까지의 소요된 시간을 의미한다. 일반적으로 제품생산의 시작부터 완성품생산까지 걸리는 시간을 생산리드타임, 구매발주에서부터 입고완료까지 걸리는 시간을 구매리드타임, 주문접수에서부터 고객에게 인도하기까지의 걸리는 시간을 영업리드타임이라고 한다. 리드타임을 단축시킴으로써 납기단축, 원가절감, 생산 및 구매 효율성 증대 등의 효과를 얻어 기업의 경쟁력을 향상시킬 수 있다.

■ **사이클타임(Cycle Time)**

어떤 상황이 발생한 후 동일한 상황이 다음에 다시 발생할 때까지의 시간적 간격을 의미한다.

■ **총소유비용(Total Cost of Ownership)**

ERP 시스템에 대한 투자비용에 관한 개념으로 시스템의 전체 라이프사이클(life-cycle)을 통해 발생하는 전체 비용을 계량화하는 것을 말한다.

■ **ERP 아웃소싱(Outsourcing)**

ERP 시스템의 자체개발은 구축에서 운영 및 유지보수까지 많은 시간과 노력이 필요하므로, 아웃소싱을 통한 개발이 바람직하다. 아웃소싱을 통해서 ERP의 개발과 구축, 운영, 유지보수 등에 필요한 인적 자원을 절약할 수 있고, 기업이 가지고 있지 못한 지식 획득은 물론 자체개발에서 발생할 수 있는 기술력 부족의 위험요소를 제거할 수 있다.

경영혁신과 ERP

 ERP 구축 방법

ERP 시스템은 일반적으로 다음과 같이 분석(Analysis), 설계(Design), 구축(Construction), 구현(Implementation) 등의 단계를 거쳐 구축되며, ERP를 성공적으로 구축하기 위해서는 ERP 구축 모든 단계에서 전 직원의 교육훈련은 필수적이다.

(1) 분석단계

분석단계에서의 핵심은 현재 업무상태(AS‒IS)를 분석하는 것이다. 기준프로세스 설정을 위해 현재의 업무 및 프로세스를 파악하고, 문제점이 무엇인지를 분석하는 단계이다.

분석단계에서 이루어지는 주요 업무범위는 다음과 같다.

① TFT 구성(Kick‒off)
② 현재업무(AS‒IS) 및 시스템 문제 파악
③ 현업 요구 분석
④ 경영전략 및 비전 도출
⑤ 목표와 범위 설정
⑥ 주요 성공요인 도출
⑦ 세부추진일정 계획 수립
⑧ 시스템 설치(하드웨어, 소프트웨어)

(2) 설계단계

설계단계에서는 이전 단계인 분석단계에서 AS‒IS 분석을 통해 파악된 문제점이나 개선사항을 반영하여 개선방안(TO‒BE)을 도출하는 것이 핵심이다. 이때 TO‒BE 프로세스와 ERP 시스템의 표준 프로세스 간의 차이를 분석하여야 한다. 이를 차이(GAP)분석이라고 한다. GAP 분석의 결과를 토대로 ERP 패키지의 커스터마이징 여부를 결정짓는다.

설계단계에서 이루어지는 주요 업무범위는 다음과 같다.

① TO‒BE 프로세스 도출
② GAP 분석(패키지 기능과 TO‒BE 프로세스와의 차이)
③ 패키지 설치 및 파라미터 설정
④ 추가 개발 및 수정보완 문제 논의
⑤ 인터페이스 문제 논의
⑥ 사용자 요구 대상 선정(커스터마이징 대상 선정)

(3) 구축단계

구축단계는 이전의 분석 및 설계단계에서 도출된 결과를 시스템으로 구축하여 검증하는 단계이다. 분석 및 설계단계에서 회사의 핵심 업무에 대한 업무프로세스 재설계(BPR) 결과를 ERP 패키지의 각 모듈과 비교하여 필요한 모듈을 조합하여 시스템으로 구축한 후 테스트를 진행한다.

구축단계에서 이루어지는 주요 업무범위는 다음과 같다.

① 모듈 조합화(TO-BE 프로세스에 맞게 모듈을 조합)
② 테스트(각 모듈별 테스트 후 통합 테스트)
③ 추가개발 또는 수정기능 확정
④ 인터페이스 프로그램 연계 테스트
⑤ 출력물 제시

(4) 구현단계

구현단계는 시스템 구축이 완료된 후 본격적인 시스템 가동에 앞서 시험적으로 운영하는 단계이다. 이 단계에서는 실 데이터 입력을 통해 충분한 테스트를 거쳐 발견된 문제점들을 보완하여야 시스템의 완성도를 높일 수 있다. 또한 기존의 데이터를 ERP 시스템으로 전환(Conversion)하는 작업과 추후 시스템 운영에 필요한 유지보수 계획 등을 수립하게 된다.

구현단계에서 이루어지는 주요 업무범위는 다음과 같다.

① 프로토타이핑(Prototyping): 실 데이터 입력 후 시스템을 시험적으로 운영하는 과정
② 데이터 전환(Data Conversion): 기존 시스템 또는 데이터를 ERP 시스템으로 전환
③ 시스템 평가
④ 유지보수
⑤ 추후 일정 수립

개념 익히기

■ ERP 구축절차

분석(Analysis) → 설계(Design) → 구축(Construction) → 구현(Implementation)

① 분석	② 설계	③ 구축	④ 구현
• AS-IS 파악 • TFT 결성 • 현재 업무 및 시스템 문제파악 • 주요 성공요인 도출 • 목표와 범위설정 • 경영전략 및 비전도출 • 현업요구분석 • 세부추진일정 계획수립 • 시스템 설치 • 교육	• TO-BE Process 도출 • 패키지 기능과 TO-BE Process 와의 차이 분석 • 패키지 설치 • 파라미터 설정 • 추가개발 및 수정 보완 문제 논의 • 인터페이스 문제논의 • 사용자요구 대상선정 • 커스터마이징 • 교육	• 모듈조합화 • 테스트(각 모듈별 테스트 후 통합 테스트) • 추가개발 또는 수정 기능 확정 • 출력물 제시 • 인터페이스 프로그램 연계 • 교육	• 시스템운영(실데이터 입력 후 테스트) • 시험가동 • 데이터전환 • 시스템 평가 • 유지보수 • 향후 일정수립 • 교육

■ ERP 구축 및 실행의 성공을 위한 제언

- 현재의 업무방식을 그대로 고수하지 말라.
- 업무상의 효과보다 소프트웨어 기능성 위주로 적용대상을 판단하지 말라.
- 단기간의 효과 위주로 구현하지 말라.
- IT 중심의 프로젝트로 추진하지 말라.
- 커스터마이징은 가급적 최소화 한다.
- 업무단위별로 추진하지 않는다.
- BPR을 통한 업무프로세스 표준화가 선행 또는 동시에 진행되어야 한다.

■ 효고적인 ERP 교육 시 고려사항

- 다양한 교육도구를 이용하여야 한다.
- 교육에 충분한 시간을 배정하여야 한다.
- 논리적 작업단위인 트랜잭션이 아닌 비즈니스 프로세스에 초점을 맞추어야 한다.
- 사용자에게 시스템 사용법과 업무처리 방식을 모두 교육하여야 한다.
- 조직차원의 변화관리 활동을 잘 이해하도록 교육을 강화하여야 한다.

04 확장형 ERP

4.1 확장형 ERP란

(1) 확장형 ERP의 개념

확장형 ERP(Extended ERP)란 EERP 또는 ERP II라고도 불리며, 기존의 ERP 시스템에서 좀 더 발전된 개념이다. 기존의 ERP 시스템은 기업내부 프로세스의 최적화가 목표였지만, 확장형 ERP는 기업외부의 프로세스까지 운영 범위를 확산하여 다양한 애플리케이션과의 인터페이스, e-비즈니스 등이 가능한 시스템이다.

확장형 ERP는 다음과 같이 전통적인 ERP 시스템의 기능뿐만 아니라 확장에 따른 고유기능의 추가, 경영혁신 지원, 최신 IT 기술 도입 등으로 기업 내·외부의 최적화를 포괄적으로 지원하는 시스템이라 할 수 있다.

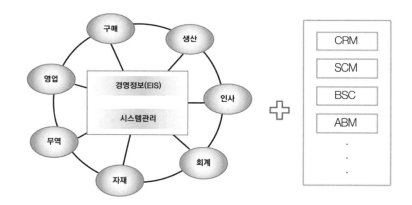

(2) 확장형 ERP의 등장배경과 특징

등장배경	특징
• 기업의 비즈니스 환경의 변화 • 기업 외부 프로세스와의 유연한 통합에 대한 요구 • 협업(Co-work) 상거래의 필요성 • 기존 ERP와 타 솔루션 간의 연계에 대한 요구	• 기업외부 프로세스까지도 웹 환경을 이용하여 지원 • 상거래 지향적인 프로세스로 통합 • 더욱 향상된 의사결정을 지원 • e-비즈니스에 대비할 수 있는 기능 지원

(3) 확장형 ERP에 포함되어야 할 내용

1) 고유기능의 추가

POS(Point of Sales) 시스템, SCM(Supply Chain Management), CRM(Customer Relationship Management) 등 ERP 시스템의 기본적인 기능 이외의 추가기능이 지원되어야 한다.

2) 경영혁신 지원

지식경영, 전략적 의사결정 지원, 전략계획 수립 및 시뮬레이션 기능 등으로 경영혁신을 확대 지원하는 기능이 추가되어야 한다.

3) 선진 정보화 지원기술 추가

IT 기술의 개발 및 도입 시에는 국내·국제적인 표준을 반드시 지원하여야 한다. 그 이유는 추후 무역거래, 기업 간 상거래 및 유사업종 간의 공동구매 등이 더욱 활발해질 것이며, 개방성향이 강한 개방형 시스템의 요구가 늘어나 이종 간의 시스템을 통합하고 지원하는 시스템을 필요로 할 것이다. 기업이 전 세계를 시장으로 삼을 경우 표준을 지향하는 e-비즈니스는 필수적인 부분이다.

4) 전문화 확대 적용

컴퓨터 시스템에 대해 인간 수준의 판단까지 기대하는 것은 아직 어려울 수도 있지만, 인공지능 분야의 발전으로 점차 인간 판단의 역할을 대행할 수 있는 기능이 추가되고, 이러한 기능이 미래의 ERP에도 보완될 것이다. 예컨대 음성인식 기술을 사용하여 거래자료 입력 등을 음성으로 입력할 수도 있다.

5) 산업유형 지원확대

제조업은 ERP를 가장 활발하게 사용하고 있는 업종 중의 하나이다. 금융업, 건설업 등 다양한 분야에서 ERP가 활용되고 있지만, 아직도 일부 산업의 특성은 전혀 고려하지 못하고 있다. 정보기술의 발달과 더불어 산업별로 특화된 전문기능을 추가적으로 개발하여 그 수요에 부응하여야 할 것이다.

4.2 확장형 ERP의 구성요소

(1) 기본 ERP 시스템

기본형 ERP 시스템은 기업에서 반복적이고 일상적으로 발생되는 업무를 처리하기 위해 영업관리, 물류관리, 생산관리, 구매 및 자재관리, 회계 및 재무관리, 인사관리 등의 모듈별 단위시스템으로 구성되어 있다.

(2) e-비즈니스 지원 시스템

e-비즈니스 지원 시스템은 인터넷 환경을 기반으로 기업 및 국가 간의 정보교환은 물론 기술이전, 시장분석, 거래촉진 등의 역할을 담당하고 있다. 주요 e-비즈니스 지원 시스템의 종류는 다음과 같다.

명 칭	주 요 내 용
지식관리시스템(KMS) (Knowledge Management System)	기업의 인적자원들이 축적하고 있는 조직 및 단위 지식을 체계화하여 공유함으로써 핵심사업 추진 역량을 강화하기 위한 정보시스템
의사결정지원시스템(DSS) (Decision Support System)	기업 경영에 당면하는 여러 가지 문제를 해결하기 위해 복수의 대안을 개발하고, 비교 평가하여 최적안을 선택하는 의사결정 과정을 지원하는 정보시스템
경영자정보시스템(EIS) (Executive Information System)	기업 경영관리자의 전략 수립 및 의사결정 지원을 목적으로 주요 항목에 대한 핵심정보만 별도로 구성한 정보시스템
고객관계관리(CRM) (Customer Relationship Management)	기업이 소비자들을 자신의 고객으로 만들고, 이를 장기간 유지하고자 고객과의 관계를 지속적으로 유지·관리하는 광범위한 개념으로 마케팅, 판매 및 고객서비스를 자동화하는 시스템
공급망관리(SCM) (Supply Chain Management)	부품 공급업자로부터 생산자, 판매자, 고객에 이르는 물류의 흐름을 하나의 가치사슬 관점에서 파악하고 필요한 정보가 원활히 흐르도록 지원하는 시스템으로, 수요변화에 대한 신속한 대응 및 재고수준의 감소 및 재고회전율 증가를 위해 공급사슬에서의 계획, 조달, 제조 및 배송 활동 등 통합 프로세스를 지원
전자상거래(EC) (Electronic Commerce)	재화 또는 용역을 거래함에 있어서 그 전부 또는 일부가 전자문서에 의하여 처리되는 방법으로, 상행위를 하는 것을 의미

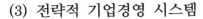

(3) 전략적 기업경영 시스템

기업의 가치창출과 주주 이익의 증대를 목표로 한 주요 관리 프로세스의 운영을 통해 신속한 성과측정 및 대안 수립을 가능하게 하는 전략적 기업경영(SEM: Strategic Enterprise Management)은 경영자의 전략적 의사결정을 위해 기업운영을 위한 전략적 부분을 지원하고 경영정보를 제공해 준다.

전략적 기업경영 시스템에 속하는 대표적인 단위시스템은 다음과 같다.

명　칭	주　요　내　용
성과측정관리 또는 균형성과표(BSC) (Balanced Scorecard)	기업의 성과를 지속적으로 향상시키기 위해서 재무적인 측정지표뿐만 아니라 고객만족 등 비재무적인 측정지표도 성과평가에 반영시켜 미래가치를 창출하도록 관리하는 시스템
가치중심경영(VBM) (Value-based Management)	주주 가치의 극대화를 위해 지속적으로 가치를 창출하는 고객 중심의 시스템이며, 포괄적인 경영철학이자 경영기법
전략계획 수립 및 시뮬레이션(SFS) (Strategy Formulation & Simulation)	조직의 목표를 달성하고 비전에 도달하기 위해 최선의 전략을 수립하고 선택된 전략을 실행하는 것을 의미함
활동기준경영(ABM) (Activity-based Management)	프로세스 관점에 입각하여 활동을 분석하고 원가동인 및 성과측정을 통해 고객가치 증대와 원가절감을 도모한다. 궁극적으로는 이익을 개선하고자 하는 경영기법

개념 익히기

■ ERP와 확정형 ERP 차이

구　분	ERP	확장형 ERP
목표	기업 내부 최적화	기업 내·외부 최적화
기능	기본 ERP (영업, 구매/자재, 생산, 회계, 인사 등)	기본 ERP + e-비즈니스 지원시스템 또는 SEM 시스템
프로세스	기업내부 통합프로세스	기업 내·외부 통합프로세스
시스템 구조	웹지향, 폐쇄성	웹기반, 개방성
데이터	기업내부 생성 및 활용	기업 내·외부 생성 및 활용

05 4차 산업혁명과 스마트 ERP

5.1 4차 산업혁명

4차 산업혁명은 인공지능(AI: Artificial Intelligence), 사물인터넷(IoT: Internet of Things), 빅데이터(BigData), 클라우드 컴퓨팅(Cloud Computing) 등 첨단 정보통신기술이 경제 및 사회 전반에 융합되어 혁신적인 변화가 나타나는 차세대 산업혁명을 말한다.

4차 산업혁명의 산업생태계는 사물인터넷을 통해 방대한 빅데이터를 생성하고, 이를 인공지능이 분석 및 해석하여 적절한 판단과 자율제어를 수행하여 초지능적인 제품을 생산하고 서비스를 제공한다.

4차 산업혁명의 주요 기술적 특징에는 초연결성(hyper-connectivity), 초지능화(super-intelligence), 융합화(convergence)를 들 수 있다.

구　분	주　요　내　용
초연결성 (hyper-connectivity)	사물인터넷(IoT)과 정보통신기술(ICT)의 진화를 통해 인간과 인간, 인간과 사물, 사물과 사물 간의 연결과정을 의미한다.
초지능화 (super-intelligence)	다양한 분야에서 인간의 두뇌를 뛰어넘는 총명한 지적 능력을 말한다. 초지능화는 인공지능과 빅데이터의 연계·융합으로 기술과 산업구조를 지능화, 스마트화시키고 있다.
융합화 (convergence)	초연결성과 초지능화의 결합으로 인해 수반되는 특성으로 4차 산업혁명 시대의 산업 간 융합화와 기술 간 융합화를 말한다. • 산업 간 융합화: IT 활용범위가 보다 확대되고 타 산업 분야 기술과의 접목이 활발해지면서 산업 간 경계가 무너지고 산업지도 재편 및 이종 산업 간 경쟁이 격화되는 현상 • 기술 간 융합화: 서로 다른 기술 요소들이 결합되어 개별 기술 요소들의 특성이 상실되고 새로운 특성을 갖는 기술과 제품이 탄생되는 현상

4차 산업혁명 시대의 스마트 ERP

(1) 스마트 ERP와 비즈니스 애널리틱스

최근의 스마트 ERP 시스템은 인공지능(AI), 빅데이터(BigData), 사물인터넷(IoT), 블록체인(Blockchain) 등의 신기술과 융합하여 보다 지능화된 기업경영이 가능하게 하는 통합정보시스템으로 진화하고 있다.

기업경영 분석에 있어 비즈니스 인텔리전스를 넘어 비즈니스 애널리틱스(Business Analytics)가 회자되고 있다. 비즈니스 인텔리전스가 과거 데이터 및 정형 데이터를 기반으로 무엇이 발생했는지를 분석하여 비즈니스 의사결정을 돕는 도구라면, 비즈니스 애널리틱스는 과거뿐만 아니라 현재 실시간으로 발생하는 데이터에 대하여 연속적이고 반복적인 분석을 통해 미래를 예측하는 통찰력을 제공하는 데 활용된다.

스마트 ERP와 ERP 시스템 내의 빅데이터 분석을 위한 비즈니스 애널리틱스의 특징은 다음과 같다.

① 인공지능 기반의 빅데이터 분석을 통해 최적화와 예측분석이 가능하여 과학적이고 합리적인 의사결정지원이 가능하다.

② 제조업에서는 빅데이터 처리 및 분석기술을 기반으로 생산 자동화를 구현하고 ERP 시스템과 연계하여 생산계획의 선제적 예측과 실시간 의사결정이 가능해진다.

③ 과거 데이터 분석뿐만 아니라, 이를 바탕으로 새로운 통찰력 제안과 미래 사업을 위한 시나리오를 제공할 수 있다.

④ 비즈니스 애널리틱스는 질의 및 보고와 같은 기본적인 분석기술과 예측 모델링과 같은 수학적으로 정교한 수준의 분석까지 지원한다.

⑤ 파일이나 스프레드시트와 데이터베이스를 포함하는 구조화된 데이터와 전자메일, 문서, 소셜미디어 포스트, 영상자료 등의 비구조화된 데이터를 동시에 활용이 가능하다.

⑥ 미래 예측을 지원해주는 데이터 패턴 분석과 예측 모델을 위한 데이터마이닝(Data Mining)을 통해 고차원 분석기능을 포함하고 있다.

⑦ 리포트, 쿼리, 알림, 대시보드, 스코어카드뿐만 아니라 예측 모델링과 같은 진보된 형태의 분석기능도 제공한다.

개념 익히기

■ 스마트 ERP의 특징
- 인공지능, 빅데이터, 블록체인 등의 신기술과 융합하여 지능화된 기업경영 실현이 가능
- 제조실행시스템(MES), 제품수명주기관리(PLM) 등을 통한 생산과정의 최적화와 예측 분석을 통해 합리적인 의사결정지원
- 제조업에서의 생산자동화 구현은 물론 생산계획의 선제적 예측과 실시간 정보공유
- 다양한 비즈니스 간 융합을 지원하는 시스템으로 확대 가능
- 전략경영 등의 분석 도구가 추가되어 상위계층의 의사결정을 지원하는 스마트시스템 구축 가능

5.3 4차 산업혁명의 핵심 원천기술

(1) 인공지능

인공지능(AI)은 인간의 학습능력, 추론능력, 지각능력, 자연어 이해능력 등을 컴퓨터 프로그램으로 실현한 기술이다. 인공지능은 기억, 지각, 이해, 학습, 연상, 추론 등 인간의 지성을 필요로 하는 행위를 기계를 통해 실현하고자 하는 학문 또는 기술의 총칭으로 정의되고 있다.

1) 인공지능 기술의 발전

인공지능 기술의 발전은 계산주의 시대, 연결주의 시대, 딥러닝 시대로 구분된다.

① 계산주의 시대

인공지능 초창기 시대는 계산주의(computationalism) 시대이다. 계산주의는 인간이 보유한 지식을 컴퓨터로 표현하고 이를 활용해 현상을 분석하거나 문제를 해결하는 지식 기반시스템을 말한다. 컴퓨팅 성능 제약으로 인한 계산기능(연산기능)과 논리체계의 한계, 데이터 부족 등의 근본적인 문제로 기대에 부응하지 못하였다.

② 연결주의 시대

계산주의로 인공지능 발전에 제약이 생기면서 1980년대에 연결주의(connectionism)가 새롭게 대두되었다. 연결주의는 지식을 직접 제공하기보다 지식과 정보가 포함된 데이터를 제공하고 컴퓨터가 스스로 필요한 정보를 학습한다.

연결주의는 인간의 두뇌를 묘사하는 인공신경망(Artificial Neural Network)을 기반으로 한 모델이다. 연결주의 시대의 인공지능은 인간과 유사한 방식으로 데이터를 학습하여 스스로 지능을 고도화한다.

연결주의는 막대한 컴퓨팅 성능과 방대한 학습데이터가 필수적이나 학습에 필요한 빅데이터와 컴퓨팅 파워의 부족이라는 한계를 극복하지 못해 비즈니스 활용 측면에서 제약이 있었다.

③ 딥러닝의 시대

2010년 이후 GPU(Graphic Processing Unit)의 등장과 분산처리기술의 발전으로 계산주의와 연결주의 시대의 문제점인 방대한 양의 계산문제를 대부분 해결하게 되었다. 사물인터넷과 클라우드 컴퓨팅 기술의 발전으로 빅데이터가 생성 및 수집되면서 인공지능 연구는 새로운 전환점을 맞이하였다.

최근의 인공지능은 딥러닝(deep learning)의 시대이다. 연결주의 시대와 동일하게 신경망을 학습의 주요 방식으로 사용한다. 입력층(input layer)과 출력층(output layer) 사이에 다수의 숨겨진 은닉층(hidden layer)으로 구성된 심층신경망(Deep Neural Networks)을 활용한다. 심층신경망은 인간의 두뇌 구조와 학습방식이 동일하여 뇌 과학과 인공지능 기술의 융합이 가능해지고 있다.

2) 인공지능 규범 원칙

최근에는 인공지능 개발과 사용과정에서 발생하는 위험요소와 오용의 문제에 대해 윤리원칙을 검토 및 채택해야 한다는 움직임이 활발해지고 있다.

2018년 9월 세계경제포럼(World Economic Forum)에서 인공지능 규범(AI code)의 5개 원칙을 발표하였다.

코드명	주 요 내 용
Code 1	인공지능은 인류의 공동 이익과 이익을 위해 개발되어야 한다.
Code 2	인공지능은 투명성과 공정성의 원칙에 따라 작동해야 한다.
Code 3	인공지능이 개인, 가족, 지역 사회의 데이터 권리 또는 개인정보를 감소시켜서는 안 된다.
Code 4	모든 시민은 인공지능을 통해서 정신적, 정서적, 경제적 번영을 누리도록 교육받을 권리를 가져야 한다.
Code 5	인간을 해치거나 파괴하거나 속이는 자율적 힘을 인공지능에 절대로 부여하지 않는다.

(2) 사물인터넷

사물인터넷(IoT)은 인터넷을 통해서 모든 사물을 서로 연결하여 정보를 상호 소통하는 지능형 정보기술 및 서비스를 말한다. 수 많은 사물인터넷 기기들이 내장된 센서를 통해 데이터를 수집하고 인터넷을 통해 서로 연결되어 통신하며, 수집된 정보를 기반으로 자동화된 프로세스나 제어기능을 수행할 수 있으므로 스마트가전, 스마트홈, 의료, 원격검침, 교통 분야 등 다양한 산업분야에 적용되고 있다.

사물인터넷의 미래인 만물인터넷(IoE: Internet of Everything)은 사물, 사람, 데이터, 프로세스 등 세상에서 연결 가능한 모든 것(만물)이 인터넷에 연결되어 서로 소통하며 새로운 가치를 창출하는 기술이다.

(3) 빅데이터

빅데이터(BigData)의 사전적 의미는 디지털 환경에서 생성되는 데이터로 그 규모가 방대하고, 형태도 수치데이터뿐만 아니라 문자와 영상데이터를 포함한 다양하고 거대한 데이터의 집합을 말한다.

IT시장조사기관 가트너(Gartner)는 향상된 의사결정을 위해 사용되는 비용 효율적이며 혁신적인 거대한 용량의 정형 및 비정형의 다양한 형태로 엄청나게 빠른 속도로 쏟아져 나와 축적되는 특성을 지닌 정보 자산이라고 정의하였다. 또한 가트너는 빅데이터의 특성으로 규모(volume), 속도(velocity), 다양성(variety), 정확성(veracity), 가치(value)의 5V를 제시하였다.

구 분	주 요 내 용
규모 (Volume)	• 데이터 양이 급격하게 증가(대용량화) • 기존 데이터관리시스템의 성능적 한계 도달
다양성 (Variety)	• 데이터의 종류와 근원 확대(다양화) • 로그 기록, 소셜, 위치, 센서 데이터 등 데이터 종류의 증가(반정형, 비정형 데이터의 증가)
속도 (Velocity)	• 소셜 데이터, IoT 데이터, 스트리밍 데이터 등 실시간성 데이터 증가 • 대용량 데이터의 신속하고 즉각적인 분석 요구
정확성 (Veracity)	• 데이터의 신뢰성, 정확성, 타당성 보장이 필수 • 데이터 분석에서 고품질 데이터를 활용하는 것이 분석 정확도에 영향을 줌
가치 (Value)	• 빅데이터가 추구하는 것은 가치 창출 • 빅데이터 분석 통해 도출된 최종 결과물은 기업이 당면하고 있는 문제를 해결하는데 통찰력 있는 정보 제공

개념 익히기

■ 빅데이터 처리과정

데이터(생성) → 수집 → 저장(공유) → 처리 → 분석 → 시각화

(4) 클라우드 컴퓨팅

클라우드 컴퓨팅(Cloud Computing)은 인터넷을 통하여 외부사용자에게 IT자원을 제공하고 사용하게 하는 기술 및 서비스를 의미한다. 사용자들은 클라우드 컴퓨팅 사업자가 제공하는 IT자원(소프트웨어, 스토리지, 서버, 네트워크)을 필요한 만큼 사용하고, 사용한 만큼 비용을 지불할 수 있다.

클라우드 서비스는 필요한만큼의 IT자원을 빠르게 확장하거나 축소할 수 있고, 어디에서나 접속할 수 있으며, 기술적인 관리부담이 없다는 장점을 갖고 있다.

1) 클라우드 서비스의 유형

구　분	주　요　내　용
SaaS (Software as a Service)	응용소프트웨어를 인터넷을 통해 제공하여 사용자들이 웹 브라우즈를 통해 접속하여 사용할 수 있도록 서비스로 제공
PaaS (Platform as a Service)	업무용 또는 비즈니스용 응용소프트웨어를 개발하는데 필요한 플랫폼과 도구를 서비스로 제공하여 개발자들이 응용소프트웨어를 개발, 테스트, 배포할 수 있게 지원
IaaS (Infrastructure as a Service)	업무나 비즈니스 처리에 필요한 서버, 스토리지, 데이터베이스 등의 IT 인프라 자원을 클라우드 서비스로 제공하는 형태

2) 클라우드 서비스의 비즈니스 모델

구　분	주　요　내　용
퍼블릭(공개형)	• 전 세계의 소비자, 기업고객, 공공기관 및 정부 등 모든 주체가 클라우드 컴퓨팅을 사용할 수 있음 • 사용량에 따라 사용료를 지불하며 규모의 경제를 통해 경쟁력 있는 서비스 단가를 제공한다는 장점
사설(폐쇄형)	• 특정한 기업의 구성원만 접근할 수 있는 전용 클라우드서비스 • 초기 투자비용이 높으며, 주로 데이터의 보안 확보와 프라이버시 보장이 필요한 경우 사용
하이브리드(혼합형)	• 특정 업무 또는 데이터 저장은 폐쇄형 클라우드 방식을 이용하고 중요도가 낮은 부분은 공개형 클라우드 방식을 이용

5.4 인공지능과 빅데이터 분석기법

(1) 기계학습(머신러닝)

기계학습(machine learning, 머신러닝)이란 방대한 데이터를 분석해 미래를 예측하는 기술로 일반적으로 생성된 데이터를 정보와 지식(규칙)으로 변환하는 컴퓨터 알고리즘을 의미한다.

1) 기계학습의 유형

구 분	주 요 내 용
지도학습	• 학습 데이터로부터 하나의 함수를 유추해내기 위한 방법, 즉 학습 데이터로부터 주어진 데이터의 예측 값을 추측한다. • 지도학습 방법에는 분류모형과 회귀모형이 있다.
비지도학습	• 데이터가 어떻게 구성되었는지를 알아내는 문제의 범주에 속한다. • 지도학습 및 강화학습과 달리 입력값에 대한 목표치가 주어지지 않는다. • 비지도학습 방법에는 군집분석, 오토인코더, 생성적 적대신경망(GAN)이 있다.
강화학습	• 선택 가능한 행동 중 보상을 최대화하는 행동 혹은 순서를 선택하는 방법이다. • 강화학습에는 게임 플레이어 생성, 로봇 학습 알고리즘, 공급망 최적화 등의 응용영역이 있다.

2) 기계학습 워크플로우(6단계)

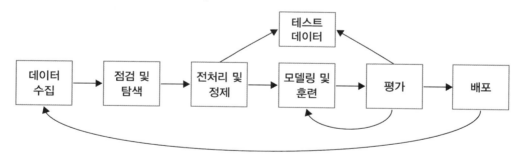

구 분	주 요 내 용
(1단계) 데이터 수집	인공지능 구현을 위해서는 머신러닝·딥러닝 등의 학습방법과 이것을 학습할 수 있는 방대한 양의 데이터가 필요하다.
(2단계) 점검 및 탐색	• 데이터를 점검하고 탐색하는 탐색적 데이터 분석을 수행한다. • 데이터의 구조와 결측치 및 극단치 데이터를 정제하는 방법을 탐색한다. • 독립변수, 종속변수, 변수 유형, 변수의 데이터 유형 등 데이터 특징을 파악한다.

구 분	주 요 내 용
(3단계) 전처리 및 정제	다양한 소스로부터 획득한 데이터 중 분석하기에 부적합하거나 수정이 필요한 경우 데이터를 전처리하거나 정제하는 과정이다.
(4단계) 모델링 및 훈련	• 머신러닝 코드를 작성하는 모델링 단계를 말한다. • 적절한 머신러닝 알고리즘을 선택하여 모델링을 수행하고, 해당 머신러닝 알고리즘에 전처리가 완료된 데이터를 학습(훈련)시킨다. • 전처리 완료된 데이터 셋(data set)은 학습용 데이터와 평가용 데이터로 구성한다.
(5단계) 평가	• 머신러닝 기법을 이용한 분석모델(연구모형)을 실행하고 성능(예측정확도)을 평가하는 단계이다. • 모형평가에는 연구모형이 얼마나 정확한가, 연구모형이 관찰된 데이터를 얼마나 잘 설명하는가, 연구모형의 예측에 대해 얼마나 자신할 수 있는가(신뢰성, 타당성), 모형이 얼마나 이해하기 좋은가 등을 평가하고 만족하지 못한 결과가 나온다면 모델링 및 훈련 단계를 반복 수행한다.
(6단계) 배포	• 평가 단계에서 머신러닝 기법을 이용한 연구모형이 성공적으로 학습된 것으로 판단되면 완성된 모델을 배포한다. • 분석모델을 실행하여 도출된 최종결과물을 점검하고, 사업적 측면에서 결과의 가치를 재평가한다. • 분석모델을 파일럿 테스트(시험작동)를 통해 운영한 다음 안정적으로 확대하여 운영계 시스템에 구축한다.

(2) 데이터마이닝

데이터마이닝(Data Mining)은 축적된 대용량 데이터를 통계기법 및 인공지능기법을 이용하여 분석하고, 이에 대한 평가를 거쳐 일반화시킴으로써 새로운 자료에 대해 예측 및 추측할 수 있는 의사결정을 지원한다.

대규모로 저장된 데이터 안에서 다양한 분석기법을 활용하여 전통적인 통계학 이론으로는 설명이 힘든 패턴과 규칙을 발견한다.

1) 데이터마이닝의 단계

데이터마이닝은 분류, 추정, 예측, 유사집단화, 군집화 등의 다섯 가지 단계로 구분한다.

구 분	주 요 내 용
분류	어떤 새로운 사물이나 대상의 특징을 파악하여 미리 정의된 분류코드에 따라 어느 한 범주에 할당하거나 나누는 것을 의미한다.
추정	결과가 연속형 값을 갖는 연속형 변수를 주로 다루며 주어진 입력변수로부터 수입, 은행잔고, 배당금과 같은 미지의 연속형 변수에 대한 값을 추정(산출)한다.

구 분	주 요 내 용
예측	과거와 현재의 자료를 이용하여 미래를 예측하는 모형을 만드는 것이다.
유사집단화	유사한 성격을 갖는 사물이나 물건들을 함께 묶어주는 작업을 말한다.
군집화	이질적인 사람들의 모집단으로부터 다수의 동질적인 하위 집단 혹은 군집들로 세분화하는 작업이다.

(3) 텍스트마이닝

최근 텍스트, 이미지, 음성데이터 등의 비정형데이터를 다루는 기술이 빠르게 발전하고 있다. 기업에서 생산되는 데이터의 80% 이상은 비정형데이터로 이루어져 있으며, 그 중 텍스트데이터는 가장 대표적인 비정형데이터이다.

온라인 쇼핑몰 이용자는 구매자가 남긴 제품리뷰 텍스트(구매후기)로부터 제품에 대한 정보를 수집한다. 이들 텍스트데이터를 분석하여 구매자의 행동예측과 제품선호도를 분석할 수 있다.

텍스트마이닝(Text Mining)은 자연어 형태로 구성된 비정형 또는 반정형 텍스트데이터에서 패턴 또는 관계를 추출하여 의미 있는 정보를 찾아내는 기법으로 자연어처리(natural language processing, NLP)가 핵심기술이다.

자연어처리(NPL)는 컴퓨터를 이용해 사람의 자연어를 분석하고 처리하는 기술로 자연어 분석, 자연어 이해, 자연어 생성의 기술이 사용된다.

텍스트마이닝 분석을 실시하기 위해서는 불필요한 정보를 제거하고, 비정형데이터를 정형데이터로 구조화하는 작업이 필요한데 이를 위해 데이터 전처리(data preprocessing) 과정이 필수적이다.

5.5 인공지능과 비즈니스 혁신

(1) RPA(로봇 프로세스 자동화)

RPA(Robotic Process Automation, 로봇 프로세스 자동화)는 소프트웨어 프로그램이 사람을 대신해 반복적인 업무를 자동 처리하는 기술을 말한다. 인공지능과 머신러닝을 사용하여 가능한 많은 반복적 업무를 자동화할 수 있는 소프트웨어 로봇 기술이다.

RPA는 반복적인 규칙기반 작업에 특화되어 있으며, RPA와 AI를 통합하는 경우에 RPA로 구현된 로봇은 AI 알고리즘을 사용하여 의사결정을 내릴 수 있고, 기계학습을 통해 작업을 최적화하는 등의 지능적인 자동화가 가능할 수 있다.

1) RPA 적용단계

RPA는 기초프로세스 자동화, 데이터 기반의 머신러닝(기계학습) 활용, 인지자동화의 세 단계 활동으로 구성된다.

구 분	주 요 내 용
(1단계) 기초프로세스 자동화	정형화된 데이터 기반의 자료 작성, 단순 반복 업무 처리, 고정된 프로세스 단위 업무 수행 등이 해당된다.
(2단계) 데이터 기반의 머신러닝 활용	이미지에서 텍스트 데이터 추출, 자연어 처리로 정확도와 기능성을 향상시키는 단계이다.
(3단계) 인지자동화	RPA가 업무 프로세스를 스스로 학습하면서 자동화하는 단계이며, 빅데이터 분석을 통해 사람이 수행하는 더 복잡한 작업과 의사결정을 내리는 수준이다.

(2) 챗봇

채팅(Chatting)과 로봇(Robot)의 합성어인 챗봇(ChatBot)은 로봇의 인공지능을 대화형 인터페이스에 접목한 기술로 인공지능을 기반으로 사람과 상호작용하는 대화형 시스템을 지칭한다.

챗봇은 기업에서 사용하는 메신저에서 채팅을 하듯이 질문을 입력하면 인공지능이 빅데이터 분석을 통해 일상 언어로 사람과 소통하는 대화형 메신저이다.

(3) 블록체인

블록체인(Block Chain)이란 분산형 데이터베이스의 형태로 데이터를 저장하는 연결구조체이며, 모든 구성원이 네트워크를 통해 데이터를 검증 및 저장하여 특정인의 임의적인 조작이 어렵도록 설계된 저장플랫폼이다.

블록(Block)은 거래 건별 정보가 기록되는 단위이며, 이것이 시간의 순서에 따라 체인(chain) 형태로 연결된 데이터베이스를 블록체인이라고 한다.

블록체인은 블록의 정보와 거래내용(거래정보)을 기록하고 이를 네트워크 참여자들에게 분산 및 공유하는 분산원장 또는 공공거래장부이다.

1) 블록체인 기술의 특징

구 분	주 요 내 용
탈중개성	공인된 제3자의 공증 없이 개인 간 거래가 가능하며 불필요한 수수료를 절감할 수 있다.
보안성	정보를 다수가 공동으로 소유하므로 해킹이 불가능하여 보안비용을 절감할 수 있다.
신속성	거래의 승인·기록은 다수의 참여에 의해 자동 실행되므로 신속성이 극대화된다.
확장성	공개된 소스에 의해 쉽게 구축, 연결, 확장이 가능하므로 IT 구축비용을 절감할 수 있다.
투명성	모든 거래기록에 공개적 접근이 가능하여 거래 양성화 및 규제비용을 절감할 수 있다.

개념 익히기

■ 인공지능 비즈니스 적용 프로세스

비즈니스 영역 탐색 → 비즈니스 목표 수립 → 데이터 수집 및 적재 → 인공지능 모델 개발 → 인공지능 배포 및 프로세스 정비

5.6 스마트팩토리

(1) 스마트팩토리

스마트팩토리(smart factory)란 설계·개발, 제조 및 유통·물류 등 생산 과정에 4차 산업의 핵심기술이 결합된 정보통신기술(ICT: Information and Communications Technology)을 적용하여 생산성, 품질, 고객만족도를 획기적으로 향상시키는 지능형 생산공장을 말한다.

스마트팩토리는 사물인터넷(IoT)을 결합하여 공장의 설비(장비) 및 공정에서 발생하는 모든 데이터 및 정보가 센서를 통해 네트워크로 서로 연결되어 공유되고 실시간으로 데이터를 분석하여 필요한 의사결정을 내릴 수 있도록 지원하여 생산 및 운영이 최적화된 공장이다.

1) 스마트팩토리의 등장배경

세계 각국은 국가경제의 핵심인 제조기업의 경쟁력을 향상시키기 위하여 스마트팩토리 구축을 적극 지원하고 있다. 과거에는 생산원가 절감을 위하여 기업의 제조시설을 해외로 이전하는 경향이 많았으나, 최근에는 국가경쟁력 회복을 위하여 제조시설의 리쇼어링

(reshoring) 경향이 두드러지게 나타나고 있다.

스마트팩토리의 주요 구축목적은 생산성 향상, 유연성 향상을 위하여 생산시스템의 지능화, 유연화, 최적화, 효율화 구현에 있다. 세부적으로는 고객서비스 향상, 비용절감, 납기향상, 품질향상, 인력효율화, 맞춤형제품생산, 통합된 협업생산시스템, 최적화된 동적생산시스템, 새로운 비즈니스 창출, 제품 및 서비스의 생산통합, 제조의 신뢰성 확보 등의 목적을 갖는다고 할 수 있다.

2) 스마트팩토리의 구성영역과 기술요소

스마트팩토리는 제품개발, 현장자동화, 공장운영관리, 기업자원관리, 공급사슬관리영역으로 구성된다.

구 분	주 요 기 술 요 소
제품개발	제품수명주기관리(PLM: Product Lifecycle Management)시스템을 이용하여 제품의 개발, 생산, 유지보수, 폐기까지의 전 과정을 체계적으로 관리
현장자동화	인간과 협업하거나 독자적으로 제조작업을 수행하는 시스템으로 공정자동화, IoT, 설비제어장치(PLC), 산업로봇, 머신비전 등의 기술이 이용
공장운영관리	자동화된 생산설비로부터 실시간으로 가동정보를 수집하여 효율적으로 공장운영에 필요한 생산계획 수립, 재고관리, 제조자원관리, 품질관리, 공정관리, 설비제어 등을 담당하며, 제조실행시스템(MES), 창고관리시스템(WMS), 품질관리시스템(QMS) 등의 기술이 이용
기업자원관리	고객주문, 생산실적정보 등을 실시간으로 수집하여 효율적인 기업운영에 필요한 원가, 재무, 영업, 생산, 구매, 물류관리 등을 담당하며, ERP 등의 기술이 이용
공급사슬관리	제품생산에 필요한 원자재 조달에서부터 고객에게 제품을 전달하는 전체 과정의 정보를 실시간으로 수집하여 효율적인 물류시스템 운영, 고객만족을 목적으로 하며, 공급망관리(SCM) 등의 기술이 이용

(2) 스마트팩토리와 ERP

1) 사이버물리시스템(CPS)과 ERP

사이버물리시스템(CPS: Cyber Physical System)은 실제의 물리적인 제품, 생산설비, 공정, 공장을 사이버 공간에 그대로 구현하고 서로 긴밀하게 통합되어 동작하는 통합시스템이다.

이러한 사이버물리시스템(CPS)은 사물인터넷(IoT) 기술을 활용하여 공장운영 전반의 데이터를 실시간으로 수집하여 공장운영 현황을 모니터링하고 제조 빅데이터를 분석하여 설비와 공정을 제어함으로써 공장운영의 최적화를 수행한다.

사이버물리시스템(CPS)의 데이터를 ERP시스템으로 통합하여 주문처리, 생산계획, 구매관리, 재고관리와 같은 업무프로세스를 지원하는 상호작용이 가능하다.

2) 제품수명주기관리(PLM)와 ERP

제품수명주기관리(PLM: Product Lifecycle Management)는 제품 기획, 설계, 생산, 출시, 유통, 유지보수, 폐기까지의 제품수명주기의 모든 단계에 관련된 프로세스와 관련정보를 통합관리하는 응용시스템이다.

PLM은 제품의 설계, 속성, 관련 문서 등의 정보를 관리하고 제품수명주기에 따른 프로세스를 계획하고 효과적으로 관리하는 제품 중심의 수명주기 관리에 초점을 둔다.

또한 ERP는 기업 전반의 자원 및 프로세스를 통합적으로 관리하는 데 중점을 두고 있으므로 제품의 생산, 유통, 재무프로세스를 효율화 하는데 PLM과 ERP가 상호작용이 가능하다.

제**2**부

물류이론

제1장

공급망관리

NCS 학습을 위한 능력단위 확인하기

능력단위	수준	능력단위 요소
자재 입고관리 (0204010203_20v2)	3	자재품질 기준 파악하기 (0204010203_20v2.1)
		자재 보관 위치 관리하기 (0204010203_20v2.2)
		자재 검수하기 (0204010203_20v2.3)
		자재 입고 부적합품 처리하기 (0204010203_20v2.4)
자재창고 운영관리 (0204010204_20v2)	4	자재 보관조건 설정하기 (0204010204_20v2.1)
		창고 동선 관리하기 (0204010204_20v2.2)
		창고 기기·설비 관리하기 (0204010204_20v2.3)
		창고보관 관리하기 (0204010204_20v2.4)
		창고 보안 안전 관리하기 (0204010204_20v2.5)
재재 운영관리 (0204010205_20v2)	4	재재 운영목표 관리하기 (0204010205_20v2.1)
		재고 실물정보 파악하기 (0204010205_20v2.2)
		운영자재 관리하기 (0204010205_20v2.3)
		불용자재 관리하기 (0204010205_20v2.4)
		장기재고 관리하기 (0204010205_20v2.5)
자재 출고관리 (0204010206_20v2)	3	자재 출고계획 수립하기 (0204010206_20v2.1)
		자재 출고방법 설정하기 (0204010206_20v2.2)
		자재 출고 작업하기 (0204010206_20v2.3)
공급망재고운영 (0204010407_24v3)	3	자재수불 관리하기 (0204010407_24v3.1)
		창고 운영하기 (0204010407_24v3.2)
		안전/적정재고 관리하기 (0204010407_24v3.3)
공급망운송관리 (0204010408_24v3)	3	운송계획 수립하기 (0204010408_24v3.1)
		운송 실행하기 (0204010408_12v3.2)
		운송 실행 통제하기 (0204010408_24v3.3)
유통물류관리 (0201030408_21v2)	3	유통물류센터 관리하기 (0201030408_21v2.1)
		입출고 관리하기 (0201030408_21v2.2)
		재고 관리하기 (0201030408_21v2.3)

01 공급망관리 개요

1.1 공급망관리의 개요

(1) 공급망관리의 개념

공급망관리(SCM: supply chain management)의 개념을 이해하기 위해서는 먼저 물류(physical distribution)와 로지스틱스(logistics)의 개념을 이해할 필요가 있다.

물류란 '제품을 물리적으로 생산자로부터 최종 소비자에게 이전하는 데 필요한 포장 · 보관 · 하역 · 운송 · 정보 등에 관한 행위'라고 정의하고 판매 물류 활동을 주된 범위로 했다.

로지스틱스는 물류의 개념이 확장 발전되어 '원부자재의 조달에서부터 제품의 생산, 판매, 반품, 회수, 폐기에 이르기까지 구매 조달, 생산, 판매 물류의 통합된 개념의 물류'라고 볼 수 있다.

물류가 상품 지향적이라면 로지스틱스는 고객 만족을 위한 고객 지향 시스템으로 원재료 · 반제품 · 완성품 이외에 정보 관리가 포함되어 있다. 로지스틱스는 보관보다는 흐름(flow) 관점을 우선하는 효율화를 촉진한다는 점이 '공급 관점의 물류'와 차이점이다. 공급망관리는 공급망 전체의 불확실성에 대응하는 전략적 관점으로 로지스틱스와 차이가 있다.

미국생산재고관리협회(APICS: American Production and Inventory Control Society)는 공급망관리를 '원재료로부터 시작하여 완제품의 최종 소비에 이르는 프로세스로서 협력사 및 거래처와 서로 연결된 부분을 포함한 전체 프로세스'로 정의한다. 고객에게 제품과 서비스를 제공하는 회사 내외부의 관련 기능을 통합하여 정의한 것이다.

공급망관리의 정의를 종합해 보면 아래의 그림과 같이 '공급자로부터 최종 소비자에 이르기까지 전 과정에서 각 기능 간의 재화 · 정보 · 자금의 흐름을 최적화하고 동기화하여 공급망 전체의 경영 효율을 극대화하는 전략'이라고 정의할 수 있다.

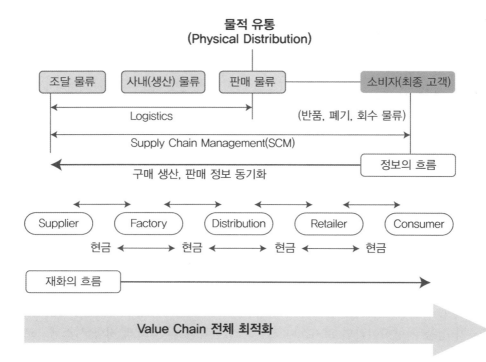

(2) 공급망관리의 필요성

공급망관리의 등장은 단일 기업 내부뿐 아니라 기업 간의 관계와 경영 환경의 복잡성에 기인한다. 이러한 복잡성의 주된 원인은 공급망 전체의 경로상의 복잡성과 함께 관계의 다양성에 따른 불확실성 때문이다.

공급망관리는 경영 의사결정을 주도하는 핵심 요소로 정보 기술 전략과 연계하고 공급자·제조업자·소비자 모두가 파트너십을 기반으로 인터페이스를 통합(integration)하고 협업(collaboration)하여 상호 윈윈(win-win)하는 것이며, 공급망상의 정보(information)·물자(material)·현금(cash)의 흐름을 최적화하여 경제성·생산성·수익성을 극대화하는 것이 그 본질이라 하겠다.

(3) 채찍효과

채찍효과(Bullwhip effect)는 공급망의 하류(down stream)에 해당하는 소매상에서의 고객수요가 공급망의 상류(up stream)로 소비자·소매상 → 도매상 → 제조기업 → 원재료 공급자까지 이어지면서 수요 예측의 왜곡과 과대한 주문이 확대되고 누적되어 가는 현상을 말한다.

이러한 채찍효과로 인한 수요·공급의 변동은 제품 품절에 의한 고객서비스 수준 하락, 과도한 안전재고, 공급망 상의 비용 상승 등을 초래할 수도 있다.

1) 채찍효과 원인

- 잦은 수요예측 변경: 변동하는 고객 주문을 반영하여 수요예측, 생산, 발주와 일정 계획이 자주 갱신
- 배치 주문방식: 운송비·주문비의 절감을 위하여 대량의 제품을 한꺼번에 발주
- 가격 변동: 불안정한 가격 구조, 가격 할인 행사 등으로 불규칙한 구매 형태를 유발
- 리드타임 증가: 조달 리드타임이 길어지면 수요·공급의 변동성·불확실성이 확대
- 과도한 발주: 공급량 부족으로 주문량보다 적게 할당될 때, 구매자가 실제 필요량 보다 확대하여 발주

2) 채찍효과 대처방안

- 공급망 전반의 수요 정보를 중앙 집중화하여 불확실성을 제거
- 안정적인 가격구조로 소비자 수요의 변동 폭을 조정
- 고객·공급자와 실시간 정보 공유
- 제품 생산과 공급에 소요되는 주문 리드타임과 주문처리에 소요되는 정보리드타임을 단축
- 공급망의 재고관리를 위하여 기업간 전략적 파트너십 구축

1.2 공급망관리 프로세스와 정보시스템

(1) 공급망 프로세스

공급망 프로세스는 고객의 수요를 충족하기 위하여 제품생산에 필요한 원자재의 투입부터 제품생산을 거쳐 그 제품을 고객에게 전달하는 활동의 유기적인 과정을 말한다.
공급망 프로세스 통합을 통해 공급망 전체의 공동 이익을 위하여 비전 공유, 고도의 협업, 실시간 정보공유 등의 상호작용이 가능해 진다.

1) 공급망 프로세스의 구조

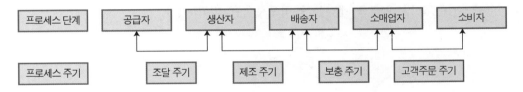

2) 공급망 프로세스의 경쟁능력 요소

구분	세부 내용
비용(cost)	적은 자원으로 제품·서비스를 창출할 수 있는 능력
품질(quality)	고객 욕구를 만족시키는 척도이며 소비자에 의하여 결정
유연성(flexibility)	설계변화와 수요변화에 효율적으로 대응할 수 있는 능력
시간(time)	경쟁사보다 빠른 신제품 개발능력, 신속한 제품 배달능력, 정시 배달능력

(2) 공급망관리 정보시스템의 특징과 기대효과

1) 공급망관리 정보시스템의 특징

- 공급망관리 물류 정보는 정보량이 많으면서도 시간대별 변동 폭이 크며, 정형·비정형 업무가 반복적으로 발생하고, 업무 내용도 다양하여 획일적 처리가 곤란하다. 따라서 공급망관리 정보시스템의 정보는 다종·다양·대량이고, 성수기와 평상시의 정보량 차이가 크다.
- 물류는 광역에 걸쳐 발생하는 물류 정보 외에 상거래 정보나 도로·기상 정보 등도 필요하고, 물류시스템의 중심지는 정보의 중계 전송을 수반하는 경우가 많다. 발생 장소·처리 장소·전달 장소 등이 광역으로 분산되어 있다.
- 물류 정보는 계절이나 지역의 수요 변화, 즉 성수기와 불황기의 차이가 현저하기 때문에 유연한 대응시스템이 필요하다.

2) 공급망관리 정보시스템의 효과

- 고객주문 및 처리 시간의 단축으로 고객서비스 향상
- 재고량 축소로 재고비용 절감
- 신속하고 저렴한 운송방법 탐색으로 운송비용 절감
- 소비자의 구매 성향을 쉽게 파악하여 최적의 제품 구색이 가능

(3) 공급망관리 정보시스템의 유형

1) 창고관리시스템(WMS: warehouse management system)

주문 피킹, 입출고, 재고관리 등의 자동화를 통하여 신속하고 정확한 고객 대응력과 재고 삭감, 미출고 및 오출고 예방을 목적으로 운영되고 있다.

2) 효율적소비자대응(ECR: efficient consumer response) 시스템

ECR 시스템은 유통업체와 제조업체가 효율적인 상품 보충, 점포 진열, 판매 촉진, 상품 개발을 목적으로 고객 만족도를 높이기 위해 원료 공급자로부터 매장까지의 공급망을 재설계하여 POS시스템 도입을 통해 자동적으로 제품을 보충하는 전략을 의미한다.

3) 신속대응(QR: quick response) 시스템

QR 시스템은 미국의 패션의류 산업에서 시작되었으며, 공급망의 상품 흐름을 개선하기 위해 소매업자와 제조업자의 정보 공유를 통해 효과적으로 원재료를 보충하고, 제품을 제조·유통함으로써 효율적인 생산과 공급망 재고량을 최소화하려는 전략이다.

QR 시스템 기대 효과는 다음과 같이 요약할 수 있다.

- 소매업자: 유지비용 절감, 고객서비스 제고, 높은 상품 회전율 및 매출과 이익증대
- 제조업자: 정확한 수요 예측, 주문량에 따른 생산의 유연성 확보, 높은 자산 회전율
- 소비자: 상품의 다양화, 낮은 소비자 가격, 품질 개선 및 소비 패턴의 변화에 대응한 상품 구매가 가능

4) 크로스도킹(CD: cross docking) 시스템

크로스도킹시스템은 물류센터에 보관하지 않고 당일 입고, 당일 출고하는 통과형 운송 시스템으로 24시간 이내 직송하는 공급망 간의 협업 시스템이다.

제조업자로부터 유통업자에 이르는 상품의 물류 체계를 신속하게 유지하고, 채소와 같이 신선도가 급격히 저하되는 제품을 배송하기 위해 EDI·바코드·스캐닝 기술을 통해 자동화된 창고 관리 및 재고 관리를 지원하여 물류체계를 합리화하는 전략이다.

5) 지속적보충프로그램(CRP: continuous replenishment program)

지속적보충프로그램은 제조업자의 효과적인 재고 관리를 통해 유통업자에게 적시 보충이 가능하도록 하여 결품 비율을 낮추고, 상호 협업 기능을 강화해 준다.

6) 공급자관리재고(VMI: vendor managed inventory) 시스템

유통(구매)업체의 물류 센터에 있는 재고 데이터가 제조(공급)업체로 전달되면 제조업체가 물류센터로 제품을 배송하고, 유통업체의 재고를 직접 관리하는 방식으로 재고관리 책임을 공급자에게 위탁하는 성격의 시스템이다.

7) 공동재고관리(CMI: co-managed inventory) 시스템

JMI(jointly managed inventory)라고도 하며, VMI에서 한 단계 더 발전한 개념이다. 소매업자(유통업체)와 공급자(제조업체)가 공동으로 판촉 활동을 하고 지역 여건, 경쟁 상황을 고려하면서 적절하게 재고 수준을 관리하는 것이다.

8) 기타 공급망관리 정보시스템

구분	세부 내용
컴퓨터 지원 주문(CAO) 시스템 (computer assisted ordering)	공급망에서 제조업자의 창고, 유통센터, 소매업자에 이르는 전체 재고를 파악하여 컴퓨터에 의한 자동 주문을 수행하여 효과적인 수·배송 계획을 지원해 물류비용을 감소
전자주문 시스템(EOS) (electronic ordering system)	상품의 부족분을 컴퓨터가 거래처에 자동으로 주문하여 항상 신속하고 정확하게 해당 점포에 배달해 주는 시스템으로, 편의점·슈퍼마켓 등 체인점에서 상품을 판매하면 POS 데이터가 자동적으로 중앙 본부에 있는 컴퓨터에 입력
전자 조달 시스템 (e-procurement)	기업에서 원재료 조달을 위한 파트너 선정, e-카탈로그에 의한 원재료의 물품 수량 결정 및 주문, 전자 대금 지불을 실시간으로 가능하게 해 줌으로써 시간과 비용을 절약
협업적계획예측보충(CPFR) (collaborative planning-forecasting and replenishment)	제조업체가 유통업체와의 협업 전략을 통해 상품 생산을 공동으로 계획하고, 생산량을 예측하며 상품의 보충을 구현하는 방식
카테고리 관리 (category management)	카테고리는 최종 소비자가 사용하는 상품 그룹인 가정용품, 냉동식품, 문구류 및 건강, 기구, 음료와 같은 상품을 그룹화한 것을 의미한다. 카테고리 관리자가 POS 데이터 분석, 인구 통계학적 특성 파악 등 최적의 상품 믹스를 하는 데 도움
SCP(supply chain planning) 시스템	기업 내부의 영업, 재고, 생산, 일정 계획에 대한 정보교환과 연계 프로세스를 지원해 주는 시스템
SCE(supply chain execution) 시스템	공급망 내에 있는 상품의 물리적인 상태나 자재 관리, 관련된 모든 당사자의 재원 정보 등을 관리하는 시스템

공급망 운영

(1) 공급망 운영 전략

공급망 운영 전략은 공급망이 추구하는 목표를 달성하기 위한 방향 및 계획으로서 어떤 전략을 선택하느냐에 따라 조직의 예산 및 자원 배분 의사결정이 달라지므로 그 전략은 공급망 구조와 운영 등에 영향을 미친다.

공급망 운영 전략의 범위는 영업·생산·조달·물류 기능과 같은 조직 내부 공급망에서 조직 간의 관계까지도 포함한다.

1) 공급망 운영 전략의 유형

① 효율적 공급망 전략

예측 가능한 안정적 수요를 가지고 이익률이 낮은 제품에 대응하는 공급망 전략으로서 낮은 재고 수준과 비용 최소화가 가장 중요한 목적이다.

② 대응적 공급망 전략

혁신적 제품과 같이 수요 예측이 어렵고, 이익률은 높은 제품에 빠르게 대응하는 공급망 전략으로서 고객서비스를 비용적인 측면보다 우선 시 하는 전략이다.

[효율적 공급망 전략과 대응적 공급망 전략 비교]

구분	효율적 공급망 전략	대응적 공급망 전략
목표	가능한 가장 낮은 비용으로 예측 가능한 수요에 대응	품질문제, 가격인하 압력, 불용재고를 최소화하기 위해 예측이 어려운 수요에 신속 대응
생산 전략	높은 가동률을 통한 낮은 비용 유지	불확실성에 대비한 초과 생산능력 유지
재고 전략	공급망에서 높은 재고회전율과 낮은 재고수준을 유지	불확실한 수요를 대비하여 여유 재고를 유지
리드타임 전략	비용을 증가시키지 않는 범위 내에서 리드타임 최소화	리드타임을 단축시키기 위해 공격적인 투자
공급자 선정방식	비용과 품질에 근거하여 선정	스피드, 유연성, 품질을 중심으로 선정
제품설계 전략	성능은 최대, 비용은 최소	모듈화 설계를 통한 경쟁자의 제품 차별화 지연을 유도
운송 전략	낮은 운송비용을 선호	신속하게 대응하는 운송 선호

(2) 공급망 운영시스템

공급망 운영을 위한 시스템은 프로세스·조직·인프라로 구성되어 있으며, 이러한 구성요소는 상호 연계되어 유기적으로 연계되어 있다.

1) 공급망 운영 프로세스

공급망 운영 업무에 따른 프로세스는 공급망운영참고(SCOR: supply chain operations reference) 모델 프로세스 등이 대표적인 기준이다.

공급망운영참고 모델은 공급망 관리의 진단, 벤치마킹과 프로세스 개선을 위한 도구로서 공급망 관리의 전략 및 운영체계를 측정하고, 지속적인 개선에 필요한 가이드라인을 제공하여 공급망 효과의 극대화를 목적으로 한다.

공급망운영참고 모델은 공급망 운영을 계획(plan)·조달(source)·생산(make)·배송(deliver)·반품(return)의 5개 프로세스로 분류한다.

구분	세부내용
계획	• 수요와 공급을 계획하는 단계 • 모든 공장의 모든 제품에 대해 공급자 평가, 수요의 우선순위, 재고계획, 분배 요구량 파악, 생산계획, 자재 조달, 개략적 능력을 계획
조달	• 원료의 공급과 관련된 단계 • 조달처를 개발하여 조달·입고·검사·보관을 수행하고, 조달 계약, 지불, 납입, 수송, 자재의 품질, 공급자 검증·지도 등 조달 기반 구조를 형성
생산	• 조달된 자재를 이용하여 제품을 생산하고 검사·포장·보관하는 단계 • 설비·기계 등의 제조 기반 시설을 관리하고 제품의 품질 검사와 생산 현황 작업 스케줄을 관리
배송	주문을 입력하고 고객 정보를 관리하며, 주문 발송과 제품의 포장, 보관, 발송, 창고관리, 배송 기반 구조 관리 등의 활동
반품	공급자에 대한 원재료의 회수 및 고객 활동에서 완제품의 회수, 영수증 관리 등의 활동

2) 공급망 조직

공급망 운영을 위한 조직은 관리 수준이 높은 기업을 중심으로 별도의 조직으로 존재하고 역할도 정형화되어 있지만, 소규모 조직에서는 기존 조직에서 병행하여 수행하기도 한다.

3) 공급망 인프라

공급망을 효율적으로 운영하기 위해서는 설비와 거점에 대한 구축이 필요하고 제품의 흐름을 추적할 수 있는 공급망 정보 시스템도 구축한다.

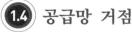 공급망 거점

(1) 공급망 거점의 개요

공급망에서 생산거점은 예측된 수요와 고객의 주문에 효과적으로 대응하기 위하여 건설하는 생산 시설을 의미하며, 물류거점은 공급자와 수요자 간에 배송의 효율화를 목적으로 설치한 제반 물류시설을 의미한다.

1) 공급망 물류거점의 기능

- 장단기적 보관으로 공급과 수요의 완충기능
- 주문에 적기 대응이 가능하도록 집하, 배송기지 기능
- 운송비 절감을 위한 중개기지 기능
- 고객의 다양한 요구에 대응하기 위한 유통가공 및 조립 기능
- 품질과 수량을 확인하는 검품이나 선별기능
- 전시(show room)역할로 판매 전진기지로서의 기능

2) 공급망 물류거점의 구축 시 고려사항

- 공급망 물류거점은 그 수가 많을수록 수주량과 재고량의 불균형을 초래하여 리드타임의 지연 및 안전재고 수준의 증대, 물류거점 설립에 따른 자금의 투자를 야기 시키며, 제비용의 증대를 가져와 총비용의 상승을 유도하여 경쟁력을 약화시키는 원인으로 작용
- 물류거점의 수를 결정할 때에는 총비용의 최저점에서 결정해야 하며, 여러 대안에 대한 질적인 고려도 병행되어야 함
- 질적인 고려사항으로는 고객만족, 참여기업 경쟁력 향상, 수요 창출 등이 있음

(2) 공급망 거점 최적화

물류 및 제조 시설을 어디에 위치할 것인가는 공급망 전략 관점에서 물류 작업의 효과성과 효율성 향상과 직접적인 관련이 있다. 또한 기업의 물류 네트워크 재설계를 통한 거점 최적화는 시장에서 기업을 차별화할 수도 있다.

1) 공급망 거점 최적화 검토 지표

물류 거점을 설계할 때 고려되어야 할 지표로는 크게 고객서비스 지표와 비용 지표가 있다. 기본적으로 물류 거점 설계는 전체 비용을 최소화하며 고객서비스를 최대화하는 것을 목표로 하지만, 어떤 지표를 중점적으로 고려할 것인가에 따라 설계에 큰 영향을 미치게 된다.

① 고객서비스 지표

고객서비스 측면에서 물류 거점 설계에 영향을 미치는 요인은 '고객 대응 납기'가 있다. 고객 대응 납기는 재고 보유 여부와 물류 거점과 수요지 간의 거리에 의해 결정된다.

② 비용 지표

구분	세부 내용
재고비용	• 물류 거점에 보유하게 될 재고에 의해 발생되는 제반 비용 • 물류 거점 수가 증가함에 따라 처음에는 크게 증가하다가 어느 수준 이상이 되면 완만히 증가하는 경향 • 주로 변동에 대비한 안전재고의 증감에 따라 발생
고정 투자비용	• 물류 거점 건설 및 운영에 투입되는 1회성 고정 비용을 의미 • 고정적으로 발생하는 인건비 및 초기 설비 투자비용 등을 포함 • 물류 거점 수에 비례하여 증가하는 경향
변동 운영비용	• 물류 거점 운영에 투입되는 비용으로, 고정 비용 성격이 아닌 운영비용을 모두 포함 • 개별 물류 거점의 규모가 커지면 변동 운영비용도 커짐
수송비용	• 물류 거점과 생산자·소비자 사이를 연결하는 수·배송에 직접적으로 관련되는 비용 • 물류 거점 수가 증가함에 따라 수송비용은 서서히 감소하다가 어느 수준을 넘어서게 되면 오히려 수송비용이 증가

(3) 공급망 물류거점 운영방식

1) 직배송 방식

직배송 방식은 생산자 창고만 보유하고 물류거점을 거치지 않고 소비자에게 직접 물건을 발송하게 된다. 직배송 방식은 물류거점 운영과 관련한 제반비용을 필요로 하지 않아 수송량이 제한적인 경우에 적용된다. 재고비용, 고정 투자비용 등을 최소화할 수 있으나 운송비용과 고객서비스 차원에서는 단점이 될 수 있다.

2) 통합 물류센터 운영방식

통합(중앙) 물류센터 운영방식은 전체 네트워크의 물동량을 통합 운영 관리하는 형태이다. 통합 물류센터는 소비자에게 수송되는 데 걸리는 시간이 긴 반면, 비용을 상당히 절감할 수 있다. 특히 재고비용과 고정 투자비용을 대폭 낮출 수 있는 장점이 있다. 상황에 따라 운송비용도 일부 절감이 가능하다.

3) 지역 물류센터 운영방식

지역 물류센터는 소비자 근처에 위치한 분산 물류거점 방식으로 지역 물류센터를 여러 개 운영할 경우에는 소비자에 대한 서비스 수준은 높은 편이나, 재고비용과 고정 투자비용이 상승하는 단점이 있다.

4) 통합 · 지역 물류센터 혼합 운영 방식

기업에 따라 중앙 물류센터와 지역 물류센터를 혼합하여 사용하기도 한다. 이 경우는 전체 수요지 · 공급지가 매우 넓은 지역에 분포된 글로벌 공급 네트워크인 경우가 주로 해당된다.

5) 공급자관리재고(VMI) 운영방식

VMI(vendor managed inventory)는 물류거점의 운영을 자재 · 부품 공급업체에 일임하고 필요한 경우에 필요한 수량만큼 공급자 운영 재고창고에서 가져오는 방식이다. 주로 유통업체와 제품 공급업체 간의 유통망, 완성품 제조업체와 부품 제조업체 간의 부품 조달망에 활발히 이용된다.

VMI 운영을 하면 공급받는 기업 입장에서는 재고 및 물류거점 운영에 대한 제반비용을 절감하게 되고, 공급업체 입장에서는 정보 공유를 통해 계획 기반 운영체계를 구축할 수 있는 장점이 있다. 다만 정보 공유가 제대로 이루어지지 않고, 공급업체의 물류 운영 능력이 낮은 경우에는 오히려 전체 물류 네트워크에 큰 부담이 될 수 있다.

6) 크로스도킹 운영 방식

크로스도킹(cross-docking) 운영 방식은 물류거점에 재고를 보유하지 않고 물류거점이 화물에 대한 '환적' 기능만을 제공한다는 특징이 있다. 물류 거점 설계 방식은 통합 물류센터나 지역 물류센터와 거의 동일하나, 물류거점이 환적 기능만을 제공하므로 보관 기능보다는 원활한 흐름에 좀 더 초점을 맞추게 된다.

02 재고관리

2.1 재고관리의 개요

(1) 재고관리의 의의

재고란 미래의 생산 또는 판매 수요를 충족시키기 위하여 보유하고 있는 자원이다.

재고관리란 생산부문과 판매부문의 수요에 신속하고 경제적으로 대응하여 안정된 판매활동과 원활한 생산활동을 지원하고, 최적의 재고수준을 유지하도록 관리하는 절차이다. 재고는 불확실한 기업환경에서 완충역할을 위하여 필요할 수 있으나 과다한 재고는 오히려 재고관리비용을 높이는 문제점을 불러온다.

(2) 재고의 분류

1) 예상(비축)재고(anticipation stock)

계절적인 수요 급등, 가격 급등, 파업으로 인한 생산중단 등이 예상될 때, 향후 발생할 수요를 대비하여 미리 생산하여 보관하는 재고이다.

2) 안전재고(safety stock)

기업을 운영함에 있어서 발생할 수 있는 여러 가지 불확실한 상황에 대처하기 위해 미리 확보하고 있는 재고이다. 조달기간의 불확실, 생산의 불확실, 또는 그 기간 동안의 수요량이 불확실한 경우 등 예상외의 소비나 재고부족 상황에 대비한다.

품절 및 미납주문을 예방하고 납기준수와 고객서비스 향상을 위해 필요하나 재고유지비용의 부담이 크므로 재고의 적정수준으로 유지하여야 한다.

3) 순환재고(cycle stock)

비용 절감을 위하여 경제적 주문량(또는 생산량) 및 로트사이즈로 구매(또는 생산)하게 되어 당장 필요한 수량을 초과하는 잔량에 의해 발생하는 재고로서, 다음의 구매(또는 생산)시점까지 계속 보유되는 재고이다.

4) 수송(파이프라인)재고(pipeline stock)

재고비용을 부담하여 물품에 대한 소유권을 가지고 있으며, 수송 중에 있는 재고를 말한다. 수입물품 등과 같이 긴 조달(수송)기간을 갖는 재고, 유통과정의 이동 중인 재고, 정유회사의 수송용 파이프로 이동 중인 재고가 이에 해당된다.

(3) 재고관리 관련비용

재고관리의 목적을 달성하기 위해서는 적정 재고수준을 최저의 비용으로 유지하여야 한다. 재고관련비용을 최소화하기 위해 관리하여야 하는 재고관련비용은 다음과 같다.

> 재고관련 총비용 = 주문비용(생산준비비용) + 재고유지비용 + 재고부족비용

1) 주문비용(생산준비비용)

품목을 발주할 때 발생되는 비용으로서 주문서류 작성과 승인, 운송, 검사, 입고 등에 소요되는 비용을 의미한다. 직접 생산 시에는 생산을 위해 필요한 생산라인 변경, 기계공구 교체, 기타 준비작업 등에 의해 공정이 지연됨으로써 발생하는 인력과 시간에 대한 손실비용이다. 이 비용은 수량에 관계없이 발주(또는 생산준비)마다 일정하게 발생하는 고정비이므로 1회 주문량(생산량), 즉 로트사이즈를 크게 할수록 재고 한 단위당 비용이 감소한다.

2) 재고유지비용

품목 구입(또는 생산)금액에 대한 자본의 기회비용을 의미한다. 창고시설 이용 및 유지비용, 보험료, 취급 및 보관비용, 도난 감소와 파손에 따른 손실비용 등이 있다.

3) 재고부족비용

재고부족으로 인하여 발생되는 기회비용을 의미한다. 납기지연, 판매기회 상실, 거래처 신용하락, 잠재적 고객 상실 등과 관련되는 비용이다.

(4) 재고관리 기본모형

재고관리와 관련된 비용을 최소화하기 위해서는 1회 발주량(또는 생산량) 결정과 발주(또는 생산)시기를 효과적으로 결정하여야 한다. 이러한 결정은 대표적으로 고정주문량모형(Q system), 고정주문기간모형(P system), 절충형시스템(s, S system) 등의 기법들이 이용되고 있다.

1) 고정주문량모형(Q system)

고정주문량모형(Q system)은 고정주문량(FOQ: fixed order quantity)으로 표현되기도 한다. 재고수준이 정해진 수준, 즉 발주(재주문)점까지 하락하면 사전에 결정되어 있는 수량을 발주하는 방식이다. 매번 동일한 수량을 주문하는 방법으로 공급자로부터 항상 일정한 수량을 공급받는다.

발주(재주문)점(ROP: reorder point)는 품목의 조달시간과 그 기간 동안의 소요량을 고려하여 조달기간 동안 재고부족이 발생하지 않도록 결정한다.

주문량은 재고관련비용이 최소가 되는 경제적 주문량(EOQ: economic order quantity)을 산출하여 결정한다.

① 발주(재주문)점의 결정

발주(재주문)점이란 현재 보유하고 있는 재고가 일정 수준 이하로 떨어졌을 때 재주문을 내는 시점을 말한다. ROP는 다음과 같이 계산될 수 있다.

> 발주(재주문)점(ROP) = 구매 리드타임 동안의 수요(조달기간 × 일평균사용량) + 안전재고

② 경제적 주문량의 결정

경제적 주문량이란 해당 품목의 수급에 차질이 발생하지 않은 범위 내에서 재고관련비용이 최소가 되는 1회 주문량을 의미한다.

$$경제적\ 주문량(EOQ) = \sqrt{\frac{2SD}{H}}$$

S = 1회 주문비용
D = 연간 총수요
H = 단위당 연간 재고유지비용

2) 고정주문기간모형(P system)

고정주문기간모형(P system)은 주기적주문량(POQ: periodic order quantity)으로 표현되기도 한다. 해당 품목별로 미래의 수요를 고려하여 사전에 결정한 최대 재고수준까지 정기적으로 미리 정해 놓은 일정한 간격마다 발주하는 방식이다.

발주량은 최대 재고수준에 도달하기 위한 현재 재고수준의 부족량으로 결정되므로 수요가 일정할 경우에는 발주량이 일정하지만 수요가 수시로 변동하면 발주량도 수시로 달라진다. 또한 정기적이고 계획적인 발주는 가능하지만 발주시점에서 재고수준이 매번 달라져 이 시스템의 안정적인 운영을 위해서는 더 많은 안전재고의 유지가 필요하다.

> • 발주량 = 목표재고 – 현재고
> • 목표재고 = 검토 주기 동안의 수요 + 구매 리드타임 동안의 수요 + 안전재고

3) 절충형시스템(s, S system)

고정주문량모형과 고정주문기간모형의 단점을 보완하기 위한 모형으로서, 정기적으로 재고수준을 파악하지만 재고수준이 사전에 결정된 발주점(s)으로 감소하면 최대재고수준 (S)까지 부족량만큼 발주하는 방식이다.

4) 재고관리 기본모형의 특징 비교

구분	고정주문량모형 (Q system)	고정주문기간모형 (P system)	절충형시스템 (s, S system)
주문량	일정	변동	변동
주문시기	변동	일정	변동
재고수준 점검시기	수시	정기(주문시기)	정기(주문시기)
적용	재고파악이 쉽고 조달이 수월한 경우	• 정기적으로 보충하는 저가품 • 재고의 수시파악이 어려운 다품목	

개념 익히기

■ ABC 재고관리

통계적 방법에 의하여 물품의 중요도에 따라 차별적으로 관리하는 방식이다. 관리대상을 A, B, C그룹으로 나누고, A그룹을 가장 중점적으로 관리함으로써 관리의 효율성을 높이려는 재고관리기법이다.

2.2 공급망 재고 보충

(1) 공급망 재고 보충 기법

1) 유통소요계획(DRP: distribution requirements planning)

다단계 유통체계를 갖는 공급망에서 고객·거래처의 수요에 따라 필요한 수량을 필요한 시기에 공급하는 방법으로 유통소요계획은 생산을 위한 자재소요계획(MRP)에 이용될 수도 있다.

2) 지속적보충프로그램(CRP: continuous replenishment program)

공급자가 고객의 수요 및 재고 정보를 공유하여 소매업체나 유통센터의 상품 재고량, 생산 공장의 자재 재고량을 지속적으로 보충 관리하는 방법이다.

3) 공급자관리재고(VMI: vendor managed inventory)

고객의 재고 보충 업무권한을 공급자에게 위탁하여 공급자가 고객의 재고 수준을 파악하고 재고 보충량을 결정하여 공급하는 공급자 주도 재고보충 관리 방법

4) 공동재고관리(CMI: collaborative managed inventory)

공급업체와 거래처가 수요 및 재고 정보를 공유하며, 고객(거래처)의 재고관리 업무를 고객과 공급업체가 공동으로 관리하는 방법

(2) 유통소요계획

유통소요계획(DRP: Distribution Requirement Planning)은 다단계 유통체계를 갖는 공급망에서 고객·거래처의 수요에 따라 필요한 수량을 필요한 시기에 공급이 목적이며, 여러 단계로 구성된 공급망의 하위 물류센터들에서 예측한 수요를 통합하여 상위 물류센터의 수요로 집계하고 그것을 근거로 재고 조달계획을 수립한다.

1) 유통소요계획 수립 절차

① 특정 제품에 대한 독립적인 수요인 고객 수요를 예측
② 현재 보유 재고수준을 고려하여 미래 재고를 예측
③ 입고 예정량을 반영
④ 예측된 미래 재고수준에서 입고가 필요한 시점과 수량을 결정
⑤ 단위 구매량을 고려하여 주문량을 결정
⑥ 리드타임을 고려하여 주문 시점을 결정

2) 유통소요계획 사례

(단위: EA)

구분	이전기간	1주차	2주차	3주차	4주차	5주차	6주차	7주차	8주차
수요예측치		100	130	100	120	110	100	90	90
운송 중 재고									
재고량	450	350	220	120	300	190	390	300	210
입고예정량					300		300		
주문량		300			300				

※ 기초재고 450EA, 리드타임 2주, 안전재고 100EA, 1회 구매량 300EA로 가정

 **재고조사**

(1) 재고조사의 목적

재고조사는 현재고의 품목과 수량을 파악하고, 재고상태를 확인하여 재고관리 활동의 유효성을 확인하는 데 그 의의가 있다.

- 재고대장에 기록된 품목의 수량과 금액이 실제 창고의 재고와 일치하는지 확인
- 창고의 물품 보관 상태를 확인하여 품질저하, 도난 등의 문제점 여부를 파악하고 개선
- 품목별 현재고 수량과 재고보유기간을 파악하여 재고수준의 적정 여부 분석

(2) 재고조사의 시기 및 방법에 따른 분류

분류	구분	내용
시기에 따른 분류	정기재고조사	정기적으로 실시하는 재고조사
	부정기재고조사	부정기적으로 실시하는 재고조사
	일일재고조사	수시 또는 매일 실시하는 일일 재고조사
구역에 따른 분류	일제재고조사	모든 보관구역에 대해 정기적으로 일제히 동시적으로 실시하는 재고조사
	구역재고조사	보관구역을 구분하여 부정기적으로 구역별로 시행하는 재고조사 (주로 소규모 기업에서 채택)
	순환재고조사	구역별로 월간 또는 주간마다 일자를 정하고 순환적으로 재고조사
	상시순환 재고조사	순환재고조사를 상시적으로 시행하며, 순환주기를 분기별, 월별, 주별, 일별로 순차적으로 계획하여 재고조사

(3) 재고기록 조정

1) 재고기록 조정의 개념

재고기록 조정이란 재고조사 결과 발견된 재고기록의 과부족수량을 일정한 절차에 따라 조정하는 과정을 의미한다.

만약 재고기록과 실제 재고가 상이하다면 재고기록을 실제 재고에 맞게 수정하여야 하고, 그 원인을 조사하여 동일한 문제가 재발하지 않도록 조치하여야 한다.

2) 재고기록의 주요 조정사항

재고수량의 과부족은 기록의 오류, 관리의 소홀, 물품 특성에 의한 파손 또는 분실 등 다양한 원인으로 발생한다. 재고기록의 조정은 재고통제 부서와 재고기록 담당자가 정해진 절차에 따라 시행하되 승인권자의 승인을 받아야 한다.

재고기록의 주요 조정사항은 다음과 같다.

- 출납기록 착오: 품목의 입출고 과정에서 담당자가 수량, 품목명, 계정과목 등을 실수로 출납대장에 잘못 기록하여 발생하며, 출납대장을 정정하여야 한다.
- 원인 미상의 오류로 과거의 기록 누락: 과거에 원인을 알 수 없는 이유로 기록이 누락 되거나, 발생된 오류에 대해서는 담당자의 귀책사유를 확인하고 승인권자의 조치를 받는다.
- 조립품의 분해 또는 조립에 대한 조정: 어떠한 사유로 조립품을 분해하거나 부품을 조립한 경우 변동된 수량에 대한 재물조정보고서를 작성하여 재고기록을 조정한다.

2.4 재고자산평가

(1) 재고자산평가의 개념

재고자산은 정상적인 경영활동과정에서 판매를 위하여 보유 중인 상품과 제품, 생산 중에 있는 재공품, 반제품, 생산과정에 투입되는 원·부재료, 소모품, 저장품 등으로 구분될 수 있다.

재고자산평가란 재고자산평가 방법에 따라 기말재고자산을 금액으로 환산하는 절차이다. 평가된 기말재고자산금액은 재무제표의 다양한 항목과 연결되며, 재고자산의 당기매입액과 기초 및 기말재고액을 통하여 매출원가를 계산할 수 있다. 따라서 재고자산의 평가는 기말재고의 자산가액과 매출원가를 결정하는데 매우 중요한 활동이라 할 수 있다.

재고자산평가 결과가 이용되는 것을 도식화하면 다음과 같이 나타낼 수 있다.

(2) 재고자산의 기록방법

1) 계속기록법

계속기록법은 재고자산의 입출고 시에 재고의 증감수량과 금액을 일일이 계속적으로 장부에 기록하는 방법이다. 거래가 빈번하지 않을 때 적용이 적합하다. 보관과정 중에 발생하는 도난, 분실, 파손 등의 감모손실이 기말재고수량에 포함되지 않아 실제 재고수량보다 기말재고수량이 많을 수 있으며, 매출원가가 과소평가되어 이익이 과대계상될 수 있다.

- 당기매출수량 = 장부상의 매출수량
- 기말재고수량 = 기초재고수량 + 당기매입수량 − 당기매출수량
           = 판매가능재고수량 − 당기매출수량

2) 실지재고조사법

재고자산의 입출고를 일일이 기록하지 않고 재고조사를 통하여 기말재고수량과 당기의 매출수량을 파악한다. 출고기록이 없으므로 기말재고로 파악되지 않는 수량은 당기에 매출된 수량으로 간주하게 된다. 따라서 파악이 곤란한 감모손실 등의 수량도 매출수량에 포함되므로 매출원가가 과대평가되고, 이익이 과소계상될 수 있다.

- 기말재고수량 = 실지재고조사로 파악한 수량
- 당기매출수량 = 기초재고수량 + 당기매입수량 − 기말재고수량
           = 판매가능재고수량 − 기말재고수량

(3) 재고자산 평가방법

재고자산은 매입 및 생산시점별로 단위당 원가가 다르므로 매출원가와 기말재고단가를 결정하기 위해서는 매입원가의 적절한 배분이 필요하다. 재고자산의 평가 방법은 크게 원가법과 저가법으로 구분한다.

원가법은 재고자산의 취득원가를 기준으로 자산가액을 평가하며, 저가법은 재고자산의 현실적인 가치, 즉 순실현가능가치가 취득원가보다 하락한 경우에는 순실현가능가치로 자산가액을 평가하는 방법이다. 따라서 저가법은 취득원가와 순실현가능가치 중 작은 금액으로 자산가액이 평가된다.

한편, 재고자산을 평가할 때는 재고자산별(상품, 제품, 반제품, 재공품, 원재료, 저장품 등)로 구분하고 사업장별로 각각 다른 방법에 의하여 평가할 수도 있다.

원가법에 의한 재고자산 평가방법으로는 개별법, 선입선출법, 후입선출법, 총평균법, 이동평균법 등이 있다.

1) 개별법(specific identification method)

재고자산 품목의 하나하나 단위별로 개별적인 원가를 파악하여 평가하는 방법이다. 가장 이상적이나 현실적으로 적용하기에 어려움이 많아 특정 업종에서만 사용되고 있다. 주로 귀금속이나 특별주문품 등의 고가품에 한하여 제한적으로 적용된다.

2) 선입선출법(first-in first-out method)

먼저 매입한 재고자산을 먼저 매출하는 것으로 가정하여 매입원가를 매출원가에 적용하는 방법이다. 이 방법에서 매출원가는 먼저 매입된 재고자산의 원가가 순차적으로 배분되며, 반면 기말재고자산가액은 나중에 매입된 원가가 적용된다. 매출원가가 과거 매입단가로 결정되므로 매입가격 상승기에는 매출이익이 상대적으로 크게 나타난다.

3) 후입선출법(last-in first-out method)

선입선출법과 반대로 최근에 매입한 재고자산을 먼저 매출하는 것으로 가정하여 매입원가를 매출원가에 적용하는 방법이다. 매출원가는 최근 매입된 재고자산의 원가가 순차적으로 배분된다. 반면 기말재고자산가액은 가장 먼저 매입된 원가가 적용된다. 매입가격 상승기에는 기말재고자산가액이 작게 평가되어 매출이익이 상대적으로 작게 나타난다.

4) 총평균법(total average method)

일정기간 동안의 재고자산가액의 평균을 구하여 매출원가에 적용하는 방법이다. 즉 기초재고자산가액과 당기매입 재고자산가액의 합계액을 그 합계수량으로 나누어 총평균단가를 구하여 매출원가에 적용한다. 계산이 간편하고 매출원가에 총평균단가가 동일하게 적용된다.

> 총평균단가 = (기초재고자산가액 + 당기매입액) ÷ (기초재고수량 + 당기매입수량)

5) 이동평균법(moving average method)

재고자산이 입고될 때마다 재고자산가액의 새로운 평균을 산정하여 매출원가에 적용하는 방법이다. 매출원가는 매입이 있을 때마다 달라지며, 추가 매입이 발생할 때까지는 동일한 매출원가가 유지된다.

> 이동평균단가 = (매입직전재고자산가액 + 신규매입액) ÷ (매입직전재고수량 + 신규매입수량)

(4) 재고자산 평가방법의 비교

다음의 사례 1월 한 달간의 거래내역을 통해 각 재고평가 방법의 기말재고자산가액과 매출원가를 비교해 보자(단, 매입가격 상승기(인플레이션 상황)를 전제로 함).

(단위: 원)

일자	구분	수량	단가
1월 1일	기초재고	300	1,000
1월 10일	입고	200	1,100
1월 15일	출고	300	
1월 20일	입고	500	1,200
1월 25일	출고	400	

(단위: 원)

평가방법	매출원가	기말재고자산가액
선입선출법	760,000	360,000
이동평균법	약 773,714	약 346,286
총평균법	784,000	336,000
후입선출법[1]	820,000	300,000

1) 재고자산 평가는 재고자산의 수량의 흐름이 아닌 원가의 흐름을 가정하는 것이기 때문에 실제 재고의 흐름과는 상관이 없으며, '후입선출'이라는 명칭 그대로 나중에 입고된 것이 먼저 출고되는 재고 흐름을 가정한다.

- 기말재고자산가액: 선입선출법 > 이동평균법 > 총평균법 > 후입선출법
- 매출원가: 후입선출법 > 총평균법 > 이동평균법 > 선입선출법
- 매출총이익: 선입선출법 > 이동평균법 > 총평균법 > 후입선출법

03 창고관리

3.1 창고관리 개요

(1) 창고관리의 기본

- 창고(warehouse)란 '물품을 보관하는 시설'로 공급과 사용 시점의 시간적 효용을 증대시키는 데 주기능을 하고 있다.
- 보관(storage)이란 '물품을 물리적으로 보존하여 관리하는 것'으로 '물품을 일정한 장소에서 품질 수량 등의 유지와 적절한 관리 아래 일정 기간 저장 방치'하는 것을 말한다. 보관이라는 용어는 기능적인 면이 강하여 재고관리·창고관리 등을 포괄하는 넓은 의미로 사용하고 있다.

창고는 용도와 목적에 따라 여러 가지로 분류할 수 있는데, SCM 유통 중심의 창고는 고객소비자 입장에서 구매 시점에 결품없이 신속·정확하게 공급하는 것이 주목적이다.

창고관리의 핵심은 물품의 입출고 효율, 면적 보관 효율, 체적 보관 효율을 높이면서 최소의 재고로 결품없이 공급될 수 있도록 운영의 효율화를 꾀하는 데 있다.

1) 창고의 기능

- 주문 출하 시 신속 대응하는 서비스 기능
- 구매 조달 시점, 생산 시점, 판매 시점의 조정 완충 기능
- 대량 구매, 대량 생산, 대량 수송 등의 대량화에 따른 소량 공급에 대한 완충 기능
- 집하, 분류, 재포장, 검품, 유통 가공 등 유통 판매 지원 기능
- 성수기·비수기, 계절적 차이 등의 수급 조정 기능
- 자금 담보 신용 기관적 기능(보관 상품, 건물, 시설, 장비 등)
- 물품을 연결하는 거점적 기능
- 수요 환경 변화에 신속 대응하는 기능

(2) 창고관리시스템

1) 창고관리시스템의 정의

창고관리시스템(WMS: warehouse management system)이란 창고를 관리하는 전문 종합정보시스템으로, 창고 내에서 이루어지는 물품의 입출고 관리, 로케이션(location) 관

리, 재고 관리, 피킹(picking), 분류(sorting), 차량 관리 지원, 인원 관리, 작업 관리, 지표 관리 등을 수행하는 정보시스템이다.

창고관리시스템은 기존 ERP의 한계를 보완한 창고관리 전문 정보시스템으로 창고관리 시스템, 물류센터관리시스템이라고도 한다.

2) 창고관리시스템의 기능과 목적

창고관리시스템은 창고 내의 업무와 정보를 총괄하며, 상위의 정보 시스템과 연계하여 다음 그림과 같은 주요 기능을 수행한다.

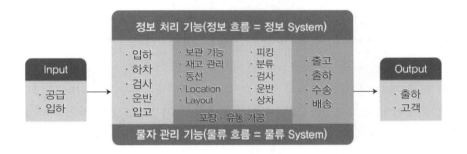

또한 창고관리시스템의 도입 목적은 다음과 같다.

- 창고관리의 효율 향상
- 재고 수량 및 금액 관리의 자동 계산 효율 향상
- 창고 보관 관리의 가시화
- 실물(현장) 재고와 장부(전산) 재고와의 차이 일치화
- 보관 면적, 체적의 효율성 극대화
- 피킹 작업의 정확도 및 효율성 향상
- 선입선출의 정확한 실시
- 창고 내 포장·보관 관리의 정확도 및 효율성 향상
- 다른 시스템과의 효율적인 연계 등

3.2 창고 운영하기

(1) 창고 배치와 위치관리

창고 배치(레이아웃)란 창고 내에 공간을 용도나 목적에 따라 특정한 구역과 장소로 구분하고 재고의 특성을 고려하여 적절한 구역을 구분하는 것을 의미한다.

창고 위치(로케이션) 관리는 창고 내의 재고를 효율적으로 찾기 쉽고 꺼내기 쉽도록 창고 배치 구역이나 장소에 주소를 부여하는 활동을 의미한다.

1) 창고 배치의 기본 원칙

창고 배치는 창고 내 면적과 공간을 효율적으로 배치하여 출구 쪽으로부터 출하 빈도가 많은 품목 순으로 배치하여 동선 경로가 짧아야 된다. 또한 중량물이나 오염시킬 가능성이 있는 품목은 출구와 가까우면서 아래쪽에 배치하여야 한다.

추가적으로 다음의 사항을 충분히 고려하여야 한다.

- 흐름 방향의 직진성의 원리: 물품, 통로, 운반기기 및 사람 등의 흐름 방향을 직진성에 중점
- 물품, 사람, 운반기기의 역행 및 교차 없애기: 역행이나 통로의 교차는 통로점유율이 높아지는 원인
- 자재 취급 횟수 최소화: 물품의 임시 저장 등으로 취급 횟수가 증가하지 않도록 유의
- 높낮이 차이의 최소화: 물품의 흐름 과정에서 크기 및 높낮이 차이를 최소화
- 모듈화·규격화 고려: 하역 운반기기, 랙, 통로 입구 및 기둥 간격의 모듈화 등을 시도하여 보관 및 작업효율을 높여야 함

2) 창고 위치관리 방식의 선정

① 고정 위치 보관 방식

고정 위치 보관 방식은 보관하게 될 위치가 고정되어 있다는 것으로, 정해진 위치에만 제품을 보관하는 것이다. 이때 문제가 되는 것은 보관할 제품의 수량이 예상보다 많거나 적은 경우이다. 회전율이 높은 A품목에 적합한 방법이다.

② 자유 위치 보관 방식

자유 위치 보관 방식은 보관하게 될 위치가 고정되어 있지 않고 자유롭다는 것이다. 작업자가 직접 설정하거나 자동 창고와 같이 전산에서 일정한 규칙에 의해 빈 공간을 찾아 자동 적재하고 관리한다. 저회전율 물품에 적합하며, 보관 능력과 시스템 유연성이 높다.

③ 고정 자유 병행 위치 방식

고정 위치 보관 방식과 자유 위치 보관 방식을 병행하는 방식으로, 특정 품목군에 대해 일정한 보관 구역을 설정하지만 그 범위 내에서는 자유롭게 채택하는 방법으로, 널리 이용하는 절충식 보관 방법이다.

(2) 보관의 기본 원칙

구분	세부 내용
통로 대면의 원칙	창고 내에서 제품의 입출고 작업이 쉽게 이루어지도록 창고 통로를 서로 대면, 즉 마주보게 보관하는 원칙
높이 쌓기의 원칙	창고 보관 효율, 특히 용적 효율을 높이기 위해 물품을 높게 쌓는 원칙을 말하며, 높이 쌓기 위한 대표적인 보관 설비로는 랙이 있음
선입선출의 원칙	일반적으로 물품의 재고 회전율이 낮은 경우에 많이 적용 형식의 변경이 적지 않은 물품, 라이프사이클이 짧은 물품, 보관할 때 파손·감모가 생기기 쉬운 물품 등
명료성의 원칙	창고에 보관되어 있는 물품을 쉽게 찾고 관리할 수 있도록 명료하게 보관하는 원칙
위치 표시의 원칙	보관 적치한 물품의 로케이션에 주소 번호를 표시하는 원칙으로, 위치를 표시함으로써 작업의 단순화와 재고관리 등의 작업 시 불필요한 작업이나 실수를 줄여 창고 부도 방지
회전 대응의 원칙	보관할 물품의 장소를 회전 정도에 따라 정하는 원칙 출입구가 동일한 창고의 경우 입출고 빈도가 높은 화물은 출입구에 가까운 장소에 보관하고, 낮은 경우에는 먼 장소에 보관하는 것으로 작업 동선을 줄임
동일성 및 유사성의 원칙	동일 물품은 동일 장소에 보관하고, 유사품은 가까운 장소에 보관하는 원칙
중량 특성의 원칙	보관 물품의 중량에 따라 보관 장소를 정하는 원칙으로, 출입구를 중심으로 무겁고 큰 물품은 출입구 가까운 아래쪽에 보관
형상 특성의 원칙	보관 물품의 형상에 따라 보관 장소를 정하는 원칙으로, 표준화된 물품은 랙에 보관하고, 표준화되지 않은 물품은 물건의 모양이나 상태에 따라 보관하는 원칙
네트워크 보관의 원칙	보관 물품의 상호 관련 정도에 따라 연계하여 보관 장소를 정하는 원칙

(3) 입고관리

입고란 '물건을 창고에 넣음'이라는 뜻이고, 적치(pile up)는 '물건을 쌓아 놓는 것'을 뜻하며, 재고 입고 적치는 '창고에 재고를 넣고 쌓아 두는 것'을 말한다.

입고관리란 지정된 보관 장소인 창고에 물품을 넣고 적치하는 입고 업무를 계획하고 통제하는 활동이다.

일반적인 창고 입고 업무 프로세스는 다음과 같다.

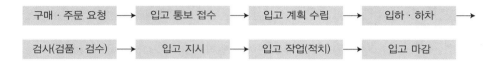

구매 · 주문 요청 → 입고 통보 접수 → 입고 계획 수립 → 입하 · 하차 →

검사(검품 · 검수) → 입고 지시 → 입고 작업(적치) → 입고 마감

(4) 출고관리

출고란 '창고에서 물품을 꺼냄'이라는 뜻이고, 재고 출고 이동은 '창고에서 재고를 꺼내어 목적지로 옮기는 것'을 말한다.

출고관리란 '지정된 보관 장소인 창고에서 물품을 피킹, 분류, 검사, 출하하는 출고 업무를 계획하고 통제하는 활동이다.

출고 이동 프로세스는 피킹(picking), 분류(sorting), 검사, 적재, 수 · 배송과 연계되어 이동 출하됨으로써 고객과의 접점으로 연결되고 판매 실적 관리의 중요한 요소가 된다.

일반적인 창고 출고 업무 프로세스는 다음과 같다.

주문 · 출하 요청 → 주문 마감 집계 → 출고 계획 수립 → 출고 지시 →

피킹 → 분류 → 검사(검품 · 검수) → 출하 포장 →

적재 출하 이동

04 운송관리

4.1 운송계획

(1) 운송의 개요

운송은 원재료의 공급자로부터 고객에게 완제품이 인도될 때까지 한 지점에서 다른 지점으로 원자재·반제품·제품 등을 이동시키는 활동을 말한다.

수송은 생산공장, 수입처에서 중앙물류센터 간, 또는 중앙물류센터에서 지역물류센터 간 등의 원거리의 거점 간에 대량의 화물을 이동시키는 활동으로 운송과 동일하게 사용하기도 한다.

배송은 지역물류센터로 부터 소량의 물품을 소형 트럭 등을 이용하여 고객·소비자에게 전달하는 활동이다.

1) 운송계획 수립

운송계획의 목적은 운송과 관련된 총비용을 최소화 하면서 고객 만족도를 극대화 할 수 있는 운송서비스를 제공하는 것이다. 그러나 운송비용과 재고비용은 상충관계에 있으므로 이들 간의 관계를 잘 고려하여 적절한 운송 수단을 선택하여야 한다.

운송서비스 제공은 운송비용과 재고비용 외에도 평균 운송시간(속도)과 운송시간의 변동성(신뢰성) 등이 중요한 요소로 작용된다. 따라서 운송계획 수립 시 운송의 효율화를 도모하기 위해서는 주로 다음의 사항들을 고려하여야 한다.

- 차량회전율 향상
- 적재율 향상
- 복합화물 운송시스템
- 운송수단의 적정화
- 공동 배송화
- 물류경로 단축화
- 운송업자 선택의 적정화
- 요금체계 적정화

2) 운송 방식 결정

- 직배송 방식: 생산지에서 수요지로 하나의 트럭을 할당하여 운영하는 방식으로 1회 운송량이 충분할 경우 매우 효과적인 방식
- 순환 배송 방식: 1회 운송량이 많지 않을 경우 여러 목적지의 화물을 하나의 트럭이 처리하는 방식

• 물류 거점 간 차량 공유 방식: 다수의 물류 거점이 운송 차량을 공유하여 차량의 공차율을 낮추는 방식

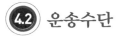 운송수단

(1) 운송수단의 유형

화물 운송수단의 유형은 화물 차량, 철도, 항공, 선박 및 파이프라인 운송 등 다섯 가지로 구분할 수 있다.

운송수단별 특성을 비교하면 다음과 같다.

구분	화물 차량	철도	항공	선박	파이프라인
운송량	중소량 화물	대량·중량 화물	중소량 고가화물	대량·중량 화물	대량 화물
운송거리	단·중거리	원거리	원거리	중·원거리	중·원거리
운임	탄력적	경직적	경직적(비쌈)	탄력적	경직적(저렴)
기후	조금 받음	전혀 받지 않음	많이 받음	많이 받음	전혀 받지 않음
안전성	조금 낮음	높음	낮음	낮음	매우 높음
중량 제한	있음	거의 없음	있음	없음	있음
운송시간	보통	조금 느리다	매우 빠르다	매우 느리다	조금 느리다
화물 수취	편리	불편	불편	불편	불편

(2) 운송수단별 장단점

구분	장점	단점
화물 차량 운송	• 문전 배송(door to door) 가능 • 화물의 파손과 손실이 적음 • 근거리, 소량 운송의 경우 유리 • 일관 운송 가능, 자가 운송이 용이 • 운송 도중 적재 변동이 적음 • 시기에 맞는 배차가 용이 • 하역비·포장비가 비교적 저렴	• 장거리 운행 시 운임 고가 • 교통사고와 공해로 사회적 문제 발생 • 중량 제한이 많아 운송단위가 작음 • 운행 중 사고 발생률이 높음 • 대량 화물 운송에 부적합

물류이론

구분	장점	단점
철도 운송	• 중·장거리 대량 운송에 적합 • 중·장거리 운송 시 운임이 저렴 • 중량에 제한을 받지 않음 • 비교적 전천후 교통수단 • 계획 운송이 가능 • 철도망을 이용한 전국적인 네트워크 구축 • 사고 발생률이 낮아 안정적임	• 고객별 자유로운 운송 요구에 적용이 곤란 • 운임의 융통성이 낮음 • 차량 운행시간의 사전 계획에 의해 적기 배차의 어려움 • 화주의 문전 수송을 위하여 부가적인 운송수단 필요 • 화차 용적에 대비한 화물의 용적에 제한
항공 운송	• 화물의 운송 속도가 매우 빠름 • 고가, 고부가가치 소형 상품의 운송에 유리 • 화물의 손상이 적고 포장이 간단하여 포장비가 저렴 • 납기가 급한 긴급 화물이나 유행에 민감한 화물, 신선도 유지가 요구되는 품목 운송에 적합	• 운임이 고가이며, 중량에 제한이 있음 • 기상의 영향이 크며, 항공기 이용 가능 지역이 제한됨 • 대량 및 대형 화물의 운송이 곤란 • 운송의 완결성이 부족함
선박 운송	• 대량 운송 시 전용선과 전용 하역 장비를 이용한 신속한 운송 및 하역 작업이 가능 • 화물의 크기나 중량에 제한을 받지 않음 • 화물 운송을 위한 설비의 투자가 불필요(도로, 선로 등) • 대량이나 중량 화물의 장거리 운송에 적합 • 장거리 운송 시 운임이 저렴	• 다른 운송수단에 비해 운항 속도가 느려 운송기간이 많이 소요 • 항구(항만)시설 구축비와 하역비가 비쌈 • 운송 중 기상 상황에 따라 화물 손상 사고가 많이 발생 • 화물 안전 운송을 위한 포장비용이 많이 듦
파이프라인 운송	• 연속하여 대량 운송이 가능 • 용지 확보가 유리하며, 유지비가 저렴 • 컴퓨터 시스템에 의한 완전 자동화로 높은 안전성을 유지 • 환경 친화적인 운송수단으로 평가	• 이용 화물의 제한(유류, 가스 등 액체, 기체 제품) • 송유관 설치 장소 등 특정 장소에 한정 • 용지 확보 및 라인 설치 등 초기시설 투자비가 많이 소요

4.3 운송경로

(1) 운송경로의 결정

경로 형태	장점	단점
공장직영운송방식	발송 화주에서 도착지 화주 직송(원 스톱 운송)	운송 차량의 차량 단위별 운송물동량 확보(대량 화물 운송 적합)
중앙집중거점방식	다수의 소량 발송 화주가 단일 화주 에게 일괄 운송	다수의 화주로부터 집하하여 단일 거래처(소비자) 전제
복수거점방식	화주별·권역별·품목별 집하하여 고객처별 공동 운송	물류 거점을 권역별 또는 품목별 운영 이 요구됨
다단계거점방식	권역별·품목별 거래처(소비지) 밀착형 물류 거점 운영, 거래처(소비자) 물류 서비스 만족도 향상	물류 거점 및 지역별 창고 운영으로 다수의 물류 거점 확보 및 운영비 가중
배송거점방식	고객처별 물류 거점 운영으로 고객 대응 신속한 대응 가능(물류 서비스 만족도 높음)	고객 밀착형 물류 거점 설치로 다수의 물류 거점 확보 및 운영비 가중

개념 익히기

■ 운송경로 선정 시 고려할 사항
- 운송화물의 특성
- 운송차량의 적재율
- 운송 수단의 선택
- 수배송의 비율
- 고객서비스 수준
- 리드타임
- 운송물동량 파악을 통한 차량 수단 및 필요 대수
- 수·배송 범위와 운송경로
- 운송료 산정 기준

제**2**장

영업관리

NCS 학습을 위한 능력단위 확인하기

능력단위	수준	능력단위 요소
영업 계약체결관리 (1001010106_20v2)	3	계약조건 검토하기 (1001010106_20v2.1)
		계약 협상하기 (1001010106_20v2.2)
		계약서 작성하기 (1001010106_20v2.3)
		계약 수주 통지하기 (1001010106_20v2.4)
영업 계약이행관리 (1001010107_20v2)	3	계약 변경 사항 관리하기 (1001010107_20v2.1)
		납품 관리하기 (1001010107_20v2.2)
		수금 관리하기 (1001010107_20v2.3)
영업 고객유지관리 (1001010110_20v2)	3	고객 정보 관리하기 (1001010110_20v2.1)
		고객 세분화하기 (1001010110_20v2.2)
		고객유지전략 수립하기 (1001010110_20v2.3)
		고객유지전략 이행하기 (1001010110_20v2.4)
		고객 반응 분석하기 (1001010110_20v2.5)

01 수요예측 및 판매예측

1.1 수요예측 및 판매예측의 개념

(1) 수요

수요란 소비자가 특정 재화나 서비스를 구매하기 위한 의지나 욕구를 의미한다. 수요는 구매능력이 갖추어지지 않아 아직 소비로 결부되지 못하는 잠재수요와 구매력이 뒷받침되어 즉시 구매할 수 있거나 확실한 구매계획이 있는 현재(유효)수요로 구분된다.

(2) 수요예측과 판매예측

수요예측이란 재화나 서비스에 대하여 일정 기간 동안에 발생할 가능성이 있는 모든 수요(잠재＋현재(유효)수요)의 규모를 추정하는 것이다.

또한 판매예측이란 수요예측의 결과를 기초로 하여 미래 일정 기간 동안의 자사 상품이나 서비스의 판매가능액을 구체적으로 예측하는 것이다. 판매예측은 기업 전체의 매출액 목표로도 설정될 수 있기 때문에 예측의 정확도를 높이기 위해 다양한 변수를 고려하여야 한다.

수요예측과 판매예측은 기업 외부환경과 기업내부 생산자원 활용의 관계를 연결시켜주면서 경영계획의 기초가 되므로 경영활동에서 매우 중요하다. 특히 판매에 대한 수요예측은 재고계획의 기초가 되어 생산계획을 세우는 데에 중요한 역할을 한다.

수요예측이 잘못되는 경우는 다음의 도표와 같이 두 가지 측면의 결과를 초래할 수 있다.

실제 수요가 예측보다 적은 경우에는 과잉시설투자가 일어나게 되고 이에 따라 막중한 재고부담을 안게 된다. 그러나 실제 수요가 예측보다 큰 경우에는 재고부족이 일어나 고객을 다른 회사에 빼앗기게 되어 판매기회 손실이 일어날 수 있다.

1.2 수요예측 및 판매예측의 특성

① 예측치는 평균기대치와 예측오차를 포함하여야 한다.

예측치는 언제나 정확하지 않으므로 평균기대치와 예측오차를 포함하여야 한다. 예측오차가 기대치에서 크게 벗어나지 않으면 정확한 예측치가 된다. 예측오차는 수요예측의 정확성에 중요한 역할을 한다.

② 장기예측보다는 단기예측이 더 정확하다.

예측기간이 짧을수록 실제치와 예측치 사이의 오차는 적어진다. 따라서 실제 판매액에 대한 예측오차를 줄이려면 예측기간을 짧게 가져야 한다.

③ 총괄예측이 개별품목예측보다 더 정확하다.

총괄예측은 개별예측보다 더 작은 오차의 변동을 가진다. 일반적으로 기업은 많은 제품을 다루기 때문에, 제품별로 수요예측을 하여 적정수준의 재고를 유지하기 위해 복잡한 정보를 다루게 된다. 점차로 짧아지는 제품수명주기에 따라서 다품종 소량생산이 이루어지는 시대에 품목별로 수요예측을 하는 일은 결코 쉽지 않은 일이다.

④ 인구통계학적인 요소가 장래의 수요 규모를 결정한다.

교육수준이 높은 30세 이상의 소비자 수가 급속하게 증가하는 경우이다. 소득, 교육, 결혼, 연령 등에 대한 계층분석도 인구통계학적인 접근 방법을 이용할 수 있다. 그리고 특정 소비자계층이 구매할 제품이나 서비스의 수량도 성장 전망을 결정하는 주요한 요인이 된다.

⑤ 수요가 안정적인 기간 또는 기존의 상품이나 서비스에 대한 예측은 불안정한 기간 또는 신규 상품이나 서비스에 대한 예측보다는 적중률이 높아진다.

⑥ 영속성이 있는 상품이나 서비스 등은 영속성이 없는 상품이나 서비스의 경우보다 지속적으로 정확한 예측이 어렵다. 그 이유는 경기변동이나 경제환경 등의 외부환경요인에 영향을 받아 수요패턴이 변화하기 때문이다.

수요예측 및 판매예측 방법

예측방법은 다음의 도표와 같이 크게 정량적 방법과 정성적 방법 두 가지로 구분된다. 정량(계량)적 방법은 계량화된 객관적인 자료를 이용하는 방법이며, 정성적 방법은 객관적인 자료가 없을 경우에 체계적으로 개인의 판단과 의견을 종합하여 분석하는 방법이다.

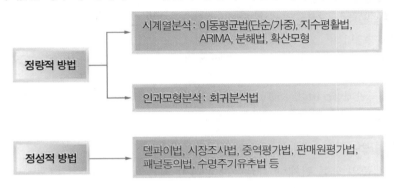

(1) 정량(계량)적 방법

1) 시계열분석

시계열분석 방법은 시간의 흐름에 따라 일정한 간격마다 기록한 시계열 데이터를 분석하여 예측하는 방법으로 주로 단기 및 중기예측에 이용된다. 대표적으로 이동평균법, 지수평활법, ARIMA, 분해법, 확산모형 등의 방법이 있다.

시계열 데이터에는 다음과 같은 변동요인이 포함되어 있으므로 분석과정에서 반드시 고려되어야 한다.

- 경향 및 추세변동: 오랜 기간 동안의 수요 경향 또는 추세적으로 나타나는 장기적인 변동
- 순환변동: 경기변동 등과 같이 1년 이상의 기간에 걸쳐 발생하는 일정한 주기의 변동
- 계절변동: 매년 반복되는 계절 변화에 따른 단기적인 변동
- 불규칙변동: 우발적으로 발생하는 불규칙적인 변동

① 이동평균법

일정 기간 동안의 제품 판매량을 기준으로 장기간의 평균적인 추세를 통해 수요를 예측하는 방법이다. 이동평균법은 과거 일정 기간의 실적치에 동일한 가중치를 부여하여 단순평균치로 계산되는 단순이동평균법과 일정 기간 중 최근의 실적치에 높은 가중치를 부여해 계산하는 가중이동평균법이 있다.

> **실무예제**
>
> **단순이동평균법과 가중이동평균법의 계산**
>
> 월간판매량이 다음과 같을 경우, 7월의 판매량 예측결과를 단순이동평균법과 가중이동평균법을 통해 계산하시오.
>
> | 월 | 1월 | 2월 | 3월 | 4월 | 5월 | 6월 | 7월 |
> |---|---|---|---|---|---|---|---|
> | 판매량(개) | 25 | 30 | 40 | 46 | 51 | 55 | ? |
>
> - 단순이동평균법
>   7월의 예측판매량 = $(0.25 \times 40) + (0.25 \times 46) + (0.25 \times 51) + (0.25 \times 55) = 48$개
> - 가중이동평균법
>   7월의 예측판매량 = $(0.10 \times 40) + (0.20 \times 46) + (0.30 \times 51) + (0.40 \times 55) = 50.5$개

② 지수평활법

예측대상 제품의 모든 판매량 자료를 이용하여 최근의 자료일수록 더 큰 비중을, 오래된 자료일수록 더 작은 가중치를 부여하여 계산하고 그 추세를 통해 수요를 예측하는 방법이다. 이때 평활상수(계수) α 값의 범위는 $0 \leq \alpha \leq 1$이며, 평활상수 α 값이 크면 최근의 변동을 더 많이 고려한다는 의미이고, α 값이 작아지면 과거의 변동을 더 많이 고려한다는 의미이다.

> - 당기예측치 = 지수평활계수(α) × 전기실적치 + (1 − 지수평활계수(α)) × 전기예측치
> - 차기예측치 = 당기예측치 + 지수평활계수(α) × 최근의 예측오차(당기실적치 − 당기예측치)

> **실무예제**
>
> 지난 8월은 총 500대의 컴퓨터를 판매하였으며, 8월의 판매예측치는 450대였다. 평활계수는 0.2일 경우에 9월의 예측치는 얼마인가?
>
> 당기예측치 = 지수평활계수(α) × 전기실적치 + (1 − 지수평활계수(α)) × 전기예측치
>   = $0.2 \times 500 + (1 - 0.2) \times 450$
>   = 460대

③ ARIMA(Auto Regressive Integrated Moving Average)

판매자료 간의 상관관계를 분석하여 상관요인과 이동평균요인으로 구분하고 이를 통해 수요를 예측하는 방법이다. 계절변화에 따른 수요변화 등을 분석하는 데 주로 이용된다.

④ 분해법

과거 판매 자료가 갖고 있는 특성의 변화를 추세변동, 순환(주기)변동, 계절변동, 불규칙변동 등으로 구분하여 예측한 후 이를 종합하여 수요를 예측하는 방법이다. 계절성이 있는 소비재의 경우에는 오랜 기간의 과거자료를 이용하여 분석하는 것이 예측의 정확도를 높일 수 있다.

⑤ 확산모형

제품수명주기이론을 바탕으로 제품이 확산되는 과정을 혁신효과와 모방효과로 구분하여 추정하고 이를 통해 수요를 예측하는 방법이다. 과거 데이터의 수집이 불가능하거나 초기 데이터 일부만 활용이 가능한 상황일 때 제품수명주기 이론을 바탕으로 수요를 예측하며, 주로 신제품이나 신기술에 대한 수요예측에 많이 활용된다.

2) 인과모형분석

인과모형분석 방법에는 수요와 밀접하게 관련되어 있는 변수들과 수요와의 인과관계를 분석하여 선형모형을 만들어 수요를 예측하는 회귀분석법이 있다. 단일회귀분석과 다중회귀분석으로 구분되며, 회귀분석은 단기예측의 정확도는 떨어지나 중·장기예측에는 적합한 분석기법이다.

(2) 정성적 방법

1) 델파이(Delphi)법

예측하고자 하는 대상의 전문가그룹을 설정한 다음, 전문가들에게 여러 차례 질문지를 배부하여 의견을 수렴함으로써 수요를 예측하는 방법이다. 시간과 비용이 많이 드는 단점이 있으나, 예측에 불확실성이 크거나 과거의 자료가 없는 경우에 유용하여 제품수명주기 중 도입기에 적합한 수요예측 방법이다.

2) 시장조사법

설문지, 인터뷰, 전화조사, 시제품 발송 등 다양한 방법을 통해 소비자들의 의견 및 시장조사를 통하여 수요를 예측하는 방법이다.

- 소비자 실태조사에 의한 방법: 특정 지역에서 무작위로 추출된 소비자들에 대한 실태조사 결과를 이용
- 판매점 조사에 의한 방법: 전체 또는 특정지역의 판매점 중에서 일부를 무작위로 추출하여 조사한 결과를 이용

3) 중역 및 판매원평가법

회사의 주요 간부들의 의견을 모으거나, 판매원들의 담당지역별 수요 예측치를 집계하여 전체 수요를 예측하는 방법이다. 특히 판매현장의 경험이 풍부한 영업담당자의 판단에 의한 판매예측은 단기·중기적 예측에 적합하다.

4) 패널동의법

경영자, 판매원, 소비자 등으로 패널을 구성하여 자유롭게 의견을 제시함으로써 예측치를 구하는 방법이다.

5) 수명주기유추법

신제품의 경우와 같이 과거자료가 없을 때 이와 비슷한 기존 제품이 과거 시장에서 도입기, 성장기, 성숙기를 거치면서 어떠한 수요패턴이었는지를 유추하여 수요를 예측하는 방법이다.

(3) 제품의 수명주기(Life Cycle)에 따른 예측 방법

제품의 수명주기 각 단계에 따라 적합한 예측 방법들을 사용하여야 신뢰성이 있는 예측 결과를 도출할 수 있다. 제품수명주기 단계별 적합한 예측 방법은 다음과 같다.

구분	수요예측 방법
도입기	정성적 방법(델파이법, 중역 및 판매원평가법, 전문가 의견 등)
성장기	트랜드(추세)를 고려할 수 있는 예측방법(시장조사법, 추세분석 등)
성숙기	정량적 방법(이동평균법, 지수평활법)
쇠퇴기	트랜드(추세)를 고려할 수 있는 예측방법, 정성적 방법(사업규모 축소 및 철수 여부 결정)

02 판매계획

2.1 판매계획의 개념

판매계획은 기업의 판매목표 및 판매활동에 관한 계획으로서 수요예측과 판매예측의 결과를 이용하여 매출목표액을 구체적으로 수립하는 과정이다. 시장점유율은 매출목표액을 결정하는데 가장 중요한 고려요소이며, 시장점유율의 확대는 다음 사항의 영향을 많이 받는다.

- 과거의 시장점유율(과거의 데이터)
- 경쟁기업에 대한 상대적 가격·품질·기능
- 판촉활동 및 판매경로의 특성

2.2 판매계획의 구분

판매계획의 수립 기간에 따라 판매계획은 단기·중기·장기계획으로 구분된다.

구분	세부 내용
단기계획	판매예측을 이용하여 연간 목표매출액을 설정하고, 목표매출액을 달성하기 위하여 제품별 가격, 판매촉진 방안, 구체적인 판매할당 등을 결정
중기계획	제품별 수요예측과 판매예측을 통하여 제품별로 매출액을 예측하고, 제품별 경쟁력 강화를 위한 계획을 수립한다. 제품별 디자인, 원가, 품질개선, 판촉을 위한 정책 수립, 판매경로 등의 구체적인 계획 수립
장기계획	장기적인 시장분석을 통하여 기업환경의 기회와 위협을 예측하고 신제품 개발, 시장개척, 판매경로 강화 등에 관한 계획 수립

03 판매할당

판매할당은 판매계획에서 설정된 목표매출액을 달성하기 위하여 각 영업사원이나 판매점별, 판매지역별, 제품별 및 사업부문별 등으로 목표매출액을 배분하여 개별 목표매출액을 설정하는 활동이다.

3.1 판매할당의 유형

구분	세부 내용
영업거점별 할당	판매점, 영업소, 영업팀 등 영업활동을 수행하는 영역별로 목표매출액을 배분
영업사원별 할당	영업거점의 목표매출액을 해당 영업사원별로 배분
제품 및 서비스별 할당	해당 제품 및 서비스별로 목표매출액을 할당하며 다음의 사항을 고려할 필요가 있다. • 제품 및 서비스별 시장점유율 고려 • 과거 판매실적의 경향 고려 • 공헌이익 정도 고려 • 교차(주의)비율 고려
지역 및 시장별 할당	세분화된 지역과 시장에 대하여 목표매출액을 적절하게 배분하기 위하여 일반적으로 시장(잠재구매력)지수를 작성하고, 이 지수에 의하여 목표매출액을 할당
거래처(고객)별 할당	각 거래처(고객)별 과거 판매액, 판매(수주)실적 경향, 목표 수주 점유율, 고객의 영업전략 등을 고려하여 할당
월별 할당	• 연간 목표매출액을 12개월로 나누어서 1개월당 평균 목표매출액을 할당 • 월별 매출액은 항상 일정하지 않으며, 시계열분석의 계절변동과 불규칙변동 등과 같은 다양한 이유로 변동이 발생하므로 이러한 변동의 영향을 고려한 할당 필요

물류이론

개념 익히기 ●

■ 교차(주의)비율

교차비율이란 제품 및 상품에 투하한 자본(평균원가재고액)이 어느 정도 매출이익을 올렸는가를 보는 수치이며, 교차비율이 높을수록 이익을 많이 낸다. 다음과 같이 계산된다.

$$교차(주의)비율 = 재고회전율 \times 한계(공헌)이익률$$

$$= \frac{매출액}{평균재고액[(기초재고 + 기말재고)/2]} \times \frac{한계(공헌)이익}{매출액}$$

(3.2) 목표매출액 결정 방법

(1) 성장성지표 활용

1) 판매경향 변동 이용

과거 판매실적의 경향을 분석하여 판매예측을 하고, 그 결과를 바탕으로 다음연도의 목표매출액을 결정한다.

2) 매출액증가율 이용

목표매출액 = 금년 매출실적 × (1 + 전년대비 매출액증가율)
목표매출액 = 금년 매출실적 × (1 + 연평균 매출액성장률)

3) 시장점유율 이용

• 목표매출액 = 당해업계 총수요예측액 × 자사 목표시장점유율
  시장점유율 = (자사매출액 ÷ 당해업계 총매출액) × 100%
• 목표매출액 = 금년도 자사 매출액 × (1 + 시장확대율) × (1 + 시장성장률)
  시장확대율 = 전년대비 자사 시장점유율 증가율
  시장성장률 = 전년대비 당해업계 총매출액 증가율

(2) 수익성지표 활용

- 목표매출액 = 목표이익 ÷ 목표이익률
  이익률 = (이익 ÷ 매출액) × 100%
- 목표매출액 = 목표한계(공헌)이익 ÷ 목표한계(공헌)이익률
  한계(공헌)이익 = 매출액 − 변동비 = 이익 + 고정비
  한계(공헌)이익률 = (한계(공헌)이익 ÷ 매출액) × 100%
- 목표매출액 = (목표매출총이익 + 매출원가) ÷ 목표매출총이익률
  매출총이익 = 매출액 − 매출원가
- 손익분기점 매출액을 목표매출액으로 설정하는 경우
  손익분기점 매출액 = 고정비 ÷ (1 − 변동비율) = 고정비 ÷ 한계(공헌)이익률

(3) 생산성지표 활용

- 판매생산성 활용
  목표매출액 = 영업사원 수 × 영업사원 1인당 평균 목표매출액
  판매생산성 = 총매출액 ÷ 영업사원 수
- 노동생산성 활용
  목표매출액 = 영업사원 수 × 1인당 목표 경상이익 ÷ 1인당 목표 경상이익률
  노동생산성 = 경상이익 ÷ 영업사원 수 = 1인당 평균 경상이익
- 거래처별 수주액 활용
  목표매출액 = 거래처 수 × 거래처별 평균 수주예상액

(4) 기타 방법

1) 부문관리자에 의한 할당액의 합계

2) 영업사원의 자율적 목표매출액의 합계

04 가격전략

제품 및 서비스의 가격이란 소비자가 그 제품이나 서비스를 한 단위로 구매하기 위해 지불해야 하는 화폐의 양을 말한다. 가격은 소비자가 구매를 결정하는 데 중요한 요인으로 작용하며, 기업의 매출액과 이익에도 큰 영향을 미친다. 가격결정에 영향을 미치는 기업 내·외부적인 요인은 다음과 같다.

구분	요인	세부 내용
내부적 요인	제품특성	생산재/소비재, 필수품/사치품, 표준품/주문품, 계절품
	원가(비용)	제조원가, 직접비/간접비, 고정비/변동비, 손익분기점
	마케팅 목표	생존 목표, 이익극대화 목표, 시장점유율 확대 목표
외부적 요인	고객수요	소비자의 구매능력, 가격탄력성, 품질, 제품이미지, 용도
	유통채널	물류비용, 유통단계의 이익, 여신한도 등
	경쟁환경	경쟁기업의 가격 및 품질, 대체품의 가격 등
	법·규제 환경	독점규제 및 공정거래에 관한 법률, 각종 세금 등

개념 익히기

■ 가격탄력성

상품에 대한 수요량은 그 상품의 가격이 상승하면 감소하고, 하락하면 증가한다. 가격탄력성이란 가격이 1% 변화하였을 때 수요량은 몇 % 변화하는가를 절대치로 나타낸 크기이다. 탄력성이 1보다 큰 상품의 수요는 탄력적(elastic)이라 하고, 1보다 작은 상품의 수요는 비탄력적(inelastic)이라고 한다.

일반적으로 수요가 지속적으로 유지되는 생필품의 가격탄력성은 사치품보다 작다. 가격탄력성은 다음과 같이 계산된다.

$$|가격탄력성| = 수요변화율 \div 가격변화율$$

4.1 가격결정 방법

(1) 원가가산(코스트 플러스)에 의한 가격결정

원가가산(코스트 플러스) 방식은 원가에 이익을 부가하여 가격을 결정하는 방법으로서 다음의 도표와 같이 생산자 – 도매업자 – 소매업자 – 소비자로 구성되는 유통단계별 생산자가격, 도매가격, 소매가격으로 구분된다.

각 유통단계별로 구입관련 제반비용을 포함한 매입원가에서 목표이익과 세금 등을 포함한 영업비용을 원가에 가산하여 가격이 결정된다.

(2) 시장가격에 의한 가격결정

시장가격에 의한 가격결정 방법은 경쟁기업의 제품가격을 우선적으로 고려하여 자사의 제품가격을 결정하는 방법이다. 일반적으로 시장가격에 의한 가격결정은 다음의 단계를 거쳐 결정된다.

(3) 기타 가격결정 방법

1) 손익분기점 및 목표이익에 의한 가격결정

손익분기점(BEP: Break Even Point)이란 수익과 비용이 같은 상태, 즉 이익이 '0'인 점을 말한다. 손익분기점 및 목표이익에 의한 가격결정의 기초는 다음의 수식에 의해 계산된다.

- 손익분기점 판매량 = 고정비 ÷ (단위당 판매가격 − 단위당 변동비)
- 목표이익을 감안한 판매량 = (고정비 + 목표이익) ÷ (단위당 판매가격 − 단위당 변동비)

실무예제

손익분기점(BEP) 그래프

A기업의 고정비는 150,000원, 단위당 판매가격은 100원, 단위당 변동비가 60원일 경우, 손익분기점 그래프는 다음과 같다.

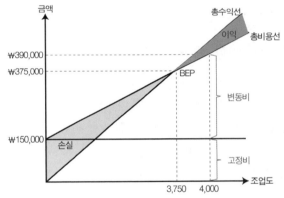

- 손익분기점 판매량 = 고정비 ÷ (단위당 판매가격 − 단위당 변동비)
  = 150,000원 ÷ (100원 − 60원) = 3,750개

2) 전략적인 가격결정 방법

① 구매자 특성에 따른 가격차별화

② 구매시기와 시간 특성에 따른 가격차별화

③ 판매지역에 따른 가격차별화

④ 제품 수명주기(Life Cycle)에 따른 가격변화

⑤ 소비자 심리에 따른 가격결정

⑥ 판매조건에 따른 가격결정

4.2 가격유지 정책

시장에서 경쟁기업은 서로 다양한 판매전략을 이용하여 이익을 높이기 위하여 경쟁하며, 대표적인 것이 자사 제품의 가격인하에 의한 시장 확대전략이다. 그러나 완전경쟁 상황의 시장에서는 이미 제품가격이 최저가격을 형성하고 있으며, 과점시장에서의 가격 경쟁은 다른 기업의 보복적 가격인하를 불러오기 쉬우므로 회피하는 경향이 있다. 경쟁 환경 하에서 적정한 이익을 추구하면서 가격을 유지하기 위한 방법으로 다음을 들 수 있다.

(1) 비가격경쟁에 의한 가격유지

비가격경쟁 방법은 광고·판매, 제품차별화, 판매계열화 등 가격 외적인 면에서 행하여지는 경쟁방법이다. 구체적인 방법으로는 브랜드 이미지, 수요에 대응한 신제품 개발력, 강력한 홍보력, 유리한 지급조건, 면밀한 판매망, 수요에 따른 공급능력, 차별화 상품을 통한 틈새시장 공략 등이 있다.

(2) 리베이트 전략에 의한 가격유지

리베이트는 생산업자와 판매업자 간, 또는 도매업자와 소매업자 간에 일정기간의 판매액을 기준으로 판매에 도움을 준 판매업자에게 이익의 일부를 되돌려주는 금액이다. 리베이트는 판매대금의 수금 후 별도로 환불된다는 점에서 판매금액의 일부를 깎아주는 할인과는 다르며, 일반적으로 리베이트 비율은 관습 또는 이익의 정도에 따라 달라진다. 그러므로 리베이트 전략은 가격유지 목적 이외에 판매촉진 기능, 보상적 기능, 통제 및 관리적 기능이 있다.

개념 익히기

■ 경쟁정도에 따른 시장 구분

• 완전 경쟁시장

다수의 거래자들이 참여하고 동질의 상품이 거래되며, 거래자들이 상품의 가격·품질 등에 대한 완전한 정보를 가지고 시장에 자유로이 들어가거나 나갈 수 있는 시장을 말한다.

• 과점시장

소수의 생산자, 기업이 시장을 장악하고 비슷한 상품을 생산하며 같은 시장에서 경쟁하는 시장 형태를 말한다. 우리나라의 경우 이동통신회사가 과점시장의 대표적인 예라고 할 수 있다.

• 독점시장

한 산업을 하나의 기업이 지배하는 시장 형태를 말한다. 높은 진입장벽을 활용해 장기적으로 초과이윤 확보가 가능한 시장이다. 예를 들면 우리나라의 전력 서비스를 제공하는 한국전력공사 등이 해당될 수 있다.

• 독점적 경쟁시장

시장에 다수의 기업들이 참여하고 있지만, 참여 기업들은 각기 디자인, 품질, 포장 등에 있어 어느 정도 차이가 있는 유사 상품을 생산, 공급하여 상호 경쟁하고 있는 시장 형태를 말한다. 예를 들면 미용실, 목욕탕, 병원 등의 시장이 될 수 있다.

05 수주관리

5.1 수주관리의 개념

수주는 고객의 구매의사를 확인하고 구매를 결정한 고객으로부터 구체적인 주문내역을 확인하여 고객이 원하는 조건과 납기에 맞추어 제품이 전달되도록 하기 위한 관리활동이다.

수주관리의 주요 업무와 내용은 다음과 같이 요약할 수 있다.

구분	세부내용
견적	견적은 구매하고자 하는 물품에 대한 사양과 가격을 산출하는 단계이며, 수주 이전단계로서 일반적으로 첫 거래이거나, 거래물품이 시장가격의 변동이 있을 경우에 진행
수주	수주는 구매를 결정한 고객으로부터 구체적인 주문을 받는 과정
수주등록	수주등록은 수주 후에 고객의 주문내역을 관리시스템에 등록하는 과정이다. 수주등록 후 가용재고와 약속 가능(출고예정)재고를 조회하여 고객에게 예정 납기를 통보

5.2 고객(거래처) 중점화 전략

(1) 고객(거래처) 중점화의 개념

우량 거래처나 고객이 시장점유율이나 판매목표 달성에 미치는 영향은 매우 크다. 중점화전략은 이러한 우량 거래처나 고객을 선정하기 위한 방법으로서 거래처나 고객을 일정한 기준에 따라 등급을 부여하고 그 기준에 따라 중점관리 대상이 되는 우량 거래처나 고객을 선정하는 전략이다.

(2) 중점선정 방법

1) ABC 분석(파레토 분석)

ABC 분석은 가장 집중적으로 관리를 하여야 할 거래처나 고객이 어디인지를 결정하는 분석방법으로서, 파레토의 원리에 입각하여 중요한 거래처 및 고객을 집중적으로 관리하는 분석방법이다.

통계적 방법에 의해 관리대상을 A, B, C그룹으로 나누고, 먼저 A그룹을 고객관리의 주요 대상으로 하여 집중관리 방안을 수립하고, 다음으로 B그룹과 C그룹으로 옮겨 간다.

2) 매트릭스(이원표) 분석

ABC 분석은 중점관리 대상인 우량 거래처나 고객을 선정하는 과정에서 거래처나 고객에 대한 과거 판매실적만을 가지고 분류하고 있으며, 우량 거래처나 고객으로서의 다른 조건들, 즉 기업경쟁력, 판매능력 또는 성장가능성 등의 다양한 요인들을 고려하지 못한다는 단점이 있다.

이러한 점을 보완한 분석방법이 매트릭스 분석이다. 우량 거래처나 고객을 선정하기 위해 고려해야 할 서로 다른 2개의 요인을 가로축과 세로축의 기준으로 이용하여 매트릭스(이원표)를 구성한다. 이 방법은 대상 거래처나 고객의 특성을 평가기준에 따라 분명하게 범주화할 수 있어 중점화 목표에 대한 전략을 수립하기 쉽다는 장점이 있다.

3) 거래처 포트폴리오 분석

거래처 포트폴리오 분석이란 대상 거래처나 고객의 가치를 종합적으로 검토하여 핵심 거래처나 고객을 효과적으로 분류하기 위한 분석 방법이다. ABC 분석이나 매트릭스 분석 등과 같이 1~2개의 요인만을 분석하지 않고 3개 이상의 요인을 가중치를 이용하여 결합하고 다면적으로 분석하여 일정한 기준에 따라 범주화함으로써 범주별로 최적의 전략을 적용하기 위한 방법이다.

개념 익히기

■ 파레토 원리

파레토 원리는 흔히 80 : 20 공식이라고도 한다. 이탈리아 경제학자 파레토(Pareto)에 의해 정립된 법칙이다. 파레토는 때때로 양적으로 작은 항목들의 가치가 큰 항목들의 가치보다 중요하다는 사실을 발견했다. 예컨대, '회사 전체의 매출 80%가 20%의 고객으로부터 달성된다.'라는 이야기는 파레토 원리 적용의 사례이다.

06 대금회수

기업은 고객에게 제품을 많이 판매하는 것도 중요하지만 매출대금의 회수 또한 매우 중요하다. 매출대금의 회수가 원활하지 않으면 운전자금의 확보가 어려워져 유동성이 악화되고 차입금 의존도가 높아져 경영위기를 맞이할 수도 있다. 따라서 적절한 매출채권의 관리를 위하여 고객의 신용도 파악, 신용(여신)한도 설정, 매출채권 회수계획 및 관리 등의 활동이 중요하다.

6.1 신용거래와 신용(여신)한도

신용거래란 물품을 먼저 인도하고 물품대금은 일정기간 후에 결제하는 외상거래를 말한다. 기업은 매출채권의 원활한 회수관리를 위하여 거래처마다 외상매출을 허용할 수 있는 금액의 한도, 즉 신용(여신)한도를 부여하고 있다. 신용한도는 거래처에 외상으로 매출할 수 있는 최고한도액으로서, 신용한도와 지급보증 받은 적격어음의 합계액을 의미하나 대체로 신용한도와 동일하게 사용된다.

신용한도를 설정하는 것은 대금회수가 안전한 외상매출 금액의 상한과 허용기간을 정하는 것이다. 신용한도는 상한 범위의 금액까지는 외상매출을 하더라도 안전하다는 소극적인 의미와 이 금액까지는 판매가능하다는 적극적인 의미가 있다.

6.2 신용한도 설정법

(1) 회사의 자금운용상의 설정법

자사의 연간 총여신한도액을 설정하기 위하여 회사의 자금조달기간을 이용하는 방법이다. 다음의 예시를 통해 총여신한도 설정방법을 살펴본다.

구분	금액	비고
매출액	365,000,000원	
매출채권잔액	100,000,000원	외상매출금잔액 + 받을어음잔액
매입액	182,500,000원	
매입채무잔액	40,000,000원	외상매입금잔액 + 지급어음잔액
평균재고잔액	16,500,000원	

- 매출채권회전율 = 매출액 ÷ 매출채권잔액 = 3.65회
- 매출채권회수기간 = 매출채권잔액 ÷ 매출액 × 365일 = 100일
  = 365일 ÷ 매출채권회전율 = 100일
- 매입채무회전율 = 매입액 ÷ 매입채무잔액 = 4.5625회
- 매입채무지급기간 = 매입채무잔액 ÷ 매입액 × 365일 = 80일
  = 365일 ÷ 매입채무회전율 = 80일
- 재고회전율 = 매출액 ÷ 평균재고액 ≒ 22.1212회
- 재고회전기간 = 평균재고잔액 ÷ 매출액 × 365일 = 16.5일
  = 365일 ÷ 재고회전율 ≒ 16.5일
- 자금조달기간 = 매출채권회수기간 − 매입채무지급기간 + 재고회전기간 = 36.5일
- 자금고정율 = 자금조달기간 ÷ 365일 = 0.1
- 매출채권 한도액 = 매출액 × 자금고정율 = 36,500,000원

개념 익히기

■ 매출채권 잔액을 구하는 방법
평균적인 매출채권의 수준은 월별이동평균치 또는 기초잔액과 기말잔액의 평균치를 이용하며, 편의상 기말잔액을 그대로 사용하는 경우도 있다.

매출채권회전율이 높다는 것은 매출채권회수기간이 짧아 매출채권이 순조롭게 회수되고 있음을 나타내며, 반대로 이 회전율이 낮게 되면 매출채권의 회수기간이 길어지므로, 그에 따른 대손발생의 위험이 증가하고 수익감소의 원인이 된다.

유동자산의 총액에서 유동부채의 총액을 차감한 것을 순운전자본(유동자산 − 유동부채)이라고 한다. 순운전자본은 단기간에 상환을 고려하지 않고 운용할 수 있는 자본으로 자금의 유동성(지불능력)을 나타내므로 기업의 자금관리 측면에서 순운전자본의 관리를 매우 중시하고 있다. 만약 여신한도액이 순운전자본 보다 많아지는 경우에는 다음과 같은 방법으로 운전자본을 확보하여야 한다.

- 현금회수 가능 거래처 증대
- 상품재고 감소
- 장기회수기간 거래처 감소
- 지급어음 기일연장
- 외상매출금이나 어음의 회수기간 단축
- 외상매출금 감소
- 현금지급을 어음지급으로 변경

(2) 거래처(고객)별 여신한도 설정법

거래처별 여신한도는 고객의 신용도, 판매능력, 담보 등을 종합적으로 판단하여 설정하여야 하며 정해진 한도는 반드시 지켜져야 한다. 거래처별 여신한도는 다음과 같은 방법으로 설정할 수 있다.

1) 타사 한도액의 준용법

타사 한도액의 준용법은 같은 업종의 다른 기업이 설정한 한도액에 준하여 설정한다. 이 방법은 다른 기업의 설정한도액을 구체적이고 충분하게 파악하기 곤란하다는 단점이 있다. 때로는 자사의 거래처나 고객 중에서 표준적인 거래처를 선정하여 그 거래처의 여신한도 설정액을 기준으로 하고 다른 거래처의 신용도나 판매능력 등을 비교평가하여 여신한도액을 정하기도 한다.

2) 과거 총이익액의 실적 이용법

이 방법은 해당 거래처에 대한 과거 3~5년간의 총이익액의 누계실적을 구하여 여신한도로 설정하는 방법이다.

> • 여신한도액 = 과거 3년간의 회수누계액 × 평균총이익률
> • 여신한도액 = 과거 3년간의 (총매출액 − 외상매출채권잔액) × 평균총이익률

3) 매출액 예측에 의한 방법

해당 거래처에 대한 매출예측액을 해당 거래처의 신용능력으로 보고 여신한도를 설정하는 방법이다.

> • 여신한도액 = 거래처의 총매입액 × 자사 수주점유율 × 여신기간
> • 거래처의 총매입액 = 거래처의 예상매출액 × 매입원가율

↩ 실무예제 ○

다음의 정보를 참고하여 거래처의 매출액 예측에 의한 방법을 이용하여 A거래처에 대한 여신한도액을 계산하면 얼마인가?

> • A거래처의 예상매출액: 1,000만 원   • A거래처의 매입원가율: 50%
> • A거래처에 대한 자사의 수주점유율: 20%   • A거래처에 대한 여신기간: 90일

     − A거래처의 총매입액 = 1,000만 원 × 50% = 500만 원
     − A거래처의 여신한도액 = 500만 원 × 20% × 90일 = 9,000만 원

4) 매출목표와 회수기간에 의한 방법

기존의 계속 거래처에 대하여 영업사원이 목표매출액과 목표회수액을 설정하고 부서의 상사와 협의하여 승인을 받아 여신한도를 설정하는 방법이다.

5) 경영지표에 의한 방법

거래처의 신용능력을 평가하기 위하여 수익성, 안전성, 유동성, 회수성, 성장성 등에 관련된 경영지표의 측정치를 고려하여 여신한도액을 설정한다. 재무제표의 유무에 따라 관련 경영지표는 다음과 같다.

지표	재무제표가 있는 경우	재무제표가 없는 경우
수익성	총자본대비 경상이익률 매출액대비 총이익률 매출액대비 경상이익률	수익의 정도
안전성	자기자본비율	차입금비율
유동성	상품회전율 유동비율	지급상황, 자금수지 상황
회수성	매출채권회전율	–
성장성	–	매출액, 총이익액의 신장

6.3 대금회수 관리

일반적으로 기업은 외상거래를 전제로 하며, 거래처마다 일정한 날을 정하여 대금을 결제한다. 하지만 거래처마다 대금결제일과 회수조건이 다르므로 단순하게 관리하기는 어렵다. 대금회수 관리는 각 거래처별로 대금회수 계획을 작성하고 세분화된 기준에 의해 관리할 필요가 있다.

(1) 대금회수 계획 시 고려사항

거래처 및 거래내역별에 따라 회수조건 등이 다르기 때문에 대금회수 계획을 수립하기가 쉽지는 않다. 하지만 일반적으로 거래처별로 다음 사항을 확인한 후에 대금회수 계획을 수립하게 된다.

> - 당월 마감일
> - 지급일이 동일한 거래처의 지역분포
> - 당월 매출액
> - 수금 내용(현금, 약속어음)
> - 여신한도액
> - 당월 지급예정일
> - 당월말 외상매출금 잔액
> - 당월 청구액(회수목표)
> - 상쇄(상계)액(매입금과 매출금과의 차액)
> - 받을어음 지급예정기간

(2) 대금회수 관리법

매출대금의 회수는 주로 대금회수율이나 회수기간을 기준으로 관리한다. 대금회수의 기본적인 목표는 완전한 대금회수를 통해 기업의 자금운용을 원활하게 하고 수익성을 향상시키는 것이므로 회수율의 향상과 받을어음 회수기간의 관리를 위한 노력이 필요하다.

1) 회수율 계산방법

① 일반적인 경우(수시 회수)

$$회수율 = 당월 회수액 \div (전월말 외상매출금잔액 + 당월 매출액) \times 100$$

② 월차마감의 차월회수

$$회수율 = 당월 회수액 \div (전전월말 외상매출금잔액 + 당월 매출액) \times 100$$

③ 전월 마감일부터 당월 마감일까지의 회수(예: 전월 20일 마감의 당월 20일 회수)

$$회수율 = 전월 21일\sim당월 20일 회수액 \div (전월 20일 현재 외상매출금잔액$$
$$+ 전월 21일\sim당월 20일 매출액) \times 100$$

④ 월중 마감일이 있고 차월말에 회수(예: 당월 20일 마감의 차월말 회수)

$$회수율 = 당월 회수액 \div (전월 20일 현재 외상매출금잔액 + 전월 21일\sim당월 20일 매출액)$$
$$\times 100$$

이 경우 21일~월말까지의 매출액은 차월 20일 마감의 청구이므로 회수율은 100%가 되지 않는다.

2) 회수기간 계산방법

① 받을어음의 회수기간

받을어음은 거래처별로 발행어음의 금액과 기간이 서로 다르므로 여신한도액을 고려한 자금의 원활한 운용을 위하여 매출액을 기준으로 받을어음의 회수기간을 측정할 필요가 있다.

> 회수기간 = (각 받을어음 금액 × 각 어음기간)의 합계 ÷ 매출총액

② 현금 및 받을어음의 회수기간

대금회수는 어음이외의 일부는 현금으로 회수하는 경우가 있으므로 회수기간을 산출하는 과정에서 현금의 어음기간은 '0'으로 하고 계산한다. 현금이 포함된 회수기간의 계산방법은 다음과 같다.

회수유형	금액	어음기간	금액 × 어음기간
현금	50만 원	0일	0만 원
90일 어음	100만 원	90일	9,000만 원
120일 어음	150만 원	120일	18,000만 원
계	300만 원		회수기간 = (0+9,000+18,000) ÷ 300 = 90일

③ 여신잔액에 맞추어 어음기간 조정

받을어음의 회수기간이 길수록 회사의 자금운용은 비효율적일 수밖에 없다. 따라서 여신한도를 고려하여 현재 보유하고 있는 받을어음의 기간을 조정하거나 추후 받을어음을 수취할 때 여신잔액 범위 내에서 받을어음의 금액이나 회수기간을 조정할 필요가 있다.

여신잔액에 맞추어 어음기간을 조정할 경우, 어음기간은 다음과 같이 계산된다.

> 어음기간 = [(여신한도액×여신기간) − (현재까지 회수된 각 어음금액 × 각 어음기간)의 합계]
> ÷ 외상매출금잔액

3) 회수관리 방법

① 회수율 관리

매출채권의 회수율이 낮으면 매출채권의 회수기간이 길어지므로, 그에 따른 대손발생의 위험이 증가하고 수익감소의 원인이 된다. 또한 부실채권 발생의 원인이 되며 여신한도의 증가를 초래한다. 따라서 회수율을 항상 확인하여야 하며, 회수율이 낮을 경우 거래처별로 다음 항목을 조사할 필요가 있다.

- 외상매출금 잔액
- 당월의 미입금처
- 전액 중 일부금액 지급처
- 입금일 불규칙성
- 반품 수량

② 회수기간 단축

받을어음의 회수기간을 여신기준 내로 단축하기 위해서는 현금회수 비율을 높이거나, 어음기간의 단축이 필요하다.

③ 기타 과실

외상매출금 잔액이 실제와 장부상의 차이가 발생하거나, 외상매출금의 회수가 지연되는 경우에는 거래처의 사정 이외에 영업담당자의 과실에 의한 경우가 많다. 이때에는 다음 항목을 확인하여 적절히 조치할 필요가 있다.

- 에누리의 미처리
- 상품교환 또는 반품의 미처리
- 크레임 수량(금액)의 미처리
- 위탁상품대금의 미회수
- 단가수정의 미처리
- 거래처의 기장 오류의 미수정
- 강제판매에 의한 회수곤란

제 3 장

구매관리

NCS 학습을 위한 능력단위 확인하기

능력단위	수준	능력단위 요소
구매 발주관리 (0204010104_23v3)	3	구매 발주 사전정보 분석하기 (0204010104_23v3.1)
		구매품 발주하기 (0204010104_23v3.2)
		구매 발주 진척 관리하기 (0204010104_23v3.3)
구매품 품질관리 (0204010105_23v3)	4	구매품 품질 보증체계 수립하기 (0204010105_23v3.1)
		구매품 품질 검사하기 (0204010105_23v3.2)
		구매 부적합품 조치하기 (0204010105_23v3.3)
구매 계약 (0204010109_23v3)	4	구매 협상 전략 계획 수립하기 (0204010109_23v3.1)
		구매 협상 실시하기 (0204010109_23v3.2)
		구매 계약 체결하기 (0204010109_23v3.3)

01 구매관리 개요

1.1 구매관리의 의의

구매는 생산과 판매 등 기업의 활동에 필요한 품목을 매입하는 활동이다. 구매의 주요 대상은 원·부재료, 소모성자재, 부품, 외주가공품, 기계설비, 상품 등이 있으며, 기타 생산 및 판매와 관련된 활동을 지원하기 위한 용역도 포함한다. 구매관리는 경영계획과 활동을 추진하기 위하여 구매조직 관리, 구매계획 및 전략, 구매실행, 구매분석 등의 구매기능에 대한 조정 및 통제활동이다.

최근에는 자재의 유리한 조달에 필요한 모든 시장정보를 수집하고 분석하여 그 결과를 생산 및 판매계획에 반영할 뿐만 아니라 제품설계 과정에도 참여하여 원가경쟁력을 가진 제품의 설계가 가능하도록 하는 등 구매관리의 영역이 경영전반에 걸쳐 확장되어가고 있다. 이러한 측면에서 구매관리의 목적(5R)은 다음과 같다.

- 좋은 품질의 물품구매(Right quality)
- 적당량의 구매(Right quantity)
- 적당한 시기의 구매(Right time)
- 적절한 가격의 구매(Right price)
- 적절한 구매처의 선정(Right vendor or supplier)

1.2 구매관리의 영역과 기능

전략적 구매를 중시하는 현대적 시각에서 볼 때 구매관리는 과거의 구매업무를 포함하면서 구매전략, 구매실무, 구매분석으로 구분되며 각 영역별로 세부내용은 다음과 같다.

구매전략	구매실무	구매분석
• 구매방침 설정 • 구매계획 수립 • 구매방법 결정	• 시장조사 및 원가분석 • 구매가격 결정 • 공급자 선정 및 평가 • 계약 및 납기관리 • 규격 및 검사관리	• 구매활동의 성과평가 • 구매활동의 감사

과거의 구매관리는 생산활동이 중단되지 않도록 적정 품질의 자재를 조달하는 지원기능이 중시되어 왔으나, 최근에는 전략적 구매를 중시함으로써 기업이익을 적극적으로 창출하는 이익창구로서의 기능이 강조되고 있다.

전통적 시각		현대적 시각
• 단기간의 성과중시 • 획득비용(구입가격) 중심 • 비용관리센터 • 요청에 지원하는 업무(수동)	⇒	• 장기간의 전략적 구매중시 • 총원가에 집중 • 이익관리센터 • 사전 계획적인 업무(능동)

02 구매전략

2.1 구매방침

구매관리활동은 광범위한 경영활동과 관련되어 있으므로 효율적인 구매목적을 달성하기 위하여 아래의 구매활동 기준에 대한 사전 결정이 필요하다.

(1) 자체생산과 구매(외주) 결정

1) 기술적 권리 측면

자사가 고유기술을 보호해야 하는 경우에는 특허권을 취득할 때까지는 자체생산을 필요로 한다. 반면 특허가 없는 품목에 대해서는 위탁 가공하거나, 특허된 부품에 맞추어 설계를 수정하여 해당 부품을 구매하여야 한다.

2) 제조기술 측면

제품의 구성에서 전략적인 중요성을 가진 부품이라면 자체생산이 필요하며, 주요 부품이나 중요기술이 포함되지 않는다면 외주생산이 바람직하다. 자사와 타사의 제조기술능력 차이가 없는 경우에는 원가를 비교하여 결정한다.

3) 원가절감 측면

생산제품 모델변경이 잦은 경우, 다품종 소량생산인 경우, 기술진부화가 예측되는 경우 등에는 외주생산이 바람직하다. 그리고 제조시설에 대한 신규투자와 유지 등의 고정비를 고려하면 구매(외주)를 선택하는 것이 원가절감 측면에서 유리하며, 계절적 수요를 갖는 품목의 경우에도 외주가 유리한 경우가 많다.

지속적으로 대량생산을 해야 하는 경우에는 자체생산이 바람직할 것이다. 자체 생산시설이 있는 경우에는 시설의 감가액까지도 고려하여 한계비용을 평가한 후 결정하여야 한다.

4) 생산능력 측면

자체 보유시설과 생산인력 등의 생산능력을 초과하는 수요에 대해서도 외주생산이 필요하다. 또한 납기 단축요구, 긴급주문, 일시적 주문, 불규칙한 수요에 대해서도 외주생산을 고려할 수 있다.

(2) 집중구매와 분산구매 결정

1) 본사 집중구매와 사업장별 분산구매

기업이 여러 사업장을 가지고 있는 경우에는 본사에서 기업전체의 구매를 통합하여 진행할 수 있으며, 각 사업장별로 스스로 구매하거나 본사와 사업장이 협력하여 품목에 따라 분리하여 구매하는 경우가 있다.

본사 집중구매가 유리한 품목은 대량구매품목, 고가품목, 공통 또는 표준품목 등이며, 사업장별 분산구매가 유리한 품목은 지역성 품목, 소량구매품목 등을 들 수 있다.

본사 집중구매와 사업장별 분산구매의 장점은 다음과 같이 요약될 수 있다.

본사 집중구매	사업장별 분산구매
• 대량구매로 가격이나 거래조건을 유리하게 정할 수 있음 • 공통자재를 일괄 구매하므로 단순화, 표준화하기가 쉽고 재고량이 감소 • 전문적인 구매지식과 구매기능을 효과적으로 활용 • 구매절차의 일관성 확보 및 구매비용 절감 • 구매가격 조사, 공급자 조사, 구매효과 측정 등 구매분석 용이	• 각 사업장별 구매진행으로 구매수속이 간단하고 구매기간 단축 • 긴급수요의 경우에는 유리 • 지역구매가 많으므로 물류비가 절감 • 해당 지역과 호의적인 관계를 유지

2) 거래처 집중구매와 분산구매

소수의 거래처로부터 집중구매하는 장점은 가격과 구입조건을 유리하게 결정할 수 있다는 것이며, 구입절차가 복잡한 구매의 경우 소수 거래처와 거래하는 것이 구매시간을 단축할 수 있다. 반면 분산구매는 구매기회를 안정적으로 유지할 수 있으며, 거래처간 감시와 경쟁에 의하여 구매효율과 구매윤리를 유지할 수 있다.

2.2 구매계획

구매계획을 수립할 때는 가격추세, 대용자재, 생산계획, 재고수량, 구매량 및 구매시기, 조달소요시간, 납기 등을 고려한다. 구매수량은 경제적 주문량(EOQ) 등을 이용하여 구매단가의 절감을 목표로 결정하여야 한다. 구매물품의 특성에 대하여 설계자, 구매자, 생산자, 공급자 간의 견해가 다른 경우가 많으므로 품질 규격을 표준화하고 측정 가능하도록 객관화하여 품질규격을 사전에 결정할 필요가 있다.

(1) 구매절차

구매계획의 실행을 위하여 구매과정은 구매담당자의 다양한 전문지식을 필요로 한다. 일반적인 구매절차는 다음의 과정으로 진행된다.

> 구매청구 → 공급자파악 → 견적 → 내부검토 및 승인 → 계약 → 발주서 → 물품납입 → 검수 및 입고 → 구매결과 내부통보 → 구매대금 결제

발주서에는 발주과정에서 관리하여야 할 사항을 포함하여야 한다. 중점적인 내용은 공급업체, 가격(단가), 납기일자, 수량, 기타 공급계약사항 등이며, 공급계약사항으로는 품질, 대금지불조건, 결제기간, 추가지원사항 등을 들 수 있다.

(2) 구매방법

구매방법은 구매시기와 구매목적 등에 따라 다음과 같이 구분된다.

1) 수시구매

구매청구가 있을 때마다 수시로 구매하여 공급하는 방식이며, 과잉구매를 방지하고 설계변경 등에 대응하기가 용이한 장점이 있다. 계절품목 등 일시적인 수요품목 등에 적합하다.

2) 예측구매(또는 시장구매)

미래 수요를 예측하여 시장상황이 유리할 때 일정한 양을 미리 구매하여 재고로 보유하였다가 생산계획이나 구매청구에 따라 재고에서 공급하는 방식이며, 계획구매로 조달비용을 절감하고 수량할인, 수송비의 감소 등 경제적인 구매가 가능하다. 생산시기가 일정한 품목 또는 항상 비축이 필요한 상비 저장품목 등에 적합하다.

3) 투기구매

가격인상을 대비하여 이익을 도모할 목적으로 가격이 낮을 때 장기간의 수요량을 미리 구매하여 재고로 보유하는 구매방식이다. 계속적인 가격상승이 명백한 경우에는 유리하지만 가격동향의 예측이 부정확하면 손실의 위험이 크다.

4) 장기계약구매

특정 품목에 대해 수립된 장기 생산계획에 따라 필요한 자재의 소요량을 장기적으로 계약하여 구매하는 방법이다. 자재의 안정적인 확보가 중요할 때 적용가능하며 계약방법에 따라 낮은 가격이나 충분한 수량의 확보가 가능하다.

5) 일괄구매

소량 다품종의 품목을 구매해야 하는 경우 품목별로 구매처를 선정하는데 많은 시간과 노력이 소모된다. 이 경우 품종별로 공급처를 선정하여 구매 품목을 일괄 구매함으로써 구매시간과 비용을 절감하고 구매절차를 간소화하는 방법이다.

03 구매실무

3.1 시장조사와 원가분석

(1) 시장조사

시장조사는 구매시장의 정보를 수집하고 분석하는 과정이며, 공급자 선정 및 구매계약 과정에서 주도적인 협상과 적극적인 구매활동을 가능하게 하는 매우 중요한 기능이다. 시장조사는 구매가격, 품질, 조달기간, 구매수량, 공급자, 지불조건 등을 결정하기 위한 정보를 수집하여 합리적으로 구매계획을 수립하도록 하는 목적을 갖는다.

시장조사 방법은 직접조사와 간접조사가 있다. 직접조사는 해당 기업이나 판매시장에서 각종 자재의 시세와 변동에 대하여 직접 조사하는 것이며, 간접조사는 신문, 관련 잡지, 협회 및 조합 등 정부기관에서 발간되는 간행물을 통하여 파악할 수 있다.

(2) 원가분석

1) 원가분석의 목적

구매품목에 대한 구매원가의 분석은 시장가격의 적정성을 판단하고 적정한 구매가격을 결정하기 위해서 필요하다. 나아가 구매원가는 구매예산 편성, 매출원가 산정, 판매이익 계산, 재무제표 작성 등에 많은 영향을 미친다.

2) 원가의 구분
① 원가의 3요소
    ㉠ 재료비: 제품 제조를 위하여 투입되는 재료의 원가로서 원·부재료, 매입부품, 소모품 등이 대표적이다.
    ㉡ 노무비: 제품 제조에 투입된 노동력의 대가로서 임금, 급료, 잡급 등이다.
    ㉢ 경비: 제품 제조를 위하여 재료비와 노무비 이외에 계속적으로 지출된 비용으로서 전력비, 운반비, 감가상각비, 보험료, 연구개발비, 세금과공과, 지급수수료 등이다.

② 직접비와 간접비
    ㉠ 직접비: 제조과정에서 단위제품에 직접 투입된 비용으로서 제품단위 원가로 추적이 가능해 직접 배분할 수 있어 직접원가라고도 한다. 직접재료비, 직접노무비, 직접경비로 구분된다.

ⓛ 간접비: 다수 제품의 제조과정에 공통적으로 소비된 비용으로 생산된 제품에 인위적으로 적당하게 배분하는 간접원가이다. 간접재료비, 간접노무비, 간접경비로 구분된다.

③ 변동비와 고정비

㉠ 변동비: 생산량 또는 판매량, 즉 조업도의 증감에 따라 비례적으로 증감하는 비용이다. 직접재료비, 직접노무비 등이 대표적이다.

㉡ 고정비: 생산량 또는 판매량, 즉 조업도의 증감과는 상관없이 항상 일정하게 지출되는 비용이다. 감가상각비, 보험료, 지급임차료 등이 대표적이다.

3) 원가의 구성

① 직접원가 = 직접재료비 + 직접노무비 + 직접경비
② 제조원가 = 직접원가 + 제조간접비
③ 판매원가(총원가) = 제조원가 + 판매비와 관리비
④ 매출가(판매가) = 판매원가 + 이익

(3) 원가의 분류

1) 표준원가

표준원가는 공정상에서의 어떠한 원가손실도 가정하지 않으며, 최적의 제조환경에서 설계도에 따라 가장 이상적으로 제조과정이 진행된 경우에 구성되는 이론적인 원가이다.

2) 예정원가

예정원가는 과거 제조경험을 고려하고 향후 제조환경을 반영하여 미래에 산출될 것으로 기대하는 추정원가이다. 공급자가 입찰 또는 견적에서 제시하는 가격은 이 예정원가를 기초로 한다.

3) 실제원가

실제원가는 완제품의 제조과정에서 실제로 발생한 원가이다. 예정원가는 예상원가이나 실제원가는 확정원가이다. 또한 실제원가는 표준원가와 비교 및 분석되어 원가개선활동의 평가요소로 활용된다.

3.2 구매가격

(1) 가격결정 영향요인

구매가격은 매입원가의 대부분을 차지하므로 원가절감을 위하여 구매가격의 결정방식과 할인방법 등의 이해가 반드시 필요하다. 구매가격은 항상 변동되므로 구매가격의 결정을 위해서는 품목에 따라 기준가격을 설정하는 것이 필요한데, 시장에서 구매하는 시장품목의 기준가격은 시장조사를 통해 가격을 확인하고 가격변동 추세를 통계적으로 분석하여 기준가격을 설정할 수 있다. 외주품목의 기준가격은 재료비, 노무비, 경비, 관리비, 적정이익을 분석하고 적정가격을 추정하여 설정할 수 있다.

구매가격의 결정에 직접 영향을 주는 요인은 품질, 구매시점, 납기, 공급자, 구매방법, 유통경로, 지불조건 등이며, 발주 긴급성, 발주 반복성, 발주수량 등에 따라서도 구매단가가 변동된다.

(2) 가격결정 방식

구매가격은 판매가격 결정에 큰 영향을 미치므로 공급자의 판매가격결정 방법의 적정성을 평가하여 구매가격 협상에 반영하여야 한다.

1) 비용(원가) 중심적 가격결정

제품의 생산 또는 판매에 지출되는 총비용을 포함하고 목표이익을 달성할 수 있는 수준에서 가격을 결정하는 방식이다.

구분	내용
코스트 플러스 방식	제품원가에 판매비와 관리비, 목표이익을 가산함으로써 가격을 결정하는 방식
가산이익률 방식	제품단위당 매출원가에 적정이익이 가능한 가산이익률을 곱하여 가격을 결정하는 방식
목표투자이익률 방식	기업이 목표로 하는 투자이익률을 달성할 수 있도록 가격을 결정하는 방식
손익분기점분석 방식	손익분기점의 매출액 또는 매출수량을 기준으로 가격을 결정하는 방식

2) 구매자 중심적 가격결정

생산원가보다는 소비자의 제품에 대한 평가나 소비자들의 수요를 바탕으로 가격을 결정하는 방식이다.

구분	내용
구매가격 예측 방식	소비자의 구매의도, 구매능력 등을 고려하여 소비자가 기꺼이 지불할 수 있는 가격수준으로 결정하는 방식
지각가치 기준방식	소비자들이 직접 지각하는 제품의 가치를 물어보는 방법으로 소비자가 느끼는 가치를 토대로 가격을 결정하는 방식

3) 경쟁자 중심적 가격결정

경쟁환경을 고려하여 시장점유율을 높이기 위해 경쟁기업의 가격을 기준으로 가격을 결정하는 방식이다.

구분	내용
경쟁기업 가격기준 방식	자사의 시장점유율, 이미지, 제품경쟁력 등을 고려하여 판매이익보다는 경쟁기업의 가격을 기준으로 전략적으로 판매가격을 결정하는 방식
입찰경쟁 방식	입찰경쟁에서 경쟁자를 이기기 위하여 전략적으로 가격을 결정하는 방식

(3) 가격의 유형

1) 시중가격

시중가격이란 판매자와 구매자의 판단에 좌우되지 않고 시장에서 수요와 공급의 균형에 따라 가격이 변동하는 것으로, 시기나 환경에 따라 수요 또는 공급의 변동이 심한 야채, 어류, 꽃, 철광 등이다. 가격이 수시로 변동하므로 가격동향을 통하여 구입 시기를 결정하는 것이 유리하다.

2) 개정가격

개정가격이란 가격 그 자체는 명확히 결정되어 있지는 않으나 업계의 특수성이나 지역성 등으로 자연히 일정한 범위의 가격이 정해져 있는 것으로 판매자가 그 당시의 환경과 조건에 따라 가격을 정한다는 성격이 있다. 예컨대 자동차 업계에서 모델 변경 전·후의 판매가격 등이 해당된다.

3) 정가가격

정가가격이란 판매자가 자기의 판단으로 결정하는 가격이며, 서적, 화장품, 약국, 맥주 등과 같이 전국적으로 시장성을 가진 상품에 주로 적용한다.

4) 협정가격

협정가격이란 판매자 다수가 서로 협의하여 일정한 기준에 따라 가격을 결정하는 것으로서 일반적으로 공공요금 성격을 갖는 교통비, 이발료, 목욕료 등 공정거래를 위해 설정된 각종 업계의 협정가격이 있다.

5) 교섭가격

교섭가격이란 거래당사자 간의 교섭을 통하여 결정되는 가격으로 건축공사, 주문용 기계설비, 광고료 등이 이에 해당한다. 거래품목, 거래조건, 기타 거래환경에 따라 가격이 차이가 날 수 있으므로 교섭기술이 가격결정에 크게 영향을 미친다.

(4) 가격할인 방식

가격할인이란 고객을 확보하고 판매를 증진시키기 위한 차별적 가격정책의 한 유형이다. 효과적인 구매를 위해서는 다양한 가격할인 방식을 이해하고 적절한 구매조건을 제시하여 가격 교섭력을 높여야 한다.

1) 현금할인 방식

매매계약 시 연불(대금지급일을 연기) 또는 어음지불을 대금결제 조건으로 하거나 장기결제 등이 관례화되어 있는 경우에 지불기일 이전에 판매대금을 현금으로 지불하는 거래처에게 판매가의 일부를 차감해주는 방식이다. 할인폭의 결정은 일반적으로 이자, 수금비용, 대손손실 예측비 등에 해당하는 금액이며, 현금지불 거래처를 우대하고 자본회전율을 높이는 장점이 있다.

① 선일부현금할인(advanced dating)

거래일자를 늦추어 기입하여 대금지불 일자를 연기하여 현금할인의 기산일을 실제 거래일보다 늦추어 잡게 되는 방식이다. 예컨대 거래일이 10월 1일인 경우 거래일자를 10월 15일로 기입하고 '3/10 advanced'를 결제조건으로 하면 할인기산일로부터 10일 이내, 즉 10월 25일까지만 지불이 되면 3%의 현금할인이 적용되도록 하는 방식이다.

② 특인(특별)기간현금할인(extra dating)

할인판매 등의 특별히 인정된 기간 동안 현금할인기간을 추가로 적용하는 방식이다. 예컨대 '4/10-30 days extra'로 결제조건이 표시되는 경우는 거래일로부터 10일 이내의 현금지불에 대하여 4% 할인을 인정하며, 특별히 추가로 30일간 할인기간을 연장한다는 의미로서 거래일로부터 총 40일간 현금할인이 적용되는 방식이다.

③ 구매당월락현금할인(EOM : End of Month dating)

구매당월은 할인기간에 산입하지 않고 익월부터 시작하는 방식이다. 예컨대 3월 25일 거래일의 결제조건이 '3/10 EOM'인 경우 3%의 할인을 받으려면 4월 10일까지 대금을 지불하면 된다. 관습상 25일 이후의 구매는 익월에 행해진 것으로 간주되어 그 할인기간이 익월의 1일부터 기산되어지는 것이 보통이다.

④ 수취일기준현금할인(ROG : Receipt of Goods dating)

할인기간의 시작일을 거래일로 하지 않고 송장(invoice)의 인수일을 기준으로 할인하는 방식이다. 무역거래 등의 원거리 수송이 필요할 때 구매거래처의 대금지급일을 연기해주는 효과가 있다. 예컨대 '4/10 ROG'인 경우 선적화물 수취일로부터 10일 이내에 현금지급일 경우 4% 할인이 적용되는 방식이다.

⑤ 선불기일현금할인(anticipation)

현금할인 이외에도 현금할인 만기일 이전에 선불되는 기일에 비례하여 이자율을 차감해주는 방식이다. 예컨대 30일 이내에 현금지불 시 2%의 현금할인과 더불어 이자율 1%의 선불금 할인을 적용하는 방식이다.

2) 수량할인 방식

일정 거래량 이상의 대량구매자에 대한 할인방식으로서, 대량판매의 경우 상품회전율이 높아져서 보관비용과 재고투하자본비용이 절감되므로 그 비용의 절감분을 고객에게 환원시키는 할인방식이다. 수량할인은 실질적인 판매가격 할인효과가 있어 대량구매와 계속구매를 권장하는 판매효과가 나타날 수 있다.

① 비누적수량 할인과 누적수량 할인

비누적수량 할인은 1회 구매량을 기준으로 기준수량 이상을 일시에 구입할 때 판매금액의 일부를 할인하는 방식이다. 반면 누적수량 할인은 일정기간 동안의 총 구매량이 기준수량 이상일 때 적용하는 수량할인이다. 누적수량 할인에 비하여 비누적수량 할인이 비용의 절감효과가 크므로 비누적수량 할인 방식이 수량할인의 본래 목적에 더욱 적합한 방법이라고 할 수 있다.

② 품목별 할인과 종합적 할인

품목별 할인은 어떤 품목이 부피, 무게, 성질, 취급방법 등의 그 특성 때문에 판매과정에서 많은 비용이 발생할 때 판매비 절감효과가 큰 특정 품목에 대하여 수량할인을 적용하는 방법이다. 반면 총합적 할인은 판매비절감 차이가 품목별로 구분하기 어려운 유사한 품목으로 구성된 경우 적용하는 총 판매량에 대한 수량할인 방식이다.

③ 판매금액별 할인과 판매수량별 할인

판매금액 또는 판매수량의 단계별로 할인율을 다르게 적용하는 방식이다. 예를 들면 판매금액별 할인은 100만 원 미만까지는 할인율 0%, 100~200만 원 2%, 200만 원 이상은 3% 적용 등이다. 판매수량별 할인은 판매금액 대신 판매수량을 적용하는 방법이다. 한편 판매수량별 할인방식은 판매금액별 할인방식에 비하여 상품가격이 변화에 따라 할인금액 단계와 할인율을 조정할 필요가 없으므로 보다 적용이 수월할 뿐만이 아니라 할인율의 판매이익 기여효과에 대한 분석도 분명해지는 장점이 있다.

3.3 공급자 선정

효율적인 구매를 위해서는 구매목적에 적합한 공급자를 선정하는 것이 매우 중요한 전제 조건이 된다. 최적의 공급자는 가격·품질·납기·거래조건 등에서 구매자가 요구하는 기대수준 이상의 조건, 즉 낮은 가격, 불량률, 납기준수율, 결제조건, 기타 사후관리 등을 충족하는 공급자라고 할 수 있다. 공급자를 선정하는 방법은 평점 방식과 경쟁 방식이 있다.

(1) 평점 방식

평점 방식은 공급자에 대한 여러 가지 평가요소를 마련하고 각 평가기준을 측정할 수 있는 평가항목과 평가기준이 포함된 평가표에 의하여 평가대상 기업들을 평가한 후, 최고의 평가점수를 받은 기업을 공급자로 선정하는 방식이다. 이 방식은 다양한 평가요소를 이용하여 평가하므로 종합적이고 객관적인 평가가 가능하다는 장점을 가진다.

(2) 경쟁 방식

1) 일반경쟁 방식

구매대상 물품의 규격, 시방서, 구매조건 등의 내용을 널리 공고하여 일정한 자격을 가진 불특정 다수인의 입찰 희망자를 모두 경쟁 입찰에 참여시켜 구매에 가장 유리한 조건을 제시하는 공급자를 선정하는 방법이다. 입찰이란 다수의 경쟁자가 낙찰희망 예정가격을 기입한 신청서를 각자 제출하게 하여 그 중에서 최저 판매가 등을 제시한 입찰자를 선정하는 방법이다.

2) 지명경쟁 방식

구매담당자가 과거의 신용과 실적 등을 기준으로 하여 공급자로서 적합한 자격을 갖추었다고 인정하는 다수의 특정한 경쟁참가자를 지명하여 경쟁 입찰에 참가하도록 하는 방법이다. 이 방식은 신용, 실적, 경영상태가 우량한 공급자를 지명할 수 있으므로 구매 계약이행에 대한 신뢰성을 확보하고 구매계약에 소요되는 비용과 절차를 간소화할 수 있는 장점이 있으며, 특히 긴급구매에 적합하다. 한편 입찰참가자를 지명함에 있어 공정성을 염두에 두고 지명에 신중을 기하여야 한다.

3) 제한경쟁 방식

입찰참가자의 자격을 제한하지만 자격을 갖춘 모든 대상자를 입찰참가자에 포함시키는 방법이다. 일반경쟁 방식과 지명경쟁 방식의 중간적 성격으로서 두 방식의 단점을 보완하고 경쟁의 장점을 유지시켜 구매 목적을 효과적으로 달성하기 위한 방법이다.

4) 수의계약 방식

수의계약은 경쟁 입찰 방법에 의하지 않고 특정 기업을 공급자로 선정하여 구매계약을 체결하는 방법이다. 구매 품목을 제조하는 공급자가 유일한 경우, 구매조건을 이행할 수 있는 능력을 갖춘 경쟁자가 없는 경우, 구매금액이 소액인 경우, 또는 경쟁 입찰을 할 수 없는 특별한 상황인 경우 등의 특수한 사정이 있는 경우에 한하여 적용할 수 있다.

수의계약의 장·단점을 요약하면 다음과 같다.

장점	단점
• 절차가 간편하고 구매계약 과정에서 발생하는 비용과 인원을 절감할 수 있다. • 신용이 확실하고 안정적인 공급자를 선정할 수 있다. • 공급금액에 대하여 협의가 가능하므로 공급단가가 시중물가 급등에 크게 영향을 받지 않는다.	• 공급자를 선정할 때 공정성을 잃기 쉽고 정실 계약이 될 수 있다. • 계약과정에 대한 의심을 받기 쉽다. • 불합리한 가격으로 계약이 체결될 수 있다. • 좋은 조건을 제시하는 다른 공급자를 선정할 기회가 상실된다.

3.4 구매계약

구매계약은 매매당사자간에 매매의사를 합의함으로 성립되는 법률적 행위이다. 모든 구매에서 구매계약을 반드시 해야 하는 것은 아니지만 거래금액이 클 경우, 장기간의 포괄적 거래내용을 정해야 할 필요가 있을 경우, 혹은 특별한 계약내용을 추가해야 하는 경우에는 계약의 근거를 확인하고 분쟁의 발생을 방지하기 위하여 매매계약서를 작성하는 것이 바람직하다.

(1) 구매계약의 성립

일반적으로 매매당사자가 매매계약서를 서로 교환하거나 계약서가 상대방에게 전달되면 계약이 성립된다. 또한 구매담당자의 구매통지나 주문서 전달만으로도 매매상대방이 매매를 승낙한다면 계약이 성립된 것으로 법률에 의해 규정되고 있다. 따라서 구매승낙 후의 계약서의 작성은 이미 성립한 계약내용을 문서화하는 형식적인 행위에 불과하지만 향후 거래과정에서 수량, 품질, 납기, 기타 거래조건에 대하여 문제가 발생할 가능성이 있을 경우에는 구매계약서를 작성하여 두는 것이 바람직하다. 한편 구매계약에 대한 해제는 이미 발생된 행위를 소급하여 무효로 함을 의미하며, 해지는 미래에 대해서만 법률적 효력을 무효로 함을 말한다.

(2) 거래조건

구매계약에서 구매조건은 다양한 내용을 포함할 수 있으며, 대표적인 거래조건에는 다음과 같은 사항을 들 수 있다.

- 대금지급 방법
- 가격인하 또는 할인내용
- 선급금 또는 전도금
- 물품 인도장소
- 하역·수송 방법 등

구매계약 시 총 계약금액을 결정할 때 총액 방식, 개별가격 방식, 희망수량 가격 방식 등을 이용하며, 계약수량을 기준으로 할 때에는 확정수량 방식이나 개산수량(수량을 계략적으로 계산) 방식에 의하여 계약금액을 결정하기도 한다.

제**3**부

생산이론

제 1 장

생산계획 및 통제

NCS 학습을 위한 능력단위 확인하기

능력단위	수준	능력단위 요소
작업계획수립 (0204010304_23v3)	5	작업 투입계획 수립하기 (0204010304_23v3.1)
		작업부하 조정하기 (0204010304_23v3.2)
		작업 진도관리하기 (0204010304_23v3.3)

01 생산관리의 이해

1.1 생산관리의 의의

(1) 생산관리의 개념

생산관리란, 생산시스템의 생산효율을 극대화할 수 있도록 생산활동이나 생산과정을 관리하는 것이다. 즉 생산시스템을 계획·지휘·조정·통제함으로써 생산효율을 극대화시키는 일련의 관리활동을 의미한다.

여기서 생산(production)이란 생산 요소(투입물)를 유·무형의 경제제(산출물)로 변환시킴으로써 효용을 산출하는 과정이다.

기업은 이와 같이 생산·운영관리 활동을 통해서 고객의 요구를 충족시킬 수 있도록 특정의 제품을 적정하게 만들어야 하며, 나아가 얼마의 원가로 만들 것인지에 관한 기업 내부적 요구를 동시에 충족시켜야 한다.

이러한 일련의 생산관리를 통해 기업은 보다 양질의 제품을 보다 신속하고 저렴하게 생산할 수 있게 된다.

(2) 생산관리의 목표

생산관리의 목표는 생산성과 경제성의 향상에 있다. 생산시스템은 일종의 투입-산출 시스템이다.

생산·운영관리는 이러한 시스템을 효율적으로 관리함으로써 투입에 대한 산출의 비율을 극대화하고자 하며, 산출물을 물량으로 표현할 때에는 생산성이 되지만 가치액으로 표현하면 경제성의 향상이 된다.

생산·운영관리의 구체적 목표는 다음과 같이 원가(비용), 품질, 시간(납기), 유연성으로 구분할 수 있다.

1) 원가(비용) - 최소의 원가 목표이다.

생산에 투입되는 재료비, 노무비, 제조경비를 적절하게 통제하며, 생산효율화를 위해 완제품과 원자재의 재고는 최소한으로 유지한다.

2) 품질 - 최고의 품질 목표이다.

높은 품질이란 경쟁업체의 품질보다 월등히 높고 비싼 가격에도 불구하고 잘 팔릴 수 있을 만큼 충분히 좋은 품질로 정의된다.

3) 시간(납기) - 최단의 시간 목표이다.

고객이 원하는 시간과 장소에 제품이나 서비스를 인도할 수 있는 생산의 능력을 의미한다.

4) 유연성 - 최대의 유연성이다.

수요의 변동에 따라 생산수량을 신속히 조절할 수 있고, 소비자의 요구나 취향에 맞추어 신속하게 신제품을 개발하거나 제품디자인을 다양하게 변경할 수 있는 능력을 말한다.

1.2 생산성

(1) 생산성의 개념

생산성(productivity)이란 제품 생산이나 서비스 제공에 있어 투입대비 얼마만큼의 산출이 이루어졌는지를 나타내는 지표, 즉 생산을 위해서 투입된 재화와 용역에 대한 생산효과 또는 산출액의 비율로서 생산활동에 투입된 모든 경제적 자원의 효율성을 의미한다.

> 생산성 = 산출량 ÷ 투입량

(2) 생산성의 측정

생산성 측정은 단일의 투입요소로 측정되는 부분생산성, 두 가지 이상의 투입요소로 측정되는 다요소생산성, 모든 투입요소로 측정되는 총요소생산성 등으로 측정될 수 있다. 생산성 척도는 주로 측정목적에 따라 다음의 예와 같이 다르게 선택된다. 예컨대 측정목표가 노동생산성이라면 노동력이 주된 투입척도가 된다.

┃생산성 측정 유형의 예┃

부분 척도	산출량 ÷ 노동, 산출량 ÷ 기계, 산출량 ÷ 자본, 산출량 ÷ 에너지
다요소 척도	산출량 ÷ (노동 + 기계), 산출량 ÷ (노동 + 기계 + 자본)
총요소 척도	제품 혹은 서비스 ÷ 생산활동에 사용된 모든 투입량 생산된 모든 산출물 ÷ 사용된 모든 투입물

┃ 부분생산성 척도의 예 ┃

노동생산성	• 노동 시간당 산출량 • 교대 횟수당 산출량 • 노동 시간당 부가가치 • 노동 시간당 산출물의 화폐가치
기계생산성	• 기계작동 시간당 산출량 • 기계작동 시간당 산출물의 화폐가치
자본생산성	• 투자된 화폐 단위당 산출량 • 투자된 화폐 단위당 산출물의 화폐가치
에너지생산성	• 전력사용 시간당 산출량 • 전력사용 단위당 산출물의 화폐가치

실무예제

[생산성]

1) 3명의 작업자가 8시간 동안 페인트 공사 1,200㎡를 완성하였다.

노동생산성 = 페인트 공사 규모 / 작업시간
= 1,200㎡ / (3명 × 8시간)
= 50㎡ / 시간

2) 2대의 기계가 5시간 동안 1,000개의 부품을 생산하였다.

기계생산성 = 부품생산량 / 생산시간
= 1,000개 / (2대 × 5시간)
= 100개 / 시간

실무예제

[생산성 향상]

10시간의 작업시간을 들여 제품 10개를 만들었는데, 공정을 개선하여 제품 1개당 작업시간을 20% 단축시켜 같은 양의 제품을 생산할 수 있다면 이 회사의 생산성은 얼마나 향상되었는가?

• 10시간에 10개 생산하면 시간당 1개 생산
• 8시간(작업시간 20% 단축)에 10개 생산하면 시간당 1.25개 생산
생산성 향상 = (1.25 - 1) ÷ 1 = 0.25(25% 향상)

02 생산시스템

2.1 생산시스템의 기본구조

생산시스템은 생산목표를 달성하기 위해 각종 자원을 효율적으로 결합하여 제품이나 서비스를 만들어 내는 것을 의미한다. 다음의 도표와 같이 생산시스템은 기본적으로 투입, 변환과정, 산출, 피드백이라는 구조이다.

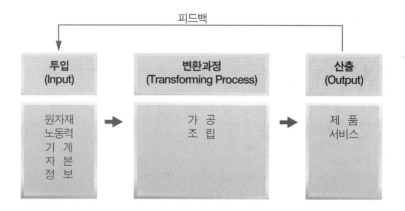

2.2 생산시스템의 설계

생산시스템 설계는 다음과 같이 제품설계, 공정설계, 생산능력 결정, 입지선정, 설비배치, 작업설계 및 측정의 단계로 진행되며, 때로는 다음 단계의 결정이 앞의 단계에 영향을 미치기도 한다.

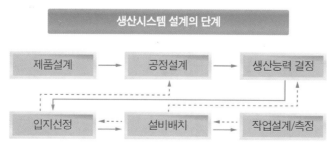

※ 실선은 단계를 나타낸다. 그러나 점선과 같이 뒷 단계의 결정이 앞의 단계에 영향을 미치기도 한다.

① 제품설계: 고객의 요구사항, 경쟁제품, 시장상황 등을 분석하여 무엇을 생산할 것인가를 결정한다.

② 공정설계: 제조방식을 결정하는 것으로 어떻게 생산할 것인가를 결정한다. 생산공정은 프로젝트 공정, 배치생산 공정, 대량생산 공정, 연속생산 공정 등으로 구분된다.

③ 생산능력 결정: 일정기간 동안 특정한 조직이 만들어낼 수 있는 최대의 생산량을 결정한다.

④ 입지선정: 제품을 생산하는 물리적 공간의 결정은 생산투입요소의 공급비용을 최소화하여야 한다.

⑤ 설비배치: 제품생산을 위한 자재의 흐름, 고객에게 서비스를 제공하기 위한 업무흐름에 따라 시설을 배치한다.

⑥ 작업설계 및 측정: 각 공정 내에서 개별 작업 하나에 대하여 작업내용과 작업방법을 결정한다. 작업시간 측정은 동작연구(motion study)에 의해 특정 작업에 필요한 미세한 동작을 분해한 다음, 시간연구(time study)에 의해 동작에 소요되는 시간을 측정하여 표준작업시간을 도출한다.

(2.3) 생산시스템의 유형

생산시스템의 기본구조를 바탕으로 생산시스템과 공정을 설계할 때, 생산방식이나 제조전략에 따라 다음과 같이 분류할 수 있다.

(1) 생산방식에 따른 분류

1) 프로젝트(Project Shop) 생산방식

건물이나 교량, 선박 등의 경우에 생산 장소의 제한을 받으며, 제품은 고정되어 있고 자재 투입 및 생산공정이 시기별로 변경되는 이들은 제조의 개념보다는 구축의 개념이 적합한 제품들이다.

제품구조를 중심으로 한 BOM을 만들 수는 있으나, 한번밖에 사용되지 않기 때문에 MRP를 적용하기에는 비효율적이다.

이 방식에서는 작업분류체계(WBS: Work Breakdown Structure)에 기초하여 각 행위의 전후관계와 소요기간을 활용한 전통적 스케줄링 방식인 PERT/CPM 기법이 주로 사용된다.

2) 개별(Job Shop) 생산방식

항공기, 치공구, 가구, 기계장비 등 개별주문에 의한 방식이다. 소량생산이 이루어지므로 공장의 구성이 유동적이다.

작업장은 여러 종류의 부품을 가공해야 하므로 범용성 있는 장비가 사용되며, 비슷한 기술이나 장비를 기준으로 만들어진다. 작업 대상물이 필요한 작업장으로만 이동되며 제품이나, 생산량의 변경이 비교적 용이하나 재공 재고가 많다.

3) 반복 생산방식

자동차, 텔레비전, 카메라, 컴퓨터 등 주로 반복생산이 이루어지고 있는 제품으로써 대량데이터 처리, 시간단축 등으로 효율화시킨 MRP가 적용되고 있으며, 부품조달과 절차개선에 JIT 기법이 광범위하게 이용되고 있다.

4) 흐름(Flow Shop) 생산방식

액체, 기체, 혹은 분말 성질을 가진 석유, 화학, 가스, 음료수, 주류, 철강 등의 제품에 적용된다.

즉 한두 종류의 원자재가 파이프라인을 통해 공정으로 이동되고, 각 공정의 옵션에 따라 몇 가지의 제품을 생산하는 방식이다. 반복생산보다 더 많은 자동화가 이루어져 거의 작업자의 손을 거치지 않는다.

개념 익히기

Job Shop, Flow Shop, Project Shop의 특징

Job Shop(개별생산)	Flow Shop(흐름생산)	Project Shop
• 단속생산 • 주문에 의한 생산 • 범용기계 • 공정별 기계배치 • 큰 유연성 • 숙련공 • 공장 내의 물자이송(물류)량이 큼	• 연속생산 • 특수기계의 생산라인 • 적은 유연성 • 물자이송(물류)량이 적음 • 전용기계 • 제품별 배치 • 비숙련공도 투입 • 대량 및 재고생산 (make-to-stock)	• 제품은 고정 • 설비나 작업자가 이동

(2) 제조전략에 따른 분류

1) 계획생산(MTS: Make-To-Stock)

Make-To-Stock은 주로 생산계획에 의해 운영되는 Push System으로 완제품을 재고로 가지고 있다가 고객의 주문에 맞추어 공급하는 전략이다. 대부분의 공산품은 이러한 전략으로 생산된다.

Make-To-Stock으로 생산되는 제품들은 일반적으로 저가품이며, 소품종 대량생산 제품으로 다양한 옵션을 가지고 있지 않다.

2) 주문생산(MTO: Make-To-Order)

Make-To-Order는 고객의 주문에 의해 운영되는 Pull System으로 고객의 주문이 들어오면 원자재의 가공, 반제품의 생산 및 완제품의 조립이 이루어지는 형태이다. 고객의 주문이 접수되기 전에는 고객의 요구사항을 정확하게 파악할 수 없기 때문에 주문접수 후 일정, 수량, 자재 등이 결정된다.

따라서 다품종 소량생산 형태를 띠게 된다.

3) 주문조립생산(ATO: Assemble-To-Order)

Assemble-To-Order는 주문생산(MTO)의 일종으로 반제품을 재고로 보관하고 있다가, 고객의 주문에 맞추어 조립한 후에 제품을 공급하는 전략이다.

주로 자동차와 같이 옵션의 종류가 많고 고가인 제품의 생산전략으로 이용된다.

4) 주문설계생산(ETO: Engineer-To-Order)

Engineer-To-Order는 주문생산(MTO)의 일종으로 고객의 주문이 들어오면, 설계부터 시작해서 자재의 구입, 생산 및 조립을 하는 생산전략이다.

주로 항공기, 선박 그리고 금형 등 고가제품이면서 고객의 요구사항이 설계단계에 반영되어야 하는 제품의 생산에 이용된다.

이러한 생산전략은 해당 업체가 생산 제품별로 다르게 선택할 수도 있으며, 복수의 전략을 선택할 수도 있고, 제품의 수명주기 상에서 어떤 위치에 있는가를 기준으로 시점에 따라 생산전략을 다르게 선택할 수도 있다.

개념 익히기

계획생산(MTS)과 주문생산(MTO)의 비교

구분	계획생산(MTS)	주문생산(MTO)
운영방식	수요예측	고객주문
운영시스템	Push System	Pull System
주요 관심대상	수요예측, 생산계획, 재고관리	납기준수

(3) 제품의 수명주기(Life Cycle)에 따른 구현전략

신제품이 출시되면서 서서히 성장하다가 성숙기를 거쳐 쇠퇴기에 접어들게 된다. 제품의 출시부터 생산 및 판매중단까지를 제품의 수명주기(life cycle)라고 한다.

제품의 수명주기는 도입기, 성장기, 성숙기, 쇠퇴기로 구분되는데, 생산되고 있는 제품이 현재 수명주기 상에서 어떤 위치에 있는가를 기준으로 각 시점에 따른 전략을 구현하여야 한다.

구분	구현전략
도입기(Introduction)	• R&D, 제품과 공정설계(비용, 일정관리) • 공급자를 고려한 공급망 설계
성장기(Growth)	• 예측(예측오차, 시간과 비용의 최소화) • 생산능력의 전략적 결정
성숙기(Maturity)	• 경쟁기업의 출현 • 기술과 제품의 혁신이 필요 • 원가와 품질의 경쟁력 확보
쇠퇴기(Decline)	• 제품의 단종이 타 제품군에 미치는 영향 분석 후 생산규모 축소 및 철수를 전략적으로 판단

03 수요예측

수요예측은 기업 외부환경과 기업내부 생산자원 활용의 관계를 연결시켜 주면서 경영계획의 기초가 되므로 경영활동에서 매우 중요하다. 특히 판매에 대한 수요예측은 재고계획의 기초가 되어 생산계획을 세우는 데에 중요한 역할을 한다.

수요예측이란 재화나 서비스에 대하여 일정 기간 동안에 발생할 가능성이 있는 모든 수요(잠재＋현재(유효)수요)의 규모를 추정하는 것이다.

3.1 수요예측 방법

예측방법은 다음의 도표와 같이 크게 정량적 방법과 정성적 방법 두 가지로 구분된다. 정량(계량)적 방법은 계량화된 객관적인 자료를 이용하는 방법이며, 정성적 방법은 객관적인 자료가 없을 경우에 체계적으로 개인의 판단과 의견을 종합하여 분석하는 방법이다.

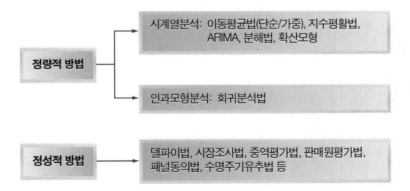

(1) 정량(계량)적 방법

1) 시계열분석

시계열분석 방법은 시간의 흐름에 따라 일정한 간격마다 기록한 시계열 데이터를 분석하여 예측하는 방법으로, 주로 단기 및 중기예측에 이용된다. 대표적으로 이동평균법, 지수평활법, ARIMA, 분해법, 확산모형 등의 방법이 있다.

시계열 데이터에는 다음과 같은 변동요인이 포함되어 있으므로 분석과정에서 반드시 고려되어야 한다.

- 경향 및 추세변동: 오랜 기간 동안의 수요 경향 또는 추세적으로 나타나는 장기적인 변동
- 순환변동: 경기변동 등과 같이 1년 이상의 기간에 걸쳐 발생하는 일정한 주기의 변동
- 계절변동: 매년 반복되는 계절 변화에 따른 단기적인 변동
- 불규칙변동: 우발적으로 발생하는 불규칙적인 변동

① 이동평균법

일정 기간 동안의 제품 판매량을 기준으로 장기간의 평균적인 추세를 통해 수요를 예측하는 방법이다. 이동평균법은 과거 일정 기간의 실적치에 동일한 가중치를 부여하여 단순평균치로 계산되는 단순이동평균법과 일정 기간 중 최근의 실적치에 높은 가중치를 부여해 계산하는 가중이동평균법이 있다.

🔍 실무예제

단순이동평균법과 가중이동평균법의 계산

월간판매량이 다음과 같을 경우, 7월의 판매량 예측결과를 단순이동평균법과 가중이동평균법을 통해 계산하시오.

월	1월	2월	3월	4월	5월	6월	7월
판매량(개)	25	30	40	46	51	55	?

- 단순이동평균법
  7월의 예측판매량 = $(0.25 \times 40) + (0.25 \times 46) + (0.25 \times 51) + (0.25 \times 55) = 48$개
- 가중이동평균법
  7월의 예측판매량 = $(0.10 \times 40) + (0.20 \times 46) + (0.30 \times 51) + (0.40 \times 55) = 50.5$개

② 지수평활법

예측 대상제품의 모든 판매량 자료를 이용하여 최근의 자료일수록 더 큰 비중을, 오래된 자료일수록 더 작은 가중치를 부여하여 계산하고 그 추세를 통해 수요를 예측하는 방법이다. 이때 평활상수(계수) α값의 범위는 0≤α≤1이며, 평활상수 α값이 크면 최근의 변동을 더 많이 고려한다는 의미이고, α값이 작아지면 과거의 변동을 더 많이 고려한다는 의미이다.

- 당기예측치 = 지수평활계수(α) × 전기실적치 + (1－지수평활계수(α)) × 전기예측치
- 차기예측치 = 당기예측치 + 지수평활계수(α) × 최근의 예측오차(당기실적치－당기예측치)

> **실무예제**
>
> **지수평활법**
>
> 지난 8월은 총 500대의 컴퓨터를 판매하였으며, 8월의 판매예측치는 450대였다. 평활계수는 0.2일 경우에 9월의 예측치는 얼마인가?
>
> 당기예측치 = 지수평활계수(α) × 전기실적치 + (1 − 지수평활계수(α)) × 전기예측치
>
> $\qquad$ = 0.2 × 500 + (1 − 0.2) × 450
>
> $\qquad$ = 460대

③ ARIMA(Auto Regressive Integrated Moving Average)

판매자료 간의 상관관계를 분석하여 상관요인과 이동평균요인으로 구분하고, 이를 통해 수요를 예측하는 방법이다. 계절변화에 따른 수요변화 등을 분석하는데 주로 이용된다.

④ 분해법

과거 판매 자료가 갖고 있는 특성의 변화를 추세변동, 순환(주기)변동, 계절변동, 불규칙변동 등으로 구분하여 예측한 후 이를 종합하여 수요를 예측하는 방법이다. 계절성이 있는 소비재의 경우에는 오랜 기간의 과거자료를 이용하여 분석하는 것이 예측의 정확도를 높일 수 있다.

⑤ 확산모형

제품수명주기이론을 바탕으로 제품이 확산되는 과정을 혁신효과와 모방효과로 구분하여 추정하고 이를 통해 수요를 예측하는 방법이다. 과거 데이터의 수집이 불가능하거나 초기 데이터 일부만 활용이 가능한 상황일 때 제품수명주기 이론을 바탕으로 수요를 예측하며, 주로 신제품이나 신기술에 대한 수요예측에 많이 활용된다.

2) 인과모형분석

인과모형분석 방법에는 수요와 밀접하게 관련되어 있는 변수들과 수요와의 인과관계를 분석하여 선형모형을 만들어 수요를 예측하는 회귀분석법이 있다. 단일회귀분석과 다중회귀분석으로 구분되며, 회귀분석은 단기예측의 정확도는 떨어지나 중·장기예측에는 적합한 분석기법이다.

(2) 정성적 방법

1) 델파이(Delphi)법

예측하고자 하는 대상의 전문가그룹을 설정한 다음, 전문가들에게 여러 차례 질문지를 배부하여 의견을 수렴함으로써 수요를 예측하는 방법이다. 시간과 비용이 많이 드는 단점

이 있으나, 예측에 불확실성이 크거나 과거의 자료가 없는 경우 유용하여 제품수명주기 중 도입기에 적합한 수요예측 방법이다.

2) 시장조사법

설문지, 인터뷰, 전화조사, 시제품 발송 등 다양한 방법을 통해 소비자들의 의견 및 시장조사를 통하여 수요를 예측하는 방법이다.

- 소비자 실태조사에 의한 방법: 특정 지역에서 무작위로 추출된 소비자들에 대한 실태조사 결과를 이용
- 판매점 조사에 의한 방법: 전체 또는 특정지역의 판매점 중에서 일부를 무작위로 추출하여 조사한 결과를 이용

3) 중역 및 판매원평가법

회사의 주요 간부들의 의견을 모으거나 판매원들의 담당지역별 수요 예측치를 집계하여 전체 수요를 예측하는 방법이다. 특히 판매현장의 경험이 풍부한 영업담당자의 판단에 의한 판매예측은 단기·중기적 예측에 적합하다.

4) 패널동의법

경영자, 판매원, 소비자 등으로 패널을 구성하여 자유롭게 의견을 제시함으로써 예측치를 구하는 방법이다.

5) 수명주기유추법

신제품의 경우와 같이 과거자료가 없을 때 이와 비슷한 기존 제품이 과거 시장에서 도입기, 성장기, 성숙기를 거치면서 어떠한 수요패턴이었는지를 유추하여 수요를 예측하는 방법이다.

(3) 제품의 수명주기(Life Cycle)에 따른 수요예측 방법

제품의 수명주기 각 단계에 따라 적합한 예측 방법들을 사용하여야 신뢰성이 있는 예측 결과를 도출할 수 있다. 제품수명주기 단계별 적합한 예측 방법은 다음과 같다.

구분	수요예측 방법
도입기	정성적 방법(델파이법, 중역 및 판매원평가법, 시장실험법, 전문가 의견 등)
성장기	트랜드(추세)를 고려할 수 있는 예측방법(시장조사법, 추세분석 등)
성숙기	정량적 방법(이동평균법, 지수평활법)
쇠퇴기	트랜드(추세)를 고려할 수 있는 예측방법, 정성적 방법(사업규모 축소 및 철수여부 결정)

3.2 예측과정과 채찍효과

(1) 예측의 과정

일반적으로 예측은 다음의 7단계를 거치면서 진행된다.

① 예측의 목적과 용도
② 예측 대상 품목과 단위 결정
③ 예측 기간의 선정
④ 적합한 예측 기법의 선정
⑤ 필요한 자료의 수집
⑥ 예측의 시행
⑦ 예측치에 대한 검증(타당성, 정확성)

(2) 채찍효과(Bullwhip Effect)

1) 채찍효과의 개념

유통경로 상의 공급자들은 불규칙적인 주문량과 판매량 등의 경험으로 소비자들의 주문이 약간 늘면 소매상들은 소비자의 주문증가량 이상으로 도매상에게 주문을 하고, 도매상 역시 그 이상으로 주문하여 제조업체는 결국 엄청난 양을 생산한다는 것이다.

다시 말하면 소비자로부터 시작된 변화가 소매상과 도매상을 거쳐 제조업체로 넘어오면서 상당량이 부풀려진다는 것이다.

채찍효과는 구체적으로 다음의 두 가지 현상을 말한다.

- 공급망에 있어서 소매상 – 도매상 – 제조업체의 주문현상이 실제 소비자가 구매하는 소매점에서의 실제수요보다 더 큰 규모의 변화를 유도하는 현상(수요왜곡)
- 주문량의 변화가 공급망을 따라가면서 증대하는 현상(변화확산)

2) 채찍효과에 대한 대처방안

- 공급망 전반의 수요 정보를 중앙 집중화하여 불확실성을 제거
- 안정적인 가격구조로 소비자 수요의 변동 폭을 조정
- 고객 및 공급자와 실시간 정보 공유
- 제품생산과 공급에 소요되는 주문리드타임과 주문처리에 소요되는 정보리드타임 단축
- 공급망의 재고관리를 위하여 기업 간 전략적 파트너십 구축

생산이론

04 총괄생산계획

총괄생산계획(APP: Aggregate Production Plan)은 연간 예측수요를 만족시키기 위해 제품군별로 월별 생산수준, 인력수준, 재고수준 등을 결정하는 것이다. 즉 총괄생산계획은 기업이 수요나 주문의 시간적·수량적 요건을 만족시키기 위하여 생산 및 재고시스템의 능력을 전체의 입장에서 파악하여 조정해 나가는 계획이라 할 수 있다.

(4.1) 총괄생산계획의 전략

총괄생산계획이란 향후 약 1년(12개월)에 걸친 계획 대상기간 동안 변화하는 수요를 가장 경제적으로 충족시킬 수 있도록 월별로 기업의 전반적인 생산수준, 고용수준, 잔업수준, 하청수준, 재고수준 등을 결정하는 중기계획에 해당된다.

생산 및 재고시스템을 위한 총괄계획의 수립에 있어서 변화하는 수요에 어떻게 대처할 것인가를 전략적으로 결정하여야 한다. 수요변동에 능동적으로 대처하기 위해 대표적으로 다음과 같은 전략 변수들을 효과적으로 운용하여야 한다.

구 분	주 요 내 용
고용수준 변동	수요에 맞추어 인력의 규모를 조정해 나가는 전략이다. 고용의 불안정으로 숙련자의 채용이 어려울 수 있고, 사기저하로 능률이 떨어진다.
생산율 조정	인력의 규모는 일정하게 유지하되, 생산(이용)율을 조정하여 수요의 변동에 대비하는 전략이다. 조업단축 시 유휴에 따른 유휴비용 발생할 수 있다.
재고수준 조정	수요의 변동을 극복하기 위해 재고수준을 조정하는 전략이다. 과잉 시에는 재고유지비용, 폐기비용 등이 발생되고, 부족 시에는 납기지연에 따른 고객이탈과 기회비용 등이 발생될 수 있다.
하청(외주)	반제품 등의 공급을 외주업체에 의뢰하여 조달하는 전략이다. 외주업체의 품질 및 납기 일정을 통제하기가 힘들다.
설비확장	설비확장을 통해 생산량 증대를 도모하는 전략이다. 수요가 감소될 경우 유휴설비가 발생한다.

05 기준생산계획

기준생산계획(MPS: Master Production Scheduling)은 주생산계획, 주생산일정계획이라고도 하며, 총괄생산계획을 수립한 후에 보다 구체적으로 각 제품에 대한 생산시기와 수량을 나타내기 위해 수립하는 생산계획이다.

총괄생산계획은 수요예측과 생산능력을 고려하여 중장기적으로 제품군에 대한 총괄적 단위로 종합적인 생산계획을 수립한 것이다. 그러나 MPS는 총괄생산계획을 실제 생산할 제품단위로 일정을 분해한 결과이다. MPS는 적정재고수준 유지, 생산준비시간 단축, 생산원가 절감을 위해서 완제품의 납기와 부품의 조달기간을 세밀하게 분석하여 일정을 효과적으로 수립하여야 한다.

5.1 MPS 수립 요소

1) 기간별 수요량(예측치)

2) 현재고량

3) 주문정책

① Lot for Lot(LFL, L4L)
필요한 만큼만 생산 및 구매하며, 재고를 최소화하는 방법이다.

② FOQ(Fixed Order Quantity)
고정주문량, 매번 동일한 양을 주문하는 방법으로 공급자로부터 항상 일정한 양만큼 공급받는 경우이다.

③ EOQ(Economic Order Quantity)
경제적 주문량, 주문비용과 재고유지비용 간의 관계를 이용하여 가장 합리적인 주문량을 결정하는 방법이다.

④ ROP(Reorder Point System)
재주문점, 재고가 일정수준에 이르면 주문하는 방법이다.

> 발주점(ROP) = 조달기간(리드타임) 동안의 수요 + 안전재고(안전계수 × 표준편차)

> **실무예제 ◐**
>
> **고정주문량(FOQ) 모형 하에서의 발주점**
> 고정주문량(FOQ) 모형 하에서 A 품목의 조달기간 동안 평균 수요량은 2,000단위, 신뢰수준
> 95% 수준에서 표준편차가 100단위인 정규분포를 따른다고 가정하자. 안전계수가 1.5라고 할
> 때, 발주점(ROP)은 얼마인가?
> 발주점(ROP) = 2,000단위 + (1.5 × 100) = 2,150단위

⑤ POQ(Periodic Order Quantity)

주기적 주문량, 해당 품목별로 미래의 수요를 고려하여 사전에 결정한 최대 재고수준까지 정기적으로 미리 정해 놓은 일정한 간격마다 발주하는 방식이다.

⑤.② MPS 계산

다음의 자료를 참고하여 MPS 수립절차에 따라 ① 배치생산에 의한 MPS 및 납품가능수량(ATP: Available to Promise) 계산과 ② Lot For Lot(LFL) 생산에 의한 MPS 및 ATP 계산을 해보자.

┃MPS 및 ATP 계산의 기초정보 ┃

현재고=1,600	1주	2주	3주	4주	5주	6주	7주	8주
예측량	1,000	1,000	1,000	1,000	2,000	2,000	2,000	2,000
실제주문량	1,200	800	300	200	100	0	0	0

* 단, 생산에 따른 리드타임은 0이고 안전재고는 고려하지 않는다. 그리고 배치생산의 크기(Lot Size)는 2,500단위로 가정한다.

(1) 기말재고와 MPS 계산

> **실무예제 ◐**
>
> **배치생산에 의한 MPS 및 ATP 계산**
> ① 1주의 기말재고와 MPS 계산
>   ㉠ 기말재고 계산
>   1주의 기말재고 = 현재고 − max{1주의 예측량, 주문량}
>   = 1,600 − max{1,000, 1,200} = 400
>   이때 기말재고가 '0'보다 크거나 같으면 MPS는 '0'이고, '0'보다 작으면 MPS가 배치생
>   산의 크기인 2,500이 된다.
>   ㉡ MPS 계산
>   기말재고가 '0'보다 크므로 1주의 생산계획은 없다.

② 2주의 기말재고와 MPS 계산

　2주의 기말재고 = 1주의 기말재고 − max{2주의 예측량, 주문량}

　　　　　　　　 = 400 − max{1,000, 800} = −600

기말재고가 '0'보다 작기 때문에 MPS는 배치생산의 크기인 2,500단위가 수립된다. MPS 수립 후 기말재고를 계산하면 다음과 같다.

　2주의 기말재고 = (1주의 기말재고 + 2주의 MPS) − max{2주의 예측량, 주문량}

　　　　　　　　 = (400 + 2,500) − 1,000 = 1,900

이와 같은 방법으로 8주까지의 기말재고와 MPS를 계산한 결과는 다음과 같다.

현재고 = 1,600	1주	2주	3주	4주	5주	6주	7주	8주
예측량	1,000	1,000	1,000	1,000	2,000	2,000	2,000	2,000
실제주문량	1,200	800	300	200	100	0	0	0
기말재고	400	1,900	900	2,400	400	900	1,400	1,900
MPS		2,500		2,500		2,500	2,500	2,500

(2) ATP 계산

① 1주의 ATP

현재고 + MPS − 1주의 주문량 = 1,600 + 0 − 1,200 = 400

② 2주의 ATP

2주의 MPS − (2주의 주문량 + 3주의 주문량) = 2,500 − (800 + 300) = 1,400

　즉, 2주의 MPS로 2주·3주의 주문량을 채우고도 1,400단위의 추가적인 납품이 가능하다는 의미이다. ATP는 양의 값만 가질 수 있다.

③ 3주의 ATP

2주의 ATP에 의해 충분하다.

④ 4주의 ATP

4주의 MPS − (4주의 주문량 + 5주의 주문량) = 2,500 − (200 + 100) = 2,200

이와 같은 방법으로 8주까지의 ATP를 계산한 결과는 다음과 같다.

현재고=1,600	1주	2주	3주	4주	5주	6주	7주	8주
예측량	1,000	1,000	1,000	1,000	2,000	2,000	2,000	2,000
실제주문량	1,200	800	300	200	100	0	0	0
기말재고	400	1,900	900	2,400	400	900	1,400	1,900
MPS		2,500		2,500		2,500	2,500	2,500
ATP	400	1,400		2,200		2,500	2,500	2,500

실무예제

Lot for Lot(LFL) 생산에 의한 MPS 및 ATP 계산

Lot for Lot(LFL) 생산방식은 예측량이나 주문량 중 큰 것을 기준으로 필요한 것만을 생산하는 방식으로, 기말재고를 보유하지 않는다.

① 1주의 MPS와 ATP
　　1주의 기말재고 = 1,600 − 1,200 = 400
　　기말재고가 '0'보다 크기 때문에 MPS는 수립되지 않는다.
　　1주의 ATP = 400

② 2주의 MPS와 ATP
　　2주의 MPS = max{2주의 예측량, 주문량} − 1주의 기말재고
　　　　　　 = 1,000 − 400 = 600
　　2주의 ATP = (1주의 기말재고 + 2주의 MPS) − 2주의 주문량
　　　　　　 = (400 + 600) − 800 = 200

③ 3주의 ATP
　　3주의 MPS = max{3주의 예측량, 주문량} − 2주의 기말재고
　　　　　　 = 1,000 − 0 = 1,000
　　3주의 ATP = (2주의 기말재고 + 3주의 MPS) − 3주의 주문량
　　　　　　 = (0 + 1,000) − 300 = 700

이와 같은 방법으로 8주까지의 MPS와 ATP를 계산한 결과는 다음과 같다.

현재고=1,600	1주	2주	3주	4주	5주	6주	7주	8주
예측량	1,000	1,000	1,000	1,000	2,000	2,000	2,000	2,000
실제주문량	1,200	800	300	200	100	0	0	0
기말재고	400							
MPS		600	1,000	1,000	2,000	2,000	2,000	2,000
ATP	400	200	700	800	1,900	2,000	2,000	2,000

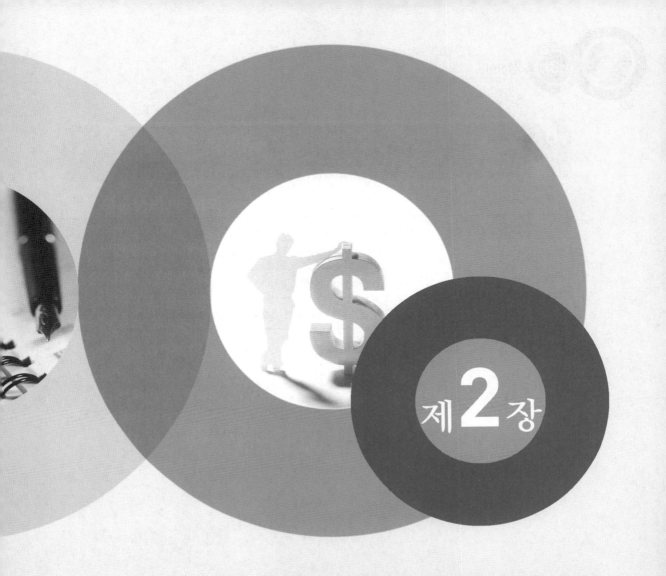

제2장

공정관리

NCS 학습을 위한 능력단위 확인하기

능력단위	수준	능력단위 요소
공정편성 (0204010303_23v3)	5	공정 편성효율 산정하기 (0204010303_23v3.1)
		작업장 구성하기 (0204010303_23v3.2)
		작업자 배치하기 (0204010303_23v3.3)

01 공정관리

공정관리란 공정에 있어서 원재료로부터 최종제품에 이르기까지의 자재, 부품의 조립 및 완제품 조립의 흐름을 순서 정연하게 능률적인 방법으로 계획하고, 공정을 결정하고 (routing), 일정을 세워(scheduling), 작업을 할당하고(dispatching), 신속하게 처리하는(expediting) 절차로 정의할 수 있다.

1.1 공정관리의 목표와 기능

(1) 공정관리의 목표

1) 대내적인 목표

생산과정에 있어서 작업자의 대기나 설비의 유휴에 의한 손실시간을 감소시켜서 ① 가동률을 향상시키고, 또한 자재의 투입에서부터 제품이 출하되기까지의 시간을 단축함으로써 ② 재공품의 감소와 ③ 생산속도의 향상을 목적으로 한다.

2) 대외적인 목표

주문생산의 경우는 물론이고, 시장예측생산의 경우에도 수요자의 요구에 따라 생산을 해야 하므로 주문자 또는 수요자의 요건을 충족시켜야 한다. 따라서 대외적으로 납기 또는 일정기간 중에 필요로 하는 생산량 등의 요구조건을 준수하기 위해 생산과정을 합리화하는 것이다.

(2) 공정관리의 기능

1) 계획기능

생산계획을 통칭하는 것으로서 공정계획을 행하여 작업의 순서와 방법을 결정하고, 일정계획을 통해 공정별 부하를 고려한 각 작업의 착수시기와 완성일자를 결정하며 납기를 유지하게 한다.

2) 통제기능

계획기능에 따른 실제과정의 지도, 조정 및 결과와 계획을 비교하고 측정, 통제하는 기능이다.

3) 감사기능

계획과 실행의 결과를 비교 및 검토하여 차이를 찾아내고, 그 원인을 분석하여 적절한 조치를 취하며, 문제점을 개선해 나감으로써 생산성을 향상시키는 기능이다.

1.2 공정계획

(1) 공정(절차)계획

공정(절차)계획(Routing)이란 원재료를 어떻게 사용하여 어떤 공정에서 가공할 것인가를 계획하는 것이다. 즉 작업의 순서, 표준시간, 각 작업이 행해질 장소를 결정하고, 할당한다. 리드타임 및 소요되는 자원의 양을 계산하고 원가계산 시 기초자료로 활용된다.

(2) 공수계획

주어진 생산예정표에 의해 결정된 생산량에 대해서 작업량을 구체적으로 결정하고, 이것을 현재의 인원과 기계설비능력을 고려하여 양자를 조정하는 기능이다.

1) 부하계획

부하(load)는 일반적으로 할당된 작업이라 할 수 있으며, 부하계획이란 최대작업량과 평균작업량의 비율인 부하율을 최적으로 유지할 수 있는 작업량의 할당계획이다.

2) 능력계획

능력(capacity)이란 작업수행상의 능력을 말하며, 능력계획은 부하계획과 더불어 기준조업도와 실제조업도와의 비율을 최적으로 유지하기 위한 계획이다.

1.3 일정계획

일정계획(Scheduling)이란 절차계획 및 공수계획에 기초를 두고 생산에 필요한 원재료의 조달, 반입으로부터 제품을 완성하기까지 수행될 모든 작업을 구체적으로 할당하고 각 작업이 수행되어야 할 시기를 결정하는 것을 말한다.

(1) 대일정계획(Master Scheduling)

종합적인 장기계획으로 주일정계획 또는 대강일정계획이라고도 한다. 이는 납기에 따른 월별생산량이 예정되면 기준일정표에 의거한 각 직장별 또는 제품별, 부분품별로 작업개시일과 작업시간 및 완성기일을 지시하는 것이다.

(2) 중일정계획(Operation Scheduling)

대일정계획에 준해 제작에 필요한 세부작업, 즉 공정별 또는 부품별 일정계획이다. 따라서 중일정계획은 일정계획의 기본이 되는 것으로, 작업공정별 일정계획 또는 제조계획이라고도 한다.

(3) 소일정계획(Detailed Scheduling)

중일정계획의 지시일정에 따라 특정기계 내지 작업자에게 할당될 작업을 결정하고 그 작업의 개시일과 종료일을 나타낸 것이다. 이 소일정계획을 통해서 진도관리와 작업분배가 이루어진다.

개념 익히기 ●

일정계획 수립 시 방침
- 작업흐름의 신속화: 가공로트 수를 작게 할 것, 이동로트 수를 작게 할 것, 공정계열의 병렬화
- 생산기간의 단축
- 작업의 안정화와 가동률 향상
- 애로공정의 능력 증대
- 생산활동의 동기화

1.4 공정분석

공정분석이란, 작업 대상물이 순차적(작업, 운반, 검사, 정체 등)으로 가공되어 제품이 완성되기까지의 작업 경로의 전체를 시간적·공간적으로 명백하게 설정하고, 작업의 전체적인 순서를 표준화하는 것으로 작업관리에 있어서 매우 중요하다. 공정분석 기호를 이용해 프로세스 형태로 나타냄으로써 공정 합리화를 위한 개선방안을 모색할 때 유용하다.

(1) 공정의 분류

공정분석은 소재가 가공되어 부품이 되고 부품이 조립되어 제품으로 되기까지의 생산과정을 다음과 같이 가공공정, 운반공정, 검사공정 및 정체공정으로 분석하게 된다.

1) 가공공정(Operation)

제조의 목적을 직접적으로 달성하는 공정으로 그 내용은 변질, 변형, 변색, 조립, 분해 등을 통하여 대상물을 목적에 접근시키는 공정이다. 즉 부가가치를 창출하는 공정이다.

2) 운반공정(Transportation)

특정 작업영역에서 다른 작업영역으로 이동시키기 위해 적재, 이동, 하역 등을 하고 있는 상태를 말한다. 가공을 위해 가까운 작업대에서 재료를 가져온다든지, 제품을 쌓아둔다든지 하는 경우는 가공의 일부를 하고 있는 것으로 보며, 독립된 운반으로는 볼 수 없다.

3) 검사공정(Inspection)

양적 검사와 질적 검사가 있는데 양적 검사는 수량, 중량의 측정 등이다. 질적 검사는 설정된 품질표준에 대해서 가공부품의 가공정도를 확인하거나 가공 부품을 품질 및 등급별로 분류하는 공정이다.

4) 정체공정(Delay)

대기와 저장의 상태에 있는 것이다. 대기는 제품이나 부품이 다음의 가공 및 조립을 하기 위해 일시적으로 기다리는 상태이며, 저장은 계획적인 보관이며 다음의 가공 및 조립으로 허가 없이 이동하는 것이 금지되어 있는 상태이다.

(2) 공정분석 기호

1) 길브레스 기호와 ASME 기호

길브레스(Gilbreth) 기호는 공정분석에 있어 네 가지 기호를 활용하였으나, 그 후 미국 기계학회(ASME: American Society of Mechanical Engineers)에서는 길브레스 기호의 운반을 작은 원 대신에 화살표를 쓰고 대기(정체) 기호를 추가하여 다섯 가지를 표준으로 설정하여 사용하고 있다.

길브레스 기호		ASME 기호	
기호	명칭	기호	명칭
○	가공	○	가공
○	운반(가공의 절반크기)	⇨	운반
□	검사	□	검사
▽	저장 또는 대기(정체)	D	대기(정체)
		▽	저장

　다음은 공정의 기본분석 기호 및 보조기호, 복합기호의 표시와 의미 등을 나타내고 있다.

요소 공정	기호의 명칭	기호	의미
가공	가공	○	원료, 재료, 부품 또는 제품의 형상, 품질에 변화를 주는 과정을 나타낸다.
운반	운반	⇨	원료, 재료, 부품 또는 제품의 위치에 변화를 주는 과정을 나타낸다.
검사	수량검사	□	원료, 재료, 부품 또는 제품의 양이나 개수를 세어 그 결과를 기준과 비교하여 차이를 파악하는 과정을 나타낸다.
	품질검사	◇	원료, 재료, 부품 또는 제품의 품질특성을 시험하고 그 결과를 기준과 비교해서 로트의 합격, 불합격 또는 제품의 양, 불량을 판정하는 과정을 나타낸다.
정체	저장	▽	원료, 재료, 부품 또는 제품을 계획에 의해 쌓아두는 과정을 나타낸다.
	대기	D	원료, 재료, 부품 또는 제품이 계획의 차질로 체류되어 있는 상태를 나타낸다.
보조 기호	관리구분	∿∿∿	관리구분 또는 책임구분을 나타낸다.
	담당구분	─┼─	담당자 또는 작업자의 책임구분을 나타낸다.
	생략	╪	공정계열의 일부 생략을 나타낸다.
	폐기	↓	원재료, 부품 또는 제품의 일부를 폐기하는 것을 나타낸다.

복합기호	의미
◈	품질검사를 주로 하면서 수량검사도 한다.
◈	수량검사를 주로 하면서 품질검사도 한다.
⬭	가공을 주로 하면서 수량검사도 한다.
⬭	가공을 주로 하면서 운반도 한다.

1.5 공수계획

공수계획이란 생산예정표에 의해 결정된 생산량에 대하여 작업량을 구체적으로 결정하고, 그것을 현재 보유하고 있는 사람이나 기계의 능력을 고려하여 공정별 또는 기계별로 작업부하가 균등히 걸리도록 작업량을 할당하기 위한 것이다.

(1) 공수 단위

공수란 작업량을 시간으로 표현한 것으로, 아래와 같이 세 가지의 단위가 있다.

① 인일(Man Day): 작업자 1인이 1일 동안 하는 작업량
② 인시(Man Hour): 작업자 1인이 1시간 동안 하는 작업량
③ 인분(Man Minute): 작업자 1인이 1분 동안 하는 작업량

🔧 실무예제 ●

1개월 동안의 필요한 작업량(공수) 계산
- 작업소요 시간: 3.3시간/개
- 생산요구량: 300개/월
- 불량률: 1%
- 작업량(공수) = 단위당 작업소요 시간 × 생산량 ÷ (1-불량률)
  = 3.3시간 × 300개 ÷ (1-0.01)
  = 1,000시간

---

(2) 능력계산

1) 인적능력

인적능력 공수 인시(M/H)는 일반적으로 아래와 같이 계산된다.

> 인적능력(Cp) = 환산인원(M) × 실제가동시간(T) × 가동률(A)

① 환산인원: 환산인원이란 실제 인원에 환산계수를 곱하여 표준능력의 인원으로 환산한 인원이다. 예컨대 남자숙련공 1명을 1로 보고, 남자비숙련공 1명은 0.6명, 여자숙련공 1명은 0.8명, 여자비숙련공 1명은 0.4명으로 계산하는 것이다.

② 실제가동시간: 정규 휴식시간을 제외한 업무시간이다. 예컨대 1개월의 근무일수를 20일, 1일 실제가동시간은 8시간이라고 한다면 실제가동시간은 160시간이 된다.

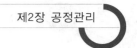

③ 가동률: 가동률이란 전체 작업자가 실제가동시간 중에서 정미작업(작업에만 투입) 을 하는 시간의 비율이다. 가동률은 다음과 같이 계산한다.

$$가동률(A) = 출근율 \times (1-간접작업률)$$

2) 기계능력

$$기계능력 = 기계대수 \times 1일 \ 실제가동시간 \times 1개월 \ 가동일수 \times 기계의 \ 가동률$$

(3) 공수계획의 기본적 방침

① 부하와 능력의 균형화: 특정된 공정에 부하가 과도하게 집중되지 않도록 조정한다.
② 가동률의 향상: 사람이나 기계가 유휴상태가 되지 않도록 알맞은 작업량을 할당한다.
③ 일정별 부하변동 방지: 일정계획과 대비하여 시간에 따라 부하의 변동방지 및 부하 의 조정
④ 적성배치와 전문화 촉진: 작업의 성질이 작업자의 특성과 기계의 성능에 맞도록 할 당한다.
⑤ 여유성: 부하와 능력 두 측면에 적당한 여유를 둔다.

(4) 공수체감곡선(학습곡선)

인간은 경험을 쌓아감에 따라 작업의 수행능력이 향상되며, 생산시스템에서 생산을 반복하거나 생산량을 늘림에 따라 작업능률 내지 생산능력이 향상된다. 따라서 작업을 반복함에 따라 작업소요시간, 즉 공수(man hour)가 체감되는데 이와 같은 현상을 가리켜 공수체감현상이라 한다.

작업의 반복과 생산량을 더해감에 따라 기대되는 공수체감현상 내지 능률 개선율을 그래프나 수식으로 나타낸 것을 가리켜 학습곡선(learning curve) 또는 공수체감곡선이라 하는데, 이 경우 능률개선을 가리켜 학습률(rate of learning)이라 하고, 능률 내지 생산성 향상의 성과를 가리켜 학습효과(learning effect)라고 한다.

02 공정관리 기법

2.1 간트차트

간트차트(Gantt Chart)는 일정관리를 위한 바(bar) 형태의 도구로서, 각 업무별로 일정의 시작과 끝을 그래픽으로 표시하여 전체 일정을 한눈에 볼 수 있는 차트이다. 계획된 실제의 작업량을 작업일정이나 시간(이정표)으로 구분하여 가로선으로 표시함으로써, 계획과 통제의 기능을 동시에 수행하는 전통적인 일정관리 기법이다.

(1) 간트차트의 분류

간트차트는 사용목적에 따라 다음의 네 가지로 분류될 수 있다.

사용목적	유형	설명
작업기록	작업자 및 기계기록 도표 (Man and Machine Record Chart)	각 기계나 작업자별로 계획 작업량과 실제 작업량의 관계를 표시하는 것으로, 작업자나 기계의 유휴상태와 그 원인 파악
작업계획	작업할당 도표 (Layout Chart)	작업의 실제 상황을 기록함과 동시에 신규 작업 계획을 작업자와 기계설비에 할당할 수 있게 하는 도표
능력활용	작업부하 도표 (Load Chart)	작업자 특히 기계별로 현재 능력에 대해 어느 정도의 작업량이 부하되어 있는가를 보여주는 도표
진도관리	작업진도 도표 (Progress Chart)	작업공정이나 제품별로 계획된 작업이 실제로 어떻게 진행되고 있는가를 보여주는 도표

(2) 간트차트 정보의 유용성

① 간트차트를 이용하여 각 작업의 전체 공정시간을 알 수 있다.
② 각 작업의 완료시간을 알 수 있다.
③ 다음 작업의 시작시간을 알 수 있다.

(3) 간트차트 작성에 사용되는 기호

기호	주요 의미
└─────┐	작업개시의 일자 및 시간
──────┤	작업개시의 완료예정일 및 시간
└─────┤	예정된 작업시간
│ 20 │	일정기간에 대하여 계획된 작업량
│ 30 │	일정기간까지 완료할 작업량
√	체크된 일자(검토일)
⊠	작업지연의 회복에 예정된 시간(수리, 정비 등)
▬▬▭	완료된 작업(굵은 선)

(4) 간트차트 작성을 위해 필요한 정보

① 작업 오더에 대한 정보와 현재 진행된 작업의 위치정보
② MRP 시스템으로부터 발행된 계획오더에 대한 정보
③ 이용 가능한 능력(capacity)에 대한 정보
④ 공정(routing) 데이터로부터의 표준시간
⑤ 각 작업의 시간을 알 수 있는 작업정보

(5) 간트차트의 한계

간트차트는 프로젝트 작업 진행 사항들을 달력에 대비시켜 표시하는 단순한 형태의 가로막대 차트로서 간단하고 사용하기 쉬워 여러 활동의 일정계획과 통제에 널리 사용되는 기법이지만, 다음과 같은 한계가 있다.

① 일정계획의 변경을 유연하게 수용할 수 없다.
② 복잡하고 세밀한 일정계획에 적용하기 힘들다.
③ 작업들 간의 유기적인 관련성을 파악하기 어렵다.
④ 문제점을 사전에 파악하는데 적절하지 않다. 따라서 주요 위험요소의 중점관리 및 사전 통제를 효율적으로 할 수 없다.

2.2 네트워크 계획기법

네트워크 계획기법이란 간트차트의 결점을 보완하기 위하여 개발된 것으로, 프로젝트를 구성하는 각 분야를 보다 세분화된 작업으로 분할하여 작업의 순서, 소요기간, 기타 제반사항들을 네트워크 형태로 표시함으로써 일차적 주공정 및 여유공정을 산출하여 중점관리 대상 작업을 명확히 하는 방법이다.

PERT(Program Evaluation & Review Technique)와 CPM(Critical Path Method) 기법이 대표적이다.

(1) PERT

프로젝트를 시간적으로 관리하기 위하여 [PERT/Time]이 개발되었고, 비용절감도 동시에 고려할 수 있는 [PERT/Cost]로 개량되었다. PERT는 활동들의 소요시간에 대한 추정이 불확실한 경우에 주로 사용된다. 간트차트의 단점을 효과적으로 보완하고 있으며, 과거의 경험이 없는 불확실한 산업에서 많이 이용되고 있다.

(2) CPM

공장건설 및 설비보전에 소요되는 자원(자금, 시간, 비용 등)의 효율향상을 위하여 개발되었다. 프로젝트 내 활동들의 소요시간이 확정적인 경우에 사용되며, 주로 안정적인 산업에서 많이 이용되고 있다.

(3) 네트워크 기법의 표시 기호

기호 및 약어	주요 의미
◯	작업의 완료와 새로운 작업의 시작 표시(node)
⟶	작업 간의 선후관계를 표시(arc)
┈┈┈▶	가상의 작업 간 선후관계를 점선으로 표시
$di-j$	i단계에서 j단계로 소요되는 기간
S(Slack)	여유시간을 의미하며, 단계여유 = TL − TE
TE(Earliest Expected Date)	각 단계에서 가장 빠른 예정일
TL(Latest Allowable Date)	각 단계에서 가장 늦은 완료일

(4) 활동 소요시간의 추정

1) PERT/Time(3점 견적법)

작업기간이 불확실한 프로젝트를 관리하기 위해 작업활동에 소요되는 시간을 비관적일 경우, 낙관적일 경우, 일반적인 경우로 구분하여 각 시간추정치의 가중평균치를 통해 작업일정을 결정하는 형태가 PERT 기법이다. 이를 3점 견적법 또는 3점 추정법이라고도 한다.

① 낙관시간치(Optimistic Time: to): 최상의 조건으로 예정대로 진행될 때의 소요시간을 의미하며, 최소시간 또는 최단시간 추정치이다.

② 정상(최빈)시간치(Most Likely Time: tm): 일반적인 조건, 즉 가장 흔하게 발생되는 정상적인 경우일 때 최선의 시간치(최빈값)이다.

③ 비관시간치(Pessimistic Time: tp): 최악의 조건, 뜻대로 되지 않을 때 소요되는 시간으로 최대시간 또는 최장시간 추정치이다.

④ 기대시간치(Expected Time: te): 일반적으로 기대되는 시간치이다.

> • 기대시간치(te) = (낙관시간치(to) + 4(정상(최빈)시간치(tm) + 비관시간치(tp)) ÷ 6
> (단, to, tm, tp는 β 분포를 따른다는 가정)
> • 표준편차 = (tp − to) ÷ 6
> • 분산 = (tp − to)2 ÷ 6

(5) 네트워크의 계획기법의 일정계산

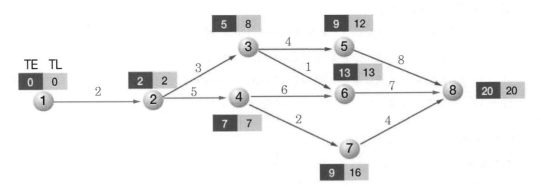

1) 후속단계 TE 계산(Forward Pass)

후속단계의 TE는 전단계의 TE에서 소요기간(d_{i-j})을 더하는 전진계산이다.

즉, $TE_j = TE_i + d_{i-j}$이다.

실무예제

후속단계 TE 계산

㉠ 단계 5의 TE 계산

$$TE_5 = TE_3 + d_{3-5} = 5 + 4 = 9$$

㉡ 네트워크에서 단계 8의 TE는 아래의 계산 중에서 최대치인 20을 선택한다.

$$TE_8 = TE_5 + d_{5-8} = 9 + 8 = 17$$

$$TE_8 = TE_6 + d_{6-8} = 13 + 7 = 20 \leftarrow 최대치 선택$$

$$TE_8 = TE_7 + d_{7-8} = 9 + 4 = 13$$

2) 전단계 TL 계산(Backward Pass)

전단계의 TL은 후속단계의 TL에서 소요기간(d_{i-j})을 빼는 후진계산이다.

즉, $TL_i = TL_j - d_{i-j}$이다.

실무예제

전단계 TL 계산

㉠ 단계 5의 TL 계산

$$TL_5 = TL_8 - d_{5-8} = 20 - 8 = 12$$

㉡ 단계 3의 TL 계산

$$TL_3 = TL_5 - d_{3-5} = 12 - 4 = 8 \leftarrow 최소치 선택$$

$$TL_3 = TL_6 - d_{3-6} = 13 - 1 = 12$$

3) 단계여유 S(Slack)

각 단계의 단계여유 S는 각 단계의 TL에서 TE를 뺀다. 즉, $S = TL - TE$이다.

$TL - TE > 0$, 즉 $S > 0$ 인 경우: 정여유(Positive Slack)

$TL - TE < 0$, 즉 $S < 0$ 인 경우: 부여유(Negative Slack)

$TL - TE = 0$, 즉 $S = 0$ 인 경우: '0' 여유(Zero Slack)

실무예제

단계여유 S 계산

㉠ 단계 5의 여유 $S = TL_5 - TE_5 = 12 - 9 = 3$

4) 주경로의 발견

주경로(Critical Path: CP)란 네트워크상 시작단계에서 완료단계까지 가는데 시간이 가장 오래 걸리는 활동들의 경로를 주경로라고 한다.

주경로는 단계여유를 '0'으로 만드는 패스를 이으면 된다. 위의 네트워크에서는 굵은 검정색 화살표로 나타내었다.

↝ 실무예제 ○

주경로 결정
주경로: 1 – 2 – 4 – 6 – 8

개념 익히기 ○

네트워크 계획기법의 일정계산 형태
- 전진패스(Forward Pass): 후속단계의 TE를 계산하는 방식이며, 최대치를 선택한다.
- 후진패스(Backward Pass): 전단계의 TL을 계산하는 방식이며, 최소치를 선택한다.

2.3 작업의 우선순위 결정

일정계획(scheduling)은 생산계획을 완수하기 위해 필요한 활동들의 세부적인 단기계획 수립 및 실행과 감독기능을 포함하고 있다.

수립된 일정계획은 작업인원, 설비, 시설의 효율적인 활용도를 높일 수 있어야 하며, 고객대기시간, 재고보유, 처리시간 등을 최소화 시킬 수 있어야 한다.

따라서 효율적 생산을 위해서는 작업의 우선순위를 결정하는 기준이 마련되어야 하며, 그 기준에 따라 작업의 우선순위를 결정하여야 한다.

(1) 작업의 우선순위 결정 고려원칙

- 납기 우선순위: 납기가 가장 급박한 순서로 작업을 진행한다.
- FIFO(First In First Out): 먼저 작업지시가 내려진 순서대로 작업을 진행한다.
- 전체 작업시간이 가장 짧은 순서로 진행한다.
- 최소공정수를 가지는 작업순서로 진행한다.
- 여유(slack)시간이 가장 작은 순서로 작업을 진행한다.
  최소여유시간(S) = 납기 – 잔여작업일수

• 긴급률(CR: Critical Ratio)이 가장 작은 순서로 작업을 진행한다.

$$긴급률(CR) = \frac{잔여납기일수}{잔여작업일수} = \frac{납기일 - 현재일}{잔여작업일수}$$

* 긴급률이 1보다 작으면 생산을 빨리 진행하여야 하며, 1보다 크면 납기에 여유가 있다는 것이다.

(2) 존슨 알고리즘에 의한 작업할당

n개의 작업을 동일한 순서로 2대의 기계로 가공하는 경우의 완료시간을 최소화 하는 작업의 우선순위를 구하는 방법이다.

① 1단계: 기계 M_1, M_2 순서로 작업하는 작업들을 나열한다.

작업	M_1	M_2
1	4	6
2	9	3
3	2	7
4	6	8
5	1	4
6	8	2
7	7	9
8	3	6

② 2단계: 기계 M_1, M_2에서 가장 짧은 작업을 찾는다.

M_1 기계에 속하는 작업은 맨 앞으로 보내고, M_2 기계에 속하는 작업은 맨 뒤로 보낸다. M_1 기계의 가장 작은 값 1의 작업 5는 맨 앞으로, M_2 기계의 가장 작은 값 2의 작업 6은 맨 뒤로 보내진다. 또 M_1 기계의 두 번째로 작은 값 2의 작업 3은 맨 앞 다음으로 보내진다.

(5, 3, · · · · · 2, 6)

③ 3단계: 단계 2에서 순위가 결정된 작업은 제외시킨다.

④ 4단계: 나머지 작업이 없어질 때까지 2단계를 반복한다.

(5, 3, 8, 4, 7, 1, 2, 6)

실무예제

존슨 알고리즘에 의한 작업순서 결정 및 총작업완료시간

어느 제과점에서 다섯 종류(A~E)의 케이크를 만들려고 한다. 케이크는 두 단계를 거쳐 완성되는데, 먼저 작업장 A에서 밀가루 반죽 등 기본작업을 한 후 작업장 B에서 최종적으로 케이크를 완성한다.

각 케이크에 대한 작업시간이 다음과 같을 경우 총작업시간을 최소화하기 위한 작업순서를 결정하고 총작업완료시간을 구하여라.

구분	A	B	C	D	E
작업장 A	5	2	5	2	3
작업장 B	5	1	4	3	4

1) 작업순서

'작업장 A'와 '작업장 B'에서 작업시간(일)이 가장 짧은 작업이 '작업장 A'에 속하면 그 작업을 제일 앞으로 보내고, 만일 '작업장 B'에 속하면 그 작업을 맨 뒤로 보낸다. 순위가 결정된 작업은 제외시키면서 계속 반복한다.

구분	A	B	C	D	E
작업장 A	5	2	5	2	3
작업장 B	5	1	4	3	4
순위	3	5	4	1	2

따라서 작업순서는 D－E－A－C－B로 결정된다.

2) 총작업완료시간

시간	0	2	5	10	15 17	20
작업장 A	D	E	A	C	B	유휴
작업장 B	유휴	D	E	유휴 / A	C	B
시간	0	2	5	9 10	15	19 20

따라서 총작업완료시간은 20시간이 소요된다.

개념 익히기

공정리드타임 구성시간

- Queue Time: 해당 공정에서 작업을 기다리는 시간
- Setup and Run Time: 실제 작업과 관련된 공구의 준비시간과 가공시간
- Wait Time: 작업이 완료된 후 다음 공정으로 이동하기 위해 대기하는 시간
- Move Time: 작업장 간 이동시간

2.4 애로공정과 라인밸런싱

(1) 애로공정

애로공정(Bottleneck Operation)이란 특정한 작업장에 능력이상의 부하가 적용되어 전체공정의 흐름을 막고 있는 것을 말한다. 즉 병목현상이라고도 말하는데 전체라인의 생산속도를 좌우하는 작업장을 말하기도 한다.

이러한 애로공정을 해결하여야 생산성을 극대화할 수 있으며, 이를 위해 작업방법의 개선과 각 공정의 작업시간을 균일하게 하는 라인밸런싱(Line Balancing) 기법이 사용되고 있다.

(2) 라인밸런싱

라인밸런싱(Line Balancing)이란 생산가공 내지는 조립라인에서 공정 간에 균형을 이루지 못하여 상대적으로 시간이 많이 소요되는 애로공정으로 인하여 공정의 유휴율이 높아지고 능률이 떨어지는 경우에 각 공정의 소요시간이 균형이 되도록 작업장이나 작업순서를 배열하는 것이다.

1) 피치다이어그램에 의한 라인밸런싱

피치다이어그램(Pitch Diagram)이란 작업순서에 의한 각 공정의 소요시간을 공정순서대로 나열해 놓은 도표로서, 애로공정의 파악이나 공정에 소요되는 시간의 불균형을 제거하여 작업장의 균형을 유지하는 것이 목적이다.

① 라인밸런스 효율(Eb)

1인당 생산수량과 비례하여 흐름작업의 생산성을 표시하는 지수이다. 라인밸런스 효율(Eb)은 다음과 같이 계산된다.

$$라인밸런스\ 효율(Eb) = \frac{라인(작업)의\ 순\ 작업시간\ 합계(\sum_{ti})}{작업장\ 수(n) \times 애로공정의\ 시간(t_{max})} \times 100$$

② 불균형률(d)

대표적으로 생산라인의 비능률을 나타내는 불균형률(d)은 다음과 같이 라인밸런스 효율(Eb)의 역수나 생산라인의 유휴율로 구할 수 있다.

$$\text{불균형률(d)} = 1 - Eb = \frac{\text{라인의 유휴시간}(n \times t_{\max} - \sum_{ti})}{\text{작업장수}(n) \times \text{애로공정의 시간}(t_{\max})} \times 100$$

실무예제 ○

라인밸런스 효율(Eb)과 불균형률(d)

각 작업장의 작업시간이 다음과 같을 때, 라인밸런스 효율과 불균형률을 구하여라.

작업장	분 쇄	용 해	조 립	포 장
작업시간	25분	45분	30분	35분

1) 라인밸런스 효율$(Eb) = \dfrac{\text{라인(작업)의 순 작업시간 합계}(\sum_{ti})}{\text{작업장수}(n) \times \text{애로공정의 시간}(t_{\max})} \times 100$

$$= \frac{135}{4 \times 45} \times 100 = 75\%$$

2) 불균형률$(d) = 1 - Eb = 1 - 0.75 = 0.25(25\%)$

생산이론

03 JIT(Just In Time) 생산방식

JIT 생산방식은 적시생산시스템 또는 칸반(Kanban)시스템이라고도 불리며, 일각에서는 린 생산(Lean Production)방식으로도 불린다. 이 시스템은 도요타 자동차 회사의 자동차 생산방식으로서 제조공정에서 후행공정의 작업자가 필요한 자재만을 선행공정에서 가져가도록 하고, 선행공정에서는 후행공정에 인계한 자재 수량만큼만 제조하도록 하여 필요한 품목을, 필요한 양만큼, 필요한 시간에 보유함으로써 재고를 최소화하는 방식이다.

JIT 시스템은 재고를 모든 문제점의 근원으로 보고 원가절감을 위하여 불필요한 낭비요인인 과잉재고 제거, 준비교체시간의 축소, 과다한 노동력과 실수의 최소화 그리고 지속적인 개선활동에 집중함으로써 궁극적으로는 제품의 생산단가가 줄어들게 된다.

3.1 JIT 생산방식

(1) JIT 생산방식의 특징

구분	내용
칸반(Kanban)시스템	부품을 사용하는 작업장이 요구할 때까지 부품을 공급하는 작업장에서 어떤 부품도 생산해서는 안되는 당기기(Pull)식의 생산방식
소규모 로트크기	최소한의 로트사이즈로 생산하며, 철저하게 낭비를 제거하여 생산성을 높이고 원가를 절감
생산의 표준화	부품과 작업방식 및 공정의 표준화 요구
노동력의 유연성 (다기능공)	작업자가 한 가지 일 이상을 수행하는 다기능 작업자 요구
공급자와의 유대강화	외부 공급업체와 긴밀한 관계를 유지하며, 신뢰를 바탕으로 한 장기적으로 거래
생산공정의 신축성 요구	생산공정의 신축성을 요구한다. 여기서 신축성은 생산제품을 변경할 때 필요한 설비, 공구의 교체 등에 소요되는 시간을 단축시킴

(2) JIT 생산방식 실현을 위한 11가지 개선사항

① 흐름생산　　　　　② 다공정담당　　　　　③ 칸반(kanban)
④ 소인화　　　　　　⑤ 눈으로 보는 관리　　⑥ 평준화
⑦ 준비교체작업　　　⑧ 품질보증　　　　　　⑨ 표준작업
⑩ 자동화　　　　　　⑪ 보건·안전

(3) 칸반(Kanban)의 역할과 종류

생산시스템은 크게 생산해서 밀어내는 Push System과 후공정에서 필요한 양만큼 끌어당기는 후공정 인수방식, 즉 Pull System으로 나눌 수 있다. 칸반시스템은 JIT를 실현하기 위하여 Pull System을 채택하면서 칸반이란 관리도구를 활용하고 있다.

1) 칸반의 정의

칸반시스템(Kanban System)이란 JIT를 실현시키기 위한 일종의 정보시스템이자 눈으로 보는 관리도구이다. 칸반은 '결품 방지와 과잉생산의 낭비 방지를 목적으로 1매의 종이에 현품표의 기능, 운반지시의 기능, 생산지시의 기능을 포함시킨 것'이라 할 수 있다.

2) 칸반의 종류

① 외주품 납품 칸반: 외주처로부터의 인수부품에 사용
② 공정인수 칸반: 공정간 부품의 인수를 위해 사용되는 칸반으로 통상 '인수칸반'이라 부른다.
③ 칸반(협의): 공정 내에서 작업을 위해 쓰이는 칸반이며, 일반적으로 칸반이라 하면 이 칸반을 의미한다.
④ 신호칸반: 프레스 등과 같이 설비금액이 많이 들어 준비교체시간이 다소 걸리는 경우, 큰 로트를 만드는 생산지시가 필요할 때 사용하는 칸반

3) 칸반시스템의 운영규칙

① 불량품은 절대로 후공정에 보내지 않는다.
② 후공정이 필요한 만큼 선행공정에 가지러 간다.
③ 선행공정은 후공정이 인수해 간 양만큼만 생산한다.
④ 생산을 평준화한다.
⑤ 칸반은 미세조종의 수단이다.
⑥ 공정을 안정화하여 합리화한다.

(4) JIT 실행을 위한 5S

5S란 JIT 생산방식을 달성하기 위한 현장개선의 기초로서 정리(SEIRI), 정돈(SEITON), 청소(SEISO), 청결(SEIKETSU), 마음가짐(SHITSUKE)의 일본어의 첫 발음 'S'를 따서 5S라 한다.

1) 정리(SEIRI)

필요한 물품과 불필요한 물품을 구분하여 불필요한 물품은 처분한다. 현장에 존재하는 불필요한 물품은 직장을 그만큼 협소하게 하여 비능률과 재해의 원인이 된다(사용하지 않는 예비품·치공구의 오사용에 의해 품질불량 및 기계고장을 일으킨다).

2) 정돈(SEITON)

필요한 물품은 즉시 끄집어 낼 수 있도록 만든다. 필요한 물품을 사용빈도에 맞게 놓는 장소를 정하고(정위치), 표시한 후 사용목적을 고려하여 놓는 방법을 표준화 한다(능률의 향상, 가공불량의 방지, 재해방지).

3) 청소(SEISO)

먼지와 더러움을 없애 직장 및 설비를 깨끗한 상태로 만든다. 기분 좋게 일할 수 있는 직장환경을 조성하여 능률을 향상시킨다(설비의 열화, 이물혼입에 의한 불량, 측정오차의 유인과 위험을 방지한다).

4) 청결(SEIKETSU)

직장을 위생적으로 하여 작업환경을 향상시킨다. 1), 2), 3)항의 3S를 유지하는 것이다.

5) 마음가짐(SHITSUKE)

4S(정리, 정돈, 청소, 청결)를 실시하여 사내에서 결정된 사항, 표준을 준수해 나가는 태도를 몸에 익힌다.

(5) JIT의 7가지 낭비

JIT 시스템은 철저한 낭비배제 방식이라고 할 수 있다. 낭비를 없앰으로써 결과적으로 생산성을 높이게 된다. 제조현장의 낭비란 '원가만을 높이는 생산의 요소'를 말한다. 제조방법 속에서 작업인가 낭비인가를 분별하는 능력이 필요하며 JIT 시스템은 낭비에 대한 인식이 가장 중요하다. JIT 시스템에서는 낭비를 다음과 같이 일곱 가지로 나누고 있다.

① 과잉 생산의 낭비: 낭비의 뿌리　　② 재고의 낭비
③ 운반의 낭비　　　　　　　　　　④ 불량의 낭비
⑤ 가공의 낭비　　　　　　　　　　⑥ 동작의 낭비
⑦ 대기의 낭비

제**3**장

자재소요 및 생산능력 계획

NCS 학습을 위한 능력단위 확인하기

능력단위	수준	능력단위 요소
자재 입고관리 (0204010203_20v2)	3	자재품질 기준 파악하기 (0204010203_20v2.1)
		자재 보관 위치 관리하기 (0204010203_20v2.2)
		자재 검수하기 (0204010203_20v2.3)
		자재 입고 부적합품 처리하기 (0204010203_20v2.4)
자재 출고관리 (0204010206_20v2)	3	자재 출고계획 수립하기 (0204010206_20v2.1)
		자재 출고방법 설정하기 (0204010206_20v2.2)
		자재 출고 작업하기 (0204010206_20v2.3)
사내물류관리 (0204010207_20v2)	5	공정재고 기준 확인하기 (0204010207_20v2.1)
		자재 공급회수 방법 선정하기 (0204010207_20v2.2)
		자재운반 설비 관리하기 (0204010207_20v2.3)
		적기공급 평가 개선하기 (0204010207_20v2.4)

01 재고관리

재고관리란 생산 및 판매부문의 수요에 신속하고 경제적으로 대응하여 안정된 판매활동과 원활한 생산활동을 지원하고 최적의 재고수준을 유지하도록 관리하는 절차이다. 재고는 불확실한 기업환경에서 완충역할을 위하여 필요할 수 있으나 과다한 재고는 오히려 재고관리비용을 높이는 문제점을 불러온다. 따라서 필요한 품목을, 필요한 수량만큼, 필요한 시기에 최소의 비용으로 공급할 수 있도록 재고를 관리하는 것이 재고관리의 목적이라 할 수 있다.

(1) A. J. Arrow의 재고보유 동기

A. J. Arrow는 기업이 재고를 보유하는 이유를 다음과 같이 거래동기, 예방동기, 투기동기로 분류하였다.

구분	내용
거래동기	수요량을 미리 알고 있다. 즉 시장수요는 매일 반복되나 납품은 한 달에 한 번 한다면 대량으로 구매 후 조금씩 팔리는 동안 재고로 보유하게 됨
예방동기	수요에 대한 품절의 위험에 대비하여 보유하는 것으로서, 오늘날 많은 기업의 주된 재고보유 동기임
투기동기	가격변동을 예측하고 재고를 보유하는 것으로서, 가격 인상을 대비하여 농산물 등을 비축하는 재고 등이 해당

(2) 재고의 분류

1) 예상(비축)재고

예상(비축)재고(anticipation stock)란 계절적인 수요 급등, 가격 급등, 파업 등으로 인해 생산중단이 예상될 때, 향후 발생할 수요를 대비하여 미리 생산하여 보관하는 재고이다.

2) 안전재고

안전재고(safety stock)란 기업을 운영함에 있어서 발생할 수 있는 여러 가지 불확실한 상황에 대처하기 위해 미리 확보하고 있는 재고이다.

조달기간의 불확실, 생산의 불확실, 또는 그 기간 동안의 수요량이 불확실한 경우 등 예상외의 소비나 재고부족 상황에 대비한다.

3) 순환재고

순환재고(cycle stock)란 일시에 필요한 양보다 더 많이 주문하는 경우에 생기는 재고를 말한다. 이와 같은 유형의 재고는 주문비용이나 생산준비비용을 줄이거나 할인혜택을 얻을 목적으로 한꺼번에 많은 양을 주문할 때 발생한다.

4) 수송(파이프라인)재고

수송(파이프라인)재고(pipeline stock)란 유통과정 중에 있는 제품이나 생산 중에 있는 재공재고를 말한다. 즉 공급업체로부터 또는 작업장에서 다른 작업장으로 이동 중에 있는 재고이다.

(3) 재고비용의 분류

1) 구매/발주비용
- 주문과 관련된 비용(신용장 개설비용, 통신료)
- 가격 및 거래처 조사비용(물가조사비, 거래처 신용조회비용)
- 물품수송비, 하역비용, 입고비용
- 검사 · 시험비, 통관료

2) (생산)준비비용
- 생산공정의 변경이나 기계 · 공구의 교환 등으로 인한 비용
- 준비시간 중의 기계유휴비용
- 준비요원의 직접노무비 · 사무처리비 · 공구비용 등

3) 재고유지비용
- 자본비용: 재고자산에 투입된 자금의 금리
- 보관비용: 창고의 임대료, 유지경비, 보관료, 재고관련 보험료 · 세금
- 재고감손비: 보관 중 도난 · 변질 · 진부화 등으로 인한 손실
- 재고유지비(H) = 가격(P) × 재고유지비율(i)

(4) 경제적 발주(주문)량(EOQ)

경제적 발주(주문)량(EOQ: Economic Order Quantity)이란 해당 품목의 수급에 차질이 발생하지 않은 범위 내에서 재고관련비용이 최소가 되는 1회 주문량을 결정하는 것이다. EOQ 모형을 사용하기 위해서는 다음과 같은 가정이 필요하다.
- 구매량에 관계없이 단위당 구입가격은 일정하다.
- 구매비용은 구매량의 크기에 관계없이 항상 일정하다.

- 수요량과 조달기간이 확정적이다.
- 재고유지비는 구매량의 증가와 함께 비례적으로 증가한다.
- 단일품목을 대상으로 하며, 재고부족은 없다.
- 단위당 재고유지비용과 1회 주문비용은 항상 일정하다.
- 주문량은 전량 일시에 입고된다.
- 연간 자재사용량이 일정하고 연속적이다.

$$\text{경제적 발주(주문)량(EOQ)} = \sqrt{\frac{2SD}{H}} = \sqrt{\frac{2SD}{P_i}}$$

S = 1회 주문비용 D = 연간 총수요
H = 단위당 연간 재고유지비용 P = 구입단가
i = 연간 재고유지비율

실무예제

경제적 발주(주문)량(EOQ)

A 부품의 연간 수요량이 20,000개이고 1회 주문비용이 80,000원이며, 판매단가가 4,000원이고 연간 재고유지비율이 0.2일 경우 경제적 발주(주문)량은 몇 개인가?

$$\text{경제적 발주(주문)량(EOQ)} = \sqrt{\frac{2SD}{H}} = \sqrt{\frac{2SD}{P_i}}$$

$$= \sqrt{\frac{2 \times 80,000 \times 20,000}{4,000 \times 0.2}} = 2,000개$$

(5) 경제적 생산량(EPQ)

경제적 발주(주문)량(EOQ) 모형에서 확장되었으며, 총비용이 최소가 되는 1회 생산량을 경제적 생산량(EPQ: Economic Production Quantity)이라고 한다. ELS(Economic Lot Size)라고도 한다. EPQ 모형을 사용하기 위해서는 다음과 같은 가정이 필요하다.

- 연간 생산율(p)은 연간 수요율(d)보다 항상 크다.
- 수요량과 조달기간이 확정적이다.
- 생산이 시작된 후에 수요가 이루어지며 수요량은 생산량보다 작다.
- 생산은 일정 기간 동안 점진적으로 쌓이고 어느 정도 재고 수준에 이르면 생산을 중단하게 된다.
- 생산이 중단되면 쌓였던 재고량은 일정량씩 없어지면서 바닥이 난다.
- 재고가 모두 없어지면 즉시 생산 작업이 반복 된다.

- 재고유지비는 생산량의 크기에 정비례하여 발생한다.
- 생산단가는 생산량의 크기와 관계없이 일정하다.

$$경제적\ 생산량(EPQ) = \sqrt{\frac{2SD}{H(1-\frac{d}{p})}} = \sqrt{\frac{2SD}{P_i(1-\frac{d}{p})}}$$

S = 1회 준비비
D = 연간 총생산량
H = 단위당 연간 재고유지비용
P = 생산단가
i = 연간 재고유지비율
d = 수요율
p = 생산율

- 최소총비용(TC) = $\frac{1}{2}(1-\frac{d}{p}) \times Q \times H + \frac{D}{Q} \times S$

- 최적 사이클타임(생산주기)(T_0) = $\frac{Q}{d}$

- 최적 생산기간(일)(T_1) = $\frac{Q}{p}$

실무예제

경제적 생산량(EPQ)

㈜삼일은 스마트폰을 제조하는 데 1년에 48,000개의 6인치 액정이 필요하다. 이 액정은 자체 생산 품목으로 하루에 800개를 생산할 수 있다. 이 액정은 매일 일정한 수량을 소비한다. 액정의 단위당 재고유지비는 100원, 1회 작업 준비비는 4,500원이다. 이 회사의 연간 가동일수는 240일이다.

1) 최적의 생산로트를 결정하라.

$$경제적\ 생산량(EPQ) = \sqrt{\frac{2SD}{H(1-\frac{d}{p})}} = \sqrt{\frac{2 \times 4,500 \times 48,000}{100(1-\frac{200}{800})}}$$

$$= 2,400개$$

* 1년에 48,000개, 가동일수 240일이므로 수요율(d)은 200개/일

2) 최소총비용(TC)은 얼마인가?

$$최소총비용(TC) = \frac{1}{2}(1-\frac{d}{p}) \times Q \times H + \frac{D}{Q} \times S$$

$$= \frac{1}{2}(1-\frac{200}{800}) \times 2,400 \times 100 + (\frac{48,000}{2,400}) \times 4,500$$

$$= 180,000원$$

3) 최적 사이클타임(생산주기)(T_0)은 몇일인가?

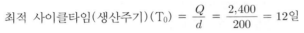

최적 사이클타임(생산주기)(T_0) $= \dfrac{Q}{d} = \dfrac{2,400}{200} = 12$일

4) 최적 생산기간(일)(T_1)은 몇일인가?

최적 생산기간(일)(T_1) $= \dfrac{Q}{p} = \dfrac{2,400}{800} = 3$일

개념 익히기 ●

ABC 재고관리

통계적 방법에 의하여 물품의 중요도에 따라 차별적으로 관리하는 방식이다. 관리대상을 A, B, C그룹으로 나누고, A그룹을 가장 중점적으로 관리함으로써 관리의 효율성을 높이려는 재고관리기법이다.

생산이론

02 자재소요계획

2.1 MRP의 개념

자재소요계획(MRP: Material Requirement Planning)은 주생산일정계획을 토대로 하여 제품생산에 필요한 원자재의 종류, 수량, 주문시기 등을 결정하는 과정을 말한다. 다시 말해 자재소요계획은 재료, 부품, 반제품 등의 종속적 수요를 갖는 자재의 소요량 및 조달시기에 대한 관리를 통하여 주문과 생산계획을 효율적으로 처리하도록 만들어진 자재관리 기법이다.

자재소요계획을 효과적으로 수립하기 위해서는 주생산일정계획, 자재명세서, 재고기록철, 조달기간을 지속적으로 확보하고 검토하여야 한다.

2.2 MRP의 특징

MRP는 자재관리뿐만 아니라 일정계획과 통제를 동시에 진행시킬 수 있는 관리기법이다. MRP는 완제품의 수량과 납기가 정해지면 BOM 등을 이용하여 필요한 자재를 적시·적량 공급할 수 있도록 주문시기와 주문량을 자동적으로 계산해내며, 이에 따라 발주가 진행된다.

MRP는 재고수준을 감소시켜 자재 재고비용이 절감되고, 자재부족 최소화로 생산공정의 가동효율이 높아지고 생산소요시간이 단축되며, 납기준수를 통하여 고객에 대한 서비스가 개선되는 효과가 있다.

②③ MRP의 입력요소

MRP산출을 위해서는 주생산일정계획(MPS: Master Production Scheduling), 자재명세서(BOM: Bill of Material) 그리고 재고기록철(IRF: Inventory Record File) 등의 세 가지 주요 입력요소가 반드시 필요하다.

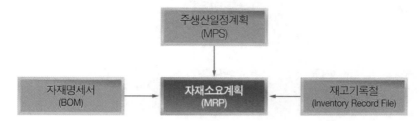

(1) 주생산일정계획(MPS)

주생산일정계획(MPS: Master Production Scheduling)은 주생산계획 또는 기준생산계획이라고도 하며, 총괄생산계획을 수립한 후에 보다 구체적으로 각 제품에 대한 생산시기와 수량을 나타내기 위해 수립하는 생산계획이다.

총괄생산계획은 수요예측과 생산능력을 고려하여 중장기적으로 제품군에 대한 총괄적 단위로 종합적인 생산계획을 수립한 것이다. 그러나 MPS는 총괄생산계획을 실제 생산할 제품단위로 일정을 분해한 결과이다. MPS는 적정재고수준 유지, 생산준비시간 단축, 생산원가 절감을 위해서 완제품의 납기와 부품의 조달기간을 세밀하게 분석하여 일정을 효과적으로 수립하여야 한다.

(2) 자재명세서(BOM)

자재명세서(BOM: Bill of Material)는 제품구조정보(Product Structure), Part List 등으로 불리며, 모품목(제품, 반제품) 한 단위를 생산하기 위해 필요한 자품목(재료, 부품, 반제품 등)의 품목, 규격, 소요량 등에 대한 명세서이다.

모품목과 자품목의 상호관계를 계층적으로 나타내며, 최상위 완제품의 계층을 'Level 0'으로 설정하고 각 계층의 부품이 더 이상 독립품목으로 분리가 어려운 최종단계까지의 자품목의 구성관계를 나타내면서 자품목의 구성수량, 변경이력, 유효일자 등의 정보가 기록된다.

BOM을 활용하여 자재소요량을 계산하는 방식은 다음과 같다. 여기서 'Level 0'은 A제품(완성품)이며, 그 아래로 모품목에 대한 자품목의 구성관계를 나타낸다.

각 수준 품목의 괄호 안 숫자는 상위품목(모품목) 한 단위 제조에 필요한 자품목의 소요 수량을 나타낸다.

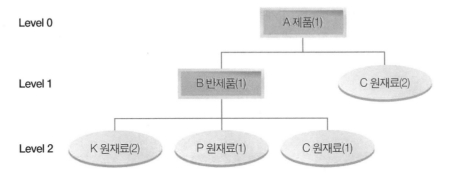

개념 익히기

BOM 종류

- Engineering BOM: 설계자의 시각에서 본 제품의 형상으로 설계의 편이성을 반영
- Manufacturing BOM 또는 Production BOM: MRP 시스템에서 사용하는 BOM으로 생산관리 및 생산현장에서 사용하며 생산공정의 순서를 담고 있다. 필요할 때 가상의 품번을 정의하여 사용하기도 한다.
- Planning BOM: Manufacturing BOM 또는 Production BOM을 근거로 주생산일정계획(MPS) 등에서 사용된다.
- Modular BOM: Option과 밀접한 관계가 있으며, 방대한 양의 BOM 데이터관리가 용이하며, MPS 수립 시에도 Option을 대상으로 생산계획을 수립한다.
- Percentage BOM: Planning BOM의 일종으로 제품을 구성하는 부품의 양을 정수로 표현하지 않고 백분율로 표현한다.
- Inverted BOM: 화학이나 제철과 같은 산업에서의 소수의 종류 또는 단일 부품(원료)을 가공하여 여러 종류의 최종제품을 만드는 데 이용된다. 나무가 뒤집힌 형태, 즉 역삼각형 형태의 BOM을 Inverted BOM이라고 한다.
- Common Parts BOM: 제품에 공통적으로 사용되는 부품들을 모아 놓은 BOM, 최상위 Item은 가상의 Item Number를 갖는다.
- Multilevel BOM: 모품목과 자품목의 관계뿐만 아니라 자품목의 자품목까지 보여준다.
- Bill of Activity: 부품정보뿐만 아니라 Routing 정보까지 포함하고, 제조·설계·구매 등의 활동까지 표현하고 있는 BOM이며, 주로 금형산업에서 많이 사용된다.
- Phantom BOM: 실제로 존재하는 품목은 아니며 포장자재 등 관리상의 중요도가 떨어지는 품목들을 모아서 가상의 품목으로 BOM을 구성하여 BOM 구조를 좀 더 간단하게 관리하고자 할 경우에 주로 이용된다.

(3) 재고기록철(IRF)

재고기록철(IRF: Inventory Record File)은 자재관리 대상품목의 입출고에 관한 내역, 재고보유품목, 발주품목, 생산품목에 관한 사항을 기록하고 있다.

재고기록은 생산예정 품목의 순소요량 등을 파악하는 데 사용되므로 품목의 재고에 대한 최신 정보를 유지하여야 하며, 입출고 및 반품 등에 관한 사항이 모두 기록되어야 한다.

또한 재고기록에는 리드타임(lead time), 로트크기(lot size), 안전재고 및 기타 특별한 사항에 대한 정보도 포함되어야 한다.

개념 익히기

로트(Lot)
로트는 제조단위 또는 배치(Batch)라고도 하며, 동일한 제조 조건하에서 제조되고 균일한 특성 및 품질을 갖는 완제품, 구성부품 및 원자재의 단위를 말한다.
일반적으로 로트번호는 쉽게 식별할 수 있도록 숫자·문자 또는 이들을 종합한 것을 사용하며, 4M(Method(작업방법), Man(작업자), Material(자재), Machine(기계)) 중 하나의 항목만 변경 및 교체되어도 그 번호를 달리 부여한다.

2.4 MRP 전개 사례

A제품의 수요예측치와 그에 따른 주생산일정계획(MPS)을 수립하였으며, MRP 전개와 관련된 정보는 다음과 같다(단, B원재료는 A제품 한 단위 생산에 3EA가 소요된다).

	주	1	2	3	4	5
Level 0 제품 A (리드타임＝2주) (안전재고＝10개)	수요예측치	–	15	25	20	30
	입고예정량	0	0	10	20	30
	현재고	40	25	10	10	10
	생산계획	10	20	30	25	40

※ 1~5주차 수요예측치, 1주차 현재고, 4~5주차 생산계획은 임의 부여한 수치임.

	주	1	2	3	4	5
Level 1 원재료 B (리드타임＝1주) (안전재고＝30개) (로트크기＝100개)	수요예측치	30	60	90	75	120
	입고예정량	0	100	100	0	200
	현재고	60	100	110	35	115
	발주계획	100	100	0	200	–

※ 1~5주차 수요예측치는 제품 A의 생산계획에 의해 산출된 총소요량이며, 1주차 입고예정량과 현재고
는 임의 부여한 수치임.

03 생산능력

생산능력(Production Capacity)이란 작업자, 기계, 작업장, 공정 또는 조직이 단위시
간당 산출물을 생산할 수 있는 능력을 의미한다.

기업의 생산능력이 너무 작은 경우에는 시장수요를 충족하지 못해 고객 상실 우려가
있으며, 또한 고객이 원하는 서비스를 적시에 공급할 수 없어 결국 경쟁력을 잃게 될 수도
있다.

따라서 생산계획이 달성될 수 있도록 기업의 상황에 맞는 적절한 생산능력계획 등이
필요하다.

3.1 개략생산능력계획(RCCP)

개략생산능력계획(RCCP: Rough Cut Capacity Planning)이란 기준생산계획(MPS)이
주어진 제조자원의 용량을 넘어서는지를 계산하는 모듈이다. 즉, 기준생산계획과 제조자
원 간의 크기를 비교하여 자원요구량을 계산해내는 것이다.

자재소요계획 관련 활동 중에서 MRP 전개에 의해 생성된 발주계획량(Planned Order
Release)들이, 기간별로 주어진 제조 자원의 용량을 넘어서는지 아닌지를 계산하는 개략
생산능력계획(RCCP)은 MPS에서 수립된 생산 일정이 부하가 걸리지 않도록 계획되어 있
는지를 검토하여 MPS를 조정하는 기능을 하고 있다.

3.2 능력소요계획(CRP)

자재소요계획(Material Requirement Planning)과 제조자원계획(Manufacturing Resource Planning)의 큰 차이 중의 하나가 제조 자원의 제약사항을 생산계획에 반영할 수 있는 가였다.

능력소요계획(CRP: Capacity Requirement Planning)이란 자재소요계획 또는 생산계획 활동 중에서 MRP 전개에 의해 생성된 계획이 얼마만큼의 제조 자원을 요구하는지를 계산하는 모듈이다.

개념 익히기

능력소요계획(CRP)의 입력정보
- MRP에서 산출된 발주계획 정보
- 확정주문 정보
- 작업장 상태 정보
- 절차계획 정보
- 작업공정표 정보

3.3 RCCP와 CRP의 차이

계략생산능력계획(RCCP)과 능력소요계획(CRP)의 대표적인 차이를 요약하면 다음과 같다.

① RCCP의 주요 입력데이터는 MPS이지만, CRP의 주요 입력데이터는 MRP Record이다. MPS는 최종 제품과 주요 핵심 부품에 한해 작성되기 때문에, 자원요구량을 계산하는 과정에서도 CRP가 RCCP보다 정확하다.

② CRP를 계산할 때에는 생산오더가 내려간(즉, 현장에서 작업 중인) 작업도 현장의 자원을 필요로 한다는 것을 고려한다. 이러한 점은 RCCP에서는 고려하지 않는다. 따라서 CRP는 RCCP보다 더 현실적인 자원요구량계획을 생성할 수 있다.

04 공급망관리(SCM)

공급망관리(SCM: Supply Chain Management)란 기업이 제품 생산을 위한 원재료 수급에서 최종 고객에게 제품을 전달하기까지 공급망에서 일어나는 모든 행위들(구매/조달, 제조, 유통, 판매, 재고관리 등)을 정보기술(Information Technology)을 활용해서 재고를 최적화하고 리드타임을 대폭 감축하여 양질의 제품 및 서비스를 제공하는 시스템으로 정의된다.

4.1 공급사슬과 SCM의 주요 흐름

다음의 도표에서 나타나듯이 공급망(Supply Chain)은 공급자(Supplier), 제조업자(Manufacturer), 창고업자(Warehouser), 소매상(Retailers), 고객(Customer)과 같은 거래 파트너들로 구성되어 있다. SCM이란, 이러한 모든 거래 파트너들의 협력을 바탕으로 일부업무를 통합 관리하여 불확실성을 줄이고 전체적인 최적화를 달성하여 궁극적으로는 최소 비용으로 고객만족을 극대화하려는 경영전략기법이다.

SCM은 공급사슬을 기반으로 업무의 흐름을 다음의 세 가지로 구분하고 있다.
① 제품/서비스의 흐름(Product/Service Flow): 공급자들로부터 고객으로의 상품 이동, 물품반환, 애프터서비스 등으로 구성된다.
② 정보의 흐름(Information Flow): 주문전달과 배송상황의 갱신 등으로 구성된다.
③ 재정의 흐름(Funds Flow): 신용조건, 지불계획, 위탁판매, 권리소유권의 합의 등으로 구성된다.

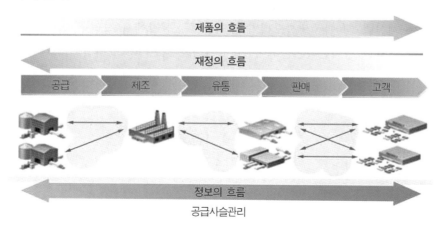

공급사슬관리

 **SCM의 기능**

SCM의 기능은 내재적 기능과 외재적 기능으로 구분한다.

(1) 내재적 기능

- 공급자 네트워크에 의해 공급된 원자재 등을 변형시키는데 사용하는 여러 프로세스
- 고객의 주문을 실제 생산 작업으로 투입하기 위한 생산일정계획

(2) 외재적 기능

- 올바른 공급자 선정
- 공급자와의 긴밀한 파트너십 유지

SCM 추진효과

SCM은 최근 기업들에게 높은 서비스 수준과 낮은 비용을 동시에 달성시킬 수 있는 경영 패러다임뿐만 아니라 새로운 기회를 창출할 수 있는 도구로 각광받고 있다.

SCM의 대표적인 추진효과는 다음과 같이 정리할 수 있다.

- 통합적 정보시스템 운영
- 물류비용 절감
- 고객만족, 시장변화에 대한 대응
- 구매비용 절감
- 생산효율화
- 총체적 경쟁우위 확보

제**4**부

핵심ERP 이해와 활용

> **알고가자!** **핵심ERP 설치와 DB관리**

❶ 시스템 운영환경

구 분	권장사항
설치 가능 OS	Microsoft Windows 7 이상의 OS (Window XP, Vista, Mac OS X, Linux 등 설치 불가)
CPU	Intel Core2Duo / i3 1.8Ghz 이상의 CPU
Memory	3GB 이상의 Memory
DISK	10GB 이상의 C:₩ 여유 공간

※ 위 최소 요구 사양에 만족하지 못하는 경우 핵심**ERP** 설치 진행이 불가능합니다.

❷ 핵심ERP 설치

(1) i cube 핵심ERP$_{v2.0}$ 설치 파일 폴더에서 [CoreCubeSetup.exe]를 더블클릭하면 설치가 시작된다.

(2) 진행을 하면 아래와 같이 [핵심ERP 설치 전 사양 체크] 프로그램이 자동으로 실행된다. 설치 전 사양체크가 완료되면 바로 핵심 ERP설치가 진행된다.

※ ①단계 ~ ④단계까지 모두 충족하지 않는 핵심ERP 설치 진행이 불가능하다. 모두 만족하면 하단에 '이 컴퓨터는 iCUBE-핵심 ERP 설치 진행이 가능합니다. 핵심ERP 인스톨!'을 확인할 수 있다.

(3) i cube 핵심ERP_{v2.0} 사용권 계약의 동의를 위해 [예]를 클릭한다.

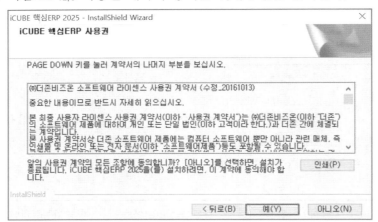

(4) DBMS(SQL Server 2008 R2)의 설치는 시스템 환경에 따라 몇 분간 소요된다. 만약 SQL Server 2008 R2가 설치되어 있다면 i cube – 핵심ERP_{v2.0} DB 및 Client 설치단계로 자동으로 넘어간다.

(5) i cube 핵심ERP_{v2.0} DB 및 Client 설치가 진행된다.

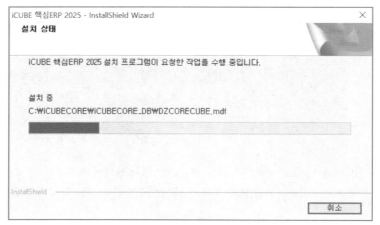

(6) i cube 핵심ERP$_{v2.0}$ DB 및 Client 설치가 완료되면 [완료]를 클릭한다.

(7) i cube 핵심ERP$_{v2.0}$ 프로그램 로그인 화면이 실행되는지 확인한다.

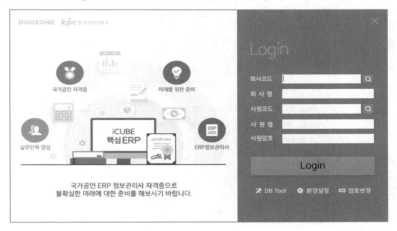

❸ 핵심ERP 실행오류 처리 방법

(1) 로그인 화면에서 회사코드 찾기 아이콘(🔍)을 클릭했을 때 아래의 오류메세지 확인

(2) i cube 핵심ERP$_{v2.0}$ 설치 파일 폴더 내 [UTIL] 폴더의 [CoreCheck.exe] 파일을 더블클릭한다. [×] 아이콘을 클릭해 모두 [○] 아이콘으로 변경한 후 프로그램을 실행하면 로그인이 가능하다.

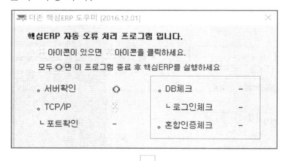

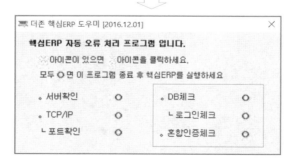

❹ 핵심ERP DB관리

(1) DB 백업 방법

① 로그인 창에서 [DB TOOL]을 클릭하여 [DB백업]을 선택한다.

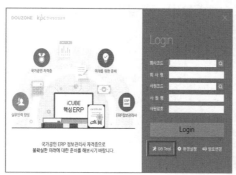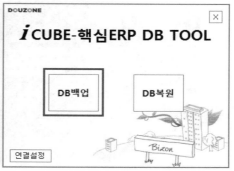

② 백업 경로와 폴더명이 나타나며 [확인]을 클릭하면, 백업이 진행된다.

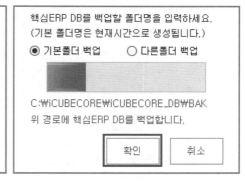

③ DB 백업이 완료된 후 [확인]을 클릭하면 백업폴더로 이동할 수 있다.

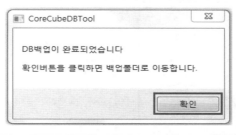

(2) DB 복원 방법

① 로그인 창에서 [DB TOOL]을 클릭하여 [DB복원]을 선택한다.

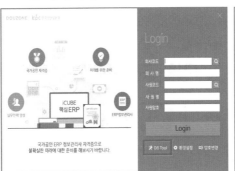 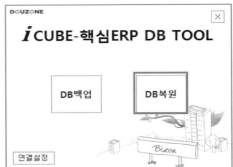

② 복원폴더 지정 및 파일명을 선택하고 [확인]을 클릭한다. 현재 연결중인 DB는 삭제된다는 경고 창이 나타난다.

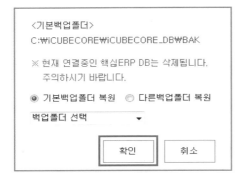 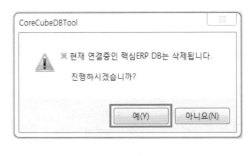

③ DB 복원 진행한 후 DB복원 완료 창이 나타나면 [확인]을 클릭한다.

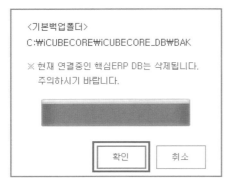 

알고가자! 핵심ERP 구성

❶ 핵심ERP 모듈 구성

한국생산성본부에서 주관하는 ERP 정보관리사 자격시험의 수험용 프로그램인 i cube – 핵심ERP$_{v2.0}$은 (주)더존비즈온에서 개발하여 공급하고 있다.

교육용 버전인 i cube – 핵심ERP$_{v2.0}$은 실무용 버전과 기능상의 차이는 다소 있지만 모듈별 프로세스 차이는 거의 없기 때문에 혼란을 야기하지는 않는다.

i cube – 핵심ERP$_{v2.0}$은 아래의 그림과 같이 물류, 생산, 회계, 인사모듈로 구성되어 있으며 각 모듈의 업무프로세스와 기능들은 모듈 간 유기적으로 서로 연계되어 있다.

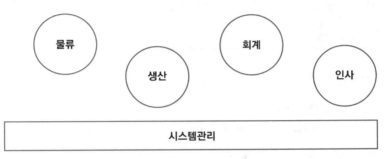

❷ 핵심ERP 화면 구성

i cube – 핵심ERP$_{v2.0}$의 화면구성은 사용자의 관점에서 매우 편리하도록 구성되어 있다. 메인화면 좌측에는 전체 메뉴리스트와 함께 최근메뉴보기, 메뉴찾기 등 편의기능들이 위치하며, 우측 상단부에는 데이터를 검색할 수 있는 다양한 조회조건들이 존재한다. 그리고 데이터의 입력화면은 대부분 헤드(상단)부분과 디테일(하단)부분으로 나누어진다.

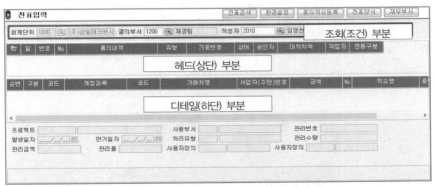

❸ 아이콘 설명

명 칭	아이콘	단축키	기능 설명
닫기		Esc	화면을 닫는다.
코드도움		F2	해당코드 도움창이 열린다.
삭제		F5	선택한 라인을 삭제한다.
조회		F12	조회조건에 해당하는 데이터를 불러온다.
인쇄		F9	선택한 정보를 인쇄하기 위해 인쇄 도움창이 열린다.
화면분할			현재 화면만 별도의 화면으로 분리한다.
정보			현재 화면에 대한 프로그램 정보를 보여준다.

❹ 기타 특이사항

(1) 입력데이터 저장방법

핵심ERP는 몇몇 메뉴를 제외하고는 별도의 [저장] 아이콘을 찾아볼 수가 없다. 메뉴를 실행하였을 때 우측 상단에 [저장] 아이콘이 있을 경우에는 [저장] 아이콘을 클릭하여 저장할 수 있지만 대부분의 메뉴에서 입력된 데이터를 저장하는 방법은 다음과 같다.

① 마지막 입력 항목에서 엔터나 마우스를 이용해 다음 필드로 넘어가면 자동 저장된다.

② 데이터 입력 후 상단의 [조회]를 클릭하면 저장의 유무를 묻는 팝업창이 띄워진다.

(2) R-Click 기능

핵심ERP 대부분의 메뉴 실행 상태에서 마우스 오른쪽 버튼을 누르면 데이터 변환, 클립보드 복사 등 다양한 편의기능이 제공된다. 이것을 R-Click 기능이라고 한다.

제**1**장

핵심ERP Master 환경설정

01 실습회사 개요

(주)삼일테크는 2012년 5월에 설립되어 주로 스마트폰을 제조하여 전 세계적으로 판매하면서 스마트폰과 관련된 각종 액세서리를 판매하는 기업이다.

본점은 서울 용산구에 위치하고 있으며, 본점에서는 생산업무를 제외한 대부분의 경영활동이 이루어지고 있으며, 대구지사에서는 주로 생산업무를 담당하고 있다.

이 회사의 세부 조직구성은 다음의 그림과 같이 구성되어 있다. 조직의 구성도는 본서에서의 실습을 위한 중요한 정보이기 때문에 반드시 이해하여야 한다.

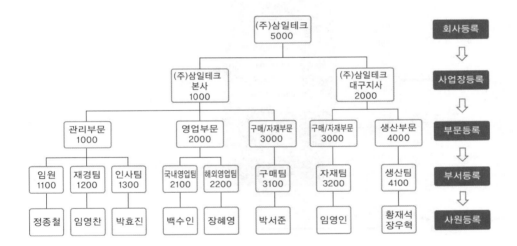

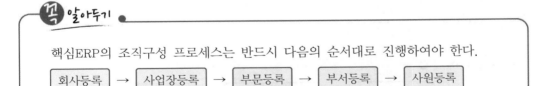

핵심ERP의 조직구성 프로세스는 반드시 다음의 순서대로 진행하여야 한다.

회사등록 → 사업장등록 → 부문등록 → 부서등록 → 사원등록

02 회사등록정보

2.1 회사등록

핵심ERP 설치 후 최초의 회사등록을 위해서는 우선적으로 다음과 같이 시스템관리자로 로그인하여야 한다.

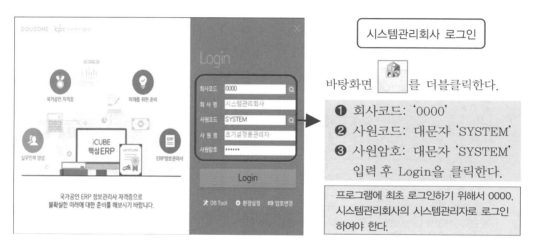

꼭 알아두기

핵심ERP 설치 후 최초 회사등록의 경우에만 회사코드 '0000'으로 로그인이 가능하다. 시스템관리자는 관리자 권한의 계정으로서 핵심ERP 운용을 위한 초기설정 등을 담당한다.

실무예제

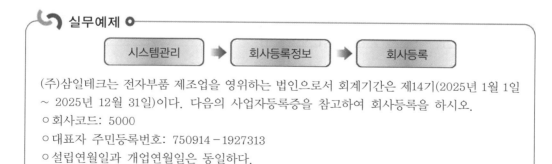

(주)삼일테크는 전자부품 제조업을 영위하는 법인으로서 회계기간은 제14기(2025년 1월 1일 ~ 2025년 12월 31일)이다. 다음의 사업자등록증을 참고하여 회사등록을 하시오.
○ 회사코드: 5000
○ 대표자 주민등록번호: 750914 – 1927313
○ 설립연월일과 개업연월일은 동일하다.

사업자 등록증
(법인 사업자)
등록번호: 106 - 81 - 11110

법인명(단체명): (주)삼일테크
대　　표　　자: 정종철
개 업 연 월 일: 2012년 5월 1일
법 인 등 록 번 호: 100121 - 2711413
사 업 장 소 재 지: 서울 용산구 녹사평대로11길 30(서빙고동)
사 업 의 종 류: 업태 제조, 도소매　 종목 전자제품 외
교　부　사　유: 정정교부

2016년 1월 4일
용산 세무서장 (인)

입력하기

❶ 핵심ERP 메인화면 좌측 상단의 시스템관리 모듈을 클릭한 후 회사등록정보 폴더의 회사등록 메뉴를 실행한다.

❷ 사업자등록증을 참고하여 [기본등록사항] TAB의 해당 항목에 입력한다.

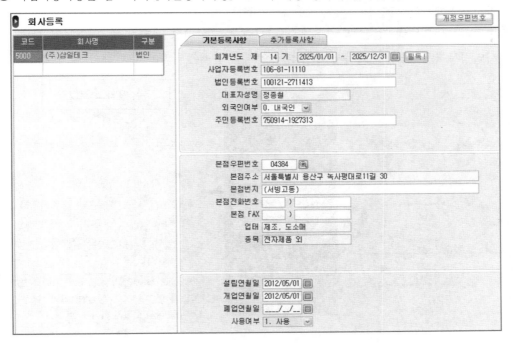

주요항목 설명

❶ 회사코드: 0101~9998 범위 내에서 숫자 4자리를 입력할 수 있다.
❷ 회계년도: 회사를 설립한 해가 1기이며, 그 다음 해는 2기로 매년 1기씩 증가한다.
❸ 사업자등록번호: 사업자등록번호 자동체크 기능이 있어 오류입력 시 빨간색으로 표시된다.
❹ 주민등록번호: 주민등록번호 자동체크 기능이 있어 오류입력 시 빨간색으로 표시된다.

> **알아두기**
>
> - 회사등록 정보를 저장하기 위해서는 입력화면 마지막(사용여부) 항목까지 Enter↵ 를 하여 5000번 다음 라인으로 넘어가야 자동저장이 된다. 그렇지 않으면 입력된 데이터가 저장되지 않고 사라진다.
> - 저장 후 회사명 등 다른 내용은 수정이 가능하지만, 회사코드는 수정이 불가능하다.
> - 핵심ERP 입력항목 중 배경색상이 노란색인 경우는 필수입력 항목에 해당한다.

2.2 사업장등록

법인은 사업장 소재지가 다른 복수 사업장을 운영할 수 있다. 다양한 법률이나 기업환경 등에 따라 법인의 통합관리 또는 사업장별 분리관리가 필요하다. 예컨대 우리나라 부가가치세법에서는 사업장별 과세제도를 채택하고 있다. 따라서 법인은 사업장별 사업자등록증을 근거로 핵심ERP에 사업장을 별도로 등록하여야 한다.

사업장등록을 위해 로그아웃 후 (주)삼일테크의 시스템관리자로 다시 로그인한다.

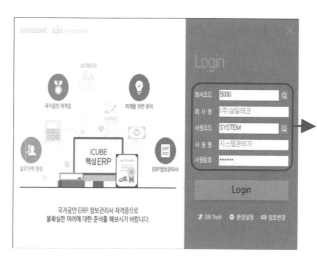

(주)삼일테크 로그인

바탕화면 를 더블클릭한다.

❶ 회사코드: '5000'
❷ 사원코드: 대문자 'SYSTEM'
❸ 사원암호: 대문자 'SYSTEM'
입력 후 로그인을 한다.

회사등록 후 사업장등록을 하기 위해서 로그아웃을 한 후, 5000.(주)삼일테크의 시스템관리자로 다시 로그인 하여야 한다.

실무예제

시스템관리 ➡ 회사등록정보 ➡ 사업장등록

(주)삼일테크는 서울에 본사를 두고 대구에 지사가 있다. 대구지사(사업장코드 2000)의 사업자등록증과 아래의 사항을 참고하여 사업장을 등록하시오.

사업자 등록증
(법인 사업자)
등록번호: 514 – 85 – 27844

법 인 명(단체명): (주)삼일테크 대구지사
대　　표　　자: 정종철
개 업 연 월 일: 2013년 8월 1일
법 인 등 록 번 호: 100121 – 2711413
사 업 장 소 재 지: 대구 달서구 선원로10길 11(신당동)
사 업 의 종 류: 업태 제조 종목 전자제품 외
교 부 사 유: 신규

2013년 8월 1일
남대구 세무서장 (인)

입력하기

❶ (주)삼일테크 시스템관리자로 로그인 후 사업장등록 메뉴를 실행하면 기본적으로 본사 사업장 코드는 '1000'번으로 부여된다. 추가적으로 본사 관할세무서 코드를 조회하여 입력한다.

사업장등록			주(총괄납부)사업장등록
코드	사업장명	**기본등록사항** 신고관련사항 추가등록사항	
1000	(주)삼일테크본사		

사업자등록번호 106-81-11110
법인등록번호 100121-2711413
대표자명 정종철
사업장우편번호 04384 🔍
사업장주소 서울특별시 용산구 녹사평대로11길 30
사업장번지 (서빙고동)
전화번호 [ ]) [ ]
FAX 번호 [ ]) [ ]
업 태 제조, 도소매
종 목 전자제품 외
관할세무서 106 🔍 용산
개업년월일 2012/05/01 📅
폐업년월일 ____/__/__ 📅

❷ 대구지사의 사업장코드를 '2000'번으로 부여한 후 사업자등록증을 참고하여 입력한다.

2.3 부서등록

부서는 회사 업무의 범주를 구분하는 중요한 그룹단위라고 할 수 있다. 핵심ERP에서 등록된 부서는 추후 부서별 판매 및 구매현황, 부서별 손익계산서 등 다양한 형태의 보고서로 집계될 수 있다.

실무예제

시스템관리 ➡ 회사등록정보 ➡ 부서등록

다음의 사항을 참고하여 (주)삼일테크의 부문과 부서를 등록하시오.

구분	부문코드	부문명	사용기간
부문	1000	관리부문	2012/05/01~
	2000	영업부문	2012/05/01~
	3000	구매/자재부문	2012/05/01~
	4000	생산부문	2013/08/01~

구분	부서코드	부서명	사업장	부문명	사용기간
부서	1100	임원실	본사	관리부문	2012/05/01~
	1200	재경팀	본사	관리부문	2012/05/01~
	1300	인사팀	본사	관리부문	2012/05/01~
	2100	국내영업팀	본사	영업부문	2012/05/01~
	2200	해외영업팀	본사	영업부문	2012/05/01~
	3100	구매팀	본사	구매/자재부문	2012/05/01~
	3200	자재팀	대구지사	구매/자재부문	2013/08/01~
	4100	생산팀	대구지사	생산부문	2013/08/01~

🏹 입력하기

❶ 부서등록 메뉴의 화면 우측 상단 [부문등록] 클릭하여 부문을 등록하고 확인을 누른다.

❷ 부문을 등록한 후 부서를 등록한다.

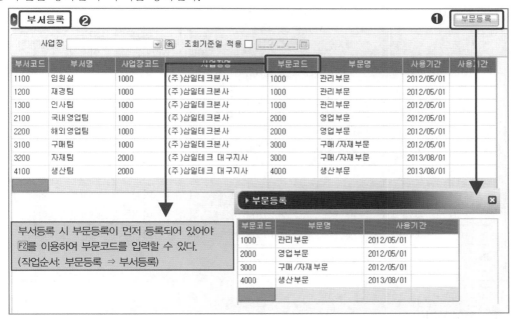

부서코드	부서명	사업장코드	사업장명	부문코드	부문명	사용기간	사용기간
1100	임원실	1000	(주)삼일테크본사	1000	관리부문	2012/05/01	
1200	재경팀	1000	(주)삼일테크본사	1000	관리부문	2012/05/01	
1300	인사팀	1000	(주)삼일테크본사	1000	관리부문	2012/05/01	
2100	국내영업팀	1000	(주)삼일테크본사	2000	영업부문	2012/05/01	
2200	해외영업팀	1000	(주)삼일테크본사	2000	영업부문	2012/05/01	
3100	구매팀	1000	(주)삼일테크본사	3000	구매/자재부문	2012/05/01	
3200	자재팀	2000	(주)삼일테크 대구지사	3000	구매/자재부문	2013/08/01	
4100	생산팀	2000	(주)삼일테크 대구지사	4000	생산부문	2013/08/01	

부서등록 시 부문등록이 먼저 등록되어 있어야
F2를 이용하여 부문코드를 입력할 수 있다.
(작업순서: 부문등록 ⇒ 부서등록)

▶부문등록

부문코드	부문명	사용기간
1000	관리부문	2012/05/01
2000	영업부문	2012/05/01
3000	구매/자재부문	2012/05/01
4000	생산부문	2013/08/01

꼭 알아두기

• 핵심ERP에서 등록된 부문명 및 부서명, 사원명, 품목명 등의 명칭은 언제든지 수정할 수 있지만, 이에 따른 코드는 수정할 수 없으며, 관련 데이터가 발생한 후에는 삭제할 수도 없다.

• 저장 후 관련 데이터가 발생한 상태에서 삭제가 필요하다면, 진행되었던 프로세스의 역순으로 삭제 및 취소 후 저장한 데이터를 삭제할 수 있다.

2.4 사원등록

사원등록은 회사에 소속된 직원을 등록하는 메뉴이며, 모든 직원을 등록하여야 한다. 핵심ERP 인사모듈에서 인사관리, 급여관리 등의 업무는 사원등록 정보를 기초로 이루어지기 때문이다. 사원등록 시 소속부서, 입사일, 핵심ERP의 사용여부와 조회권한, 입력방식 등을 결정하여 등록할 수 있다.

실무예제 ⦿

시스템관리 ➡ 회사등록정보 ➡ 사원등록

다음의 사항을 참고하여 (주)삼일테크의 사원을 등록하시오.

사원코드	사원명	부서명	입사일	사용자여부	인사입력방식	회계입력방식	조회권한
1010	정종철	임원실	2012/05/01	여	미결	미결	회사
2010	임영찬	재경팀	2012/05/01	여	승인	수정	회사
2020	박효진	인사팀	2012/05/01	여	승인	미결	회사
3010	백수인	국내영업팀	2013/07/01	여	미결	미결	사업장
3020	장혜영	해외영업팀	2013/07/01	여	미결	미결	사업장
4010	박서준	구매팀	2014/12/01	여	미결	미결	회사
4020	임영인	자재팀	2014/12/01	여	미결	미결	회사
5010	황재석	생산팀	2015/08/01	여	미결	미결	회사
5020	장우혁	생산팀	2015/08/01	부	미결	미결	미사용

※ 품의서권한과 검수조서권한은 '미결'로 설정

입력하기

❶ 화면상단의 부서검색 조건을 비워두고 조회한 후 사원등록 정보를 입력한다.

주요항목 설명

❶ 사용자여부: ERP운용자는 '여', ERP운용자가 아니면 '부'로 설정한다.

❷ 퇴사일: 퇴사일은 시스템관리자만 입력할 수 있으며, 퇴사일 이후에는 시스템 접근이 제한된다.

❸ 암호: ERP로그인 시 필요한 암호이다.

❹ 인사입력방식: 급여마감에 대한 통제권한이다. 승인권자는 최종급여를 승인 및 해제할 수 있다.

❺ 회계입력방식: 회계모듈 전표입력 방식에 대한 권한을 설정한다.

❻ 조회권한: ERP 데이터 조회권한을 설정한다.

❼ 품의서 및 검수조서권한: 실무에서 사용되는 그룹웨어나 자산모듈 운용과 관련된 기능으로서 교육용 핵심ERP에서는 활용되지 않는 기능이다.

알아두기

• 회계입력방식

구분	세부 내용
미결	회계모듈 전표입력 시 자동으로 미결전표가 생성되며, 승인권자의 승인이 필요
승인	회계모듈 전표입력 시 자동으로 승인전표가 생성되며, 전표를 수정 및 삭제하고자 할 경우 승인해제 후 수정이 가능
수정	회계모듈 전표입력 시 자동으로 승인전표가 생성되며, 승인해제를 하지 않아도 전표를 수정 및 삭제 가능

• 조회권한

구분	세부 내용
미사용	ERP 로그인이 불가능하여 접근이 통제된다.
회사	회사의 모든 데이터를 입력 및 조회할 수 있다.
사업장	로그인한 사원이 속한 사업장의 데이터만 입력 및 조회할 수 있다.
부서	로그인한 사원이 속한 부서의 데이터만 입력 및 조회할 수 있다.
사원	로그인한 사원 자신의 정보만으로 입력이 가능하며, 그 데이터만 조회할 수 있다.

핵심ERP실무

2.5 시스템환경설정

시스템환경설정 메뉴는 핵심ERP를 본격적으로 운용하기 전에 회사의 상황에 맞도록 각 모듈 및 공통적인 부문의 옵션(파라미터)을 설정하는 메뉴이다. 예컨대 본·지점회계 사용여부의 결정, 유형자산의 감가상각비 계산방식, 수량 소수점 자릿수 등 다양한 항목들에 대하여 설정하는 부분이다.

시스템환경설정에서 설정된 항목은 추후 ERP 운용프로세스에도 영향을 미치므로 신중하게 고려하여야 한다. 시스템환경설정을 변경한 후 적용을 위해서는 반드시 재 로그인을 하여야 한다.

실무예제

다음을 참고하여 (주)삼일테크의 ERP시스템 운용을 위한 적절한 환경설정을 하시오.

구분	코드	설정 내용
공통	01	본점과 지점의 회계는 구분하지 않고 통합적으로 관리하고 있다.
	10	끝전 단수처리는 반올림으로 처리하고 있다.
물류	41, 45	제품·상품출고 전에 출고의뢰와 출고검사를 실시하겠다.
	44	구매 시에는 청구요청 후 품의 및 승인절차를 거치고 있다.
	42, 46	원부재료 등 구매품 입고 전에 입고의뢰와 입고검사를 시행하고 있다.
	51	생산팀에서는 제품 생산 후 실적검사를 시행하고 있다.
	52	외주품 입고 시에는 반드시 검사를 하고 있다.
	55	사원별로 단가, 창고 및 공정에 대한 통제를 시행하고 있다.
	62, 63	자체생산과 외주생산에서 재공을 운영하고 있다.

입력하기

시스템환경설정

조회구분 1. 공통   환경요소 [   ]

구분	코드	환경요소명	유형구분	유형설정	선택범위	비고
공통	01	본지점회계여부	여부	0	0.미사용1.사용	
공통	02	수량소숫점자리수	자리수	2	선택범위:0-6	
공통	03	원화단가소숫점자리수	자리수	2	선택범위:0-6	
공통	04	외화단가소숫점자리수	자리수	2	선택범위:0-6	
공통	05	비율소숫점자리수	자리수	3	선택범위:0-6	
공통	06	금액소숫점자리수	자리수	0	선택범위:0-4	
공통	07	외화소숫점자리수	자리수	2	선택범위:0-4	
공통	08	환율소숫점자리수	자리수	3	선택범위:0-6	
공통	10	끝전 단수처리 유형	유형	0	0.반올림, 1.절사, 2 절상	
공통	11	비율%표시여부	여부	0	여:1 부:0	
공통	14	거래처코드도움창	유형		0. 표준코드도움 1.대용량코드도움	

시스템환경설정

조회구분 4. 물류   환경요소 [   ]

구분	코드	환경요소명	유형구분	유형설정	선택범위	비고
물류	41	출고의뢰운영여부	여부	1	0.운영안함 1.운영함	
물류	42	입고의뢰운영여부	여부	1	0.운영안함 1.운영함	
물류	44	품의등록운영여부	여부	1	0.운영안함 1.운영함	
물류	45	출고전검사운영여부	여부	1	0.운영안함 1.운영함	
물류	46	입고전검사운영여부	여부	1	0.운영안함 1.운영함	
물류	51	실적검사 운영여부	여부	1	0.운영안함 1.운영함	
물류	52	외주검사 운영여부	여부	1	0.운영안함 1.운영함	
물류	53	실적별 자재사용보고 기준	유형	1	1.자재청구기준 2.실적기준 3.지시기준	
물류	55	사원별 창고및단가입력 통제…	여부	0	0.부 1.여	
물류	59	청구요청등록(주문별) 전개…	유형	1	1.품목개별 2.품목합산	
물류	60	미수금원장 집계기준	유형	1	1.품목개별 2.품목군별	
물류	61	회계전표처리시 부가세 소수…	여부	0	0. 부(권장사항) 1. 여	
물류	62	생산운영여부	여부	1	0.운영안함 1.운영함	
물류	63	외주운영여부	여부	1	0.운영안함 1.운영함	
물류	65	외화채권/채무관리기준	유형	0	0.환종별 1.B/L번호별	
물류	66	구매 포장단위수량적용여부	여부	0	0.부 1.여	
물류	67	판매 포장단위수량적용여부	여부	0	0.부 1.여	
물류	68	생산에서 자재출고 권한체크…	여부	0	0.부 1.여	
물류	71	공사관리회계연동	여부	1	0.부 1.여	
물류	72	건설자재관리 회계연동	여부	1	0.부 1.여	
물류	73	건설 자재관리 구매/자재관리…	여부	0	0.부 1.여	
물류	75	구매 모듈-회계처리증빙연동…	여부	0	0.연동안함 1.연동함	
물류	76	품목계정구분 수정통제	여부	1	0.통제안함 1.통제함	
물류	81	생산수량 단수처리 유형	유형	0	0.반올림, 1.절사, 2 절상	
물류	85	수정세금계산서 수정재발행	여부	0	0.부 1.여	
물류	87	채권(외화)/채무(외화)관리…	여부	0	0.운영안함 1.운영함	

핵심ERP실무

2.6 사용자권한설정

사용자권한설정 메뉴는 핵심ERP 사용자들의 권한을 설정하는 메뉴이다. 사원등록에서 등록한 입력방식과 조회권한을 토대로 사용자별로 접근 가능한 세부 메뉴별 권한을 부여한다. 사용자별로 핵심ERP 로그인을 위해서는 반드시 사용자별로 권한설정이 선행되어야 한다.

실무예제

시스템관리 ➡ 회사등록정보 ➡ 사용자권한설정

다음은 (주)삼일테크의 업무영역을 고려하여 사원별로 ERP 시스템 사용권한을 부여하고자 한다. 사원별로 사용자권한설정을 수행하시오.

사원코드	사원명	사용권한	조회권한
1010	정종철	전체모듈(전권)	회사
2010	임영찬	전체모듈(전권)	회사
2020	박효진	인사/급여관리(전권), 시스템관리(전권)	회사
3010	백수인	영업관리(전권), 무역관리(전권)	사업장
3020	장혜영	영업관리(전권), 무역관리(전권)	사업장
4010	박서준	영업관리(전권), 구매/자재관리(전권), 무역관리(전권)	회사
4020	임영인	영업관리(전권), 구매/자재관리(전권), 생산관리공통(전권)	회사
5010	황재석	영업관리(전권), 구매/자재관리(전권), 생산관리공통(전권)	회사

입력하기

❶ 사용자권한설정 메뉴의 모듈구분에서 권한을 부여하고자 하는 모듈을 선택한다.

❷ 권한부여 대상 사원명을 선택한다.

❸ [MENU] 항목에 나타난 메뉴가 선택한 모듈의 전체메뉴를 보여주고 있다. 부여할 권한이 '전권'이라면 [MENU] 항목의 왼쪽 체크박스를 선택하면 전체가 동시에 선택된다.

❹ 화면 우측 상단의 권한설정 아이콘을 클릭한다.

❺ 권한부여 대상자의 조회권한을 확인한 후 권한을 설정한다.

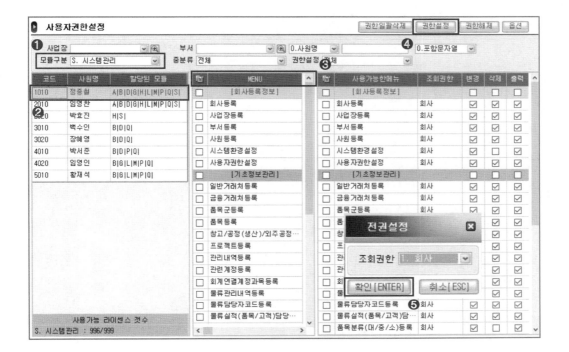

꽉 **알아두기**

- 사용자권한은 모듈별·사원별로 부여하며, 전권을 부여할 수도 있지만 세부 메뉴별로 부여할 수도 있다.
- 권한복사

  위의 예제에서 정종철과 임영찬은 사용권한과 조회권한이 동일하다. 권한이 동일한 사원은 기 부여된 사원의 권한을 다음의 순서에 의해 복사할 수 있다.

  > 정종철 선택 → 오른쪽마우스 클릭 → 권한복사 → 임영찬 선택 → 오른쪽 마우스 클릭 → 권한붙여넣기(전체모듈) 클릭

- 권한해제

  회사에서는 종종 인사이동, 직무변경 등으로 인하여 ERP시스템 운용의 담당영역도 변경될 수 있다. 권한해제 방법은 해제대상 모듈과 세부 메뉴를 선택한 후 권한일괄삭제 또는는 권한해제 아이콘을 클릭하여 해제할 수 있다.

- 시스템환경설정과 사용자권한설정에 대한 권한은 시스템관리자만 가지고 있도록 해야 한다. 만약 다수의 사용자가 이 메뉴에 접근한다면 ERP시스템의 통제가 어려워질 수도 있다.

제 **2** 장

핵심ERP 물류·생산모듈
기초정보

01 기초정보관리(공통정보)

    핵심ERP의 물류 · 생산모듈 프로세스 진행에 앞서 이에 필요한 다양한 기초정보 자료를 입력하여야 한다. 이러한 기초정보 자료는 데이터의 일관성 유지 측면에서 잦은 변경을 삼가해야 한다. 또한 추후 물류 · 생산모듈의 각 프로세스 진행에 있어 기초정보 자료는 큰 영향을 미치게 되므로 자료의 수집 및 분류, 이용방식 등을 결정할 때 신중을 기하여야 한다.

    핵심ERP의 각 모듈별 기초정보관리 세부 메뉴 구성은 다음과 같다.

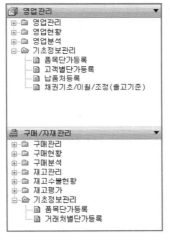
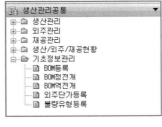

★

    본 장의 물류 · 생산모듈 기초정보 자료의 입력은 시스템관리자 계정으로 로그인하지 않고 [조회권한]이 '회사'이면서 핵심ERP 전 모듈 사용이 가능한 '임영찬' 사원으로 로그인하여 입력한다.

1.1 거래처등록

    거래과정에서 발생되는 매입처, 매출처, 금융거래처 등을 등록하여 관리하는 메뉴이다. 핵심ERP에서 거래처등록은 매입과 매출처를 등록하는 [일반거래처등록]과 금융기관, 카드사 등을 등록하는 [금융거래처등록] 메뉴로 구분된다.

실무예제

시스템관리 ➡ 기초정보관리 ➡ 거래처등록

다음은 (주)삼일테크의 일반거래처와 금융거래처현황이다. 거래처를 등록하시오.

구분	코드	거래처명	구분	사업자번호	업태	주소
				대표자명	종목	
일반거래처	00001	(주)영재전자	일반	217-81-15304	도소매	서울 강북구 노해로 100 (수유동)
				임영재	전자제품 외	
	00002	(주)한국테크	일반	101-81-11527	도소매, 서비스	서울 종로구 성균관로 10 (명륜2가)
				황재원	전자제품 외	
	00003	(주)화인알텍	일반	502-86-25326	제조, 도소매	대구 동구 신덕로5길 12(신평동)
				박정우	컴퓨터 외	
	00004	IBM CO., LTD.	무역			Bennelong Point, Sydney
				LIMSANG		
	00005	(주)수민산업	일반	104-81-39257	제조, 도매	서울 중구 남대문로 11 (남대문로4가)
				임수민	전자부품 외	
	00006	(주)이솔전자	일반	122-85-11236	제조, 도매	인천 남동구 남동대로 140(고잔동)
				최이솔	전자부품 외	
	00007	(주)형진상사	일반	209-85-15510	제조, 도소매	서울 성북구 길음로 10 (길음동)
				민경진	전자기기 외	
	00008	(주)대한해운	일반	125-86-22229	운수업	경기도 평택시 가재길 100(가재동)
				장상윤	운송	
	00009	BOSH CO., LTD.	무역			
				JAKE		
	00010	인천세관	일반	109-83-02763		인천 중구 서해대로 339 (항동7가, 인천세관)
				박세관		

구분	코드	거래처명	구분	계좌/가맹점/카드번호
금융거래처	10001	기업은행	금융기관	542-754692-12-456
	10002	Citi Bank	금융기관	
	10003	국민은행	정기예금	214654-23-987654
	10004	비씨카드	카드사	0020140528
	10005	신한카드(법인)	신용카드	카드번호: 4521-6871-3549-6540 카드구분: 1. 법인 사업자등록번호: 106-81-11110 카드회원명: (주)삼일테크

입력하기

┃일반거래처등록 화면┃

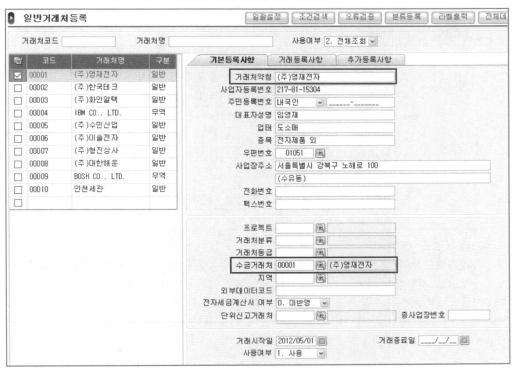

┃금융거래처등록 화면┃

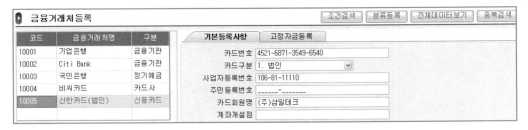

주요항목 설명

❶ 거래처약칭: 거래처명을 입력 및 조회할 때 이용되는데 동일한 상호를 가진 회사가 있을 경우에 유용하게 사용된다. 거래처명에 대한 별명 개념이다.

❷ 수금거래처: 거래처명을 입력하면 자동으로 수금거래처에 반영되지만, 매출처와 수금처가 다를 경우 변경하여 관리할 수 있다.

핵심ERP실무

꼭 알아두기

• 거래처 구분

거래처	구분	세부내용
일반거래처	1. 일반	세금계산서(계산서) 수취 및 발급 거래처, 사업자등록번호 입력필수
	2. 무역	무역거래와 관련된 수출 및 수입거래처
	3. 주민	주민등록번호 기재분, 주민등록번호 입력필수
	4. 기타	일반, 무역, 주민이외의 거래처
금융거래처	5. 금융기관	보통예금 등 금융기관
	6. 정기예금	정기예금
	7. 정기적금	정기적금
	8. 카드사	카드매출 시 카드사별 신용카드 가맹점
	9. 신용카드	구매를 위한 신용카드

• 거래처코드 부여

거래처코드는 최대 10자리까지 부여할 수 있다. [시스템환경설정] 메뉴 '회계 25. 거래처코드 자동부여'에서 '사용'을 선택했을 경우에는 코드가 자동으로 부여되고, '미사용'인 경우에는 수동으로 부여할 수 있다.

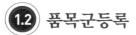 **품목군등록**

품목군등록 메뉴는 하위단위인 품목을 그룹화하여 관리하고자 할 때 사용된다. 품목군별로 매입 또는 매출을 집계하거나 재고를 분석할 때 사용되며 품목등록에 앞서 선행되어야 한다.

실무예제

(주)삼일테크는 일부 품목을 그룹화하여 관리하고자 한다. 다음을 참고하여 품목군을 등록하시오.

품목군코드	품목군명	사용 여부
S10	CPU	사용
S20	액정	사용
S30	카메라	사용
S40	기타	사용

입력하기

품목군등록

검색조건	1. 포함문자열	품목군코드		품목군명		사용여부	전체

	품목군코드	품목군명	사용여부	품목군설명
☐	S10	CPU	사용	
☐	S20	액정	사용	
☐	S30	카메라	사용	
☐	S40	기타	사용	
☐				

꼭 알아두기

품목군등록은 선택사항이며 반드시 등록해야 하는 것은 아니다. 품목을 그룹별로 관리하고자 할 때만 품목군을 등록하여 사용하면 된다.

1.3 품목등록

품목등록 메뉴는 회사에서 입출고 또는 재고관리를 하고 있는 모든 품목들을 등록하는
메뉴이다. 품목등록은 핵심ERP의 물류모듈과 생산모듈을 운용하기 위해서는 필수적으로
선행되어야 하는 중요한 기초정보이다.

🔖 실무예제

| 시스템관리 | ➡ | 기초정보관리 | ➡ | 품목등록 |

(주)삼일테크의 품목정보는 다음과 같다. 품목을 등록하시오.

품번	품목명	계정	조달	재고단위	관리단위	환산계수	품목군	LEAD TIME	안전재고량	주 거래처	표준원가	실제원가
AE01	무선충전기	상품	구매	EA	EA	1		1일	100	(주)형진상사		
AE02	셀카봉	상품	구매	EA	EA	1		1일	20	(주)형진상사		
AE03	액정보호필름	상품	구매	EA	BOX	100		1일		(주)형진상사		
CR01	갤럭시 노트	제품	생산	EA	EA	1		3일			240,000	250,000
CR02	갤럭시 엣지	제품	생산	EA	EA	1		3일			360,000	350,000
DH01	평판 디스플레이	반제품	생산	EA	EA	1		1일			120,000	125,000
DH02	커브드 디스플레이	반제품	생산	EA	EA	1		1일			180,000	170,000
EM01	듀얼 CPU	원재료	구매	EA	EA	1	CPU	1일		(주)수민산업		
EM02	쿼드 CPU	원재료	구매	EA	EA	1	CPU	1일		(주)수민산업		
FK01	6인치 액정	원재료	구매	EA	EA	1	액정	1일		(주)이솔전자		
FK02	8인치 액정	원재료	구매	EA	EA	1	액정	1일		(주)이솔전자		
GT01	1500만화소 카메라	원재료	구매	EA	EA	1	카메라	2일	30	(주)수민산업		
GT02	1800만화소 카메라	원재료	구매	EA	EA	1	카메라	2일	30	(주)수민산업		
HE01	메모리	원재료	구매	EA	EA	1	기타	1일		(주)이솔전자		
KA01	배터리	원재료	구매	EA	EA	1	기타	1일		(주)수민산업		
LH01	터치펜	원재료	구매	EA	EA	1	기타	1일		(주)이솔전자		
SET1	여행세트	상품	구매	EA	EA	1		1일				

※ 여행세트(SET1) 품목은 SET품목에 해당됨

입력하기

❶ 위 예제의 항목 중 품번에서부터 품목군까지는 [MASTER/SPEC] TAB에서 입력하고 LEAD
TIME부터는 [ORDER/COST] TAB에서 등록한다.

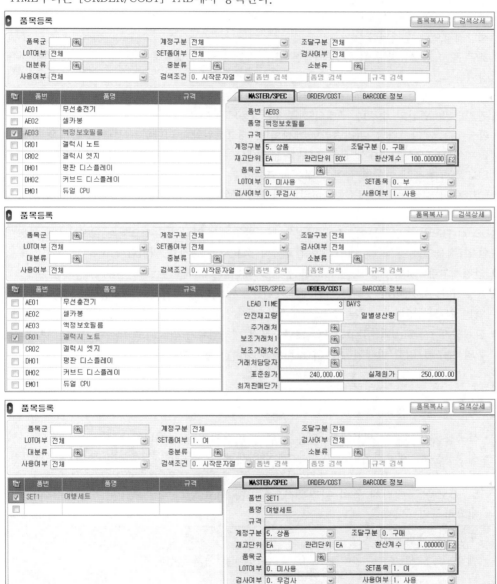

주요항목 설명

❶ 품번: 품목코드의 길이는 최대 30Byte이며, 고유한 값을 가지므로 중복된 품목코드는 있을 수 없다. 숫자/영문/한글을 혼용하여 입력이 가능하다.

❷ 계정구분: 원재료, 부재료, 제품, 반제품, 상품, 저장품, 비용, 수익으로 구성되며 회계처리 시 해당계정으로 분개된다.

❸ 조달구분: 청구등록 품목 중 구매품은 발주 대상이 되고, 생산품은 작업지시 또는 외주발주 대상이다.

❹ 재고단위: 재고관리 등 사내에서 사용되는 단위

❺ 관리단위: 영업의 수주나 구매의 발주 시 사용되는 단위

❻ 환산계수: 재고단위 ÷ 관리단위로 계산되며, 재고단위와 관리단위가 서로 다른 경우 사용된다.

❼ LOT여부: LOT 관리대상 품목 여부를 결정(LOT는 1회에 최소 생산되는 특정수의 단위)

❽ SET품목: 2가지 이상의 품목을 묶어서 판매하는 경우에 사용하는 기능이다.

❾ HS CODE: Harmonized System의 약자로서 무역거래 시 품목에 대한 국제적 상품분류코드이다.

❿ LEAD TIME: 조달구분이 '구매'인 경우에는 발주에서 입고까지 소요되는 일자를 의미하고, '생산'인 경우에는 작업지시에서 생산완료까지 소요되는 일자를 의미한다.

⓫ 안전재고량: 불확실성 또는 수요와 공급을 대비한 재고량

⓬ 표준원가: 사전(미리 정해놓은)원가의 개념으로서 기업이 이상적인 제조활동을 하는 경우 소비되는 원가를 말한다. 이는 주로 판매단가 결정이나 성과평가의 기준이 된다.

⓭ 실제원가: 사후(결과 집계)원가의 개념으로서 제조업무가 완료되고 제품이 완성된 후에 그 제품의 제조를 위해 발생된 가치의 소비액을 산출한 원가이다.

꼭 알아두기

• 품목등록은 물류·생산모듈 운용을 위한 필수입력 정보이다.
• 계정구분 중 재고자산에 포함되는 계정(원재료 – 저장품)은 입출고를 통해 재고관리가 이루어진다. 그러나 수익과 비용계정으로 등록한 품목은 재고관리와는 무관하며, 주로 소모품 구매집계 등의 관리목적으로 사용되고 있다.
• 재고자산의 구분

구분	조달구분	개념
제품	생산	판매를 목적으로 제조과정을 거쳐 완성된 물품
반제품	생산 또는 구매	판매가 가능한 상태이나 완성되지 않고 제조과정 중에 있는 물품
원재료	구매	외부에서 구매하여 반제품 및 제품을 생산하는데 소요되는 물품

구분	조달구분	개념
부재료	구매	외부에서 구매하여 반제품 및 제품을 생산하는데 부수적으로 소요되는 물품
상품	구매	판매를 목적으로 구매한 물품

- 재고단위와 관리단위를 명확하게 이해하고 환산계수를 계산할 수 있어야 된다.
- 추후 학습을 통하여 품목등록 메뉴의 항목 중 LEAD TIME, 안전재고량, 주거래처, 표준원가, 실제원가 항목의 정보를 이용하는 기능을 반드시 이해하여야 한다.

1.4 창고/공정(생산)/외주공정등록

핵심ERP는 사업장별로 창고, 생산 및 외주공정에 관한 정보를 입력하여야 한다. 모든 수불데이터는 창고, 생산 및 외주공정마다 각각 발생되며, 추후 재고평가작업 시 중요한 기준정보가 된다.

① 창고 및 장소: 제품이나 상품, 반제품, 원재료, 부재료, 저장품 등을 보관하는 물리적 공간을 말한다.

② 생산공정 및 작업장: 생산공정이란 원료 및 재료 상태에서 제품이 완성되기까지의 제조과정에서 행해지는 일련의 작업을 말한다. 이러한 작업공간을 물리적 또는 논리적으로 구분한 것이 작업장이다.

③ 외주공정 및 작업장: 회사의 자체 생산공정을 이용하지 않고 타사의 생산공정을 이용하여 제품이나 반제품을 생산하는 작업을 말한다.

핵심ERP실무

실무예제

시스템관리 ➡ 기초정보관리 ➡ 창고/공정(생산)/외주공정등록

(주)삼일테크의 물류창고와 창고별 장소 정보는 다음과 같다. 창고 및 장소를 등록하시오.

사업장	창고		사용여부	위치(장소)		적합여부	가용재고여부	사용여부
	창고코드	창고명		위치코드	위치명			
본사	A100	제품창고(본사)	사용	A100	양품장소(제품)	적합	여	사용
				A101	불량품장소(제품)	부적합	부	사용
	A200	부품창고(본사)	사용	A200	양품장소(부품)	적합	여	사용
				A201	불량품장소(부품)	부적합	부	사용
대구지사	B100	제품창고(지사)	사용	B100	양품장소(제품)	적합	여	사용
				B101	불량품장소(제품)	부적합	부	사용
	B200	부품창고(지사)	사용	B200	양품장소(부품)	적합	여	사용
				B201	불량품장소(부품)	부적합	부	사용

입력하기

❶ 사업장을 선택하여 조회 후 각 창고에 따른 위치(장소)를 등록한다.

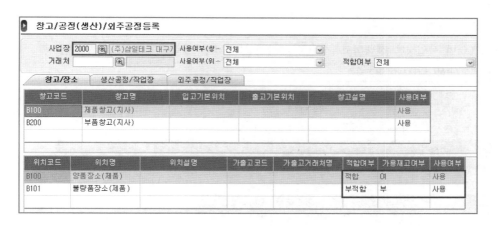

주요항목 설명

❶ 입고 및 출고기본위치: 입출고 시 창고를 선택했을 때 기 입력된 기본위치정보가 자동으로 반영된다.

❷ 가출고코드: 핵심ERP에서는 활용되지 않는 기능이다.

❸ 적합여부: 양품은 '적합', 불량품은 '부적합'

❹ 가용재고여부: 가용재고(창고의 현재고+입고예정량-출고예정량) 포함 여부를 결정한다.

꼭 알아두기

입고기본위치 및 출고기본위치는 선택사항이며 반드시 등록해야 하는 것은 아니다. 한 창고에 여러 위치를 구분할 경우에는 기본위치를 입력해 놓으면 오히려 오류를 범할 가능성이 높아진다.

실무예제

시스템관리 ➡ 기초정보관리 ➡ 창고/공정(생산)/외주공정등록

(주)삼일테크의 생산공정에 따른 작업장 정보는 다음과 같다. 생산공정 및 작업장을 등록하시오.

사업장	생산공정		사용 여부	작업장		적합 여부	사용 여부
	공정코드	공정명		작업장 코드	작업장명		
대구지사	M100	작업공정	사용	M100	제품작업장	적합	사용
				M150	반제품작업장	적합	사용

입력하기

❶ '2000'번 사업장을 선택하고 [생산공정/작업장] TAB을 클릭하여 조회 후 입력한다.

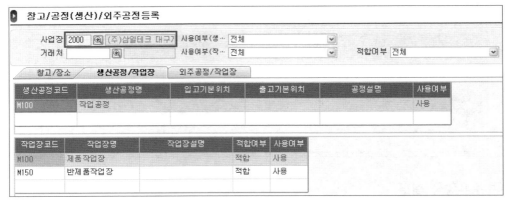

실무예제

시스템관리 ➡ 기초정보관리 ➡ 창고/공정(생산)/외주공정등록

(주)삼일테크의 외주공정에 따른 작업장 정보는 다음과 같다. 외주공정 및 작업장을 등록하시오.

| 사업장 | 외주공정 | | 사용여부 | 작업장 | | | 적합여부 | 사용여부 |
	공정코드	공정명		작업장코드	외주거래처	작업장명		
대구지사	P100	외주공정	사용	P100	(주)수민산업	수민산업 반제품작업장	적합	사용

입력하기

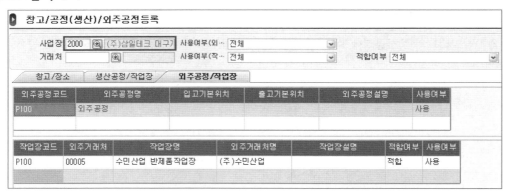

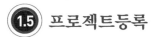 **프로젝트등록**

사업장과 부서 및 부문 등과 같은 조직 외에 특정한 임시 조직, 프로모션 행사 등을 별도로 관리하고자 할 때 프로젝트를 등록한다. 등록된 프로젝트는 회계모듈에서 프로젝트별 손익관리와 함께 물류모듈에서도 프로젝트별로 데이터를 집계하여 조회할 수 있다.

실무예제

시스템관리 ➡ 기초정보관리 ➡ 프로젝트등록

(주)삼일테크의 프로젝트 정보는 다음과 같다. 프로젝트를 등록하시오.

코드	프로젝트명	구분	프로젝트기간	원청회사	원가구분	프로젝트유형
S600	e-book 스마트패드 개발	진행	2025/03/01 ~ 2026/12/31	(주)화인알텍	제조	직접

입력하기

1.6 관리내역등록

관리내역등록 메뉴에서는 회사에서 주로 관리하는 항목들을 '공통'과 '회계'로 구분하여 조회하거나 변경할 수 있다. 핵심ERP 물류·생산모듈과는 관련이 없고 회계모듈에서만 사용되고 있다.

1.7 관련계정등록

관련계정등록 메뉴는 회계모듈에서 특정 여러 계정과목을 통합계정으로 등록하여 자금관리, 매출채권 관리 등을 목적으로 사용하는 메뉴이다. 핵심ERP 물류·생산모듈과는 관련이 없고 회계모듈에서만 사용되고 있다.

(1.8) 회계연결계정과목등록

핵심ERP 물류·생산모듈, 인사모듈에서는 경상적으로 발생되는 거래에 대하여 자동으로 회계전표를 발생시킨다. 이렇게 각 모듈에서 회계모듈로 자동으로 자료를 이관할 수 있도록 회계처리(분개) 과정을 미리 설정해 놓은 메뉴가 [회계연결계정과목등록]이다.

실무예제 ○

영업관리, 구매/자재관리, 무역관리, 생산관리, 인사/급여관리 모듈의 세부 전표코드별로 회계연결계정과목을 초기설정 하시오.

입력하기

❶ 회계연결계정과목등록 메뉴 실행 후 화면 우측 상단의 초기설정 아이콘을 클릭해서 전체 선택 후 '연결계정을 초기화 하시겠습니까?'라는 메시지가 뜨면 예 를 선택한다.

꼭 알아두기

- 회계연결계정이 설정되어 있지 않다면 자동 회계전표 발행이 불가능하다. 초기설정으로 적용된 차·대변 계정과목은 회사의 상황에 맞추어 변경이 가능하다.
- 초기 설정된 항목은 삭제가 되지 않으므로 회사에서 사용하지 않는 항목이 있을 경우에는 '사용' 항목을 '미사용'으로 설정한다.

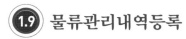

물류관리내역등록

물류관리내역등록 메뉴는 물류모듈과 생산모듈에서 사용하는 관리항목을 관리하는 메뉴이다. 핵심ERP의 물류관리 항복은 시스템에서 자동으로 제공되며 관리항목의 수정 및 삭제는 불가능하다. 다만 항목별 관리내역은 입력 및 수정, 삭제가 가능하다.

실무예제

(주)삼일테크의 물류관리항목별 관리내역은 다음과 같다. 물류관리내역을 등록하시오.

코드	관리항목명	관리내역코드	관리내역명	사용여부
LE	수입 제비용구분	100	수입관세	사용
		200	보관료	사용
		300	하역료	사용
LQ	품질검사구분	100	성능검사	사용
		200	외관검사	사용
LS	영업관리구분	100	정상판매	사용
		200	할인판매	사용
Z1	품목 대분류	100	스마트폰	사용
		200	스마트패드	사용

입력하기

❶ 수입 제비용구분 입력

	코드	관리항목명		코드		관리내역명		사용여부	전체		재조회
☐	A6	지역그룹구분									
☐	AM	지역관리구분		관리내역 코드		관리항목명		비고		사용여부	
☐	LA	재고조정구분		100		수입관세				사용	
☐	LE	수입 제비용 구분		200		보관료				사용	
☐	LP	구매 자재구분		300		하역료				사용	
☐	LQ	품질검사구분									

❷ 품질검사구분 입력

❸ 영업관리구분 입력

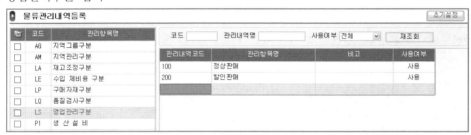

❹ 품목 대분류 입력

꼭 알아두기

• 화면 우측 상단의 초기설정 아이콘을 클릭하면 기 등록된 관리내역은 모두 삭제되어 초기화되기 때문에 주의하여야 한다.
• 물류관리내역등록 메뉴는 핵심ERP에서 반드시 등록할 필요는 없다. 관리항목별 별도의 관리가 필요한 회사만 적용하면 된다.

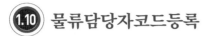

물류담당자코드등록

대부분의 회사는 경영상황에 따라 사원별 업무의 영역도 변경될 수 있다. 즉 인사이동 등으로 인해 현재 사원의 업무가 다른 사원으로 변경되므로 업무실적관리는 사원코드가 아닌 별도의 담당자코드를 부여하여 관리하는 것이 바람직하다.

실무예제

(주)삼일테크의 물류담당 그룹과 물류담당자 내역은 다음과 같다. 물류담당자코드를 등록하시오.(기준일자 2013/08/01)

그룹코드	담당그룹	시작일	종료일	사용여부
10	영업	2013/08/01	9999/12/31	사용
20	구매/자재	2013/08/01	9999/12/31	사용
30	생산	2013/08/01	9999/12/31	사용

담당자코드	담당자코드명	사원명	담당그룹	시작일	종료일	사용여부
100	국내영업담당	백수인	영업	2017/01/01	9999/12/31	사용
200	해외영업담당	장혜영	영업	2017/01/01	9999/12/31	사용
300	구매담당	박서준	구매/자재	2018/01/01	9999/12/31	사용
400	자재담당	임영인	구매/자재	2018/01/01	9999/12/31	사용
500	생산담당	황재석	생산	2018/01/01	9999/12/31	사용

입력하기

❶ 먼저 화면 우측 상단의 [담당그룹등록] 아이콘을 클릭하여 담당그룹을 등록한다.

▶ 담당그룹등록				☒

담당그룹코드		담당그룹명		
사용여부 전체 ▼		기준일자 2023/02/02 🖩		

담당그룹코드	담당그룹명	시작일	종료일	사용여부
10	영업	2013/08/01	9999/12/31	사용
20	구매/자재	2013/08/01	9999/12/31	사용
30	생산	2013/08/01	9999/12/31	사용

❷ 물류담당자코드 등록

	담당자코드	담당자코드명	사원코드	사원명	전화번호	팩스번호	휴대폰	담당그룹	시작일	종료일	사용여부
☐	100	국내영업담당	3010	백수인					2017/01/01	9999/12/31	사용
☐	200	해외영업담당	3020	장혜영					2017/01/01	9999/12/31	사용
☐	300	구매담당	4010	박서준					2018/01/01	9999/12/31	사용
☐	400	자재담당	4020	임영인					2018/01/01	9999/12/31	사용
☐	500	생산담당	5010	황재석					2018/01/01	9999/12/31	사용
☐											

> **꼭 알아두기**
>
> 물류담당자코드 등록은 핵심ERP에서 반드시 진행하여야 하는 프로세스는 아니다.

1.11 물류실적(품목/고객)담당자등록

물류실적담당자등록은 물류담당자코드등록 메뉴에서 등록한 코드를 조회하여 거래처나 품목별로 실적담당자를 등록하는 메뉴이다.

[거래처] TAB에서는 거래처별로 영업, 구매, 외주담당자를 등록하고 지역과 지역그룹, 거래처분류 등은 물류관리내역에서 등록된 데이터를 조회하여 선택한다. [품목] TAB에서는 품목별로 영업, 구매, 자재, 생산담당자를 등록한다.

실무예제

시스템관리 ➡ 기초정보관리 ➡ 물류실적(품목/고객)담당자등록

(주)삼일테크의 거래처별 및 품목별 실적담당자는 다음과 같다. 물류실적담당자를 등록하시오.

구분	거래처	영업담당자	구매담당자	외주담당자
거래처별	(주)화인알텍	국내영업담당	–	–
	IBM CO., LTD.	해외영업담당	–	–
	(주)수민산업	–	구매담당	생산담당

구분	품명	영업담당자	구매담당자	자재담당자	생산담당자
품목별	셀카봉	–	구매담당	자재담당	–
	평판 디스플레이	–	–	자재담당	생산담당

입력하기

❶ 물류실적담당자 등록(거래처별)

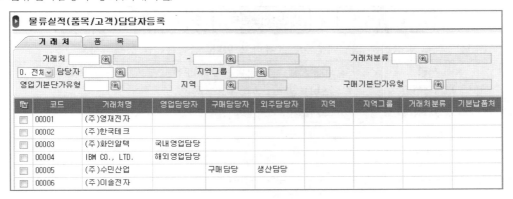

❷ 물류실적담당자 등록(품목별)

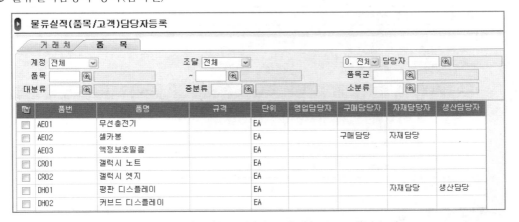

 알아두기

물류실적담당자 등록은 핵심ERP에서 반드시 등록할 필요는 없다.

1.12 품목분류(대/중/소)등록

세부 품목을 그룹화하여 데이터를 관리하기 위하여 품목군을 등록하였지만 보다 더 세분화된 분류를 위하여 품목분류를 등록한다. 품목의 특성에 따라 대분류, 중분류, 소분류별로 데이터를 관리할 수 있다.

실무예제

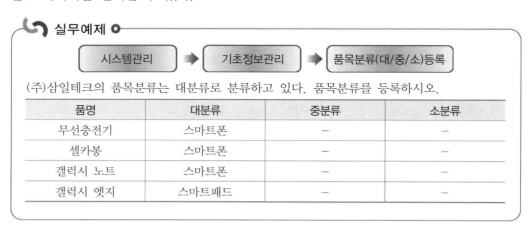

시스템관리 ➡ 기초정보관리 ➡ 품목분류(대/중/소)등록

(주)삼일테크의 품목분류는 대분류로 분류하고 있다. 품목분류를 등록하시오.

품명	대분류	중분류	소분류
무선충전기	스마트폰	–	
셀카봉	스마트폰	–	–
갤럭시 노트	스마트폰	–	–
갤럭시 엣지	스마트패드	–	–

입력하기

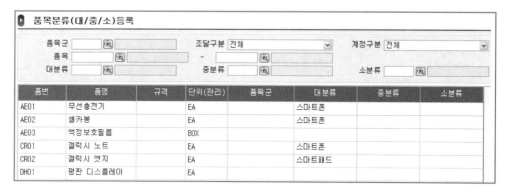

품목분류(대/중/소)등록

품목군		조달구분	전체	계정구분	전체
품목		~			
대분류		중분류		소분류	

품번	품명	규격	단위(관리)	품목군	대분류	중분류	소분류
AE01	무선충전기		EA		스마트폰		
AE02	셀카봉		EA		스마트폰		
AE03	액정보호필름		BOX				
CR01	갤럭시 노트		EA		스마트폰		
CR02	갤럭시 엣지		EA		스마트패드		
DH01	평판 디스플레이		EA				

꼭 알아두기

품목분류 등록은 핵심ERP에서 반드시 등록할 필요는 없다.

1.13 검사유형등록

검사유형등록 메뉴는 물류·생산모듈의 프로세스를 진행함에 있어 검사구분(구매검사, 외주검사, 공정검사, 출하검사)별 검사유형과 그에 따른 항목을 등록하는 메뉴이다.

실무예제

시스템관리 ➡ 기초정보관리 ➡ 검사유형등록

(주)삼일테크의 검사구분별 검사유형과 그에 따른 확인사항은 다음과 같다. 검사유형을 등록하시오.

검사구분	코드	검사유형명	사용여부	검사유형질문	입력필수
구매검사	100	입고검사	사용	1. 입고수량은 정확한가?	필수
				2. 포장상태는 이상이 없는가?	선택
외주검사	100	품질검사	사용	1. 파손되거나 긁힘은 없는가?	필수
				2. 식별표가 잘 부착되어 있는가?	선택
공정검사	100	성능검사	사용	1. 세부기능은 모두 작동되는가?	필수
				2. 조립상태는 이상이 없는가?	선택
출하검사	100	외관검사	사용	1. 구성품의 누락은 없는가?	필수
				2. 식별표가 잘 부착되어 있는가?	선택

입력하기

검사유형등록

검사구분 11. 구매검사 ▽   사용여부 [▽]   입력필수 [▽]

NO	☞	코드	검사유형명	비고	사용여부
1	☐	100	입고검사		사용
2	☐				

☞	NO.	검사유형질문	비고	입력필수
■	1	입고수량은 정확한가?		필수
☐	2	포장상태는 이상이 없는가?		선택
☐				

알아두기

핵심ERP에서 검사구분은 '구매검사', '외주검사', '공정검사', '출하검사'로 구분된다. 검사유형별로 검사할 항목을 등록한 후 각 모듈 검사 프로세스에서 합격 또는 불합격을 판정한다.

핵심ERP실무

(1.14) SET구성품등록

SET구성품등록메뉴는 단품이 아닌 둘 이상의 상품 또는 제품을 묶음으로 구성하여 판매하고자 할 경우, SET구성품별 구성품 수량을 등록하여 관리하는 메뉴이다.

실무예제

시스템관리 ➡ 기초정보관리 ➡ SET구성품등록

(주)삼일테크의 SET구성품의 구성내역은 다음과 같다. SET 구성내역을 등록하시오.

SET 품목	구성품명	수량(재고)	수량(관리)	시작일	종료일
여행세트(SET1)	무선충전기	1EA	1EA	2020/01/01	9999/12/31
	셀카봉	1EA	1EA	2020/01/01	9999/12/31

입력하기

SET구성품등록

	셋트품	0.품번			품목군			계정구분	전체	
	구성품	0.품번			품목군			계정구분	전체	
	구성품유무	전체			기준일자	____/__/__				

셋트품 등록

	품번	품명	규격	단위(관리)	계정구분	조달구분
☑	SET1	여행세트		EA	상품	구매

구성품 등록

	순번	품번	품명	규격	단위(재고)	수량(재고)	단위(관리)	수량(관리)	시작일	종료일
☐	1	AE01	무선충전기		EA	1.00	EA	1.00	2020/01/01	9999/12/31
☐	1	AE02	셀카봉		EA	1.00	EA	1.00	2020/01/01	9999/12/31
☐										

고객별출력품목등록

고객별출력품목등록 메뉴는 동일한 상품 또는 제품을 판매할 경우에도 고객별로 품명이나 단위 등의 표시를 다르게 요청할 수도 있다. 이 경우 회사 내부에서는 동일한 품목으로 관리되지만 대외적인 거래명세서, 세금계산서 등에는 고객이 원하는 표기사항으로 출력될 수 있도록 설정하는 메뉴이다.

실무예제

시스템관리 ➡ 기초정보관리 ➡ 고객별출력품목등록

다음의 자료를 참고하여 고객별출력품목등록 메뉴에 등록하시오.

품번	품명	고객명	출력품번	출력품명	단위	출력환산 계수	사용여부
AE02	셀카봉	(주)영재전자	AE02	블루투스 셀카봉	EA	1	사용
		(주)한국테크	KTS-147	인공지능 셀카봉	EA	1	사용

입력하기

227

02 초기이월관리

2.1 회계초기이월등록

회계초기이월등록 메뉴는 회계모듈과 관련성이 있으며, 회계단위별 전기분 재무상태표, 전기분 손익계산서, 전기분 원가보고서를 입력하는 메뉴이다. ERP 운용을 시작하는 회계연도에만 전기분 재무제표 자료를 수동으로 입력하고 그 후부터는 마감 및 연도이월 메뉴를 통해 자동으로 이월작업이 이루어진다.

2.2 재고이월등록

당해 기말재고 정보를 차기년도의 기초재고 정보로 이월작업을 수행하는 메뉴이다. 본서의 실습은 기초재고 정보를 수동으로 입력한 후 당해 거래자료를 입력하기 때문에 재고이월등록 메뉴를 활용할 필요는 없다.

꼭 알아두기

이월작업 후에는 대상년도의 재고가 수정되지 않도록 영업·자재마감/통제등록 메뉴에서 물류의 흐름을 통제하여야 한다. 만약 이월작업 후 대상년도의 재고가 변경되었을 경우에는 당해 기말재고와 차기 기초재고의 일치를 위해 이월작업을 다시 수행한다.

03 마감/데이타관리

3.1 영업마감/통제등록

영업마감/통제등록 메뉴는 핵심ERP의 영업모듈에 대한 마감 및 입력통제일자, 판매단가 정책 등과 관련된 주요한 사항을 회사의 상황에 맞도록 설정하는 메뉴이다.

⤷ 실무예제 ●

(주)삼일테크의 판매단가 정책 등 영업모듈 운용을 위한 주요한 사항을 영업마감/통제등록 메뉴에서 등록하시오.

사업장	판매단가	일괄마감 후 출고변경 통제	마감일자	입력통제일자
본사	품목단가	통제	2024/12/31	2024/12/31
대구지사	품목단가	통제	2024/12/31	2024/12/31

※ 본 예제에서 제시되지 않는 항목은 기본 설정 값으로 유지함

⤷ 입력하기

❶ 사업장별로 예제에서 제시된 항목들을 적절하게 선택한 후 반드시 화면 우측 상단의 `저장` 아이콘을 클릭하여 저장하여야 한다.

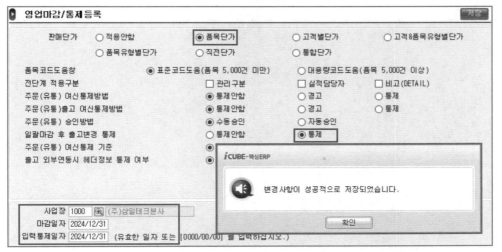

주요항목 설명

❶ 판매단가: 견적 또는 수주등록 시 자동으로 적용할 단가의 유형을 선택한다. 단가유형이 선택되었더라도 영업모듈에서 판매단가 정보가 등록되어 있어야 견적 또는 수주등록 시 해당 단가가 자동으로 적용된다. 교육용 핵심ERP 버전에서는 품목단가와 고객별단가만 적용되고 나머지 단가유형은 적용되지 않는다.

❷ 품목코드 도움창: 조회속도를 빠르게 하기 위하여 품목 수 5,000건을 기준으로 선택구분

❸ 전단계 적용구분: 전 단계(전 프로세스)에서 입력한 관리구분, 실적담당자, 비고 사항을 다음 단계(후 프로세스)에도 복사되도록 하는 기능이다.

❹ 주문(유통) 여신통제방법, 주문(유통)출고 여신통제방법, 주문(유통) 승인방법, 주문(유통) 여신통제기준 기능은 교육용 핵심ERP 버전에서는 적용되지 않는다.

❺ 일괄마감 후 출고변경 통제: 출고처리 시 마감구분은 '일괄'과 '건별'로 구분되는데, 이미 '일괄'로 매출마감 처리된 내역과 관계없이 전 단계(전 프로세스)인 출고처리에서 수량 및 금액의 변경가능 여부를 결정하는 기능이다.

❻ 마감일자: 마감일자를 포함한 그 이전 일자로 품목의 입출고(수불)를 발생시키는 매출이나 매출반품 등의 입출고(수불)를 통제한다.

❼ 입력통제일자: 입출고(수불)와 관련이 없는 메뉴(견적등록, 수주등록, 출고의뢰등록 등)에 대하여 입력통제일자를 포함한 그 이전 일자로의 입력, 수정 및 삭제를 통제한다.

> **꼭 알아두기**
>
> • 마감일자는 품목의 입출고(수불)를 통제하며, 입력통제일자는 품목의 입출고(수불)와 관련이 없는 일부 입력메뉴에 대하여 통제한다.
> • 마감일자는 직접 변경할 수도 있지만, 구매/자재모듈에서 재고평가를 수행하였을 경우 재고평가 기간 내의 입출고(수불) 정보를 통제하기 위해 마감일자는 자동으로 재고평가 기간 종료 월의 말일자로 변경된다.

3.2 자재마감/통제등록

자재마감/통제등록 메뉴는 핵심ERP의 구매/자재모듈에 대한 마감 및 입력통제일자, 구매단가 정책, 재고평가방법 등과 관련된 주요한 사항을 회사의 상황에 맞도록 설정하는 메뉴이다.

🎺 실무예제 ○

시스템관리 ➡ 마감/데이타관리 ➡ 자재마감/통제등록

(주)삼일테크의 구매단가 정책 등 구매/자재모듈 운용을 위한 주요한 사항을 자재마감/통제 등록 메뉴에서 등록하시오.

사업장	구매단가	재고평가방법	사업장 이동평가	재고(-) 통제여부	일괄마감 후 입고변경 통제	마감일자	입력통제 일자
본사	품목단가	총평균	표준원가	통제안함	통제	2024/12/31	2024/12/31
대구지사	품목단가	총평균	표준원가	통제안함	통제	2024/12/31	2024/12/31

※ 본 예제에서 제시되지 않는 항목은 기본 설정 값으로 유지함

🏹 입력하기

❶ 사업장별로 예제에서 제시된 항목들을 적절하게 선택한 후 반드시 화면 우측 상단의 [저장] 아이콘을 클릭하여 저장하여야 한다.

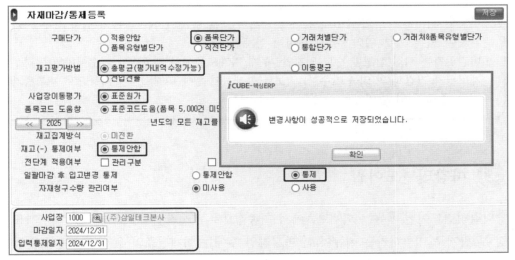

주요항목 설명

❶ 구매단가: 발주등록 시 자동으로 적용할 단가의 유형을 선택한다. 단가유형이 선택되었더라도 구매/자재모듈에서 구매단가 정보가 등록되어 있어야 발주등록 시 해당 단가가 자동으로 적용된다. 교육용 핵심ERP 버전에서는 품목단가와 거래처별단가만 적용되고 나머지 단가유형은 적용되지 않는다.

❷ 재고평가방법: 핵심ERP에서는 총평균, 이동평균, 선입선출, 후입선출 네 가지의 평가방법을 지원한다.

❸ 사업장이동평가: 핵심ERP는 기본적으로 재고평가가 사업장별로 이루어지기 때문에 사업장별 재고이동 시 적용되는 단가유형을 선택한다.

❹ 품목코드 도움창: 조회속도를 빠르게 하기 위하여 품목 수 5,000건을 기준으로 선택구분

❺ 재고(−) 통제여부: 실물재고는 있는데 장부(ERP)상의 재고가 없을 경우, 출고처리를 할 것인지에 대한 통제 여부이다.

❻ 전단계 적용구분: 전 단계(전 프로세스)에서 입력한 관리구분, 실적담당자, 비고 사항을 다음 단계(후 프로세스)에도 복사되도록 하는 기능이다.

❼ 일괄마감 후 입고변경 통제: 입고처리 시 마감구분은 '일괄'과 '건별'로 구분되는데, 이미 '일괄'로 매입마감 처리된 내역과 관계없이 전 단계(전 프로세스)인 입고처리에서 수량 및 금액의 변경가능 여부를 결정하는 기능이다.

❽ 마감일자: 마감일자를 포함한 그 이전 일자로 품목의 입출고(수불)를 발생시키는 매입이나 매입 반품 등의 입출고(수불)를 통제한다.

❾ 입력통제일자: 입출고(수불)와 관련이 없는 메뉴(발주등록, 청구등록, 입고의뢰등록 등)에 대하여 입력통제일자를 포함한 그 이전 일자로의 입력, 수정 및 삭제를 통제한다.

꼭 알아두기

- 마감일자는 품목의 입출고(수불)를 통제하며, 입력통제일자는 품목의 입출고(수불)와 관련이 없는 일부 입력메뉴에 대하여 통제한다.
- 마감일자는 직접 변경할 수도 있지만, 구매/자재모듈에서 재고평가를 수행하였을 경우 재고평가 기간 내의 입출고(수불) 정보를 통제하기 위해 마감일자는 자동으로 재고평가 기간 종료 월의 말일자로 변경된다.

3.3 마감및년도이월

마감및년도이월 메뉴는 회계모듈에서 최종적으로 결산작업이 마무리되고 재무제표 확정 후 차기로 이월시키는 메뉴이다. 마감작업 후에는 회계전표의 추가 입력이나 수정 및 삭제가 불가능해 자료의 일관성과 안정성을 확보할 수 있다.

3.4 사원별단가/창고/공정통제설정

사원별단가/창고/공정통제설정 메뉴는 보다 민감한 일부 메뉴 항목들에 대해 ERP 사용자별로 조회 및 입력/변경의 권한을 통제 설정하는 메뉴이다.

예를 들면 동일한 메뉴에 대해 팀장과 팀원의 권한을 다르게 부여할 때도 이용될 수 있다. 그리고 입고 및 출고 시의 창고담당자를 각각 지정할 수도 있으며, 생산공정의 담당자를 각각 지정하여 관리할 수도 있다.

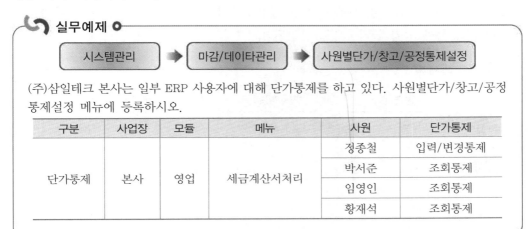

▶ 실무예제 ◀

시스템관리 ➡ 마감/데이타관리 ➡ 사원별단가/창고/공정통제설정

(주)삼일테크 본사는 일부 ERP 사용자에 대해 단가통제를 하고 있다. 사원별단가/창고/공정통제설정 메뉴에 등록하시오.

구분	사업장	모듈	메뉴	사원	단가통제
단가통제	본사	영업	세금계산서처리	정종철	입력/변경통제
				박서준	조회통제
				임영인	조회통제
				황재석	조회통제

✕ **입력하기**

❶ 단가통제

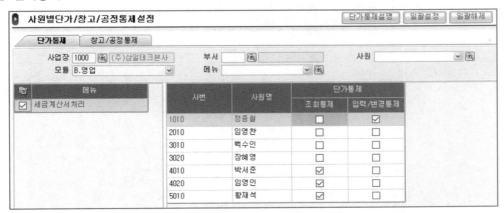

04 영업모듈 기초정보관리

 품목단가등록

품목등록에서 등록한 판매대상(제품, 반제품, 상품) 품목에 대해 판매단가를 입력하는 메뉴이다. 판매단가유형 중 품목단가는 단일 품목에 대해 모든 고객에게 동일 단가를 적용하는 경우이며, 영업마감/통제등록의 단가유형에서 '품목단가'로 설정되어 있어야 견적 및 수주등록 등에 단가가 자동으로 반영된다.

실무예제

(주)삼일테크의 품목별 판매단가를 등록하시오.

(세액별도)

계정구분	품명	최저 판매가	판매단가
상품	무선충전기	85,000	90,000
	셀카봉	45,000	50,000
	여행세트	130,000	140,000
제품	갤럭시 노트	530,000	560,000
	갤럭시 엣지	750,000	780,000
반제품	평판 디스플레이	220,000	240,000
	커브드 디스플레이	350,000	370,000

입력하기

❶ [판매단가] TAB에서 해당 품목별로 예제에서 주어진 단가를 입력한다.

주요항목 설명

❶ 환산표준원가: 품목등록 메뉴 [ORDER/COST] TAB에서 입력된 표준원가에서 환산계수를 곱해 환산된 표준원가이다.

❷ 구매단가: 구매품(원재료, 부재료, 상품, 저장품)인 경우 [구매단가] TAB 또는 구매/자재모듈 기초정보관리에서 등록한 품목단가가 조회된다.

❸ 최저판매가: 품목등록 메뉴 [ORDER/COST] TAB에서 입력된 최저 판매단가가 조회된다. 본 메뉴에서 수동으로 입력할 수도 있다.

> 꼭 알아두기
>
> • 판매단가는 표준원가, 구매단가, 최저판매가 대비 마진율을 입력하여 일괄적으로 수정할 수 있다.
> • 구매/자재모듈 기초정보관리의 [품목단가등록] 메뉴와 동일한 메뉴이다.

4.2 고객별단가등록

품목등록에서 등록한 판매대상(제품, 반제품, 상품) 품목에 대해 판매단가를 입력하는 메뉴이다. 단가유형 중 고객별단가는 단일 품목에 대해 고객에게 상이한 단가를 적용하는 경우이며, 영업마감/통제등록의 단가유형에서 '고객별단가'로 설정되어 있어야 견적 및 수주등록 등에 단가가 자동으로 반영된다.

(주)삼일테크의 판매단가 정책은 '품목단가'이므로 고객별단가등록 메뉴의 실습은 생략 하기로 한다.

 꼭 알아두기

구매/자재모듈 기초정보관리의 [거래처별단가등록] 메뉴와 동일한 메뉴이다.

4.3 납품처등록

납품처등록 메뉴는 판매 후 세금계산서는 핵심ERP 일반거래처등록 메뉴에 등록된 사업자와 주소지로 발급하나, 납품장소가 등록된 거래처의 주소지가 아닌 다른 장소로 납품 하는 경우에 실제 납품하는 장소를 등록하는 메뉴이다.

실무예제

영업관리 ➡ 기초정보관리 ➡ 납품처등록

(주)삼일테크의 매출처 중 (주)화인알텍의 납품처를 등록하시오.

코드	납품처명	주소	담당자명	사용여부
10	부산 전시장	부산 해운대구 해운대로 105(재송동)	박민영	사용
20	일산 물류창고	경기도 고양시 일산서구 구산로 110 (구산동)	정상호	사용

입력하기

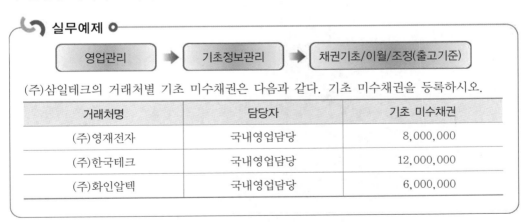

4.4 채권기초/이월/조정(출고기준)

이 메뉴는 사업장별로 기초 미수채권과 채권조정 및 채권을 차기로 이월시키는 메뉴이다. 미수채권은 '출고기준'과 '마감기준'에 의한 차이가 발생하기 때문에 일반적으로 많은 회사들이 회계부서와 영업부서에서 별도로 관리하고 있다. 그리고 영업모듈의 미수채권과 관련된 데이터는 회계모듈과 공유되지는 않는다.

실무예제

영업관리 ➡ 기초정보관리 ➡ 채권기초/이월/조정(출고기준)

(주)삼일테크의 거래처별 기초 미수채권은 다음과 같다. 기초 미수채권을 등록하시오.

거래처명	담당자	기초 미수채권
(주)영재전자	국내영업담당	8,000,000
(주)한국테크	국내영업담당	12,000,000
(주)화인알텍	국내영업담당	6,000,000

⚡ 입력하기

	채권기초/이월/조정(출고기준)						

사업장	1000	(주)삼일테크본사	부서	1200	재경팀	사원	2010	임영찬
해당년도	2025		고객			고객분류		
지역			지역그룹			담당자		
담당그룹			프로젝트			비고		

채권기초 | 채권이월 | 채권조정

	코드	고객	No.	프로젝트	담당자	기초미수채권	비고
☐	00001	(주)영재전자	1		국내영업담당	8,000,000	
☐	00002	(주)한국테크	1		국내영업담당	12,000,000	
☐	00003	(주)화인알텍	1		국내영업담당	6,000,000	
☐							

⚡ 주요항목 설명

❶ [채권기초] TAB: 핵심ERP 영업모듈에서 최초 채권관리를 시작하는 시점에만 입력한다.

❷ [채권이월] TAB: 해당년도의 미수채권 금액을 차기년도로 이월할 때 사용된다.

❸ [채권조정] TAB: 거래처의 실제 미수채권과 장부(ERP)상의 미수채권이 차이가 있을 때 조정한다. 조정미수채권 금액을 '+'로 입력하면 장부(ERP)상의 금액이 증가되고, '-'로 입력하면 장부(ERP)상의 금액이 감소된다.

구매/자재모듈 기초정보관리

 품목단가등록

품목등록에서 등록한 구매대상(원재료, 부재료, 상품, 저장품) 품목에 대해 구매단가를 입력하는 메뉴이다. 구매단가유형 중 품목단가는 단일 품목에 대해 모든 구매처에게 동일 단가로 구매하는 경우이며, 자재마감/통제등록의 단가유형에서 '품목단가'로 설정되어 있어야 발주등록 등에 단가가 자동으로 반영된다.

🔄 실무예제 ⭕

| 구매/자재관리 | ➡ | 기초정보관리 | ➡ | 품목단가등록 |

(주)삼일테크의 품목별 구매단가를 등록하시오.

(세액별도)

계정구분	품명	구매단가
상품	무선충전기	50,000
	셀카봉	30,000
	액정보호필름	8,000
원재료	듀얼 CPU	50,000
	쿼드 CPU	70,000
	6인치 액정	60,000
	8인치 액정	80,000
	1500만화소 카메라	70,000
	1800만화소 카메라	90,000
	메모리	30,000
	배터리	50,000
	터치펜	15,000

🏹 입력하기

❶ 품목단가등록 메뉴 검색조건에서 '조달구분'을 '구매'로 설정하고 상단의 🔍조회 아이콘을 클릭하면 [구매단가] TAB에 구매 대상품만 조회된다.

❷ 해당 품목별로 예제에서 주어진 단가를 입력한다.

▌	품번	품명	규격	재고단위	관리단위	환산계수	환산표준원가	구매단가
☐	AE01	무선충전기		EA	EA	1.000000	0.00	50,000.00
☐	AE02	셀카봉		EA	EA	1.000000	0.00	30,000.00
☐	AE03	액정보호필름		EA	BOX	100.000000	0.00	8,000.00
☐	EM01	듀얼 CPU		EA	EA	1.000000	0.00	50,000.00
☐	EM02	쿼드 CPU		EA	EA	1.000000	0.00	70,000.00
☐	FK01	6인치 액정		EA	EA	1.000000	0.00	60,000.00
☐	FK02	8인치 액정		EA	EA	1.000000	0.00	80,000.00
☐	GT01	1500만화소 카메라		EA	EA	1.000000	0.00	70,000.00
☐	GT02	1800만화소 카메라		EA	EA	1.000000	0.00	90,000.00
☐	HE01	메모리		EA	EA	1.000000	0.00	30,000.00
☐	KA01	배터리		EA	EA	1.000000	0.00	50,000.00
☐	LH01	터치펜		EA	EA	1.000000	0.00	15,000.00
☐	SET1	여행세트		EA	EA	1.000000	0.00	0.00

품목단가등록 화면 상단에는 다음 필드가 있다: 품변 / 품목군 / 대분류 / 조달구분 0. 구매 / 중분류 / 계정구분 전체 / 소분류, 탭으로 구매단가, 판매단가.

 알아두기

영업모듈 기초정보관리의 [품목단가등록] 메뉴와 동일한 메뉴이다.

5.2 거래처별단가등록

품목등록에서 등록한 구매대상(원재료, 부재료, 상품, 저장품) 품목에 대해 구매단가를 입력하는 메뉴이다. 구매단가유형 중 거래처별단가는 단일 품목에 대해 구매처마다 상이한 단가를 적용하는 경우이며, 자재마감/통제등록의 단가유형에서 '거래처별단가'로 설정되어 있어야 발주등록 등에 단가가 자동으로 반영된다.

(주)삼일테크의 구매단가 정책은 '품목단가'이므로 거래처별단가등록 메뉴의 실습은 생략하기로 한다.

알아두기

영업모듈 기초정보관리의 [고객별단가등록] 메뉴와 동일한 메뉴이다.

06 생산모듈 기초정보관리

6.1 BOM등록

BOM(Bill of Materials: 자재명세서)등록은 특정 제품이 어떠한 부품으로 구성되어 있는지에 대한 정보를 등록하는 메뉴이다. 즉 모품목을 만들기 위해 소요되는 자품목들의 구성과 소요량을 나타내어 준다. 이러한 BOM 정보는 자재소요량전개(MRP) 시 중요한 입력항목 중 하나이다.

🔖 **실무예제** ◦

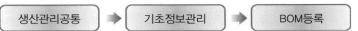

다음은 (주)삼일테크의 제품과 반제품에 대한 자재명세서이다. BOM을 등록하시오.

1) 제품 갤럭시 노트(CR01)의 BOM 구조

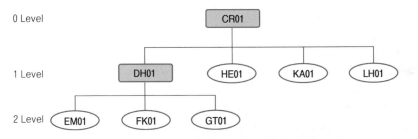

구분	품번	품명	정미수량	LOSS(%)	필요수량	사급구분	외주구분	사용여부
제품 (CR01)	DH01	평판 디스플레이	1	10	1.1	자재	무상	사용
	HE01	메모리	1	0	1	자재	무상	사용
	KA01	배터리	2	0	2	자재	무상	사용
	LH01	터치펜	1	0	1	자재	무상	사용
반제품 (DH01)	EM01	듀얼 CPU	1	0	1	자재	무상	사용
	FK01	6인치 액정	1	0	1	자재	무상	사용
	GT01	1500만화소 카메라	1	0	1	자재	무상	사용

※시작일자와 종료일자는 1111/11/11 ~ 9999/12/31

2) 제품 갤럭시 엣지(CR02)의 BOM 구조

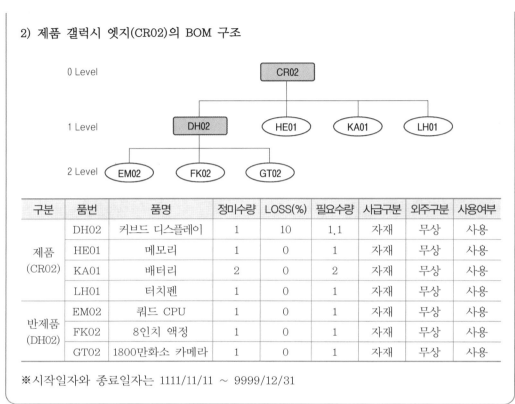

구분	품번	품명	정미수량	LOSS(%)	필요수량	사급구분	외주구분	사용여부
제품 (CR02)	DH02	커브드 디스플레이	1	10	1.1	자재	무상	사용
	HE01	메모리	1	0	1	자재	무상	사용
	KA01	배터리	2	0	2	자재	무상	사용
	LH01	터치펜	1	0	1	자재	무상	사용
반제품 (DH02)	EM02	쿼드 CPU	1	0	1	자재	무상	사용
	FK02	8인치 액정	1	0	1	자재	무상	사용
	GT02	1800만화소 카메라	1	0	1	자재	무상	사용

※ 시작일자와 종료일자는 1111/11/11 ～ 9999/12/31

🦅 입력하기

❶ 화면 검색조건에서 모품목을 입력한 후 상단의 🔍조회 아이콘을 클릭한다.

❷ 모품목에 해당하는 제품과 반제품의 자품목을 각각 등록한다.

┃ 제품(CR01) BOM등록 화면 ┃

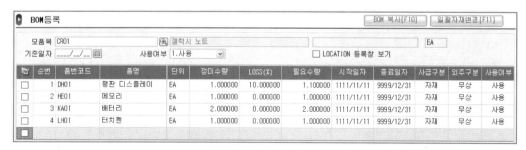

▌ 반제품(DH01) BOM등록 화면 ▌

▌ 제품(CR02) BOM등록 화면 ▌

▌ 반제품(DH02) BOM등록 화면 ▌

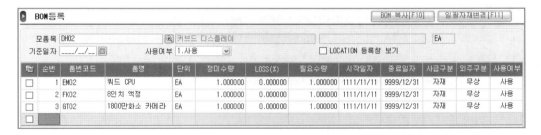

🦅 주요항목 설명

❶ 정미수량: 이론적인 소요수량을 의미하며, 로스(Loss)를 감안하지 않은 수량이다.

❷ LOSS(%): 자품목 1단위를 투입하였을 때 모품목에 반영되지 않고 유실되는 비율

❸ 필요수량: 로스율을 감안한 실제 필요한 수량(정미수량×(100+로스율)/100)

❹ 사급구분: 임가공작업의 경우 자재의 사급구분을 나타낸다. 해당 품목이 당사 재고이면 '자재'로 선택하며, 타사 재고이면 '사급'으로 선택한다.

❺ 외주구분: 외주작업의 경우 자재의 사급구분을 나타낸다. 외주처에 자재를 공급할 때 금전을 수취할 경우에는 '유상'으로 선택하며, 무상으로 공급할 경우에는 '무상'으로 선택한다.

핵심ERP실무

꼭 알아두기 •

- BOM 구성 시 원재료, 부재료, 상품, 저장품은 모품목이 될 수 없다.
- BOM등록 정보는 소요량전개(MRP) 시에 반드시 필요한 입력정보이며, 소요량계산 시에는 BOM등록 화면의 '필요수량' 항목을 참조하여 계산된다.
- 유상사급과 무상사급
  발주회사에서 외주처로 원재료 및 부재료 등의 자재 반출(사급) 시 유상으로 제공하는 것을 유상사급이라고 하며, 무상으로 공급하는 것을 무상사급이라고 한다. 무상으로 공급한 자재는 당사의 재고자산에 포함되어야 한다.

6.2 BOM정전개

BOM정전개는 모품목을 기준으로 자품목을 계층적으로 전개하는 것이다. 즉 모품목을 생산하기 위해 투입되는 자품목의 소요량 등을 구성 Level별로 보여준다.

꼭 알아두기 •

BOM 정전개 [BOM] TAB의 'LEVEL' 항목에 '+' 표시가 있으면 그 품목은 하위 자품목이 있음을 의미한다.

BOM역전개

BOM역전개는 자품목을 기준으로 모품목을 전개하는 것이다. BOM역전개는 자품목의 조달문제, 모델변경 등으로 인해 어떠한 모품목들에게 영향을 미치는지에 대한 정보를 쉽게 파악하고자 할 때 사용된다.

외주단가등록

외주단가등록 메뉴는 외주대상 품목에 대하여 외주공정에 따른 외주처별로 외주단가를 입력하는 메뉴이다. 입력된 외주단가는 외주발주등록 시 외주처별 해당 품목의 단가가 자동으로 반영된다.

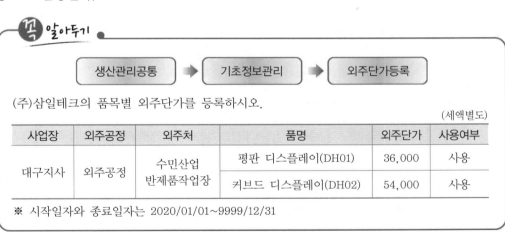

꼭! 알아두기

생산관리공통 ➡ 기초정보관리 ➡ 외주단가등록

(주)삼일테크의 품목별 외주단가를 등록하시오.

(세액별도)

사업장	외주공정	외주처	품명	외주단가	사용여부
대구지사	외주공정	수민산업 반제품작업장	평판 디스플레이(DH01)	36,000	사용
			커브드 디스플레이(DH02)	54,000	사용

※ 시작일자와 종료일자는 2020/01/01~9999/12/31

🛬 입력하기

꼭 알아두기

- 표준원가와 실제원가는 품목등록 메뉴의 [ORDER/COST] TAB에서 입력한 데이터가 자동으로 반영된다.
- 외주단가의 변경은 개별품목마다 수동으로 변경할 수 있지만, 표준원가 또는 실제원 가대비 적용비율을 입력하여 일괄변경도 가능하다.

6.5 불량유형등록

핵심ERP 생산모듈의 실적검사 시에 품질판정 결과에 따라 선택할 불량유형을 등록하는 메뉴이다.

꼭 알아두기

(주)삼일테크의 생산실적 및 외주실적검사 시 구분되는 불량유형은 다음과 같다. 불량유형을 등록하시오.

불량군코드	불량군명	사용여부	불량코드	불량유형명	사용여부
100	성능불량	사용	101	화면불량	사용
			102	전원불량	사용
200	외관불량	사용	201	도색불량	사용
			202	조립불량	사용

입력하기

❶ 화면 우측 상단  아이콘을 클릭한 후 불량군부터 등록하고 불량유형을 등록한다.

07 기초재고등록

★

우선적으로 핵심ERP 물류·생산모듈 프로세스 실습을 위하여 품목별로 임의의 수량을 기초재고로 등록하고자 한다.

7.1 기초재고/재고조정등록

기초재고/재고조정등록 메뉴는 핵심ERP 물류·생산모듈을 운용하기 전에 대상품목 전체의 기초수량을 입력하거나 ERP시스템 운용 중에 전산(장부)재고와 실물재고를 일치시키기 위한 재고조정을 처리하는 메뉴이다.

실무예제

구매/자재관리 ➡ 재고관리 ➡ 기초재고/재고조정등록

다음은 (주)삼일테크 본사와 대구지사의 창고별 기초재고 수량이다. 기초재고를 등록하시오.

사업장	조정일자	창고명	장소명	품번	품명	조정수량	단가
본사	2025/01/01	제품창고 (본사)	양품장소 (제품)	CR01	갤럭시 노트	500	250,000
				CR02	갤럭시 엣지	700	350,000
	2025/01/01	부품창고 (본사)	양품장소 (부품)	AE01	무선충전기	200	50,000
				AE02	셀카봉	1,000	30,000
				SET1	여행세트	250	80,000
대구 지사	2025/01/01	부품창고 (지사)	양품장소 (부품)	DH01	평판 디스플레이	30	125,000
				DH02	커브드 디스플레이	20	170,000
				EM01	듀얼 CPU	150	50,000
				EM02	쿼드 CPU	230	70,000
				FK02	8인지 액정	180	80,000
				GT01	1500만화소 카메라	30	70,000
				GT02	1800만화소 카메라	250	90,000
				HE01	메모리	170	30,000
				KA01	배터리	350	50,000
				LH01	터치펜	200	15,000

입력하기

❶ 화면의 검색조건에서 '조정기간'을 입력한 후 상단의 🔍조회 아이콘을 클릭한다.

❷ 위의 예제정보를 입력한 후 상단(헤드)입력부분의 다음 라인을 클릭하거나 상단의 🔍조회 아이콘을 클릭하면 '조정번호'가 자동으로 부여되면서 저장이 완료된다.

▌본사 기초재고 등록화면 ▌

▌대구지사 기초재고 등록화면 ▌

제**3**장

핵심ERP 영업프로세스 실무

01 업무프로세스의 이해

핵심ERP의 영업프로세스는 크게 두 가지로 구분할 수 있다. 고객으로부터 견적을 요청 받아 출고하는 정상적인 매출프로세스와 이미 매출하였던 품목이 다양한 이유로 반품될 경우에 처리하는 반품프로세스로 구분된다.

1.1 매출프로세스

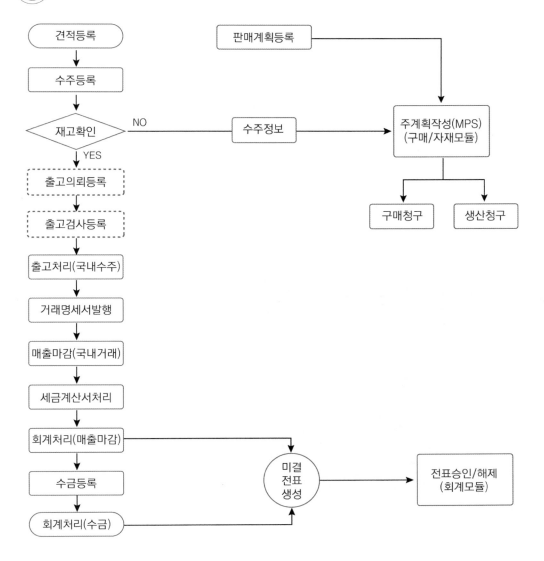

꼭 알아두기

- '출고의뢰등록'과 '출고검사등록'은 시스템환경설정 메뉴에서 '출고의뢰운영여부'와 '출고전검사운영여부'가 '사용'으로 설정되어 있어야 처리가 가능한 프로세스이다.
- 매출프로세스 중 '판매계획등록'과 '견적등록'은 반드시 수행하여야 하는 프로세스가 아니며, 회사 자체적으로 탄력적인 운영이 가능하다.

1.2 반품프로세스

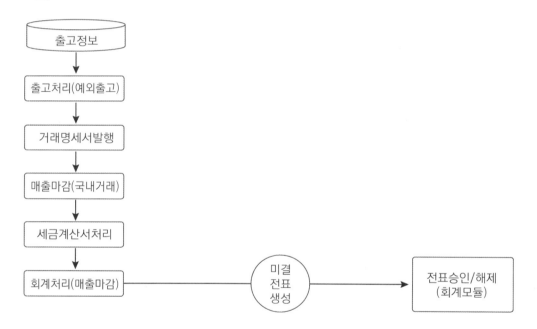

02 영업관리

★

핵심ERP 영업프로세스 진행을 위하여 본사의 국내영업팀 '백수인' 사원으로 로그인하여 진행하고자 한다.

2.1 판매계획등록

월별 판매계획을 품목을 기준으로 수량과 예상단가를 등록한다. [기초계획] TAB에서는 최초의 판매계획 수립내역을 등록하며, [수정계획] TAB에서는 기초계획에서 수량이나 단가의 변동이 있는 경우에 수정 등록한다.

🔖 실무예제 ●

영업관리 ➡ 영업관리 ➡ 판매계획등록

(주)삼일테크는 다음과 같이 당초 8월 20일 월간회의에서 9월 판매계획이 수립되었으나, 며칠 후 시장상황의 변동으로 9월 판매계획이 수정되었다.

구분	품번	품명	계획수량	환종	예상단가
기초계획	CR01	갤럭시 노트	700EA	KRW	560,000
	CR02	갤럭시 엣지	900EA	KRW	780,000
수정계획	CR01	갤럭시 노트	800EA	KRW	560,000
	CR02	갤럭시 엣지	1,000EA	KRW	780,000

※ 계획수량이 수정되었다.

핵심ERP실무

입력하기

❶ [기초계획] TAB에서 당초계획 정보를 입력한다.

❷ [수정계획] TAB에서 수정계획 정보를 입력한다.

주요항목 설명

❶ 단가설정 : 판매단가는 수동으로 입력할 수도 있으며, 우측 상단 단가설정 아이콘을 클릭하여 반영할 단가의 유형을 선택할 수 있다.

 알아두기

판매계획과 관련된 다양한 조회현황이나 주계획작성(MPS) 시에는 기초계획에 등록된 데이터가 조회되지 않고, 수정계획에 등록된 데이터가 기준이 된다.

2.2 판매계획등록(고객별상세)

판매계획을 고객별로 상세하게 등록할 경우에 사용할 수 있으며, 매출예상액과 수금예상액까지 판매계획에 포함하여 관리할 수 있는 메뉴이다.

실무예제

영업관리 ➡ 영업관리 ➡ 판매계획등록(고객별상세)

(주)삼일테크는 일부 매출처에 대해 9월 판매계획을 품목별로 상세하게 수립하였다. 매출처별 판매계획을 등록하시오.

고객	실적담당	계획부서	품번	수량	단가	수금예상금액
(주)영재전자	국내영업담당	국내영업팀	CR01	300	530,000	159,000,000
			CR02	450	750,000	337,500,000
(주)한국테크	국내영업담당	국내영업팀	AE01	100	90,000	9,000,000
			AE02	150	50,000	7,500,000

입력하기

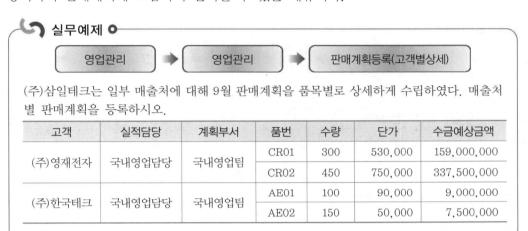

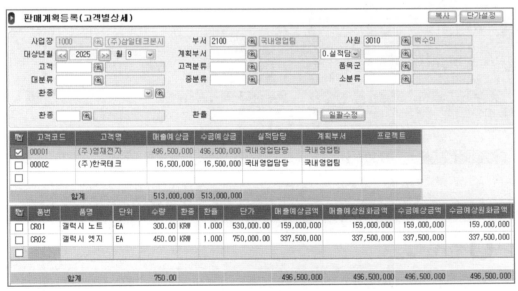

2.3 견적등록

견적등록은 고객으로부터 요청받은 품목에 대하여 수량, 단가, 납품일정 등의 견적조건을 등록하여 고객에게 전달하고 관리하는 메뉴이다.

실무예제

(주)삼일테크 본사에서 (주)영재전자로부터 요청받은 제품의 견적을 작성하여 전달하시오.

견적일자	고객	과세구분	단가구분	품번	납기일	견적수량	단가
2025/09/05	(주)영재전자	매출과세	부가세미포함	CR01	2025/09/10	400	560,000
				CR02	2025/09/10	600	780,000

입력하기

❶ 예제를 참고하여 견적과 관련된 항목을 입력 후 상단의 🔍조회 아이콘을 클릭하면 견적번호가 자동으로 생성되면서 저장이 완료된다.

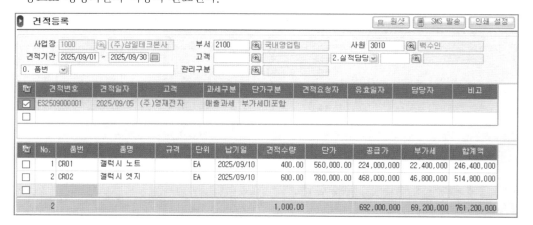

꼭! 알아두기

견적등록 후 견적을 적용받아 수주등록을 수행한 경우에는 견적내역을 수정·삭제할 수 없으며, 만약 데이터의 수정·삭제를 원한다면 진행한 프로세스 역순으로 삭제처리 후 견적을 수정·삭제할 수 있다.

2.4 수주등록

수주등록은 고객으로부터 주문받은 내역을 등록하는 메뉴이다. 견적을 근거로 수주하였을 경우에는 등록된 견적내역을 적용받아 처리하며, 견적 절차 없이 수주하였을 경우에는 수주등록에서 그 내역을 직접 등록할 수도 있다. 수주등록 데이터는 구매/자재모듈 주계획작성(MPS) 시에도 참고한다.

실무예제

| 영업관리 | → | 영업관리 | → | 수주등록 |

(주)영재전자에 발송한 견적과 같이 주문이 확정되었다. 견적내역을 적용받아 수주를 등록하시오.

주문일자	고객	과세구분	단가구분	품번	납기일/출하예정일	주문수량	단가	검사
2025/09/05	(주)영재전자	매출과세	부가세미포함	CR01	2025/09/10	400	560,000	검사
				CR02	2025/09/10	600	780,000	무검사

※ 품목별 검사대상 유무를 선택한다.

입력하기

❶ 주문기간 입력 후 상단의 🔍 조회 아이콘을 클릭한 후 우측 상단 견적적용 조회 아이콘을 클릭하여 견적내역을 조회한 후 선택하여 견적정보를 적용받는다.

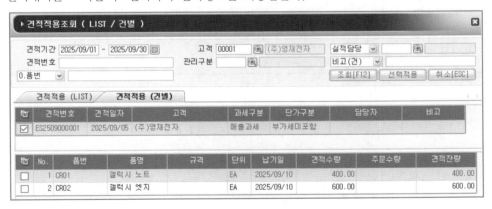

❷ 주문일자와 납기일 및 출하예정일을 추가로 입력하고, 품목별 검사대상 유무를 선택한다.

🔖 알아두기

- 수주등록 절차 없이 출고처리는 할 수 있으나, 미납관리가 필요하다면 반드시 수주를 등록하여야 한다.
- 특정 품목을 선택한 후 화면 우측 상단의 ▣재고확인▣ 아이콘을 클릭하면, 화면 하단에 그 품목의 현재고, 가용재고, 입고예정량이 조회된다.
- 등록된 수주를 적용받아 출고처리를 수행한 경우에는 수주 내역을 수정·삭제할 수 없다. 만약 데이터의 수정·삭제를 원한다면 진행한 프로세스 역순으로 삭제처리 후 수주 내역을 수정·삭제할 수 있다. 핵심ERP의 프로세스 기능 메뉴는 이전 프로세스 데이터를 적용받아 다음 프로세스가 진행된 경우에는 이전 프로세스의 데이터는 수정·삭제할 수 없다.

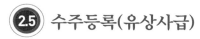 **수주등록(유상사급)**

수주등록(유상사급) 메뉴는 생산모듈 외주관리 프로세스와 관련되어 있으며, 외주생산 시에 사용될 자재(원재료, 부재료 등)를 외주처에 유상(판매)으로 공급하는 경우에 사용되는 메뉴이다.

사급자재란 외주발주 시 외주처에 제공하는 자재를 말한다. 이러한 사급자재는 채권·채무발생 유무에 따라 유상사급자재와 무상사급자재로 구분된다.

핵심ERP에서 사급자재의 구분이 '유상사급'일 경우에는 영업모듈 수주등록(유상사급) 메뉴에서 그 내역을 등록 후 출고처리(국내수주) 메뉴 [유상사급] TAB에서 출고처리한다.

2.6 출고의뢰등록

출고의뢰등록은 옵션설정 메뉴로서 수주받은 품목에 대하여 출고담당자에게 출고를 요청하는 메뉴이다. 수주등록 또는 수주등록(유상사급) 메뉴에서 등록한 주문내역을 적용받아 출고의뢰를 할 수 있다. 시스템환경설정 메뉴에서 '출고의뢰운영여부'가 '사용'으로 설정되어 있어야 된다.

실무예제

(주)영재전자로부터 주문받은 내역을 적용받아 출고담당에게 다음과 같이 출고의뢰 하시오.

의뢰일자	고객	의뢰창고	의뢰담당자	품번	납기일/출하예정일	의뢰수량	검사
2025/09/08	(주)영재전자	제품창고(본사)	자재담당	CR01	2025/09/10	350	검사
				CR02	2025/09/10	500	무검사

※ 수주대비 출고의뢰수량을 확인한다.

입력하기

❶ 의뢰기간을 입력하고 상단의 조회 아이콘을 클릭한 후 우측 상단 주문적용 조회 아이콘을 클릭하여 해당 주문내역을 조회하여 체크한 후 수주정보를 적용받는다.

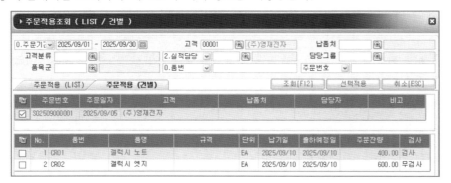

❷ 의뢰일자와 의뢰창고, 의뢰담당자 등을 추가로 입력하고, 출고의뢰내역이 주문내역과 다를 경우에는 수정입력 후 저장한다.

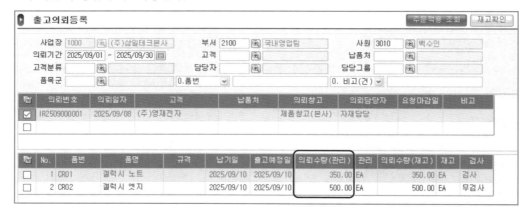

 알아두기

핵심ERP에서 출고의뢰등록 프로세스는 업무처리 시 반드시 수행하여야 하는 것은 아니다. 각 회사의 상황에 맞도록 시스템환경설정 메뉴에서 사용여부를 설정하여 운영할 수 있다.

2.7 출고검사등록

출고검사등록은 옵션설정 메뉴로서 수주받은 품목을 고객에게 출고하기 전에 출고검사를 실시한 후 검사결과를 등록하는 메뉴이다. 수주등록 또는 출고의뢰등록 내역을 적용받아 검사결과를 등록한다. 시스템환경설정 메뉴에서 '출고전검사운영여부'가 '사용'으로 설정되어 있어야 된다.

실무예제

영업관리 ➡ 영업관리 ➡ 출고검사등록

출고의뢰한 내역을 적용받아 다음과 같이 출고검사결과를 등록하시오.

검사일자	고객	출고창고	품번	검사유형	검사구분	합격여부	합격수량
2025/09/09	(주)영재전자	제품창고 (본사)	CR01	외관검사	전수검사	합격	350

입력하기

❶ 의뢰기간을 입력하고 상단의 📍조회 아이콘을 클릭한 후 우측 상단 📋출고의뢰적용 아이콘을 클릭하여 출고의뢰내역을 조회하면 검사대상 품목만 조회되며, 출고의뢰정보를 적용받는다.

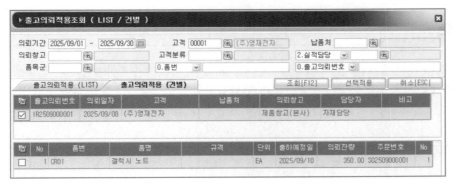

❷ 검사일자와 출고창고, 검사유형, 검사구분 등 출고검사 결과를 입력한 후 저장한다.

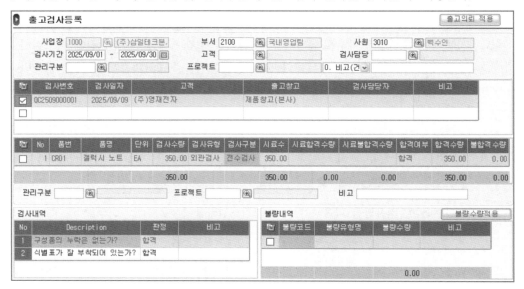

🦂 주요항목 설명

❶ 검사유형: 시스템관리 모듈 검사유형등록 메뉴에서 '출하검사'에 해당하는 검사유형이 조회되며, 검사유형에 등록된 '검사유형질문'이 좌측 하단 검사내역에 조회된다.

❷ 검사구분: 검사구분에는 '전수검사'와 '샘플검사'가 있다. 검사구분을 '샘플검사'로 선택했을 때에는 '시료수'에 샘플 수량을 입력하고, '전수검사'를 선택하면 '시료수'는 전량이 자동으로 반영된다.

> 🌀 **꼭 알아두기**
>
> 핵심ERP에서 출고검사등록 프로세스는 업무처리 시 반드시 수행하여야 하는 프로세스는 아니다. 각 회사의 상황에 맞도록 시스템환경설정에서 사용여부를 설정하여 운영할 수 있다. '출고전검사운영여부'가 '사용'으로 설정되어 있더라도 수주등록 또는 출고의뢰등록 시 각 품목별로 검사유무를 '검사'로 선택한 경우에만 출고검사를 수행한다.

2.8 출고처리(국내수주)

출고처리(국내수주)는 고객에게 납품 또는 반품처리 시 등록하는 메뉴이다. 출고처리 시점에 재고 및 수불관리에 실질적인 영향을 미치며 재고증감이 발생된다.

수주 내역을 적용받아 출고처리하는 경우에는 [주문출고] TAB을 이용하며, 수주 없이 샘플출고, 긴급출고 등을 처리할 경우와 반품처리의 경우에는 [예외출고] TAB에서 처리한다. 또한 [유상사급] TAB은 수주등록(유상사급)에 등록한 내역을 적용받아 출고처리할 때 이용된다.

실무예제

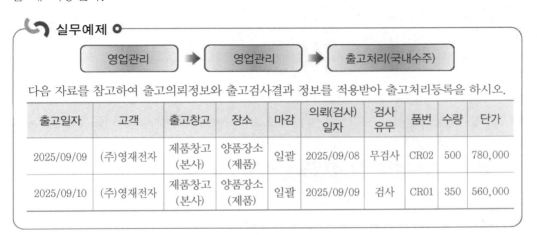

영업관리 ➡ 영업관리 ➡ 출고처리(국내수주)

다음 자료를 참고하여 출고의뢰정보와 출고검사결과 정보를 적용받아 출고처리등록을 하시오.

출고일자	고객	출고창고	장소	마감	의뢰(검사)일자	검사유무	품번	수량	단가
2025/09/09	(주)영재전자	제품창고 (본사)	양품장소 (제품)	일괄	2025/09/08	무검사	CR02	500	780,000
2025/09/10	(주)영재전자	제품창고 (본사)	양품장소 (제품)	일괄	2025/09/09	검사	CR01	350	560,000

입력하기

❶ 출고기간과 출고창고를 선택하고 상단의 ⌕조회 아이콘을 클릭한 후 우측 상단 │의뢰적용│ 아이콘을 클릭하여 [주문출고] TAB에서 출고의뢰내역을 조회한 후 출고의뢰정보를 적용받는다. '무검사' 품목일 경우에만 │의뢰적용│ 아이콘을 클릭하여 조회할 수 있다.

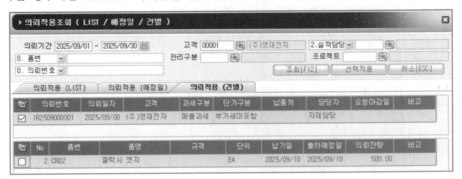

❷ 출고일자와 마감구분, 장소 등을 입력한 후 저장한다.

❸ 우측 상단 검사적용 아이콘을 클릭하여 [주문출고] TAB에서 출고검사등록내역을 조회한 후 출고 검사정보를 적용받는다. '검사' 품목일 경우에만 검사적용 아이콘을 클릭하여 조회할 수 있다.

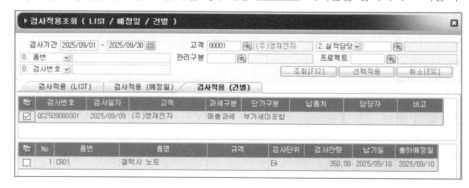

❹ 출고일자와 마감구분, 장소 등을 입력한 후 저장한다.

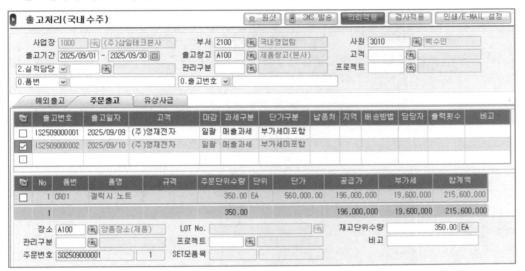

🔷 주요항목 설명

❶ 의뢰적용 : 출고의뢰등록 시 검사유무를 '무검사'로 설정한 품목의 출고처리를 위해 출고의뢰등록
데이터를 조회한다.

❷ 검사적용 : 수주등록 또는 출고의뢰등록 시 품목 검사유무를 '검사'로 설정한 경우에 출고검사
정보를 적용받아 출고처리 한다.

🔶 알아두기

• [예외출고] TAB에서는 수주 없이 출고할 경우와 반품처리 시에 이용된다.

• 예외출고 시에는 수주에 대한 잔량관리가 이루어지지 않는다.

• 마감구분

구분	주요 사항
일괄	• 거래가 빈번하여 1개월 내의 마감기간을 정하여 마감하는 방식이며, 매출마감 메뉴에서 별도의 마감처리가 필요 • 영업마감/통제등록 메뉴에서 '일괄마감 후 출고변경 통제' 항목이 '통제'로 설정되어 있고, 매출마감이 되어 있다면 출고처리 데이터의 수정 · 삭제는 불가능하다. 그러나 '통제안함'으로 설정되어 있다면 출고처리 데이터의 수정은 가능하나 삭제는 불가
건별	• 출고처리와 동시에 건별마다 자동으로 매출마감이 이루어짐 • 매출마감의 수정 · 삭제를 위해서는 출고처리 내역을 수정 · 삭제하여야 한다.

실무예제 ⭕

| 영업관리 | ➡ | 영업관리 | ➡ | 출고처리(국내수주) |

(주)한국테크에서 주문한 내역이 누락된 것을 발견하였다. 수주등록 정보를 이용하지 않고 다음의 자료를 참고하여 출고처리를 등록하시오.

출고일자	고객	출고창고	장소	마감	과세구분	단가구분	품번	수량	단가
2025/09/13	(주)한국테크	부품창고 (본사)	양품장소 (부품)	건별	매출 과세	부가세 미포함	AE01	50	90,000
							AE02	100	50,000

🔖 입력하기

❶ 출고기간과 출고창고를 선택하고 상단의 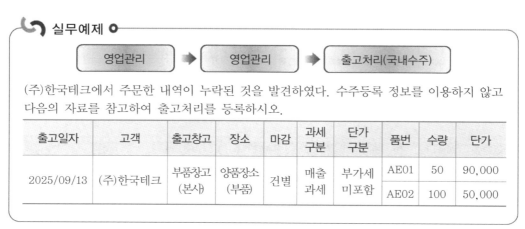 아이콘을 클릭한 후 [예외출고] TAB에서 예제의 항목을 참고하여 수동으로 입력 후 저장한다.

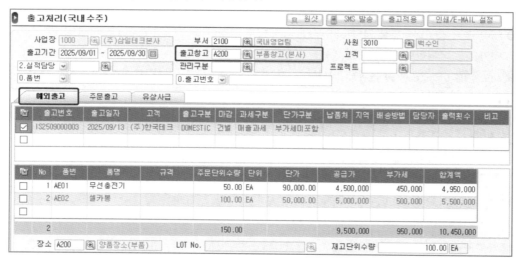

 실무예제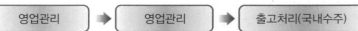

| 영업관리 | ➡ | 영업관리 | ➡ | 출고처리(국내수주) |

9월 13일 (주)한국테크에 판매하였던 상품 중 일부의 파손으로 인해 반품되었다. 다음의 자료를 참고하여 반품을 처리하시오.

반품출고 일자	고객	출고창고	장소	마감	과세 구분	단가 구분	품번	수량	단가
2025/09/25	(주)한국테크	부품창고 (본사)	불량품장소 (부품)	건별	매출 과세	부가세 미포함	AE02	−5	50,000

※ 반품수량을 반드시 확인한다.

입력하기

❶ 출고기간과 출고창고를 선택하고 상단의 [조회] 아이콘을 클릭한 후 [예외출고] TAB에서 우측 상단 [출고적용] 아이콘을 클릭하여 반품대상 품목의 과거 출고정보를 조회한 후 선택적용 한다.

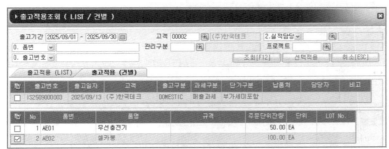

❷ 출고(반품)일자와 주문단위수량(반품수량)을 반드시 재입력 후 저장한다.

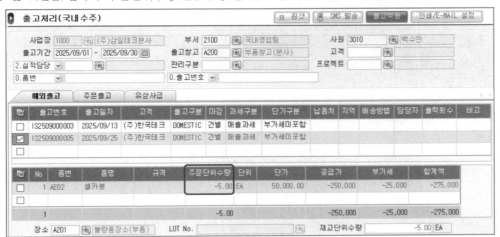

2.9 매출마감(국내거래)

매출마감은 출고에 대한 수량과 금액을 확정하는 작업으로 출고처리 정보를 적용받아 마감처리 한다. 매출마감이 이루어져야 세금계산서를 발급할 수 있으며, 재고평가의 대상이 된다.

실무예제

영업관리 ➡ 영업관리 ➡ 매출마감(국내거래)

(주)영재전자의 9월 한 달간 출고처리내역을 적용받아 매출마감을 하시오.

마감일자	고객	창고	거래구분	과세구분	품번	마감수량
2025/09/30	(주)영재전자	제품창고 (본사)	DOMESTIC	매출과세	CR02	500
					CR01	350

입력하기

❶ 마감기간을 입력하고 상단의 [조회] 아이콘을 클릭한 후 우측 상단 [출고적용] 아이콘을 클릭하여 출고처리내역을 조회한 후 출고처리정보를 적용받는다.

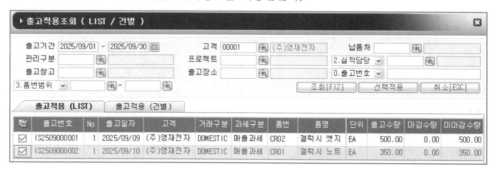

❷ 마감일자를 입력하고 마감수량을 수정한 후 저장한다.

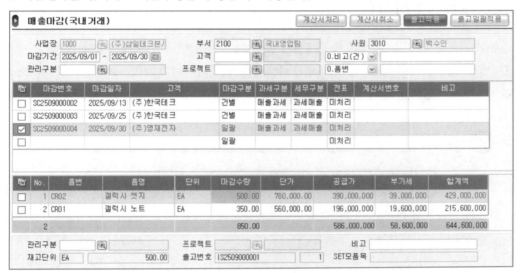

	마감번호	마감일자	고객	마감구분	과세구분	세무구분	전표	계산서번호	비고
☐	SC2509000002	2025/09/13	(주)한국테크	건별	매출과세	과세매출	미처리		
☐	SC2509000003	2025/09/25	(주)한국테크	건별	매출과세	과세매출	미처리		
☑	SC2509000004	2025/09/30	(주)영재전자	일괄	매출과세	과세매출	미처리		
☐				일괄			미처리		

	No.	품번	품명	단위	마감수량	단가	공급가	부가세	합계액
☐	1	CR02	걸럭시 엣지	EA	500.00	780,000.00	390,000,000	39,000,000	429,000,000
☐	2	CR01	걸럭시 노트	EA	350.00	560,000.00	196,000,000	19,600,000	215,600,000
	2				850.00		586,000,000	58,600,000	644,600,000

관리구분 | | 프로젝트 | | 비고 |
재고단위 EA | 500.00 | 출고번호 IS2509000001 | 1 | SET모품목

 알아두기

• 매출마감이 되지 않은 출고 데이터는 '매출미마감현황' 메뉴에서 조회할 수 있으며, 재고의 감소에는 영향을 미치지만 재고평가 시에는 제외되고 세금계산서발행 대상도 아니다.
• 출고처리 시 '마감구분'을 '일괄'로 처리한 자료에 대해서만 매출마감 작업이 가능하며, 여러 건의 출고처리 건을 1건으로 매출마감하거나 1건의 출고 건에 대해 마감수량을 분할하여 여러 건으로 매출마감을 할 수 있다.

핵심ERP실무

 2.10 세금계산서처리

매출마감 된 내역을 근거로 세금계산서 또는 계산서를 발급하는 메뉴이다. 현행 부가가 치세법상 법인은 의무적으로 전자세금계산서를 발급하여야 하지만 교육용 버전인 핵심 ERP는 전자세금계산서 발급 기능을 지원하지 않고 있다.

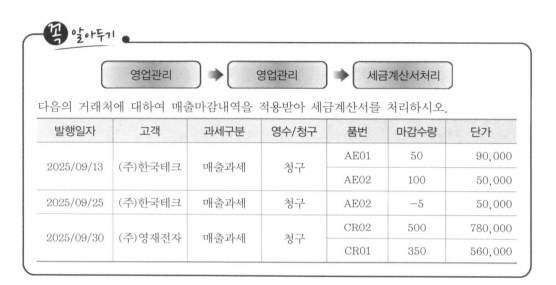

꼭 알아두기

| 영업관리 | → | 영업관리 | → | 세금계산서처리 |

다음의 거래처에 대하여 매출마감내역을 적용받아 세금계산서를 처리하시오.

발행일자	고객	과세구분	영수/청구	품번	마감수량	단가
2025/09/13	(주)한국테크	매출과세	청구	AE01	50	90,000
				AE02	100	50,000
2025/09/25	(주)한국테크	매출과세	청구	AE02	-5	50,000
2025/09/30	(주)영재전자	매출과세	청구	CR02	500	780,000
				CR01	350	560,000

입력하기

❶ 발행기간을 입력하고 상단의 [조회] 아이콘을 클릭한 후 우측 상단 [마감적용] 아이콘을 클릭하여 매출마감내역을 조회한 후 건별로 매출마감정보를 적용받는다.

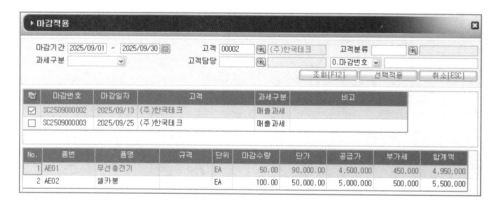

❷ 발행일자 입력과 영수/청구 구분을 입력하고 저장한다.

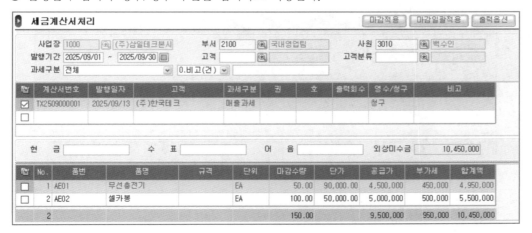

❸ 9월 25일 (주)한국테크 [세금계산서처리]

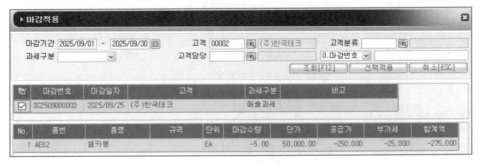

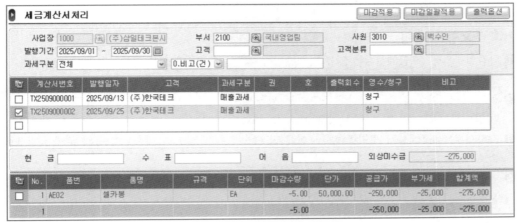

❹ 9월 30일 (주)영재전자 [세금계산서처리]

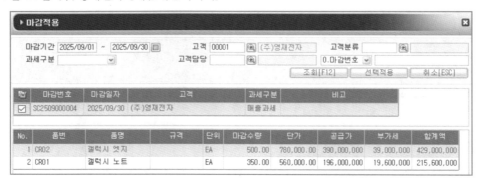

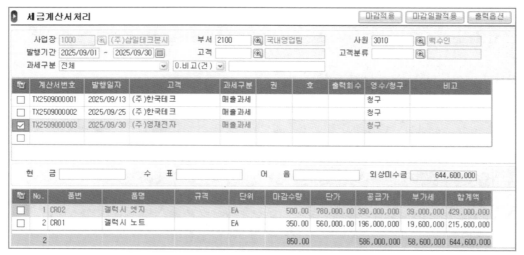

🏹 주요항목 설명

❶ 마감일괄적용: 세금계산서를 일괄 발행할 조건을 입력하고 [확인]을 클릭하면 해당 매출마감 내역이 일괄적으로 세금계산서처리가 된다.

❷ 권/호: 세금계산서 우측 상단에 표시하는 세금계산서 번호이다. 사용자가 직접 입력해야 하며, '마감일괄적용' 기능을 사용할 경우에는 시작번호를 입력해 놓으면 자동으로 번호가 입력된다.

❸ 출력회수: 세금계산서 처리를 한 후 인쇄 및 발송을 하지 않으면 매출누락 등의 문제가 발생할 수도 있으므로 인쇄한 횟수를 관리한다.

❹ 영수/청구: 세금계산서 발행일자를 기준으로 대금회수가 완료되었다면 '영수', 아니면 '청구'를 선택한다. '영수'일 경우에는 현금/수표/어음란에 금액을 입력하고 '청구'일 경우에는 외상미수금란에 금액이 자동으로 반영된다.

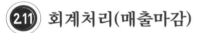

회계처리(매출마감)

매출마감 내역을 근거로 회계전표를 생성하는 메뉴이다. 본 메뉴에서 회계전표의 생성을 위해서는 먼저 회계전표연결계정과목등록 메뉴의 회계연결계정이 설정되어 있어야 한다.

실무예제

영업관리 ➡ 영업관리 ➡ 회계처리(매출마감)

다음의 매출마감 데이터를 참고하여 회계전표를 생성하시오.

마감일자	고객	과세구분	세무구분	품번	마감수량
2025/09/13	(주)한국테크	매출과세	과세매출	AE01	50
				AE02	100
2025/09/25	(주)한국테크	매출과세	과세매출	AE02	−5
2025/09/30	(주)영재전자	매출과세	과세매출	CR02	500
				CR01	350

입력하기

❶ 검색기간을 입력하고 상단의 [조회] 아이콘을 클릭하여 [매출마감] TAB에서 매출마감내역을 조회한다. 마감번호 앞 체크박스를 선택하고 우측 상단 [전표처리] 아이콘을 클릭하면 전표처리 팝업화면이 뜬다. 부가세사업장 등을 선택하고 회계전표를 생성한다.

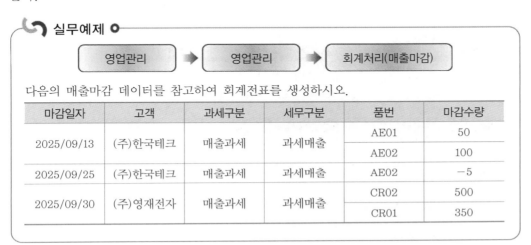

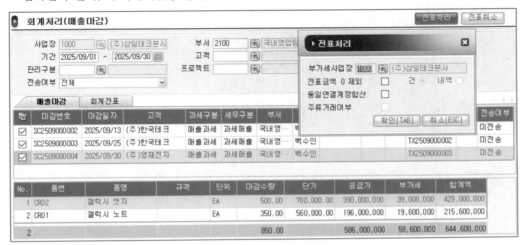

❷ [회계전표] TAB을 선택하여 상단의 아이콘을 클릭하면 매출마감 건별로 '미결' 상태인 회계전표가 발행되어 있는 것을 확인할 수 있다.

🎀 알아두기

- 물류 · 생산모듈에서 생성된 회계전표는 모두 '미결' 상태이며, 회계모듈 전표승인해제 메뉴에서 승인권자가 확인 후 전표를 승인하여야 한다.
- [매출마감] TAB에서 생성된 전표가 회계모듈에서 승인이 되면 [매출마감] TAB의 전표취소 아이콘을 이용하여 삭제할 수 없다. 삭제가 필요하다면 회계모듈 전표승인해제 메뉴에서 전표승인해제 후 미결전표 상태에서 삭제를 하여야 한다.

2.12 수금등록

고객으로부터 받은 수금(정상수금, 선수금) 내역을 등록하는 메뉴이다. 일반적으로 수금은 매출인식 후 수금이 이루어지는 정상수금과 매출인식 전에 계약금 형태 등으로 받은 선수금으로 구분된다.

실무예제

영업관리 ➡ 영업관리 ➡ 수금등록

9월에 출고한 매출대금 중 일부를 다음과 같이 회수하였다. 수금등록을 하시오.

수금일자	고객	실적담당	수금구분	관리번호	정상수금	금융기관
2025/10/10	(주)영재전자	국내영업담당	제예금	기업은행	300,000,000	기업

입력하기

❶ 수금기간을 입력하고 상단의 [조회] 아이콘을 클릭하여 수금정보를 입력한다.

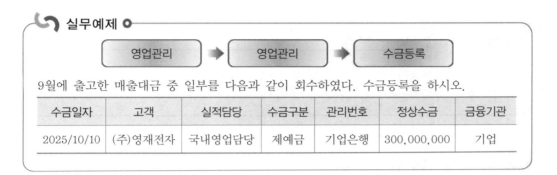

주요항목 설명

❶ [선수금정리] : 선수금내역을 선택한 후 우측 상단 [선수금정리] 아이콘을 클릭하여 선수금 정리금액을 입력한다. 선수금 정리잔액은 화면 상단의 정리잔액에 표시된다.

❷ [수금구분] : 화면 하단의 '수금구분'에서 선택할 구분이 등록되어 있으며, 현금~잡손실까지는 수금구분명을 수정할 수 없으나 기타 1~기타 4는 수정이 가능하다. 회계연결계정과목등록 메뉴와 연계되어 회계처리가 이루어진다.

❸ 전표: 회계처리(수금) 메뉴에서 전표생성 여부에 따라 '처리'와 '미처리'로 표시된다.

❹ 관리번호: 수금구분이 현금일 경우에는 기록하지 않고, 제예금 등일 경우에는 계좌번호를 선택한다.

❺ 자/타: 받을어음, 당좌, 가계수표의 경우에 자수 및 타수를 선택하며, 배서가 있으면 '타수', 배서가 없으면 '자수'로 선택한다.

❻ 금융기관: 제예금, 받을어음, 당좌, 가계수표일 경우에 금융기관을 선택한다.

❼ 발행일자, 만기/약정일: 받을어음, 당좌, 가계수표의 경우에 해당일자를 입력한다.

 알아두기

수금등록 화면 하단의 '수금구분'에 항목이 조회되지 않을 경우에는 우측 상단 수금구분 아이콘을 한 번 클릭해주면 해결된다.

2.13 회계처리(수금)

수금등록 내역을 근거로 회계전표를 생성하는 메뉴이다. 본 메뉴에서 회계전표의 생성을 위해서는 먼저 회계전표연결계정과목등록 메뉴의 회계연결계정이 설정되어 있어야 한다.

실무예제

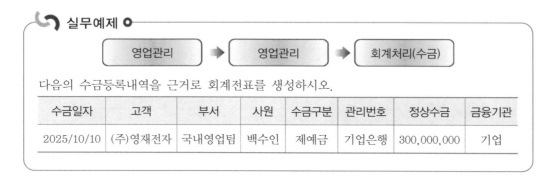

영업관리 ➡ 영업관리 ➡ 회계처리(수금)

다음의 수금등록내역을 근거로 회계전표를 생성하시오.

수금일자	고객	부서	사원	수금구분	관리번호	정상수금	금융기관
2025/10/10	(주)영재전자	국내영업팀	백수인	제예금	기업은행	300,000,000	기업

🐾 입력하기

❶ 검색기간을 입력하고 상단의 [조회] 아이콘을 클릭하여 [수금] TAB에서 수금내역을 확인하고 '수금번호' 앞 체크박스를 선택한 후 우측 상단 [전표처리] 아이콘을 클릭하여 회계전표를 생성한다.

❷ [회계전표] TAB을 선택하여 상단의 [조회] 아이콘을 클릭하면 수금내역이 '미결' 상태인 회계전표로 발행되어 있는 것을 확인할 수 있다.

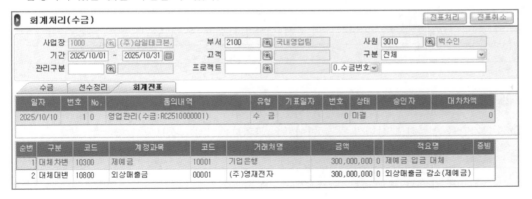

꼭 알아두기

- 물류·생산모듈에서 생성된 회계전표는 모두 미결상태이며, 회계모듈 전표승인해제 메뉴에서 승인권자가 확인 후 전표를 승인하여야 한다.
- [수금] 및 [선수정리] TAB에서 생성된 전표가 회계모듈에서 승인이 되면 [수금] 및 [선수정리] TAB의 [전표취소] 아이콘을 이용하여 삭제할 수 없다. 삭제가 필요하다면 회계모듈 전표승인해제 메뉴에서 전표승인해제 후 미결전표 상태에서 삭제를 하여야 한다.

2.14 선수금 등록 및 정리

선수금은 추후 매출이 발생되면 매출금액과 대체되며, 핵심ERP에서의 선수금처리 프로세스는 다음과 같다.

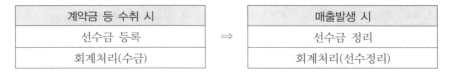

계약금 등 수취 시		매출발생 시
선수금 등록	⇒	선수금 정리
회계처리(수금)		회계처리(선수정리)

✿ 실무예제 ◦

영업관리 ➡ 영업관리 ➡ 수금등록

(주)한국테크로부터 9월 1일에 상품매출 계약금 7,000,000원을 받았다. 선수금내역을 등록하시오.

수금일자	고객	실적담당	수금구분	선수금
2025/09/01	(주)한국테크	국내영업담당	현금	7,000,000

✎ 입력하기

❶ 수금기간을 입력하고 상단의 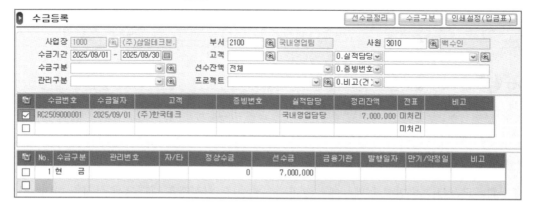 아이콘을 클릭하여 선수금정보를 입력한다.

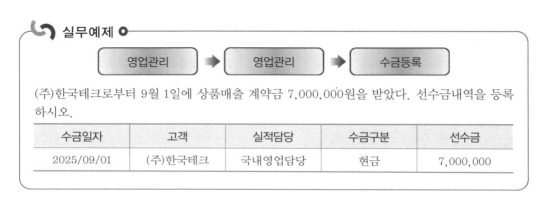

실무예제

영업관리 ➡ 영업관리 ➡ 회계처리(수금)

(주)한국테크로부터 9월 1일에 받은 상품매출 계약금 7,000,000원에 대하여 회계전표를 생성하시오.

수금일자	고객	수금구분	선수금
2025/09/01	(주)한국테크	현금	7,000,000

입력하기

❶ 검색기간을 입력하고 상단의 조회 아이콘을 클릭하여 [수금] TAB에서 선수금내역을 확인하고 '수금번호' 앞 체크박스를 선택한 후 우측 상단 전표처리 아이콘을 클릭하여 회계전표를 생성한다.

❷ [회계전표] TAB을 선택하여 상단의 조회 아이콘을 클릭하면 매출마감 건별로 '미결' 상태인 회계전표가 발행되어 있는 것을 확인할 수 있다.

실무예제

영업관리	➡	영업관리	➡	수금등록

(주)한국테크의 9월 매출대금 중 일부를 계약금으로 받았던 선수금으로 정리하고자 한다. 다음을 참고하여 선수금을 정리하시오.

수금일자	고객	선수금	정리일자	정리금액
2025/09/01	(주)한국테크	7,000,000	2025/09/13	7,000,000

입력하기

❶ 수금기간을 입력하고 상단의 [조회] 아이콘을 클릭하여 이전의 선수금내역을 선택한 후 우측 상단 [선수금정리] 아이콘을 클릭하여 팝업창이 뜨면 정리일자와 정리금액을 입력한다. 입력이 완료되면 선수금 정리 잔액이 감소된 것을 확인할 수 있다.

실무예제

영업관리	➡	영업관리	➡	회계처리(수금)

(주)한국테크의 선수금 정리내역을 근거로 회계전표를 생성하시오.

정리일자	고객	정리금액
2025/09/13	(주)한국테크	7,000,000

입력하기

❶ 검색기간을 입력하고 상단의 조회 아이콘을 클릭하여 [선수정리] TAB에서 선수금 정리내역을 확인하고 '정리일자' 앞 체크박스를 선택한 후 우측 상단 전표처리 아이콘을 클릭하여 회계전표를 생성한다.

❷ [회계전표] TAB을 선택하여 상단의 조회 아이콘을 클릭하면 선수금 정리내역이 '미결' 상태인 회계전표로 발행되어 있는 것을 확인할 수 있다.

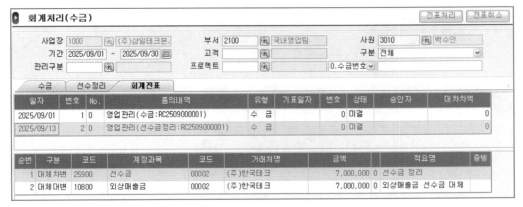

2.15 수주마감처리

수주 등록된 내역 중 수주잔량이 남아 있는 상태에서 주문취소 등의 사유로 더 이상 진행되지 않는 내역을 선택하여 마감처리하는 메뉴이다. 이미 마감처리된 내역에 대하여 고객의 재 납품요청이 있다면, 수주마감을 취소할 수도 있다.

실무예제

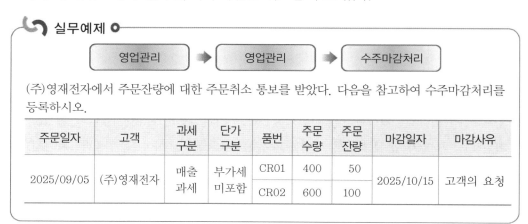

영업관리 ➡ 영업관리 ➡ 수주마감처리

(주)영재전자에서 주문잔량에 대한 주문취소 통보를 받았다. 다음을 참고하여 수주마감처리를 등록하시오.

주문일자	고객	과세구분	단가구분	품번	주문수량	주문잔량	마감일자	마감사유
2025/09/05	(주)영재전자	매출과세	부가세미포함	CR01	400	50	2025/10/15	고객의 요청
				CR02	600	100		

입력하기

❶ 수주마감처리 메뉴 화면에서 주문기간과 고객을 입력하고 상단의 [조회] 아이콘을 클릭한 후 주문 정보를 조회한다. '주문번호' 앞 체크박스를 선택한 후 우측 상단 [일괄마감처리] 아이콘을 클릭하여 마감일자와 마감사유를 입력한 후 마감처리 한다.

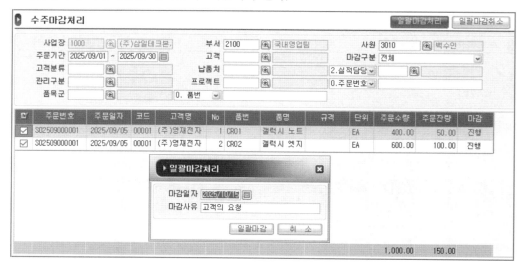

03 영업현황

[조회메뉴 설명]

메뉴명	주요 내용
판매계획현황	월별 판매계획 등록 정보를 품목별, 품목군별, 월별로 조회하는 메뉴
판매계획대비출고현황	판매계획 대비 출고내역을 품목, 품목군, 월별로 조회하는 메뉴
견적현황	견적등록 내역을 견적일자, 고객별 등의 조건으로 조회하는 메뉴
견적대비수주현황	견적을 근거로 수주를 받은 경우에 견적 대비 수주내역을 조회하는 메뉴
수주현황	수주등록 내역을 근거로 다양한 조회기준에 따라 수주현황을 조회하는 메뉴
수주대비출고현황	수주등록 정보를 적용받아 출고처리한 경우에 수주 대비 출고현황을 조회하는 메뉴
수주미납현황	수주는 받았으나 기타 사유로 인해 기준일자 현재 출고되지 않은 품목의 미납수량, 경과일수 등의 정보를 조회하는 메뉴
출고현황	출고처리 된 내역을 다양한 정렬조건에 따라 조회하는 메뉴
출고반품현황	출고 후 반품처리된 내역을 조회하는 메뉴
매출마감현황	출고 또는 반품처리 후 매출마감 내역을 조회하는 메뉴
매출미마감현황	출고 또는 반품처리는 되었으나, 매출마감이 되지 않은 내역을 조회하는 메뉴
세금계산서발행대장	매출마감 후 세금계산서처리가 이루어진 내역을 조회하는 메뉴
수금현황	정상수금 및 선수금으로 등록된 내역을 조회하는 메뉴
받을어음현황	대금회수 시 어음으로 회수한 경우에 받을어음 내역을 조회하는 메뉴
미수채권집계	미수채권 내역을 고객별, 담당자, 프로젝트별 등으로 조회할 수 있는 메뉴
미수채권상세현황	미수채권 내역을 고객별, 담당자, 프로젝트별 등으로 조회할 수 있으며, 일자별 세부 거래내역을 상세하게 조회할 수 있는 메뉴

꼭 알아두기

[미수채권집계]
미수채권의 조회기준 중 '국내(출고기준)'은 매출마감을 하지 않아도 출고처리 기준으로 조회되며, '국내(마감기준)'은 매출마감 후 마감기준으로 조회된다.

04 영업분석

[조회메뉴 설명]

메뉴명	주요 내용
수주미납집계	수주는 받았으나 기타 사유로 인해 기준일자 현재 출고되지 않은 품목의 미납수량, 미납금액 등의 정보를 조회하는 메뉴
출고실적집계표(월별)	출고실적을 월별로 수량, 원화금액, 외화금액 형태로 조회하는 메뉴
매출현황(부서별)	매출현황을 입력부서, 담당부서별 등으로 조회하는 메뉴
매출집계표(월별)	매출실적을 월별로 수량, 원화금액, 외화금액 형태로 조회하는 메뉴
매출집계표(관리분류별)	매출실적을 관리분류별(고객분류 등)로 수량, 원화금액, 외화금액 형태로 조회하는 메뉴
매출순위표(마감기준)	매출마감 내역을 근거로 다양한 기준에 따라 순위를 상세하게 조회하는 메뉴
매출채권회전율	고객별로 평균매출채권과 매출액, 매출채권회전율을 조회하는 메뉴
추정매출원가보고서	매출액에 대한 추정원가를 계산하여 이익과 점유율 등을 추정하는 메뉴
미수채권연령분석표	미수채권의 연령을 출고기준 또는 마감기준으로 조회하는 메뉴

꼭 알아두기

[매출채권회전율]

매출채권회전율이란 매출채권(외상매출금, 받을어음)의 회수속도를 측정하는 지표이다. 매출채권회전율과 관련된 항목별 계산방법은 다음과 같다.

- 일평균매출액 = 순매출액 ÷ 대상일수
- 매출채권회전율 = 순매출 ÷ 평균매출채권
- 회수기간 = 평균매출채권 ÷ 순매출액 × 대상일수

[추정매출원가보고서]

추정매출원가 계산 시 추정매출원가보고서 메뉴 우측 상단 [OPTION]을 클릭하여 원가계산에 적용되는 단가를 선택하여 적용할 수 있다.

제**4**장

핵심ERP
구매/자재프로세스 실무

01 업무프로세스의 이해

핵심ERP의 구매프로세스는 크게 두 가지로 구분할 수 있다. 당사가 공급처에게 발주하여 입고되는 정상적인 구매프로세스와 이미 매입이 완료된 품목을 공급처에게 반품할 경우에 처리하는 반품프로세스로 구분된다.

1.1 구매프로세스

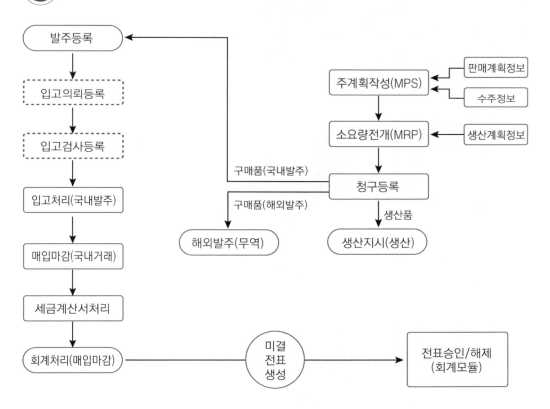

1.2 반품프로세스

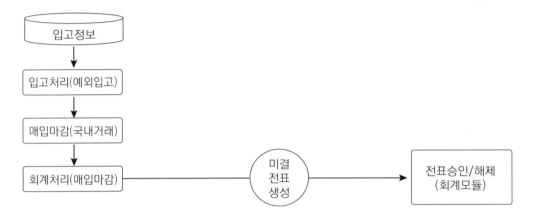

02 구매관리

구매/자재모듈 실습을 위해 영업모듈에서 주문을 등록하여 그 주문 건에 따른 주계획작성(MPS), 소요량전개(MRP), 발주등록 등에 대해 학습할 것이다.

★
> 핵심ERP 구매/자재프로세스 진행을 위하여 본사의 구매팀 '박서준' 사원으로 로그인하여 진행하고자 한다.

🍥 실무예제 ○

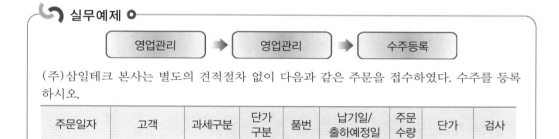

영업관리 ➡ 영업관리 ➡ 수주등록

(주)삼일테크 본사는 별도의 견적절차 없이 다음과 같은 주문을 접수하였다. 수주를 등록하시오.

주문일자	고객	과세구분	단가구분	품번	납기일/출하예정일	주문수량	단가	검사
2025/11/01	(주)화인알텍	매출과세	부가세미포함	CR02	2025/11/20	200	780,000	무검사

🦅 입력하기

❶ 수주등록 메뉴 화면에서 주문기간을 입력하고 상단의 [조회] 아이콘을 클릭한 후 주문정보를 입력후 저장한다.

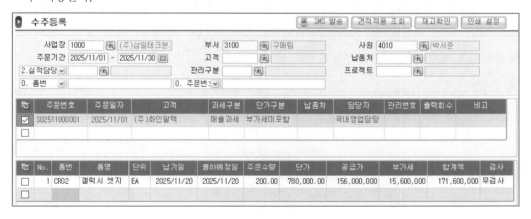

2.1 주계획작성(MPS)

핵심ERP에서 주계획작성(MPS)은 판매계획, 주문정보, 모의계획(simulation)을 근거로 해당 품목의 수급량을 산출하여 생산일정과 수량을 등록하는 메뉴이다. MPS(Master Production Scheduling)란 일반적으로 1주일 단위의 구체화된 생산계획이라는 의미이다.

실무예제

구매/자재관리 ➡ 구매관리 ➡ 주계획작성(MPS)

(주)화인알텍의 주문과 관련하여 정상적인 납품을 위한 해당 품목의 재고량을 파악하여 주생산계획(MPS)을 등록하시오.

사업장	계획구분	계획일	품번	품명	계획수량	고객
본사	주문	2025/11/10	CR02	갤럭시 엣지	200	(주)화인알텍

입력하기

❶ 계획기간과 계획구분 등을 선택하고 상단의 [조회] 아이콘을 클릭한 후 우측 상단 [주문적용] 아이콘을 클릭하여 해당 주문내역을 조회하여 선택한다.

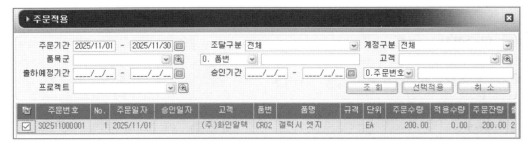

❷ 계획일과 계획수량을 확인한다.

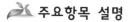 **주요항목 설명**

❶ 계획구분: 주생산계획(MPS)은 판매계획, 주문정보, 모의계획(simulation)을 근거로 해당 품목의 수급량을 산출하여 생산일정과 수량을 결정한다.

2.2 소요량전개(MRP)

소요량전개(MRP)는 주생산계획(MPS)에서 작성된 정보 또는 생산모듈에서 수립된 생산계획 정보를 근거로 각 품목의 소요일자, 발주 예정시기 및 예정수량 등을 산출하는 메뉴이다.

소요량전개(MRP) 결과정보를 이용하여 생산품 및 구매품 청구를 각각 할 수 있다.

실무예제

다음과 같이 주생산계획(MPS)에 등록된 제품 CR02(갤럭시 엣지)에 대한 소요량을 산출하시오.

사업장	전개구분	계획기간	전개기준
본사	주문전개	2025/11/10 ~ 2025/11/10	• 일반 BOM • 현재고량 적용 • 안전재고량 적용

꼭 알아두기

소요량전개(MRP) 시 계획기간이 현재 컴퓨터의 시스템일자보다 빠르면 전개결과의 '예정발주일'이 모두 동일한 일자로 표시된다. 이러한 결과는 소요량전개를 하는 목적이 미래의 결과를 예측하기 위함이므로 계획기간이 컴퓨터 시스템일자보다 빠르면 정상적으로 계산되지 않는다.

입력하기

❶ 전개구분을 '주문전개'로 선택하고 계획기간은 주생산계획(MPS) 일자와 동일하게 입력한다.

❷ 우측 상단 전개기준 아이콘을 클릭하여 예제에서 주어진 전개기준을 선택한다.

❸ 우측 상단 소요량전개 아이콘을 클릭하면 품목별 소요량이 산출된다.

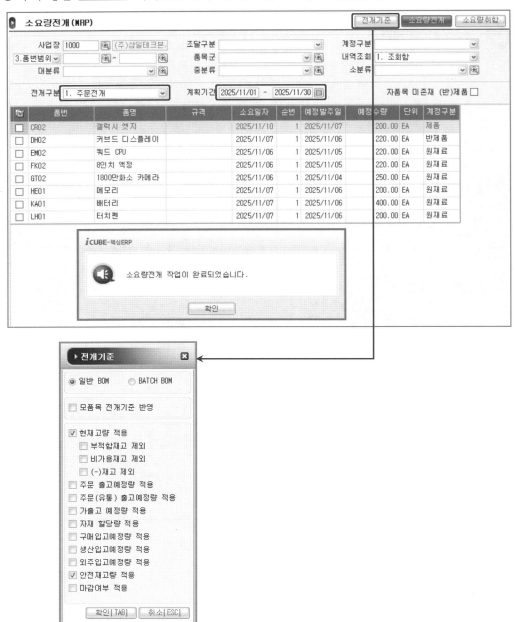

주요항목 설명

❶ 전개기준 : 총소요량이 아닌 순소요량 방식으로 전개기준을 설정하여 소요량을 산출할 때 이용한다.

❷ 소요량전개 : 주생산계획(MPS) 또는 생산계획에 등록된 정보를 근거로 BOM과 품목별 리드타임을 감안하여 계획된 품목을 생산하기 위해 필요한 품목, 소요일자, 예정발주일, 예정수량을 산출한다.

❸ 소요량취합 : 소요량전개 후 품목이 같으면 소요량을 합산한다. 이때 소요일자와 예정발주일은 빠른 일자로 처리된다.

❹ 전개구분

구 분	내 용
판매계획	영업모듈 판매계획등록 정보를 근거로 작성된 주생산계획(MPS)
주문전개	영업모듈 수주등록 정보를 근거로 작성된 주생산계획(MPS)
모의전개	특정한 정보에 근거하지 않고 임의로 작성된 주생산계획(MPS)
생산계획	생산모듈의 생산계획등록 정보

❺ 소요일자: 품목의 조달구분이 '생산'이면 작업완료일을 의미하고, '구매'이면 납기일을 의미한다.

❻ 예정발주일: 품목의 조달구분이 '생산'이면 작업시작일을 의미하고, '구매'이면 발주일을 의미한다.

❼ 예정수량: 주생산계획(MPS) 또는 생산계획에 등록된 품목의 수량을 근거로 BOM에 의한 필요수량을 산출한다. 산출된 수량은 우측 상단의 전개기준 의 설정에 의해 변경될 수 있다.

> **꼭 알아두기**
>
> • 소요량전개(MRP) 시 참조하는 리드타임은 품목등록 메뉴 [ORDER/COST] TAB에 등록되어 있다.
> • 소요량전개(MRP) 시에는 자재명세서(BOM) 정보를 근거로 총소요량이 산출되는 총소요량 방식과 현재고, 입고예정량, 출고예정량, 안전재고 등을 감안한 순소요량 방식이 있다.

2.3 청구등록

청구등록은 제품 생산 및 상품의 판매 시 필요한 품목과 각 품목별 수급량을 작업지시 또는 외주발주, 구매발주 할 수 있도록 청구하는 메뉴이다. 소요량전개(MRP) 결과정보를 적용받아서 입력할 수도 있고, 수동으로 직접 청구등록도 가능하다.

실무예제

구매/자재관리 ➡ 구매관리 ➡ 청구등록

11월의 소요량전개(MRP) 결과를 적용받아 구매품에 대하여 청구등록을 하시오.

사업장	청구일자	청구구분	품번	소요량	조달구분	주거래처
본사	2025/11/03	구매	EM02	220	구매	(주)수민산업
			FK02	220	구매	(주)이솔전자
			GT02	250	구매	(주)수민산업
			HE01	200	구매	(주)이솔전자
			KA01	400	구매	(주)수민산업
			LH01	200	구매	(주)이솔전자

입력하기

❶ 요청일자를 입력하고 상단의 [조회] 아이콘을 클릭한 후 우측 상단 [소요량적용] 아이콘을 클릭하여 소요예정일 입력과 조달구분을 '구매'로 선택한 후 소요량전개 내역을 적용받아 선택적용 한다.

❷ 청구일자와 청구구분을 입력 후 저장한다.

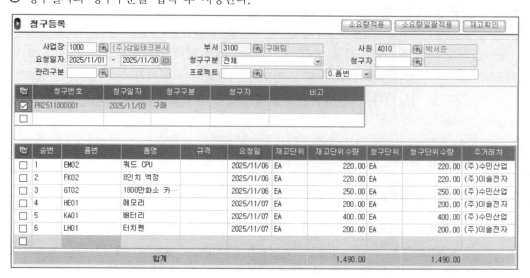

주요항목 설명

❶ 청구구분: '구매'로 입력하면 화면 하단의 품목들이 발주등록 메뉴와 연계되고, '생산'으로 입력하면 화면 하단의 품목들이 작업지시등록 또는 외주발주등록 메뉴와 연계된다.

꼭 알아두기

소요량 적용을 받은 화면 하단의 품목별 청구수량과 주 거래처는 변경할 수도 있다.

2.4 청구품의등록

청구품의등록은 구매발주 시 품의(결재) 단계를 거쳐 구매발주를 하고자 할 경우에 사용하는 메뉴이다. 청구등록 된 청구요청 정보를 적용받아서 입력할 수도 있고, 수동으로 직접 품의등록도 가능하다. 시스템환경설정 메뉴에서 '품의등록운영여부'가 '사용'으로 설정되어 있어야 된다.

실무예제

11월의 청구내역을 적용받아 구매품에 대한 청구품의등록을 하시오.

사업장	청구일자/품의일자	과세구분	품의자	입고예정일	품번	소요량	조달구분	주거래처
본사	2025/11/03	매입과세	박서준	납기일과 동일	EM02	220	구매	(주)수민산업
					GT02	250	구매	(주)수민산업
					KA01	400	구매	(주)수민산업
본사	2025/11/03	매입과세	박서준	납기일과 동일	FK02	220	구매	(주)이솔전자
					HE01	200	구매	(주)이솔전자
					LH01	200	구매	(주)이솔전자

꼭 알아두기

- 핵심ERP에서 청구품의와 관련된 프로세스는 업무처리 시 반드시 수행하여야 하는 프로세스는 아니다. 각 회사의 상황에 맞도록 시스템환경설정에서 사용여부를 설정하여 운영할 수 있다.
- 청구품의등록 시 청구수량과 품의수량, 승인수량은 모두 다를 수도 있다. 다를 경우에는 수정입력이 가능하다.

입력하기

❶ 품의기간을 입력하고 상단의 아이콘을 클릭한 후 우측 상단 [청구적용] 아이콘을 클릭하여
청구기간 입력 후 [일괄적용] 아이콘을 클릭하여 '과세구분, 품의자, 입고예정일'을 입력한 후
확인하여 청구내역을 적용 받는다.

❷ 구매처별 품의일자와 품의수량, 승인수량을 확인한 후 저장한다.

2.5 청구품의승인등록

청구품의등록된 자료를 조회하여 구매발주를 위해 승인을 처리하는 메뉴이다.

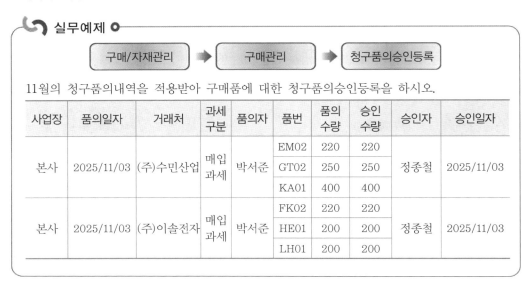

실무예제

구매/자재관리 ➡ 구매관리 ➡ 청구품의승인등록

11월의 청구품의내역을 적용받아 구매품에 대한 청구품의승인등록을 하시오.

사업장	품의일자	거래처	과세구분	품의자	품번	품의수량	승인수량	승인자	승인일자
본사	2025/11/03	(주)수민산업	매입과세	박서준	EM02	220	220	정종철	2025/11/03
					GT02	250	250		
					KA01	400	400		
본사	2025/11/03	(주)이솔전자	매입과세	박서준	FK02	220	220	정종철	2025/11/03
					HE01	200	200		
					LH01	200	200		

입력하기

❶ 품의기간을 입력하고 상단의 🔍조회 아이콘을 클릭한 후 해당 데이터를 조회한다. 품의수량과 승인수량을 확인하고 해당 품의 건을 선택 후 우측 상단 승인처리 아이콘을 클릭하여 승인처리 한다.

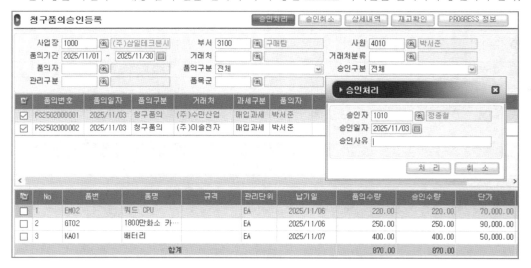

2.6 청구품의마감등록

청구품의승인등록 된 내역 중 승인잔량이 남아 있거나 청구취소 등의 사유로 더 이상 진행되지 않는 내역을 선택하여 마감처리 하는 메뉴이다.

🌱 실무예제 ●

구매/자재관리 ➡ 구매관리 ➡ 청구품의마감등록

다음의 청구품의 승인잔량에 대하여 청구품의마감등록을 하시오.

품의일자	거래처	품번	승인잔량	마감일자	마감사유
2025/11/03	(주)이솔전자	HE01	200	2025/11/03	재고수량 확보로 인한 청구 취소

🪶 입력하기

❶ 품의기간을 입력하고 상단의 [조회] 아이콘을 클릭한 후 품의승인 정보를 조회한다. '품의번호' 앞 체크박스를 선택한 후 우측 상단 [일괄마감처리] 아이콘을 클릭하여 마감일자와 마감사유를 입력한 후 마감처리 한다.

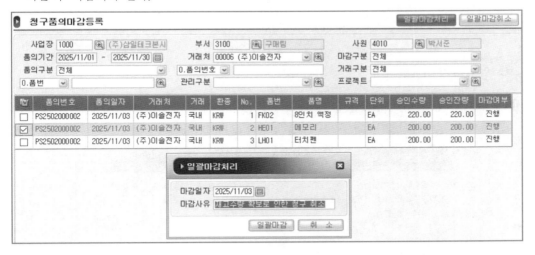

꼭 알아두기

청구품의 승인잔량에 대해 마감처리를 하면 발주등록 프로세스에서 조회되지 않는다. 추후 필요 시 마감취소도 가능하다.

2.7 발주등록

발주등록은 상품, 원재료, 부재료, 저장품 등을 다양한 공급처에서 구매하기 위하여 핵심ERP에 등록하는 메뉴이다.

발주등록은 청구등록 내역을 적용받아 등록하거나 직접 발주등록을 할 수도 있다. 청구등록 내역을 적용받아 발주등록을 하면 청구내역에 대한 잔량을 관리할 수 있다.

실무예제

구매/자재관리 ➡ 구매관리 ➡ 발주등록

구매품에 대한 품의승인 정보를 이용하여 '품의승인일괄적용'을 통한 발주등록을 하시오.

사업장	발주일자/ 품의승인일자	거래처	과세구분	품번	발주수량	단가	검사
본사	2025/11/03	(주)수민산업	매입과세	EM02	220	70,000	검사
				GT02	250	90,000	검사
				KA01	400	50,000	검사
본사	2025/11/03	(주)이솔전자	매입과세	FK02	220	80,000	무검사
				LH01	200	15,000	무검사

※ 납기일과 입고예정일은 동일하며, (주)수민산업 구매품은 '검사'로 지정

입력하기

❶ 발주기간을 입력하고 상단의 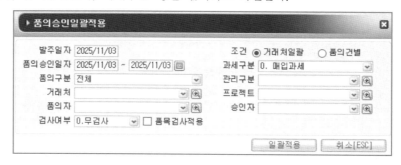 조회 아이콘을 클릭한 후 우측 상단 품의승인일괄적용 아이콘을 클릭하여 '발주일자, 품의승인일자, 과세구분' 등을 입력하고 확인한다.

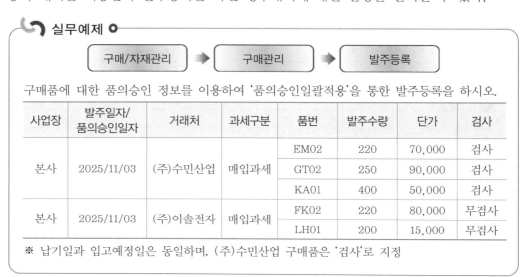

❷ 발주수량을 확인하고 검사품에 해당하는 품목은 검사유무를 '검사'로 지정한 후 저장한다.

주요항목 설명

❶ [청구적용 조회] : 청구등록 메뉴에서 등록한 내역을 선택하여 발주등록을 할 수 있다.

❷ [품의승인적용 조회] : 청구품의승인등록 메뉴에서 등록한 내역을 선택하여 발주등록을 할 수 있다.

❸ [주문적용 조회] : 수주등록 메뉴에서 등록한 내역을 선택하여 발주등록을 할 수 있다.

알아두기

- 일괄적용 기능을 이용하여 주문내역을 일괄적으로 발주등록하려면 각 품목에 주 거래처가 등록되어 있어야 된다.
- 발주등록 없이 입고처리 할 수는 있으나, 발주에 대한 미납관리를 하고자 한다면 발주등록을 반드시 하여야 한다.

(2.8) 입고의뢰등록

입고의뢰등록은 옵션설정 메뉴로서 구매처에 발주한 품목을 납품받아 창고에 입고시키기 위하여 물류담당자에게 입고요청을 등록하는 메뉴이다. 발주등록에서 등록한 발주내역을 적용받아 입고의뢰를 할 수 있다. 시스템환경설정 메뉴에서 '입고의뢰운영여부'가 '사용'으로 설정되어 있어야 된다.

실무예제

구매/자재관리 ➡ 구매관리 ➡ 입고의뢰등록

발주내역을 적용받아 물류담당자에게 입고요청을 하려고 한다. 입고의뢰등록을 하시오.

사업장	의뢰일자	거래처	의뢰창고	의뢰담당자	품번	의뢰수량	검사
본사	2025/11/06	(주)수민산업	부품창고 (본사)	자재담당	EM02	220	검사
					GT02	250	검사
					KA01	400	검사
본사	2025/11/06	(주)이솔전자	부품창고 (본사)	자재담당	FK02	220	무검사
					LH01	200	무검사

입력하기

❶ 발주기간을 입력하고 상단의 [조회] 아이콘을 클릭한 후 우측 상단 [발주적용조회] 아이콘을 클릭하여 발주기간과 거래처를 입력하여 검색한다. '발주번호' 앞 체크박스를 선택하여 적용한다.

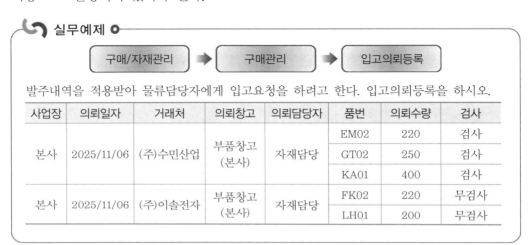

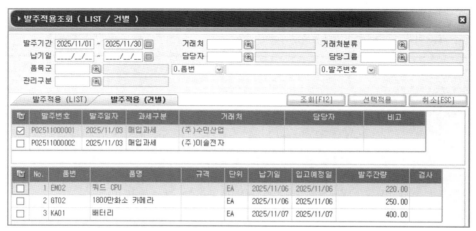

❷ 의뢰일자와 의뢰창고, 의뢰담당자 등의 정보를 입력한 후 저장한다.

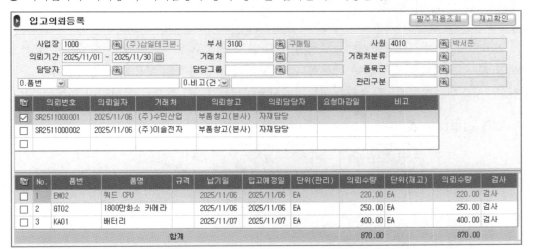

꼭! 알아두기

• 핵심ERP에서 입고의뢰등록 프로세스는 업무처리 시 반드시 수행하여야 하는 프로세스는 아니다. 각 회사의 상황에 맞도록 시스템환경설정에서 사용여부를 설정하여 운영할 수 있다.
• 입고의뢰등록 시 발주수량과 의뢰수량은 다를 수도 있다. 다를 경우에는 수정입력이 가능하다.

핵심ERP실무

2.9 입고검사등록

입고검사등록은 옵션설정 메뉴로서 발주한 품목을 창고에 입고하기 전에 입고검사를 실시한 후 검사결과를 등록하는 메뉴이다. 입고의뢰등록 내역을 적용받아 검사결과를 등록한다. 시스템환경설정 메뉴에서 '입고전검사운영여부'가 '사용'으로 설정되어 있어야 된다.

실무예제

구매/자재관리 ➡ 구매관리 ➡ 입고검사등록

입고의뢰한 내역을 적용받아 다음과 같이 입고검사결과를 등록하시오.

사업장	검사일자	거래처	입고창고	품번	검사유형	검사구분	시료수	합격여부	합격수량	불합격수량
본사	2025/11/06	(주)수민산업	부품창고(본사)	EM02	입고검사	전수검사		합격	220	–
				GT02	입고검사	전수검사		합격	248	2
				KA01	입고검사	샘플검사	40	합격	400	–

※ GT02(1800만화소 카메라)의 불량내역은 화면불량 1EA, 도색불량 1EA임.

입력하기

❶ 검사기간을 입력하고 상단의 조회 아이콘을 클릭한 후 우측 상단 입고의뢰 적용 아이콘을 클릭하여 [입고의뢰적용(건별)] TAB에서 '의뢰번호' 앞 체크박스를 선택하여 적용한다.

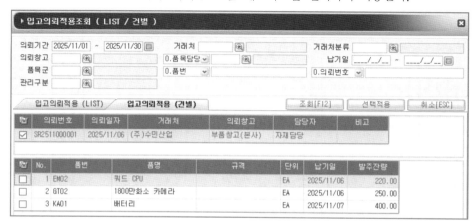

❷ 검사일자와 입고창고, 검사유형, 검사구분, 합격/불합격 수량 등의 정보를 입력한 후 저장한다. 불합격 수량의 입력은 우측 하단 불량내역에서 불량유형에 따른 불량수량을 입력한 후 '불량수량적용'을 클릭하여 입력할 수도 있다.

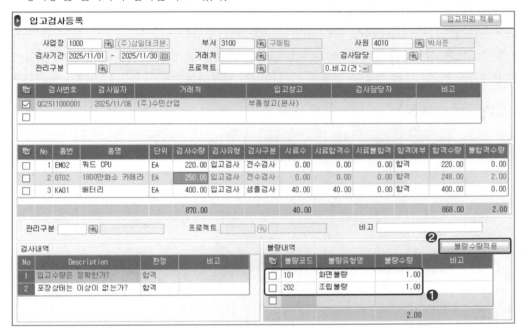

🦅 주요항목 설명

❶ 검사유형: 시스템관리 모듈 검사유형등록 메뉴에서 '입고검사'에 해당하는 검사유형이 조회되며, 검사유형에 등록된 '검사유형질문'이 좌측 하단 검사내역에 조회된다.

❷ 검사구분: 검사구분에는 '전수검사'와 '샘플검사'가 있다. 검사구분을 '샘플검사'로 선택했을 때에는 '시료수'에 샘플 수량을 입력하고, '전수검사'를 선택하면 '시료수'는 전량이 자동으로 반영된다.

꼭 알아두기

핵심ERP에서 입고검사등록 프로세스는 업무처리 시 반드시 수행하여야 하는 프로세스는 아니다. 각 회사의 상황에 맞도록 시스템환경설정 메뉴에서 사용여부를 설정하여 운영할 수 있다.

'입고전검사운영여부'가 '사용'으로 설정되어 있더라도 입고의뢰등록 시 각 품목별로 검사유무를 '검사'로 선택한 경우에만 입고검사를 수행한다.

2.10 입고처리(국내발주)

입고처리(국내발주)는 발주한 품목이 입고처리 되어 물품을 창고에 입고시키는 메뉴이다. 입고처리가 완료되면 재고가 증감되어 재고수불에 영향을 미친다.

발주내역을 적용받아 입고처리 하는 경우에는 [발주입고] TAB을 이용하며, 발주 없이 샘플입고, 긴급입고 등을 처리할 경우와 반품처리의 경우에는 [예외입고] TAB에서 처리한다.

실무예제

구매/자재관리 ➡ 구매관리 ➡ 입고처리(국내발주)

다음의 자료를 참고하여 입고의뢰정보와 입고검사결과 정보를 적용받아 입고처리등록을 하시오.

사업장	입고일자	거래처	마감	과세구분	입고창고	장소	품번	입고수량	단가
본사	2025/11/06	(주)수민산업	일괄	매입과세	부품창고(본사)	양품장소(부품)	EM02	220	70,000
							GT02	248	90,000
							KA01	400	50,000
본사	2025/11/06	(주)이솔전자	건별	매입과세	부품창고(본사)	양품장소(부품)	FK02	220	80,000
							LH01	200	15,000

입력하기

❶ 입고기간과 입고창고를 선택하고 상단의 [조회] 아이콘을 클릭한 후 우측 상단 [검사적용] 아이콘을 클릭하여 [검사적용(건별)] TAB에서 입고검사등록내역을 조회한 후 입고검사정보를 적용받는다. '검사' 품목일 경우에만 [검사적용] 아이콘을 클릭하여 조회할 수 있다.

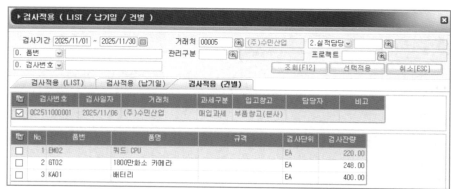

❷ 입고일자와 마감구분, 장소 등을 입력한 후 저장한다.

❸ 우측 상단 의뢰적용 아이콘을 클릭하여 [의뢰적용(건별)] TAB에서 입고의뢰내역을 조회한 후 입고의뢰정보를 적용받는다. '무검사' 품목일 경우에만 의뢰적용 아이콘을 클릭하여 조회할 수 있다.

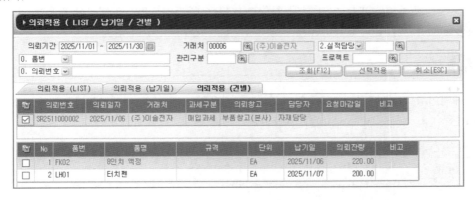

❹ 입고일자와 마감구분, 장소 등을 입력한 후 저장한다.

| 입고처리(국내발주) | | | | | | 의뢰적용 | 검사적용 | 인쇄설정 |

사업장	1000	(주)삼일테크본사	부서	3100	구매팀	사원	4010	박서준
입고기간	2025/11/01 ~ 2025/11/30		입고창고	A200	부품창고(본사)	거래처		
2.실적담당			관리구분			프로젝트		
0.품번			0.입고번호					

예외입고 　 발주입고

	입고번호	입고일자	거래처	마감	과세구분	담당자	비고
☐	RV2511000001	2025/11/06	(주)수민산업	일괄	매입과세		
☑	RV2511000002	2025/11/06	(주)이슬전자	건별	매입과세		
☐							

	No	품번	품명	규격	발주수량	관리	단가	공급가	부가세	합계액
☐	1	FK02	8인치 액정		220.00 EA		80,000.00	17,600,000	1,760,000	19,360,000
☐	2	LH01	터치펜		200.00 EA		15,000.00	3,000,000	300,000	3,300,000
	2				420.00			20,600,000	2,060,000	22,660,000

| 장소 | A200 | 양품장소(부품) | LOT No. | | 재고단위수량 | 220.00 EA |
| 관리구분 | | | 프로젝트 | | 비고 | |

주요항목 설명

❶ 의뢰적용 : 입고의뢰등록 시 검사유무를 '무검사'로 설정한 품목의 입고처리를 위해 입고의뢰등록 데이터를 조회한다.

❷ 검사적용 : 발주등록 또는 입고의뢰등록 시 품목 검사유무를 '검사'로 설정한 경우에 입고검사 정보를 적용받아 입고처리를 한다.

꼭 알아두기

• [예외입고] TAB에서는 발주 없이 입고할 경우와 반품처리 시에 이용된다.

• 예외입고 시에는 발주에 대한 잔량관리가 이루어지지 않는다.

• 마감구분

구분	주요 사항
일괄	• 거래가 빈번하여 1개월 내의 마감기간을 정하여 마감하는 방식이며, 매입마감 메뉴에서 별도의 마감처리가 필요하다. • 자재마감/통제등록 메뉴에서 '일괄마감 후 입고변경 통제' 항목이 '통제'로 설정되어 있고, 매입마감이 되어 있다면 입고처리 데이터의 수정·삭제는 불가능하다. 그러나 '통제안함'으로 설정되어 있다면 입고처리 데이터의 수정은 가능하나 삭제는 할 수 없다.
건별	• 입고처리와 동시에 건별마다 자동으로 매입마감이 이루어진다. • 매입마감의 수정·삭제를 위해서는 입고처리 내역을 수정·삭제하여야 한다.

실무예제 ●

구매/자재관리 ➡ 구매관리 ➡ 입고처리(국내발주)

(주)수민산업에서 11월 6일 구매하였던 원재료 중 일부가 품질이상으로 판정되어 반품하였다. 입고정보를 적용받아 반품을 처리하시오.

입고(반품)일자	거래처	입고창고	장소	마감	과세구분	품번	수량	단가
2025/11/16	(주)수민산업	부품창고 (본사)	양품장소 (부품)	일괄	매입과세	KA01	−4	50,000

입력하기

❶ 입고기간과 입고창고를 선택하고 상단의 [조회] 아이콘을 클릭한 후 [예외입고] TAB에서 우측 상단 [입고적용] 아이콘을 클릭하여 반품대상 품목의 과거 입고정보를 조회한 후 선택적용 한다.

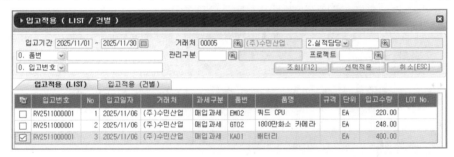

❷ 입고(반품)일자와 발주수량(반품수량)을 반드시 확인하고 수정입력 후 저장한다.

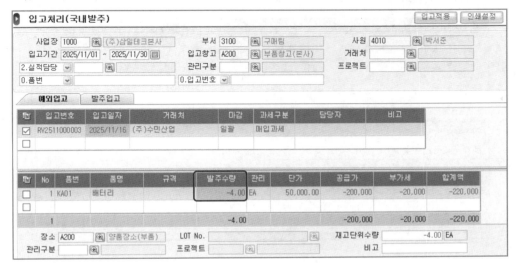

2.11 매입마감(국내거래)

매입마감은 입고에 대한 수량과 금액을 확정하는 메뉴로서 입고처리 정보를 적용받아 마감처리한다. 입고처리는 되었으나 매입마감이 이루어지지 않았다면 재고수불의 증감은 발생하지만 재고평가의 대상은 되지 않는다.

실무예제 ○

구매/자재관리 ➡ 구매관리 ➡ 매입마감(국내거래)

11월의 입고처리내역을 적용받아 매입마감을 하시오.

마감일자	거래처	마감구분	과세구분	세무구분	입고일자	품번	마감수량	단가
2025/11/30	(주)수민산업	일괄	매입과세	과세매입	2025/11/06	EM02	220	70,000
						GT02	248	90,000
						KA01	400	50,000
					2025/11/16	KA01	−4	50,000

입력하기

❶ 마감기간을 입력하고 상단의 [조회] 아이콘을 클릭한 후 우측 상단 [입고적용] 아이콘을 클릭하여 입고처리내역을 조회한 후 입고처리정보를 적용받는다.

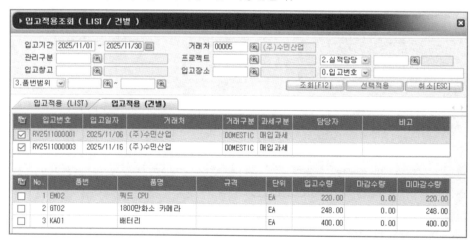

❷ 마감일자를 입력하고 마감수량을 수정한 후 저장한다.

매입마감(국내거래)   [입고적용] [입고일괄적용]

사업장	1000	(주)삼일테크본.	부서	3100	구매팀		사원	4010	박서준
마감기간	2025/11/01 ~ 2025/11/30		거래처			0.비고(건			
관리구분			프로젝트			0.품번			

	마감번호	마감일자	거래처	마감구분	과세구분	세무구분	전표	비고
☑	PC2511000001	2025/11/30	(주)수민산업	일괄	매입과세	과세매입	미처리	
☐	PC2511000002	2025/11/06	(주)이슬전자	건별	매입과세	과세매입	미처리	
☐				일괄			미처리	

	No.	품번	품명	규격	단위	마감수량	단가	공급가	부가세	합계액
☐	1	EM02	쿼드 CPU		EA	220.00	70,000.00	15,400,000	1,540,000	16,940,000
☐	2	GT02	1800만화소 카메라		EA	248.00	90,000.00	22,320,000	2,232,000	24,552,000
☐	3	KA01	배터리		EA	400.00	50,000.00	20,000,000	2,000,000	22,000,000
☐	4	KA01	배터리		EA	-4.00	50,000.00	-200,000	-20,000	-220,000
	4					864.00		57,520,000	5,752,000	63,272,000

꼭 알아두기

• 매입마감이 되지 않은 입고 데이터는 재고의 증가에는 영향을 미치지만 재고평가 시에는 제외된다.

• 입고처리 시 '마감구분'을 '일괄'로 처리한 자료에 대해서만 매입마감 작업이 가능하며, 여러 건의 입고처리 건을 1건으로 매입마감하거나 1건의 입고처리 건을 여러 건으로 매입마감을 할 수 있다.

핵심ERP실무

2.12 회계처리(매입마감)

매입마감 내역을 근거로 회계전표를 생성하는 메뉴이다. 본 메뉴에서 회계전표의 생성을 위해서는 먼저 회계전표연결계정과목등록 메뉴의 회계연결계정이 설정되어 있어야 한다.

실무예제

구매/자재관리 ➡ 구매관리 ➡ 회계처리(매입마감)

11월의 매입마감 내역을 참고하여 회계전표를 생성하시오.

마감일자	거래처	과세구분	세무구분	품번	마감수량
2025/11/06	(주)이솔전자	매입과세	과세매입	FK02	220
				LH01	200
2025/11/30	(주)수민산업	매입과세	과세매입	EM02	220
				GT02	248
				KA01	400
				KA01	−4

입력하기

❶ 검색기간을 입력하고 상단의 [조회] 아이콘을 클릭하여 [매입마감] TAB에서 매입마감내역을 조회한다. 마감번호 앞 체크박스를 선택하고 우측 상단 [전표처리] 아이콘을 클릭하면 전표처리 팝업화면이 뜬다. 부가세사업장 등을 선택하고 회계전표를 생성한다.

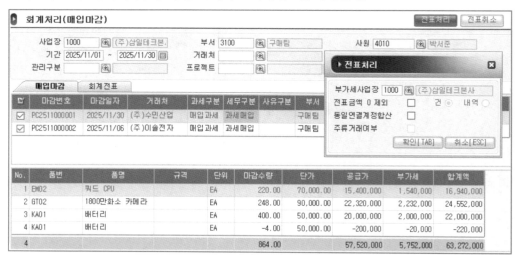

❷ [회계전표] TAB을 선택하여 상단의 아이콘을 클릭하면 매입마감 건별로 '미결' 상태인 회계전표가 발행되어 있는 것을 확인할 수 있다.

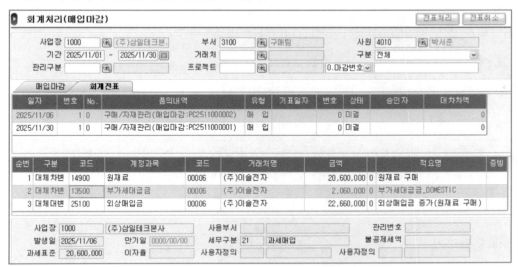

꼭! 알아두기

• 물류·생산모듈에서 생성된 회계전표는 모두 미결상태이며, 회계모듈 전표승인해제 메뉴에서 승인권자가 확인 후 전표를 승인하여야 한다.
• [매입마감] TAB에서 생성된 전표가 회계모듈에서 승인이 되면 [매입마감] TAB의 전표취소 아이콘을 이용하여 삭제할 수 없다. 삭제가 필요하다면 회계모듈 전표승인해제 메뉴에서 전표승인해제 후 미결전표 상태에서 삭제를 하여야 한다.

2.13 발주마감처리

발주 등록된 내역 중 발주 잔량이 남아 있는 상태에서 구매취소 등의 사유로 더 이상 진행되지 않는 내역을 선택하여 마감처리하는 메뉴이다.

실무예제

구매/자재관리 ➡ 구매관리 ➡ 발주마감처리

다음의 발주 잔량에 대하여 발주마감처리를 하시오.

발주일자	거래처명	품번	발주수량	발주잔량	마감일자	마감사유
2025/11/03	(주)수민산업	GT02	250	2	2025/11/30	발주 마감

입력하기

❶ 발주기간을 입력하고 상단의  아이콘을 클릭한 후 발주정보를 조회한다. '발주번호' 앞 체크 박스를 선택한 후 우측 상단 일괄마감처리 아이콘을 클릭하여 마감일자와 마감사유를 입력한 후 마감처리 한다.

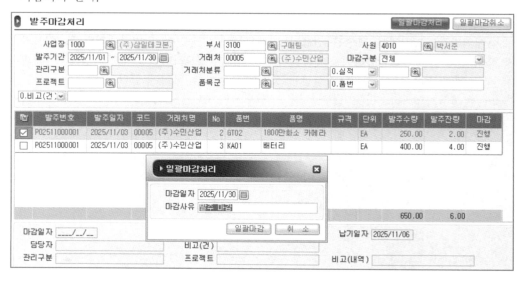

03 구매현황

[조회메뉴 설명]

메뉴명	주요 내용
소요량전개현황	전개구분(판매계획, 주문전개, 모의전개, 생산계획)별로 적용받아 소요량전개(MRP) 작업 후 산출된 소요량을 조회하는 메뉴
청구현황	소요량전개(MRP) 작업 후 구매품 또는 생산품 청구현황을 조회하는 메뉴
발주현황	발주등록 내역을 근거로 다양한 조회기준에 따라 발주현황을 조회하는 메뉴
발주대비입고현황	발주등록 정보를 적용받아 입고처리한 경우에 발주대비입고현황을 조회하는 메뉴
발주미납현황	발주는 하였으나 기타 사유로 인해 기준일자 현재 입고되지 않은 품목의 미납수량, 경과일수 등의 정보를 조회하는 메뉴
입고현황	입고처리 된 내역을 다양한 정렬조건에 따라 조회하는 메뉴
매입마감현황	입고 또는 반품처리 후 매입마감 내역을 조회하는 메뉴
매입미마감현황	입고 또는 반품처리는 되었으나, 매입마감이 되지 않은 내역을 조회하는 메뉴

04 구매분석

[조회메뉴 설명]

메뉴명	주요 내용
발주미납집계	발주는 하였으나 기타 사유로 인해 기준일자 현재 입고되지 않은 품목의 미납수량, 미납금액 등의 정보를 조회하는 메뉴
입고집계표(월별)	입고실적을 월별로 수량, 원화금액, 외화금액 형태로 조회하는 메뉴
매입집계표(월별)	매입실적을 월별로 수량, 원화금액, 외화금액 형태로 조회하는 메뉴
매입집계표(관리분류별)	매입실적을 관리분류별(거래처분류 등)로 수량, 원화금액, 외화금액 형태로 조회하는 메뉴
매입순위표(마감기준)	매입마감 내역을 근거로 다양한 기준에 따라 순위를 상세하게 조회하는 메뉴

05 재고관리

5.1 재고이동등록(창고)

재고이동등록(창고)은 동일 사업장 내의 다른 창고와 장소로 품목의 이동을 등록하는
메뉴이다.

★

> 프로세스 진행을 위하여 대구지사 자재팀 '임영인' 사원으로 로그인하여 진행한다.

실무예제

(주)삼일테크 대구지사는 다음과 같이 창고 간 재고이동을 실시하였다. 재고이동을 등록하
시오.

이동일자	출고창고	출고장소	입고창고	입고장소	품번	이동수량
2025/11/30	부품창고 (지사)	양품장소 (부품)	제품창고 (지사)	양품장소 (제품)	KA01	10

입력하기

❶ 이동기간을 입력하고 상단의 [조회] 아이콘을 클릭한 후 재고이동 정보를 입력한다.

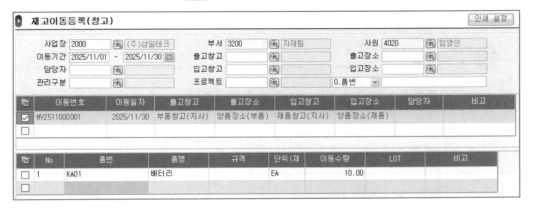

5.2 재고이동등록(사업장)

다른 사업장의 창고와 장소로 품목의 이동을 등록하는 메뉴이다.

실무예제

구매/자재관리 ➡ 재고관리 ➡ 재고이동등록(사업장)

(주)삼일테크는 다음과 같이 사업장 간 재고이동을 실시하였다. 재고이동을 등록하시오.

이동일자	출고 사업장	출고창고	출고장소	입고 사업장	입고창고	입고장소	품번	이동수량	이동단가
2025/11/30	본사	부품창고 (본사)	양품장소 (부품)	대구 지사	제품창고 (지사)	양품장소 (제품)	AE01	50	50,000

입력하기

❶ 이동기간을 입력하고 상단의 [조회] 아이콘을 클릭한 후 재고이동 정보를 입력한다.

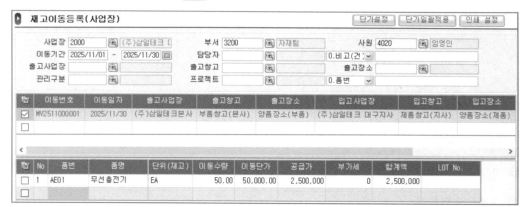

꼭 알아두기

- 자재마감/통제등록의 '마감일자'를 포함한 이전 일자로는 재고이동을 할 수 없으며, 데이터의 수정·삭제도 불가능하다.
- 사업장 간 재고이동 시에는 이동단가를 입력하여야 추후 사업장별 재고평가 결과에 해당 품목의 금액이 반영된다.

5.3 재고실사등록

재고실사등록을 통하여 실제창고에 있는 수량과 전산(장부)상 수량의 차이를 확인할 수 있다. 실물재고와 전산재고의 차이가 있을 경우에는 실물재고를 기준으로 조정되어야 한다.

실무예제

구매/자재관리 ➡ 재고관리 ➡ 재고실사등록

(주)삼일테크 대구지사는 다음과 같이 재고실사를 실시하였다. 재고실사 자료를 등록하시오.

사업장	부서	사원	실사/재고 기준일	창고	장소	실사 구분	품번	전산 재고	실사 재고
대구 지사	자재팀	임영인	2025/ 12/31	부품창고 (지사)	양품장소 (부품)	정기	DH01	30	30
							DH02	20	20
							EM01	150	150
							EM02	**230**	**228**
							FK02	180	180
							GT01	30	30
							GT02	250	250
							HE01	170	170
							KA01	340	340
							LH01	200	200
							합계	1,600	1,598

핵심ERP실무

입력하기

❶ 실사기간과 창고 등을 입력하고 상단의 조회 아이콘을 클릭한 후 헤더 부분의 정보를 입력한다.

❷ 디테일에 커서가 위치하면 우측 상단 일괄전개 아이콘을 클릭하여 전산재고를 불러온다.

❸ 실사재고를 수동으로 입력하면서 차이수량을 확인하고 저장한다.

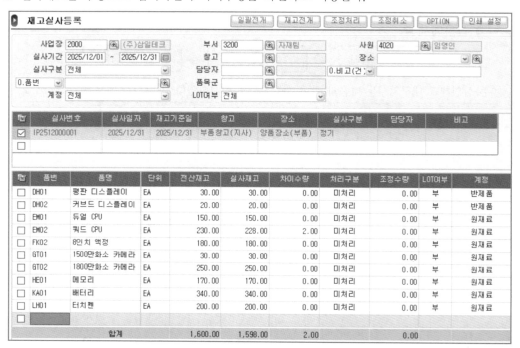

주요항목 설명

❶ 일괄전개 : 선택한 실사창고의 실사장소에 있는 품목을 화면 하단에 일괄적으로 나타낸다.

❷ 재고전개 : 일괄전개 기능을 사용하지 않고 각 품목별로 실사재고를 등록하여 차이수량을 계산한다.

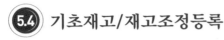

5.4 기초재고/재고조정등록

기초재고/재고조정등록 메뉴는 핵심ERP 물류 · 생산모듈을 운용하기 전에 대상품목 전체의 기초수량을 입력하거나 ERP시스템 운용 중에 전산(장부)재고와 실물재고를 일치시키기 위한 재고조정을 처리하는 메뉴이다.

실무예제

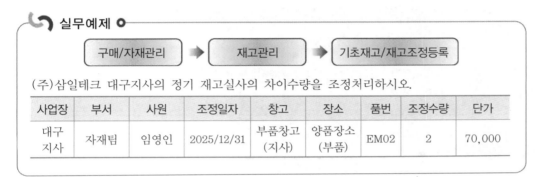

(주)삼일테크 대구지사의 정기 재고실사의 차이수량을 조정처리하시오.

사업장	부서	사원	조정일자	창고	장소	품번	조정수량	단가
대구지사	자재팀	임영인	2025/12/31	부품창고(지사)	양품장소(부품)	EM02	2	70,000

입력하기

❶ 조정기간과 창고 등을 입력하고 상단의 〔조회〕 아이콘을 클릭한 후 [출고조정] TAB을 선택해 우측 상단 〔재고실사적용〕 아이콘을 클릭하여 재고실사 결과 차이수량 내역을 조회하여 선택한다.

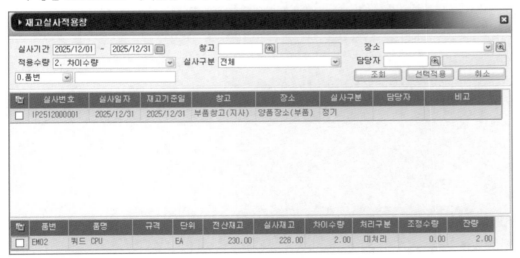

❷ 조정일자, 단가 등을 입력한 후 저장한다.

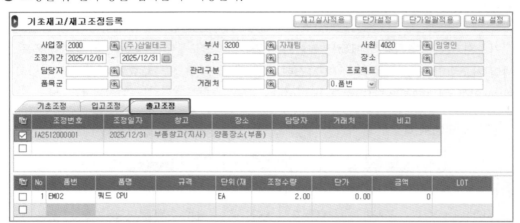

 알아두기

재고조정은 [입고조정] TAB 또는 [출고조정] TAB 모두에서 등록이 가능하다.
[출고조정] TAB에서 조정수량이 양수(+)이면 전산재고를 감소시키고, 음수(−)이면 전
산재고를 증가시킨다. [입고조정] TAB에서는 [출고조정] TAB과 반대로 조정된다.

5.5 SET품 수불조정등록

SET품목에 대해 SET모품의 입고수량 조정과 SET구성품의 출고수량 조정을 등록하는 메뉴이다.

★
프로세스 진행을 위하여 본사 구매팀 '박서준' 사원으로 로그인하여 진행한다.

실무예제 ○

(주)삼일테크 본사는 SET품목 구성을 다음과 같이 실시하였다. SET품 수불조정등록을 하시오.

사업장	부서	사원	입고창고/출고창고	입고장소/출고장소	조정일자	SET모품목	입고수량	단가	구성품번	출고수량
본사	구매팀	박서준	부품창고(본사)	양품장소(부품)	2025/12/31	SET1	10	80,000	AE01	10
									AE02	10

입력하기

❶ 조정기간과 창고 및 장소 등을 입력하고 상단의 [조회] 아이콘을 클릭한 후 조정일자, SET모품목의 입고조정수량과 단가 등을 입력한다.

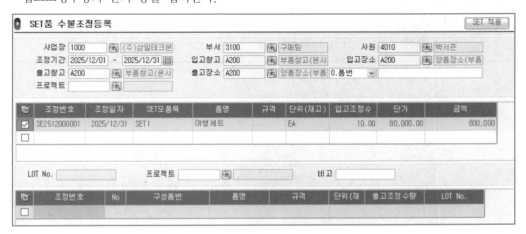

❷ 저장된 SET모품목 선택 후 우측 상단의 [SET 적용] 아이콘을 클릭하여 SET품목의 구성품을 조회한 후 확인한다.

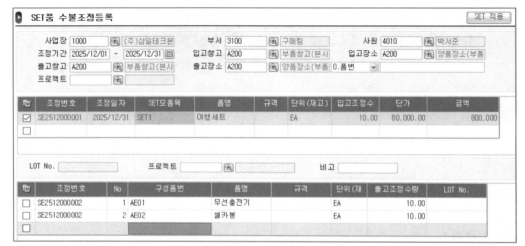

꼭! 알아두기

SET품 수불조정등록을 완료하면 SET모품은 해당 창고 및 장소에 입고되며, SET 구성품목은 해당 창고 및 장소에서 출고된다.

[조회메뉴 설명]

메뉴명	주요 내용
재고이동현황(창고)	동일 사업장 내에서 창고 간 재고이동현황을 조회하는 메뉴
재고이동현황(사업장)	사업장 간 재고이동현황을 조회하는 메뉴
SET품수불조정현황	SET품목에 대한 입고조정 수량과 금액을 확인할 수 있는 메뉴
재고실사현황	재고실사를 통해 등록된 재고현황을 조회하며, 전산재고와 실물재고의 차이수량을 확인하는 메뉴
기초재고/재고조정현황	기초조정등록 또는 입고·출고조정등록에서 처리한 내역을 조회하는 메뉴

 알아두기

- 재고이동현황(창고)
  동일 사업장 내에서 창고 간 재고이동은 재고평가 시 대체 입출고에 적용되지 않는다.
- 재고이동현황(사업장)
  사업장 간 재고이동은 재고평가 시 대체 입출고의 적용대상이 된다.

핵심ERP실무

06 재고수불현황

[조회메뉴 설명]

메뉴명	주요 내용
현재고현황 (전사/사업장)	연도별로 전사(회사전체) 또는 사업장별 재고현황을 조회하는 메뉴
재고수불현황(일자별)	특정기간 동안의 사업장별 입출고현황 및 재고를 일계와 누계로 조회하는 메뉴
재고수불현황(유형별)	일자별로 선택된 사업장의 입출고현황을 수불유형 및 입출고유형별로 조회하는 메뉴
재고수불상세현황 (일자별)	사업장, 창고 및 장소의 일자별 재고와 입출고 상세현황을 조회하는 메뉴
과다재고명세서	재고평가 후 평가배수에 따른 재고자산 과다 및 과소 수량을 계산하는 메뉴
부동재고명세서 (사업장)	기준일자를 기준으로 사업장별 부동재고자산을 조회하는 메뉴
부동재고명세서 (창고/장소)	기준일자를 기준으로 창고 및 장소별 부동재고자산을 조회하는 메뉴
사업장/창고/장소별재 고(금액)현황	사업장, 창고, 장소별 입출고에 따른 수량과 금액을 상세하게 조회하는 메뉴
현재고현황(LOT) (전사/사업장)	전사 또는 사업장별로 품목의 LOT별 입출고 및 재고수량을 조회하는 메뉴
현재고현황(LOT) (창고/장소)	창고 또는 장소별로 품목의 LOT별 입출고 및 재고수량을 조회하는 메뉴

꼭 알아두기

- 재고수불현황(일자별), 재고수불상세현황(일자별)

  수불기간의 시작일자는 누계기간의 일자보다 빠른 일자가 입력되어서는 안 된다.

- 과다재고명세서

  과다수량 = 마감수량 − (평균사용량 × 평가배수)

07 재고평가

7.1 생산품표준원가등록

재고평가를 수행하기 위해 생산품의 표준원가를 등록하는 메뉴이다. 상품 및 원재료 등과 같은 구매품의 경우에는 매입금액을 원가로 처리하지만 제품이나 반제품과 같은 생산품은 입고금액(생산원가)이 명확하지 않기 때문이다.

실무예제

구매/자재관리 ➡ 재고평가 ➡ 생산품표준원가등록

(주)삼일테크 본사에서 보유 중인 생산품의 표준원가이다. 생산품표준원가를 등록하시오.

사업장	해당년월	품번	표준원가(품목등록)	실제원가(품목등록)	표준원가
본사	2025/01	CR01	240,000	250,000	240,000
		CR02	360,000	350,000	360,000

입력하기

❶ 사업장과 해당년월을 선택한 후 상단의 [조회] 아이콘을 클릭하여 하단에서 직접 품목을 선택하여 입력할 수도 있고 [일괄전개] 아이콘을 클릭하여 품목전개와 표준원가를 동시에 입력할 수 있다.

꼭 알아두기

생산품표준원가등록에 등록된 표준원가는 생산품에 대한 생산원가로 사용되고 사업장별 재고이동 시 입고사업장의 매입원가로 사용된다.

7.2 재고평가작업

재고자산에 대해 설정된 재고평가방법을 적용하여 재고평가를 실시하여 매출원가와 재고금액 등을 산출하는 메뉴이다.

실무예제

구매/자재관리 ➡ 재고평가 ➡ 재고평가작업

(주)삼일테크 본사의 재고자산 구매품과 생산품에 대하여 각각 다음과 같이 재고평가 작업을 하시오.

사업장	기수	구분	시작년월	종료년월
본사	14기	구매품	2025/01	2025/11
		생산품	2025/01	2025/11

입력하기

❶ 사업장과 기수를 선택하고 [구매품] 및 [생산품] TAB을 선택한 후 상단의 [조회] 아이콘을 클릭하여 재고평가 대상기간을 입력하고 우측 상단의 [재고평가] 아이콘을 클릭하면 재고평가가 완료된다.

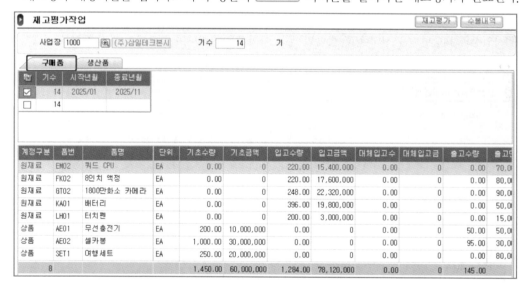

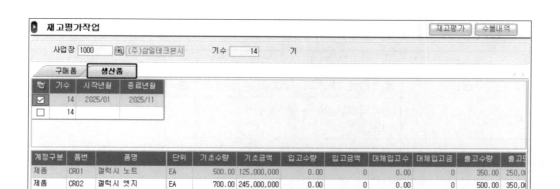

알아두기

- 재고평가 작업을 수행하면 영업마감/통제등록 및 자재마감/통제등록 메뉴의 마감일이 평가기간 종료년월로 자동 변경되어 재고의 입출고가 통제된다.
- 재고평가는 매입·매출마감이 이루어진 품목만을 대상으로 한다.
- 재고평가는 반드시 회계기간 초월이 포함되고 특정 월이 누락되어서는 안 된다. 예컨대 7월 재고평가를 하려고 한다면 1월에서 6월까지의 재고평가 작업이 이루어져 있어야 된다는 것이다.

[조회메뉴 설명]

메뉴명	주요 내용
재고평가보고서	재고평가 작업 후 세부 품목별 재고평가내역을 조회하는 메뉴
재고자산명세서	재고평가 작업 후 계정구분별 재고수량과 단가, 재고금액을 조회하는 메뉴
재고자산수불부	재고평가기간 내의 각 품목별 수불(입출고)내역을 상세하게 조회하는 메뉴
대체출고내역현황	조정대체/계정대체/사업장대체별로 재고평가에 나타난 대체출고 내역을 조회할 수 있다.

[대체출고내역현황]

- 조정대체: 기초재고/재고조정등록 메뉴 [출고조정] TAB에서 출고조정한 내역이 조회된다.
- 계정대체: 계정의 본래 목적을 사용하지 않은 경우의 내역이 조회된다. 판매용으로 구입한 상품을 생산공정에 투입하여 원재료로 사용한 경우이다.
- 사업장대체: 사업장 간 재고이동을 수행하였을 때 발생한다.
- SET조정대체: SET 품목에 대해 재고를 조정한 내역이 조회된다.

제5장

핵심ERP 생산프로세스 실무

01 업무프로세스의 이해

1.1 생산프로세스(자체생산)

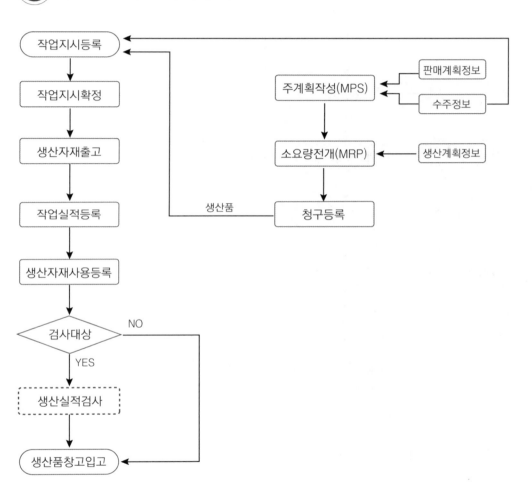

1.2 외주프로세스(외부생산)

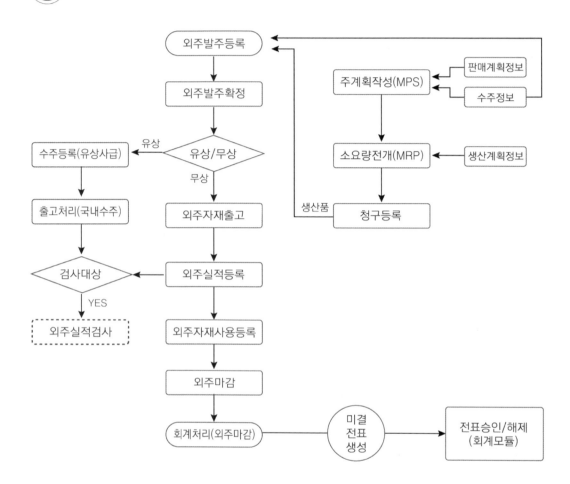

02 생산관리

★

핵심ERP 생산프로세스 진행을 위하여 대구지사의 생산팀 '황재석' 사원으로 로그인하여 진행하고자 한다.

2.1 생산계획등록

생산계획등록은 생산할 제품 및 반제품에 대한 생산계획을 등록하는 메뉴이다. 생산계획등록 메뉴에서 등록된 생산계획 정보는 판매계획이나 수주정보에 의해 작성되는 주생산계획(MPS)과 함께 소요량전개(MRP) 시 산출근거로 이용된다.

실무예제

생산관리공통 ➡ 생산관리 ➡ 생산계획등록

(주)삼일테크 대구지사는 제품 및 반제품에 대한 생산계획을 자체적으로 수립하였다. 품목별 생산계획을 등록하시오.

사업장	품번	품명	작업예정일	수량
대구지사	CR02	갤럭시 엣지	2025/11/02	100
	DH02	커브드 디스플레이	2025/11/02	90

입력하기

❶ 사업장 확인 후 상단의 아이콘을 클릭하여 해당 품목을 선택한 후 작업예정일과 수량을 입력하면 작업순서가 부여된다.

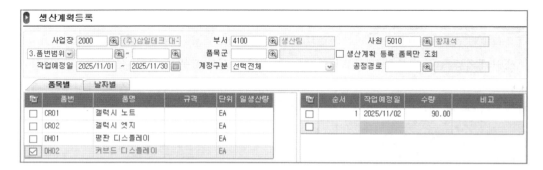

2.2 작업지시등록

작업지시등록은 생산할 품목과 수량, 생산완료일을 등록하는 메뉴이다. 생산품 청구정보, 수주정보, 생산계획정보를 적용받아 등록할 수 있으며, 직접 입력할 수도 있다.

실무예제

생산관리공통 ➡ 생산관리 ➡ 작업지시등록

11월의 생산계획 정보를 적용받아 다음을 참고하여 작업지시를 등록하시오.

사업장	공정	작업장	지시일	납기일	품번	수량	검사
대구지사	작업공정	반제품작업장	2025/11/02	2025/11/02	DH02	90	검사

🔖 입력하기

❶ 사업장, 공정과 작업장을 입력하고 상단의 ⬛조회 아이콘을 클릭한 후 우측 상단 「생산계획조회」 아이콘을 클릭한다.

❷ 팝업 창에서 계획기간을 입력하고, 생산계획 정보를 조회하여 해당 품목 선택 후 적용한다.

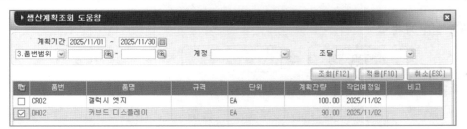

❸ 적용된 품목의 수량과 검사유무를 확인 후 저장한다. 생산계획 정보를 적용받은 지시수량은 변경이 가능하다.

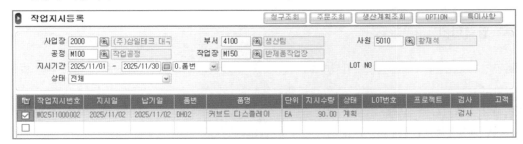

🔖 주요항목 설명

❶ 「청구조회」 : 구매/자재모듈 청구정보에 의한 작업지시등록 시에 적용한다.

❷ 「주문조회」 : 영업모듈 수주정보에 의한 작업지시등록 시에 적용한다.

❸ 「생산계획조회」 : 생산모듈 생산계획정보에 의한 작업지시등록 시에 적용한다.

🔖 꼭 알아두기

[작업지시 상태]

구분	설명
계획	작업지시등록 후 확정되지 않은 등록 상태
확정	작업지시등록 후 작업지시를 확정한 상태
마감	강제적으로 작업지시를 마감처리한 상태

작업지시등록은 수주나 청구정보, 생산계획정보를 적용받지 않고 직접 입력하는 것도 가능하다.

2.3 작업지시확정

계획상태의 작업지시를 확정하는 메뉴이다. 작업지시 확정과 동시에 BOM등록 정보를 근거로 모품목에 대한 자품목의 필요수량이 자동으로 산출된다.

실무예제

생산관리공통 ➡ 생산관리 ➡ 작업지시확정

등록된 작업지시를 확정하고, 작업지시서를 생산현장에 배포하시오.

사업장	지시일	납기일	품번	지시수량	상태	검사	사용일
대구지사	2025/11/02	2025/11/02	DH02	90	확정	검사	2025/11/02

입력하기

❶ 공정과 작업장, 지시기간을 입력하고 상단의 🔍조회 아이콘을 클릭한 후 작업지시 내역을 확인한다.

❷ 해당 작업지시를 선택하고 우측 상단 [확정] 아이콘을 클릭하여 청구일자 입력 팝업 창에서 자재 사용일자를 입력 후 확인하면, 자품목의 소요정보가 자동으로 전개된다.

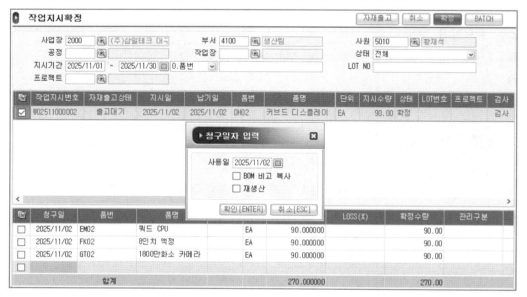

주요항목 설명

❶ ─자재출고─ : 작업지시 확정 후 자재출고 아이콘을 클릭하여 출고일자와 출고장소를 입력한 후 생
산자재 출고처리를 할 수 있다.

❷ ─BATCH─ : 교육용 핵심ERP에서는 활용되지 않는 기능이다.

> **꼭 알아두기**
>
> • 작업지시 확정 후 BOM 정보에 근거하여 자동으로 전개된 자품목의 LOSS율과 수량은
>   변경할 수도 있다.
> • 생산자재출고 또는 생산실적등록 데이터가 발생된 작업지시는 '확정' 상태를 '취소'할
>   수 없다.

2.4 생산자재출고

생산자재출고는 제품 및 반제품을 생산하기 위해 필요한 자재를 공정으로 출고처리하는
메뉴이다. 작업지시확정 메뉴에서 자재를 출고처리 하였다면, 이 메뉴에서는 조회만 가능
하다.

실무예제

작업지시가 확정된 건에 대해 다음을 참고하여 생산자재를 출고 처리하시오.

사업장	출고일자	출고창고	출고장소	공정	작업장
대구지사	2025/11/02	부품창고(지사)	양품장소(부품)	작업공정	반제품작업장

모품목	품번	요청수량	출고수량
커브드 디스플레이 (DH02)	EM02	90	90
	FK02	90	90
	GT02	90	90

입력하기

❶ 출고기간을 입력하고 상단의 📷 조회 아이콘을 클릭한 후 우측 상단 출고요청 아이콘을 클릭하여 자재출고요청 내역을 조회한다. 해당 요청품목을 선택하여 적용한다.

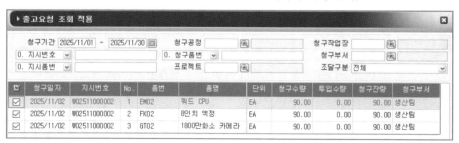

❷ 출고일자, 출고창고 및 출고장소를 입력하고 출고수량의 변경여부를 확인 후 저장한다.

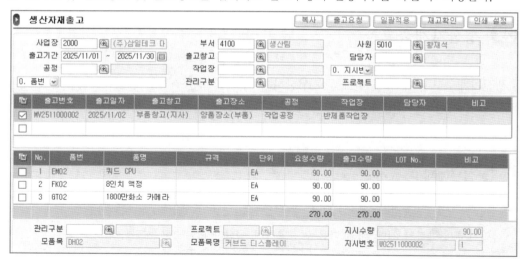

알아두기

- 작업지시 확정을 통해 산출된 자품목의 소요량을 기준으로 출고처리를 하며, 출고처리 시 품목 및 수량을 변경할 수도 있다.
- 자재출고처리가 완료되면 창고의 재고는 출고수량만큼 감소하고, 공정의 재공은 그 수량만큼 증가한다.

2.5 작업실적등록

작업실적등록은 작업지시로 인한 제품 및 반제품의 생산이 일부 또는 전부가 완료된 실적을 등록하는 메뉴이다. 작업실적이 등록되더라도 생산품에 대해 창고입고처리가 되지 않았기 때문에 작업공정에 머물러 있는 재공으로 인식된다.

실무예제

생산관리공통 ➡ 생산관리 ➡ 작업실적등록

대구지사에서 생산이 완료된 커브드 디스플레이(DH02)의 작업실적을 등록하시오.

지시공정	지시일	품번	실적일	공정	작업장
작업공정	2025/11/02	DH02	2025/11/02	작업공정	반제품작업장
구분	실적구분	실적수량	검사	입고창고	입고장소
입고	적합	70	검사	부품창고(지사)	양품장소(부품)

※ 재작업은 하지 않는다.

입력하기

❶ 지시기간과 지시공정을 선택한 후 상단의 조회 아이콘을 클릭하면 화면 상단에 작업지시 내역이 조회된다. 예제의 실적정보를 참고하여 입력 후 저장한다.

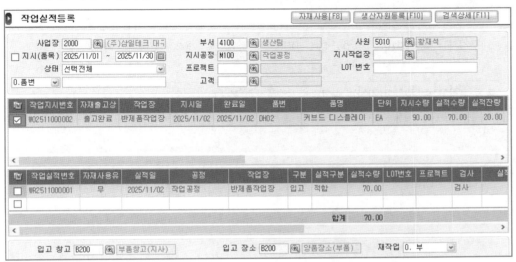

주요항목 설명

❶ 자재사용[F8] : 작업실적별로 사용자재를 보고하는 기능이다.

❷ 생산자원등록[F10] : 해당 작업실적에 대해 자원사용량을 등록하는 기능이다.

꼭 알아두기

- 작업실적이 등록되면 제품 및 반제품의 재공이 증가된다. 그 후 생산품 창고입고처리가 이루어지면 제품 및 반제품의 재고는 증가하고 재공은 감소하게 된다.
- 한 건의 작업지시에 대해 수차례 나누어 실적 잔량관리를 하면서 작업실적을 등록할 수 있다.

2.6 생산자재사용등록

생산자재사용등록은 작업실적별 제품 및 반제품의 생산에 투입된 자재의 사용량을 등록하는 메뉴이다.

실무예제

반제품 커브드 디스플레이(DH02)의 생산에 사용된 자재를 등록하시오.

사업장	실적일	실적공정	품번	실적수량	사용일자	품번	사용수량
대구지사	2025/11/02	작업공정	DH02	70	2025/11/02	EM02	70
						FK02	70
						GT02	70

※ 출고창고: 부품창고(지사), 출고장소: 양품장소(부품)

📑 입력하기

❶ 실적공정과 실적작업장, 실적기간을 입력하고 상단의 [조회] 아이콘을 클릭하면 작업실적 내역이 조회된다. 우측 상단 [일괄적용[F7]] 아이콘을 클릭하여 사용정보와 출고정보를 입력한 후 확인한다.

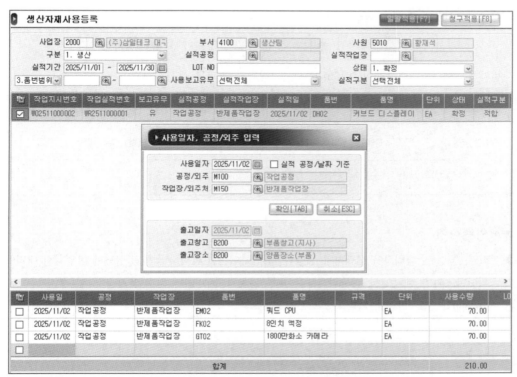

📑 주요항목 설명

❶ [일괄적용[F7]] : 자재의 사용정보와 출고정보를 입력 후 일괄적으로 적용한다.
❷ [청구적용[F8]] : 작업지시 확정을 통해 청구한 자재내역을 적용받는 기능이다.

> 🔖 **알아두기**
>
> 생산자재 출고된 자재는 재공으로 남아 있다가 생산자재사용등록을 하면 자재의 재공은 감소된다.

2.7 생산실적검사

생산실적검사는 옵션설정 메뉴로서 생산실적 품목에 대한 검사결과를 등록하는 메뉴이다. 시스템환경설정 메뉴에서 '실적검사운영여부'가 '운영함'으로 설정되어 있어야 된다.

실무예제

생산관리공통 ➡ 생산관리 ➡ 생산실적검사

반제품 커브드 디스플레이(DH02)의 생산실적검사 결과를 등록하시오.

공정	작업장	품번	검사일	검사구분	검사유형	합격여부	합격수량	불합격 수량
작업공정	반제품 작업장	DH02	2025/11/02	성능검사	전수검사	합격	69	1

※ 불합격 수량 1EA는 조립불량으로 판정되었다.

입력하기

❶ 실적일, 공정 및 작업장을 선택하고 상단의 [조회] 아이콘을 클릭하면 화면 상단에 작업실적 내역이 조회된다. 화면 하단에서 검사일자, 검사구분, 합격여부 등을 입력한 후 저장한다.

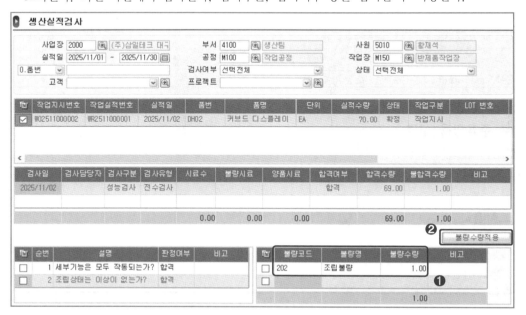

(28) 생산품창고입고처리

생산품창고입고처리는 재공을 운영하는 경우에 생산품을 창고에 입고처리하는 메뉴
이다.

실무예제

| 생산관리공통 | ➡ | 생산관리 | ➡ | 생산품창고입고처리 |

실적검사가 완료된 반제품 커브드 디스플레이(DH02)를 창고에 입고처리 하시오.

사업장	공정	작업장	실적일	품번
대구지사	작업공정	반제품작업장	2025/11/02	DH02

입고일자	입고창고	입고장소	입고수량
2025/11/02	부품창고(지사)	양품장소(부품)	69

입력하기

❶ 실적기간과 공정을 입력하고 상단의 [조회] 아이콘을 클릭하면 화면 상단에 작업지시 내역이 조회
된다. 화면 하단에서 입고정보를 입력 후 저장한다.

꼭 알아두기

생산품을 창고에 입고처리하면 재공은 감소하고, 재고는 증가한다.

29 작업지시마감처리

작업지시 잔량이 남아 있는 상태에서 작업을 더 이상 진행하지 않는 경우에 작업지시마 감처리를 하면 생산대상으로 관리되지 않는다. 필요하다면 마감처리하였다가 취소할 수도 있다.

실무예제

반제품 커브드 디스플레이(DH02)의 작업지시 수량보다 작업실적 수량이 부족하지만, 고객 의 요청에 의한 주문량 변동으로 인해 작업지시 건을 다음과 같이 마감하고자 한다.

사업장	지시일	완료일	품번	지시수량	실적수량	실적잔량
대구지사	2025/11/02	2025/11/02	DH02	90	70	20

입력하기

❶ 지시를 입력하고 상단의 ⟨조회⟩ 아이콘을 클릭하면 화면 상단에 작업지시 내역이 조회된다. 해당 작업지시 건을 선택하여 우측 상단 ⟨마감처리[F6]⟩ 아이콘을 클릭하여 마감처리 한다.

제품생산 실습

실무예제 ○

사업장	공정	작업장	청구일/지시일	납기일	품번	수량	검사
대구지사	작업공정	제품작업장	2025/11/02	2025/11/05	CR02	100	무검사

입력하기

❶ 공정과 작업장, 지시기간을 입력하고 상단의 [조회] 아이콘을 클릭한 후 우측 상단 [생산계획조회] 아이콘을 클릭한다.

❷ 팝업 창에서 계획기간을 입력하고, 생산계획 정보를 조회하여 해당 품목 선택 후 적용한다.

❸ 적용된 품목의 수량과 검사유무를 확인 후 저장한다. 청구정보를 적용받은 지시수량은 변경이 가능하다.

실무예제

생산관리공통 ➡ 생산관리 ➡ 작업지시확정

등록된 작업지시를 확정하고, 작업지시서를 생산현장에 배포하시오.

공정	작업장	지시일	품번	지시수량	상태	검사	사용일
작업공정	제품작업장	2025/11/02	CR02	100	확정	무검사	2025/11/02

입력하기

❶ 공정과 작업장, 지시기간을 입력하고 상단의 ![조회] 아이콘을 클릭한 후 작업지시 내역을 확인한다.

❷ 해당 작업지시를 선택하고 우측 상단 [확정] 아이콘을 클릭하여 청구일자 입력 팝업 창에서 자재청구일자를 입력 후 확인하면, 자품목의 소요정보가 자동으로 전개된다.

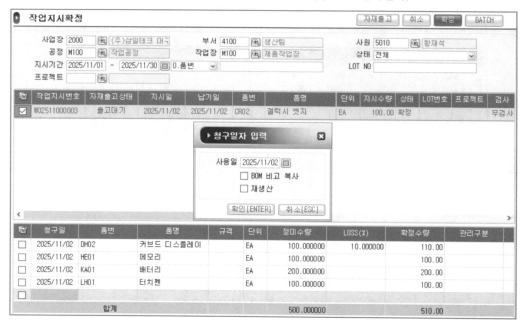

실무예제

생산관리공통 ➡ 생산관리 ➡ 작업지시확정

작업지시가 확정된 갤럭시 엣지(CR02)건에 대해 다음을 참고하여 작업지시확정 메뉴에서
생산자재를 출고처리 하시오.

출고일자	출고창고	출고장소	품번	확정수량
2025/11/02	부품창고(지사)	양품장소(부품)	DH02	110
			HE01	100
			KA01	200
			LH01	100

입력하기

❶ 작업지시확정 메뉴에서 공정, 작업장, 지시기간 등을 입력하고, 상단의 [조회] 아이콘을 클릭한
후 우측 상단 [자재출고] 아이콘을 클릭하여 출고일자 등을 입력한다.

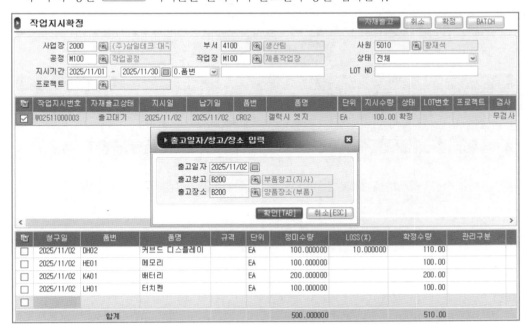

실무예제 ●

생산관리공통 ➡ 생산관리 ➡ 작업실적등록

생산이 완료된 갤럭시 엣지(CR02)의 작업실적 등록과 창고에 입고 처리하시오.

지시공정	지시일	품번	실적일	공정	작업장
작업공정	2025/11/02	CR02	2025/11/04	작업공정	제품작업장
구분	실적구분	실적수량	검사	입고창고	입고장소
입고	적합	<u>50</u>	무검사	제품창고(지사)	양품장소(제품)

※ 재작업은 하지 않는다.

입력하기

❶ 지시기간과 지시공정을 선택한 후 상단의 [조회] 아이콘을 클릭하면 화면 상단에 작업지시 내역이 조회된다. 예제의 실적정보를 참고하여 입력 후 저장한다.

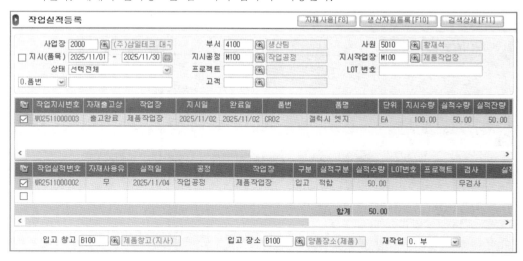

❷ 생산품창고입고처리 메뉴에서 정상적으로 처리되었는지 확인한다.

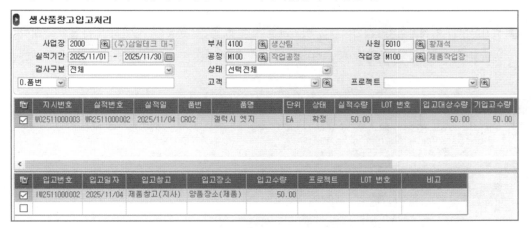

 알아두기

검사여부가 '무검사'인 품목은 작업실적이 등록되면서 지정한 창고 및 장소로 즉시 입고 처리된다. 즉 생산품창고입고처리 메뉴에서 별도로 입고처리를 하지 않는다.

 실무예제

| 생산관리공통 | ➡ | 생산관리 | ➡ | 작업실적등록 |

갤럭시 엣지(CR02)의 생산에 사용된 자재를 작업실적등록 메뉴에서 사용등록 하시오.

실적일	실적공정	품번	실적수량	사용일자	품번	사용수량
2025/11/04	작업공정	CR02	50	2025/11/04	DH02	55
					HE01	50
					KA01	100
					LH01	50

※ 공정/외주: 작업공정, 작업장/외주처: 제품작업장

입력하기

❶ 실적공정과 실적작업장, 실적기간을 입력하고 상단의 [조회] 아이콘을 클릭하면 작업실적 내역이 조회된다. 우측 상단 [자재사용[F8]] 아이콘을 클릭하여 사용일자와 출고정보를 입력한 후 확인한다.

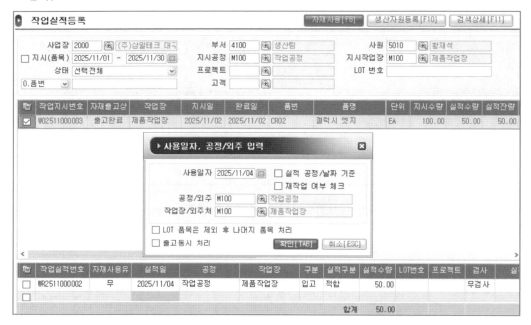

❷ 생산자재사용등록 메뉴에서 정상적으로 처리되었는지 확인한다.

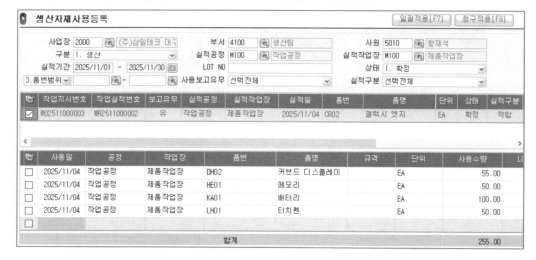

03 외주관리

3.1 외주발주등록

외주발주등록은 반제품 생산을 외부에 요청하는 경우 발주를 등록하는 메뉴이다. 외주란 외부 업체에 자재를 유상 또는 무상으로 공급하여 반제품의 생산을 의뢰하는 것이다. 청구내역과 수주내역, 생산계획 정보를 적용받아 발주를 등록할 수 있으며, 직접 입력할 수도 있다.

실무예제

생산관리공통 ➡ 외주관리 ➡ 외주발주등록

반제품 평판 디스플레이(DH01)의 외주발주를 등록하시오.

공정	외주처	발주일	납기일	품번	지시수량	단가	검사
외주공정	수민산업 반제품작업장	2025/11/15	2025/11/20	DH01	30	36,000	무검사

입력하기

❶ 공정 및 외주처, 지시기간을 입력하고 상단의 조회 아이콘을 클릭한 후 발주일, 검사여부 등을 입력한 후 저장한다.

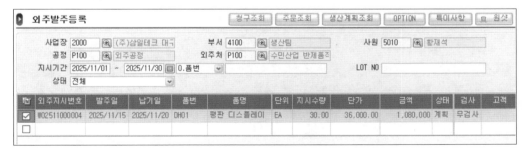

3.2 외주발주확정

계획상태의 외주발주를 확정하는 메뉴이다. 외주발주 확정과 동시에 BOM등록 정보를 근거로 모품목에 대한 자품목의 필요수량이 자동으로 산출된다.

실무예제

생산관리공통 ➡ 외주관리 ➡ 외주발주확정

외주발주 내역을 확정하고, 외주처에 발주서를 발송하시오.

공정	외주처	발주일	납기일	품번	지시수량	상태	검사	사용일
외주공정	수민산업 반제품작업장	2025/11/15	2025/11/20	DH01	30	확정	무검사	2025/11/15

※ 1500만화소 카메라(GT01)는 본 건에 한해서 유상 사급자재로 분류하며, 외주자재출고 대상 품목이 아니고 추후 수주등록(유상사급) 대상 품목임

입력하기

❶ 공정과 외주처, 지시기간을 입력하고 상단의 ![조회] 아이콘을 클릭한 후 외주발주 내역을 확인한다.

❷ 해당 발주내역을 선택하고 우측 상단 [확정] 아이콘을 클릭하여 청구일자 입력 팝업 창에서 자재청구일자를 입력 후 확인하면, 자품목의 소요정보가 자동으로 전개된다.

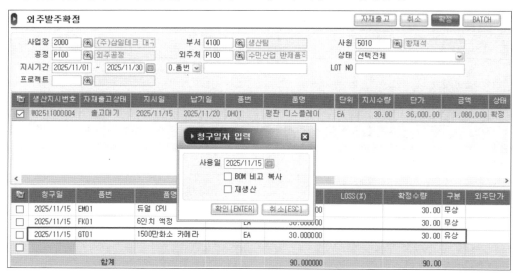

주요항목 설명

❶ 자재출고 : 외주발주 확정 후 자재출고 아이콘을 클릭하여 출고일자와 출고장소를 입력한 후 외주자재 출고처리를 할 수 있다.

❷ BATCH : 교육용 핵심ERP에서는 활용되지 않는 기능이다.

알아두기

외주발주 확정 후 BOM 정보에 근거하여 자동으로 전개된 자품목의 LOSS율과 수량은 변경할 수도 있다.

3.3 외주자재출고

외주자재출고는 외주처에서 반제품을 생산하기 위해 무상 사급자재를 외주공정으로 출고처리하는 메뉴이다. 외주발주확정 메뉴에서 자재를 출고처리 하였다면, 이 메뉴에서는 조회만 가능하다.

실무예제

반제품 평판 디스플레이(DH01)의 생산에 따른 외주자재를 출고처리 하시오.

출고일자	출고창고	출고장소	외주공정	외주처
2025/11/15	부품창고(지사)	양품장소(부품)	외주공정	수민산업 반제품작업장

모품목	품번	요청수량	출고수량
DH01	EM01	30	30
	FK01	30	30

입력하기

❶ 출고기간을 입력하고 상단의 조회 아이콘을 클릭한 후, 우측 상단 출고요청 아이콘을 클릭하여 자재출고요청 내역을 조회한다. 해당 요청품목을 선택하여 적용한다.

❷ 출고일자, 출고창고 및 출고장소를 입력하고 출고수량의 변경 여부를 확인 후 저장한다.

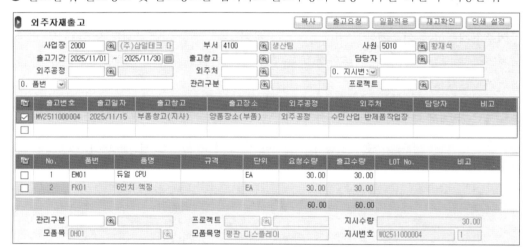

꼭 알아두기

• 외주발주 확정을 통해 산출된 자품목의 소요량을 기준으로 출고처리를 하며, 출고처리 시 품목 및 수량을 변경할 수도 있다.

• 자재출고처리가 완료되면 창고의 재고는 출고수량만큼 감소하고, 외주공정의 재공은 그 수량만큼 증가한다.

• 사급자재의 구분이 '무상'인 품목은 외주자재출고 메뉴에서 출고처리하며, '유상'인 품목은 영업모듈 수주등록(유상사급) 메뉴에서 자재청구 내역을 적용받아 영업프로세스를 따라야 한다.

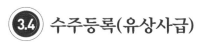

외주자재 청구내역 중 유상 사급자재를 적용받아 주문을 등록하는 메뉴이다.

🐍 실무예제 ●

(주)수민산업에 유상으로 공급할 외주자재를 적용받아 수주를 등록하시오.

주문일자	외주처	과세구분	단가구분	품번	납기일/ 출하예정일	주문수량	단가
2025/11/15	(주)수민산업	매출과세	부가세미포함	GT01	2025/11/15	30	80,000

🦅 입력하기

❶ 주문기간 입력 후 상단의 🔍 아이콘을 클릭한 후 우측 상단 요청적용 조회 아이콘을 클릭하여 외주자재 청구내역을 조회한 후, 자재청구 정보를 적용받는다.

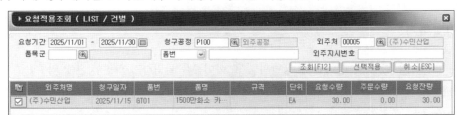

❷ 주문일자와 납기일 및 출하예정일을 추가로 입력하고, 수주내역이 변경되거나 다를 경우에는 수정입력 후 저장한다.

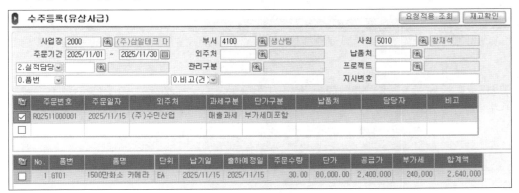

3.5 외주실적등록

외주처에서 생산한 반제품의 실적을 등록하는 메뉴이다. 별도의 창고입고처리 프로세스 없이 실적등록과 동시에 창고로 입고처리 된다.

실무예제

생산관리공통 ➡ 외주관리 ➡ 외주실적등록

외주처에서 생산된 반제품 평판 디스플레이(DH01)의 생산실적을 등록하시오.

외주공정	지시일	품번	실적일	공정	작업장
외주공정	2025/11/15	DH01	2025/11/20	외주공정	수민산업 반제품작업장

구분	실적구분	실적수량	검사	입고창고	입고장소
입고	적합	30	무검사	부품창고(지사)	양품장소(부품)

※ 재작업은 하지 않는다.

입력하기

❶ 지시기간과 외주공정을 선택한 후 상단의 조회 아이콘을 클릭하면 화면 상단에 외주발주 내역이 조회된다. 예제의 외주실적정보를 참고하여 입력 후 저장한다.

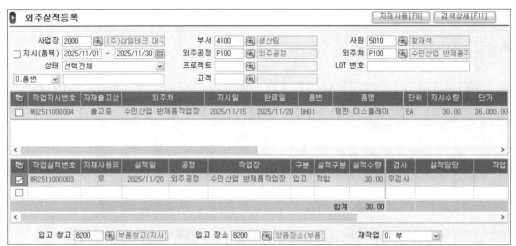

주요항목 설명

❶ 자재 사용[F8] : 외주실적별로 사용자재를 보고하는 기능이다.

> 알아두기
>
> • 외주실적등록 결과 재공은 감소하고, 재고는 증가한다.
> • 한 건의 외주발주에 대해 수차례 나누어 실적 잔량관리를 하면서 외주실적을 등록할 수 있다.

3.6 외주자재사용등록

외주자재사용등록은 외주실적별 반제품의 생산에 투입된 무상 사급자재의 사용량을 등록하는 메뉴이다.

실무예제

생산관리공통 ➡ 외주관리 ➡ 외주자재사용등록

반제품 평판 디스플레이(DH01)의 생산에 사용된 자재를 등록하시오.

실적일	외주공정	외주처	품번	실적수량	사용일	품번	사용수량
2025/11/20	외주공정	수민산업 반제품작업장	DH01	30	2025/11/20	EM01	30
						FK01	30

※ 출고창고: 부품창고(지사), 출고장소: 양품장소(부품)

🦅 입력하기

❶ 구분 항목을 '외주'로 설정하고 외주공정과 실적기간을 입력하고 상단의 아이콘을 클릭하면
외주실적 내역이 조회된다. 우측 상단 일괄적용[F7] 아이콘을 클릭하여 사용정보와 출고정보를
입력한 후 확인한다.

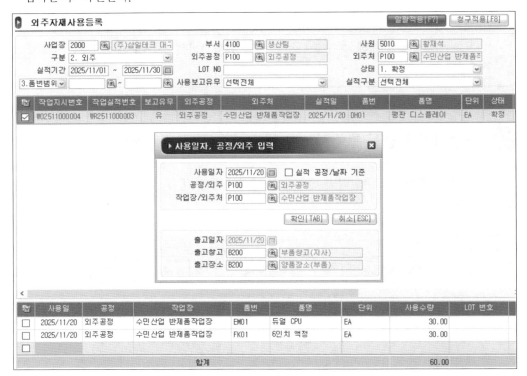

🦅 주요항목 설명

❶ 일괄적용[F7] : 자재의 사용정보와 출고정보를 입력 후 일괄적으로 적용한다.
❷ 청구적용[F8] : 외주발주 확정을 통해 청구한 자재내역을 적용받는 기능이다.

> 꼭 알아두기
>
> 외주처에 무상으로 출고된 자재는 재공으로 남아 있다가 외주자재 사용등록을 하면 자
> 재의 재공은 감소된다.

3.7 외주실적검사

　외주실적검사는 옵션설정 메뉴로서 외주실적 품목에 대한 검사결과를 등록하는 메뉴이다. 시스템환경설정 메뉴에서 '외주검사운영여부'가 '운영함'으로 설정되어 있어야 된다.
　외주프로세스 진행 예제에서 검사여부를 '무검사'로 등록하였기 때문에 본 외주실적검사 메뉴의 입력요령은 생략하기로 한다.

3.8 외주마감

　외주마감은 외주처에 지급하여야 할 외주가공비를 마감하는 메뉴이다.

실무예제 ○

생산관리공통 ➡ 외주관리 ➡ 외주마감

반제품 평판 디스플레이(DH01)의 11월 외주생산에 대한 마감처리를 하시오.

마감일자	외주공정	외주처	과세구분	세무구분	품번	수량	단가
2025/11/30	외주공정	수민산업 반제품작업장	매입과세	과세매입	DH01	30	36,000

입력하기

❶ 마감일, 외주공정을 입력하고 상단의 [조회] 아이콘을 클릭한 후 우측 상단 [실적적용[F9]] 아이콘을 클릭하여 마감대상 외주실적 정보를 조회하여 선택 적용한다.

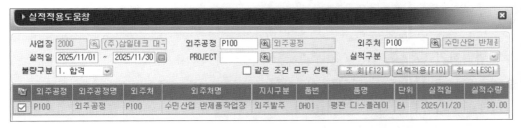

❷ 마감일자, 외주처, 과세구분 등을 입력 및 확인하고 저장한다.

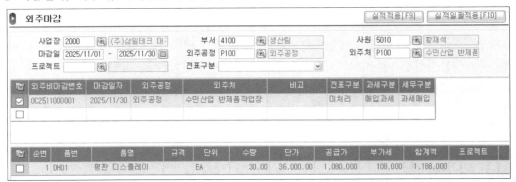

③.⑨ 회계처리(외주마감)

외주마감 내역을 근거로 회계전표를 생성하는 메뉴이다. 본 메뉴에서 회계전표의 생성을 위해서는 먼저 회계전표연결계정과목등록 메뉴의 회계연결계정이 설정되어 있어야 한다.

실무예제

생산관리공통 ➡ 외주관리 ➡ 회계처리(외주마감)

외주마감 데이터를 참고하여, 다음의 마감 건에 대하여 회계전표를 생성하시오.

마감일자	외주공정	외주처	과세구분	품번	수량	합계액
2025/11/30	외주공정	수민산업 반제품작업장	매입과세	DH01	30	1,188,000

입력하기

❶ 검색기간을 입력하고 상단의 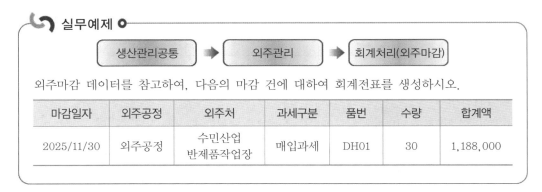 아이콘을 클릭하여 [외주마감] TAB에서 매출마감내역을 조회한다. 마감번호 앞 체크박스를 선택하고 우측 상단 [전표처리] 아이콘을 클릭하면 전표처리 팝업화면이 뜬다. 부가세사업장 등을 선택하고 회계전표를 생성한다.

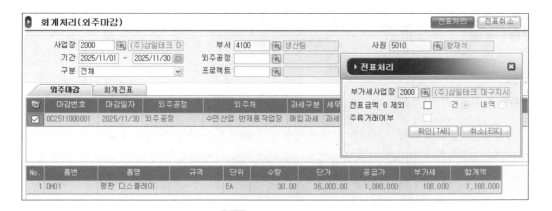

❷ [회계전표] TAB을 선택하여 상단의 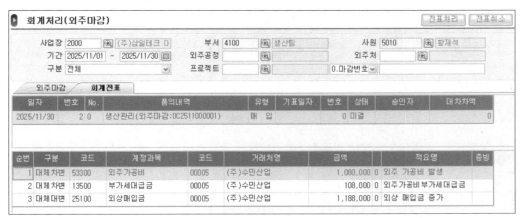 조회 아이콘을 클릭하면 '미결' 상태인 회계전표가 발행되어 있는 것을 확인할 수 있다.

꼭! 알아두기

- 물류·생산모듈에서 생성된 회계전표는 모두 미결상태이며, 회계모듈 전표승인해제 메뉴에서 승인권자가 확인 후 전표를 승인하여야 한다.

- [외주마감] TAB에서 생성된 전표가 회계모듈에서 승인이 되면 [외주마감] TAB의 전표취소 아이콘을 이용하여 삭제할 수 없다. 삭제가 필요하다면 회계모듈 전표승인해제 메뉴에서 전표승인해제 후 미결전표 상태에서 삭제하여야 한다.

04 재공관리

4.1 기초재공등록

재공품이란 완성품에 이르기까지 제조공정 중의 각 단계에서 가공대상이 되는 원재료 등의 재고자산을 말한다. 기초재공등록 메뉴는 ERP시스템을 도입하거나 차기년도로 재공을 이월할 때 사용되는 메뉴이다.

실무예제

생산관리공통 ➡ 재공관리 ➡ 기초재공등록

(주)삼일테크 대구지사의 기초재공은 다음과 같다. 기초재공을 등록하시오.

등록일자	공정/외주	장소/외주처	품번	기초수량	단가
2025/01/01	작업공정	반제품작업장	DH01	30	120,000
			DH02	20	180,000

입력하기

❶ 등록기간을 입력하고 상단의 🔲 조회 아이콘을 클릭한 후, 예제 항목을 참고하여 입력 후 저장한다.

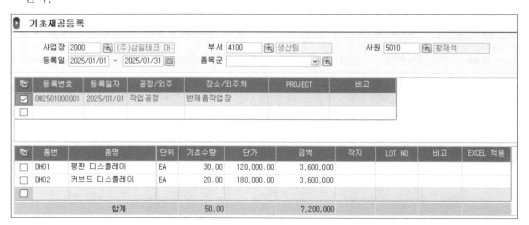

재공창고입고/이동/조정등록

재공창고 입고는 공정에 남아 있는 재공을 창고로 입고처리하는 기능이며, 재공이동은 공정에 남아 있는 재공을 다른 공정 또는 작업장으로 이동할 경우에 입력한다. 그리고 재공조정 등록은 공정에 남아 있는 재공을 실제 수량으로 조정하는 경우에 사용된다.

실무예제

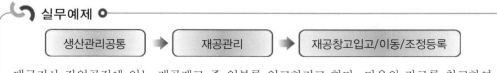

대구지사 작업공정에 있는 재공재고 중 일부를 입고하려고 한다. 다음의 자료를 참고하여 재공을 입고처리 하시오.

입고일자	출고공정	출고작업장	입고창고	입고장소	품번	입고수량
2025/11/07	작업공정	반제품작업장	부품창고(지사)	양품장소(부품)	DH01	15

입력하기

❶ 사업장 선택 후 상단의 [조회] 아이콘을 클릭하여 조회한 후, [재공입고] TAB에서 예제 항목을 참고하여 입력 후 저장한다.

실무예제

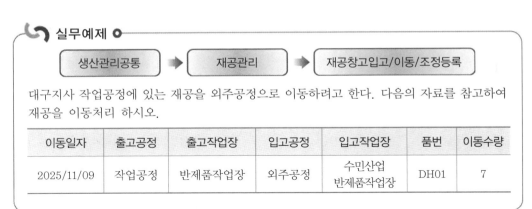

생산관리공통 ➡ 재공관리 ➡ 재공창고입고/이동/조정등록

대구지사 작업공정에 있는 재공을 외주공정으로 이동하려고 한다. 다음의 자료를 참고하여 재공을 이동처리 하시오.

이동일자	출고공정	출고작업장	입고공정	입고작업장	품번	이동수량
2025/11/09	작업공정	반제품작업장	외주공정	수민산업 반제품작업장	DH01	7

입력하기

❶ 사업장 선택 후 상단의 🔍조회 아이콘을 클릭하여 조회한 후, [재공이동] TAB에서 예제 항목을 참고하여 입력 후 저장한다.

실무예제

생산관리공통 ➡ 재공관리 ➡ 재공창고입고/이동/조정등록

대구지사의 실제 재공재고가 장부(ERP)상 재고보다 많은 것으로 파악되었다. 다음의 자료를 참고하여 재공을 조정하시오.

조정일자	조정공정	조정작업장	품번	조정수량
2025/11/30	작업공정	반제품작업장	DH02	2

입력하기

❶ 사업장 선택 후 상단의 [조회] 아이콘을 클릭하여 조회한 후, [재공조정] TAB에서 예제 항목을 참고하여 입력 후 저장한다.

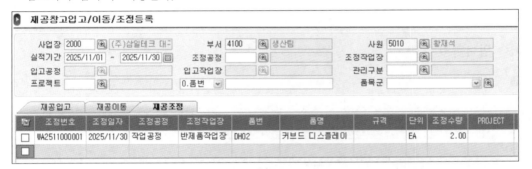

꼭! 알아두기

- 재공품(work in process)이란 제조 공정라인에 대기하고 있는 재고자산을 의미한다.
- 완성된 제품이라 하더라도 창고에 입고되기 전까지는 재공으로 분류되며, 제품을 생산하기 위해 필요한 자재를 생산공정으로 출고하면 해당 자재의 재고는 감소되고, 재공은 증가한다. 또한 완성된 제품을 창고에 입고처리하면 제품의 재공은 감소하고, 재고는 증가하게 되는 것이다.

4.3 부산물실적등록

실무예제 ○

생산관리공통 ➡ 재공관리 ➡ 부산물실적등록

대구지사 제품작업장에서 제품을 생산하는 과정에 추가적인 확인이 필요한 부산물이 발생되었다. 다음의 자료를 참고하여 부산물실적을 등록하시오.

공정	작업장	실적일	품명	상태	실적수량
작업공정	제품작업장	2025/11/04	갤럭시 엣지	확정	50

실적일	실적구분	품명	수량	검사	입고창고	입고장소
2025/11/05	적합	쿼드 CPU	1	검사	부품창고(지사)	양품장소(부품)

입력하기

❶ 사업장, 공정, 작업장 선택 후 상단의 [조회] 아이콘을 클릭하여 조회한 후, 해당 작업지시 건을 선택한 후 예제 항목을 참고하여 입력 후 저장한다.

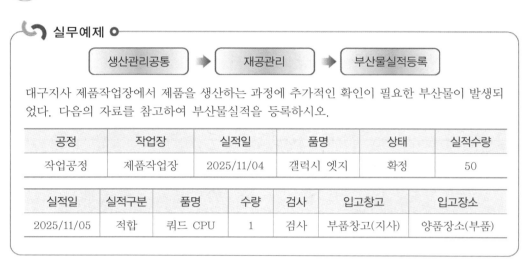

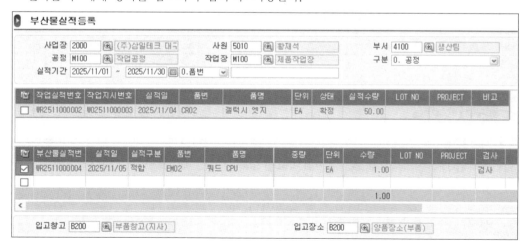

05 생산/외주/재공현황

[조회메뉴 설명]

메뉴명	주요 내용
작업지시/외주발주현황	작업지시 및 외주발주 건별로 지시정보와 실적정보 등의 진행상황을 조회하는 메뉴
수주대비지시현황	수주대비 작업지시 현황을 조회하는 메뉴이다. 수주 정보를 적용받지 않고 작업지시가 이루어졌다면 조회되지 않는다.
청구대비지시현황	생산품목에 대한 청구내역 대비 작업지시 및 외주발주 현황과 이에 따른 진행상황을 조회하는 메뉴
지시대비실적현황	작업지시와 외주발주 대비 실적수량, 잔량 등의 현황을 조회할 수 있는 메뉴
자재청구대비투입/ 사용현황	작업지시 및 외주발주별로 지시확정을 통해 청구된 자재수량과 자재출고, 사용내역을 확인할 수 있는 메뉴
실적현황	자체 생산에 따른 작업실적과 외주실적 현황 모두를 조회할 수 있는 메뉴
생산계획대비실적현황 (월별)	생산계획대비실적현황을 월별로 조회할 수 있는 메뉴
실적대비입고현황	작업실적 또는 외주실적대비 창고 및 장소 입고현황을 조회하는 메뉴
자재사용현황(작업별)	작업지시 또는 외주발주별로 생산품의 생산에 사용된 자재의 사용내역을 조회하는 메뉴
자재사용현황(제품별)	작업지시 또는 외주발주별 및 품목별로 생산에 사용된 자재의 사용내역을 조회하는 메뉴
부산물실적현황	부산물실적등록 메뉴에서 입력된 내역을 조회하는 메뉴
품목별품질현황(전수검사)	실적검사 내역 중 '전수검사'에 해당하는 품목의 합격수량 및 불량수량 등을 확인할 수 있는 메뉴
품목별품질현황(샘플검사)	실적검사 내역 중 '샘플검사'에 해당하는 품목의 합격수량 및 불량수량 등을 확인할 수 있는 메뉴
자재사용현황(모품목별)	모품목별로 자재사용 등록한 내역을 조회할 수 있는 메뉴

핵심ERP실무

메뉴명	주요 내용
생산일보	품목별로 특정기간(일별)동안 생산이 완료된 수량 및 금액현황을 '실적기준' 또는 '실적검사기준'으로 조회할 수 있는 메뉴이다. 조회 시 반영되는 단가는 품목등록의 표준원가가 자동으로 반영된다.
생산월보	품목별로 특정기간(월별)동안 생산이 완료된 수량현황을 월별로 '실적기준' 또는 '실적검사기준'으로 조회할 수 있는 메뉴
현재공현황(전사/사업장)	전사 및 사업장별 생산 중인 재공현황을 수량기준으로 조회하는 메뉴
현재공현황(공정/작업장)	공정 및 작업장별 생산 중인 재공현황을 수량기준으로 조회하는 메뉴

제 5 부

합격 문제풀이

제1장

유형별 연습문제

01 ERP 시스템의 이해

1.1 ERP 개념과 등장

01 ERP에 대한 아래 설명 중 가장 적절하지 않은 것은?

① ERP라는 용어는 가트너 그룹에서 최초로 사용하였다.
② ERP는 생산, 회계, 인사 등의 업무프로세스를 지원하는 각각의 개별시스템이다.
③ ERP를 통해 BPR이 이루어져 프로세스 개선이 효율적으로 수행될 수 있다.
④ ERP 소프트웨어는 경영혁신의 도구이다.

02 ERP에 대한 설명으로 틀린 것은?

① 인사, 영업, 구매, 생산, 회계 등 기업의 업무가 통합된 시스템이다.
② 기능 최적화에서 전체 최적화를 목표로 한 시스템이다.
③ 모든 사용자들은 쉽게 기업의 정보에 접근할 수 있다.
④ 신속한 의사결정을 지원하는 경영정보시스템이다.

03 다음 중 ERP에 대한 설명으로 옳지 않은 것은?

① 투명경영의 수단으로 쓰인다.
② '전사적 자원관리시스템'이라고 불린다.
③ 전산시스템은 회계, 인사, 자재관리 등의 각 시스템이 분야별로 개발 및 운영된다.
④ 모든 자원의 흐름을 기업 전체의 흐름에서 최적관리를 가능하게 하는 통합시스템이다.

04 다음 중 ERP에 대한 설명으로 바르지 않은 것은?

① 경영혁신 환경을 뒷받침하는 새로운 경영업무 시스템 중 하나이다.
② 기업의 전반적인 업무과정이 컴퓨터로 연결되어 실시간 관리를 가능하게 한다.
③ 기업 내 각 영역의 업무프로세스를 지원하고 단위별 업무처리의 강화를 추구하는 시스템이다.
④ 전통적 정보시스템과 비교하여 보다 완벽한 형태의 통합적인 정보인프라 구축을 가능하게 해주는 신경영혁신의 도구이다.

05 ERP에 대한 다음 설명 중 타당하지 않은 것은?

① ERP란 전사적 자원관리로 선진업무프로세스(Best Practice)와 최신 IT기술을 기반으로 한다.
② 기업 내 모든 업무를 실시간, 통합적으로 수행할 수 있다.
③ 전사적 자원의 최적 활용이 가능하여 업무생산성 증대, 고객서비스 개선, 투명성이 제고된다.
④ 효율적이고 효과적인 기업경영을 위하여 인사급여, 재무회계, 생산, 유통 등 주요 기능별로 최적화된 시스템이다.

06 ERP(Enterprise Resource Planning)와 관련된 다음의 설명 중 가장 거리가 먼 것은?

① 판매, 생산, 재고관리 등의 시스템들이 상호 연동하여 사용자가 요청하는 작업을 즉시 수행할 수 있도록 해주는 통합시스템이다.
② 업무의 표준화, 자료의 표준화에 의한 시스템 통합으로 전사차원에서 통합된 데이터베이스를 구축하여 정보의 일관성 유지는 가능하나 관리의 중복을 배제할 수는 없다.
③ 기업으로 하여금 글로벌 환경에 쉽게 대응할 수 있도록 한다.
④ 정보시스템을 통해 회사의 경영에 필요한 조기경보체제를 구축할 수 있다.

07 다음 중 BPR(업무 재설계)의 필요성이라고 볼 수 없는 것은?

① 기존업무 방식의 고수
② 경영 환경 변화에의 대응
③ 조직의 복잡성 증대와 효율성 저하에의 대처
④ 정보기술을 통한 새로운 기회의 모색

08 다음 설명 중 가장 적합하지 않은 것은?

① ERP에 내장되어 있는 Best Practice를 자사의 업무 프로세스에 맞추어 가는 것 자체가 기업이 추구하는 프로세스 혁신(PI: Process Innovation)이기 때문에 기업업무 전반에 걸친 Business Process Model을 제대로 검토하는 것이 매우 중요하다.
② ERP 시스템 도입 전 PI를 실행함으로써 ERP 시스템에 대한 적응기간을 단축하는 효과를 가져 올 수 있다.
③ BPR은 경쟁우위 확보를 위해 기업의 핵심 부문에 대한 비용, 품질, 서비스, 속도와 같은 요인을 획기적으로 향상시킬 수 있도록 업무 프로세스를 근간으로 경영시스템을 근본적으로 재설계하여 극적인 성과를 추구하는 것이다.
④ ERP 시스템을 도입하여 업무에 적용함으로써 BPR이 저절로 수행되는 효과를 기대할 수 있다.

09 다음 중 ERP와 기존의 정보시스템(MIS) 특성 간의 차이점에 대한 설명으로 가장 적절하지 않은 것은?

① 기존 정보시스템(MIS)의 업무범위는 단위업무이고, ERP는 통합업무를 담당한다.
② 기존 정보시스템(MIS)의 전산화 형태는 중앙집중식이고, ERP는 분산처리구조이다.
③ 기존 정보시스템(MIS)은 수평적으로 업무를 처리하고, ERP는 수직적으로 업무를 처리한다.
④ 기존 정보시스템(MIS)의 데이터베이스 형태는 파일시스템이고, ERP는 관계형 데이터베이스 시스템(RDBMS)이다.

10 다음 [보기]의 (   ) 안에 공통적으로 들어갈 용어는 무엇인가?

┤ 보기 ├

- (   )은 정보기술을 활용한 리엔지니어링을 의미하며, ERP 시스템은 이것을 추진하기 위한 핵심 도구로 활용될 수 있다.
- (   )은 기업의 업무처리 방식, 정보기술, 조직 등에서 불필요한 요소들을 제거하고 효과적으로 재설계함으로써 기업 가치를 극대화하기 위한 경영기법이다.
- (   )은 1992년에 하버드 비즈니스 스쿨의 토마스 데이브포트(Thomas H. Davenport) 교수가 출간한 책의 제목에서 사용된 용어이다.

① BPR
② 리스트럭처링(Restructuring)
③ 프로세스 혁신(PI, Process Innovation)
④ 전사적 품질경영(TQM, Total Quality Management)

1.2 ERP 발전과정과 특징

01 다음은 ERP의 발전과정을 나타낸 것이다. [보기]의 (   ) 안에 들어갈 단계를 가장 알맞게 나타낸 것은?

┤ 보기 ├

$$MRP \rightarrow (\quad) \rightarrow ERP \rightarrow (\quad)$$

① SCM, 확장형 ERP
② MRP II, 확장형 ERP
③ CRM, 확장형 ERP
④ MIS, 확장형 ERP

02 다음의 용어와 설명이 맞지 않는 것은?

① MRP Ⅰ-Material Requirement Planning(자재소요계획)
② MRP Ⅱ-Man Resource Planning(인적자원계획)
③ ERP-Enterprise Resource Planning(전사적 자원관리)
④ EERP-Extended ERP(확장형 ERP)

03 다음은 ERP의 발전과정을 도표로 정리한 것이다. 빈칸에 들어갈 말로 올바른 것은?

┤ 보기 ├

1970년대	1980년대	1990년대	2000년대
MRP1	(A)	ERP	(B)
(C)	제조자원관리	(D)	기업간 최적화
재고최소화	원가절감	경영혁신	WIN-WIN-WIN

	(A)	(B)	(C)	(D)
①	MRP Ⅱ	확장형 ERP	자재수급관리	전사적 자원관리
②	MRP Ⅱ	CRM	자재공급관리	고객관계관리
③	MIS	확장형 ERP	고객관계관리	공급사슬망관리
④	MIS	SCM	자재수급관리	제조자원관리

04 다음 [보기]의 (   )에 들어갈 적당한 용어는 무엇인가?

> ┤ 보기 ├──────────────────────────────
>
> (   )는 생산현장의 실제 데이터와 제조자원의 용량제한을 고려하고, 자동화된 공정데이터의
> 수집, 수주관리, 재무관리, 판매주문관리 등의 기능이 추가되어 실현 가능한 생산계획을 제시하면서
> 제조활동을 더 안정된 분위기에서 가장 효율적인 관리를 위해 탄생되었다.

① MRP Ⅰ   ② MRP Ⅱ   ③ ERP   ④ 확장형 ERP

05 다음 중 ERP의 기능적 특징에 해당하지 않는 것은?

① 다국적, 다통화, 다언어 지원
② 통합업무 시스템 – 중복업무의 배제 및 실시간 정보처리체계 구축
③ Best Practice Business Process를 공통화, 표준화
④ 불투명 경영의 수단으로 활용

06 다음 중 ERP의 기능적 특징으로 바르지 않은 것은?

① 중복적, 반복적으로 처리하던 업무를 줄일 수 있다.
② 실시간으로 데이터 입·출력이 이루어지므로 신속한 정보사용이 가능하다.
③ ERP를 통해 기업의 투명회계 구현이라는 성과를 가져올 수 있다.
④ 조직의 변경이나 프로세스의 변경에 대한 대응은 가능하나 기존 하드웨어와의 연계에 있어서는
보수적이다.

07 ERP의 특징 중 기술적 특징에 해당하지 않는 것은?

① 다국적, 다통화, 다언어 지원
② 관계형 데이터베이스(RDBMS) 채택
③ 4세대 언어(4GL) 활용
④ 객체지향기술(Object Oriented Technology) 사용

08 ERP 시스템이 갖는 특징을 기능적 특징과 기술적 특징으로 구분할 수 있는데, 그중에서 기술적 특징
에 해당되는 것은?

① 경영정보제공 및 경영조기경보체계를 구축
② 객체지향기술 사용
③ 표준을 지향하는 선진화된 최고의 실용성을 수용
④ 투명경영의 수단으로 활용

09 다음은 ERP의 특징을 설명한 것이다. 특징과 설명을 잘못 연결한 것은?

① 다국적, 다통화, 다언어: 각 나라의 법률과 대표적인 상거래 습관, 생산방식이 시스템에 입력되어 있어서 사용자는 이 가운데 선택하여 설정할 수 있다.

② 통합업무시스템: 세계 유수기업이 채용하고 있는 Best Practice Business Process를 공통화, 표준화시킨다.

③ Open Multi-Vendor: 특정 H/W 업체에 의존하는 Open 형태를 채택, C/S형의 시스템 구축이 가능하다.

④ Parameter 설정에 의한 단기간의 도입과 개발이 가능: Parameter 설정에 의해 각 기업과 부문의 특수성을 고려할 수 있다.

10 다음 [보기]의 (   )에 들어갈 가장 적절한 용어는 무엇인가?

┤ 보기 ├

- ERP 시스템은 범용패키지로 각 프로세스나 기능별로 다양한 선택 가능한 조건들인 (   )을 (를) 포함하고 있어서 회사의 실정에 맞도록 시스템을 설정할 수 있다.
- (   )설정을 통한 도입 방식은 기존의 S/W 자체개발 방식에 비해 상대적으로 시스템의 구축 기간이 짧고, 유지보수 비용이 적다는 장점이 있다.

① 파라미터(Parameter)

② 미들웨어(Middleware)

③ 그래픽 유저 인터페이스(GUI, Graphic User Interface)

④ 기업애플리케이션통합(EAI, Enterprise Application Integration)

1.3 ERP 도입과 구축

01 ERP 도입의 효과로 가장 바람직한 것은 무엇인가?

① 비즈니스 프로세스 혁신
② 자동화
③ 매출증대 및 인원절감
④ 불량품 감소

02 ERP 도입의 예상효과로 볼 수 없는 것은?

① 투명한 경영
② 고객서비스 개선
③ 결산작업의 증가
④ 재고물류비용 감소

03 다음 중 ERP 도입의 예상 효과로 적절하지 않은 것은?

① 업무효율성의 증가
② 정보체계의 표준화, 단순화, 코드화
③ 투명한 경영환경 구축
④ 리드타임(Lead Time) 증가

04 다음 중 ERP 도입 효과로 가장 적합하지 않은 것은?

① 불필요한 재고를 없애고 물류비용을 절감할 수 있다.
② 업무의 정확도가 증대되고 업무 프로세스가 단축된다.
③ 업무시간을 단축할 수 있고 필요인력과 필요자원을 절약할 수 있다.
④ 의사결정의 신속성으로 인한 정보 공유의 공간적, 시간적 한계가 있다.

05 다음은 ERP 도입 의의를 설명한 것이다. 가장 올바르지 않은 것은?

① 기업의 프로세스를 재검토하여 비즈니스 프로세스를 변혁시킨다.
② ERP 도입의 가장 큰 목표는 업무효율화를 통해 새로운 비즈니스 모델을 창출하며, 이를 통해 사업을 다각화 시키는 데 있다.
③ 기업의 입장에서 ERP 도입을 통해 업무 프로세스를 개선함으로써 업무의 비효율을 줄이는 것이다.
④ 고객의 입장에서 ERP 도입은 공급사슬의 단축, 리드타임의 감소, 재고절감 등을 이룩한다.

06 다음 중 'Best Practice' 도입을 목적으로 ERP 패키지를 도입하여 시스템을 구축하고자 할 경우 가장 바람직하지 않은 방법은?

① 기존 업무처리에 따라 ERP 패키지를 수정하는 방법
② BPR을 실시한 후에 이에 맞도록 ERP 시스템을 구축하는 방법
③ BPR과 ERP 시스템 구축을 병행하는 방법
④ ERP 패키지에 맞추어 BPR을 추진하는 방법

07 다음 중 ERP의 장점 및 효과에 대한 설명으로 가장 적절하지 않은 것은?

① ERP는 다양한 산업에 대한 최적의 업무관행인 Best Practices를 담고 있다.
② ERP 시스템 구축 후 업무재설계(BPR)를 수행하여 ERP 도입의 구축성과를 극대화할 수 있다.
③ ERP는 모든 기업의 업무 프로세스를 개별 부서원들이 분산처리 하면서도 동시에 중앙에서 개별 기능들을 통합적으로 관리할 수 있다.
④ 차세대 ERP는 인공지능 및 빅데이터 분석기술과의 융합으로 선제적 예측과 실시간 의사결정지원이 가능하다.

08 다음 중 ERP 시스템 구축의 장점으로 볼 수 없는 것은?

① ERP 시스템은 비즈니스 프로세스의 표준화를 지원한다.
② ERP 시스템의 유지보수비용은 ERP 시스템 구축 초기보다 증가할 것이다.
③ ERP 시스템은 이용자들이 업무처리를 하면서 발생할 수 있는 오류를 예방한다.
④ ERP 구현으로 재고비용 및 생산비용의 절감효과를 통한 효율성을 확보할 수 있다.

09 다음 중 ERP시스템에 대한 투자비용에 관한 개념으로 시스템의 전체 라이프사이클(life-cycle)을 통해 발생하는 전체 비용을 계량화하는 것을 무엇이라 하는가?

① 유지보수 비용(Maintenance Cost)
② 시스템 구축비용(Construction Cost)

③ 소프트웨어 라이선스비용(Software License Cost)

④ 총소유비용(Total Cost of Ownership)

10 다음 중 ERP가 성공하기 위한 요건으로 볼 수 없는 것은?

① 경영자의 관심과 기업 구성원 전원이 참여하는 분위기 조성

② 경험과 지식을 겸비한 최고의 인력으로 TFT(Task Force Team)를 구성

③ 업무환경에 맞는 우수한 ERP package 선정

④ 도입 초기에만 집중적으로 교육 및 훈련 실시

11 기업에 ERP 시스템이 성공적으로 도입되고 운영되기 위해서는 많은 요소들을 고려해야 한다. 다음 중 ERP 시스템 도입을 위한 성공요인으로 적절하지 않은 것은?

① 업무 단위별 추진   ② 경영진의 확고한 의지

③ 지속적인 교육 및 훈련   ④ 현업 중심의 프로젝트 진행

12 다음 중에서 ERP를 도입할 때 선택기준으로 가장 적절하지 않은 것은?

① 경영진의 확고한 의지가 있어야 한다.

② 경험 있는 유능한 컨설턴트를 활용하여야 한다.

③ 전사적으로 전 임직원의 참여를 유도하여야 한다.

④ 다른 기업에서 가장 많이 사용하는 패키지이어야 한다.

13 상용화 패키지에 의한 ERP 시스템 구축 시, 성공과 실패를 좌우하는 요인으로 보기 어려운 것은?

① 시스템 공급자와 기업 양쪽에서 참여하는 인력의 자질

② 기업환경을 최대한 고려하여 개발할 수 있는 자체개발인력 보유 여부

③ 제품이 보유한 기능을 기업의 업무환경에 얼마만큼 잘 적용하는지에 대한 요인

④ 사용자 입장에서 ERP 시스템을 충분히 이해하고 사용할 수 있는 반복적인 교육훈련

14 ERP의 구축단계를 순서대로 바르게 나타낸 것은?

① 분석 → 설계 → 구현 → 구축   ② 설계 → 구현 → 분석 → 구축

③ 분석 → 설계 → 구축 → 구현   ④ 설계 → 분석 → 구축 → 구현

15 ERP 구축절차에 대한 설명으로 가장 바르지 않은 것은?

① 구현단계에서 전 직원을 상대로 요구분석을 실시한다.

② 패키지를 설치한 후 각 모듈별 및 통합테스트를 실시한다.

③ 초기단계에서 AS-IS를 파악한 후 TO-BE PROCESS를 도출한다.

④ 최종적으로 시험가동 및 데이터 전환을 실시하고 실제로 운영해 본 후의 유지보수 과정이 필요하다.

16 ERP 구축절차 중 모듈조합화, 테스트 및 추가개발 또는 수정기능 확정을 하는 단계는 다음 중 어느 단계에 해당하는가?

① 구현단계
② 분석단계
③ 설계단계
④ 구축단계

17 다음 ERP의 4단계 구축 과정 중 분석단계에 해당하지 않는 것은 무엇인가?

① 모듈의 조합화 및 GAP 분석
② 목표와 범위 설정
③ 경영전략 및 비전 도출
④ 현재 시스템의 문제 파악

18 다음 중 ERP 구축 전에 수행되는 단계적으로 시간의 흐름에 따라 비즈니스 프로세스를 개선해가는 점증적 방법론을 무엇이라 하는가?

① BPI(Business Process Improvement)
② BPR(Business Process Re-Engineering)
③ ERD(Entity Relationship Diagram)
④ MRP(Material Requirement Program)

19 다음 중 ERP 도입전략으로 ERP 자체개발 방법에 비해 ERP 패키지를 선택하는 방법의 장점으로 가장 적절하지 않은 것은?

① 검증된 방법론 적용으로 구현 기간의 최소화가 가능하다.
② 검증된 기술과 기능으로 위험 부담을 최소화할 수 있다.
③ 시스템의 수정과 유지보수가 주기적이고 지속적으로 단시간에 이루어질 수 있다.
④ 향상된 기능과 최신의 정보기술이 적용된 버전(version)으로 업그레이드(upgrade)가 가능하다.

20 다음 중 ERP 구축 시 컨설턴트를 고용함으로써 얻는 장점으로 가장 적절하지 않은 것은?

① 프로젝트 주도권이 컨설턴트에게 넘어갈 수 있다.
② 숙달된 소프트웨어 구축방법론으로 실패를 최소화할 수 있다.
③ ERP 기능과 관련된 필수적인 지식을 기업에 전달할 수 있다.
④ 컨설턴트는 편견이 없고 목적 지향적이기 때문에 최적의 패키지를 선정하는데 도움이 된다.

(1.4) 확장형 ERP

01 다음 중 확장형 ERP 시스템에 포함되어야 할 내용으로 적절하지 않은 것은?

① 산업유형 지원 확대
② 그룹웨어기능의 포함
③ 전문화 확대 적용
④ 고유기능의 축소

02 확장형 ERP 시스템은 기업의 핵심기능인 기본형 ERP 시스템과 경영에 필요한 정보를 제공해 주는 전략적 기업경영(SEM: Strategic Enterprise Management) 시스템으로 구성된다. 그 외 인터넷 기반의 정보교환, 제품거래 역할을 담당하는 e-비즈니스 지원시스템도 포함된다. 다음의 단위시스템 중 e-비즈니스 지원 시스템에 포함되지 않는 것은?

① 공급망관리(SCM) 시스템
② 생산자원관리(MRP Ⅱ) 시스템
③ 지식경영시스템(KMS)
④ 고객관계관리(CRM) 시스템

03 전략적 기업경영(SEM) 시스템은 기업운영을 위한 전략적인 부분을 지원하고, 경영에 필요한 정보를 제공해 주는 것으로 단위시스템들로 구성될 수 있다. 이 중 가장 적합하지 않은 것은?

① 성과측정관리(BSC, Balanced Score Card)
② 부가가치경영(VBM, Valued-Based Management)
③ 활동기준경영(ABM, Activity-Based Management)
④ 제조자원계획(MRP Ⅱ, Manufacturing Resource Planning)

04 다음 중 확장된 ERP 시스템의 공급망관리(SCM) 모듈을 실행함으로써 얻는 장점으로 가장 적절하지 않은 것은?

① 공급사슬에서의 가시성 확보로 공급 및 수요변화에 대한 신속한 대응이 가능하다.
② 정보투명성을 통해 재고수준 감소 및 재고회전율(inventory turnover) 증가를 달성할 수 있다.
③ 공급사슬에서의 계획(plan), 조달(source), 제조(make) 및 배송(deliver) 활동 등 통합 프로세스를 지원한다.
④ 마케팅(marketing), 판매(sales) 및 고객서비스(customer service)를 자동화함으로써 현재 및 미래 고객들과 상호작용할 수 있다.

05 다음 [보기]의 (   )에 들어갈 용어로 맞는 것은 무엇인가?

┤ 보기 ├

확장된 ERP 시스템 내의 (   )모듈은 공급자부터 소비자까지 이어지는 물류, 자재, 제품, 서비스, 정보의 흐름 전반에 걸쳐 계획하고 관리함으로써 수요와 공급의 일치를 최적으로 운영하고 관리하는 활동이다.

① ERP(Enterprise Resource Planning)
② SCM(Supply Chain Management)
③ CRM(Customer Relationship Management)
④ KMS(Knowledge Management System)

06 다음 중 ERP 아웃소싱(Outsourcing)의 장점으로 가장 적절하지 않은 것은?

① ERP 아웃소싱을 통해 기업이 가지고 있지 못한 지식을 획득할 수 있다.
② ERP 개발과 구축, 운영, 유지보수에 필요한 인적 자원을 절약할 수 있다.
③ IT 아웃소싱 업체에 종속성(의존성)이 생길 수 있다.
④ ERP 자체개발에서 발생할 수 있는 기술력 부족의 위험요소를 제거할 수 있다.

07 다음 중 ERP와 CRM 간의 관계에 대한 설명으로 가장 적절하지 않은 것은 무엇인가?

① ERP와 CRM 간의 통합으로 비즈니스 프로세스의 투명성과 효율성을 확보할 수 있다.
② ERP시스템은 비즈니스 프로세스를 지원하는 백오피스 시스템(Back-Office System)이다.
③ CRM시스템은 기업의 고객대응활동을 지원하는 프런트오피스 시스템(Front-Office System)이다.
④ CRM시스템은 조직 내의 인적자원들이 축적하고 있는 개별적인 지식을 체계화하고 공유하기 위한 정보시스템으로 ERP시스템의 비즈니스 프로세스를 지원한다.

08 ERP시스템의 SCM 모듈을 실행함으로써 얻는 장점으로 가장 적절하지 않은 것은?

① 공급사슬에서의 가시성 확보로 공급 및 수요변화에 대한 신속한 대응이 가능하다.
② 정보투명성을 통해 재고수준 감소 및 재고회전율(inventory turnover) 증가를 달성할 수 있다.
③ 공급사슬에서의 계획(plan), 조달(source), 제조(make) 및 배송(deliver) 활동 등 통합 프로세스를 지원한다.
④ 마케팅(marketing), 판매(sales) 및 고객서비스(customer service)를 자동화함으로써 현재 및 미래 고객들과 상호작용할 수 있다.

(1.5) 4차 산업혁명과 스마트 ERP

01 다음 중 클라우드 ERP와 관련된 설명으로 가장 적절하지 않은 것은?

① 클라우드를 통해 ERP 도입에 관한 진입장벽을 높일 수 있다.
② IaaS 및 PaaS 활용한 ERP를 하이브리드 클라우드 ERP라고 한다.
③ 서비스형 소프트웨어 형태의 클라우드로 ERP를 제공하는 것을 SaaS ERP라고 한다.
④ 클라우드 ERP는 고객의 요구에 따라 필요한 기능을 선택·적용한 맞춤형 구성이 가능하다.

02 다음 중 클라우드 서비스 기반 ERP와 관련된 설명으로 가장 적절하지 않은 것은?

① ERP 구축에 필요한 IT 인프라 자원을 클라우드 서비스로 빌려 쓰는 형태를 IaaS라고 한다.
② ERP 소프트웨어 개발을 위한 플랫폼을 클라우드 서비스로 제공받는 것을 PaaS라고 한다.
③ PaaS에는 데이터베이스 클라우드 서비스와 스토리지 클라우드 서비스가 있다.
④ 기업의 핵심 애플리케이션인 ERP, CRM 솔루션 등의 소프트웨어를 클라우드 서비스를 통해 제공받는 것을 SaaS라고 한다.

03 클라우드 서비스 사업자가 클라우드 컴퓨팅 서버에 ERP 소프트웨어를 제공하고, 사용자가 원격으로 접속해 ERP 소프트웨어를 활용하는 서비스를 무엇이라 하는가?

① IaaS(Infrastructure as a Service)   ② PaaS(Platform as a Service)
③ SaaS(Software as a Service)   ④ DaaS(Desktop as a Service)

04 다음 중 차세대 ERP의 인공지능(AI), 빅데이터(BigData), 사물인터넷(IoT) 기술의 적용에 관한 설명으로 가장 적절하지 않은 것은?

① 현재 ERP는 기업 내 각 영역의 업무프로세스를 지원하고, 단위별 업무처리의 강화를 추구하는 시스템으로 발전하고 있다.

② 제조업에서는 빅데이터 분석기술을 기반으로 생산자동화를 구현하고 ERP와 연계하여 생산계획의 선제적 예측과 실시간 의사결정이 가능하다.

③ 차세대 ERP는 인공지능 및 빅데이터 분석기술과의 융합으로 상위계층의 의사결정을 지원할 수 있는 지능형시스템으로 발전하고 있다.

④ ERP에서 생성되고 축적된 빅데이터를 활용하여 기업의 새로운 업무개척이 가능해지고, 비즈니스 간 융합을 지원하는 시스템으로 확대가 가능하다.

05 다음 [보기]의 (   )에 들어갈 용어로 가장 적절한 것은 무엇인가?

> **┤ 보기 ├**
>
> ERP 시스템 내의 데이터 분석 솔루션인 (   )은(는) 구조화된 데이터(structured data)와 비구조화된 데이터(unstructured data)를 동시에 이용하여 과거 데이터에 대한 분석뿐만 아니라, 이를 통한 새로운 통찰력 제안과 미래 사업을 위한 시나리오를 제공한다.

① 리포트(Report)

② SQL(Structured Query Language)

③ 비즈니스 애널리틱스(Business Analytics)

④ 대시보드(Dashboard)와 스코어카드(Scorecard)

06 다음 중 차세대 ERP의 비즈니스 애널리틱스(Business Analytics)에 관한 설명으로 가장 적절하지 않은 것은?

① 비즈니스 애널리틱스는 구조화된 데이터(structured data)만을 활용한다.

② ERP 시스템 내의 방대한 데이터 분석을 위한 비즈니스 애널리틱스가 ERP의 핵심요소가 되었다.

③ 비즈니스 애널리틱스는 질의 및 보고와 같은 기본적 분석기술과 예측 모델링과 같은 수학적으로 정교한 수준의 분석을 지원한다.

④ 비즈니스 애널리틱스는 리포트, 쿼리, 대시보드, 스코어카드뿐만 아니라 예측모델링과 같은 진보된 형태의 분석기능도 제공한다.

07 스마트공장의 구성영역 중에서 생산계획 수립, 재고관리, 제조자원관리, 품질관리, 공정관리, 설비제어 등을 담당하는 것은?

① 제품개발   ② 현장자동화

③ 공장운영관리   ④ 공급사슬관리

08 클라우드 서비스의 비즈니스 모델에 관한 설명으로 옳지 않은 것은?

① 공개형 클라우드는 사용량에 따라 사용료를 지불하며 규모의 경제를 통해 경쟁력 있는 서비스 단가를 제공한다는 장점이 있다.

② 공개형 클라우드는 데이터의 소유권 확보와 프라이버시 보장이 필요한 경우 사용된다.

③ 폐쇄형 클라우드는 특정한 기업 내부 구성원에게만 제공되는 서비스를 말한다.

④ 혼합형 클라우드는 특정 업무는 폐쇄형 클라우드 방식을 이용하고 기타 업무는 공개형 클라우드 방식을 이용하는 것을 말한다.

09 인공지능의 기술발전에 대한 설명으로 옳지 않은 것은?

① 계산주의는 인간이 보유한 지식을 컴퓨터로 표현하고 이를 활용해 현상을 분석하거나 문제를 해결하는 지식기반시스템을 말한다.

② 연결주의는 지식을 직접 제공하기보다 지식과 정보가 포함된 데이터를 제공하고 컴퓨터가 스스로 필요한 정보를 학습한다.

③ 연결주의 시대는 학습에 필요한 빅데이터와 컴퓨팅 파워의 부족이라는 한계를 극복하였다.

④ 딥러닝은 입력층(input layer)과 출력층(output layer) 사이에 다수의 숨겨진 은닉층(hidden layer)으로 구성된 심층신경망(Deep Neural Networks)을 활용한다.

10 다음 중 세계경제포럼(World Economic Forum)에서 발표한 인공지능 규범(AI code)의 5개 원칙에 해당하지 않는 것은?

① 인공지능은 인류의 공동 이익과 이익을 위해 개발되어야 한다.

② 인공지능은 투명성과 공정성의 원칙에 따라 작동해야 한다.

③ 인공지능이 개인, 가족, 지역 사회의 데이터 권리 또는 개인정보를 감소시켜야 한다.

④ 인간을 해치거나 파괴하거나 속이는 자율적 힘을 인공지능에 절대로 부여하지 않는다.

11 인공지능 기반의 빅데이터 분석기법에 대한 설명으로 적절하지 않은 것은?

① 텍스트마이닝 분석을 실시하기 위해서는 불필요한 정보를 제거하는 데이터 전처리(data pre-pro cessing) 과정이 필수적이다.

② 텍스트마이닝은 자연어(natural language) 형태로 구성된 정형데이터에서 패턴 또는 관계를 추출하여 의미 있는 정보를 찾아내는 기법이다.

③ 데이터마이닝은 대규모로 저장된 데이터 안에서 다양한 분석기법을 활용하여 전통적인 통계학 이론으로는 설명이 힘든 패턴과 규칙을 발견한다.

④ 데이터마이닝은 분류(classification), 추정(estimation), 예측(prediction), 유사집단화(affinity grouping), 군집화(clustering)의 5가지 업무영역으로 구분할 수 있다.

12 빅데이터의 주요 특성(5V)으로 옳지 않은 것은?

① 속도　　　　　　　　　　　② 다양성

③ 정확성　　　　　　　　　　④ 일관성

13 스마트팩토리의 주요 구축 목적이 아닌 것은?

① 생산성 향상   ② 유연성 향상
③ 고객서비스 향상   ④ 제품 및 서비스의 이원화

14 [보기]에서 설명하는 RPA 적용단계는 무엇인가?

┤ 보기 ├

빅데이터 분석을 통해 사람이 수행하는 복잡한 의사결정을 내리는 수준이다. 이것은 RPA가 업무 프로세스를 스스로 학습하면서 자동화하는 단계이다.

① 인지자동화   ② 데이터전처리
③ 기초프로세스 자동화   ④ 데이터 기반의 머신러닝(기계학습) 활용

15 [보기]는 무엇에 대한 설명인가?

┤ 보기 ├

실제의 물리적인 제품, 생산설비, 공정, 공장을 사이버 공간에 그대로 구현하고 서로 긴밀하게 통합되어 동작하는 통합시스템으로, 공장운영 전반의 데이터를 실시간으로 수집하여 공장운영현황을 모니터링하고 설비와 공정을 제어함으로써 공장운영의 최적화를 수행하는 것

① 제조실행시스템(MES)   ② 전사적자원관리(ERP)
③ 사이버물리시스템(CPS)   ④ 제품수명주기관리(PLM)시스템

16 [보기]는 무엇에 대한 설명인가?

┤ 보기 ├

- 제품, 공정, 생산설비, 공장 등에 대한 실제 환경과 가상 환경을 연결하여 상호작용하는 통합시스템
- 실시간으로 수집되는 빅데이터를 가상 모델에서 시뮬레이션하여 실제 시스템의 성능을 최적으로 유지

① 비즈니스 애널리틱스(Business Analytics)
② 사이버물리시스템(Cyber Physical System, CPS)
③ 공급사슬관리(Supply Chain Management, SCM)
④ 전사적 자원관리(Enterprise Resource Planning, ERP)

17 머신러닝 워크플로우 프로세스의 순서를 고르시오.

① 데이터 수집 → 점검 및 탐색 → 전처리 및 정제 → 모델링 및 훈련 → 평가 → 배포
② 점검 및 탐색 → 데이터 수집 → 전처리 및 정제 → 모델링 및 훈련 → 평가 → 배포
③ 데이터 수집 → 전처리 및 정제 → 모델링 및 훈련 → 평가 → 배포 → 점검 및 탐색
④ 데이터 수집 → 전처리 및 정제 → 점검 및 탐색 → 모델링 및 훈련 → 평가 → 배포

18 기계학습의 종류에 해당하지 않는 것은?

① 지도학습(Supervised Learning) ② 강화학습(Reinforcement Learning)
③ 비지도학습(Unsupervised Learning) ④ 시뮬레이션학습(Simulation Learning)

19 인공지능 비즈니스 적용 프로세스의 순서로 올바른 것은?

① 비즈니스 영역 탐색 → 비즈니스 목표 수립 → 데이터 수집 및 적재 → 인공지능 모델 개발 → 인공지능 배포 및 프로세스 정비
② 비즈니스 목표 수립 → 비즈니스 영역 탐색 → 데이터 수집 및 적재 → 인공지능 모델 개발 → 인공지능 배포 및 프로세스 정비
③ 비즈니스 목표 수립 → 데이터 수집 및 적재 → 인공지능 모델 개발 → 인공지능 배포 및 프로세스 정비 → 비즈니스 영역 탐색
④ 비즈니스 영역 탐색 → 비즈니스 목표 수립 → 데이터 수집 및 적재 → 인공지능 배포 및 프로세스 정비 → 인공지능 모델 개발

20 [보기]는 무엇에 대한 설명인가?

┤ 보기 ├

- 분산형 데이터베이스(distributed database)의 형태로 데이터를 저장하는 연결구조체
- 모든 구성원이 네트워크를 통해 데이터를 검증 및 저장하여 특정인의 임의적인 조작이 어렵도록 설계된 저장플랫폼

① 챗봇(Chatbot) ② 블록체인(Blockchain)
③ 메타버스(Metaverse) ④ RPA(Robotic Process Automation)

21 [보기]는 무엇에 대한 설명인가?

┤ 보기 ├

- 축적된 대용량 데이터를 통계기법 및 인공지능기법을 이용하여 분석하고 이에 대한 평가를 거쳐 일반화시킴으로써 새로운 자료에 대한 예측 및 추측을 할 수 있는 의사결정을 지원한다.
- 대규모로 저장된 데이터 안에서 다양한 분석기법을 활용하여 전통적인 통계학 이론으로는 설명이 힘든 패턴과 규칙을 발견한다.
- 분류(classification), 추정(estimation), 예측(prediction), 유사집단화(affinity grouping), 군집화(clustering) 등의 다양한 기법이 사용된다.

① 챗봇(Chat Bot) ② 블록체인(Block Chain)
③ 스마트계약(Smart Contract) ④ 데이터마이닝(Data Mining)

22 인공지능 규범(AI CODE)의 5대 원칙으로 적절하지 않은 것은?

① 인공지능은 투명성과 공정성의 원칙에 따라 작동해야 한다.

② 인공지능이 개인, 가족, 사회의 데이터 권리를 감소시켜서는 안된다.

③ 모든 시민은 인공지능을 통해서 정신적, 정서적, 경제적 번영을 누리도록 교육받을 권리를 가져야 한다.

④ 인간을 해치거나 파괴하거나 속이는 자율적 힘을 인간의 통제하에서 인공지능에게 부여할 수 있다.

23 기계학습에 대한 설명으로 옳지 않은 것은?

① 비지도학습 방법에는 분류모형과 회귀모형이 있다.

② 비지도학습은 입력값에 대한 목표치가 주어지지 않는다.

③ 지도학습은 학습 데이터로부터 하나의 함수를 유추해내기 위한 방법이다.

④ 강화학습은 선택 가능한 행동들 중 보상을 최대화하는 행동 혹은 순서를 선택하는 방법이다.

02 물류 2급 이론

2.1 공급망관리

01 공급망관리의 필요성에 대한 설명으로 옳지 않은 것은?

① 리드타임의 단축
② 정보 공유와 통합
③ 불확실성의 최소화
④ 거래 비용의 최대화

02 공급망관리 경쟁능력의 차원 4요소 중, 유연성의 경쟁능력요소에 대한 설명으로 적절한 것은?

① 신속한 제품 배달 능력
② 설계 변화에 효율적으로 대응할 수 있는 능력
③ 고객이 원하는 때에 제품을 정확하게 인도할 수 있는 능력
④ 경쟁사보다 빠르게 신제품을 개발할 수 있는 능력

03 다음 [보기]에서 설명하고 있는 공급망관리 경쟁능력을 결정하는 요소는 무엇인가?

┤ 보기 ├

• 정시 제품 배달 능력
• 신속한 제품 배달능력
• 경쟁사보다 빠른 신제품 개발능력

① 비용
② 시간
③ 품질
④ 유연성

04 다음 중 공급망의 경쟁능력을 결정하는 4요소에 대한 설명으로 적합하지 않은 것은?

① 적은 자원으로 제품 · 서비스를 창출할 수 있는 '비용' 능력
② 경쟁사보다 빠르게 새로운 제품을 개발해 내는 '시간' 능력
③ 고객욕구를 만족시켜 부가적인 이익을 창출해내는 '수익' 능력
④ 설계 변화와 수요의 환경 변화에 효율적으로 대응할 수 있는 '유연성' 능력

05 다음 중 주문피킹, 입출고, 재고관리 등의 자동화를 통하여 신속·정확한 고객 대응력과 재고 삭감, 미출고·오출고 예방을 목적으로 하는 공급망관리 정보시스템은?

① 신속대응시스템(QR: Quick Response)
② 크로스도킹 시스템(CD: Cross Docking)
③ 창고관리시스템(WMS: Warehouse Management System)
④ 효율적소비자대응시스템(ECR: Efficient Consumer Response)

06 제조업체(공급자)가 유통업체(구매자)의 재고를 직접 관리하는 공급망관리 정보시스템 유형은?

① QR(Quick Response) 시스템
② CD(Cross Docking) 시스템
③ CMI(Co - Managed Inventory) 시스템
④ VMI(Vendor Managed Inventory) 시스템

07 공급망 운영참고(SCOR) 모델에서 분류하는 공급망 운영의 5개 프로세스 중에서 [보기]가 설명하는 프로세스는 무엇인가?

┤ 보기 ├

주문을 입력하고, 고객 정보를 관리하며, 주문 발송과 제품의 포장, 보관, 발송, 창고관리 등의 활동을 말한다.

① 사용(use)　　　　　　　② 생산(make)
③ 조달(source)　　　　　　④ 배송(deliver)

08 다음 중 공급망 거점 설계의 고려 비용으로, 물류거점 수에 비례하여 증가하는 경향이 있는 것끼리 묶인 것은?

① 운송비용, 판매비용　　　　② 변동운영비용, 운송비용
③ 반품비용, 변동운영비용　　④ 재고비용, 고정투자비용

09 [보기]에서 설명하는 공급망 물류거점 운영방식은 무엇인가?

┤ 보기 ├

• 생산자 창고만 보유하고, 물류거점을 거치지 않고 소비자에게 바로 배송하는 방식
• 물류거점 운영과 관련한 제반비용을 필요로 하지 않아 수송량이 제한적인 경우에 주로 적용

① 직배송 방식　　　　　　　② 통합물류센터 운영방식
③ 지역물류센터 운영방식　　④ 통합·지역 물류센터 혼합운영방식

10 [보기]의 내용에 해당하는 물류 거점 운영 방식은?

┤ 보기 ├

• 물류거점이 화물에 대한 '환적' 기능만을 제공한다는 특징이 있다.
• 물류 거점에 재고를 보유하지 않고 24시간 이내 직송하는 방식이다.
• 물의 보관 기능보다는 원활한 흐름에 중점을 둔다.

① 직배송 방식　　　　　　　② 통합 물류 센터 운영 방식
③ 지역 물류 센터 운영 방식　④ 크로스도킹 운영 방식

11 계절적인 수요 급등, 가격급등, 파업으로 인한 생산중단 등이 예상될 때, 향후 발생할 수요를 대비하여 미리 생산하여 보관하는 재고는?

① 비축재고
② 순환재고
③ 안전재고
④ 파이프라인 재고

12 다음 중 안전재고에 대한 설명으로 적절하지 않은 것은?

① 조달기간은 일정하나, 수요가 불확실한 경우를 위한 재고이다.
② 예상외의 소비나 재고부족 상황에 대비하는 재고이다.
③ 품절 및 미납주문을 예방하기 위한 재고이다.
④ 납기준수와 고객서비스 향상을 위한 재고이다.

13 재고 보유 목적에 따른 재고 유형에 대한 설명으로 [보기]의 두 괄호 안에 들어갈 용어로 옳은 것은?

┤ 보기 ├

(㉠)는 비용 절감을 위하여 경제적 주문량(생산량) 또는 로트 사이즈(lot size)로 구매 (생산)하게 되어 당장 필요한 수량을 초과하는 잔량에 의해 발생하는 재고로서 다음의 구매시점까지 계속 보유하는 재고이다.
(㉡)는 계절적인 수요 급등, 가격급등, 파업으로 인한 생산중단 등이 예상될 때, 향후 발생할 수요를 대비하여 미리 생산하여 보관하는 재고이다.

① ㉠ - 비축재고, ㉡ - 안전재고
② ㉠ - 비축재고, ㉡ - 순환재고
③ ㉠ - 순환재고, ㉡ - 비축재고
④ ㉠ - 순환재고, ㉡ - 수송재고

14 재고관리 모형 중에서 고정주문기간 모형(P System)의 발주량으로 적절한 것은 무엇인가?

① 최대재고 수량 + 현재 재고 수량
② 최대재고 수량 – 현재 재고 수량
③ 최소재고 수량 + 경제적 주문량(EOQ)
④ 최소재고 수량 – 경제적 주문량(EOQ)

15 [보기]에서 설명하는 공급망 재고보충 기법은?

┤ 보기 ├

다단계 유통체계를 갖는 공급망에서 고객·거래처의 수요에 따라 필요한 수량을 필요한 시기에 공급하는 방법

① 공급자관리재고(VMI: Vendor Managed Inventory)
② 공동재고관리(CMI: Collaborative Managed Inventory)
③ 유통소요계획(DRP: Distribution Requirements Planning)
④ 지속적보충프로그램(CRP: Continuous Replenishment Program)

16 공급자관리재고(VMI: Vendor Managed Inventory) 시스템에 관한 설명으로 적절하지 않은 것은?

① 제조업체(공급자)가 유통업체(구매자)의 재고를 직접 관리한다.
② 유통업체(구매자)의 물류 정보가 제조업체(공급자)로 전달된다.
③ 유통업체는 필요한 경우에 필요한 수량만큼 공급자가 운영하는 물류거점에서 가져오는 방식이다.
④ 제조업체(공급자)가 물류거점의 운영을 유통업체(구매자)에게 일임한다.

17 다음 [보기] 중에서 유통소요계획 수립을 위해 필요한 정보를 모두 나열한 것은 무엇인가?

┤ 보기 ├

㉠ 배송 빈도와 방법   ㉡ 접수된 고객의 미수채권 현황
㉢ 물류·제조·구매 간 단계별 리드타임   ㉣ 지점 또는 유통센터의 안전재고 정책
㉤ 현재 보유하고 있는 판매 가능한 재고

① ㉠, ㉡, ㉣   ② ㉡, ㉢, ㉤
③ ㉠, ㉢, ㉣, ㉤   ④ ㉡, ㉢, ㉣, ㉤

18 현재 보유재고 450, 안전재고 100, 주문 리드타임 2주, 최소 구매량이 200인 A지점의 유통소요계획을 수립하려고 한다. 수요예측치가 매주 110일 경우, [보기]에 근거하여 2주차에 발주해야 할 주문량을 계산하면 얼마인가?

┤ 보기 ├

주	이전기간	1	2	3	4
수요 예측		110	110	110	110
수송 중 재고					
기말재고수준	450				
예정 입고량					
주문량			(?)		

※안전재고: 100, 주문 리드타임: 2주, 최소 구매량: 200

① 90   ② 110
③ 200   ④ 300

19 재고자산의 매입단가가 지속적으로 상승하는 환경에서 재고자산을 평가할 때, 매출원가가 가장 크게 계산되는 평가방법부터 순서대로 나열한 것은?

① 선입선출법 〉 이동평균법 〉 총평균법 〉 후입선출법
② 선입선출법 〉 후입선출법 〉 이동평균법 〉 총평균법
③ 후입선출법 〉 선입선출법 〉 총평균법 〉 이동평균법
④ 후입선출법 〉 총평균법 〉 이동평균법 〉 선입선출법

20 재고자산의 매입단가가 지속적으로 하락하는 환경에서 재고자산을 평가할 때, 매출총이익이 가장 크게 계산되는 평가방법부터 순서대로 나열한 것으로 가장 올바른 것은?

① 선입선출법 〉 이동평균법 〉 총평균법 〉 후입선출법
② 선입선출법 〉 후입선출법 〉 이동평균법 〉 총평균법
③ 후입선출법 〉 선입선출법 〉 총평균법 〉 이동평균법
④ 후입선출법 〉 총평균법 〉 이동평균법 〉 선입선출법

21 창고관리 시 보관을 위한 기본원칙으로 옳은 것은?

① 파손이나 감모가 쉬운 품목은 선입선출의 원칙에 따라 보관하는 것이 바람직하다.
② 창고 보관 효율을 위해 통로 한쪽으로만 물품을 보관하는 것이 바람직하다.
③ 무겁고 대형의 물품은 출입구에서 먼 장소, 그리고 아래쪽에 보관하는 것이 바람직하다.
④ 모든 물품은 보관의 표준화를 위하여 랙에 보관하는 것이 바람직하다.

22 창고 부도(warehouse refusal) 방지와 가장 관련이 깊은 창고 보관의 기본원칙은?

① 선입선출의 원칙   ② 높이 쌓기의 원칙
③ 위치 표시의 원칙   ④ 회전 대응의 원칙

23 보관의 기본 원칙 중에서 [보기]의 내용을 의미하는 원칙은 무엇인가?

┤ 보기 ├

입출고 빈도가 높은 화물은 출입구에 가까운 장소에 보관하고, 낮은 경우에는 먼 장소에 보관하여 작업 동선을 줄이고 작업 효율을 높일 수 있다.

① 통로 대면의 원칙   ② 높이 쌓기의 원칙
③ 회전 대응의 원칙   ④ 네트워크 보관의 원칙

24 창고에서 재고를 출고하는 프로세스가 순서대로 연결된 것은 무엇인가?

① 출고요청 – 출고지시 – 분류 – 피킹 – 출고포장 – 출고마감
② 출고요청 – 출고지시 – 분류 – 피킹 – 출고마감 – 출고포장
③ 출고요청 – 출고지시 – 피킹 – 분류 – 출고포장 – 출고마감
④ 출고요청 – 출고지시 – 피킹 – 분류 – 출고마감 – 출고포장

25 화물운송 수단의 특성에 관한 설명으로 적합하지 않은 것은?

① 철도운송은 차량운송에 비해 사고발생률이 낮고 운임이 저렴하다.
② 항공운송은 긴급화물이나 고가의 소형화물의 운송에 적합하다.
③ 선박운송은 대량이나 중량 화물의 장거리 운송에 적합하다.
④ 화물차량운송은 중량의 제한없이 신속한 운송에 적합하다.

26 [보기]에서 공통적으로 설명하는 운송수단은?

┤ 보기 ├
- 중·장거리 대량 운송에 적합하고 운임이 저렴함
- 기상·기후의 영향을 적게 받음
- 사고 발생률이 낮아 안정적인 운송 수단임
- 고객별 자유로운 운송 요구에 적용이 곤란

① 선박 운송　　　　　　　　　② 철도 운송
③ 항공 운송　　　　　　　　　④ 화물차량 운송

27 화물운송 수단 중에서 이용 화물의 제한으로 유류·기체·분말 등에 주로 활용 되며, 교통 혼잡도 완화 및 환경문제가 거의 발생되지 않는 친환경적 운송 수단은?

① 철도 운송　　　　　　　　　② 해상 운송
③ 파이프라인 운송　　　　　　④ 화물 자동차 운송

28 다음 중 [보기]에서 설명하는 운송경로 방식은 무엇인가?

┤ 보기 ├
- 다수의 소량 발송 화주가 단일 화주에게 일괄 운송할 때 유리하다.
- 공장으로부터 고객에게 연결되는 화물운송 경로에서 단일의 물류센터만을 운용하는 방식이다.

① 공장직송 방식　　　　　　　② 복수거점 방식
③ 다단계거점 방식　　　　　　④ 중앙집중거점 방식

29 [보기]와 같이 권역별 또는 품목별로 소비자 밀착형 물류 거점을 운영하여 소비자에 대한 물류서비스 만족도 향상을 목적으로 하는 운송경로 유형으로 적합한 것은?

┤ 보기 ├

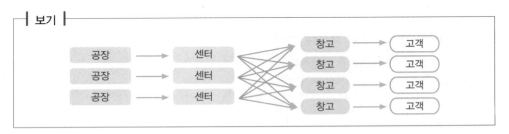

① 공장직송방식　　　　　　　② 복수거점방식
③ 다단계거점방식　　　　　　④ 중앙집중거점방식

30 효율적인 운송경로를 선정하기 위한 고려 사항으로 적절하지 않은 것은?

① 운송수단 유형　　　　　　　② 운송화물의 특성
③ 운송차량의 적재율　　　　　④ 운송경로 이용 경험

2.2 영업관리

01 수요예측에 대한 설명으로 적합하지 않은 것은 무엇인가?

① 정교한 수요분석을 진행하여도 미래 수요에 대한 완벽한 추정은 불가능하다.
② 수요예측방법 중 정성적 방법에는 시장조사법, 델파이법, 판매원평가법 등이 있다.
③ 일반적으로 영속성이 있는 상품이 영속성이 없는 상품에 비해 지속적으로 정확한 수요예측이 어렵다.
④ 수요예측이란 재화나 서비스가 일정 기간 동안에 발생 가능한 모든 수요 중 잠재수요를 제외한 현재 수요의 크기를 추정하는 것이다.

02 수요예측에 대한 설명으로 올바르지 않은 것은?

① 안정수요가 있는 기존의 상품의 예측이 신상품의 예측보다는 훨씬 적중률이 높아진다.
② 수요예측 시 오차의 발생 확률은 예측하는 기간의 길이에 비례하여 높아진다.
③ 예측치는 언제나 정확하지 않으므로 평균 기대치와 예측오차를 포함해야 예측의 정확도를 높일 수 있다.
④ 일반적으로 영속성이 있는 상품이나 서비스 등은 영속성이 없는 상품이나 서비스의 경우보다 지속적으로 정확한 예측을 하기가 용이하다.

03 다음 중 [보기]에서 주어진 정량적·정성적 방법이 주로 적용되는 영업관리 업무 활동은?

┤ 보기 ├
- 정량적 방법: 시계열 분석법, 인과모형 분석법 등
- 정성적 방법: 시장조사법, 패널동의법, 중역평가법 등

① 수요 예측
② 판매 할당
③ 목표매출액 결정
④ 고객중점화 전략

04 시계열분석과정에 포함된 변동요인에 관한 설명으로 옳지 않은 것은?

① 경향변동은 추세적으로 나타나는 장기적 변동
② 불규칙변동은 우발적으로 발생하는 불규칙적인 변동
③ 계절변동은 수요의 계절변화에 따른 중·장기적인 변동
④ 순환변동은 1년 이상의 기간에 걸쳐 발생하는 일정한 주기의 변동

05 (주)생산성은 자전거를 판매하고 있으며, 4월과 5월에 각각 150대 및 150대의 자전거를 판매하였다. 4월과 5월의 판매 예측치는 각각 100대 및 110대 이었을 때, 6월의 판매 예측치로 올바른 것은 무엇인가?(지수평활법을 이용하고, 평활상수는 0.2이다)

① 114
② 118
③ 142
④ 148

06 다음 중 여러 전문가들의 의견을 수집한 다음 해당 의견들을 정리하여 다시 전문가들에게 배부한 후 의견의 합의가 이루어질 때까지 반복적으로 서로 논평하게 하여 수요를 예측하는 방법은?

① 시장조사법　　　　　　　　　　② 패널동의법
③ 중역평가법　　　　　　　　　　④ 델파이분석법

07 다음 중 어느 특정지역에서 무작위로 추출된 소비자들에 대한 실태조사 결과를 이용하여 수요를 추정하는 방법으로 가장 적합한 것은?

① 델파이법　　　　　　　　　　　② 패널동의법
③ 시장조사법　　　　　　　　　　④ 판매원평가법

08 중기 판매계획 수립에 포함되는 활동 내역으로 옳은 것은?

① 신제품 개발 계획　　　　　　　② 제품 품질개선 계획
③ 판매경로 강화 계획　　　　　　④ 제품별 판매촉진 실행방안 계획

09 다음 중에서 장기 판매계획 수립에 포함할 내용으로 적절하지 않은 것은?

① 신시장 개척 계획　　　　　　　② 신제품 개발 계획
③ 제품별 가격 계획　　　　　　　④ 판매경로 강화 계획

10 다음 중 판매계획 수립 과정을 일반적인 업무 순서에 따라 적절하게 나열한 것은?

① 수요예측 → 시장조사 → 판매할당 → 판매예측 → 목표매출액 설정
② 판매할당 → 수요예측 → 시장조사 → 목표매출액 설정 → 판매예측
③ 목표매출액 설정 → 시장조사 → 수요예측 → 판매할당 → 판매예측
④ 시장조사 → 수요예측 → 판매예측 → 목표매출액 설정 → 판매할당

11 판매할당 방법 중에서 세분화된 지역과 시장에 대하여 목표매출액을 할당하려고 할 때 고려되는 지수항목으로 가장 옳은 것은?

① 교차비율　　　　　　　　　　　② 매출채권 회전율
③ 목표 시장점유율　　　　　　　　④ 잠재구매력 지수

12 교차비율에 대한 설명 중 옳지 않은 것은?

① 교차비율은 상품회전율과 비례 관계이다.
② 교차비율이 높아질수록 이익이 낮아진다.
③ 교차비율은 평균재고액과 반비례 관계이다.
④ 교차비율이 높은 상품일수록 높은 목표판매액을 할당한다.

13 [보기]의 정보를 바탕으로, 교차비율을 고려해 상품 A, B의 목표판매액을 차등 할당하고자 한다. 다음 중 설명내용이 가장 적절한 것은?

┤ 보기 ├

(단위: 억 원)

구분	매출액	한계이익	평균재고액
상품 A	100	40	20
상품 B	100	50	50

① 상품 A의 교차비율 수치는 1이다.
② 상품 A보다 상품 B의 교차비율 수치가 높다.
③ 교차비율 수치에 의하면 상품 A보다 상품 B의 이익이 높다.
④ 상품 A의 목표판매액을 상품 B보다 높게 할당하는 것이 바람직하다.

14 다음 중 가격결정에 영향을 미치는 외부적 요인이 아닌 것은?

① 제품특성　　　　　　　　　② 고객 수요
③ 유통채널　　　　　　　　　④ 각종 규제

15 가격결정에 영향을 주는 여러 요인 중 소비자구매능력, 가격탄력성, 품질, 제품이미지 및 용도 등은 어느 요인에 해당하는가?

① 마케팅 요인　　　　　　　② 경쟁환경 요인
③ 고객수요 요인　　　　　　④ 법, 규제, 세금 요인

16 원가가산에 의한 가격결정방식(Cost - Plus Pricing)으로 상품의 가격을 결정하고자 한다. 상품의 가격 구성요인이 [보기]와 같은 경우에 소매가격은 얼마인가?

┤ 보기 ├

• 제조원가:　　　 5만 원　　　　• 소매매입 원가:　　　 5만 원
• 소매업자 이익: 5만 원　　　　• 소매업자 영업비용:　5만 원

① 10만 원　　　　　　　　　② 15만 원
③ 20만 원　　　　　　　　　④ 25만 원

17 [보기]의 내용을 참조하여 시장가격에 의한 가격결정 방법을 순서대로 나열한 것으로 옳은 것은?

┤ 보기 ├

㉠ 자사의 시장 입지도 분석　　　　㉡ 경쟁환경분석
㉢ 선발기업의 상품 가격조사　　　　㉣ 도소매 유통비용을 고려하여 판매단가 결정
㉤ 경쟁기업의 유사상품과 자사상품의 비교　㉥ 전략적 판매가격 결정

① ㉠ → ㉡ → ㉢ → ㉣ → ㉤ → ㉥
② ㉠ → ㉡ → ㉢ → ㉥ → ㉤ → ㉣
③ ㉡ → ㉢ → ㉠ → ㉤ → ㉥ → ㉣
④ ㉡ → ㉢ → ㉠ → ㉣ → ㉤ → ㉥

18 제품 A에 대한 목표매출액을 결정하기 위해 수익성 지표를 활용하려고 한다. 다음 [보기]의 예측자료를 이용한 손익분기점에서의 매출액은?

┤ 보기 ├

• 연간 고정비: 800만 원
• 제품단위당 변동비: 600원/개
• 제품단위당 판매가: 1,000원/개

① 500만 원
② 1,000만 원
③ 1,500만 원
④ 2,000만 원

19 리베이트 전략에 의한 가격유지 정책에 대한 설명으로 옳은 것은?

① 독점적 시장구조에서 주로 적용되는 방법이다.
② 차별화상품을 통한 틈새시장 공략이 대표적인 방법이다.
③ 가격 외적인 면에서 행해지는 비가격경쟁에 의한 방법이다.
④ 판매에 도움을 준 판매업자에게 이익의 일부를 되돌려주는 방법이다.

20 다음 중 거래처나 고객을 일정한 기준에 따라 등급을 부여하고 기준에 따라 중점관리 대상이 되는 고객을 선정하는 고객 중점화 전략에서 주로 적용되는 분석방법으로 적절하지 않은 것은?

① 파레토 분석
② ARIMA 분석
③ 매트릭스 분석
④ 거래처 포트폴리오 분석

21 다음 중 고객(거래처) 중점 선정 방법에 대한 설명이 잘못된 것은?

① ABC 분석은 파레토의 원리에 근거하여 중요한 고객이나 거래처를 집중적으로 관리한다.
② ABC 분석은 기업 경쟁력, 판매능력, 성장가능성 등의 다양한 요인들을 고려하지 못한다.
③ 매트릭스 분석은 서로 다른 2개의 요인을 고려하여 우량 고객이나 거래처를 선정한다.
④ 거래처 포트폴리오 분석은 단일 요인에 근거하여 고객을 분류한다.

22 중점고객을 선정하기 위하여 [보기]의 고객매출 자료로 파레토분석을 적용하였다. A그룹에 해당하는 고객을 모두 나열한 것은 무엇인가?

┤ 보기 ├

(단위: 억 원)

고객	A	B	C	D	E	F	합계
매출액	50	30	9	5	5	1	100

① A, B
② B, C
③ C, D
④ D, E, F

23 다음 중에서 매출채권 회전율에 대한 설명으로 적절한 것은?

① 매출채권 회전율이 높아지면 수익감소의 원인이 된다.
② 매출채권 회전율이 높아지면 대손발생의 위험이 증가한다.
③ 매출채권 회전율이 높아지면 매출채권 회수기간이 길어진다.
④ 매출채권 회전율이 높아지면 자금의 유동성이 커진다.

24 [보기]의 내용은 회사의 자금조달기간을 이용하여 회사의 총 여신 한도액을 설정하기 위한 계산식의 일부이다. 괄호 안에 공통적으로 들어갈 용어는?

┤ 보기 ├

- 매출채권회수기간 = $\dfrac{\text{매출채권잔액}}{(\qquad)} \times 365$

- 재고회전기간 = $\dfrac{\text{상품재고잔액}}{(\qquad)} \times 365$

① 매출액
② 매출채권한도액
③ 매입채무지급액
④ 매출채권회수액

25 [보기]에 주어진 정보를 참고하여 거래처의 매출액 예측에 의한 방법으로 거래처의 여신한도액을 계산하면 얼마인가?

┤ 보기 ├

- 거래처의 매입원가율: 50%
- 거래처의 예상매출액: 100만 원
- 거래처에 대한 여신기간: 30일
- 거래처에 대한 우리 회사의 수주점유율: 20%

① 200만 원
② 300만 원
③ 600만 원
④ 900만 원

26 월말마감의 차월회수방법으로 회수율을 계산하고자 한다. [보기]에 주어진 정보를 바탕으로 8월의 회수율을 산출하면 얼마인가?

┤ 보기 ├

- 8월 매출액: 1억 원
- 6월말 외상매출금 잔액: 3억 원
- 8월 회수액: 2억 원

① 10%
② 20%
③ 30%
④ 50%

27 여신한도액의 운용을 위하여 매출액을 기준으로 받을어음의 회수기간을 산출하려고 한다. 보기의 대금회수 내역을 이용한 받을어음의 대금회수기간으로 적절한 것은?

┤ 보기 ├

대금회수 내역(매출총액: 10억 원)
- 현금: 4억 원
- 60일 어음: 2억 원
- 30일 어음: 2억 원
- 90일 어음: 2억 원

① 24일   ② 36일
③ 48일   ④ 60일

28 다음 중 외상매출채권의 회수율이 감소할 때에 발생할 수 있는 결과로 적절한 것은?

① 수익감소   ② 매출액 감소
③ 대손발생 위험 감소   ④ 외상매출채권 회수기간 단축

 **구매관리**

01 구매관리 업무영역 및 기능을 구매전략, 구매실무, 구매분석으로 구분할 때, 다음 중 적절하게 연결되지 않은 것은?

① 구매전략 – 구매방법 결정   ② 구매분석 – 구매활동의 감사
③ 구매실무 – 공급자 선정 및 평가   ④ 구매전략 – 시장조사 및 제품가격 결정

02 최근에 전략적 구매를 중시함으로써 구매관리의 기능이 변화하고 있다. 다음 [보기] 중 과거에 비해 현대적 시각에 해당하는 구매기능으로 올바르게 짝지은 것은 무엇인가?

┤ 보기 ├

A. 총원가에 집중   B. 단기간의 성과 중시
C. 요청에 지원하는 업무   D. 사전계획적인 업무
E. 장기간에의 전략적 구매 중시

① A, B, C   ② A, D, E
③ B, C, D   ④ C, D, E

03 구매방침 중 원가절감 측면에서 자체생산보다 외주생산이 더 유리한 경우로 옳지 않은 것은?

① 다품종 소량생산인 경우
② 기술진부화가 예측되는 경우
③ 생산제품의 모델변경이 잦은 경우
④ 지속적으로 대량생산을 해야 하는 경우

04 구매방침 중에서 본사 집중구매의 장점으로 거리가 먼 것은?

① 구매비용이 줄어든다.
② 긴급수요의 경우에 유리하다.
③ 구매절차를 통일하기 용이하다.
④ 구매가격조사, 공급자조사, 구매효과 측정 등이 수월해진다.

05 다음 중 구매시기와 구매목적 등에 따라 구분되는 구매방법의 특징을 설명한 것으로 올바르지 않은 것은?

① 수시구매는 구매청구가 있을 때마다 구매하여 공급하는 방식으로, 계절품목 등 일시적인 수요 품목 등에 적합하다.
② 투기구매는 디플레이션(deflation)에 대비하여 현시점에서 장기간의 수요량을 미리 구매하여 재고로 보유하는데 적합하다.
③ 일괄구매는 소모용품 등과 같이 사용량은 적으나 여러 종류로 품종이 많은 경우에 공급처를 선정하여 일괄적으로 구매하는데 적합하다.
④ 예측구매는 시장상황이 유리할 때 구매하는 방법으로, 생산시기가 일정한 품목이나 상비 저장 품목 등에 적합하다.

06 다음 중 구매품목에 대한 시장조사에 대한 설명으로 옳지 않은 것은?

① 구매시장의 정보를 수집하고 분석하는 과정이다.
② 공급자 선정 및 구매계약 과정에서 적극적인 구매활동을 가능하게 하는 매우 중요한 기능이다.
③ 간접조사는 자재의 시세와 변동에 대하여 판매시장 현장에서 확인하는 조사 활동이다.
④ 간접조사는 직접조사에 비하여 조사시간이 적게 소요된다.

07 원가구성 요소에 대한 설명으로 올바르지 않은 것은?

① 일반적으로 원가의 3요소는 재료비, 노무비, 경비로 구성된다.
② 판매원가는 판매가격에서 판매 및 일반관리비와 이익을 차감한 금액이다.
③ 고정비는 생산량이 증감하더라도 원가에는 아무 변동이 없는 비용이다.
④ 변동비는 조업도가 변동함에 따라 제조원가가 비례적으로 변동하는 원가이다.

08 [보기]는 원가구성 관련 정보이다. 다음 중 [보기]에 주어진 정보를 토대로 산출한 원가로 적합하지 않은 것은?

┤ 보기 ├

• 제조간접비:	2,000원	• 직접노무비:	2,000원
• 직접재료비:	3,000원	• 직접제조경비:	2,000원
• 판매자의 이익:	2,000원	• 판매 및 일반관리비:	3,000원

① 직접원가는 7,000원이다.　　　　② 제조원가는 9,000원이다.
③ 총원가는 11,000원이다.　　　　④ 매출가(판매가)는 14,000원이다.

09 다음 중 실제원가에 대한 설명으로 옳은 것은?

① 공급자가 작성하는 입찰서나 견적서의 가격에 적용되는 원가
② 표준원가와 비교 · 분석되어 원가개선 활동의 평가요소로 활용되는 원가
③ 과거의 제조 경험을 고려하고 향후 제조환경을 반영하여 미래 산출될 것으로 기대하는 원가
④ 최적의 제조환경에서 설계도에 따라 제조과정이 진행되는 경우에 구성되는 이론적 원가

10 다음 중 [보기]에서 설명하는 가격결정 방식은?

┤ 보기 ├

• 구매자 중심적 가격 결정
• 소비자의 평가나 수요를 바탕으로 가격 결정
• 비용중심적 방식보다 높은 가격이라도 소비자는 그 가격을 쉽게 받아들이는 특성이 있음

① 가산이익률 방식
② 지각가치 기준방식
③ 코스트 플러스 방식
④ 목표투자이익률 방식

11 다음 중에서 동일업계 판매자들이 서로 의논하여 결정하는 판매가격을 말하며, 공공요금 성격의 가격유형으로 옳은 것은?

① 시중가격
② 협정가격
③ 정가가격
④ 개정가격

12 신입사원 K군이 구매한 물품 및 서비스 내역은 [보기]와 같다. A ~ D에 대해 결정할 가격 유형 중에서 정가가격으로 적절한 것은 무엇인가?

┤ 보기 ├

A: 사무실 장식을 위해 구매한 꽃값   B: 자기계발을 위해 구매한 도서비
C: 미용실에서 지불한 이발료   D: 귀가하며 지불한 교통비

① A
② B
③ C
④ D

13 가격의 유형과 적용 사례의 연결이 올바르지 않은 것은?

① 교섭가격 - 건축공사료, 기계설비비, 광고료
② 시중가격 - 야채, 어류, 생화, 철광, 견사
③ 정가가격 - 서적, 맥주, 이발료, 목욕료
④ 협정가격 - 공공요금, 교통기관의 운임

14 다음 중 현금할인 방식에 대한 설명으로 올바르지 않은 것은?

① 특인기간 현금할인(Extra dating): 특별기간 동안 현금할인기간을 추가로 적용하는 방식
② 구매당월락 현금할인(EOM): 구매당월을 할인기간에 산입하지 않고 익월부터 시작하게 되는 방식
③ 선일부 현금할인(Advanced dating): 현금할인 만기일 이전에 선불되는 기일에 비례하여 이자율을 차감해 주는 방식
④ 수취일기준 현금할인(ROG): 할인기간의 시작일을 거래일로 하지 않고 송장(invoice)의 하수일을 기준으로 할인하는 방식

15 [보기]는 현금할인방식의 결제조건을 나타낸 것이다. 다음 중 A~D에 해당하는 결제조건과 할인율로 가장 적절한 것은?

┤ 보기 ├
A. 5/10 ROG   B. 5/10 EOM
C. 5/10 advanced   D. 5/10 - 10 days extra

① A: 선일부현금할인, 5% 할인   ② B: 수취일기준현금할인, 10% 할인
③ C: 구매당월락현금할인, 10% 할인   ④ D: 특인기간현금할인, 5% 할인

16 공급자를 선정하기 위한 경쟁방식 중에서 입찰 참가 대상의 제한범위가 가장 포괄적인 경쟁방식은?

① 수의계약방식   ② 일반경쟁방식
③ 제한경쟁방식   ④ 지명경쟁방식

17 [보기]는 공급자 선정방법에 대한 설명이다. 다음 중 [보기]의 괄호 안에 공통적으로 들어갈 적절한 용어는?

┤ 보기 ├
• (   )경쟁방식은 적합한 자격을 갖춘 공급자를 지정하여 입찰에 참가하도록 함으로써 구매 계약 이행에 대한 신뢰성을 확보할 수 있다.
• (   )경쟁방식과 일반경쟁방식의 중간적 성격으로서 두 방식의 단점을 보완하고 경쟁의 장점을 유지하는 방식으로 제한경쟁방식이 있다.

① 평점   ② 수의
③ 지명   ④ 직접

18 공급업체 선정방법 중 수의계약방식을 적용할 수 있는 경우와 거리가 먼 것은?

① 구매 금액이 소액인 경우
② 경쟁입찰을 할 수 없는 특별한 상황인 경우
③ 구매 품목을 제조하는 공급자가 다수인 경우
④ 구매 조건을 이행할 수 있는 능력을 갖춘 다른 공급업체가 없는 경우

03 생산 2급 이론

3.1 생산계획 및 통제

01 다음 중 생산성 산출식으로 맞는 것은?

① input ÷ output
② 산출량 ÷ 투입량
③ 투입물 ÷ 산출물
④ 생산요소 ÷ 유/무형 경제재

02 생산성은 노동력이나 기계사용생산요소 등의 투입물을 유형·무형의 산출물로 변환시킴으로서 효용을 산출하는 과정으로 정의할 수 있다. 다음 보기의 상황에서 기계생산성은 얼마인가?

┤ 보기 ├

전동공구 제조 공정에서 4명의 작업자가 2대의 기계에서 10시간 동안 800개의 공구를 만들었다.

① 20개/시간
② 40개/시간
③ 200개/시간
④ 400개/시간

03 다음 보기의 상황에서 노동생산성은 얼마인가?

┤ 보기 ├

머그컵을 만드는 공장에서 4명의 작업자가 4대의 기계에서 10시간 동안 800개의 컵을 만들었다.

① 5개/시간
② 10개/시간
③ 20개/시간
④ 40개/시간

04 컴퓨터를 제조하는 기업에서 15시간의 작업시간을 들여 15대의 컴퓨터를 생산한다. 이 기업은 공정을 개선하여 컴퓨터 1대당 작업시간을 20% 감소시켜 같은 양의 컴퓨터를 생산할 수 있다면 이 기업의 생산성은?

① 10% 향상
② 10% 감소
③ 25% 향상
④ 25% 감소

05 노동생산성 척도의 예로 옳은 것은?

① 투자화폐 단위당 산출량
② 교대 횟수 당 산출량
③ 기계작동 시간당 산출량
④ 전력사용시간당 산출량

06 [보기]와 같은 특성을 가지는 생산 방식은?

> **보기**
>
> 제품은 고정되어 있고 자재 투입 및 생산 공정이 시기별로 변경되어 제조보다는 구축의 개념이 더 강하여 설비나 작업자가 이동한다. 또한 일반적으로 대규모의 비반복적인 생산 활동에서 쓰이며, 일회적인 성격을 갖는다.

① 프로젝트 생산(Project Shop)   ② 개별 생산(Job Shop)
③ 연속 생산(Continuous Production)   ④ 흐름 생산(Flow Shop)

07 프로젝트 생산방식의 내용으로 틀린 것은?

① 효과적인 MRP와 CRP의 적용 모델이 된다.
② 건물이나 교량, 배 등 장소의 제한을 받는다.
③ 전통적 스케줄링 방식인 PERT/CPM이 주로 사용된다.
④ 제조한다기보다 구축한다는 개념이 더 강한 제품들이다.

08 다음의 Jop Shop 생산 방식에 대한 설명 중 잘못된 것은?

① 주로 치공구, 기계장비류 등의 주문자 요구에 의한 방식에 적용된다.
② 일반적으로 전용 기계를 활용하여 진행된다.
③ 공정별로 기계를 배치하게 된다.
④ 비교적 유연성이 높은 생산방식이다.

09 다음은 단속생산과 연속생산의 일반적인 생산 시스템 특징을 제시한 것으로 옳은 것은?

① 단속생산은 주로 소품종대량생산에 적용되며, 연속생산은 다품종소량생산의 특징이 있다.
② 단속생산의 경우는 제품의 다양성이 높으며, 연속생산은 제품이 비교적 단순하다.
③ 단속생산의 경우는 전용설비를 활용해야하며, 연속생산은 범용설비에서 진행될 여지가 크다.
④ 단속생산 작업자의 노동숙련도는 낮으며, 연속생산 작업자의 노동숙련도는 높아야 한다.

10 자동차와 같이 옵션의 종류가 많고, 고가인 제품들은 반제품을 재고로 보관하고 있다가 고객의 주문에 맞춰 조립한 후에 제품을 공급하는 전략은?

① Make-To-Order   ② Make-To-Stock
③ Engineer-To-Order   ④ Assemble-To-Order

11 다음에 언급한 제조전략에 따른 생산형태 중 일반적으로 납품리드타임이 가장 긴 생산방식은?

① MTS(Make - To - Stock)   ② ATO(Assemble - To - Order)
③ MTO(Make - To - Order)   ④ ETO(Engineer - To - Order)

12 다음 중 주문조립생산방식(ATO: Assemble to Order)에 대한 설명으로 옳은 것은?

① 반제품을 재고로 보관하고 있다가 고객의 주문에 맞추어 조립한 후에 제품을 공급하는 전략

② 고객의 주문을 예측하여 완제품을 재고로 가지고 있다가 고객의 주문에 맞추어 공급하는 전략으로 소품종 대량생산에 적합하다.

③ 고객의 주문이 들어오면 원자재의 가공, 반제품의 생산 및 완제품의 조립이 이루어지는 형태로 공작기계 생산업체들이 주로 사용하는 생산전략

④ 고객의 주문이 들어오면 설계부터 시작해서 자재의 구입 및 생산, 조립을 하는 생산전략

13 다음 중 [보기]의 괄호 안에 들어가기에 공통적으로 알맞은 용어는?

┤ 보기 ├

(   )란 신제품이 시장에 처음으로 등장하여 잠재고객들의 관심을 끌고 구매를 자극해야 하는 단계를 말한다. (   )에는 제품 판매량이 적고 매출 증가율이 낮은 것이 일반적이다.

① 도입기　　　　　　　　　　② 성장기
③ 성숙기　　　　　　　　　　④ 쇠퇴기

14 수요 예측 방법은 정성적인 방법과 정량적인 방법으로 분류된다. 다음 중 분류방법이 나머지와 다른 것은?

① 델파이법　　　　　　　　　② 지수평활법
③ 가중이동평균법　　　　　　④ 이동평균법

15 다음은 (주)생산성의 월별 휴대폰 판매량이다. 가중이동평균법을 활용하여 5월의 판매 예측치를 구하시오(단, 1, 2, 3, 4월의 가중치는 각각 0.1, 0.2, 0.2, 0.5를 적용하라).

┤ 보기 ├

월	판매량(단위: 만대)
1	120
2	130
3	100
4	110

① 105　　　　　　　　　　　② 110
③ 113　　　　　　　　　　　④ 120

16 어느 병원에 도착한 환자 수가 보기와 같다고 할 때, 5주차의 예측치는 얼마인가?(이때, 최근 3개월 간의 가중이동평균을 적용하되, 최근 월로부터 가중치가 각각 0.5, 0.3, 0.2를 적용한다고 하자)

| 보기 |

주차	도착한 환자 수 (명)
1	360
2	380
3	400
4	420

① 380명   ② 386명
③ 400명   ④ 406명

17 생산 – 재고 시스템을 위한 총괄계획의 수립에서 수요변동에 어떻게 대처할 것인가는 매우 중요한 문제이다. 다음에 언급하는 내용 중 수요변동에 효과적으로 대응하는 전략으로 적절하지 않은 것은?

① 생산율 조정   ② 고용수준 변동
③ 매출조정   ④ 하청 혹은 외주

18 다음 기준생산계획 수립 시 주문 정책에 대한 설명 중 틀린 것은?

① LFL(Lot - for - Lot): 각 기간 동안 필요한 수요량과 같은 양을 주문하는 방식으로 기말재고가 없다.
② FOQ(Fixed Order Quantity): 매 주문 시 고정된 주문단위로 주문하는 방식이다.
③ POQ(Periodic Order Quantity): 기간에 상관없이 재고가 떨어질 때마다 즉각적으로 주문하는 방식이다.
④ EOQ(Economic Order Quantity): 총 재고비용이 최소가 되도록 하는 1회 주문량을 말한다.

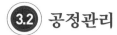 **공정관리**

01 공정관리의 대내적인 목표로 틀린 것은?

① 가동률 향상　　　　　　　　　② 재공품의 감소
③ 생산속도의 향상　　　　　　　④ 주문자의 요구 충족

02 다음 보기에서 설명하는 공정(절차)계획의 영역으로 옳은 것은?

┤ 보기 ├

주어진 생산예정표에 의해 결정된 생산량에 대해서 작업량을 구체적으로 결정하고 이것을 현 인원과 기계설비능력을 고려하여 양자를 조절하는 기능이다.

① 절차계획　　　　　　　　　　② 공수계획
③ 부하계획　　　　　　　　　　④ 능력계획

03 다음 중 [보기]의 괄호 안에 공통적으로 가장 적합한 용어는?

┤ 보기 ├

(　　　)는 일반적으로 할당된 작업이라 할 수 있으며, (　　　)계획이란 최대작업량과 평균작업량의 비율인 (　　　)율을 최적으로 유지할 수 있는 작업량의 할당 계획이다.

① 절차　　　　　　　　　　　　② 공수
③ 부하　　　　　　　　　　　　④ 능력

04 일정계획은 크게 3가지로 분류할 수 있다. 일정계획 중 공정별 또는 부품별 일정계획으로 작업공정별 일정계획 또는 제조계획이라고도 하는 일정계획은?

① 소일정계획　　　　　　　　　② 중일정계획
③ 대일정계획　　　　　　　　　④ 공정(절차)계획

05 다음 중 생산계획에 있어서 일정계획의 수립을 설명한 것으로 옳지 않은 것은?

① 작업흐름의 신속화　　　　　　② 생산기간의 단축
③ 작업의 안정화와 가동률의 향상　④ 전체공정의 능력증대

06 합리적인 일정계획을 수립하기 위한 방침 중 작업흐름의 신속화를 위한 방침이 아닌 것은?

① 가공로트수를 작게 할 것
② 전(前) 작업 또는 전(前) 공정의 작업기간을 동기화
③ 이동로트수를 작게 할 것
④ 공정계열의 병렬화

07 다음 중 공정분석의 목적으로 가장 적절하지 않은 것은?

① 공정자체의 개선
② 레이아웃의 개선
③ 품질수준의 개선
④ 공정편성 및 운반방법의 개선

08 다음 중 공정의 분류에 대한 설명으로 옳은 것은?

① 가공공정의 내용은 변질, 변형, 변색, 조립, 분해로 되어 있다.
② 가공을 위해 가까운 작업대에서 재료를 가져오는 것은 독립된 운반으로 볼 수 있다.
③ 질적 검사는 대상 제품이나 부품의 수량, 중량의 측정 등이다.
④ 대기는 제조의 목적을 직접적으로 달성하는 공정이다.

09 다음에서 설명하는 공정의 분류로 옳은 것은?

┤ 보기 ├

생산라인에서 변질, 변형, 변색, 조립, 분해로 되어 있고 대상물을 목적에 접근시키는 유일한 상태이다.

① 가공공정
② 대기공정
③ 애로공정
④ 생산공정

10 공정분석은 작업 대상물이 순차적으로 가공/완성되기까지 표준화와 관리를 위해서 중요하다. 생산의 공정 중 대기와 저장의 상태에 있는 공정을 지칭하는 용어는?

① 정체공정
② 가공공정
③ 운반공정
④ 검사공정

11 다음 공정분석 기호 중 품질검사를 나타내는 것은?

① □
② ▽
③ ○
④ ◇

12 다음 공정분석기호 설명에 적절하게 연결된 기호를 고르시오.

ㄱ. 품질검사를 주로 하면서 수량검사도 한다.
ㄴ. 수량검사를 주로 하면서 품질검사도 한다.
ㄷ. 가공을 주로 하면서 수량검사도 한다.
ㄹ. 가공을 주로 하면서 운반도 한다.

① 1. ㄱ, 2. ㄴ
② 1. ㄴ, 2. ㄷ
③ 1. ㄱ, 2. ㄷ
④ 1. ㄴ, 2. ㄹ

13 다음은 공정분석을 위해 사용되는 기호들 중 복합기호들을 도시한 것이다. 수량검사를 주로 하면서 품질검사도 수행하는 경우를 표현한 기호는 무엇인가?

①

②

③

④

14 다음 [보기]와 같은 조건에서 가동률을 얼마인가?

┤ 보기 ├
- 출근율: 80%
- 간접 작업율: 20%
- 종업원 수: 10명

① 0.60

② 0.62

③ 0.64

④ 0.66

15 A공정은 작업인원의 출근율은 80%, 작업에 소요되는 간접작업율은 10%라고 한다. 이 공정의 가동율은?

① 9%

② 72%

③ 81%

④ 90%

16 다음 중 능력계산에 대한 설명으로 옳지 않은 것은?

① 인적능력은 환산인원, 실제가동시간, 가동률의 곱이다.
② 가동률 = 출근율 × 간접작업율
③ 기계능력 = 기계대수 × 1일 실제가동시간 × 1개월 가동일수 × 기계의 가동률
④ 환산인원이란 실제 인원에 환산계수를 곱하여 표준능력의 인원으로 환산하는 것이다.

17 다음 공수계획 수립의 방침들 중 잘못된 것은?

① 특정된 공정에 부하가 과도하게 집중되지 않도록 조정해야 함
② 사람이나 기계는 최대한 많은 작업량을 할당할 수 있어야 함
③ 일정계획과 대비하여 시간에 따라 부하가 변동되어 바쁘고 한가함의 차이가 극단적이 되지 않도록 조정해야 함
④ 작업의 성질이 작업자의 기능 성격과 기계의 성능에 맞도록 할당해야 함

18 공수체감곡선 상에 나타나는 특징을 보기에서 모두 고른 것은?

> **┤ 보기 ├**
>
> ㄱ. 수작업이 많으면 체감률이 높다
> ㄴ. 작업주기가 짧고 단순하면 초기에 학습향상이 나타나지 않는다.
> ㄷ. 작업의 성격과 학습 주체에 따라 같게 나타난다.
> ㄹ. 노동집약형이 기계집약형보다 공수체감이 더욱 빨리 일어나게 된다.

① ㄱ, ㄴ   ② ㄱ, ㄹ
③ ㄴ, ㄷ   ④ ㄴ, ㄹ

19 간트차트의 정보를 이용하여 결정할 수 있는 사항에 해당하지 않는 것은?

① 각 작업의 완료시간을 알 수 있다.
② 다음 작업의 시작시간을 알 수 있다.
③ 각 작업의 전체 공정시간을 알 수 있다.
④ 복잡하거나 대규모 공사에 적용하기 어렵다.

20 다음 중 간트차트(Gantt chart)에 대한 설명으로 적절하지 않은 것은?

① 간트차트는 작업 상호 간의 유기적인 관계가 명확하지 못하다.
② 간트차트를 이용하여 각 작업의 전체 공정시간을 알 수 있으며 각 작업의 완료시간을 알 수 있다.
③ 간트차트는 일정계획에 있어서 정밀성을 기대하기 쉽기 때문에 복잡하거나 대규모인 공사에 적용하기가 쉽다.
④ 간트차트는 일정, 비용 등에 대해서 간단명료하게 의사소통할 수 있는 장점이 있다.

21 간트차트는 각 업무 별로 시작과 끝을 그래픽으로 표시하여 전체 일정을 한 눈에 볼 수 있다는 장점이 있다. 다음은 간트차트의 단점을 제시한 것으로 옳지 않은 것은?

① 변화 또는 변경에 약하다.
② 일정계획에 있어서 정밀성을 기대하기 어렵다.
③ 계획과 실적의 비교가 어렵다.
④ 작업 상호 간의 유기적인 관계를 표현하기 어렵다.

22 다음 중 PERT와 CPM에 대한 설명으로 부적합한 것은 무엇인가?

① 비용을 적게 사용하면서 최단 시간 내 계획 완성을 위한 프로젝트 일정 방법
② 작업 TASK들을 논리적으로 배열하고 관계를 도식화할 수 있다.
③ 네트워크를 작성하여 분석하므로 상세한 계획을 수립하기 쉽다
④ 소규모 공사 관리에 적합한 방법으로 토목/건설 공사에 활용

23 다음 중 PERT와 CPM에 대한 설명으로 적합한 것은 무엇인가?

① 소규모 공사 관리에 적합한 방법으로 토목/건설 공사에 활용
② 네트워크를 작성하여 분석하므로 상세한 계획을 수립하기 쉽다.
③ 주일정공정이 포함된 계획내용은 원가계산에 활용
④ 네트워크를 사용하므로 부분적인 활동만 파악할 수 있다.

24 [그림]은 어떤 프로젝트의 네트워크 다이어그램이다. 이 프로젝트를 완성하기 위한 가장 빠른 일정에는 몇 주가 소요되는가?

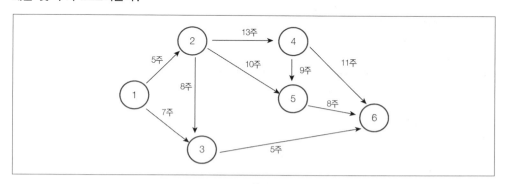

① 39주   ② 35주
③ 29주   ④ 12주

25 다음 중 작업의 우선순위 고려원칙에 대한 설명으로 잘못된 것은?

① 잔여작업당 여유시간: 잔여작업당 여유시간이 적은 순으로 처리
② 최단가공시간: 가공에 소요되는 시간이 가장 짧은 과업을 먼저 처리
③ 납기우선순위: 납기일자가 가장 여유가 있는 과업부터 먼저 시작하여 처리
④ 긴급률: 납기까지의 남은 시간을 앞으로 소요되는 가공시간으로 나눈 값이 적은 순으로 처리

26 각 작업장의 시간이 아래와 같을 때 라인밸런싱의 효율은?(단, 각 작업장의 작업자는 1명)

작업장	1	2	3	4
작업시간	11분	12분	15분	13분

① 85%   ② 87.5%
③ 90%   ④ 92.5%

27 다음은 JIT(Just In Time) 생산방식의 특징을 제시한 것으로 옳지 않은 것은?

① Pull 생산 방식이다.
② 큰 로트 규모가 필요 없다.
③ High-speed의 자동화가 요구된다.
④ 불량을 허용하지 않는다.

28 칸반(Kanban)시스템에 대한 설명으로 적절하지 않은 것은?

① JIT시스템을 실현하기 위하여 고안된 관리도구이다.
② 공정에서 필요한 양만큼 밀어내는 Push방식을 사용한다.
③ 신호 칸반이란 프레스 등과 같이 준비교체시간이 다소 걸려 큰 로트를 만드는 생산지시가 필요할 때 사용한다.
④ 칸반시스템 하에서는 불량품이 발견되면 절대로 다음 공정으로 보내지 않는다.

29 다음 중 칸반시스템의 운영규칙에 해당하지 않는 것은 무엇인가?

① 불량품을 임의대로 후공정에 보낸다.
② 후공정이 인수해 간 양만큼만 생산한다.
③ 칸반은 미세조종의 수단이다.
④ 공정을 안정화하여 합리화 한다.

30 JIT(just in time)의 7가지 낭비가 아닌 것은?

① 재고의 낭비
② 불량의 낭비
③ 동작의 낭비
④ 시간의 낭비

3.3 자재소요 및 생산능력계획

01 다음 중 A. J. Arrow의 재고보유 동기가 아닌 것은?

① 거래동기
② 주문동기
③ 예방동기
④ 투기동기

02 다음 중 안전재고에 대한 설명으로 바르게 제시한 것은?

① 일시에 필요한 양보다 더 많이 주문하는 경우에 생기는 재고를 말하는데, 일반적으로 주문비용이나 생산준비비용을 줄이거나 할인혜택을 얻을 목적으로 한꺼번에 많은 양을 주문할 때 발생한다.
② 기업을 운영함에 있어 발생할 수 있는 여러 가지 불확실한 상황(재고 조달기간, 수요량, 재고 부족 등)에 대비하기 위해 미리 확보하고 있는 재고를 말한다.
③ 파업이나 긴급한 상황으로 인해 발생하는 생산 중단, 가격급등, 계절적인 수요 등이 예상될 때 그 소비에 충당할 목적으로 미리 구매하여 창고에 보관하는 재고를 말한다.
④ 유통과정 중에 있는 제품이나 생산 중에 있는 재공재고를 의미한다.

03 다음은 다양한 재고비용에 대한 설명으로 재고유지비용에 대한 설명으로 옳은 것은?

① 조달 가격 및 거래처 조사에 소요되는 비용
② 생산공정의 변경이나 기계/공구의 교환으로 발생하는 비용
③ 재고에 투입된 자금의 금리
④ 물품수송비, 하역비, 입고 비용

04 경제적 주문량(EOQ)은 주문비용과 재고유지비용으로 구성되는 총비용을 최소화하기 위한 1회 발주량을 결정하게 된다. 경제적 주문량의 산정을 위해 전제되는 기본 가정들 중 잘못된 것은?

① 비교적 안정적 수요를 가진 여러 품목들의 통합 발주량 결정에 사용된다.
② 수요율은 일정하고, 이에 따른 연간 총수요 또한 확정적이다.
③ 조달기간은 일정하고, 분할 없이 한꺼번에 입고된다.
④ 재고부족은 없다고 가정하며, 대량구매에 따른 가격할인 또한 없다.

05 자동차 부품 A의 연간 수요량이 20,000개, 주문비용은 1회 주문마다 20,000원, 구입단가가 4,000원이고 연간 재고유지비율이 0.2일 경우 경제적 주문량(EOQ)은?

① 1,000개
② 2,000개
③ 4,000개
④ 8,000개

06 어떤 부품의 연간 수요량이 10,000개이고, 1회 주문비용이 1,000원이며, 단위당 연간재고유지비용이 2,000원일 경우 경제적 주문량(EOQ)은 몇 개 인가?

① 100개
② 200개
③ 500개
④ 1,000개

07 가정용 정수기의 핵심 부품을 생산하는 제조업체의 대표품목 A의 가격은 1,000원이고, 연간 수요량이 1,000개라고 한다. 주문비용은 매 주문당 2,000원이고, 단위당 재고유지비용비율이 40%라고할 때 경제적 발주량(EOQ)은 얼마인가?

① 100개
② 150개
③ 200개
④ 250개

08 MRP(자재소요계획)에 대한 설명으로 보기에서 모두 고른 것은?

┤ 보기 ├

ㄱ. 필요한 물자량, 주문시기 등을 파악할 수 있다.
ㄴ. 대상물품이 원자재, 부분품, 반제품일 경우 적용된다.
ㄷ. 주요입력요소로 주생산일정계획, 자재명세서, 재고명세서가 있다.
ㄹ. 정확한 시스템 하에 움직이므로 상황변화에 따라 주문을 조절하기 어렵다.

① ㄱ, ㄴ
② ㄱ, ㄹ
③ ㄴ, ㄹ
④ ㄱ, ㄴ, ㄷ

09 다음 중 MRP(자재소요계획)의 입력요소로 적합하지 않은 것은?

① 주생산일정(MPS: Master Production Schedule)
② 자재명세서(BOM: Bill of Material)
③ 총괄능력계획(RCCP: Rough-cut Capacity Plan)
④ 재고기록파일(Inventory Record File)

10 BOM에 대한 설명 중 옳게 짝지어진 것은?

┤ 보기 ├

ㄱ. BOM에서 가장 기본이 되는 정보는 제품구조정보이다.
ㄴ. Engineering BOM은 설계부서에서 사용된다.
ㄷ. Manufacturing BOM은 생산현장에서 사용된다.
ㄹ. 역삼각형 BOM을 Percentage BOM이라고 부른다.

① ㄱ, ㄴ   ② ㄱ, ㄹ
③ ㄴ, ㄹ   ④ ㄱ, ㄴ, ㄷ

11 BOM(Bill of Material)은 특정 제품이 어떤 부품들로 구성되는 가에 대한 데이터로 소요량 계산의 기본이 되는 일종의 제품구조정보이다. 다음 중 BOM의 종류에 대한 설명으로 적절하지 않은 것은?

① Engineering BOM(설계 BOM)은 영업부서에서 주로 사용하는 BOM으로 고객의 기능 개선 요구를 중심으로 구성된다.
② Manufacturing BOM(제조 BOM, 생산 BOM)은 MRP시스템에서 사용되는 BOM으로 생산관리부서 및 생산현장에서 주로 사용되며 제조공정 및 조립공정의 순서를 반영하여 구성된다.
③ Percentage BOM은 Planning BOM의 일종으로 제품군을 구성하는 제품 또는 제품을 구성하는 부품의 양을 백분율로 표현한 것이다.
④ Common Parts BOM이란 제품 또는 제품군에 공통적으로 사용되는 부품들을 모아 놓은 BOM

12 다음 중 재고의 개별품목 각각에 대하여 상세한 정보를 나타내고 있는 재고기록철에 기록된 재고기록에 포함되지 않는 것은?

① 리드타임   ② 작업공정
③ 로트크기   ④ 안전재고

13 자재소요계획 활동 중에서 기준생산계획이 주어진 제조자원의 용량을 넘어서는지 않는지를 계산하는 모듈로 기준생산계획과 제조자원간의 크기를 비교하여 자원요구량을 계산해내는 것은?

① BOM(Bill Of Material)
② MRP(Material Requirement Planning)
③ CRP(Capacity Requirement Planning)
④ RCCP(Rough Cut Capacity Planning)

14 개략능력소요계획(RCCP)에 대한 설명으로 올바른 것은?

① RCCP에서 MPS Plan은 최종제품과 주요핵심 부품에 한해 작성된다.
② 자원요구량을 계산하는 과정에서 RCCP가 CRP보다 정확하다.
③ MRP 전개에 의해 생성된 계획이 얼마만큼의 제조자원을 요구하는지를 계산하는 모듈이다.
④ MRP에서 산출된 발주계획정보, 절차계획정보, 확정주문정보가 입력된다.

15 다음 보기 괄호 안에 적절한 용어는?

┤ 보기 ├

능력소요계획은 (   )에 의해 생성된 생산주문을 이용하여 각 기간 중에 각 작업장에서 필요한 인적자원 및 기계의 소요량을 계산하는 모듈이다.

① 총괄생산계획   ② 자재소요계획(MRP)
③ 주생산일정계획   ④ 개략능력요구계획

16 CRP에 대한 대화이다. 옳게 말한 사람을 〈보기〉에서 모두 고른 것은?

┤ 보기 ├

길동: 주요 입력데이터는 MPS Plan이다.
홍민: RCCP보다는 현실적인 자원요구량 계획을 생성할 수 있어.
지성: 생산오더가 내려간 작업이 현장의 자원을 필요로 한다는 것도 고려해야지.
대중: MRP 전개로 생성된 계획이 제조자원을 얼마나 요구하는지 계산하는지 모듈이지요.

① 길동   ② 길동, 홍민
③ 홍민, 지성   ④ 홍민, 지성, 대중

17 CRP(Capacity Requirement Planning)를 작성하는 데 필요한 주요 자료가 아닌 것은?

① 재고보유량   ② 작업장정보
③ 작업공정표   ④ 발주계획량

18 [보기] 중 SCM의 외재적 기능으로 옳게 짝지어진 것은?

┤ 보기 ├

㉠ 고객 주문을 실제 생산작업으로 투입하기 위한 Product Scheduling
㉡ 올바른 공급자의 선정
㉢ 공급자 네트워크로 공급된 원자재 등을 변형시키는데 사용하는 여러 프로세스
㉣ 공급자의 긴밀한 파트너십 유지

① ㉠, ㉢   ② ㉡, ㉣
③ ㉠, ㉣   ④ ㉡, ㉢

19 SCM(공급사슬망관리)은 최근 기업들에게 높은 서비스 수준과 낮은 비용을 동시에 달성시킬 수 있는 경영 패러다임뿐만 아니라 새로운 기회를 창출할 수 있는 도구로 각광받고 있다. SCM(공급사슬망관리)의 추진 효과로 짝지어진 것은?

① 생산효율화, 효율적 품질관리
② 물류비용 절감, 분산형 정보시스템의 운영
③ 구매비용 절감, 조달기간(Lead Time) 증가
④ 고객만족과 시장변화에 대한 대응력 강화, 총체적 경쟁우위 확보

20 다음에 제시한 SCM의 추진효과 중 적절하지 않은 것은?

① 통합적 정보시스템 운영
② 공급망을 구성하는 대표기업의 물류비용 절감
③ 고객만족, 시장변화에 대응력 향상
④ 구매비용 절감 및 생산효율화 극대화

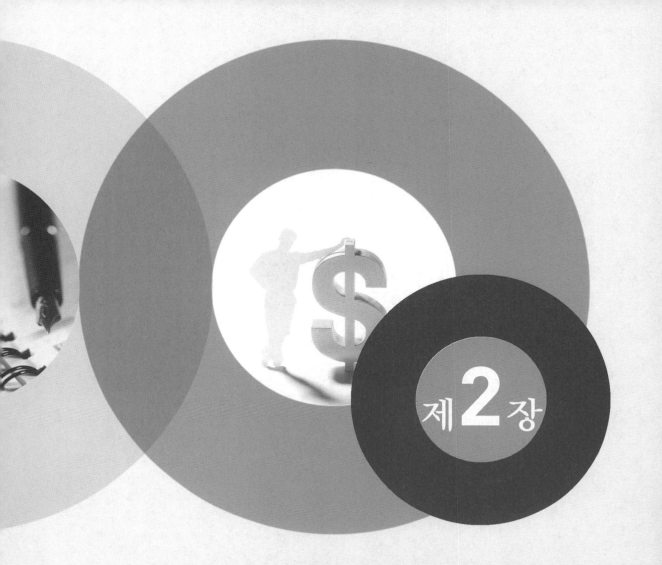

제**2**장

물류 2급 기출문제

물류 2급 | 2025년 1회 (2025년 1월 25일 시행)

01 [보기]는 무엇에 대한 설명인가?

> ┤ 보기 ├
>
> • 축적된 대용량 데이터를 통계기법 및 인공지능기법을 이용하여 분석하고 이에 대한 평가를 거쳐 일반화시킴으로써 새로운 자료에 대한 예측 및 추측을 할 수 있는 의사결정을 지원한다.
> • 대규모로 저장된 데이터 안에서 다양한 분석기법을 활용하여 전통적인 통계학 이론으로는 설명이 힘든 패턴과 규칙을 발견한다.
> • 분류(classification), 추정(estimation), 예측(prediction), 유사집단화(affinity grouping), 군집화(clustering) 등의 다양한 기법이 사용된다.

① 챗봇(Chat Bot) ② 블록체인(Block Chain)
③ 스마트계약(Smart Contract) ④ 데이터마이닝(Data Mining)

02 인공지능 규범(AI CODE)의 5대 원칙으로 적절하지 않은 것은?

① 인공지능은 투명성과 공정성의 원칙에 따라 작동해야 한다.
② 인공지능이 개인, 가족, 사회의 데이터 권리를 감소시켜서는 안된다.
③ 모든 시민은 인공지능을 통해서 정신적, 정서적, 경제적 번영을 누리도록 교육받을 권리를 가져야 한다.
④ 인간을 해치거나 파괴하거나 속이는 자율적 힘을 인간의 통제하에서 인공지능에게 부여할 수 있다.

03 ERP 구축 전에 수행되며, 단계적인 시간의 흐름에 따라 비즈니스 프로세스를 개선해가는 점증적 방법론은 무엇인가?

① ERD(Entity Relationship Diagram)
② BPI(Business Process Improvement)
③ MRP(Material Requirement Program)
④ SFS(Strategy Formulation & Simulation)

기출문제

04 차세대 ERP의 비즈니스 애널리틱스(Business Analytics)에 관한 설명으로 적절하지 않은 것은?

① 비즈니스 애널리틱스는 구조화된 데이터(structured data)만 분석대상으로 한다.
② ERP시스템의 방대한 데이터 분석을 위해 비즈니스 애널리틱스가 차세대 ERP의 핵심요소가 되고 있다.
③ 비즈니스 애널리틱스는 리포트, 쿼리, 대시보드, 스코어카드뿐만 아니라 예측모델링과 같은 진보된 형태의 분석기능도 제공한다.
④ 비즈니스 애널리틱스는 질의 및 보고와 같은 기본적 분석기술과 예측 모델링과 같은 수학적으로 정교한 수준의 분석을 지원한다.

05 ㈜KPC상사는 지수평활법을 활용하여 수요를 예측하고자 한다. 1월의 예측판매량이 2,000개이고 실제판매량이 2,500개였다. 지수평활상수가 0.4일 때, 2월 예측판매량으로 옳은 것은?

① 2,000개 ② 2,100개
③ 2,200개 ④ 2,300개

06 제품 A에 대한 목표매출액을 결정하기 위해 수익성 지표를 활용하려고 한다. [보기]의 예측자료를 이용한 손익분기점에서의 매출액으로 옳은 것은?

┤ 보기 ├
- 연간 고정비: 300만원
- 제품단위당 판매가: 650원/개
- 제품단위당 변동비: 500원/개

① 1,000만원 ② 1,100만원
③ 1,200만원 ④ 1,300만원

07 교차비율을 이용하여 목표판매액을 할당할 때, [보기]의 제품 중에서 목표판매액 할당이 두 번째로 높은 제품은 무엇인가? (단, 값은 소수점 셋째 자리에서 반올림한다.)

┤ 보기 ├

제품	매출액(억원)	한계이익(억원)	평균재고액(억원)
A	80	20	40
B	130	30	30
C	150	25	20
D	200	50	30

① A ② B
③ C ④ D

08 시장을 경쟁정도에 따라 구분할 경우 아래 [보기]에서 설명하는 내용에 적합한 시장으로 옳은 것은?

┤ 보기 ├

시장에 다수의 기업들이 참여하고 있지만 참여 기업들은 각기 디자인, 품질, 포장 등에 있어 어느 정도 차이가 있는 유사 상품을 생산, 공급하며 상호 경쟁하고 있는 시장으로 미용실, 병원, 목욕탕 등이 해당될 수 있다.

① 과점시장
② 독점시장
③ 완전 경쟁시장
④ 독점적 경쟁시장

09 가격 결정에 영향을 미치는 요인은 내부적 요인과 외부적 요인으로 구분할 수 있다. 성격이 다른 하나는 무엇인가?

① 유통채널
② 경쟁환경
③ 가격탄력성
④ 마케팅목표

10 수요예측에 대한 설명으로 가장 적절하지 않은 것은?

① 유효수요는 구체적으로 구매계획이 있는 경우의 수요를 의미한다.
② 수요란 재화나 서비스를 구매하려는 욕구를 의미하며, 잠재수요와 유효수요가 있다.
③ 수요예측이란 유효수요는 제외하고 장래에 발생할 가능성이 있는 잠재수요에 대하여 예측하는 것이다.
④ 일반적으로 영속성이 있는 상품에 대해 지속적으로 정확한 예측을 한다는 것은 영속성이 없는 상품의 경우보다 더 어렵다.

11 [보기]에서 설명하는 공급사슬관리의 물류활동으로 옳은 것은?

┤ 보기 ├

공장이나 물류센터로부터 출하하여 고객에게 인도하기까지의 물류

① 반품물류
② 생산물류
③ 조달물류
④ 판매물류

12 [보기]에서 설명하는 특징을 갖는 공급망 물류거점 운영방식으로 가장 옳은 것은?

┤ 보기 ├

• 물류 거점의 운영을 자재·부품 공급업체에 일임하고 필요한 경우에 필요한 수량만큼 공급자 운영 재고창고에서 가져오는 방식
• 주로 유통업체와 제품 공급업체 간의 유통망, 완성품 제조업체와 부품 제조업체 간의 부품 조달망에 활발히 이용됨

① 직배송방식
② 통합 물류센터 운영방식
③ 공급자관리재고(VMI) 운영방식
④ 크로스도킹(Cross-Docking) 운영방식

13 ㈜생산성은 상품 주문을 위해 고정주문기간 발주모형을 활용하고자 한다. [보기]에 자료를 활용하여 ㈜생산성이 주문해야 할 상품의 수량으로 옳은 것은?

┤ 보기 ├
- 검토 주기 동안의 수요: 15개
- 안전재고량: 20개
- 고정주문기간 발주모형 활용
- 구매 리드타임 동안의 수요: 50개
- 현재 재고수량: 30개

① 20개
② 35개
③ 55개
④ 70개

14 [보기]와 같은 특징을 갖는 운송경로로 옳은 것은?

┤ 보기 ├
- 다수의 소량 발송 화주가 단일 화주에게 일괄 운송하는 방식

① 배송 거점방식
② 복수 거점방식
③ 다단계 거점방식
④ 중앙집중 거점방식

15 창고보관의 기본 원칙으로 가장 적절하지 않은 것은?

① 먼저 입고된 물품을 먼저 출고한다.
② 동일 물품은 동일 장소에 보관한다.
③ 물품을 꺼내기 쉽도록 물품은 최대한 낮게 쌓는다.
④ 창고 내의 흐름을 원활히 하도록 통로를 중심으로 마주보게 보관한다.

16 [보기]에 해당하는 입고 관리의 단계로 적절한 것은?

┤ 보기 ├
- 물품을 실은 차량에서 물품을 내리는 활동이 이루어지는 단계
- 대기 및 작업시간 단축을 위한 효율적인 관리가 필요함

① 입고 지시
② 입고 마감
③ 입고 통보 접수
④ 입하 · 하차

17 A사와 B사는 2025년의 버스 교통비를 2,000원으로 결정하였다. 교통비에 해당하는 구매가격 유형으로 가장 적절한 것은?

① 시중가격
② 교섭가격
③ 협정가격
④ 개정가격

18 현금할인(cash discount) 방식 중 "특인기간 현금할인(extra dating)"으로 "3/10 - 30 days extra"로 표시되는 경우 할인적용 기간은 모두 얼마인가?

① 3일

② 10일

③ 33일

④ 40일

19 시장조사에 관한 설명으로 가장 옳지 않은 것은?

① 구매시장 조사는 비용의 경제성, 조사적시성, 조사탄력성, 조사정확성, 조사계획성 등을 고려하여야 한다.

② 간접조사에 의해 수집된 자료를 2차 자료라 말하며, 이는 1차 자료에 비하여 시간, 비용, 인력이 많이 든다.

③ 시장조사 방법은 직접조사와 간접조사가 있으며, 직접조사는 해당 기업이나 판매시장에서 각종 자재의 시세와 변동에 대하여 직접 조사하는 것이다.

④ 시장조사는 구매시장의 정보를 수집하고 분석하는 과정이며, 공급자 선정 및 구매계약과정에서 주도적인 협상과 적극적인 구매활동을 가능하게 하는 매우 중요한 기능이다.

20 장기계약구매 방법에 대한 설명으로 가장 적절한 것은?

① 구매청구가 있을 때마다 구매하여 공급하는 방식이다.

② 시장상황이 유리할 때 일정한 양을 미리 구매하는 방식이다.

③ 가격 인상을 대비하여 이익을 도모할 목적으로 가격이 저렴할 때 미리 구매하는 방식이다.

④ 특정 품목에 대해 수립한 장기 제조계획에 따라 필요한 자재의 소요량을 구매하는 방식이다.

기출문제

[실무]

::: 실무문제는 [실기메뉴]를 활용하여 답하시오.
웹하드(http://www.webhard.co.kr)에서 Guest(ID: samil3489, PASSWORD: samil3489)로
로그인하여 백데이터를 다운받아 설치한 후 물류 2급 2025년 1회로 로그인한다.

01 ㈜한국자전거에 등록된 일반거래처 중 사업장 주소지가 '서울'에 위치한 거래처를 고르시오.

① ㈜대흥정공   ② ㈜하나상사
③ ㈜빅파워   ④ ㈜제동기어

02 품목 중 [99-133510. SPECIAL CYCLE]에 대한 설명 중 올바르지 않은 것을 고르시오.

① 품목의 계정구분은 '상품'이다.   ② LOT No.를 사용하는 품목이다.
③ LEAD TIME은 '10' DAYS이다.   ④ 주거래처는 '㈜제동기어'이다.

03 ㈜한국자전거에서는 제품 출하 시 검사항목을 관리하고 있다. 다음 중 출하검사 시 '필수' 검사유형
질문 항목이 포함된 검사유형을 고르시오.

① 스크래치검사   ② 도색검사
③ 포장검사   ④ 작동검사

04 ㈜한국자전거에서는 월별로 고객별 판매계획을 등록하고 있다. 다음 중 2025년 01월에 실적담당이
'정영수'인 고객 중 매출예상금액이 가장 큰 거래처를 고르시오.

① ㈜대흥정공   ② ㈜하나상사
③ ㈜빅파워   ④ ㈜제동기어

05 아래 [조회조건]으로 데이터를 조회한 후 물음에 답하시오.

┤ 조회조건 ├

• 사업장: [1000. ㈜한국자전거본사]   • 견적기간: 2025/01/01 ~ 2025/01/01

다음 국내 견적내역 중 결제조건이 '현금결제'이면서, 견적일자 기준 유효일자가 가장 빠른 견적번
호를 고르시오.

① ES2501000001   ② ES2501000002
③ ES2501000003   ④ ES2501000004

06 아래 [조회조건]으로 데이터를 조회한 후 물음에 답하시오.

┤ 조회조건 ├
- 사업장: [1000. ㈜한국자전거본사]
- 주문기간: 2025/01/02 ~ 2025/01/02

다음 국내 수주내역 중 납품처가 등록되어 있는 수주이면서, 검사 과정을 거치는 수주번호를 고르시오.

① SO2501000001
② SO2501000002
③ SO2501000003
④ SO2501000004

07 ㈜한국자전거본사는 2025년 01월 06일 ㈜대흥정공으로 제품을 납품하기 위해 출하검사를 진행하였다. 다음 중 조회되는 출하검사 내역에 대한 설명으로 올바르지 않은 것을 고르시오.

① '제품창고'에서 출하될 대상의 품목을 검사하는 내역이다.
② 검사유형은 '작동검사'를 시행하였다.
③ 제품에 대한 '전수검사'를 시행하였다.
④ 불량내역 중 '찍힘불량'에 대한 내역이 존재한다.

08 아래 [조회조건]으로 데이터를 조회한 후 물음에 답하시오.

┤ 조회조건 ├
- 사업장: [1000. ㈜한국자전거본사]
- 출고기간: 2025/01/07 ~ 2025/01/07
- 출고창고: [M400. 상품창고]

다음 국내 출고내역 중 출고 장소가 나머지와 다른 품목을 고르시오.

① [NAX-A400. 싸이클]
② [NAX-A420. 산악자전거]
③ [ATECK-3000. 일반자전거]
④ [ATECX-2000. 유아용자전거]

09 아래 [조회조건]으로 데이터를 조회한 후 물음에 답하시오.

┤ 조회조건 ├
- 사업장: [1000. ㈜한국자전거본사]
- 마감기간: 2025/01/10 ~ 2025/01/10

다음 매출마감 등록 내역에 대한 설명으로 올바르지 않은 것을 고르시오.

① 마감 과세구분 '매출기타'에 대한 매출마감 처리 내역이다.
② 매출마감 후 전표처리로 진행이 완료되었다.
③ 출고번호 'IS2501000002'의 마감 내역이다.
④ 관리단위 수량과 재고단위 수량이 동일하게 등록되었다.

기출문제

10 아래 [조회조건]으로 데이터를 조회한 후 물음에 답하시오.

┤ 조회조건 ├
- 사업장: [1000. ㈜한국자전거본사]
- 수금기간: 2025/01/10 ~ 2025/01/10

다음 수금내역 중 2025년 01월 15일 일자로 선수금정리 내역이 존재하는 고객을 고르시오.

① ㈜대흥정공
② ㈜하나상사
③ ㈜빅파워
④ ㈜제동기어

11 ㈜한국자전거본사는 2025년에 대한 고객별 기초미수채권 정보를 확인하고자 한다. 다음 중 기초미수채권 금액이 가장 큰 고객을 고르시오. (미수채권 정보 기준은 '출고기준'으로 한다.)

① ㈜대흥정공
② ㈜하나상사
③ ㈜빅파워
④ ㈜제동기어

12 아래 [조회조건]으로 데이터를 조회한 후 물음에 답하시오.

┤ 조회조건 ├
- 사업장: [1000. ㈜한국자전거본사]
- 내역조회: [1. 조회함]
- 계획기간: 2025/02/10 ~ 2025/02/10
- 전개구분: 2. 모의전개

2025년 02월에 대한 자재 수급계획으로 등록된 주계획작성(MPS) 내역을 소요량 분석하였다. 다음 중 예정 발주일이 가장 빠른 품목을 고르시오.

① [21-1030600. FRONT-FORK(S)]
② [21-1060700. FRAME-NUT]
③ [21-1060850. WHEEL FRONT-MTB]
④ [21-1060950. WHEEL REAR-MTB]

13 아래 [조회조건]으로 데이터를 조회한 후 물음에 답하시오.

┤ 조회조건 ├
- 사업장: [1000. ㈜한국자전거본사]
- 요청일자: 2025/01/10 ~ 2025/01/10

다음 국내 청구내역에 대한 설명 중 올바르지 않은 것을 고르시오.

① '구매'에 대한 청구를 등록한 건이다.
② 청구자는 '박국현'이다.
③ 관리구분 '일반구매'에 대한 내역이다.
④ 요청일은 2025년 01월 31일로 등록되었다.

14 아래 [조회조건]으로 데이터를 조회한 후 물음에 답하시오.

┤ 조회조건 ├

- 사업장: [1000. ㈜한국자전거본사]
- 발주기간: 2025/01/11 ~ 2025/01/11

다음 국내 발주내역 중 품목의 주거래처와 다른 거래처로 등록된 발주 건을 고르시오.

① PO2501000001
② PO2501000002
③ PO2501000003
④ PO2501000004

15 아래 [조회조건]으로 데이터를 조회한 후 물음에 답하시오.

┤ 조회조건 ├

- 사업장: [1000. ㈜한국자전거본사]
- 입고기간: 2025/01/12 ~ 2025/01/12
- 입고창고: [M100. 부품창고]

다음 발주입고된 국내 입고내역에 대한 설명 중 올바르지 않은 것을 고르시오.

① '건별' 마감처리를 통한 매입마감이 처리된 내역이다.
② 검사과정을 거쳐 등록된 발주입고 내역이다.
③ 발주일자와 동일한 일자로 입고된 내역이다.
④ 검사 불합격 과정으로 인하여 발주등록된 수량보다 적은 수량이 입고되었다.

16 아래 [조회조건]으로 데이터를 조회한 후 물음에 답하시오.

┤ 조회조건 ├

- 사업장: [1000. ㈜한국자전거본사]
- 입고기간: 2025/01/13 ~ 2025/01/13

㈜한국자전거본사는 매입마감 진행이 안 된 입고내역의 미마감수량을 파악하고자 한다. 다음 [조회조건]에 해당되는 입고내역 중 미마감수량의 합이 가장 적은 프로젝트를 고르시오. (관리단위 기준)

① 특별할인판매
② 유아용자전거
③ 일반용자전거
④ 산악용자전거

17 아래 [조회조건]의 조건으로 데이터를 조회한 후 물음에 답하시오.

┤ 조회조건 ├

- 사업장: [1000. ㈜한국자전거본사]
- 기간: 2025/01/15 ~ 2025/01/15

다음 회계처리를 진행한 국내 매입마감 데이터 중 관리구분 '할인구매' 내역이 포함된 건의 전표번호와 순번을 고르시오.

① 전표번호: 2025/01/15, 순번: 1
② 전표번호: 2025/01/15, 순번: 2
③ 전표번호: 2025/01/15, 순번: 3
④ 전표번호: 2025/01/15, 순번: 4

18 ㈜한국자전거본사는 품목별 안전재고량을 등록하여 현재 재고수량을 고려한 가용재고를 관리한다. 다음 중 계정구분이 '반제품'인 품목 중 안전재고량 미만의 재고로 인하여 가용재고의 부족이 발생한 것을 고르시오. (재고 기준은 2025년 전사 기준으로 확인한다.)

① [81-1001000. BODY-알미늄(GRAY-WHITE)]

② [83-2000100. 전장품 ASS'Y]

③ [85-1020400. POWER TRAIN ASS'Y(MTB)]

④ [88-1001000. PRESS FRAME-W]

19 아래 [조회조건]으로 데이터를 조회한 후 물음에 답하시오.

┤ 조회조건 ├

• 사업장: [1000. ㈜한국자전거본사] • 해당년도: 2025년 1월

㈜한국자전거본사에서는 각 생산품에 대한 표준원가를 등록하여 활용하고 있다. 다음 중 표준원가(품목등록)보다 표준원가가 더 비싼 품목으로 옳은 것은?

① [31-1010001. 체인] ② [31-1010002. 의자]

③ [31-1010003. 바구니] ④ [31-1010005. 좌물쇠]

20 아래 [조회조건]으로 데이터를 조회한 후 물음에 답하시오.

┤ 조회조건 ├

<작업내역>
㈜한국자전거본사에서 2025년 01월 25일에 [TK-201. 가족하이킹세트] 1EA를 관리할 목적으로 특정 창고-장소로 이동시켰다.
특정 창고-장소의 적합여부는 '적합'이지만, 가용재고는 '부'로 양품이지만 판매할 수 없도록 물품을 관리하기 위한 곳이다.

다음 재고이동등록(창고) 메뉴를 사용하는 경우 작업내역의 조건을 만족하는 이동번호를 고르시오.

① MV2501000001 ② MV2501000002

③ MV2501000003 ④ MV2501000004

물류 2급 | 2024년 6회 (2024년 11월 23일 시행)

01 [보기]에서 가장 성공적인 ERP 도입이 기대되는 회사는 어디인가?

┤ 보기 ├

- 회사 A: 업무 프로세스를 재정립하고, 유능한 컨설턴트를 고용한다.
- 회사 B: IT 전문지식이 풍부한 전산부서 직원들로 구성된 도입 TFT를 결성한다.
- 회사 C: ERP 구축과정에서 실무담당자의 참여를 유도하기 위해 경영자는 배제한다.
- 회사 D: 현재 업무 방식이 최대한 반영되도록 업무 단위에 맞추어 ERP 도입을 추진 중이다.

① 회사 A　　　　　　　　　　　② 회사 B
③ 회사 C　　　　　　　　　　　④ 회사 D

02 ERP 도입전략 중 ERP자체개발 방법에 비해 ERP패키지를 선택하는 방법의 장점으로 가장 적절하지 않은 것은?

① 커스터마이징을 최대화할 수 있다.
② 검증된 기술과 기능으로 위험 부담을 최소화할 수 있다.
③ 검증된 방법론 적용으로 구현기간의 최소화가 가능하다.
④ 향상된 기능과 최신의 정보기술이 적용된 버전(version)으로 업그레이드(upgrade)가 가능하다.

03 빅데이터의 주요 특성(5V)으로 옳지 않은 것은?

① 속도　　　　　　　　　　　　② 다양성
③ 정확성　　　　　　　　　　　④ 일관성

04 [보기]는 무엇에 대한 설명인가?

┤ 보기 ├

- 제품, 공정, 생산설비, 공장 등에 대한 실제 환경과 가상 환경을 연결하여 상호작용하는 통합시스템
- 실시간으로 수집되는 빅데이터를 가상 모델에서 시뮬레이션하여 실제 시스템의 성능을 최적으로 유지

① 비즈니스 애널리틱스(Business Analytics)
② 사이버물리시스템(Cyber Physical System, CPS)
③ 공급사슬관리(Supply Chain Management, SCM)
④ 전사적 자원관리(Enterprise Resource Planning, ERP)

05 수요예측의 오차에 대한 설명으로 적절하지 않은 것은?

① 오차의 발생 확률은 예측하는 기간의 길이에 비례하여 높아진다.
② 수요가 안정적인 기간보다 불안정한 기간의 예측 적중률이 높다.
③ 영속성이 있는 상품은 영속성이 없는 상품보다 정확한 예측이 어렵다.
④ 계절변동이 없는 상품은 계절변동이 있는 상품보다 상대적으로 예측적중률이 높다.

06 지수평활법을 이용하여 예측 판매량의 변화를 파악하고자 한다. 실제 판매량과 예측 판매량이 [보기]와 같을 때, 8월 대비 9월의 예측 판매량의 변화로 옳은 것은? (단, 지수평활상수 α = 0.4이다)

┤ 보기 ├
• 7월 실제 판매량: 300   • 7월 예측 판매량: 350
• 8월 실제 판매량: 400

① 25 증가   ② 26 증가
③ 27 증가   ④ 28 증가

07 다음 중 영업사원별 판매할당에 대한 설명으로 적절한 것은?

① 목표매출액을 할당하는 단계에서 가장 먼저 설정된다.
② 영업거점의 목표매출액은 해당 영업사원별로 배분된다.
③ 세분화된 지역과 시장에 대하여 목표매출액을 적절하게 배분하는 활동이다.
④ 과거 판매액, 판매(수주)실적 경향, 목표 수주점유율, 고객의 영업전략 등을 고려한다.

08 원가가산에 의한 가격 결정법에 따라 제품의 소매가격을 10,000원으로 결정하였다. [보기]의 원가구성자료를 참고할 때, 소매업자의 이익으로 옳은 것은?

┤ 보기 ├
• 도매매입원가: 4,000원   • 도매업자 영업비: 1,000원
• 도매업자 이익: 2,000원   • 소매가격: 10,000원
• 소매업자 영업비: 1,000원   • 소매업자 이익: (?   )

① 1,000원   ② 2,000원
③ 3,000원   ④ 4,000원

09 효율적인 매출채권의 관리를 위한 활동으로 가장 옳지 않은 것은?

① 거래처의 신용도 파악   ② 거래처의 신용한도 설정
③ 회사의 자금조달기간 파악   ④ 외상매출대금 회수계획 및 관리

10 ABC분석에 대한 설명으로 적절한 것은?

① 대상을 A,B,C 그룹으로 나눈 후 무작위로 배치한다.
② A그룹은 전체 매출 누적치의 약 70~80%를 차지한다.
③ 거래처 포트폴리오의 단점을 보완하여 ABC 분석을 활용하게 되었다.
④ 과거 판매실적, 판매능력, 성장가능성 등 다양한 요소를 고려할 수 있는 방법이다.

11 공급망 운영전략의 유형을 효율적 공급망 전략과 대응적 공급망 전략으로 구분할 경우, 대응적 공급망 전략의 특징에 대한 설명으로 가장 적절한 것은?

① 비용과 품질에 근거하여 공급자를 선정한다.
② 리드타임을 줄이기 위해 공격적으로 투자한다.
③ 높은 가동률을 통해 낮은 비용을 유지하고자 한다.
④ 공급망에서 높은 재고회전율과 낮은 재고수준을 유지하고자 한다.

12 [보기]를 참고하여 고정주문량모형의 재발주점(ROP)을 구하시오.

┤ 보기 ├

- 조달기간: 4일
- 안전재고량: 3,000개
- 일평균사용량: 6,000개

① 25,000개
② 26,000개
③ 27,000개
④ 28,000개

13 재고자산 기록방법 중 실지재고조사법에 대한 설명으로 가장 적절한 것은?

① 거래가 빈번하지 않을 때 적용이 적합한 방법이다.
② 기말재고로 파악되지 않은 수량은 당기에 매출된 수량으로 간주한다.
③ 재고자산의 입출고 시에 재고의 증감수량과 금액을 일일이 계속 장부에 기록하는 방법이다.
④ 감모손실이 기말재고수량에 포함되지 않으므로 실제 재고수량보다 기말재고수량이 많을 수 있다.

14 창고배치(layout)의 기본 원리로 가장 옳지 않은 것은?

① 물품의 취급 횟수를 증가시켜야 한다.
② 물품, 운반기기 및 사람의 역행 교차는 피해야 한다.
③ 물품, 통로, 운반기기 및 사람 등의 흐름 방향은 직진성에 중점을 둔다.
④ 하역 운반기기, 랙, 통로 등에 대한 모듈화와 규격화를 적용하여 보관 및 작업효율을 높여야 한다.

기출문제

15 창고 입고업무 프로세스에 관한 설명으로 [보기]의 (   )안에 들어갈 용어를 짝지어 놓은 것으로 가장 옳은 것은?

┤ 보기 ├

구매·주문 요청 → 입고 통보 접수 → 입고 계획 수립 → 입하·하차 → (㉠) → 입고 지시 → (㉡) → 입고 마감

① ㉠-피킹, ㉡-검사(검품 · 검수)
② ㉠-분류, ㉡-검사(검품 · 검수)
③ ㉠-검사(검품 · 검수), ㉡-피킹
④ ㉠-검사(검품 · 검수), ㉡-입고(적치)

16 ㈜KPC 철강회사는 여러 차례에 걸쳐 철강 원자재를 구매하고 있다. 이 회사는 원가법에 따라 재고자산을 평가하고 있으며, 최근 철강 가격의 변동이 심화됨에 따라 재고평가방식을 재검토하고 있다. 최근 분기 동안의 철강 원자재 구매내역은 [보기]와 같다.

┤ 보기 ├

- 1월 5일: 1,000톤을 톤당 700,000원에 구매함
- 2월 10일: 800톤을 톤당 750,000원에 구매함
- 3월 15일: 600톤을 톤당 800,000원에 구매함

3월 말까지 ㈜KPC는 총 1,400톤의 철강을 출고한 바 있다. ㈜KPC는 물가상승에 대비하여 최근에 구매한 원자재부터 먼저 사용하는 방식으로 재고를 평가하였다. 이 회사가 사용한 재고자산 평가방법은 무엇인가?

① 개별법
② 총평균법
③ 후입선출법
④ 선입선출법

17 원가 구성요소에 대한 설명으로 가장 옳지 않은 것은?

① 간접비는 다수 제품의 제조과정에 공통적으로 소비된 비용이다.
② 고정비는 조업도의 증감과는 상관없이 항상 일정하게 지출되는 비용이다.
③ 변동비는 조업도가 변동함에 따라 총원가가 비례적으로 변동하는 원가이다.
④ 판매원가는 제조원가(제조활동)와 판매 및 일반관리비(판매활동)에 이익을 더한 것이다.

18 비가격경쟁에 의한 가격 유지방법으로 적절하지 않은 것은?

① 브랜드 이미지로 신뢰감 부여
② 원가절감으로 시장점유율 확대
③ 유리한 지급조건으로 관심 유도
④ 신제품 개발력으로 새로운 가치 제공

19 [보기] 중에서 본사 집중구매가 유리한 품목으로 가장 적합한 것을 모두 나열한 것은?

┤ 보기 ├

ⓐ 고가품목 ⓑ 공통품목 ⓒ 표준품목
ⓓ 지역성 품목 ⓔ 대량구매품목 ⓕ 소량구매품목

① ㉠, ㉡, ㉢
② ㉡, ㉢, ㉣
③ ㉠, ㉡, ㉢, ㉤
④ ㉡, ㉢, ㉣, ㉥

20 [보기]의 대화에서 나타난 구매방법은 무엇인가?

┤ 보기 ├

- 김대리: 부장님! A품목에 대한 장기 제조계획이 수립되었습니다.
- 정부장: 필요한 자재의 소요량은 파악되었나요?
- 김대리: 네, 제조에 오랜 기간이 걸리는 만큼 필요한 자재의 소요량을 장기적으로 계약하는 구매방법을 채택하는 게 좋겠습니다.
- 정부장: 그렇게 하면 자재의 안정적인 확보가 가능하겠네요.
- 김대리: 저렴한 가격으로 충분한 수량을 확보해보겠습니다.

① 수시구매
② 일괄구매
③ 투기구매
④ 장기계약구매

[실무] ●

> ∷ 실무문제는 [실기메뉴]를 활용하여 답하시오.
> 웹하드(http://www.webhard.co.kr)에서 Guest(ID: samil3489, PASSWORD: samil3489)로
> 로그인하여 백데이터를 다운받아 설치한 후 물류 2급 2024년 6회로 로그인한다.

01 다음은 자재마감 통제 설정에 대한 설명이다. 잘못 설명한 보기를 고르시오.

① 재고평가방법은 총평균법이다.
② 거래처별단가를 구매단가로 사용한다.
③ (주)한국자전거본사의 마감일자는 2023년 12월 31일이다.
④ 구매/자재관리 모듈에서 전단계를 적용하면 전단계의 실적담당자가 적용된다.

02 다음 중 입고처리(국내발주) 메뉴에서 거래처 입력 시 자동으로 불러오는 실적담당자가 [4000. 정영수]인 거래처를 고르시오.

① [00001. (주)대흥정공] ② [00002. (주)하나상사]
③ [00004. (주)제동기어] ④ [00007. (주)제일물산]

03 다음은 품목에 대한 설명이다. 잘못 설명한 것을 고르시오.

① [10-1450000. SEAT CLAMP]은 계정구분이 원재료이다.
② [10-3520000. CRANK ARM]은 LOT번호를 관리하는 품번이다.
③ [20-1025000. 유아용자전거세트]은 재고단위와 관리단위가 다르다.
④ [21-1030600. FRONT FORK(S)]은 [F100. FRONT]품목군에 속한다.

04 아래 [조회조건]의 조건으로 데이터를 조회한 후 물음에 답하시오.

┤ 조회조건 ├

(주)한국자전거본사에서 2024년 11월 판매계획을 수립한 후 A품목의 재고소진을 위하여 단가를
낮추고 계획수량을 상향하여 수정계획을 수립하였다.

다음 중 A품목을 고르시오.

① [ATECK-3000. 일반자전거]
② [ATECX-2000. 유아용자전거]
③ [NAX-A400. 일반자전거(P-GRAY WHITE)]
④ [NAX-A420. 산악자전거(P-20G)]

05 아래 [조회조건]의 조건으로 데이터를 조회한 후 물음에 답하시오.

┤ 조회조건 ├

• 사업장: [1000. (주)한국자전거본사]   • 견적기간: 2024/11/01 ~ 2024/11/05

다음 [조회조건]의 입력된 견적내역 중 관리구분 [S40. 정기매출]이 등록된 견적번호를 고르시오.

① ES2411000001   ② ES2411000002
③ ES2411000003   ④ ES2411000004

06 아래 [조회조건]으로 데이터를 조회한 후 물음에 답하시오.

┤ 조회조건 ├

• 사업장: [1000. (주)한국자전거본사]   • 주문기간: 2024/11/05 ~ 2024/11/05

다음 중 견적번호 ES2411000004에 대한 수주로 등록된 주문번호를 고르시오.

① SO2411000001   ② SO2411000002
③ SO2411000003   ④ SO2411000004

07 2024년 11월 5일 수주내역 중 일부 수량만 출고한 내역이 존재한다. 일부 수량만 출고한 출고번호를 고르시오.

① IS2411000005   ② IS2411000006
③ IS2411000007   ④ IS2411000008

08 2024년 11월 7일 출고된 내역 중 실적담당자가 [3000. 박용덕]이며 관리구분이 [S50. 비정기매출]인 출고 품번을 고르시오.

① 31-1010002   ② 31-1010003
③ 31-1010004   ④ 31-1010005

09 2024년 11월 05일 수금 내역에 대하여 선수금을 정리하였다. 선수금 정리잔액이 적은 수금번호를 고르시오.

① RC2411000001   ② RC2411000002
③ RC2411000003   ④ RC2411000004

10 아래 [조회조건]으로 데이터를 조회한 후 물음에 답하시오.

> ┤ 조회조건 ├
> • 사업장: [1000. (주)한국자전거본사]　　• 마감기간: 2024/11/11 ~ 2024/11/11

위 [조회조건]의 매출마감(국내거래)에 대하여 잘못 설명한 것을 고르시오.

① SC2411000001은 재고단위 수량 합과 관리단위 수량 합이 다르다.
② SC2411000002는 하나의 출고 내역을 매출마감 하였다.
③ SC2411000003은 전표처리 되지 않았다.
④ SC2411000004은 필요에 따라 마감수량을 수정할 수 있다.

11 아래 [조회조건]으로 데이터를 조회한 후 물음에 답하시오.

> ┤ 조회조건 ├
> • 사업장: [1000. (주)한국자전거본사]　　• 기간: 2024/11/12 ~ 2024/11/13

다음 중 매출마감 내역을 회계처리하였다. 다음 중 사용되지 않은 계정과목을 고르시오.

① [10800. 외상매출금]　　　　　　② [25500. 부가세예수금]
③ [25900. 선수금]　　　　　　　　④ [40100. 상품매출]

12 다음 [보기]의 데이터를 조회 후 답하시오.

> ┤ 보기 ├
> • 사업장: [1000. (주)한국자전거본사]　　• 요청일자: 2024/11/01 ~ 2024/11/05

다음 [보기]의 청구등록 내용 중 구매 발주 대상이 아닌 청구 건을 고르시오.

① PR2411000001　　　　　　　② PR2411000002
③ PR2411000003　　　　　　　④ PR2411000004

13 다음의 [보기]의 내용을 읽고 질문에 답하시오.

> ┤ 보기 ├
> • 사업장: [1000. (주)한국자전거본사]　　• 전개구분: 0. 판매계획
> • 계획기간: 2024/11/01 ~ 2024/11/10

[보기]의 조건으로 소요량을 전개하였다. 계정구분이 반제품인 품목 중 예정발주일이 가장 늦은 품목을 고르시오.

① [81-1001000. BODY-알미늄(GRAY-WHITE)]
② [85-1020400. POWER TRAIN ASS'Y(MTB)]
③ [87-1002001. BREAK SYSTEM]
④ [88-1001000. PRESS FRAME-W]

14 2024년 11월에 발주된 발주번호 PO2411000003의 입고 내역을 찾아 조회하고 다음 중 입고내역에 대하여 잘못 설명한 것을 고르시오.

① 실적담당자는 최지민이다.
② 입고창고는 제품창고이다.
③ 관리구분은 일반구매이다.
④ 재고단위와 관리단위는 EA이다.

15 (주)한국자전거본사에서 2024년 11월 생산품 재고평가를 할 때, 계정과목이 제품인 품목 중 입고단가가 가장 큰 품목을 고르시오.

① [NAX-A400. 일반자전거(P-GRAY WHITE)]
② [NAX-A420. 산악자전거(P-20G)]
③ [81-1001000. BODY-알미늄(GRAY-WHITE)]
④ [85-1020400. POWER TRAIN ASS'Y(MTB)]

16 아래 [조회조건]으로 데이터를 조회한 후 물음에 답하시오.

┤ 조회조건 ├
• 사업장: [1000. (주)한국자전거본사]   • 마감기간: 2024/11/20 ~ 2024/11/20

국내 매입마감 내역에 대하여 잘못 설명한 것을 고르시오.

① PC2411000002은 2024년 11월 20일 입고된 내역의 마감 건이다.
② PC2411000003는 세무구분이 카드매입이다.
③ PC2411000004은 관리단위 수량 합과 재고단위 수량의 합이 다르다.
④ PC2411000005에서 마감된 품목의 계정과목은 모두 원재료이다.

17 (주)한국자전거본사에서 2024년 11월 05일 (주)빅파워의 매입 마감내역을 전표처리하였다. 전표처리된 내역의 대차구분 값과 계정과목으로 잘못 연결된 것을 고르시오.

① [13500. 부가세대급금] - 대체차변
② [14600. 상품] - 대체차변
③ [14900. 원재료] - 대체차변
④ [25100. 외상매입금] - 대체대변

18 아래 [조회조건]으로 데이터를 조회한 후 물음에 답하시오.

┤ 조회조건 ├
• 사업장: [1000. (주)한국자전거본사]   • 이동기간: 2024/11/01 ~ 2024/11/05

다음 중 가용재고여부 '부', 적합여부 '적합'인 창고/장소에서 가용재고여부 '부', 적합여부 '부적합'인 창고/장소로 이동시킨 수불번호를 고르시오.

① MV2411000001
② MV2411000002
③ MV2411000003
④ MV2411000004

19 2024년 11월 1일 재고실사를 실시하였다. 재고실사에 대한 설명 중 잘못 설명한 것을 고르시오.

① 실적담당자는 [50. 구매부]이다.
② 재고기준일은 2024년 10월 30일이다.
③ 상품창고, 상품장소에 대한 실사이다.
④ 품목 BATTERY TS-50은 11만큼 전사재고에서 차감해야 한다.

20 다음 [보기]의 데이터를 조회 후 답하시오.

┤ 보기 ├
- 해당년도: 2024
- 계정: [5. 상품]

전사 재고수량에서 안전재고량을 차감하여 가용재고량을 계산하여 구매에 필요한 품목을 확인한다. 다음 중 가용재고량이 가장 적은 품목을 고르시오.

① [45-78050. BATTERY TS-50]
② [ATECK-3000. 일반자전거]
③ [ATECX-2000. 유아용자전거]
④ [PS-ZIP01. PS-DARKGREEN]

물류 2급 | **2024년 5회 (2024년 9월 28일 시행)**

[이론]

01 기업에서 ERP시스템을 도입하기 위해 분석, 설계, 구축, 구현 등의 단계를 거친다. 이 과정에서 필수적으로 거쳐야하는 "GAP분석" 활동의 의미를 적절하게 설명한 것은?

① TO-BE 프로세스 분석
② TO-BE 프로세스에 맞게 모듈을 조합
③ 현재업무(AS-IS) 및 시스템 문제 분석
④ 패키지 기능과 TO-BE 프로세스와의 차이 분석

02 클라우드 컴퓨팅 서비스 유형에 대한 설명으로 가장 적절하지 않은 것은?

① PaaS는 데이터베이스와 스토리지 등을 제공하는 서비스이다.
② ERP 소프트웨어 개발을 위한 플랫폼을 클라우드 서비스로 제공받는 것을 PaaS라고 한다.
③ ERP 구축에 필요한 IT인프라 자원을 클라우드 서비스로 빌려 쓰는 형태를 IaaS라고 한다.
④ ERP, CRM 솔루션 등의 소프트웨어를 클라우드 서비스를 통해 제공받는 것을 SaaS라고 한다.

03 ERP시스템 투자비용에 관한 개념 중 '시스템의 전체 라이프사이클(life-cycle)을 통해 발생하는 전체 비용을 계량화한 비용'에 해당하는 것은?

① 유지보수 비용(Maintenance Cost)
② 시스템 구축비용(Construction Cost)
③ 총소유비용(Total Cost of Ownership)
④ 소프트웨어 라이선스비용(Software License Cost)

04 e-Business 지원 시스템을 구성하는 단위 시스템에 해당되지 않는 것은?

① 성과측정관리(BSC)
② EC(전자상거래) 시스템
③ 의사결정지원시스템(DSS)
④ 고객관계관리(CRM) 시스템

기출문제

05 [보기에서 설명하는 정성적 예측기법은 무엇인가?

┤ 보기 ├
- 예측대상의 제품 및 서비스에 대해 고객의 의견을 직접 조사하는 기법으로
- 소비자의 의견을 직접 확인할 수 있는 장점이 있으나, 비용 및 시간이 많이 소요되는 단점을 갖는다.

① 델파이법 ② 시장조사법
③ 자료유추법 ④ 판매원평가법

06 판매계획을 단기, 중기, 장기계획으로 구분할 때 장기 판매계획 요소로 적절하지 않은 것은?

① 신시장 개척 ② 신제품 개발
③ 판매경로 강화 ④ 구체적인 판매할당

07 교차비율을 이용하여 목표판매액을 할당할 때, [보기]의 제품 중에서 목표판매액 할당이 가장 적은 제품으로 옳은 것은?

┤ 보기 ├

제품	매출액	한계이익	평균재고액
A	100억원	10억원	5억원
B	200억원	15억원	10억원
C	300억원	20억원	15억원
D	400억원	30억원	20억원

① A ② B
③ C ④ D

08 가격결정에 영향을 미치는 외부적 요인 중 경쟁환경요인으로 가장 옳은 것은?

① 물류비용 ② 가격탄력성
③ 제품이미지 ④ 대체품가격

09 [보기]는 수주관리에 대한 내용이다. ㉠과 ㉡에 들어갈 내용으로 적절한 것은?

┤ 보기 ├
㉠은(는) 구매하고자 하는 물품에 대한 내역과 가격을 산출하는 과정이다.
㉠은(는) ㉡ 이전에 발생하는 과정이며, 일반적으로 첫 거래이거나 물품의 시장가격에 변동이 있을 경우 진행한다.
㉡은(는) 구매를 결정한 고객으로부터 구체적인 주문을 받는 과정이다.

① ㉠ 공급 / ㉡ 결제 ② ㉠ 견적 / ㉡ 수주
③ ㉠ 발주 / ㉡ 유통 ④ ㉠ 제조 / ㉡ 납품

10 [보기]의 자료를 활용하여 매출채권회전율을 구하시오.

┤ 보기 ├
- 특정년도의 총매출액: 600억원
- 받을어음 잔액: 100억원
- 외상매출금 잔액: 200억원
- 매출채권회전율: (   )회

① 1
② 2
③ 3
④ 4

11 공급망관리의 효과에 대한 설명으로 가장 적절하지 않은 것은?

① 공급망의 정보 · 물자 · 현금의 흐름을 최적화한다.
② 공급망관리는 수요예측 효율향상을 통해 채찍효과를 최대화한다.
③ 정보기술 전략과 연계하여 경제성 · 생산성 · 수익성을 극대화한다.
④ 공급자 · 제조업자 · 소비자 모두가 파트너십을 기반으로 인터페이스를 통합하고 협업한다.

12 공급망 거점 설계에서 고려되어야 할 비용 요소 중 재고비용에 대한 설명으로 적절하지 않은 것은?

① 주로 변동에 대비한 안전재고가 증가함에 따라 발생한다.
② 물류 거점에 보유하게 될 재고에 의해 발생되는 제반비용이다.
③ 물류 거점 수가 증가함에 따라 처음에는 크게 증가하는 경향이 있다.
④ 고정적으로 발생하는 인건비 및 초기 설비 투자비용 등을 포함한다.

13 재고관리 기법의 하나인 고정주문량기법에 대한 설명으로 옳지 않은 것은?

① 주문량이 항상 일정하다.
② 주문시기가 일정하지 않다.
③ 재고수준을 수시로 점검하게 된다.
④ 재고파악이 어려워 정기적으로 보충하게 된다.

14 일반화물자동차운송에 비해 철도운송의 특징에 관한 설명으로 옳지 않은 것은?

① 장거리 운송에 경제적이다.
② 대량의 화물운송이 가능하다.
③ 운송 도중에 적재변동이 적다.
④ 사고 발생률이 낮아 안정적이다.

15 창고보관의 기본 원칙으로 가장 옳지 않은 것은?

① 용적 효율을 높이기 위해 물품을 높게 쌓는다.
② 동일 물품은 동일 장소에 보관하고 유사품은 가까운 장소에 보관한다.
③ 출입구를 중심으로 무겁고 대형의 물품은 출입구 가까운 쪽에, 그리고 아래쪽에 보관한다.
④ 출입구가 동일한 창고의 경우 입출고 빈도가 높은 화물은 출입구에서 먼 장소에 보관하고, 낮은 경우에는 가까운 장소에 보관한다.

기출문제

16 [보기]는 (주)생산성의 물류팀의 사원이 작성한 작업일지이다. 사원이 오전 11시에 수행한 입고 관리 활동은 무엇에 해당하는가?

> ┤ 보기 ├
>
> 2024년 8월 16일
> - 오전 10시: 창고에 도착한 차량에서 부품 A를 내림
> - 오전 11시: 수량과 품질을 확인
> - 오후 1시: 수량과 품질확인 결과에 따라 전량 입고 지시
> - 오후 2시: 수량, 적치 위치, 특이사항 기록하여 팀장님께 보고

① 검사
② 입고 마감
③ 입고 지시
④ 입하 · 하차 운반

17 구매관리의 목적으로 가장 적절하지 않은 것은?

① 고객만족을 위해 좋은 품질을 구매
② 생산계획에 대응한 적절한 시기에 구매
③ 납기관리에 대응한 적절한 구매처 선정
④ 원가관리에 대응한 최저 가격으로 구매

18 [보기]의 내용 중 수취일기준 현금할인 방식에 대해 올바르게 설명하는 내용만을 고른 것은?

> ┤ 보기 ├
>
> ⓐ 가격할인 방식 중 현금할인 방식에 해당한다.
> ⓑ 할인기간의 시작일을 거래일로 하지 않고 송장(invoice)의 하수일을 기준으로 할인하는 방식이다.
> ⓒ 원거리 수송이 필요할 때 구매거래처의 대금지급일을 연기해 주는 효과가 있다.
> ⓓ "3/10 ROG"인 경우 선적화물 수취일로부터 3일 이내에 현금지불이 되면 10%의 할인이 적용된다는 의미이다.

① ⓐ, ⓑ
② ⓐ, ⓒ
③ ⓐ, ⓑ, ⓒ
④ ⓑ, ⓒ, ⓓ

19 구매절차 상 공급계약사항에 포함되어야 할 사항으로 적절하지 않은 것은?

① 품질
② 대금지불조건
③ 추가지원사항
④ 공급자 생산능력

20 구매방법에 대한 설명으로 가장 적절한 것은?

① 예측구매는 계절품목 등 일시적인 수요품목 등에 적합하다.
② 일괄구매는 가격동향의 예측이 부정확하면 손실의 위험이 크다.
③ 투기구매는 구매시간과 비용을 절감하고 구매절차를 간소화하는 방법이다.
④ 장기계약구매는 계약방법에 따라 낮은 가격이나 충분한 수량의 확보가 가능하다.

‥ 실무문제는 [실기메뉴]를 활용하여 답하시오.
웹하드(http://www.webhard.co.kr)에서 Guest(ID: samil3489, PASSWORD: samil3489)로
로그인하여 백데이터를 다운받아 설치한 후 물류 2급 2024년 5회로 로그인한다.

01 회사에서는 계정구분 [2. 제품] 에 대한 LEAD TIME을 설정하여 재고관리를 하려고 한다. 다음 품목
중에서 LEAD TIME 이 가장 긴 품목으로 옳은 것을 고르시오.

① [31-1010001. 체인] 　　　　② [31-1010002. 의자]
③ [31-1010003. 바구니] 　　　④ [31-1010004. 타이어]

02 품질검사를 체계적으로 관리하기 위해 '품질검사구분'에 대한 관리내역을 등록하여 활용하고 있다.
담당자가 [Q20. 포장검사] 이라는 관리내역을 신규로 등록하려고 할 때 불가능한 이유로 올바르게
설명한 것을 고르시오.

① 시스템관리자 계정이 아니기 때문에 등록할 수 없다.
② 이미 관리내역코드로 'Q20'이 있어서 등록할 수 없다.
③ 품질검사구분 관리항목에 최대로 등록할 수 있는 수를 초과하여 등록할 수 없다.
④ 이미 항목명에 '포장검사'가 있어서 등록할 수 없다.

03 영업부 이종현 사원은 대표자 성명이 '최영환'인 이름으로 기재된 이메일을 전달받았다. 해당 대표자
로 등록된 거래처를 고르시오.

① [00001. ㈜대흥정공] 　　　② [00002. ㈜하나상사]
③ [00003. ㈜빅파워] 　　　　④ [00004. ㈜제동기어]

04 아래 [조회조건]의 조건으로 데이터를 조회한 후 물음에 답하시오.

┤ 조회조건 ├

　• 사업장: [1000. ㈜한국자전거본사]　　　• 계획년도: 2024년 9월

㈜한국자전거본사는 2024년 9월의 판매 계획을 등록하여 활용하고자 한다. 다음 중 처음 계획했던
수량보다 수정한 계획수량이 더 적어진 품목을 고르시오.

① [31-1010001. 체인] 　　　　② [31-1010002. 의자]
③ [31-1010003. 바구니] 　　　④ [31-1010004. 타이어]

05 아래 [조회조건]으로 데이터를 조회한 후 물음에 답하시오.

┤ 조회조건 ├
- 사업장: [1000. ㈜한국자전거본사]
- 견적기간: 2024/09/01 ~ 2024/09/01

다음 [조회조건]의 견적 내역 중 견적번호 ES2409000004에 등록된 품목이 아닌 것을 고르시오.

① [81-1001000. BODY-알미늄(GRAY-WHITE)]
② [83-2000100. 전장품 ASS'Y]
③ [85-1020400. POWER TRAIN ASS'Y(MTB)]
④ [87-1002001. BREAK SYSTEM]

06 아래 [조회조건]으로 데이터를 조회한 후 물음에 답하시오.

┤ 조회조건 ├
- 사업장: [1000. ㈜한국자전거본사]
- 주문기간: 2024/09/02 ~ 2024/09/02

다음 수주 내역 중 입력 방법이 다른 주문번호를 고르시오.

① SO2409000001
② SO2409000002
③ SO2409000003
④ SO2409000004

07 아래 [조회조건]의 조건으로 데이터를 조회한 후 물음에 답하시오.

┤ 조회조건 ├
- 사업장: [1000. ㈜한국자전거본사]
- 주문기간: 2024/09/03 ~ 2024/09/03

다음 국내 수주내역에서 관리구분별 합계액의 합이 가장 적은 관리구분을 고르시오.

① [S10. 일반매출]
② [S20. 대리점매출]
③ [S40. 정기매출]
④ [S50. 비정기매출]

08 아래 [조회조건]으로 데이터를 조회한 후 물음에 답하시오.

┤ 조회조건 ├
- 사업장: [1000. ㈜한국자전거본사]
- 출고기간: 2024/09/04 ~ 2024/09/04
- 출고창고: [P100. 제품창고]

다음 [조회조건]의 국내 출고내역 중 출고 장소가 나머지와 다른 출고번호를 고르시오.

① IS2409000001
② IS2409000002
③ IS2409000003
④ IS2409000004

09 다음 [보기]는 (주)한국자전거본사에서 2024년 9월 5일에 국내 매출마감된 SC2409000001에 대한 설명이다.

┤ 보기 ├

가. 마감단가를 매출마감(국내거래) 메뉴에서 변경할 수 없다.
나. 마감수량을 매출마감(국내거래) 메뉴에서 변경할 수 있다.
다. 출고내역에서 수량을 변경하면 자동 반영된다.
라. 출고번호 IS2409000005을 매출마감한 건이다.

올바른 설명의 수를 고르시오.

① 0   ② 1
③ 2   ④ 3

10 아래 [조회조건]으로 데이터를 조회한 후 물음에 답하시오.

┤ 조회조건 ├

• 사업장: [1000. ㈜한국자전거본사]   • 조회기간: 2024/09/01 ~ 2024/09/30
• 조회기준: [0. 국내(출고기준)]

고객별로 미수채권을 확인하였을 시 [00001. (주)대흥정공] 의 2024년 09월 04일 기준 미수채권의 잔액은 얼마인지 고르시오.

① 4,670,600   ② 7,050,100
③ 7,446,100   ④ 11,720,700

11 아래 [조회조건]으로 데이터를 조회한 후 물음에 답하시오.

┤ 조회조건 ├

• 사업장: [1000. ㈜한국자전거본사]   • 기준일자: 2024/09/28
• 납기일: 2024/10/01 ~ 2024/10/31   • 거래구분: [0. DOMESTIC]

다음 [조회기간]의 수주 미납내역을 확인 시 2024년 09월 28일 기준으로 경과일수가 가장 길게 남아 있는 거래처를 고르시오.

① [00001. ㈜대흥정공]   ② [00002. (주)하나상사]
③ [00003. ㈜빅파워]   ④ [00004. ㈜제동기어]

12 아래 [조회조건]으로 데이터를 조회한 후 물음에 답하시오.

┤ 조회조건 ├
- 사업장: [1000. ㈜한국자전거본사]
- 계획구분: [2. SIMULATION]
- 계획기간: 2024/09/01 ~ 2024/09/01

다음 [조회조건]의 계획 내역 중 조달구분이 [0. 구매] 이고, 품목군이 [Y100. 일반용] 인 품목의 계획수량으로 올바른 것을 고르시오.

① 20
② 30
③ 40
④ 50

13 아래 [조회조건]으로 데이터를 조회한 후 물음에 답하시오.

┤ 조회조건 ├
- 사업장: [1000. ㈜한국자전거본사]
- 발주기간: 2024/09/01 ~ 2024/09/01

2024년 09월 01에 등록된 청구번호 PR2409000001 을 발주등록에서 [청구적용 조회] 기능을 통하여 입력하고자 하였지만, 조회되지 않고 있어 그 원인을 파악하려고 한다. [청구적용 조회]에서 조회되지 않는 이유를 바르게 설명한 것을 고르시오.

① 품목의 주거래처가 등록되지 않아 조회되고 있지 않다.
② 청구내역에 대한 마감처리가 되어 조회되고 있지 않다.
③ 청구자를 등록하지 않아 조회되고 있지 않다.
④ 청구구분이 잘못 등록되어 있어 조회되고 있지 않다.

14 아래 [조회조건]으로 데이터를 조회한 후 물음에 답하시오.

┤ 조회조건 ├
- 사업장: [1000. ㈜한국자전거본사]
- 발주기간: 2024/09/02 ~ 2024/09/02

다음 [조회조건]의 국내 발주내역에서 수량의 합이 가장 큰 프로젝트를 고르시오.(관리단위 기준)

① [B-001. 특별할인판매]
② [C100. 유아용자전거]
③ [M100. 일반용자전거]
④ [P100. 산악용자전거]

15 다음 [보기]는 [1000. (주)한국자전거본사]에서 2024년 09월 03일 입고내역에 대한 설명이다.

┤ 보기 ├

가. 입고 등록할 때 매입마감도 함께 등록되었다.
나. 관리구분 '할인구매' 내역이 포함되어 있다.
다. 발주번호 PO2409000005에 대한 입고이다.
라. 입고창고는 [M400. 상품창고]이다.

올바른 설명의 수를 고르시오.

① 0
② 1
③ 2
④ 3

16 (주)한국자전거본사에서 2024년 9월 5일에 마감 처리한 매입마감번호 PC2403000003에 대한 설명 중 옳은 것을 고르시오.

① 2024년 09월 02일의 발주 건을 적용받았다.
② 입고번호 RV2409000001 내역이 등록되었다.
③ 입고일자는 2024년 09월 04일이다.
④ 입고된 재고단위수량의 총합은 100EA이다.

17 아래 [조회조건]의 조건으로 데이터를 조회한 후 물음에 답하시오.

┤ 조회조건 ├

• 사업장: [1000. (주)한국자전거본사]   • 기간: 2024/09/10 ~ 2024/09/10

다음 [조회조건]의 매입마감(국내거래)의 전표내역을 확인하고 사용되지 않은 계정과목을 고르시오.

① [13500. 부가세대급금]
② [25100. 외상매입금]
③ [14700. 제품]
④ [14900. 원재료]

18 아래 [조회조건]의 조건으로 데이터를 조회한 후 물음에 답하시오.

┤ 조회조건 ├

• 사업장: [1000. (주)한국자전거본사]
• 내역: 2024년 09월 11일에 제품창고-판매장소에 있는 [31-1010001. 체인] 5EA를 실손 처리한다.

재고조정을 활용하여 전산 반영 시 다음 중 [조회조건]의 내역을 만족하는 조정번호를 고르시오.

① IA2409000001
② IA2409000002
③ IA2409000003
④ IA2409000004

19 아래 [조회조건]으로 데이터를 조회한 후 물음에 답하시오.

┤ 조회조건 ├

<작업내역>
(주)한국자전거본사는 2024/09/16에 [21-1070700. FRAME-티타늄] 10EA를 점검할 목적으로 특정 장소로 이동시켰다. 해당 특정 장소의 적합여부는 '적합'이며 가용재고는 '부'로 양품이지만 사용하지 않는 물품을 관리하기 위한 곳이다.

다음 [조회조건]의 작업내역을 처리하기 위하여 재고이동등록(창고) 메뉴를 사용하였다. 작업내역을 만족하는 이동번호를 고르시오.

① MV2409000001
② MV2409000002
③ MV2409000003
④ MV2409000004

20 아래 [조회조건]으로 데이터를 조회한 후 물음에 답하시오.

┤ 조회조건 ├

• 사업장: [1000. (주)한국자전거본사]
• 발주기간: 2024/09/20 ~ 2024/09/20

(주)한국자전거본사에서는 거래처별 발주내역에 대한 입고 현황을 파악하는 작업을 하고 있다. 다음 [조회조건]으로 조회된 내역 중 (주)형광램프에서 입고가 한 번도 이뤄지지 않은 품목을 고르시오.

① [21-1030600. FRONT FORK(S)]
② [21-1060700. FRAME-NUT]
③ [21-1060850. WHEEL FRONT-MTB]
④ [21-1060950. WHEEL REAR-MTB]

물류 2급 | 2024년 4회 (2024년 7월 27일 시행)

[이론]

01 ERP 아웃소싱(Outsourcing)에 대한 설명으로 적절하지 않은 것은?

① ERP 아웃소싱을 통해 기업이 가지고 있지 못한 지식을 획득할 수 있다.
② ERP 개발과 구축, 운영, 유지보수에 필요한 인적 자원을 절약할 수 있다.
③ ERP시스템 구축 후에는 IT아웃소싱 업체로부터 독립적으로 운영할 수 있다.
④ ERP 자체개발에서 발생할 수 있는 기술력 부족의 위험요소를 제거할 수 있다.

02 ERP시스템의 기능적 특징 중에서 오픈 멀티-벤더(Open Multi-vendor) 지원기능에 대한 설명으로 적절하지 않은 것은?

① ERP는 특정 하드웨어 업체에 의존하지 않는다.
② ERP는 커스터마이징이 최대한 가능하도록 지원한다.
③ ERP는 어떠한 운영체제에서도 운영될 수 있도록 설계되어 있다.
④ ERP는 다양한 소프트웨어와 병행하여 사용할 수 있도록 지원한다.

03 차세대 ERP의 비즈니스 애널리틱스(Business Analytics)에 관한 설명으로 적절하지 않은 것은?

① 비즈니스 애널리틱스는 구조화된 데이터(structured data)만 분석대상으로 한다.
② ERP시스템의 방대한 데이터 분석을 위해 비즈니스 애널리틱스가 차세대 ERP의 핵심요소가 되고 있다.
③ 비즈니스 애널리틱스는 리포트, 쿼리, 대시보드, 스코어카드뿐만 아니라 예측모델링과 같은 진보된 형태의 분석기능도 제공한다.
④ 비즈니스 애널리틱스는 질의 및 보고와 같은 기본적 분석기술과 예측 모델링과 같은 수학적으로 정교한 수준의 분석을 지원한다.

04 ERP시스템이 SCM 기능과 연계함으로써 얻는 장점으로 가장 적절하지 않은 것은?

① 공급사슬에서의 가시성 확보로 공급 및 수요변화에 대한 신속한 대응이 가능하다.
② 정보투명성을 통해 재고수준 감소 및 재고회전율(inventory turnover) 증가를 달성할 수 있다.
③ 공급사슬에서의 계획(plan), 조달(source), 제조(make) 및 배송(deliver) 활동 등 통합 프로세스를 지원한다.
④ 마케팅(marketing), 판매(sales) 및 고객서비스(customer service)를 자동화함으로써 현재 및 미래 고객들과 상호작용할 수 있다.

05 수요예측에 대한 설명으로 가장 적절하지 않은 것은?

① 수요예측은 기업 외부환경과 기업내부 생산자원 활용의 관계를 연결시켜주면서 경영계획의 기초가 된다.

② 실제 수요가 예측보다 적은 경우에는 과잉시설투자가 일어나게 되고 이에 따라 막중한 재고부담을 안게 된다.

③ 실제 수요가 예측보다 큰 경우에는 재고부족이 일어나 고객을 다른 회사에 빼앗기게 되어 판매기회 손실이 일어날 수 있다.

④ 수요예측은 실질적으로 구매력이 있는 수요에 대해서만 예측하는 것으로 자사가 소속된 업종 · 업계에서 당해 상품 · 서비스의 미래 총수요의 크기와 그 방향을 추정하는 것이라고 할 수 있다.

06 수요예측 방법은 정성적 방법과 정량적 방법으로 나누어볼 수 있다. 정성적 방법으로만 짝지어진 것을 고르시오.

① 시장조사법, 지수평활법   ② 시장조사법, 델파이분석법

③ 지수평활법, 단순이동평균법   ④ 델파이분석법, 단순이동평균법

07 매출액증가율을 이용하여 목표매출액을 결정하려고 한다. [보기]에서 필요한 정보는 무엇인가?

┤ 보기 ├

㉠ 금년도 자사 매출액 실적   ㉡ 전년 대비 자사 매출액 증가율
㉢ 영업사원 1인당 평균 목표매출액   ㉣ 전년 대비 자사 시장점유율 증가율

① ㉠, ㉡   ② ㉠, ㉣

③ ㉡, ㉢   ④ ㉢, ㉣

08 거래처 및 고객별로 판매를 할당하고자 할 때 필요한 정보로 적절하지 않은 것은?

① 잠재구매력지수   ② 판매(수주)실적 경향

③ 목표 수주점유율   ④ 고객별 과거 판매액

09 가격탄력성에 대한 설명으로 적절한 것은?

① 가격탄력성의 산출식은 수요변화율을 가격변화율로 나눈 값이다.

② 가격탄력성이란 수요량이 1% 변화하였을 때 가격은 몇 % 변화하는가를 절대치로 나타낸 크기이다.

③ 일반적으로 수요가 지속적으로 유지되는 생필품의 가격탄력성은 사치품보다 크다.

④ 가격탄력성이 1보다 큰 상품의 수요는 비탄력적(inelastic)이라 하고, 1보다 작은 상품의 수요는 탄력적(elastic)이라고 한다.

10 거래처에 대한 여신한도액을 "과거 총이익액의 실적 이용법"에 의한 방법으로 계산하려고 한다. [보기]의 (㉠)과 (㉡)에 들어갈 용어를 순서대로 적절하게 나열한 것은?

┤ 보기 ├

- 여신한도액＝과거 3년간의 (㉠) × 평균총이익률
- 여신한도액＝과거 3년간의 [(㉡) − 외상매출채권잔액] × 평균총이익률

① ㉠ 평균재고잔액, ㉡ 매입원가율 　　② ㉠ 회수누계액, ㉡ 매입원가율

③ ㉠ 평균재고잔액, ㉡ 총매출액 　　　④ ㉠ 회수누계액, ㉡ 총매출액

11 공급망 프로세스의 경쟁능력 4요소 중 유연성(flexibility) 요소에 대한 설명으로 가장 적절한 것은?

① 신속한 제품 배달능력

② 경쟁사보다 빠른 신제품 개발능력

③ 적은 자원으로 제품·서비스를 창출할 수 있는 능력

④ 설계변화와 수요변화에 효율적으로 대응할 수 있는 능력

12 재고관리 비용에 관한 설명으로 적절하지 않은 것은?

① 생산준비비용은 생산준비과정에서 생산수량에 비례하여 발생하는 변동비용이다.

② 주문비용은 1회 주문량을 크게 할수록 재고 1단위당 비용이 줄어드는 특성이 있다.

③ 재고부족비용은 납기지연, 판매기회 상실, 거래처 신용하락, 잠재적 고객상실 등과 관련된 비용이다.

④ 재고유지비용은 창고시설 이용 및 유지비용, 보험료, 취급 및 보관비용, 도난, 감소와 파손에 따른 손실비용이다.

13 [보기]의 자료를 활용하여 고정주문량 모형으로 재발주점(ROP)을 구하시오.

┤ 보기 ├

- 조달기간: 3일　　　　　• 일평균사용량: 6　　　　　• 안전재고: 2

① 10 　　　　　　　　　　② 18

③ 20 　　　　　　　　　　④ 24

14 [보기]에서 설명하는 운송수단을 고르시오.

┤ 보기 ├

- 운송수단 중에서 화차를 이용하여 화물을 운송하는 수단
- 대형 화물 및 장거리(300km 이상) 운송에 적합
- 발송 화주의 문전과 도착 화주의 문전까지 운송의 완결성이 없는 운송수단

① 철도 운송 　　　　　　　② 해상 운송

③ 파이프라인 　　　　　　　④ 화물자동차 운송

15 [보기]에서 설명하는 특징을 갖는 운송경로 유형으로 가장 적절한 것은?

| 보기 |

신속한 고객대응이 가능하도록 고객처별 물류 거점을 운영하는 방식

① 복수 거점방식   ② 배송 거점방식
③ 다단계 거점방식   ④ 공장 직송 운송방식

16 [보기]는 신입사원을 위한 창고관리의 기본 원칙에 대한 안내 자료이다. A~D중 적절하지 않은 것은?

| 보기 |

A: 동일 물품은 동일한 장소에 보관한다.
B: 먼저 입고된 물품을 나중에 출고한다.
C: 용적 효율을 높이기 위해 높게 쌓는다.
D: 물품은 통로를 중심으로 마주보게 보관한다.

① A   ② B
③ C   ④ D

17 서적을 판매하는 ㈜생산성은 경영 다각화를 위해 야채를 판매하고자 한다. 여기서 야채에 해당하는 구매가격 유형으로 가장 적절한 것은?

① 시중가격   ② 교섭가격
③ 협정가격   ④ 개정가격

18 비용 중심적 가격결정 방식에 해당하지 않는 것은?

① 가산이익률 방식   ② 지각가치 기준방식
③ 코스트플러스 방식   ④ 손익분기점분석 방식

19 [보기]의 내용을 적절하게 나타내고 있는 현금할인조건 표기는 무엇인가?

| 보기 |

가격할인 방식 중 거래일이 10월 1일이지만 거래일자를 10월 15일로 기입하여 늦추고 10월 25일까지 현금지불이 되면 15%의 할인이 적용되는 경우

① 25/10 Advanced   ② 10/15 Advanced
③ 15/10 Advanced   ④ 10/25 Advanced

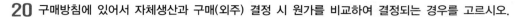

20 구매방침에 있어서 자체생산과 구매(외주) 결정 시 원가를 비교하여 결정되는 경우를 고르시오.

① 품질유지가 필요한 경우
② 자사가 고유기술을 보호해야 하는 경우
③ 자사와 타사의 제조기술 능력이 차이가 없는 경우
④ 제품의 구성에서 전략적인 중요성을 가진 부품의 경우

기출문제

[실무] ●

> 실무문제는 [실기메뉴]를 활용하여 답하시오.
> 웹하드(http://www.webhard.co.kr)에서 Guest(ID: samil3489, PASSWORD: samil3489)로 로그인하여 백데이터를 다운받아 설치한 후 물류 2급 2024년 4회로 로그인한다.

01 다음 [보기]는 품목에 대한 설명이다.

> ┤ 보기 ├
>
> 가. [21-1030600. FRONT FORK(S)]의 계정구분은 '제품'이다.
> 나. [21-1060700. FRAME-NUT]의 재고단위는 'SET'이다.
> 다. [21-1060850. WHEEL FRONT-MTB]의 품목군은 '[H100. WHEEL]'이다.
> 라. [21-1060950. WHEEL REAR-MTB]의 주거래처는 '㈜제일물산'이다.

[보기]의 내용 중 올바른 설명의 수를 고르시오.

① 0   ② 1
③ 2   ④ 3

02 물류실적(품목/고객)담당자등록 메뉴에서 확인 시 거래처의 지역이 '서울'이고, 거래처분류가 '우수'인 거래처를 고르시오.

① ㈜대흥정공   ② ㈜제동기어
③ ㈜제일물산   ④ YK PEDAL

03 다음 [보기]는 일반거래처에 대한 설명이다.

> ┤ 보기 ├
>
> 가. ㈜대흥정공의 구분은 '일반'이다.
> 나. ㈜하나상사의 대표자성명은 '김상사'이다.
> 다. ㈜빅파워의 사업장 소재지는 경기도 화성시에 소재하고 있다.
> 라. ㈜제동기어의 업태는 '제조, 도소매'이다.

[보기]의 내용 중 올바른 설명의 수를 고르시오.

① 0   ② 1
③ 2   ④ 3

04 아래 [조회조건]의 조건으로 판매계획을 등록한 후 물음에 답하시오.

┤ 조회조건 ├
- 사업장: [1000. ㈜한국자전거본사]
- 계획년도/월: 2024/7

(주)한국자전거본사의 홍길동 사원은 2024년 7월에 품목에 대한 판매계획을 2024년 5월의 기초계획을 '품목단가 적용'을 기준으로 복사하여 사용하려고 한다. 다음 중 복사 시 2024년 7월 판매 기초계획의 품목별 예상금액으로 옳은 것을 고르시오.

① [83-2000100. 전장품 ASS'Y] – 29,000,000
② [85-1020400. POWER TRAIN ASS'Y] – 4,500,000
③ [87-1002001. BREAK SYSTEM] – 20,100,000
④ [88-1001000. PRESS FRAME-W] – 13,500,000

05 아래 [조회조건]으로 데이터를 조회한 후 물음에 답하시오.

┤ 조회조건 ├
- 사업장: [1000. (주)한국자전거본사]
- 견적기간: 2024/07/01 ~ 2024/07/01

다음의 국내 견적내역 중 결제조건이 '제예금결제'이면서, 견적일자 기준 납기일이 가장 빠른 견적번호를 고르시오.

① ES2407000001
② ES2407000002
③ ES2407000003
④ ES2407000004

06 아래 [조회조건]으로 데이터를 조회한 후 물음에 답하시오.

┤ 조회조건 ├
- 사업장: [1000. ㈜한국자전거본사]
- 주문기간: 2024/07/03 ~ 2024/07/03

㈜한국자전거본사는 견적 내역을 활용하여 주문을 등록하려고 한다. 견적일자가 2024년 07월 02일인 국내 견적 내역 중 주문 대비 견적잔량이 가장 많이 남아있는 거래처를 고르시오. (관리단위 기준)

① ㈜대흥정공
② (주)하나상사
③ ㈜빅파워
④ ㈜제동기어

기출문제

07 아래 [조회조건]으로 데이터를 조회한 후 물음에 답하시오.

┤ 조회조건 ├

• 사업장: [1000. ㈜한국자전거본사]　　• 주문기간: 2024/07/05 ~ 2024/07/05

다음 [보기] 중 기간 내의 주문 내용 중 '일반용자전거' 프로젝트로 등록된 주문수량의 합으로 옳은 것을 고르시오.

① 77　　　　　　　　　　　　　　② 85

③ 90　　　　　　　　　　　　　　④ 118

08 아래 [조회조건]으로 데이터를 조회한 후 물음에 답하시오.

┤ 조회조건 ├

• 사업장　: [1000. ㈜한국자전거본사]　• 출고기간: 2024/07/10 ~ 2024/07/10
• 출고창고: [P100. 제품창고]

2024년 07월 08일에 등록된 국내 수주 내역 'SO2407000009'을 '주문적용' 창을 통해 출고처리 등록하려고 했지만, 조회가 되지 않아 등록할 수 없는 상태이다. '주문적용' 창에서 해당 수주 내역이 조회되지 않는 이유로 가장 바르게 설명한 것을 고르시오.

① 수주내역이 마감처리가 되었기 때문에 '주문적용' 창에서 조회할 수 없다.
② 수주내역이 검사 과정을 걸치는 건이기 때문에 '주문적용' 창을 통해 조회할 수 없다.
③ 수주내역이 이미 출고등록이 되었기 때문에 '주문적용' 창에서 조회할 수 없다.
④ 수주내역에 등록된 품목은 '미사용' 품목이기 때문에 '주문적용' 창을 통해 조회할 수 없다.

09 아래 [조회조건]으로 데이터를 조회한 후 물음에 답하시오.

┤ 조회조건 ├

• 사업장: [1000. ㈜한국자전거본사]　　• 출고기간: 2024/07/10 ~ 2024/07/10

다음 출고내역 중 가용재고여부가 '부'인 장소에서 출고한 출고 번호를 고르시오.

① IS2407000001　　　　　　　　② IS2407000002

③ IS2407000003　　　　　　　　④ IS2407000004

10 다음의 [보기]의 내용을 읽고 질문에 답하시오.

┤ 보기 ├

• 사업장: [1000. ㈜한국자전거본사]　　• 기간: 2024/07/01 ~ 2024/07/01

회계처리된 수금내역을 확인하고 대체대변의 계정과목과 금액이 올바르게 짝지어진 것을 고르시오.

① 현금 - 4,500,000　　　　　　　② 제예금 - 5,000,000

③ 외상매출금 - 4,500,000　　　　④ 받을어음 - 5,000,000

11 아래 [조회조건]으로 데이터를 조회한 후 물음에 답하시오.

┤ 조회조건 ├
- 사업장: [1000. ㈜한국자전거본사]
- [0. 주문일]: 2024/07/01 ~ 2024/07/31

주문일 기준 수주미납내역을 집계하였을 시 미납금액(원화)의 합계 금액이 가장 적은 실적담당자를 고르시오.

① 김종욱
② 이종현
③ 박용덕
④ 노희선

12 아래 [조회조건]으로 데이터를 조회한 후 물음에 답하시오.

┤ 조회조건 ├
- 사업장: [1000. ㈜한국자전거본사]
- 계획기간: 2024/07/05 ~ 2024/07/05

2024년 07월 '판매계획등록(고객별상세)'을 활용하여 주계획작성(MPS)을 등록하고자 한다. 적용 가능 수량이 가장 적은 품목을 고르시오.

① [81-1001000. BODY-알미늄(GRAY-WHITE)]
② [83-2000100. 전장품 ASS'Y]
③ [85-1020400. POWER TRAIN ASS'Y(MTB)]
④ [88-1001000. PRESS FRAME-W]

13 다음의 [조회조건]의 내용을 읽고 질문에 답하시오.

┤ 조회조건 ├
- 사업장: [1000. ㈜한국자전거본사]
- 전개구분: 모의전개
- 계획기간: 2024/07/15 ~ 2024/07/15
- 내역조회: 1. 조회함

다음 [보기]의 소요량전개된 품목 중에서 예정발주일이 가장 빠른 품목을 고르시오.

① [21-1060950. WHEEL REAR-MTB]
② [21-3000300. WIRING-DE]
③ [21-3065700. GEAR REAR C]
④ [21-9000200. HEAD LAMP]

14 아래 [조회조건]으로 데이터를 조회한 후 물음에 답하시오.

┤ 조회조건 ├

- 사업장: [1000. (주)한국자전거본사]
- 발주기간: 2024/07/03 ~ 2024/07/03

[청구일괄적용 옵션]
- 청구일자: 2024/07/01 ~ 2024/07/01
- 입고예정일: 납기일과 동일 체크
- 과세구분: 0. 매입과세
- 검사여부: 0. 무검사

발주등록 메뉴에서 2024년 07월 01일 등록된 청구내역을 일괄적용 기능을 활용하여 입력하고자 했지만, 조건에 맞는 적용할 데이터가 존재하지 않는다는 메시지와 함께 적용되지 않고 있다. 이에 대한 이유를 바르게 설명한 것을 고르시오.

① 청구내역의 청구자가 등록되어 있지 않아 적용받을 수 없다.
② 청구내역의 주거래처가 등록되어 있지 않아 적용받을 수 없다.
③ 청구내역에 등록된 품목이 사용여부가 '미사용'이기 때문에 적용받을 수 없다.
④ 청구내역이 이미 발주등록에 등록이 되어있어 적용받을 수 없다.

15 아래 [조회조건]으로 데이터를 조회한 후 물음에 답하시오.

┤ 조회조건 ├

- 사업장: [1000. ㈜한국자전거본사]
- 발주기간: 2024/07/05 ~ 2024/07/05

다음 중 고객의 주문을 활용하여 등록된 발주번호를 고르시오.

① PO2407000001
② PO2407000002
③ PO2407000003
④ PO2407000004

16 아래 [조회조건]으로 데이터를 조회한 후 물음에 답하시오.

┤ 조회조건 ├

- 사업장: [1000. ㈜한국자전거본사]
- 입고창고: [M400. 상품창고]
- 입고기간: 2024/07/10 ~ 2024/07/10

2024년 07월 08일에 등록된 발주번호 PO2407000005 내역을 발주적용 기능을 통해 입고처리를 하려고 하였지만, 내역이 조회되지 않고 있다. 이에 대한 이유로 옳은 것을 고르시오.

① 발주내역이 검사대상인 품목이기 때문에 조회가 되지 않는다.
② 발주내역이 입고처리가 되었기 때문에 초회가 되지 않는다.
③ 발주내역이 마감처리가 되었기 때문에 조회가 되지 않는다.
④ 발주내역에 등록된 수량이 없기 때문에 조회가 되지 않는다.

17 아래 [조회조건]으로 데이터를 조회한 후 물음에 답하시오.

┤ 조회조건 ├

• 사업장: [1000. ㈜한국자전거본사]   • 입고기간: 2024/07/12 ~ 2024/07/12

다음 중 [조회조건]의 입고기간 동안 입고가 되지 않은 창고-장소를 고르시오.

① [M100. 부품창고]-[M101. 부품장소]
② [M400. 상품창고]-[M401. 상품장소]
③ [P100. 제품창고]-[P101. 제품장소]
④ [X100. 반제품창고]-[X110. 반제품장소]

18 아래 [조회조건]으로 데이터를 조회한 후 물음에 답하시오.

┤ 조회조건 ├

• 사업장: [1000. ㈜한국자전거본사]   • 매입기간: 2024/07/15 ~ 2024/07/15

[조회조건]을 만족하는 국내 매입마감 건 중 품목 [21-1030600. FRONT FORK(S)]이 포함된 건의
전표번호와 순번을 고르시오.

① 전표번호: 2024/07/15, 순번: 1
② 전표번호: 2024/07/15, 순번: 2
③ 전표번호: 2024/07/15, 순번: 3
④ 전표번호: 2024/07/15, 순번: 4

19 아래 [조회조건]의 조건으로 데이터를 조회한 후 물음에 답하시오.

┤ 조회조건 ├

• 사업장: [1000. ㈜한국자전거본사]   • 이동기간: 2024/07/22 ~ 2024/07/22

다음 조회된 품목 [45-78050. BATTERY TS-50]의 창고 이동내역에 대한 설명으로 옳은 것을 고
르시오.

① MV2407000001은 부품장소 기준 집계 시 수량이 감소하였다.
② MV2407000002는 부품창고 기준 집계 시 수량이 감소하였다.
③ MV2407000003은 제품장소 기준 집계 시 수량이 증가하였다.
④ MV2407000004는 제품창고 기준 집계 시 수량이 증가하였다.

20 아래 [조회조건]으로 데이터를 조회한 후 물음에 답하시오.

┤ 조회조건 ├──

• 사업장: [1000. ㈜한국자전거본사]   • 해당년도: 2024년 7월

──

(주)한국자전거본사에서는 생산품에 대한 표준원가를 등록하여 관리하고 있다. 다음 중 실제원가(품목등록)보다 표준원가가 더 비싼 품목을 고르시오.

① [81-1001000. BODY-알미늄(GRAY-WHITE)]
② [83.2000100. 전장품 ASS'Y]
③ [85-1020400. POWER TRAIN ASS'Y(MTB)]
④ [88-1001000. PRESS FRAME-W]

물류 2급　2024년 3회 (2024년 5월 25일 시행)

[이론]

01 ERP의 기능적 특징으로 가장 적절하지 않은 것은?

① 경영정보제공 및 경영조기경보체계를 구축
② 선진 비즈니스 프로세스 모델에 의한 BPR 지원
③ 중복업무의 배제 및 실시간 정보처리 체계 구축
④ 특정 하드웨어나 특정 운영체제만 연계 가능하므로 보안성 강화

02 기업에서 ERP시스템을 도입하기 위해 분석, 설계, 구축, 구현 등의 단계를 거친다. 이 과정에서 필수적으로 거쳐야하는 "GAP분석" 활동의 의미를 적절하게 설명한 것은?

① TO-BE 프로세스 도출
② TO-BE 프로세스에 맞게 모듈을 조합
③ 현재업무(AS-IS) 및 시스템 문제 분석
④ 패키지 기능과 TO-BE 프로세스와의 차이 분석

03 경영환경 변화에 대한 대응방안 및 정보기술을 통한 새로운 기회 창출을 위해 기업의 경영활동 과정을 전면 개편함으로써 경영성과를 향상시키기 위한 경영을 무엇이라 하는가?

① JIT(Just In Time)
② MBO(Management by objectives)
③ MRP(Material Requirement Program)
④ BPR(Business Process Re-Engineering)

04 ERP도입 기업의 사원들을 위한 ERP교육을 계획할 때, 고려사항으로 가장 적절하지 않은 것은?

① 전사적인 참여가 필요함을 강조한다.
② 지속적인 교육이 필요함을 강조한다.
③ 최대한 ERP커스터마이징이 필요함을 강조한다.
④ 자료의 정확성을 위한 철저한 관리가 필요함을 강조한다.

기출문제

05 [보기]는 (주)KPC업체의 자료이다. 지수평활법을 이용하여 1월의 예측판매량을 구하시오.

┤ 보기 ├

- 1월 실제판매량: 6
- 2월 실제판매량: 5
- 단, 평활상수는 0.2이다.
- 1월 예측판매량: (?)
- 2월 예측판매량: 6

① 5

② 6

③ 8

④ 10

06 제품 K에 대한 목표매출액을 결정하기 위해 수익성 지표를 활용하려고 한다. [보기]의 예측자료를 이용한 손익분기점에서의 매출액을 구하시오.

┤ 보기 ├

- 연간 고정비: 300만원
- 제품단위당 변동비: 600원/개
- 제품단위당 판매가: 900원/개

① 300만원

② 600만원

③ 900만원

④ 1,200만원

07 [보기]에서 설명하는 시장 형태로 가장 적절한 것은?

┤ 보기 ├

불완전 경쟁 시장의 한 형태로, 완전 경쟁 시장과 독점 시장의 특징을 모두 가지는 시장 형태이며, 시장에 다수의 기업들이 참여하고 유사하지만 디자인, 품질, 포장 등에서 차별화된 상품을 공급하는 특성을 가짐.

① 과점시장

② 독점시장

③ 완전 경쟁시장

④ 독점적 경쟁시장

08 [보기]에서 설명하는 특징을 모두 가지는 분석방법은 무엇인가?

┤ 보기 ├

- 우량 거래처나 고객을 중점선정하기 위한 방법
- 이원표 분석방법에 해당한다.

① ABC 분석

② 80:20 법칙

③ 파레토 분석

④ 매트릭스 분석

09 매출액을 기준으로 받을어음의 회수기간을 산출하여 여신한도액을 운용하고자 한다. [보기]의 대금 회수 내역을 활용하였을 때, 받을어음의 대금회수기간은 얼마인가?

┤ 보기 ├

• 매출총액: 20억원

[대금회수 내역]
• 현금: 9억원
• 60일 어음: 3억원
• 30일 어음: 3억원
• 90일 어음: 5억원

① 35일
② 36일
③ 37일
④ 38일

10 수요예측의 특성에 대한 설명으로 가장 옳지 않은 것은?

① 예측오차 발생 확률은 예측하는 기간이 길수록 낮아진다.
② 기존의 상품이나 서비스에 대한 예측은 신규상품이나 서비스에 대한 예측보다는 적중률이 높아진다.
③ 안정적인 기간에 대한 예측은 예측 불가능한 상황이 자주 발생할 가능성이 있는 불안정한 기간에 대한 예측보다는 적중률이 높다.
④ 일반적으로 영속성이 있는 상품이나 서비스 등은 영속성이 없는 상품이나 서비스의 경우보다 지속적으로 정확한 예측을 하기 어렵다.

11 채찍효과 대응 방안에 대한 설명으로 적절하지 않은 것은?

① 고객·공급자와 실시간 정보 공유
② 안정적인 가격구조로 소비자 수요의 변동폭을 조정
③ 주문 리드타임은 단축시키고 정보 리드타임은 증가시킴
④ 공급망 전반의 수요정보를 중앙집중화하여 불확실성을 제거

12 [보기]에서 설명하는 특징을 갖는 공급망 물류거점 운영방식으로 가장 옳은 것은?

┤ 보기 ├

• 물류거점에 재고를 보유하지 않고 물류거점이 화물에 대한 '환적' 기능만을 제공한다는 특징
• 물류거점이 환적 기능만을 제공하므로 보관 기능보다는 원활한 흐름에 좀 더 초점을 두고 물류센터를 설계함

① 직배송방식
② 통합 물류센터 운영방식
③ 공급자관리재고(VMI) 운영방식
④ 크로스도킹(Cross-Docking) 운영방식

13 재고관리 관련 비용에 관한 설명으로 가장 적절한 것은?

① 재고유지비용은 재고량에 따라 달라지는 특성이 있다.
② 생산준비비용은 생산수량에 비례하여 비용이 커지는 특성이 있다.
③ 재고주문비용은 재고를 일정 기간 동안 보관·유지하는 데 드는 비용이다.
④ 재고부족비용은 주문서류의 작성과 승인, 운송, 검사 등에 소요되는 비용이다.

14 재고자산 기록 및 평가방법에 관한 설명으로 가장 옳지 않은 것은?

① 계속기록법은 보관과정 중에 발생하는 도난, 분실, 파손 등의 감모손실이 기말재고수량에 포함되지 않는다.
② 실지재고조사법은 파악이 곤란한 감모손실 등의 수량을 매출수량에서 제외하므로 매출원가가 과소평가되고 이익이 과대계상될 수 있다.
③ 저가법은 재고자산의 현실적인 가치, 즉 순실현가능가액이 취득원가보다 하락한 경우에는 순실현가능가액으로 자산가액을 평가하는 방법이다.
④ 원가법은 재고자산의 취득원가를 기준으로 자산가액을 평가하는 것으로, 원가법에 의한 재고자산 평가방법으로는 개별법, 선입선출법, 후입선출법, 총평균법, 이동평균법 등이 있다.

15 [보기]에서 설명하는 특징을 갖는 운송경로 유형으로 가장 적절한 것은?

┤ 보기 ├

권역별·품목별 거래처 밀착형 물류거점 운영으로 거래처의 물류서비스 만족도는 향상되나 단점으로는 물류거점 및 지역별 창고 운영으로 다수의 물류거점 확보 및 운영비가 가중되는 운송 방식

① 복수 거점방식   ② 다단계 거점방식
③ 공장 직송 운송방식   ④ 중앙 집중 거점방식

16 창고배치(layout)의 기본 원리로 가장 옳지 않은 것은?

① 모듈화·규격화 고려   ② 높낮이 차이의 최대화
③ 자재 취급 횟수 최소화   ④ 흐름방향의 직진성에 중점

17 [보기]의 내용 중 자체생산하는 것이 유리한 사례는 몇 개 인가?

┤ 보기 ├

A: 특허가 없는 품목으로 기술보호의 필요가 없는 경우
B: 제품의 구성에서 전략적으로 중요한 부품의 경우
C: 생산제품의 모델 변경이 잦은 경우
D: 기술 진부화가 예측되는 경우

① 1개   ② 2개
③ 3개   ④ 4개

18 [보기]의 내용 중 수취일기준 현금할인 방식에 대해 올바르게 설명하는 내용만을 고른 것은?

> ┤ 보기 ├
> ⓐ 가격할인 방식 중 수량할인 방식에 해당한다.
> ⓑ 할인기간의 시작일을 송장(Invoice)의 하수일 또는 선적화물 수취일을 기준으로 할인하는 방식이다.
> ⓒ 원거리 수송이 필요할 때 구매거래처의 대금지급일을 연기해 주는 효과가 있다.
> ⓓ "5/10 ROG"인 경우 선적화물 수취일로부터 5일 이내에 현금지불이 되면 10%의 할인이 적용된다는 의미이다.

① ⓐ, ⓒ   ② ⓐ, ⓓ

③ ⓑ, ⓒ   ④ ⓑ, ⓓ

19 [보기]는 생산기업인 (주)생산성 제품A에 대한 원가자료이다. 제품A의 매출가(판매가)는 얼마인가?

> ┤ 보기 ├
> • 판매원가: 500원   • 이익: 100원
> • 판매비와 일반관리비: 200원

① 500원   ② 600원

③ 700원   ④ 800원

20 자재의 안정적인 확보가 중요할 때 적용가능한 구매방법으로 가장 옳은 것은?

① 수시구매   ② 시장구매

③ 일괄구매   ④ 장기계약구매

[실무] ●

> ❖ 실무문제는 [실기메뉴]를 활용하여 답하시오.
> 웹하드(http://www.webhard.co.kr)에서 Guest(ID: samil3489, PASSWORD: samil3489)로
> 로그인하여 백데이터를 다운받아 설치한 후 물류 2급 2024년 3회로 로그인한다.

01 다음 [보기]는 일반거래처에 대한 설명이다.

> ┤ 보기 ├
>
> 가. (주)대흥정공의 업태는 '제조외'이다.
> 나. (주)하나상사는 2018년 9월부터 거래하였다.
> 다. (주)제동기어의 사업자번호는 105-82-26636 이다.
> 라. YK PEDAL은 수출입 거래를 하는 무역거래처이다.

올바른 설명으로 짝지은 것을 고르시오.

① 가, 나   ② 가, 다
③ 가, 라   ④ 다, 라

02 다음 중 입고처리(국내발주) 메뉴에서 거래처 입력시 자동으로 불러오는 실적담당자가 [4000. 정영수]인 거래처를 고르시오.

① [00001. (주)대흥정공]   ② [00002. (주)하나상사]
③ [00004. (주)제동기어]   ④ [00007. (주)제일물산]

03 다음 [보기]는 품목에 대한 설명이다.

> ┤ 보기 ├
>
> 가. 품목 21-1060850은 품목군 [F100. FRONT]에 속한다.
> 나. 품목 21-1080800은 필요에 따라 LOT번호를 지정하고 출고할 수 있다.
> 다. 품목 21-3000300은 SET품목 '부'이므로 SET구성품으로 등록할 수 없다.
> 라. 품목 21-3001600은 입고메뉴에서 발주수량 1을 등록하면 현재고현황 입고수량(재고단위수량)
>   은 2 증가한다.

올바른 설명의 수를 고르시오.

① 1   ② 2
③ 3   ④ 4

04 아래 [조회조건]의 조건으로 데이터를 조회한 후 물음에 답하시오.

| 조회조건 |

(주)한국자전거본사에서 2024년 04월 판매계획을 수립한 하였다. A품목의 재고소진을 위하여 단가를 낮추고 계획수량을 상향하여 수정계획을 수립하였다.

다음 중 A품목을 고르시오.

① [ATECK-3000. 일반자전거] ② [ATECX-2000. 유아용자전거]
③ [NAX-A400. 싸이클] ④ [NAX-A420. 산악자전거]

05 아래 [조회조건]으로 데이터를 조회한 후 물음에 답하시오.

| 조회조건 |

• 사업장: [1000. (주)한국자전거본사] • 견적기간: 2024/05/01 ~ 2024/05/05

[조회조건]을 만족하는 견적내역 중 결제조건이 '선수금 결제'인 견적번호를 고르시오.

① ES2405000001 ② ES2405000002
③ ES2405000003 ④ ES2405000004

06 아래 [조회조건]으로 데이터를 조회한 후 물음에 답하시오.

| 조회조건 |

• 사업장: [1000. (주)한국자전거본사] • 주문기간: 2024/05/01 ~ 2024/05/05

다음 수주 내역 중 입력방법이 다르게 등록된 주문번호를 고르시오.

① SO2405000001 ② SO2405000002
③ SO2405000003 ④ SO2405000004

07 아래 [조회조건]으로 데이터를 조회한 후 물음에 답하시오.

| 조회조건 |

• 사업장: [1000. (주)한국자전거본사] • 주문기간: [2024/04/26 ~ 2024/04/30]

다음 [조회조건]의 주문내역 중 마감처리된 내역에 사유가 다른 것을 고르시오.

① [ATECK-3000. 일반자전거] ② [ATECX-2000. 유아용자전거]
③ [NAX-A400. 싸이클] ④ [NAX-A420. 산악자전거]

08 아래 [조회조건]으로 데이터를 조회한 후 물음에 답하시오.

┤ 조회조건 ├
- 사업장: [1000. (주)한국자전거본사]
- 출고기간: 2024/05/01 ~ 2024/05/05

국내 출고내역에서 관리구분별 관리단위수량의 합이 가장 큰 관리구분을 고르시오.

① [S10. 일반매출]　　　　　　　　② [S20. 대리점매출]
③ [S40. 정기매출]　　　　　　　　④ [S50. 비정기매출]

09 아래 [조회조건]으로 데이터를 조회한 후 물음에 답하시오.

┤ 조회조건 ├
- 사업장: [1000. (주)한국자전거본사]
- 수금기간: [2024/05/01 ~ 2024/05/05]

다음 [조회조건]의 입력된 수금내역 중 금융기관 신한의 제예금으로 수금된 수금번호를 고르시오.

① RC2405000001　　　　　　　　② RC2405000002
③ RC2405000003　　　　　　　　④ RC2405000004

10 아래 [조회조건]으로 데이터를 조회한 후 물음에 답하시오.

┤ 조회조건 ├
- 사업장: [1000. (주)한국자전거본사]
- 마감기간: 2024/05/06 ~ 2024/05/10

매출마감(국내거래) 메뉴에서 데이터를 조회한 후 바르게 설명한 것을 고르시오.

① SC2405000001은 수주번호 SO2405000002에 대한 매출마감 건이다.
② SC2405000002는 마감수량을 수정할 수 있다.
③ SC2405000003은 부가세를 수정할 수 있다.
④ SC2405000004는 마감수량을 수정할 수 있다.

11 아래 [조회조건]으로 데이터를 조회한 후 물음에 답하시오.

┤ 조회조건 ├
- 사업장: [1000. (주)한국자전거본사]
- 조회기간: 2024/05/01 ~ 2024/05/31
- 조회기준: 0. 국내(출고기준)
- 미수기준: 0. 발생기준

미수채권집계 내역을 조회하고 잘못 설명한 것을 고르시오.

① 당기발생 금액은 (주)대흥정공이 가장 많다.
② (주)하나상사의 잔액은 대부분 전기에 이월된 금액이다.
③ (주)빅파워는 어음으로 당기수금 되었으므로 잔액에 반영되지 않았다.
④ (주)제동기어가 당기수금 금액이 가장 많다.

12 다음 [보기]의 데이터를 조회 후 답하시오.

┤ 보기 ├

• 사업장: [1000. (주)한국자전거본사] • 요청일자: 2024/05/01 ~ 2024/05/05

다음 [보기]의 청구등록 내용 중 발주 대상이 아닌 청구 건을 고르시오.

① PR2405000001
② PR2405000002
③ PR2405000003
④ PR2405000004

13 다음 [보기]의 데이터를 조회 후 답하시오.

┤ 보기 ├

• 사업장: [1000. (주)한국자전거본사] • 계획기간: 2024/05/01 ~ 2024/05/05

주문 내역을 기준으로 주계획을 작성하였을 때 계획수량이 가장 큰 품목을 고르시오.

① [56-2500100. ASSY KEY SWITCH LEADFRAME]
② [56-2600100. ASSY KEY SWITCH LEADFRAME LH]
③ [57-5002500. ASSY MOTOR LEADFRAME (LH)]
④ [57-5003500. ASSY MOTOR LEADFRAME (RH)]

14 다음 [보기]의 데이터를 조회 후 답하시오.

┤ 보기 ├

• 사업장: [1000. (주)한국자전거본사] • 발주기간: 2024/05/01 ~ 2024/05/05

다음 발주번호 중 수주 내역을 적용받아 입력된 발주번호를 고르시오.

① PO2405000001
② PO2405000002
③ PO2405000003
④ PO2405000004

15 다음 [보기]의 데이터를 조회 후 답하시오.

┤ 보기 ├

• 사업장: [1000. (주)한국자전거본사]

2024년 5월 1일부터 5월 5일까지 주문 내역을 활용하여 소요량전개를 하였다. 예정발주일이 가장 빠른 품목을 고르시오.

① [56-2500100. ASSY KEY SWITCH LEADFRAME]
② [56-2600100. ASSY KEY SWITCH LEADFRAME LH]
③ [57-5002500. ASSY MOTOR LEADFRAME (LH)]
④ [57-5003500. ASSY MOTOR LEADFRAME (RH)]

기출문제

16 다음 [보기]의 데이터를 조회 후 답하시오.

┤ 보기 ├
- 사업장: [1000. (주)한국자전거본사]
- 입고창고: [P100. 제품창고]
- 입고기간: 2024/05/06 ~ 2024/05/10
- 발주기간: 2024/05/01 ~ 2024/05/05

다음 중 발주 대비 입고 잔량이 가장 큰 품목을 고르시오.

① [21-1060850. WHEEL FRONT-MTB]
② [21-1060950. WHEEL REAR-MTB]
③ [NAX-A400. 싸이클]
④ [NAX-A420. 산악자전거]

17 다음 [보기]의 데이터를 조회 후 답하시오.

┤ 보기 ├
- 사업장: [1000. (주)한국자전거본사]
- 기간: 2024/05/06 ~ 2024/05/10

[보기]의 기간 내의 매입마감 내역 중 전표취소할 수 없는 마감번호를 고르시오.

① PC2405000001
② PC2405000002
③ PC2405000003
④ PC2405000004

18 아래 [조회조건]으로 데이터를 조회한 후 물음에 답하시오.

┤ 조회조건 ├
<작업내역>
(주)제일물산에서 2024년 05월 21일에 [ATECK-3000. 일반자전거] 2EA를 입고하였다. 이를 입고번호 RV2405000005로 ERP에 등록하였다. 테스트 후 수리를 위해 제품창고의 불량장소로 이동시켰다.

재고를 이동시킨 작업내역을 처리하기 위한 처리 메뉴명과 수불번호를 고르시오.

① 재고이동(사업장) - MV2405000001
② 재고이동(창고) - MV2405000001
③ 기초재고/재고조정등록 - IA2405000001
④ 기초재고/재고조정등록 - IA2405000002

19 다음 [보기]의 데이터를 조회 후 답하시오.

┤ 보기 ├

· 해당년도: 2024

전사 재고수량에서 안전재고량을 차감하여 가용재고량을 계산하여 부족한 품목을 계산하였다. 다음 중 가장 부족한 품목을 고르시오.

① [21-1060950. WHEEL REAR-MTB]
② [88-1001000. PRESS FRAME-W]
③ [ATECK-3000. 일반자전거]
④ [NAX-A420. 산악자전거]

20 (주)한국자전거본사에서 생산품에 대하여 2024년 5월 재고평가를 할 때, [NAX-A400. 싸이클]의 입고단가는 얼마인가?

① 190,000원   ② 191,000원
③ 191,800원   ④ 197,000원

기출문제

물류 2급 | 2024년 2회 (2024년 3월 23일 시행)

[이론] ●

01 클라우드 ERP의 특징 혹은 효과에 대한 설명 중 가장 옳지 않은 것은?

① 안정적이고 효율적인 데이터관리
② IT자원관리의 효율화와 관리비용의 절감
③ 필요한 어플리케이션을 자유롭게 설치 가능
④ 원격근무 환경 구현을 통한 스마트워크 환경 정착

02 ERP와 기존의 정보시스템(MIS) 특성 간의 차이점에 대한 설명으로 가장 적절하지 않은 것은?

① 기존 정보시스템의 업무범위는 단위업무이고, ERP는 통합업무를 담당한다.
② 기존 정보시스템의 전산화 형태는 중앙집중식이고, ERP는 분산처리구조이다.
③ 기존 정보시스템은 업무처리 방식은 수평적이고, ERP 업무처리 방식은 수직적이다.
④ 기존 정보시스템의 데이터베이스 형태는 파일시스템이고, ERP는 관계형 데이터베이스 시스템(RDBMS)이다.

03 클라우드 컴퓨팅 서비스 유형에 대한 설명으로 가장 적절하지 않은 것은?

① PaaS는 데이터베이스와 스토리지 등을 제공하는 서비스이다.
② ERP 소프트웨어 개발을 위한 플랫폼을 클라우드 서비스로 제공받는 것을 PaaS라고 한다.
③ ERP 구축에 필요한 IT인프라 자원을 클라우드 서비스로 빌려 쓰는 형태를 IaaS라고 한다.
④ ERP, CRM 솔루션 등의 소프트웨어를 클라우드 서비스를 통해 제공받는 것을 SaaS라고 한다.

04 e-Business 지원 시스템을 구성하는 단위 시스템에 해당되지 않는 것은?

① 성과측정관리(BSC)
② EC(전자상거래) 시스템
③ 의사결정지원시스템(DSS)
④ 고객관계관리(CRM) 시스템

05 수요예측의 오차에 대한 일반적인 설명으로 가장 적절한 것은?

① 기존상품은 신규상품보다 상대적으로 예측적중률이 낮아진다.
② 대체품이 없는 상품이 대체품이 많은 상품보다 상대적으로 예측적중률이 낮다.
③ 예측기간이 짧은 것보다 예측기간이 길수록 오차의 발생확률은 상대적으로 낮아진다.
④ 일반적으로 영속성이 있는 상품이나 서비스 등은 영속성이 없는 상품이나 서비스의 경우보다 지속적으로 정확한 예측을 하기 어렵다.

06 지수평활법을 이용하여 예측 판매량의 변화를 파악하고자 한다. 실제 판매량과 예측 판매량이 [보기]와 같을 때, 4월 대비 5월의 예측 판매량의 변화로 알맞은 것은? (단, 지수평활상수 α = 0.4이다)

월	8월	4월	5월
실제 판매량	200	300	
예측 판매량	200		

① 40 증가
② 40 감소
③ 60 증가
④ 60 감소

07 시장점유율을 이용하여 목표매출액을 결정하려고 한다. [보기]에서 필요한 정보만을 고른 것은?

> **보기**
>
> ㉠ 금년도 자사 매출액
> ㉡ 금년도 경쟁사 매출액
> ㉢ 금년도 자사의 연간 총여신한도액
> ㉣ 전년대비 자사 시장점유율 증가율
> ㉤ 전년대비 당해업계 총매출액 증가율

① ㉠, ㉡, ㉢
② ㉠, ㉢, ㉣
③ ㉠, ㉣, ㉤
④ ㉡, ㉣, ㉤

08 교차비율을 이용하여 목표판매액을 할당할 때, [보기]의 제품 중에서 목표판매액 할당이 가장 높은 제품은 무엇인가?

제품	매출액(억원)	한계이익(억원)	평균재고액(억원)
A	100	10	10
B	150	20	15
C	200	30	20
D	250	40	30

① A
② B
③ C
④ D

09 손익분기점과 목표이익에 의해 가격을 결정하려고 한다. 목표이익을 고려하여 판매량을 산출할 때 필요한 요소가 아닌 것은?

① 고정비
② 재고유지비용
③ 단위당 변동비
④ 단위당 판매가격

10 수주관리 업무에 대한 설명으로 옳지 않은 것은?

① 수주는 구매를 결정한 고객으로부터 구체적인 주문을 받는 과정이다.

② 수주등록은 수주 후에 고객의 주문내역을 관리시스템에 등록하는 과정이다.

③ 견적은 수주이후 단계로서 고객이 구매하고자 하는 물품에 대한 가격을 산출하는 과정이다.

④ 수주등록 후 일자별 가용수량, 약속가능재고 정보를 참조하여 고객에게 예정납기를 통보해야 한다.

11 [보기]에서 나타나는 채찍효과의 주요 원인으로 가장 적절한 것은?

┤ 보기 ├

소매상들이 운송비와 주문비를 절감하기 위하여 기존에 주문하던 수량보다 훨씬 더 많은 양의 제품을 한 번에 발주하고 있다.

① 가격 변동 ② 잦은 수요예측 변경

③ 배치(batch) 주문방식 ④ 리드타임(lead time) 증가

12 공급망 운영전략의 유형을 효율적 공급망 전략과 대응적 공급망 전략으로 구분할 수 있다. 대응적 공급망 전략의 특징에 대한 설명으로 적절하지 않은 것은?

① 수요예측이 어렵고, 이익률이 높은 제품에 적용한다.

② 스피드, 유연성, 품질을 중심으로 공급자를 선정한다.

③ 가능한 가장 낮은 비용으로 예측 가능한 수요에 대응한다.

④ 고객 서비스를 비용적인 측면보다 우선 고려하는 전략이다.

13 물류거점 설계 비용에 대한 설명으로 가장 옳은 것은?

① 수송비용은 수송거리에 비례하여 감소한다.

② 고정투자비용에는 인건비 및 초기 설비투자 비용 등이 포함되며, 물류거점 수에 비례하여 감소하는 경향을 보인다.

③ 재고비용은 물류거점 수가 증가함에 따라 초기 증가폭이 크다가 일정 수준 이상이 되면 완만히 감소하는 경향을 보인다.

④ 물류거점 수가 증가하게 되면 수송비용은 서서히 감소하다가 일정 수준을 넘어서게 되면 오히려 증가하는 경향을 보인다.

14 [보기]는 (주)생산성 자재부 직원들의 대화이다. 대화에 나타난 재고의 유형으로 가장 적절한 것은?

┤ 보기 ├

직원 A: 최근 국제 정세가 불안하여 원재료 수급의 불확실성도 높아졌습니다.
직원 B: 외교 관계에도 변화가 생겨 기존 거래처와의 거래도 불확실합니다.
직원 A: 원재료 가격이 당분간 급등할 것으로 예상됩니다.
직원 B: 아무래도 미리 재고를 확보해두는 게 좋겠습니다.

① 비축재고 ② 안전재고

③ 순환재고 ④ 수송재고

15 [보기]를 참고하여 고정주문량모형의 재발주점(ROP)을 구하시오.

> **보기**
>
> • 조달기간: 3일 · 일평균사용량: 7,000개
> • 안전재고량: 3,000개

① 21,000개 ② 24,000개
③ 27,000개 ④ 30,000개

16 [보기]와 같은 특징을 갖는 운송경로는 무엇인가?

> **보기**
>
> [수송경로 유형]
>
>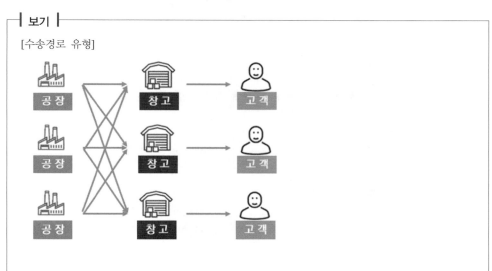
>
> • 고객처별로 고객밀착형 물류거점을 운영함
> • 신속한 고객대응이 가능하여 물류 서비스 만족도가 높음
> • 다수의 물류거점을 확보하여야 하므로 운영비가 가중됨

① 배송 거점방식 ② 복수 거점방식
③ 다단계 거점방식 ④ 중앙집중 거점방식

17 구매계획 수립 시 고려사항으로 적절하지 않은 것은?

① 가격추세 ② 생산계획
③ 판매계획 ④ 조달소요시간

기출문제

18 [보기]에서 설명하는 가격유형에 해당하지 않는 품목을 고르시오.

┤ 보기 ├

판매자와 구매자의 판단에 좌우되지 않고 시장에서 수요와 공급의 균형에 의해 가격이 수시로 변동하는 유형

① 서적   ② 야채
③ 어류   ④ 철광

19 [보기]는 특인기간 현금할인 방식에 대한 설명이다. [보기]의 설명에서 괄호 안에 들어갈 수치를 고르시오.

┤ 보기 ├

6/15-30 Days Extra
거래일로부터 (㉠)일 이내의 현금지불에 대하여 (㉡)% 할인을 인정하며, 특별 추가 할인 기간을 포함하여 거래일로부터 총 (㉢)일간 현금할인이 적용된다.

① ㉠-6, ㉡-15, ㉢-30   ② ㉠-15, ㉡-6, ㉢-30
③ ㉠-6, ㉡-15, ㉢-45   ④ ㉠-15, ㉡-6, ㉢-45

20 조업도(생산량)의 증감과는 상관없이 항상 일정하게 지출되는 비용에 해당하지 않은 것은?

① 보험료   ② 재료비
③ 감가상각비   ④ 지급임차료

실무문제는 [실기메뉴]를 활용하여 답하시오.
웹하드(http://www.webhard.co.kr)에서 Guest(ID: samil3489, PASSWORD: samil3489)로
로그인하여 백데이터를 다운받아 설치한 후 물류 2급 2024년 2회로 로그인한다.

01 다음 중 품목에 대한 설명으로 옳지 않은 것을 고르시오.

① [10-3520000. CRANK ARM] 조달구분은 [0. 구매] 이다.
② [21-1060700. FRAME-NUT] 품목군은 [R100. FRAME] 이다.
③ [21-1060950. WHELL REAR-MTB] LEAD TIME 은 2 DAYS 이다.
④ [21-3065700. GEAR REAR C] 품목의 중분류는 [2000. PIPE 205] 이다.

02 다음 중 거래처분류가 [2000. 우수]이며, 지역이 [2000. 경기]인 업체의 구매담당자를 고르시오.

① 노희선   ② 정영수
③ 이종현   ④ 박용덕

03 다음 일반거래처에 대한 설명 중 옳은 것을 고르시오.

① [00002. (주)하나상사]: 사용여부는 '미사용'으로 설정된 거래처이다.
② [00003. (주)빅파워]: 구분은 '무역'으로 설정된 거래처이다
③ [00005. (주)세림와이어]: 사업장 위치는 '서울 구로구'에 위치하고 있다.
④ [00008. YK PEDAL]: 업태는 '제조, 도매'이다.

04 아래 [조회조건]으로 데이터를 조회한 후 물음에 답하시오.

┤ 조회조건 ├

- 사업장: [1000. (주)한국자전거본사]
- 계획년도/월: 2024/03
- 수정계획반영: [3. 수정계획수량 및 단가반영]

(주)한국자전거본사에서 2024년 03월 품목에 대한 판매계획을 입력하였다. 다음 중 수정계획수량이
기초계획수량에 비해 가장 많이 증가한 품목을 고르시오. (관리단위 기준)

① [ATECK-3000. 일반자전거]
② [ATECX-2000. 유아용자전거]
③ [NAX-A400. 일반자전거 (P-GRAY WHITE)]
④ [NAX-A420. 산악자전거 (P-20G)]

기출문제

05 아래 [조회조건]으로 데이터를 조회한 후 물음에 답하시오.

┤ 조회조건 ├────────────────────────────────
- 사업장: [1000. (주)한국자전거본사] • 견적기간: 2024/03/01 ~ 2024/03/01

다음 [조회조건]의 국내 견적내용 중 견적금액의 총 합계액이 가장 적은 견적 건을 고르시오.

① ES2403000001   ② ES2403000002
③ ES2403000003   ④ ES2403000004

06 아래 [조회조건]으로 데이터를 조회한 후 물음에 답하시오.

┤ 조회조건 ├────────────────────────────────
- 사업장: [1000. (주)한국자전거본사] • 주문기간: 2024/03/02 ~ 2024/03/02

다음 [조회조건]의 국내 수주내역 중 견적적용 기능을 이용하지 않고 직접 등록된 건을 고르시오.

① SO2403000001   ② SO2403000002
③ SO2403000003   ④ SO2403000004

07 아래 [조회조건]으로 데이터를 조회한 후 물음에 답하시오.

┤ 조회조건 ├────────────────────────────────
- 사업장: [1000. (주)한국자전거본사] • 주문기간: 2024/03/03 ~ 2024/03/03

다음 [조회조건] 에 맞추어 조회되는 주문내역 중 마감사유가 다른 주문 건을 고르시오.

① SO2403000006   ② SO2403000007
③ SO2403000008   ④ SO2403000009

08 아래 [조회조건]으로 데이터를 조회한 후 물음에 답하시오.

┤ 조회조건 ├────────────────────────────────
- 사업장: [1000. (주)한국자전거본사] • 출고기간: 2024/03/04 ~ 2024/03/04

다음 중 [M400. 상품창고]에서 출고된 내역 중 출고 장소가 나머지와 다른 출고번호를 고르시오.

① IS2403000001   ② IS2403000002
③ IS2403000003   ④ IS2403000004

09 아래 [조회조건]으로 데이터를 조회한 후 물음에 답하시오.

> **조회조건**
>
> • 사업장: [1000. (주)한국자전거본사]　　• 출고기간: 2024/03/05 ~ 2024/03/05
> • 출고창고: [P100. 제품창고]

위 [조회조건]을 만족하는 국내 출고내역을 적용하여 매출마감 등록하였다. 다음 매출마감 등록내역에 대한 설명 중 잘못 설명한 것을 고르시오.

① 출고번호 IS2403000005는 2024/03/06에 매출마감 되었다.
② 출고번호 IS2403000006의 매출마감 내역은 관리구분이 등록되지 않았다.
③ 출고번호 IS2403000007의 매출마감 세무구분은 카드매출로 등록되었다.
④ 출고번호 IS2403000008는 다른 출고내역과 함께 매출마감 되었다.

10 [1000. (주)한국자전거본사]에서 2024년 03월 10일부터 2024년 03월 13일까지 매출마감의 회계전표에 대한 설명 중 옳은 것을 고르시오.

① SC2403000006은 2024년 03월 11일자로 전표처리 되었다.
② SC2403000007은 제품에 대한 외상매출금이 상품에 대한 외상매출금 보다 금액이 적다.
③ SC2403000008의 전표처리 내역 중 부가세예수금은 품목 계정구분 별로 분할하여 전표처리가 되었다.
④ SC2403000009는 부가세예수금의 세무구분이 [11. 과세매출]로 처리가 되어있다.

11 다음 [조회조건]의 데이터를 조회 후 답하시오.

> **조회조건**
>
> • 사업장: [1000. (주)한국자전거본사]　　• 수금기간: 2024/03/14 ~ 2024/03/14

다음 중 선수금 정리금액이 가장 큰 거래처를 고르시오.

① ㈜대흥정공　　　　　　　　　② ㈜하나상사
③ ㈜빅파워　　　　　　　　　　④ ㈜제동기어

12 아래 [조회조건]으로 데이터를 조회한 후 물음에 답하시오.

> **조회조건**
>
> • 사업장: [1000. (주)한국자전거본사]　　• 계획기간: 2024/03/15 ~ 2024/03/15

(주)한국자전거에서는 2024년 2월에 작성된 판매계획으로 해당 2월에 일부 수량을 주계획 작성하였다. 2024년 2월 판매계획의 미적용수량을 2024년 3월 15일에 주계획으로 작성하고자 할 때, 미적용수량이 가장 작은 품명을 고르시오.

① [31-1010004. 타이어]　　　　② [31-1010005. 자물쇠]
③ [NAX-A400. 일반자전거(P-GRAY WHITE)]　④ [NAX-A420. 산악자전거(P-20G)]

13 아래 [조회조건]으로 데이터를 조회한 후 물음에 답하시오.

┤ 조회조건 ├

- 사업장: [1000. ㈜한국자전거본사]
- 청구기간: 2024/03/15 ~ 2024/03/15   • 청구구분: [0.구매]

다음 청구내역 중 관리구분 기준 청구 수량의 총합이 가장 큰 관리구분을 고르시오. (재고단위 기준)

① [P10. 정기구매]   ② [P20. 일반구매]

③ [P30. 긴급구매]   ④ [P40. 기타구매]

14 아래 [조회조건]으로 데이터를 조회한 후 물음에 답하시오.

┤ 조회조건 ├

- 사업장: [1000. ㈜한국자전거본사]   • 발주기간: 2024/03/16 ~ 2024/03/16

다음 국내 발주내역에 대하여 바르게 설명한 것을 고르시오.

① PO2403000001은 청구적용을 통해 등록된 발주내역이다.

② PO2403000002의 관리구분과 적용받은 내역의 관리구분은 동일하다.

③ PO2403000003은 서로 같은 청구내역을 적용받았다. (청구번호 기준)

④ PO2403000004에 등록된 품목의 주거래처는 발주등록 거래처와 동일하다.

15 아래 [조회조건]으로 데이터를 조회한 후 물음에 답하시오.

┤ 조회조건 ├

- 사업장: [1000. (주)한국자전거본사]   • 입고기간: 2024/03/17 ~ 2024/03/17
- 입고창고: [M100. 부품창고]

2024년 03월 17일에 등록된 'PO2403000005' 국내 발주내역을 '발주적용' 기능을 이용하여 입고처리를 하려고 했지만, 내역이 조회되지 않아 등록할 수 없었다. 해당 발주내역이 조회되지 않는 이유로 가장 바르게 설명한 것을 고르시오.

① 발주내역이 이미 발주등록에 등록이 되어있어 조회할 수 없다.

② 발주내역의 담당자가 등록이 되어있지 않아 조회할 수 없다.

③ 발주내역에 납기일이 2024/03/20일로 등록이 되어있어 조회할 수 없다.

④ 발주내역이 발주마감처리가 되어 조회할 수 없다.

16 다음 [보기]의 데이터를 조회 후 답하시오.

┤ 보기 ├

- 사업장: [1000. (주)한국자전거본사]　　· 입고기간: 2024/03/18 ~ 2024/03/18
- 입고창고: [X300. 원재료창고]

[보기]의 국내 입고처리 건에 대한 설명 중 잘못 설명한 것을 고르시오.

① RV2403000001은 발주적용을 통해 입력된 입고내역이다.
② RV2403000002의 입고 거래처는 품목의 주거래처와 동일한 거래처이다.
③ RV2403000003의 입고내역의 발주수량은 모두 매입마감 처리가 되었다.
④ RV2403000004는 관리단위 수량과 재고단위 수량이 같다.

17 아래 [조회조건]으로 데이터를 조회한 후 물음에 답하시오.

┤ 조회조건 ├

- 사업장: [1000. (주)한국자전거본사]　　· 마감기간: 2024/03/20 ~ 2024/03/20
- 입고기간: 2024/03/19 ~ 2024/03/19

국내 입고내역을 매입마감 하려고 한다. 다음 중 미마감수량의 총합이 가장 많은 거래처를 고르시오.
(관리단위 기준)

① [00005. (주)세림와이어]　　　　② [00006. (주)형광램프]
③ [00007. (주)제일물산]　　　　　④ [00008. YK PEDAL]

18 2024년 03월 21일 [M400. 상품창고]에 입고된 RV2403000009의 전표의 순번을 고르시오.

① 1　　　　　　　　　　　　　　② 2
③ 3　　　　　　　　　　　　　　④ 전표처리 되지 않았다.

19 (주)한국자전거본사에서 2024년 03월 01일에 제품창고-제품장소에서 재고 실사를 실시하였다. 전산재고와 실사재고의 차이수량이 발생된 항목들은 재고조정을 통하여 두 수량을 맞추려고 한다. 수량을 모두 출고조정을 통해 조정한다면 다음 중 입력되는 조정수량이 가장 큰 품목을 고르시오.(양수, 음수 모두 포함하여 비교)

① [31-1010002. 의자]
② [31-1010003. 바구니]
③ [31-1010004. 타이어]
④ [31-1010005. 자물쇠]

20 아래 [조회조건]으로 데이터를 조회한 후 물음에 답하시오.

┤ 조회조건 ├─────────────────────────────

<작업내역>
[1000. (주)한국자전거본사]에서 2024/03/23에 [ATECX-2000. 유아용자전거] 1 EA 를 관리할 목적으로 특정창고로 이동시켰다. 해당 특정창고의 적합여부는 '부적합'이지만, 가용재고는 '여'로 양품이 아니지만 관리하여 판매할 수 있도록 물품을 관리하기 위한 곳이다.

───────────────────────────────────

위 작업내역을 처리하기 위하여 재고이동등록(창고) 메뉴를 사용하였다. 조건을 만족하는 이동번호를 고르시오.

① MV2403000001　　　　　　② MV2403000002
③ MV2403000003　　　　　　④ MV2403000004

제3장

생산 2급 기출문제

2025년 1회 (2025년 1월 25일 시행)

[이론]

01 기계학습에 대한 설명으로 옳지 않은 것은?

① 비지도학습 방법에는 분류모형과 회귀모형이 있다.
② 비지도학습은 입력값에 대한 목표치가 주어지지 않는다.
③ 지도학습은 학습 데이터로부터 하나의 함수를 유추해내기 위한 방법이다.
④ 강화학습은 선택 가능한 행동들 중 보상을 최대화하는 행동 혹은 순서를 선택하는 방법이다.

02 [보기]는 무엇에 대한 설명인가?

┤ 보기 ├

제품, 공정, 생산설비와 공장에 대한 실제 세계와 가상 세계의 통합시스템이며 제조 빅데이터를 기반으로 사이버모델을 구축하고 이를 활용하여 최적의 설계 및 운영을 수행하는 것

① 비즈니스 애널리틱스(Business Analytics)
② 사이버물리시스템(Cyber Physical System, CPS)
③ 공급사슬관리(Supply Chain Management, SCM)
④ 전사적 자원관리(Enterprise Resource Planning, ERP)

03 ERP 아웃소싱(Outsourcing)에 대한 설명으로 적절하지 않은 것은?

① ERP 자체개발에서 발생할 수 있는 기술력 부족을 해결할 수 있다.
② ERP 아웃소싱을 통해 기업이 가지고 있지 못한 지식을 획득할 수 있다.
③ ERP 개발과 구축, 운영, 유지보수에 필요한 인적 자원을 절약할 수 있다.
④ ERP시스템 구축 후에는 IT아웃소싱 업체로부터 독립적으로 운영할 수 있다.

04 'Best Practice'를 목적으로 ERP 패키지를 도입하여 시스템을 구축하고자 할 경우 가장 적절하지 않은 방법은?

① BPR과 ERP 시스템 구축을 병행하는 방법
② ERP 패키지에 맞추어 BPR을 추진하는 방법
③ 기존 업무처리에 따라 ERP 패키지를 수정하는 방법
④ BPR을 실시한 후에 이에 맞도록 ERP 시스템을 구축하는 방법

05 3명의 작업자가 8시간동안 바닥의 타일을 1,080제곱미터 설치하였을 때 노동생산성은?

① 30제곱미터/시간
② 35제곱미터/시간
③ 40제곱미터/시간
④ 45제곱미터/시간

06 BOM에 대한 설명으로 적절하지 않은 것은?

① 제품의 기능적 특성만 관리된다.
② 주생산계획(MPS)과 연계되어 있다.
③ 모품목을 위해 필요한 수량을 제품구조 정보로 보여준다.
④ 모품목을 만드는데 필요한 조립품, 부품, 원자재의 목록이다.

07 문제에 대해 전문가 집단에게 실적이나 예측데이터에 대한 설문을 여러 차례 실시하여 전문가의 의견을 수집하고, 전문가의 의견을 요약하여 수요를 예측하는 기법은?

① 회귀분석법
② 지수평활법
③ 델파이분석법
④ 단순이동평균법

08 주로 항공기, 선박, 금형 등 고가제품이면서 고객의 요구사항이 설계단계에 반영되어야 하는 제품의 생산에 사용되는 제조전략은?

① MTS(Make-To-Stock)
② MTO(Make-To-Order)
③ ATO(Assemble-To-Order)
④ ETO(Engineer-To-Order)

09 생산 및 재고시스템을 위한 총괄계획의 수립에 있어서 수요변동에 능동적으로 대처하기 위한 전략방안에 적합하지 않은 것은?

① 생산율의 조정
② 재고수준의 조정
③ 제품품질의 조정
④ 고용수준의 변동

10 [보기]의 설명으로 가장 적절한 것은?

┤ 보기 ├

생산계획에 따라서 실제로 작업을 수행하기 위하여 작업을 언제 시작할 것인지, 언제까지 완료할 것인지 등의 계획을 수립하는 것

① 일정계획
② 기준생산계획
③ 총괄생산계획
④ 수요예측계획

11 공정관리의 대내적인 목표로 가장 적절한 것은?

① 주문자 또는 수요자의 요건을 충족시켜야 한다.
② 자재의 투입에서 제품이 출하되기까지의 시간을 증가시킨다.
③ 작업자의 대기나 설비의 유휴에 의한 손실시간을 감소시킨다.
④ 생산량 요구조건을 준수하기 위해 생산과정을 합리화 하는 것이다.

12 공수계획의 기본적인 방침에 가장 적합한 것은?

① 긴급성
② 부하와 능력의 집중화
③ 일정별 부하 변동 강화
④ 적성배치와 전문화 촉진

13 전체 작업자가 실제 가동시간 중에서 정미작업을 하는 시간의 비율을 나타내는 것은?

① 환산율
② 여유율
③ 가동률
④ 실제가동시간

14 간트차트(Gantt Chart)에 대한 설명으로 적절하지 않은 것은?

① 각 작업의 완료시간을 알 수 있다.
② 각 작업의 전체 공정시간을 알 수 있다.
③ 복잡하거나 대규모 공사에 적용하기 용이하다.
④ 작업자별, 부문별 업무성과의 상호비교가 가능하다.

15 JIT(Just In Time) 생산방식을 달성하기 위한 5S 개념의 설명에서 [보기]는 무엇에 대한 설명인가?

┤ 보기 ├
필요한 것을 즉시 사용할 수 있도록 항상 지정된 장소에 위치시키는 것

① 정리(SEIRI)
② 청소(SEISO)
③ 정돈(SEITON)
④ 청결(SEIKETSU)

16 첫 번째 제품을 생산하는데 100시간이 소요되었다. 학습률이 80%일 때 제품 4개에 대한 생산시간은 몇 시간가?

① 64시간
② 160시간
③ 224시간
④ 256시간

17 [보기]에서 설명하는 재고관리 용어는?

┤ 보기 ├

- 자재나 제품의 구입에 따른 제비용과 재고유지비용 등을 고려하여, 주문 비용과 단위당 재고유지비용의 합계가 최소가 되도록 하는 자재 또는 제품의 최적 주문량을 의미함
- 기업은 얼마나 자주 주문을 해야 하는지, 그리고 주문할 때마다 얼마만큼의 양을 주문해야 하는지를 결정할 수 있음

① MRP   ② ERP

③ EOQ   ④ CRP

18 자재소요계획(MRP: Material Requirement Planning) 시스템의 입력(Input)에 해당하는 구성요소로 적합하지 않은 것은?

① 자재명세서   ② 기간별수요량

③ 재고기록파일   ④ 기준생산계획

19 [보기]의 내용은 무엇에 관한 설명인가?

┤ 보기 ├

기준생산계획(MPS)이 주어진 제조자원의 용량을 넘어서는지를 계산하는 모듈이다. 다시 말해서 기준생산계획과 제조자원 간의 크기를 비교하여 자원요구량을 계산해내는 것이다.

① 총괄생산계획(APP: Aggregate Production Planning)

② 자재소요계획(MRP: Material Requirement Planning)

③ 개략능력요구계획(RCCP: Rough Cut Capacity Planning)

④ 생산능력소요계획(CRP: Capacity Requirement Planning)

20 공급망관리(SCM; Supply Chain Management)의 추진효과로 가장 적절한 것은?

① 생산효율화   ② 구매비용 증가

③ 시장변화 대응력 감소   ④ 분산적 정보시스템 운영

01 아래 [보기]의 조건으로 데이터를 조회한 후 물음에 답하시오.

┤ 보기 ├

- 계정구분: [4. 반제품]
- 조달구분: [1. 생산]
- 검사여부: [1. 검사]

다음 중 [보기]의 조건에 해당하는 품목에 대한 설명으로 옳지 않은 것을 고르시오.

① 품목[81-1001000. BODY-알미늄(GRAY-WHITE)]의 안전재고량은 20이다.
② 품목[83-2000110. 전장품 ASS'Y (TYPE A)]의 LOT여부는 [1. 사용] 이다.
③ 품목[87-1002001. BREAK SYSTEM]의 대분류는 [100. 조립반제품] 이다.
④ 품목[88-1001010. PRESS FRAME-W (TYPE A)]의 주거래처는 [00006. ㈜형광램프] 이다.

02 아래 [보기]의 조건으로 데이터를 조회한 후 물음에 답하시오.

┤ 보기 ├

- 사업장: [2000. ㈜한국자전거지사]

다음 중 [보기]의 조건에 해당하는 창고/공정(생산)/외주공정등록에 대한 설명으로 옳지 않은 것을 고르시오.

① 생산공정 [L300. 작업공정(도색)]의 입고기본위치는 [L303. 도색작업장(반제품)]이다.
② 생산공정[L200. 작업공정]의 작업장 [L202. 반제품작업장]의 사용여부는 '미사용'이다.
③ 창고 [M200. 부품창고_인천지점]의 위치 [M201. 부품/반제품_부품장소]의 위치설명은 '김포공항'이다.
④ 창고 [P200. 제품창고_인천지점]의 위치 [P202. 제품장소_대전대기]의 적합 여부는 '적합'이다.

03 아래 [보기]의 조건으로 데이터를 조회한 후 물음에 답하시오.

┤ 보기 ├
- 계정: [2. 제품]
- 구매담당자: [A400. 박찬영]
- 생산담당자: [A500. 김유리]

㈜한국자전거지사의 홍길동 사원은 품목별로 물류실적 담당자등록을 하였다. 다음 중 [보기]의 조건에 해당하는 품목으로 옳은 것을 고르시오.

① [NAX-A421. 산악자전거(P-21G, A421)]
② [NAX-A422. 산악자전거(P-21G, A422)]
③ [NAX-A402. 일반자전거(P-GRAY BLACK)]
④ [NAX-A400. 일반자전거(P-GRAY WHITE)]

04 아래 [보기]의 조건으로 데이터를 조회한 후 물음에 답하시오.

┤ 보기 ├
- 모품목: [NAX-A400. 일반자전거(P-GRAY WHITE)]
- 기준일자: 2025/01/31
- 사용여부: [1.사용]

다음 중 [보기]의 조건에 해당하는 모품목 [NAX-A400. 일반자전거(P-GRAY WHITE)]의 자재명세서에 대한 설명으로 옳지 않은 것을 고르시오.

① 필요수량의 합계는 16이다.
② 자품목 [83-2000100. 전장품 ASS'Y]의 계정구분은 '반제품'이다.
③ 자품목 [88-1001000. PRESS FRAME-W]의 사급구분은 '자재'이다.
④ 자품목 [85-1020400. POWER TRAIN ASS'Y(MTB)]의 LOSS(%)이 가장 적다.

05 아래 [보기]의 조건으로 데이터를 조회한 후 물음에 답하시오.

┤ 보기 ├
- 자품목: [21-1060851. WHEEL FRONT-MTB(TYPE A)]
- 기준일자: 2025/01/31
- 사용여부: 전체

다음 중 [보기]의 조건의 자품목 [21-1060851. WHEEL FRONT-MTB (TYPE A)]에 대하여 1 LEVEL 상위 모품목 정보로 옳지 않은 것을 고르시오.

① [NAX-A401. 일반자전거(P-GRAY RED)]
② [81-1001000. BODY-알미늄(GRAY-WHITE)]
③ [83-2000110. 전장품 ASS'Y (TYPE A)]
④ [88-1002010. PRESS FRAME-Z (TYPE A)]

06 아래 [보기]의 조건으로 데이터를 조회한 후 물음에 답하시오.

┤ 보기 ├

- 사업장: [2000. ㈜한국자전거지사]
- 작업예정일: 2025/01/01 ~ 2025/01/10
- 계정구분: [2. 제품]

다음 중 [보기]의 조건에 해당하는 생산계획 내역 중 품목별 일생산량을 초과하여 생산계획된 품명과 작업예정일을 연결한 것으로 옳은 것을 고르시오.

① 산악자전거(P-21G, A421) - 2025/01/05
② 산악자전거(P-21G, A422) - 2025/01/09
③ 일반자전거(P-GRAY WHITE) - 2025/01/01
④ 일반자전거(P-GRAY BLACK) - 2025/01/04

07 아래 [보기]의 조건으로 데이터를 조회한 후 물음에 답하시오.

┤ 보기 ├

- 사업장: [2000. ㈜한국자전거지사]
- 공정: [L200. 작업공정]
- 작업장: [L201. 제품작업장]
- 지시기간: 2025/01/01 ~ 2025/01/08

다음 중 [보기]의 조건에 해당하는 작업지시등록 내역 중 작업지시를 직접 등록 한 작업지시번호로 옳은 것을 고르시오.

① WO2501000006
② WO2501000007
③ WO2501000008
④ WO2501000009

08 아래 [보기]의 조건으로 데이터를 조회한 후 물음에 답하시오.

┤ 보기 ├

- 사업장: [2000. ㈜한국자전거지사]
- 공정: [L200. 작업공정]
- 작업장: [L202. 반제품작업장]
- 지시기간: 2025/01/05 ~ 2025/01/05

다음 중 [보기]의 조건에 해당하는 작업지시확정 내역 중 확정수량의 합이 가장 적은 지시 품목으로 옳은 것을 고르시오.

① [81-1001000. BODY-알미늄(GRAY-WHITE)]
② [83-2000100. 전장품 ASS'Y]
③ [85-1020400. POWER TRAIN ASS'Y(MTB)]
④ [87-1002001. BREAK SYSTEM]

기출문제

09 아래 [보기]의 조건으로 데이터를 조회한 후 물음에 답하시오.

┤ 보기 ├

- 사업장: [2000. (주)한국자전거지사]
- 출고기간: 2025/01/10 ~ 2025/01/10
- 공정: [L200. 작업공정]
- 작업장: [L201. 제품작업장]

다음 중 [보기]의 조건에 해당하는 생산자재출고 내역 중 존재 하는 모품목명을 고르시오.

① [88-1001010. PRESS FRAME-W (TYPE A)]
② [85-1020400. POWER TRAIN ASS'Y(MTB)]
③ [NAX-A402. 일반자전거(P-GRAY BLACK)]
④ [88-1002000. PRESS FRAME-Z]

10 아래 [보기]의 조건으로 데이터를 조회한 후 물음에 답하시오.

┤ 보기 ├

- 사업장: [2000. ㈜한국자전거지사]
- 지시(품목): 2025/01/05 ~ 2025/01/05
- 지시공정: [L200. 작업공정]
- 지시작업장: [L202. 반제품작업장]

다음 중 [보기]의 조건에 해당하는 작업실적 내역에 대한 설명으로 옳지 않은 것을 고르시오.

① 작업실적번호 WR2501000001에 대한 작업조는 작업 A조 이다.
② 작업실적번호 WR2501000002에 대한 생산설비는 생산설비 4호 이다.
③ 작업실적번호 WR2501000003에 대한 입고장소는 부품/반제품_부품장소_부적합이다.
④ 작업실적번호 WR2501000004에 대한 실적담당자는 박찬영 이다.

11 아래 [보기]의 조건으로 데이터를 조회한 후 물음에 답하시오.

┤ 보기 ├

- 사업장: [2000. (주)한국자전거지사]
- 구분: [1. 생산]
- 실적공정: [L200. 작업공정]
- 실적작업장: [L202. 반제품작업장]
- 실적기간: 2025/01/15 ~ 2025/01/15
- 상태: [1. 확정]

다음 중 [보기]의 조건에 해당하는 실적 품목에 대한 자재사용 내역 중 청구적용 조회 시 잔량의 합이 가장 많이 남아 있는 작업실적번호로 옳은 것을 고르시오.

① WR2501000005
② WR2501000006
③ WR2501000007
④ WR2501000008

12 아래 [보기]의 조건으로 데이터를 조회한 후 물음에 답하시오.

┤ 보기 ├
- 사업장: [2000. ㈜한국자전거지사]
- 공정: [L200. 작업공정]
- 실적일: 2025/01/05 ~ 2025/01/05
- 작업장: [L202. 반제품작업장]

다음 중 [보기]의 조건에 해당하는 생산실적검사 내역에 대한 설명으로 옳지 않은 것을 고르시오.

① 작업실적번호 WR2501000001의 검사담당자는 이혜리이며 바디조립검사를 실시하였다.
② 작업실적번호 WR2501000002는 샘플검사를 실시하였고 최종 합격여부는 불합격이다.
③ 2025/01/05일 진행된 생산실적검사 내역에 대한 검사담당자로는 이혜리, 문승효, 최승재, 김유리 검사담당자가 검사를 진행하였다.
④ 작업실적번호 WR2501000004의 불량수량이 가장 많이 발생한 불량명으로는 브레이크(BREAK) 불량이 가장 많이 발생하였다.

13 아래 [보기]의 조건으로 데이터를 조회한 후 물음에 답하시오.

┤ 보기 ├
- 사업장: [2000. ㈜한국자전거지사]
- 공정: [L200. 작업공정]
- 실적기간: 2025/01/15 ~ 2025/01/15
- 작업장: [L202. 반제품작업장]

㈜한국자전거지사 홍길동 사원은 생산품창고 입고처리 시 생산실적검사를 진행한 실적내역에 대하여서는 직접 입고처리를 등록하고 있다. 다음 중 [보기]의 조건에 실적번호 중 생산실적검사를 진행한 실적번호로 옳게 짝지어진 것을 고르시오.

① WR2501000007, WR2501000008
② WR2501000005, WR2501000008
③ WR2501000006, WR2501000007
④ WR2501000005, WR2501000006

14 아래 [보기]의 조건으로 데이터를 조회한 후 물음에 답하시오.

┤ 보기 ├
- 사업장: [2000. ㈜한국자전거지사]
- 공정구분: 선택전체
- 작업장: [L201. 제품작업장]
- 지시일: 2025/01/20 ~ 2025/01/20
- 공정: [L200. 작업공정]

다음 중 [보기]의 조건에 해당하는 작업지시 내역 중 마감처리가 가능하면서 실적잔량이 가장 적게 남아있는 작업지시번호를 고르시오.

① WO2501000014
② WO2501000015
③ WO2501000016
④ WO2501000017

15 아래 [보기]의 조건으로 데이터를 조회한 후 물음에 답하시오.

┤ 보기 ├

- 사업장: [2000. ㈜한국자전거지사]　　　　· 등록일: 2025/01/01 ~ 2025/01/31

다음 중 [보기]의 조건으로 등록 된 기초재공에 대한 설명으로 옳은 것을 고르시오.

① 등록번호 OW2501000001는 원재료만 입력되어 있다.
② 작업공장(도색), 제품작업장(완성품)에 속한 품목은 모두 제품 들이다.
③ 등록번호 OW2501000003은 2025년 1월 한 달 동안 입력된 기초재공 내역 중 기초수량 합이 가장 크다.
④ 작업공정(포장). 기본작업장(포장)에 등록된 내역이 2025년 1월 한 달 동안 입력된 기초재공 내역 중 금액의 합이 가장 크다.

16 아래 [보기]의 조건으로 데이터를 조회한 후 물음에 답하시오.

┤ 보기 ├

- 사업장: [2000. ㈜한국자전거지사]　　　　· 지시기간: 2025/01/05 ~ 2025/01/05

다음 중 [보기]의 조건에 해당하는 작업실적 내역 중 실적수량이 가장 적은 실적번호를 고르시오.

① WR2501000001　　　　　　　② WR2501000002
③ WR2501000003　　　　　　　④ WR2501000004

17 아래 [보기]의 조건으로 데이터를 조회한 후 물음에 답하시오.

┤ 보기 ├

- 사업장: [2000. ㈜한국자전거지사]　　　　· 지시기간: 2025/01/15 ~ 2025/01/15
- 공정: [L200. 작업공정]　　　　　　　· 작업장: [L202. 반제품작업장]

다음 중 [보기]의 조건의 자재청구 내역 중 사용금액의 합이 올바르지 않은 것을 고르시오.

① PRESS FRAME-W (TYPE A) : 19,408,720
② PRESS FRAME-W (TYPE B) : 24,330,000
③ PRESS FRAME-Z (TYPE A) : 11,670,000
④ PRESS FRAME-Z (TYPE B) : 11,810,000

18 아래 [보기]의 조건으로 데이터를 조회한 후 물음에 답하시오.

┤ 보기 ├

- 사업장: [2000. ㈜한국자전거지사]
- 지시기간: 2025/01/01 ~ 2025/01/31　　　• 계정: [2. 제품]

다음 중 [보기]의 조건에 해당하는 지시대비실적 내역에 대하여 품목별 잔량의 합이 일치하는 것으로 옳은 것을 고르시오.

① 일반자전거(P-GRAY WHITE) : 205
② 일반자전거(P-GRAY BLACK) : 190
③ 산악자전거(P-21G, A421) : 330
④ 산악자전거(P-21G, A422) : 160

19 아래 [보기]의 조건으로 데이터를 조회한 후 물음에 답하시오.

┤ 보기 ├

- 사업장: [2000. (주)한국자전거지사]　　　• 검사기간: 2025/01/05 ~ 2025/01/05

다음 중 [보기]의 조건에 샘플검사 기준의 품목별 품질현황 조회 시 샘플 합격률이 가장 높은 품목을 고르시오.

① [81-1001000. BODY-알미늄(GRAY-WHITE)]
② [83-2000100. 전장품 ASS'Y]
③ [85-1020400. POWER TRAIN ASS'Y(MTB)]
④ [87-1002001. BREAK SYSTEM]

20 아래 [보기]의 조건으로 데이터를 조회한 후 물음에 답하시오.

┤ 보기 ├

- 사업장: [2000. (주)한국자전거지사]　　　• 실적기간: 2025/01/05 ~ 2025/01/05
- 구분: [0. 전체]　　　　　　　　　　　　• 수량조회기준: [0. 실적입고기준]
- 단가 OPTION: 조달구분 구매, 생산 모두 실제원가[품목등록] 체크함

다음 중 [보기]의 조건에 해당하는 실적기준의 생산일보를 조회 한 후 양품금액이 가장 작은 품목으로 옳은 것을 고르시오.

① [81-1001000. BODY-알미늄(GRAY-WHITE)]
② [83-2000100. 전장품 ASS'Y]
③ [85-1020400. POWER TRAIN ASS'Y(MTB)]
④ [87-1002001. BREAK SYSTEM]

기출문제

[이론] ●

01 스마트팩토리의 주요 구축 목적이 아닌 것은?

① 생산성 향상   ② 유연성 향상
③ 고객서비스 향상   ④ 제품 및 서비스의 이원화

02 [보기]에서 설명하는 RPA 적용단계는 무엇인가?

┤ 보기 ├

빅데이터 분석을 통해 사람이 수행한 복잡한 의사결정을 내리는 수준이다. 이것은 RPA가 업무 프로세스를 스스로 학습하면서 자동화하는 단계이다.

① 인지자동화   ② 데이터전처리
③ 기초프로세스 자동화   ④ 데이터 기반의 머신러닝(기계학습) 활용

03 ERP 구축 전에 수행되는 단계적으로 시간의 흐름에 따라 비즈니스 프로세스를 개선해가는 점증적 방법론은 무엇인가?

① ERD(Entity Relationship Diagram)
② BPI(Business Process Improvement)
③ MRP(Material Requirement Program)
④ SFS(Strategy Formulation & Simulation)

04 차세대 ERP의 비즈니스 애널리틱스(Business Analytics)에 관한 설명으로 적절하지 않은 것은?

① 비즈니스 애널리틱스는 구조화된 데이터(structured data)만 분석대상으로 한다.
② ERP시스템의 방대한 데이터 분석을 위해 비즈니스 애널리틱스가 차세대 ERP의 핵심요소가 되고 있다.
③ 비즈니스 애널리틱스는 리포트, 쿼리, 대시보드, 스코어카드뿐만 아니라 예측모델링과 같은 진보된 형태의 분석기능도 제공한다.
④ 비즈니스 애널리틱스는 질의 및 보고와 같은 기본적 분석기술과 예측 모델링과 같은 수학적으로 정교한 수준의 분석을 지원한다.

05 생산성 측정의 설명에서 가장 적절하지 않은 것은?

① 표준생산성은 생산성의 기준이 된다.
② 부분생산성은 단일의 투입요소로 측정된다.
③ 총요소생산성은 모든 투입요소로 측정된다.
④ 다요소생산성은 하나 이상의 투입요소로 측정된다.

06 자재명세서(BOM: Bill Of Material)의 용도에 대한 설명으로 가장 적절하지 않은 것은?

① 제품 성능 개선   ② 제품 원가 산정
③ 자재 불출 목록표 생성   ④ 구매 및 생산일정 수립

07 수요예측 기법 중 정량적 수요예측(객관적) 기법에 해당하는 것은?

① 시장조사법   ② 인과모형분석법
③ 판매원 의견종합법   ④ 델파이(Delphi)분석법

08 투입(Input)이 변환을 거쳐 산출(Output)이 되는 생산시스템에서 'Feedback'의 기능으로 적절하지 않은 것은?

① 문제를 조기에 발견할 수 있다.   ② 시장의 변화에 대응하기 어렵다.
③ 타부문과 정보를 공유할 수 있다.   ④ 지속적인 개선 등을 추구할 수 있다.

09 기준생산계획(MPS: Master Production Scheduling) 수립 요소 중 주문정책의 하나로서 필요한 만큼만 생산 및 구매하며, 재고를 최소화하는 방법은 무엇인가?

① LFL(Lot for Lot)   ② FOQ(Fixed Order Quantity)
③ EOQ(Economic Order Quantity)   ④ POQ(Periodic Order Quantity)

10 작업의 우선순위를 정할 때 고려해야하는 원칙으로 적절하지 않은 것은?

① 최소 공정 수   ② 최소 여유 시간
③ 최장 가공 시간   ④ 선입선출법(FIFO)

11 공정관리의 대외적인 목표로 가장 적절한 것은?

① 기계 및 인력 이용률을 최대화한다.
② 주문자 또는 수요자의 요건을 충족시킨다.
③ 작업자의 대기 및 설비의 유휴시간을 최소화 한다.
④ 자재 투입부터 제품 출하까지의 시간을 단축시킨다.

12 [보기]의 설명하는 공정은 무엇인가?

> **보기**
>
> 대기와 저장의 상태를 말한다. 대기는 일시적으로 기다리는 상태이며, 저장은 계획적인 보관을 의미한다.

① 가공공정   ② 운반공정
③ 검사공정   ④ 정체공정

13 A작업장의 직원 40명 중 28명이 출근하였고, 작업에 소요되는 간접작업율이 20%일 때, 이 작업장의 가동율(%)은 얼마인가?

① 54%   ② 55%
③ 56%   ④ 57%

14 애로공정(Bottleneck Operation)에 관한 설명으로 적절하지 않은 것은?

① 병목공정 또는 병목현상이라고도 한다.
② 전체 공정의 흐름을 막고 있는 공정이다.
③ 생산라인에서 작업시간이 가장 긴 공정이다.
④ 전체 라인의 생산속도를 좌우하지는 못한다.

15 칸반(Kanban) 시스템의 설명으로 가장 적절하지 않은 것은?

① 결품방지와 과잉생산으로 인한 낭비방지가 목적이다.
② 생산이 필요하다는 특정신호에 Pull System으로 작업이 진행된다.
③ 작업을 할 수 있는 여력이 있다면 수요가 발생하지 않아도 작업을 진행한다.
④ 한 장의 종이에 현품표의 기능, 운반지시의 기능, 생산지시의 기능을 각각 포함시킨다.

16 JIT(Just In Time)의 7가지 낭비요소에 해당하지 않는 것은?

① 불량의 낭비   ② 동작의 낭비
③ 대기의 낭비   ④ 시간의 낭비

17 경제적주문량(EOQ)를 계산하기 위해 필요한 가정으로 가장 적절하지 않은 것은?

① 단위당 구입가격은 일정하다.   ② 연간 자재사용량이 일정하다.
③ 연간 자재사용량이 불규칙하다.   ④ 연간 자재사용량이 연속적이다.

18 MRP 시스템의 기본구조인 Input 요소에 해당하지 않은 것은?

① 재고기록철(IRF)   ② 자재명세서(BOM)
③ 능력소요계획(CRP)   ④ 주생산일정계획(MPS)

19 공급망관리(SCM: Supply Chain Management)에 포함되지 않는 것은?

① 제품관리
② 생산계획
③ 재고관리
④ 경영정보시스템

20 KPC공업사는 선풍기를 조립하는데 1년에 24,000개의 모터를 사용한다. 이 모터는 자체생산 품목으로 하루 400개를 생산 할 수 있다. 모터는 매일 일정한 수량을 소비하며, 모터의 단위당 재고유지비는 100원, 한 번의 작업 준비비는 2,250원 이다. 이 회사의 연간 가동일수는 240일 일 경우에 경제적 생산량(EPQ, Economic Production Quantity)은 얼마인가?

① 1,050개
② 1,100개
③ 1,180개
④ 1,200개

기출문제

[실무]

:: 실무문제는 [실기메뉴]를 활용하여 답하시오.
웹하드(http://www.webhard.co.kr)에서 Guest(ID: samil3489, PASSWORD: samil3489)로
로그인하여 백데이터를 다운받아 설치한 후 생산 2급 2024년 6회로 로그인한다.

01 아래 [보기]의 조건으로 데이터를 조회한 후 물음에 답하시오.

┤ 보기 ├

• 조달구분: [1. 생산] • 검사여부: [1. 검사]

다음 [보기]의 조건에 해당하는 품목에 대한 설명으로 옳지 않은 것을 고르시오.

① 품목[NAX-A401. 일반자전거(P-GRAY RED)]의 안전재고량은 25이다.
② 품목[NAX-A420. 산악자전거(P-20G)]의 LOT여부는 [0. 미사용] 이다.
③ 품목[87-1002001. BREAK SYSTEM]의 품목군은 [S100. 반조립품] 이다.
④ 품목[87-1002011. BREAK SYSTEM (TYPE A)]의 주거래처는 [00007. (주)제일물산] 이다.

02 아래 [보기]의 조건으로 데이터를 조회한 후 물음에 답하시오.

┤ 보기 ├

• 사업장: [2000. (주)한국자전거지사]

다음 [보기]의 조건에 해당하는 창고/공정(생산)/외주공정등록에 대한 설명으로 옳은 것을 고르시오.

① 생산공정[L300. 작업공정(도색)]의 입고기본위치는 [L301. 제품작업장(완성품)]이다.
② 생산공정[L200. 작업공정]의 작업장[L204. 반제품작업장_부적합]의 사용여부는 '미사용'이다.
③ 창고[M200. 부품창고_인천지점]의 위치[M201. 부품/반제품_부품장소]의 가용재고여부는 '부'
이다.
④ 창고[P200. 제품창고_인천지점]의 위치[P202. 제품 장소_인천지점_가용]의 적합 여부는 '부적
합'이다.

03 아래 [보기]의 조건으로 데이터를 조회한 후 물음에 답하시오.

┤ 보기 ├

• 계정: [2. 제품]   • 구매담당자: [4000. 최일영]
• 자재담당자: [5000. 방석환]

다음 [보기]의 조건에 해당하는 품목으로 옳은 것을 고르시오.

① [NAX-A421. 산악자전거(P-21G, A421)]
② [NAX-A422. 산악자전거(P-21G, A422)]
③ [NAX-A402. 일반자전거(P-GRAY BLACK)]
④ [NAX-A400. 일반자전거(P-GRAY WHITE)]

04 아래 [보기]의 조건으로 데이터를 조회한 후 물음에 답하시오.

┤ 보기 ├

• 모품목: [NAX-A400. 일반자전거(P-GRAY WHITE)]
• 기준일자: 2024/09/01   • 사용여부: [1.사용]

다음 [보기]의 조건에 해당하는 모품목[NAX-A400. 일반자전거(P-GRAY WHITE)]의 자재명세서에 대한 설명으로 옳지 않은 것을 고르시오.

① 자품목[21-3001600. PEDAL]의 주거래처는 'YK PEDAL'이다.
② 자품목[83-2000100. 전장품 ASS'Y]의 계정구분은 '반제품'이다.
③ 자품목[88-1001000. PRESS FRAME-W]의 사급구분은 '사급'이다.
④ 자품목[85-1020400. POWER TRAIN ASS'Y(MTB)]의 LOSS(%)이 가장 적다.

05 아래 [보기]의 조건으로 데이터를 조회한 후 물음에 답하시오.

┤ 보기 ├

• 자품목: [21-1060851. WHEEL FRONT-MTB (TYPE A)]
• 기준일자: 2024/10/01   • 사용여부: [1. 여]

다음 [보기] 조건의 자품목[21-1060851. WHEEL FRONT-MTB (TYPE A)]에 대한 1LEVEL 기준의 상위 모품목 정보로 옳지 않은 것을 고르시오.

① [83-2000110. 전장품 ASS'Y (TYPE A)]
② [21-1080810. FRAME-알미늄 (TYPE A)]
③ [21-9000211. HEAD LAMP(LED TYPE A)]
④ [88-1002010. PRESS FRAME-Z (TYPE A)]

기출문제

06 아래 [보기]의 조건으로 데이터를 조회한 후 물음에 답하시오.

> **보기**
> - 사업장: [2000. ㈜한국자전거지사]
> - 계정구분: [4. 반제품]
> - 작업예정일: 2024/09/01 ~ 2024/09/07
> - 생산계획 등록 품목만 조회: 체크함

다음 [보기]의 조건에 해당하는 생산계획 내역 중 품목별 일생산량을 초과하여 계획한 수량에 대한 품목과 작업예정일을 연결한 것으로 옳은 것을 고르시오.

① [83-2000100. 전장품 ASS'Y] – 2024/09/06
② [87-1002001. BREAK SYSTEM] – 2024/09/03
③ [88-1002000. PRESS FRAME-Z] – 2024/09/05
④ [88-1001000. PRESS FRAME-W] – 2024/09/07

07 아래 [보기]의 조건으로 데이터를 조회한 후 물음에 답하시오.

> **보기**
> - 사업장: [2000. ㈜한국자전거지사]
> - 작업장: [L401. 제1작업장]
> - 공정: [L400. 포장공정]
> - 지시기간: 2024/09/08 ~ 2024/09/14

㈜한국자전거지사 홍길동 사원은 작업지시등록 시 검사구분을 직접 수정하여 등록하고 있다. 다음 중 품목등록의 검사여부와 다른 검사구분으로 등록 되어진 작업지시 품목으로 옳은 것을 고르시오.

① [NAX-A420. 산악자전거(P-20G)]
② [NAX-A421. 산악자전거(P-21G,A421)]
③ [NAX-A401. 일반자전거(P-GRAY RED)]
④ [NAX-A402. 일반자전거(P-GRAY BLACK)]

08 아래 [보기]의 조건으로 데이터를 조회한 후 물음에 답하시오.

> **보기**
> - 사업장: [2000. ㈜한국자전거지사]
> - 작업장: [L202. 반제품작업장]
> - 사용일: 2024/09/19
> - 공정: [L200. 작업공정]
> - 지시기간: 2024/09/15 ~ 2024/09/21

다음 [보기]의 작업지시 내역에 대하여 '확정' 처리를 진행한 후, 청구된 자재들의 확정수량의 합이 가장 많은 작업지시 품목으로 옳은 것을 고르시오.

① [87-1002001. BREAK SYSTEM]
② [88-1001000. PRESS FRAME-W]
③ [85-1020400. POWER TRAIN ASS'Y(MTB)]
④ [81-1001000. BODY-알미늄(GRAY-WHITE)]

09 아래 [보기]의 조건으로 데이터를 조회한 후 물음에 답하시오.

┤ 보기 ├

- 사업장: [2000. ㈜한국자전거지사]
- 청구기간: 2024/09/22 ~ 2024/09/30
- 청구작업장: [L302. 반제품작업장(조립품)]
- 출고기간: 2024/09/22 ~ 2024/09/30
- 청구공정: [L300. 작업공정(도색)]

㈜한국자전거지사 홍길동 사원은 생산자재 출고처리 시 출고요청 기능을 이용하여 자재를 출고하고 있다. 다음 [보기]의 조건으로 출고요청 조회 시 출고요청 된 자재들의 모품목 정보로 옳지 않은 것을 고르시오.

① [83-2000110. 전장품 ASS'Y (TYPE A)]
② [87-1002011. BREAK SYSTEM (TYPE A)]
③ [85-1020410. POWER TRAIN ASS'Y(MTB, TYPE A)]
④ [81-1001010. BODY-알미늄 (GRAY-WHITE, TYPE A)]

10 아래 [보기]의 조건으로 데이터를 조회한 후 물음에 답하시오.

┤ 보기 ├

- 사업장: [2000. ㈜한국자전거지사]
- 지시공정: [L400. 포장공정]
- 지시(품목): 2024/10/01 ~ 2024/10/05
- 지시작업장: [L403. 제3작업장]

다음 [보기] 조건에 해당하는 작업실적 내역에 대한 설명으로 옳지 않은 것을 고르시오.

① 작업실적번호 WR2410000004의 실적구분은 '부적합'이다.
② 작업실적번호 WR2410000001의 프로젝트는 '일반용자전거'이다.
③ 작업실적번호 WR2410000003의 생산설비는 '생산설비 3호'이다.
④ 작업실적번호 WR2410000002의 LOT번호는 '20241002-001'이다.

11 아래 [보기]의 조건으로 데이터를 조회한 후 물음에 답하시오.

┤ 보기 ├

- 사업장: [2000. ㈜한국자전거지사]
- 실적공정: [L300. 작업공정(도색)]
- 실적기간: 2024/10/06 ~ 2024/10/12
- 구분: [1. 생산]
- 실적작업장: [L304. 코팅작업장]
- 상태: [1. 확정]

다음 [보기] 조건에 대한 생산자재사용 내역 중 청구적용 조회 시 잔량의 합이 가장 많이 남아 있는 작업실적번호로 옳은 것을 고르시오.

① WR2410000005
② WR2410000006
③ WR2410000007
④ WR2410000008

12 아래 [보기]의 조건으로 데이터를 조회한 후 물음에 답하시오.

┤ 보기 ├

- 사업장: [2000. ㈜한국자전거지사]
- 공정: [L200. 작업공정]
- 검사여부: 1. 검사완료
- 실적일: 2024/10/13 ~ 2024/10/19
- 작업장: [L201. 제품작업장]

다음 [보기]의 조건에 해당하는 생산실적검사 내역에 대한 설명으로 옳지 않은 것을 고르시오.

① 작업실적번호 WR2410000009는 박상우 담당자가 검사를 진행하였으며, 휠조립검사를 실시하였다.

② 작업실적번호 WR2410000010는 핸들조합검사에 대하여 전수검사를 진행하였으며, 실적수량과 합격수량이 동일하였다.

③ 작업실적번호 WR2410000012는 최종 합격여부가 불합격 처리되었으며, 도색불량으로 불량수량이 5EA가 발생하였다.

④ 작업실적번호 WR2410000011는 자전거 Ass'y 최종검사에 대하여 샘플검사를 진행하였으며, 시료수 5EA 중 불량시료 4EA가 발생하였다.

13 아래 [보기]의 조건으로 데이터를 조회한 후 물음에 답하시오.

┤ 보기 ├

- 사업장: [2000. ㈜한국자전거지사]
- 공정: [L400. 포장공정]
- 실적기간: 2024/10/20 ~ 2024/10/26
- 작업장: [L402. 제2작업장]

㈜한국자전거지사 홍길동 사원은 생산품창고 입고처리 시 생산실적검사를 진행한 실적내역에 대하여서는 직접 입고처리를 등록하고 있다. 다음 [보기] 조건의 실적번호 중 생산실적검사를 진행한 실적번호로 옳게 짝지어진 것을 고르시오.

① WR2410000013, WR2410000014
② WR2410000014, WR2410000015
③ WR2410000015, WR2410000016
④ WR2410000013, WR2410000016

14 아래 [보기]의 조건으로 데이터를 조회한 후 물음에 답하시오.

┤ 보기 ├

- 사업장: [2000. ㈜한국자전거지사]
- 공정구분: 1. 생산
- 작업장: [L201. 제품작업장]
- 지시일: 2024/10/27 ~ 2024/10/31
- 공정: [L200. 작업공정]

다음 [보기] 조건의 작업지시번호 중 실적잔량이 가장 많이 남아 있으면서 마감처리가 가능한 작업지시번호로 옳은 것을 고르시오.

① WO2410000017
② WO2410000018
③ WO2410000019
④ WO2410000020

15 아래 [보기]의 조건으로 데이터를 조회한 후 물음에 답하시오.

┤ 보기 ├

- 사업장: [2000. ㈜한국자전거지사]
- 실적기간: 2024/11/01 ~ 2024/11/02
- 조건 1: ㈜한국자전거지사 홍길동 사원은 2024년 11월 02일 출고공정, 출고작업장인 [L300. 작업 공정(도색)], [L305. 도색작업장(서울)]에서 품목 [87-1002001. BREAK SYSTEM]를 재공 이동처리 하였다.
- 조건 2: 재공이동 처리 시의 입고공정, 입고작업장은 [L200. 작업공정], [L202. 반제품작업장]으로 이동처리 하였으며, 이동수량은 10EA 이동 하였다.
- 조건 3: 재공품에 대한 이동 시 프로젝트로는 [M100. 일반용자전거]로 처리 하였다.

다음 [보기]의 조건에 해당하는 재공이동에 대한 이동번호로 옳은 것을 고르시오.

① WM2402000001　　　　　② WM2402000002

③ WM2402000003　　　　　④ WM2402000004

16 아래 [보기]의 조건으로 데이터를 조회한 후 물음에 답하시오.

┤ 보기 ├

- 사업장: [2000. ㈜한국자전거지사]　　· 지시기간: 2024/11/03 ~ 2024/11/09
- 공정: [L300. 작업공정(도색)]　　　　· 작업장: [L302. 반제품작업장(조립품)]

다음 [보기] 조건의 자재청구 내역에 대한 청구수량의 합보다 투입수량의 합이 더 많이 발생한 품목으로 옳은 것을 고르시오.

① [83-2000100. 전장품 ASS'Y]

② [87-1002001. BREAK SYSTEM]

③ [85-1020400. POWER TRAIN ASS'Y(MTB)]

④ [81-1001000. BODY-알미늄(GRAY-WHITE)]

17 아래 [보기]의 조건으로 데이터를 조회한 후 물음에 답하시오.

┤ 보기 ├

- 사업장: [2000. ㈜한국자전거지사]　　· 지시기간: 2024/11/10 ~ 2024/11/16
- 지시공정: [L400. 포장공정]　　　　· 지시작업장: [L401. 제1작업장]

다음 [보기] 조건에 해당하는 작업실적 내역에 대하여 실적수량의 합이 가장 많은 작업팀으로 옳은 것을 고르시오.

① [P2A. 작업 1팀]　　　　　② [P2B. 작업 2팀]

③ [P2C. 작업 3팀]　　　　　④ [P2D. 작업 4팀]

18 아래 [보기]의 조건으로 데이터를 조회한 후 물음에 답하시오.

┤ 보기 ├
- 사업장: [2000. ㈜한국자전거지사]
- 공정: [L300. 작업공정(도색)]
- 사용기간: 2024/11/17 ~ 2024/11/23
- 작업장: [L302. 반제품작업장(조립품)]

다음 [보기] 조건의 제품별 자재사용 내역에 대하여 자재의 사용수량의 합이 가장 많이 발생한 지시번호로 옳은 것을 고르시오.

① WO2411000010
② WO2411000011
③ WO2411000012
④ WO2411000013

19 아래 [보기]의 조건으로 데이터를 조회한 후 물음에 답하시오.

┤ 보기 ├
- 사업장: [2000. (주)한국자전거지사]
- 구분: [1. 공정]
- 작업장: [L201. 제품작업장]
- 단가 OPTION: 조달구분 구매, 생산 모두 실제원가[품목등록] 체크함
- 실적기간: 2024/11/10 ~ 2024/11/16
- 공정: [L200. 작업공정]
- 수량조회기준: [0. 실적입고기준]

(주)한국자전거지사 홍길동 사원은 2024년 11월 10일부터 2024년 11월 16일간 생산된 생산일보 내역을 확인하고 있다. 다음 중 실적기준의 양품금액이 가장 많은 품목으로 옳은 것을 고르시오.

① [NAX-A421. 산악자전거(P-21G,A421)]
② [NAX-A422. 산악자전거(P-21G,A422)]
③ [NAX-A400. 일반자전거(P-GRAY WHITE)]
④ [NAX-A402. 일반자전거(P-GRAY BLACK)]

20 아래 [보기]의 조건으로 데이터를 조회한 후 물음에 답하시오.

┤ 보기 ├
- 사업장: [2000. ㈜한국자전거지사]
- 해당년도: 2024
- 재공유무: [1. 유]
- 공정: [L400. 포장공정]
- 계정: [2. 제품]

다음 [보기]의 조건으로 조회되는 현재공 내역 중 품목[NAX-A422. 산악자전거(P-21G,A422)]의 재공수량이 가장 적게 남아 있는 작업장을 고르시오.

① [L401. 제1작업장]
② [L402. 제2작업장]
③ [L403. 제3작업장]
④ [L404. 제4작업장]

생산 2급 | 2024년 5회 (2024년 9월 28일 시행)

[이론]

01 클라우드 서비스 기반 ERP와 관련된 설명으로 가장 적절하지 않은 것은?

① PaaS에는 데이터베이스 클라우드 서비스와 스토리지 클라우드 서비스가 있다.
② ERP 소프트웨어 개발을 위한 플랫폼을 클라우드 서비스로 제공받는 것을 PaaS라고 한다.
③ ERP 구축에 필요한 IT인프라 자원을 클라우드 서비스로 빌려 쓰는 형태를 IaaS라고 한다.
④ 기업의 핵심 애플리케이션인 ERP, CRM 솔루션 등의 소프트웨어를 클라우드 서비스를 통해 제공받는 것을 SaaS라고 한다.

02 ERP시스템이 SCM 기능과 연계함으로써 얻는 장점으로 가장 적절하지 않은 것은?

① 공급사슬에서의 가시성 확보로 공급 및 수요변화에 대한 신속한 대응이 가능하다.
② 정보투명성을 통해 재고수준 감소 및 재고회전율(inventory turnover) 증가를 달성할 수 있다.
③ 공급사슬에서의 계획(plan), 조달(source), 제조(make) 및 배송(deliver) 활동 등 통합 프로세스를 지원한다.
④ 마케팅(marketing), 판매(sales) 및 고객서비스(customer service)를 자동화함으로써 현재 및 미래 고객들과 상호작용할 수 있다.

03 ERP 도입전략 중 ERP자체개발 방법에 비해 ERP패키지를 선택하는 방법의 장점으로 가장 적절하지 않은 것은?

① 커스터마이징을 최대화할 수 있다.
② 검증된 기술과 기능으로 위험 부담을 최소화할 수 있다.
③ 검증된 방법론 적용으로 구현기간의 최소화가 가능하다.
④ 향상된 기능과 최신의 정보기술이 적용된 버전(version)으로 업그레이드(upgrade)가 가능하다.

04 ERP시스템의 기능적 특징 중에서 오픈 멀티-벤더(Open Multi-vendor) 지원기능에 대한 설명으로 적절하지 않은 것은?

① ERP는 특정 하드웨어 업체에 의존하지 않는다.
② ERP는 커스터마이징이 최대한 가능하도록 지원한다.
③ ERP는 어떠한 운영체제에서도 운영될 수 있도록 설계되어 있다.
④ ERP는 다양한 소프트웨어와 병행하여 사용할 수 있도록 지원한다.

05 채찍효과(Bullwhip Effect)의 설명으로 적절하지 않은 것은?

① 공급망상에서 수요정보를 왜곡시키는 결과를 야기한다.
② 공급망 전반에 걸쳐 수요 정보가 중앙집중화된 결과이다.
③ 공급사슬관리의 조정활동이 잘 되지 않고 전체 공급망에서 수익성이 떨어지게 된다.
④ 소비자로부터 시작된 변화가 소매상, 도매상을 거쳐 제조업체로 넘어오며 그 양이 상당히 부풀려지는 것이다.

06 생산성에 관련된 설명으로 적절한 것은?

① 부분생산성은 단일의 투입요소로 측정되는 생산성 측정이다.
② 생산성 척도는 주로 측정 목적에 상관없이 동일하게 선택된다.
③ 생산성의 측정목표가 노동생산성이라면 설비사용시간이 주된 투입척도가 된다.
④ 생산성 척도로 사용되고 있는 산출단위는 수행되는 직무의 유형에 따라 같게 나타난다.

07 과거의 관습과 경험에 의존하던 작업관리에 시간연구와 동작연구 등을 적용하여 작업과정의 능률과 노동생산성을 높이기 위한 관리방안을 제시한 사람은?

① 데밍
② 포드
③ 슈하르트
④ F.W. 테일러

08 제품의 수명주기에 따른 예측기법 중에서 '도입기'에 활용하기에 가장 적합한 방법은?

① 이동평균법
② 지수평활법
③ 가중평균법
④ 델파이분석법

09 액체, 기체 혹은 분말 성질을 갖는 석유, 화학, 가스, 음료수, 주류 등의 제품을 생산하기에 적합한 생산방식은?

① 개별생산방식(Job Shop)
② 흐름생산방식(Flow Shop)
③ 프로젝트생산방식(Project Shop)
④ 연속생산방식(Continuous Production)

10 PERT와 CPM에 대한 설명으로 옳은 것은?

① 주일정공정이 포함된 계획내용은 원가계산에 활용한다.
② 네트워크를 사용하므로 전체적인 활동을 파악할 수 없다.
③ 네트워크를 작성하여 분석하므로 상세한 계획수립이 용이하다.
④ 소규모 공사관리에 적합한 방법으로 주로 토목/건설공사에 활용한다.

11 아무리 작은 시스템이라도 일정(Schedule)과 작업의 우선 순위가 존재해야 하는 적절한 이유는?

① 작업자와 기계공정에는 시간의 한정이 없기 때문이다.
② 동시에 수행할 수 있는 능력에는 한계가 없기 때문이다.
③ 작업자와 기계공정에는 자원의 한정이 없기 때문이다.
④ 작업자와 기계공정이 모인 시스템의 규모가 클수록 규모의 경제를 달성하여 일정과 우선 순위의 영향이 커지지 때문이다.

12 일반적으로 할당 되는 작업의 양을 최대작업량과 평균작업양의 비율인 부하율(평균작업량÷최대작업량)이 최적으로 유지되도록 작업량을 할당하는 것은?

① 부하계획   ② 능력계획
③ 일정계획   ④ 절차계획

13 계획적인 보관으로 다음의 가공조립으로는 허가 없이 이동하는 것이 금지되어 있는 상태는?

① 대기   ② 운반
③ 저장   ④ 검사

14 40명의 작업자가 근무하는 작업장의 출근율이 90%이고 잡작업율(간접작업율)이 20%일 때 가동률(%)은?

① 70%   ② 72%
③ 75%   ④ 80%

15 간트차트의 사용목적에 따른 분류로 가장 적절하지 않은 것은?

① 진도관리를 위한 작업진도 도표
② 작업계획을 위한 작업할당 도표
③ 자원활용을 위한 자원할당 도표
④ 작업기록을 위한 작업자 및 기계 기록도표

16 [보기] 자료를 바탕으로 라인밸런스 효율(E_b) 및 불균형률(d)을 순서대로 구하시오.

┤ 보기 ├

작업장	1	2	3	4
작업시간	40분	37분	35분	32분

① 80%, 20%   ② 85%, 25%
③ 90%, 10%   ④ 95%, 05%

17 A 부품의 연간수요량은 200개이고, 1회 주문비용은 80원이며, 단가는 200원, 연간 재고유지비율이 0.1일 경우 경제적 주문량(EOQ)은 몇 개 인가?

① 40개   ② 50개

③ 60개   ④ 80개

18 자재소요계획(MRP)의 효과로 가장 적절하지 않은 것은?

① 생산소요시간이 감소한다.
② 납기준수를 통해 생산 서비스가 개선된다.
③ 재고수준이 감소되어 자재 재고비용이 낮아진다.
④ 자재부족 최대화로 공정의 가동효율이 낮아진다.

19 다음 중 [보기]에 대한 설명으로 가장 적합한 것은 무엇인가?

┤ 보기 ├

주요 입력 데이터는 MRP Record이며, 개략생산능력계획(RCCP)보다 현실적인 자원요구량 계획을 생성할 수 있다.

① 기준생산계획(MPS)   ② 총괄생산계획(APP)

③ 자재소요계획(MRP)   ④ 생산능력소요계획(CRP)

20 SCM에 포함되는 사항으로 적절하지 않은 것은?

① 현금흐름   ② 창고관리

③ 고객관리   ④ 제품관리

실무문제는 [실기메뉴]를 활용하여 답하시오.
웹하드(http://www.webhard.co.kr)에서 Guest(ID: samil3489, PASSWORD: samil3489)로
로그인하여 백데이터를 다운받아 설치한 후 생산 2급 2024년 5회로 로그인한다.

01 아래 [보기]의 조건으로 데이터를 조회한 후 물음에 답하시오.

┤ 보기 ├

• 계정구분: [4. 반제품]   • 검사여부: [1. 검사]
• LEAD TIME: 3 DAYS

다음 [보기]의 조건에 해당하는 품목으로 옳은 것을 고르시오.

① [81-1001000. BODY-알미늄(GRAY-WHITE)]
② [83-2000110. 전장품 ASS'Y (TYPE A)]
③ [87-1002001. BREAK SYSTEM]
④ [88-1001010. PRESS FRAME-W (TYPE A)]

02 ㈜한국자전거지사의 홍길동 사원은 해외에서 생산한 제품들을 창고에 입고시키기 위하여 장소를 선택하고 있다. 사용 가능한 창고/장소 중에서 대전에 위치한 장소를 선택하려고 한다. 해당 위치코드로 옳은 것을 고르시오.

① M201   ② M202
③ P201   ④ P202

03 아래 [보기]의 조건으로 데이터를 조회한 후 물음에 답하시오.

┤ 보기 ├

• 계정: [2. 제품]   • 구매담당자: [A400. 박찬영]
• 생산담당자: [A500. 김유리]

㈜한국자전거지사의 홍길동 사원은 품목별로 물류실적 담당자등록을 하였다. 다음 중 [보기]의 조건에 해당하는 품목으로 옳은 것을 고르시오.

① [NAX-A421. 산악자전거(P-21G,A421)]
② [NAX-A422. 산악자전거(P-21G,A422)]
③ [NAX-A402. 일반자전거(P-GRAY BLACK)]
④ [NAX-A400. 일반자전거(P-GRAY WHITE)]

04 아래 [보기]의 조건으로 데이터를 조회한 후 물음에 답하시오.

┤ 보기 ├
- 자품목: [21-1030600. FRONT FORK(S)]
- 기준일자: 2024/08/01
- 사용여부: 전체

다음 [보기]의 자품목 [21-1030600. FRONT FORK(S)]에 대한 상위 모품목 정보로 옳지 않은 것을 고르시오. (단, LEVEL 기준은 1 LEVEL을 기준으로 한다.)

① 81-1001000. BODY-알미늄(GRAY-WHITE)
② 83-2000100. 전장품 ASS'Y
③ NAX-A402. 일반자전거(P-GRAY BLACK)
④ NAX-A401. 일반자전거(P-GRAY RED)

05 아래 [보기]의 조건으로 데이터를 조회한 후 물음에 답하시오.

┤ 보기 ├
- 검사구분: [41. 공정검사]
- 사용여부: [1. 사용]

다음 [보기]의 공정검사 내역에 대하여 입력필수 항목이 '필수'인 검사유형 질문이 없는 검사유형명으로 옳은 것을 고르시오.

① 바디조립검사   ② 휠조립검사
③ 핸들조합검사   ④ 자전거 Ass'y 최종검사

06 아래 [보기]의 조건으로 데이터를 조회한 후 물음에 답하시오.

┤ 보기 ├
- 사업장: [2000. ㈜한국자전거지사]
- 계정구분: [2. 제품]
- 작업예정일: 2024/08/01 ~ 2024/08/31

다음 [보기]의 조건에 해당하는 생산계획 내역 중 품목별 일생산량을 초과하여 생산계획 된 품명과 작업예정일을 연결한 것으로 옳은 것을 고르시오.

① 산악자전거(P-21G,A421) - 2024/08/01
② 산악자전거(P-21G,A422) - 2024/08/06
③ 일반자전거(P-GRAY WHITE) - 2024/08/11
④ 일반자전거(P-GRAY BLACK) - 2024/08/17

07 아래 [보기]의 조건으로 데이터를 조회한 후 물음에 답하시오.

┤ 보기 ├

- 사업장: [2000. ㈜한국자전거지사]
- 공정: [L600. 재생산공정]
- 작업장: [L601. 제품재생산]
- 지시기간: 2024/08/01 ~ 2024/08/31

다음 [보기]의 조건에 해당하는 작업지시등록 내역 중 작업지시를 직접 등록한 작업지시번호로 옳은 것을 고르시오.

① WO2408000019
② WO2408000020
③ WO2408000021
④ WO2408000022

08 아래 [보기]의 조건으로 데이터를 조회한 후 물음에 답하시오.

┤ 보기 ├

- 사업장: [2000. ㈜한국자전거지사]
- 공정: [L200. 작업공정]
- 작업장: [L202. 반제품작업장]
- 지시기간: 2024/08/15 ~ 2024/08/15

다음 [보기]의 조건에 해당하는 작업지시확정 내역 중 확정수량의 합이 가장 많은 지시 품목으로 옳은 것을 고르시오.

① [81-1001000. BODY-알미늄(GRAY-WHITE)]
② [83-2000100. 전장품 ASS'Y]
③ [85-1020400. POWER TRAIN ASS'Y(MTB)]
④ [87-1002001. BREAK SYSTEM]

09 아래 [보기]의 조건으로 데이터를 조회한 후 물음에 답하시오.

┤ 보기 ├

- 사업장: [2000. (주)한국자전거지사]
- 출고기간: 2024/08/01 ~ 2024/08/01
- 공정: [L200. 작업공정]
- 작업장: [L201. 제품작업장]

다음 [보기]의 조건에 해당하는 생산자재출고 내역 중 존재하지 않는 모품목명을 고르시오.

① NAX-A400. 일반자전거(P-GRAY WHITE)
② NAX-A401. 일반자전거(P-GRAY RED)
③ NAX-A402. 일반자전거(P-GRAY BLACK)
④ NAX-A420. 산악자전거(P-20G)

기출문제

10 아래 [보기]의 조건으로 데이터를 조회한 후 물음에 답하시오.

┤ 보기 ├

- 사업장: [2000. ㈜한국자전거지사]
- 지시공정: [L200. 작업공정]
- 지시(품목): 2024/08/30 ~ 2024/08/30
- 지시작업장: [L202. 반제품작업장]

다음 [보기]의 조건에 해당하는 작업실적 내역에 대한 설명으로 옳지 않은 것을 고르시오.

① 작업지시번호 WO2408000042에 대한 실적담당은 문승효이다.
② 작업지시번호 WO2408000043에 대한 자재사용유무는 '유'이다.
③ 작업지시번호 WO2408000045에 대한 입고장소는 M201. 부품/반제품_부품장소 이다.
④ 작업지시번호 WO2408000046에 대한 입고/이동 구분은 '이동'이다.

11 아래 [보기]의 조건으로 데이터를 조회한 후 물음에 답하시오.

┤ 보기 ├

- 사업장: [2000. (주)한국자전거지사]
- 실적공정: [L200. 작업공정]
- 실적기간: 2024/08/20 ~ 2024/08/20
- 구분: [1. 생산]
- 실적작업장: [L202. 반제품작업장]
- 상태: [1. 확정]

다음 [보기]의 조건에 해당하는 실적 품목에 대한 자재사용 내역 중 청구적용 조회 시 잔량의 합이 가장 많이 남아 있는 작업실적번호로 옳은 것을 고르시오.

① WR2408000010
② WR2408000013
③ WR2408000011
④ WR2408000012

12 아래 [보기]의 조건으로 데이터를 조회한 후 물음에 답하시오.

┤ 보기 ├

- 사업장: [2000. ㈜한국자전거지사]
- 공정: [L200. 작업공정]
- 실적일: 2024/08/30 ~ 2024/08/30
- 작업장: [L202. 반제품작업장]

다음 [보기]의 조건에 해당하는 생산실적검사 내역에 대한 설명으로 옳지 않은 것을 고르시오.

① 작업실적번호 WR2408000001의 검사담당자는 이혜리이며 바디조립검사를 실시하였다.
② 작업실적번호 WR2408000002는 전수검사를 실시하였고 최종 합격여부는 합격이다.
③ 2024/08/30일 진행된 생산실적검사 내역에 대한 검사담당자로는 이혜리, 문승효, 박찬영, 김유리 검사담당자가 검사를 진행하였다.
④ 작업실적번호 WR2408000005의 불량수량이 가장 많이 발생한 불량명으로는 브레이크(BREAK) 불량이 가장 많이 발생하였다.

13 아래 [보기]의 조건으로 데이터를 조회한 후 물음에 답하시오.

┤ 보기 ├
- 사업장: [2000. ㈜한국자전거지사]
- 공정: [L200. 작업공정]
- 실적기간: 2024/08/07 ~ 2024/08/07
- 작업장: [L201. 제품작업장]

다음 [보기]의 조건에 해당하는 생산품 창고입고 내역에 대한 설명으로 옳지 않은 것을 고르시오.

① 실적번호 WR2408000019의 기입고수량이 가장 많다.
② 실적번호 WR2408000020의 입고가능수량이 가장 적게 남아 있다.
③ 실적번호 WR2408000021의 입고장소는 부품/반제품_부품장소 이다.
④ 실적번호 WR2408000022은 부분 입고 되어있다.

14 아래 [보기]의 조건으로 데이터를 조회한 후 물음에 답하시오.

┤ 보기 ├
- 사업장: [2000. ㈜한국자전거지사]
- 공정구분: 선택전체
- 작업장: [L201. 제품작업장]
- 지시일: 2024/08/11 ~ 2024/08/11
- 공정: [L200. 작업공정]

다음 [보기]의 조건에 해당하는 작업지시 내역 중 마감처리가 가능하면서 실적잔량이 가장 많이 남아있는 작업지시번호를 고르시오.

① WO2408000049
② WO2408000050
③ WO2408000051
④ WO2408000052

15 아래 [보기]의 조건으로 데이터를 조회한 후 물음에 답하시오.

┤ 보기 ├
- 사업장: [2000. ㈜한국자전거지사]
- 등록일: 2024/08/01 ~ 2024/08/31

다음 [보기]의 조건으로 등록 된 기초재공에 대한 설명으로 옳지 않은 것을 고르시오.

① 등록번호 OW2408000001는 원재료만 입력되어 있다.
② 작업공장(도색), 제품작업장(완성품)에 속한 품목은 모두 제품 들이다.
③ 등록번호 OW2408000003은 2024년 8월 한 달 동안 입력된 기초재공 내역 중 기초수량 합이 가장 크다.
④ 작업공정(포장), 기본작업장(포장)에 등록된 내역이 2024년 8월 한달동안 입력된 기초재공 내역 중 금액의 합이 가장 크다.

기출문제

16 아래 [보기]의 조건으로 데이터를 조회한 후 물음에 답하시오.

┤ 보기 ├
- 사업장: [2000. ㈜한국자전거지사]
- 검사진행: [1. 검사완료]
- 지시기간: 2024/08/01 ~ 2024/08/31
- 계정: [2. 제품]

다음 중 [보기]의 조건에 해당하는 작업실적 내역 중 실적수량이 가장 적은 실적번호를 고르시오.

① WR2408000019
② WR2408000020
③ WR2408000021
④ WR2408000022

17 아래 [보기]의 조건으로 데이터를 조회한 후 물음에 답하시오.

┤ 보기 ├
- 사업장: [2000. (주)한국자전거지사]
- 구분: 전체
- 작업장: [L202. 반제품작업장]
- 검사기준: 검사 체크함
- 실적기간: 2024/08/01 ~ 2024/08/31
- 공정: [L200. 작업공정]
- 수량조회기준: [0. 실적입고기준]
- 단가 OPTION: 조달구분 구매, 생산 모두 실제원가[품목등록] 체크함

다음 [보기]의 조건에 해당하는 실적검사기준의 생산일보를 조회 한 후 검사대기금액이 가장 큰 품목으로 옳은 것을 고르시오.

① [81-1001010. BODY-알미늄 (GRAY-WHITE, TYPE A)]
② [83-2000110. 전장품 ASS'Y (TYPE A)]
③ [85-1020410. POWER TRAIN ASS'Y(MTB, TYPE A)]
④ [87-1002011. BREAK SYSTEM (TYPE A)]

18 아래 [보기]의 조건으로 데이터를 조회한 후 물음에 답하시오.

┤ 보기 ├
- 사업장: [2000. ㈜한국자전거지사]
- 계정: [2.제품]
- 지시기간: 2024/08/01 ~ 2024/08/31

다음 중 [보기]의 조건에 해당하는 지시대비실적 내역에 대하여 품목별 잔량의 합이 가장 적게 남아 있는 품목으로 옳은 것을 고르시오.

① [NAX-A400. 일반자전거(P-GRAY WHITE)]
② [NAX-A402. 일반자전거(P-GRAY BLACK)]
③ [NAX-A421. 산악자전거(P-21G, A421)]
④ [NAX-A422. 산악자전거(P-21G, A422)]

19 아래 [보기]의 조건으로 데이터를 조회한 후 물음에 답하시오.

┤ 보기 ├

- 사업장: [2000. (주)한국자전거지사]
- 검사기간: 2024/08/01 ~ 2024/08/31

다음 중 [보기]의 조건에 샘플검사 기준의 품목별 품질현황 조회 시 샘플검사를 진행하지 않은 품목을 고르시오.

① [88-1001020. PRESS FRAME-W (TYPE B)]
② [88-1001010. PRESS FRAME-W (TYPE A)]
③ [NAX-A400. 일반자전거(P-GRAY WHITE)]
④ [NAX-A421. 산악자전거(P-21G,A421)]

20 아래 [보기]의 조건으로 데이터를 조회한 후 물음에 답하시오.

┤ 보기 ├

- 사업장: [2000. ㈜한국자전거지사]
- 사용기간: 2024/08/20 ~ 2024/08/20
- 공정: [L200. 작업공정]
- 작업장: [L202. 반제품작업장]

다음 [보기] 조건의 작업별 자재사용 내역에 대하여 작업지시번호별 자재 사용수량의 합이 가장 많이 발생한 작업지시번호를 고르시오.

① WO2408000030
② WO2408000033
③ WO2408000036
④ WO2408000039

생산 2급 | 2024년 4회 (2024년 7월 27일 시행)

[이론]

01 ERP 도입 의의를 설명으로 적절하지 않은 것은?

① 기업의 프로세스를 재검토하여 비즈니스 프로세스를 변혁시킨다.
② 공급사슬의 단축, 리드타임의 감소, 재고비용의 절감 등을 목표로 한다.
③ 전체적인 업무 프로세스를 각각 별개의 시스템으로 분리하여 관리하여 효율성을 높인다.
④ 기업의 입장에서 ERP 도입을 통해 업무 프로세스를 개선함으로써 업무의 비효율을 줄일 수 있다.

02 차세대 ERP의 비즈니스 애널리틱스(Business Analytics)에 관한 설명으로 적절하지 않은 것은?

① 비즈니스 애널리틱스는 구조화된 데이터(structured data)만 분석대상으로 한다.
② ERP시스템의 방대한 데이터 분석을 위해 비즈니스 애널리틱스가 차세대 ERP의 핵심요소가 되고 있다.
③ 비즈니스 애널리틱스는 리포트, 쿼리, 대시보드, 스코어카드뿐만 아니라 예측모델링과 같은 진보된 형태의 분석기능도 제공한다.
④ 비즈니스 애널리틱스는 질의 및 보고와 같은 기본적 분석기술과 예측 모델링과 같은 수학적으로 정교한 수준의 분석을 지원한다.

03 ERP시스템의 SCM 모듈을 실행함으로써 얻는 장점으로 가장 적절하지 않은 것은?

① 공급사슬에서의 가시성 확보로 공급 및 수요변화에 대한 신속한 대응이 가능하다.
② 정보투명성을 통해 재고수준 감소 및 재고회전율(inventory turnover) 증가를 달성할 수 있다.
③ 공급사슬에서의 계획(plan), 조달(source), 제조(make) 및 배송(deliver) 활동 등 통합 프로세스를 지원한다.
④ 마케팅(marketing), 판매(sales) 및 고객서비스(customer service)를 자동화함으로써 현재 및 미래 고객들과 상호작용할 수 있다.

04 클라우드 서비스 사업자가 클라우드 컴퓨팅 서버에 ERP소프트웨어를 제공하고, 사용자가 원격으로 접속해 ERP소프트웨어를 활용하는 서비스를 무엇이라 하는가?

① PaaS(Platform as a Service)　　② SaaS(Software as a Service)
③ DaaS(Desktop as a Service)　　④ IaaS(Infrastructure as a Service)

05 생산성을 측정하는 방법으로 적절하지 않은 것은?

① 부분생산성
② 총요소성생산성
③ 단요소성생산성
④ 다요소성생산성

06 Percentage(비율) BOM의 특징으로 적절하지 않은 것은?

① 역삼각형의 형태를 갖는다.
② Planning BOM의 일종이다.
③ 제품을 구성하는 부품의 양을 백분율로 표현한다.
④ 제품을 구성하는 부품의 양을 정수로 표현하지 않는다.

07 수요예측 기법 중에서 정성적(비계량적) 기법에 해당 되는 것은?

① 분해법
② 시계열법
③ 패널동의법
④ 지수평활법

08 기준생산계획(MPS: Master Production Scheduling)을 수립할 때 고려해야하는 주문정책의 하나로서 필요한 만큼만 생산하고 구매하며, 재고를 최소화하는 방법을 무엇인가?

① LFL(Lot for Lot)
② FOQ(Fixed Order Quantity)
③ POQ(Periodic Order Quantity)
④ EOQ(Economic Order Quantity)

09 작업의 우선순위를 정할 때 고려원칙으로 적절하지 않은 것은?

① 최소 공정수
② 최소 여유 시간
③ 최장 가공 시간
④ 선입선출법(FIFO)

10 [보기]의 자료를 바탕으로 긴급률(CR)을 구하고, 가장 먼저 진행해야 하는 작업을 고르시오.

┤ 보기 ├

구분	납기일	현재일	잔여작업일
작업 J	30	20	5
작업 U	30	20	10
작업 L	25	20	10
작업 Y	25	20	5

① 작업 J
② 작업 U
③ 작업 L
④ 작업 Y

11 공정관리의 대외적인 목표로 적절한 설명을 고르시오.

① 생산과정에서 작업자의 대기를 감소시키는 것이다.
② 생산과정에서 설비의 유휴에 의한 손실시간을 감소시키는 것이다.
③ 재공품의 감소와 생산속도의 향상을 목적으로 하는 것이다.
④ 일정기간 중에 필요로 하는 생산량의 요구조건을 준수하기 위해 생산과정을 합리화하는 것이다.

12 [보기]에 대한 설명하는 공정을 고르시오.

┤ 보기 ├

생산라인에서 변질, 변형, 변색, 조립, 분해로 되어 있고 제조의 목적을 직접적으로 달성하는 공정을 의미함

① 병목공정 　　　　　　② 포장공정
③ 대기공정 　　　　　　④ 가공공정

13 공수계획의 기본적 방침에 대한 설명으로 적절한 것은?

① 촉박성 　　　　　　② 여유성
③ 일정별 부하변동 　　④ 부하와 능력의 불균형

14 각 작업장의 작업시간이 아래와 같을 때 라인밸런싱 효율은?

┤ 보기 ├

• 작업장 A: 32분 　　　　　• 작업장 B: 37분
• 작업장 C: 40분 　　　　　• 작업장 D: 35분

① 90% 　　　　　　② 91%
③ 92% 　　　　　　④ 93%

15 [보기]의 공정기호에 대한 설명으로 옳은 것은?

┤ 보기 ├

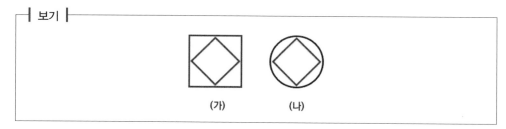

(가) 　　　　　　(나)

① (가) 가공이 우선인 운반 공정
② (가) 수량검사가 우선인 품질검사 공정
③ (나) 품질검사가 우선인 수량검사 공정
④ (나) 정체중인 공정의 품질검사 공정

16 [보기]는 무엇에 대한 설명인가?

> **보기**
>
> 더러움 없는 깨끗한 상태로 만들어 기분 좋게 일할 수 있는 작업환경을 조성하는 것

① 정리(SEIRI) ② 청소(SEISO)
③ 정돈(SEITON) ④ 청결(SEIKETSU)

17 경제적 주문량(EOQ)를 구하기 위한 전제조건으로 적절한 것은?

① 여러 품목에 대해 적용된다. ② 연간 자재사용량이 연속적이다.
③ 품목단가, 유지비용은 가변적이다. ④ 연간 자재사용량은 주기적으로 변경된다.

18 자재소요계획(MRP)의 효과로 적절한 설명을 고르시오.

① 생산소요시간이 증가된다.
② 재고수준이 증가하여 자재재고비용이 증가한다.
③ 납기준수를 통해 고객에 대한 서비스가 개선된다.
④ 자재의 부족이 발생하여 생산공정의 가동효율이 저하된다.

19 [보기]의 자료에서 생산준비비용에 해당하는 품목들의 비용 합계를 구하시오.

> **보기**
>
> • 창고임대료: 200,000원   • 생산공정비용: 300,000원
> • 재고감손비: 50,000원   • 시장조사비: 100,000원
> • 작업자 공구비용: 50,000원

① 200,000원 ② 250,000원
③ 300,000원 ④ 350,000원

20 공급망관리(SCM; Supply Chain Management)의 세 가지 주요 흐름에 해당하는 것은?

① 공정의 흐름 ② 정보의 흐름
③ 고객의 흐름 ④ 구매의 흐름

기출문제

[실무] ●

실무문제는 [실기메뉴]를 활용하여 답하시오.
웹하드(http://www.webhard.co.kr)에서 Guest(ID: samil3489, PASSWORD: samil3489)로
로그인하여 백데이터를 다운받아 설치한 후 생산 2급 2024년 4회로 로그인한다.

01 아래 [보기]의 조건으로 데이터를 조회한 후 물음에 답하시오.

┤ 보기 ├
- 계정구분: [2. 제품]   • 검사여부: [1. 검사]
- LEAD TIME: 4 DAYS   • 일별생산량: 60

다음 [보기]의 조건에 해당하는 품목으로 옳은 것을 고르시오.

① [NAX-A420. 산악자전거(P-20G)]
② [NAX-A421. 산악자전거(P-21G, A421)]
③ [NAX-A401. 일반자전거(P-GRAY RED)]
④ [NAX-A402. 일반자전거(P-GRAY BLACK)]

02 아래 [보기]의 조건으로 데이터를 조회한 후 물음에 답하시오.

┤ 보기 ├
- 사업장: [2000. ㈜한국자전거지사]

다음 [보기]의 조건에 해당하는 생산공정, 작업장을 조회 한 후 적합여부가 '부적합'이면서 사용여부
가 '미사용'인 작업장의 생산공정명, 작업장명으로 올바르게 연결되어 있는 것을 고르시오.

① [포장공정 – 제4작업장]   ② [작업공정 – 반제품작업장]
③ [작업공정(도색) – 코팅작업장]   ④ [작업공정(도색) – 도색작업장(대전)]

03 아래 [보기]의 조건으로 데이터를 조회한 후 물음에 답하시오.

┤ 보기 ├
- 계정: [4. 반제품]
- 대분류: [TYPE01. TYPE A]   • 중분류: [MAT01. 티타늄]

다음 [보기]의 조건에 해당하는 품명에 대한 생산담당자로 옳지 않은 것을 고르시오.

① 전장품 ASS'Y (TYPE A) – 박지성   ② BREAK SYSTEM (TYPE A) – 성해리
③ PRESS FRAME-Z (TYPE A) – 김정봉   ④ PRESS FRAME-W (TYPE B) – 최진희

04 아래 [보기]의 조건으로 데이터를 조회한 후 물음에 답하시오.

┤ 보기 ├

- 모품목: [NAX-A420. 산악자전거(P-20G)]
- 기준일자: 2024/05/01
- 사용여부: [1.사용]

다음 [보기]의 조건에 해당하는 모품목 [NAX-A420. 산악자전거(P-20G)]의 자재명세서에 대한 설명으로 옳지 않은 것을 고르시오.

① 자품목 [21-3001600. PEDAL]의 주거래처는 'YK PEDAL'이다.
② 자품목 [83-2000100. 전장품 ASS'Y]의 사급구분은 '사급'이다.
③ 자품목 [87-1002011. BREAK SYSTEM (TYPE A)]의 외주구분은 '유상'이다.
④ 자품목 [85-1020400. POWER TRAIN ASS'Y(MTB)]의 계정구분은 '반제품'이다.

05 아래 [보기]의 조건으로 데이터를 조회한 후 물음에 답하시오.

┤ 보기 ├

- 자품목: [21-1060851. WHEEL FRONT-MTB (TYPE A)]
- 기준일자: 2024/06/01
- 사용여부: [1. 여]

다음 [보기]의 자품목에 대하여 상위 1 LEVEL기준의 모품목 정보로 옳지 않은 것을 고르시오.

① [83-2000110. 전장품 ASS'Y (TYPE A)]
② [21-1080810. FRAME-알미늄 (TYPE A)]
③ [88-1002010. PRESS FRAME-Z (TYPE A)]
④ [21-1060951. WHEEL REAL-MTB (TYPE A)]

06 아래 [보기]의 조건으로 데이터를 조회한 후 물음에 답하시오.

┤ 보기 ├

- 사업장: [2000. ㈜한국자전거지사]
- 작업예정일: 2024/05/01 ~ 2024/05/11
- 계정구분: [2. 제품]

다음 [보기]의 조건에 해당하는 생산계획 내역 중 품목별 일생산량을 초과하여 생산계획 된 품명과 작업예정일을 연결한 것으로 옳은 것을 고르시오.

① 산악자전거(P-21G,A421) - 2024/05/10
② 산악자전거(P-21G,A422) - 2024/05/06
③ 일반자전거(P-GRAY WHITE) - 2024/05/02
④ 일반자전거(P-GRAY BLACK) - 2024/05/08

기출문제

07 아래 [보기]의 조건으로 데이터를 조회한 후 물음에 답하시오.

┤ 보기 ├

- 사업장: [2000. ㈜한국자전거지사]
- 작업장: [L201. 제품작업장]
- 수주기간: 2024/05/12 ~ 2024/05/18
- 출고수량: 적용 체크
- 공정: [L200. 작업공정]
- 지시기간: 2024/05/12 ~ 2024/05/18
- 납기일: 2024/05/12 ~ 2024/05/18
- 출하예정일: 2024/05/12 ~ 2024/05/18

㈜한국자전거지사 홍길동 사원은 작업지시등록 시 주문조회 기능을 이용하여 적용을 받고 있다. 다음 중 수주잔량의 합이 가장 많이 남아 있는 품목으로 옳은 것을 고르시오.

① [NAX-A421. 산악자전거(P-21G,A421)]
② [NAX-A422. 산악자전거(P-21G,A422)]
③ [NAX-A400. 일반자전거(P-GRAY WHITE)]
④ [NAX-A402. 일반자전거(P-GRAY BLACK)]

08 아래 [보기]의 조건으로 데이터를 조회한 후 물음에 답하시오.

┤ 보기 ├

- 사업장: [2000. ㈜한국자전거지사]
- 작업장: [L202. 반제품작업장]
- 공정: [L200. 작업공정]
- 지시기간: 2024/05/19 ~ 2024/05/25

다음 [보기]의 조건에 해당하는 작업지시확정 내역에 대한 설명으로 옳지 않은 것을 고르시오.

① 작업지시번호 WO2405000005의 청구 자재들의 정미수량과 확정수량이 같다.
② 작업지시번호 WO2405000006의 청구 자재들은 BOM등록의 자재명세서와 같다.
③ 작업지시번호 WO2405000007의 청구 자재들은 생산자재출고가 모두 완료 되었다.
④ 작업지시번호 WO2405000008은 생산실적등록 후 무조건 생산실적검사 프로세스를 거쳐야 한다.

09 아래 [보기]의 조건으로 데이터를 조회한 후 물음에 답하시오.

┤ 보기 ├

- 사업장: [2000. (주)한국자전거지사]
- 출고기간: 2024/05/26 ~ 2024/05/31

다음 [보기]의 출고기간 동안 자재출고 된 자재들의 모품목정보로 옳지 않은 모품목명을 고르시오.

① 산악자전거(P-21G,A421)
② 산악자전거(P-21G,A422)
③ 일반자전거(P-GRAY RED)
④ 일반자전거(P-GRAY BLACK)

10 아래 [보기]의 조건으로 데이터를 조회한 후 물음에 답하시오.

┤ 보기 ├

- 사업장: [2000. ㈜한국자전거지사]
- 지시공정: [L300. 작업공정(도색)]
- 지시(품목): 2024/06/01 ~ 2024/06/08
- 지시작업장: [L302. 반제품작업장(조립품)]

다음 [보기]의 조건에 해당하는 작업실적 내역에 대한 설명으로 옳지 않은 것을 고르시오.

① 작업실적번호 WR2406000005에 대한 자재사용유무는 '유'이다.
② 작업지시번호 WO2406000002에 대한 실적잔량이 가장 많이 남아 있다.
③ 작업실적번호 WR2406000006에 대한 입고장소는 P202. 제품장소_인천지점_가용이다.
④ 작업지시번호 WO2406000001에 대한 작업실적 내역들은 모두 실적구분이 '적합'이다.

11 아래 [보기]의 조건으로 데이터를 조회한 후 물음에 답하시오.

┤ 보기 ├

- 사업장: [2000. (주)한국자전거지사]
- 실적공정: [L400. 포장공정]
- 실적기간: 2024/06/09 ~ 2024/06/15
- 구분: [1. 생산]
- 실적작업장: [L402. 제2작업장]
- 상태: [1. 확정]

다음 [보기]의 조건에 해당하는 실적 품목에 대한 자재사용 내역 중 청구적용 조회 시 잔량의 합이 가장 많이 남아 있는 작업실적번호로 옳은 것을 고르시오.

① WR2406000007
② WR2406000008
③ WR2406000009
④ WR2406000010

12 아래 [보기]의 조건으로 데이터를 조회한 후 물음에 답하시오.

┤ 보기 ├

- 사업장: [2000. ㈜한국자전거지사]
- 공정: [L200. 작업공정]
- 실적일: 2024/06/16 ~ 2024/06/22
- 작업장: [L206. 반제품작업장_적합]

다음 [보기]의 조건에 해당하는 생산실적검사 내역에 대한 설명으로 옳지 않은 것을 고르시오.

① 작업실적번호 WR2406000011의 검사담당자는 임준수이며 도색검사를 실시하였다.
② 작업실적번호 WR2406000012는 전수검사를 실시하였고 최종 합격여부는 합격이다.
③ 생산실적검사 내역에 대한 검사담당자로는 곽동옥, 최일영, 임준수 검사담당자가 검사를 진행하였다.
④ 생산실적검사 내역에 대한 불량수량이 가장 많이 발생한 불량명으로는 바디(BODY)불량이 가장 많이 발생하였다.

기출문제

13 아래 [보기]의 조건으로 데이터를 조회한 후 물음에 답하시오.

┤ 보기 ├
- 사업장: [2000. ㈜한국자전거지사]
- 공정: [L200. 작업공정]
- 실적기간: 2024/06/23 ~ 2024/06/30
- 작업장: [L201. 제품작업장]

다음 [보기]의 생산품창고입고처리 내역에 대한 설명으로 옳지 않은 것을 고르시오.

① 지시번호 WO2406000013에 대하여 작업지시마감 처리가 되어 있다.
② 실적번호 WR2406000016는 입고처리 시 분할 입고처리를 진행하였다.
③ 실적번호 WR2406000017, WR2406000018는 생산실적검사를 진행하였다.
④ 실적번호 WR2406000017에 대한 실적품목은 LOT번호를 관리하는 품목이다.

14 아래 [보기]의 조건으로 데이터를 조회한 후 물음에 답하시오.

┤ 보기 ├
- 사업장: [2000. ㈜한국자전거지사]
- 공정구분: [1. 생산]
- 작업장: [L403. 제3작업장]
- 지시일: 2024/07/01 ~ 2024/07/06
- 공정: [L400. 포장공정]

다음 [보기]의 조건에 해당하는 작업지시 내역 중 실적잔량이 가장 많이 남아 있으면서 마감처리가 가능한 작업지시번호로 옳은 것을 고르시오.

① WO2407000002
② WO2407000003
③ WO2407000004
④ WO2407000005

15 아래 [보기]의 조건으로 데이터를 조회한 후 물음에 답하시오.

┤ 보기 ├
- 사업장: [2000. ㈜한국자전거지사]
- 실적기간: 2024/07/07 ~ 2024/07/13
- 조건 1: 2024년 7월 10일 재공에 대한 조정처리가 필요하여 조정공정, 조정작업장인 [L300. 작업 공정(도색)], [L304. 코팅작업장]에서 품목 [88-1001000. PRESS FRAME-W]를 5EA 조정 처리 하였다.
- 조건 2: 재공품에 대한 조정처리 시 PROJECT로는 [M100. 일반용자전거]로 처리 하였으며, 조정 구분은 [LAPD. 작동불량(폐기)]로 처리하였다.

다음 [보기]의 조건에 해당 하는 재공조정에 대한 조정번호로 옳은 것을 고르시오.

① WA2407000001
② WA2407000002
③ WA2407000004
④ WA2407000005

16 아래 [보기]의 조건으로 데이터를 조회한 후 물음에 답하시오.

┤ 보기 ├

- 사업장: [2000. ㈜한국자전거지사]
- 지시공정: [L300. 작업공정(도색)]
- 실적기간: 2024/07/07 ~ 2024/07/13
- 지시기간: 2024/07/07 ~ 2024/07/13
- 지시작업장: [L305. 도색작업장(서울)]

다음 [보기]의 조건에 해당하는 작업실적 내역 중 실적수량의 합이 가장 적은 작업조로 옳은 것을 고르시오.

① [P301. 작업 1조]
② [P302. 작업 2조]
③ [P303. 작업 3조]
④ [P304. 작업 4조]

17 아래 [보기]의 조건으로 데이터를 조회한 후 물음에 답하시오.

┤ 보기 ├

- 사업장: [2000. (주)한국자전거지사]
- 해당년도: 2024
- 계정: [2. 제품]

㈜한국자전거지사 홍길동 사원은 2024년 7월에 생산계획된 제품들에 대하여 실적기준의 적합 수량이 가장 많은 품목을 분석중이다. 다음 중 생산계획대비 실적이 가장 많은 품목으로 옳은 것을 고르시오.

① [NAX-A420. 산악자전거(P-20G)]
② [NAX-A422. 산악자전거(P-21G,A422)]
③ [NAX-A401. 일반자전거(P-GRAY RED)]
④ [NAX-A402. 일반자전거(P-GRAY BLACK)]

18 아래 [보기]의 조건으로 데이터를 조회한 후 물음에 답하시오.

┤ 보기 ├

- 사업장: [2000. (주)한국자전거지사]
- 검사기간: 2024/07/21 ~ 2024/07/27

다음 [보기]의 조건에 샘플검사 기준의 품목별 품질현황 조회 시 샘플합격율이 가장 높은 품목으로 옳은 것을 고르시오.

① [83-2000100. 전장품 ASS'Y]
② [87-1002001. BREAK SYSTEM]
③ [83-2000110. 전장품 ASS'Y (TYPE A)]
④ [81-1001000. BODY-알미늄(GRAY-WHITE)]

19 아래 [보기]의 조건으로 데이터를 조회한 후 물음에 답하시오.

┤ 보기 ├

- 사업장: [2000. ㈜한국자전거지사]
- 사용기간: 2024/06/09 ~ 2024/06/15
- 공정: [L200. 작업공정]
- 작업장: [L201. 제품작업장]

다음 [보기] 조건의 제품별 자재사용 내역에 대하여 자재 사용수량의 합이 가장 많이 발생한 모품목 정보로 옳은 것을 고르시오.

① [NAX–A421. 산악자전거(P–21G,A421)]
② [NAX–A422. 산악자전거(P–21G,A422)]
③ [NAX–A400. 일반자전거(P–GRAY WHITE)]
④ [NAX–A402. 일반자전거(P–GRAY BLACK)]

20 아래 [보기]의 조건으로 데이터를 조회한 후 물음에 답하시오.

┤ 보기 ├

- 사업장: [2000. ㈜한국자전거지사]
- 공정: [L300. 작업공정(도색)]
- 해당년도: 2024

다음 [보기] 조건의 현재공 내역 중 반제품 [87–1002001. BREAK SYSTEM]의 재공수량(관리)이 가장 많은 작업장으로 옳은 것을 고르시오.

① [L304. 코팅작업장]
② [L305. 도색작업장(서울)]
③ [L301. 제품작업장(완성품)]
④ [L302. 반제품작업장(조립품)]

생산 2급 │ 2024년 3회 (2024년 5월 25일 시행)

[이론]

01 ERP의 특징에 대한 설명으로 가장 옳지 않은 것은?

① Open Multi-vendor: 특정 H/W 업체에만 의존하는 open 형태를 채용, C/S형의 시스템 구축이 가능하다.
② 통합업무시스템: 세계유수기업이 채용하고 있는 Best Practice Business Process를 공통화, 표준화 시킨다.
③ Parameter 설정에 의한 단기간의 도입과 개발이 가능: Parameter 설정에 의해 각 기업과 부문의 특수성을 고려할 수 있다.
④ 다국적, 다통화, 다언어: 각 나라의 법률과 대표적인 상거래 습관, 생산방식이 시스템에 입력되어 있어서 사용자는 이 가운데 선택하여 설정할 수 있다.

02 ERP시스템 투자비용에 관한 개념 중 '시스템의 전체 라이프사이클(life-cycle)을 통해 발생하는 전체 비용을 계량화한 비용'에 해당하는 것은?

① 유지보수 비용(Maintenance Cost)
② 시스템 구축비용(Construction Cost)
③ 총소유비용(Total Cost of Ownership)
④ 소프트웨어 라이선스비용(Software License Cost)

03 ERP 도입의 성공요인으로 가장 적절하지 않은 것은?

① 사전준비를 철저히 한다.
② 현재의 업무방식을 그대로 고수한다.
③ 단기간의 효과위주로 구현하지 않는다.
④ 최고 경영진을 프로젝트에서 배제하지 않는다.

04 ERP도입 기업의 사원들을 위한 ERP교육을 계획할 때, 고려사항으로 가장 적절하지 않은 것은?

① 전사적인 참여가 필요함을 강조한다.
② 지속적인 교육이 필요함을 강조한다.
③ 최대한 ERP커스터마이징이 필요함을 강조한다.
④ 자료의 정확성을 위한 철저한 관리가 필요함을 강조한다.

기출문제

05 노동생산성 척도에 대한 예시로 적절한 것은?

① 교대 횟수당 산출량　　　　　　② 전력사용 시간당 산출량

③ 투자된 화폐 단위당 산출량　　　④ 기계작동 시간당 산출물의 화폐가치

06 채찍효과(Bullwhip Effect)와 관련된 설명은 무엇인가?

① 전체 공급망상에서 수익성이 증가한다.

② 수요정보를 왜곡시키는 결과를 야기한다.

③ 공급사슬관리의 조정활동이 잘 이뤄진다.

④ 소비자들의 정확한 수요가 생산에 반영된다.

07 생산 및 재고시스템을 위한 총괄계획의 수립에 있어서 수요변동에 능동적으로 대처하기 위한 전략방안으로 적절하지 않은 것은?

① 생산율의 조정　　　　　　　　② 재고수준의 조정

③ 고용수준의 변동　　　　　　　④ 제품품질의 조정

08 총괄생산계획(APP: Aggregate Production Planning)의 수립절차로 가장 적절한 것은?

① 생산능력의 조정 → 총괄 수요의 예측 → 전략 대안의 결정 → 생산 기간별 수요 배정

② 총괄 수요의 예측 → 생산 기간별 수요 배정 → 생산능력의 조정 → 전략 대안의 결정

③ 총괄 수요의 예측 → 전략 대안의 결정 → 생산능력의 조정 → 생산 기간별 수요 배정

④ 총괄 수요의 예측 → 생산능력의 조정 → 전략 대안의 결정 → 생산 기간별 수요 배정

09 일정계획의 방침을 수리하기 위해 작업흐름의 신속화를 하는 방법으로 옳은 것은?

① 공정계열을 직열화할 것　　　　② 이동로트 수를 적게 할 것

③ 가공로트 수를 많게 할 것　　　④ 대기로트 수를 많게 할 것

10 PERT/CPM에 관한 설명으로 가장 적절하지 않은 것은?

① 간트차트의 결점을 보완하기 위하여 개발되었다.

② 주일정공정이 포함된 계획내용은 원가계산에 활용한다.

③ 대규모 장기간의 사업(토목/건설공사)에 적합한 방법이다.

④ 네트워크 형태로 표시함으로써 일의 순서를 상세하게 정리할 수 있다.

11 공정(절차)계획의 수행하기 위한 업무로 적절한 것은?

① 작업의 위험 요소 결정　　　　② 각 작업의 품질기준 결정

③ 각 작업의 소요비용 결정　　　④ 작업의 내용 및 방법 결정

12 공정분석기호의 '대기'에 대한 설명으로 가장 적절한 것은?

① 원료, 재료, 부품 또는 제품의 위치에 변화를 주는 과정
② 원료, 재료, 부품 또는 제품의 형상에 변화를 주는 과정
③ 원료, 재료, 부품 또는 제품을 계획에 의해 쌓아 두는 과정
④ 원료, 재료, 부품 또는 제품이 계획의 차질로 체류되어 있는 상태

13 [보기]의 괄호 안에 들어갈 가장 적절한 용어는?

┤ 보기 ├

(   )는(은) 시간 단위로 작업량을 표현한 것으로 인일(Man-Day), 인시(Man-Hour), 인분(Man-Minute)의 세 가지 단위가 있음

① 공정
② 공수
③ 생산량
④ 기계능력

14 간트차트(Gantt Chart)의 특징으로 옳지 않은 것은?

① 계획변화 또는 변경이 어렵다.
② 사전예측에 유용하나 사후통제가 어렵다.
③ 복잡하고 정밀한 일정계획을 수립하기 어렵다.
④ 대규모인 프로젝트를 계획하는데는 부적합하다.

15 칸반시스템(Kanban System)의 특징으로 적절하지 않은 것은?

① 재고의 최소화 및 낭비 배제
② 모든 공정의 생산량 균형을 유지
③ 수요가 발생할 때에만 작업을 진행
④ 밀어내기 방식(Push System)으로 작업을 진행

16 JIT(Just In Time)의 7가지 낭비에 해당되는 것은?

① 인력의 낭비
② 운반의 낭비
③ 원가의 낭비
④ 품질의 낭비

17 경제적주문량(EOQ)를 계산하기 위해 필요한 가정으로 옳은 것은?

① 단위당 구입가격이 변동된다.
② 1회 주문비용은 상황에 따라 변동된다.
③ 품목단가, 유지비용, 구매/준비비용이 변동된다.
④ 주문한 양은 조달기간이 지나면 즉시 전량이 일시에 들어온다.

18 자재소요계획(MRP)의 효과로 가장 적절한 것은?

 ① 생산소요시간이 늘어난다.
 ② 납기준수를 통한 생산 서비스가 개선된다.
 ③ 재고수준이 감소되어 자재 재고비용이 낮아진다.
 ④ 자재부족 최대화로 공정의 가동효율이 낮아진다.

19 개략능력요구계획(RCCP: Rough Cut Capacity Planning)에 관한 설명으로 적절한 것은?

 ① MPS와 제조자원간의 크기를 비교하지는 않는다.
 ② 생산능력의 측면에서 MRP의 실행가능성을 검토한다.
 ③ MRP에서 생성한 발주계획의 타당성을 확인하는 수단이다.
 ④ MPS가 주어진 제조자원의 용량 초과여부를 계산하는 모듈이다.

20 SCM의 추진효과에 대한 설명으로 적절하지 않은 것은?

 ① 생산효율화   ② 구매비용 절감
 ③ 물류비용 절감   ④ 부분적 정보시스템 운영

01 아래 [보기]의 조건으로 데이터를 조회한 후 물음에 답하시오.

┤ 보기 ├

- 계정구분: [4. 반제품]
- 대분류: [100. 조립반제품]
- LEAD TIME: [3 DAYS]
- 표준원가: [87,000]

다음 [보기]의 조건에 해당하는 품목으로 옳은 것을 고르시오.

① [83-2000100. 전장품 ASS'Y]
② [87-1002001. BREAK SYSTEM]
③ [88-1002010. PRESS FRAME-Z (TYPE A)]
④ [85-1020400. POWER TRAIN ASS'Y(MTB)]

02 ㈜한국자전거지사의 홍길동 사원은 해외에서 생산한 제품들을 창고에 입고시키기 위하여 장소를 선택하고 있다. 사용 가능한 창고/장소 중 에서 서울에 위치한 장소를 선택하려고 한다. 해당 위치코드로 옳은 것을 고르시오.

① M201
② M202
③ P201
④ P202

03 홍길동 사원은 계정이 제품, 조달구분이 생산인 품목들의 생산담당자를 찾고 있다. 품목별 생산담당자로 옳은 것을 고르시오.

① 일반자전거(P-GRAY WHITE) - 박찬영
② 일반자전거(P-GRAY RED) - 이혜리
③ 산악자전거(P-21G, A421) - 문승효
④ 산악자전거(P-21G, A422) - 김유리

04 다음 중 자품목 [21-1060851. WHEEL FRONT-MTB (TYPE A)]에 대한 상위 모품목 정보로 옳지 않은 것을 고르시오. (단. LEVEL 기준은 1 LEVEL을 기준으로 하고. 기준일자는 없고. 사용여부는 전체이다.)

① [81-1001000. BODY-알미늄(GRAY-WHITE)]
② [83-2000110. 전장품 ASS'Y (TYPE A)]
③ [88-1002010. PRESS FRAME-Z (TYPE A)]
④ [83-2000100. 전장품 ASS'Y]

05 아래 [보기]의 조건으로 데이터를 조회한 후 물음에 답하시오.

┤ 보기 ├
- 모품목: [NAX-A422. 산악자전거(P-21G,A422)]
- 기준일자: 2024/05/31   · 사용여부: [1. 사용]

다음 [보기]의 조건에 해당하는 모품목 [NAX-A422. 산악자전거(P-21G,A422)]의 자재명세서에 대한 설명으로 옳지 않은 것을 고르시오.

① PEDAL (TYPE B)의 주거래처는 'YK PEDAL'이다.
② HEAD LAMP (TYPE B)의 조달구분은 '구매'이다.
③ POWER TRAIN ASS'Y(MTB, TYPE B)의 사급구분은 '사급'이다.
④ FRAME-NUT의 LOSS(%)이 가장 작다.

06 아래 [보기]의 조건으로 데이터를 조회한 후 물음에 답하시오.

┤ 보기 ├
- 사업장: [2000. (주)한국자전거지사]   · 작업예정일: 2024/05/01 ~ 2024/05/31
- 계정구분: [2. 제품]

다음 [보기]의 조건에 해당하는 생산계획 내역에 대하여 계획수량의 합이 가장 많은 품목으로 옳은 것을 고르시오.

① [NAX-A400. 일반자전거(P-GRAY WHITE)]
② [NAX-A402. 일반자전거(P-GRAY BLACK)]
③ [NAX-A421. 산악자전거(P-21G,A421)]
④ [NAX-A422. 산악자전거(P-21G,A422)]

07 아래 [보기]의 조건으로 데이터를 조회한 후 물음에 답하시오.

┤ 보기 ├
- 사업장: [2000. ㈜한국자전거지사]   · 공정: [L200. 작업공정]
- 작업장: [L201. 제품작업장]   · 지시기간: 2024/05/08 ~ 2024/05/08

㈜한국자전거지사 홍길동 사원은 작업지시등록 시 검사구분을 직접 수정하여 등록하고 있다. 다음 중 품목등록의 검사여부와 다른 검사구분으로 등록되어진 작업지시 품목으로 옳은 것을 고르시오.

① [NAX-A401. 일반자전거(P-GRAY RED)]
② [NAX-A402. 일반자전거(P-GRAY BLACK)]
③ [NAX-A420. 산악자전거(P-20G)]
④ [NAX-A421. 산악자전거(P-21G,A421)]

08 아래 [보기]의 조건으로 데이터를 조회한 후 물음에 답하시오.

┤ 보기 ├

- 사업장: [2000. ㈜한국자전거지사]
- 공정: [L200. 작업공정]
- 작업장: [L201. 제품작업장]
- 지시기간: 2024/05/12 ~ 2024/05/12

다음 [보기]의 조건에 해당하는 작업지시확정 내역 중 확정수량의 합이 가장 많은 품목으로 옳은 것을 고르시오.

① [83-2000100. 전장품 ASS'Y]
② [87-1002001. BREAK SYSTEM]
③ [83-2000110. 전장품 ASS'Y (TYPE A)]
④ [81-1001000. BODY-알미늄(GRAY-WHITE)]

09 아래 [보기]의 조건으로 데이터를 조회한 후 물음에 답하시오.

┤ 보기 ├

- 사업장: [2000. ㈜한국자전거지사]
- 출고기간: 2024/05/14 ~ 2024/05/14

㈜한국자전거지사 홍길동 사원은 [보기]의 기간에 생산자재출고된 내역을 보고 있다. 다음 중 생산자재출고된 수량 중에서 요청수량 합과 출고수량 합의 차이가 가장 적게 나는 출고번호를 고르시오.

① MV2405000006
② MV2405000007
③ MV2405000008
④ MV2405000009

10 아래 [보기]의 조건으로 데이터를 조회한 후 물음에 답하시오.

┤ 보기 ├

- 사업장: [2000. ㈜한국자전거지사]
- 지시(품목): 2024/05/16 ~ 2024/05/16
- 지시공정: [L200. 작업공정]
- 지시작업장: [L201. 제품작업장]

(주)한국자전거지사 홍길동 사원은 실적등록 시 실적 품목에 대하여 창고, 장소로 입고처리를 진행하여야 하는데 실수로 창고, 장소가 아닌 공정, 작업장으로 이동처리를 하였다. 다음 중 공정, 작업장으로 잘못 이동처리된 작업실적번호를 고르시오.

① WR2405000001
② WR2405000002
③ WR2405000003
④ WR2405000004

11 아래 [보기]의 조건으로 데이터를 조회한 후 물음에 답하시오.

┤ 보기 ├
- 사업장: [2000. ㈜한국자전거지사]
- 실적기간: 2024/05/16 ~ 2024/05/16
- 구분: [1. 생산]

다음 [보기] 조건의 제품에 대한 자재사용 내역 중 청구잔량의 합이 가장 적게 남아있는 품목을 고르시오.

① [NAX-A421. 산악자전거(P-21G,A421)]
② [NAX-A400. 일반자전거(P-GRAY WHITE)]
③ [NAX-A402. 일반자전거(P-GRAY BLACK)]
④ [NAX-A422. 산악자전거(P-21G,A422)]

12 아래 [보기]의 조건으로 데이터를 조회한 후 물음에 답하시오.

┤ 보기 ├
- 사업장: [2000. ㈜한국자전거지사]
- 공정: [L200. 작업공정]
- 실적일: 2024/05/20 ~ 2024/05/20
- 작업장: [L201. 제품작업장]

다음 [보기]의 조건에 해당하는 검사완료된 생산실적검사 내역에 대한 설명으로 옳지 않은 것을 고르시오.

① 작업실적번호 WR2405000005의 검사담당자는 이혜리이며 바디조립검사를 실시하였다.
② 작업실적번호 WR2405000006는 휠조립검사를 실시하였고 최종 합격여부는 합격이다.
③ 작업실적번호 WR2401000007는 LOT품목이 아니다.
④ 작업실적번호 WR2401000008의 샘플검사 실시결과 불량시료가 하나도 없다.

13 아래 [보기]의 조건으로 데이터를 조회한 후 물음에 답하시오.

┤ 보기 ├
- 사업장: [2000. ㈜한국자전거지사]
- 공정: [L200. 작업공정]
- 실적기간: 2024/05/19 ~ 2024/05/20
- 작업장: [L201. 제품작업장]

다음 [보기]의 조건에 해당하는 생산품 창고입고 내역에 대한 설명으로 옳은 것을 고르시오.

① 실적번호 WR2405000005의 기입고수량이 가장 많이 발생하였다.
② 실적번호 WR2405000006의 입고가능수량이 가장 적게 남아 있다.
③ 실적번호 WR2405000007의 입고대상수량이 가장 크다.
④ 실적번호 WR2405000008은 180개가 한번에 입고 되었다.

14 아래 [보기]의 조건으로 데이터를 조회한 후 물음에 답하시오.

┤ 보기 ├

- 사업장: [2000. ㈜한국자전거지사]
- 공정구분: [1. 생산]
- 지시일: 2024/05/22 ~ 2024/05/22
- 지시상태: [2. 마감]

다음 [보기]의 조건에 해당하는 마감된 내역 중 실적잔량이 가장 많이 남아있는 작업지시번호를 고르시오.

① WO2105000011
② WO2105000012
③ WO2309000016
④ WO2401000012

15 아래 [보기]의 조건으로 데이터를 조회한 후 물음에 답하시오.

┤ 보기 ├

- 사업장: [2000. ㈜한국자전거지사]
- 등록일: 2024/05/01 ~ 2024/05/01

다음 [보기]의 조건으로 등록 된 기초재공에 대한 설명으로 옳지 않은 것을 고르시오.

① 등록번호 OW2405000001는 원재료만 입력되어 있다.
② 작업공장(도색), 제품작업장(완성품)에 속한 품목은 모두 제품 들이다.
③ 등록번호 OW2405000003은 2024년 5월1일 입력된 기초재공 내역 중 기초수량 합이 가장 크다.
④ 작업공정. 반제품작업장에 등록된 내역이 2024년 5월1일 입력된 기초재공 내역 중 금액이 가장 크다.

16 아래 [보기]의 조건으로 데이터를 조회한 후 물음에 답하시오.

┤ 보기 ├

- 사업장: [2000. ㈜한국자전거지사]
- 지시기간: 2024/05/01 ~ 2024/05/31
- 계정: [2. 제품]

다음 [보기]의 조건에 해당하는 지시대비실적 내역에 대하여 실적 잔량의 합이 가장 적게 남아 있는 품목으로 옳은 것을 고르시오.

① [NAX-A401. 일반자전거(P-GRAY RED)]
② [NAX-A402. 일반자전거(P-GRAY BLACK)]
③ [NAX-A420. 산악자전거(P-20G)]
④ [NAX-A421. 산악자전거(P-21G, A421)]

기출문제

17 아래 [보기]의 조건으로 데이터를 조회한 후 물음에 답하시오.

┤ 보기 ├

- 사업장: [2000. ㈜한국자전거지사]
- 실적기간: 2024/05/01 ~ 2024/05/31
- 구분: [0. 전체]
- 수량조회기준: [0.실적입고기준]
- 탭: 실적기준
- 계정: [4. 반제품]
- 단가OPTION: 구매.생산 모두 표준원가[품목등록]

다음 [보기]의 조건에 해당하는 생산일보 내역 중 양품 금액이 가장 큰 품목을 고르시오.

① [83-2000100. 전장품 ASS'Y]
② [83-2000120. 전장품 ASS'Y (TYPE B)]
③ [85-1020400. POWER TRAIN ASS'Y(MTB)]
④ [85-1020420. POWER TRAIN ASS'Y(MTB, TYPE B)]

18 ㈜한국자전거지사 홍길동 사원은 2024년도 5월 한달 동안 계정구분이 제품인 품목에 대해서 계획대비 실적을 한 수량을 확인 하려고 한다. 다음 중 계획대비 실적이 있는 내역 중에서 계획은 있지만 실적이 없는 품목을 고르시오.

① [NAX-A400. 일반자전거(P-GRAY WHITE)]
② [NAX-A402. 일반자전거(P-GRAY BLACK)]
③ [NAX-A421. 산악자전거(P-21G,A421)]
④ [NAX-A422. 산악자전거(P-21G,A422)]

19 ㈜한국자전거지사에서 자재사용기간이 2024년 05월 한달동안 사용된 자재를 확인하려고 한다. 다음 중 제품별 사용된 자재의 사용수량의 합이 가장 많은 품목을 고르시오.

① [NAX-A400. 일반자전거(P-GRAY WHITE)]
② [NAX-A402. 일반자전거(P-GRAY BLACK)]
③ [NAX-A421. 산악자전거(P-21G,A421)]
④ [NAX-A422. 산악자전거(P-21G,A422)]

20 아래 [보기]의 조건으로 데이터를 조회한 후 물음에 답하시오.

┤ 보기 ├

- 사업장: [2000. ㈜한국자전거지사]
- 해당년도: 2024
- 재공유무: 선택전채

다음 [보기] 조건으로 조회되는 현재공 내역 중 재공수량(관리) 합이 가장 적은 작업장으로 옳은 것을 고르시오. (공정은 모든공정)

① 제품작업장
② 반제품작업장
③ 제품작업장(완성품)
④ 반제품조립작업장

생산 2급　2024년 2회 (2024년 3월 23일 시행)

[이론]

01 ERP에 대한 설명 중 가장 적절하지 않은 것은?

① 신속한 의사결정을 지원하는 경영정보시스템이다.
② 기능 최적화에서 전체 최적화를 목표로 한 시스템이다.
③ 인사, 영업, 구매, 생산, 회계 등 기업의 업무가 통합된 시스템이다.
④ 모든 사용자들은 사용권한 없이 쉽게 기업의 정보에 접근할 수 있다.

02 기업이 클라우드 ERP 도입을 통해 얻을 수 있는 장점으로 가장 적절하지 않은 것은?

① 기업의 데이터베이스 관리 효율성 증가
② 시간과 장소에 구애받지 않고 ERP 사용이 가능
③ 장비관리 및 서버관리에 필요한 IT 투입자원 감소
④ 필요한 어플리케이션을 자율적으로 설치 및 활용이 가능

03 e-Business 지원 시스템을 구성하는 단위 시스템에 해당되지 않는 것은?

① 성과측정관리(BSC)
② EC시스템(전자상거래)
③ 고객관계관리시스템(CRM)
④ 의사결정지원시스템(DSS)

04 ERP 아웃소싱(Outsourcing)에 대한 설명으로 적절하지 않은 것은?

① ERP 자체개발에서 발생할 수 있는 기술력 부족을 해결할 수 있다.
② ERP 아웃소싱을 통해 기업이 가지고 있지 못한 지식을 획득할 수 있다.
③ ERP시스템 구축 후, IT아웃소싱 업체로부터 독립적으로 운영할 수 있다.
④ ERP 개발과 구축, 운영, 유지보수에 필요한 인적 자원을 절약할 수 있다.

05 생산·운영관리의 목적으로 적절하지 않은 것은?

① 최소의 비용
② 최고의 품질
③ 최대의 유연성
④ 최장기간의 서비스

06 자재명세서(BOM; Bill of Material)의 용도에 대한 설명으로 옳은 것은?

① 판매계획 수립
② 생산일정 수립
③ 수요예측 수립
④ 품질예측 수립

07 전문가 집단에게 실적 또는 예측데이터에 대한 설문을 여러 차례 실시하고 의견이 일치된 결과로 수요를 예측하는 기법은?

① 델파이기법   ② 패널동의법
③ 실장실험법   ④ 판매원의견합성법

08 일반적으로 항공기, 선박 등 생산에 적합한 제조전략은 무엇인가?

① Make-To-Order(주문 생산)   ② Make-To-Stock(재고형 생산)
③ Engineer-To-Order(주문설계 생산)   ④ Assemble-To-Order(주문조립 생산)

09 작업의 우선순위를 고려할 때 지켜야 할 원칙으로 적절하지 않은 것은?

① 최단 가공시간   ② 최소 여유시간
③ 납기 우선순위   ④ 후입선출법(LIFO)

10 일정계획을 합리적으로 수립하기 위해서 따라야 하는 원칙(방침)으로 적절한 것은?

① 공정계열의 직열화   ② 각 공정의 여유가 없는 안정화
③ 전공정에 걸친 전작업의 동기화   ④ 재공품으로 기인한 정체기간의 최대화

11 공정관리의 주요 기능 중에서 성격이 다른 것은?

① 통제기능   ② 감사기능
③ 지휘기능   ④ 계획기능

12 [보기]에서 설명하는 공정과 가장 부합하는 공정은 무엇인가?

> **│ 보기 │**
>
> 제품의 수량, 중량 등을 측정하고 설정된 품질표준을 기준으로 가공부품의 가공정도를 확인하는 공정

① 정체공정(Delay)   ② 가공공정(Operation)
③ 검사공정(Inspection)   ④ 운반공정(Transportation)

13 종업원 수가 30명인 사업장의 출근율이 90%이고 잡작업율(간접작업률)이 20%일 때 가동률(%)을 구하시오.

① 70%   ② 71%
③ 72%   ④ 73%

14 [보기]에서 설명하고 있는 생산방식은?

┤ 보기 ├

주로 석유, 화학, 가스, 주류 등의 제품에 적용되며, 원자재가 파이프라인을 통해 공정으로 이동되는 생산방식

① 개별 생산(Job Shop) ② 흐름 생산(Flow Shop)
③ 프로젝트 생산(Project Shop) ④ 연속 생산(Continuous Production)

15 공수를 계획하기 위한 기본적인 방침으로 적합한 것은?

① 부하와 능력의 과도한 집중화
② 일정계획에 맞춘 극단적인 부하 배정
③ 작업자의 기능 성격에 맞는 작업의 할당
④ 사람과 기계의 유휴상태를 증가시키는 작업량 할당

16 [보기]의 자료를 바탕으로 라인밸런스 효율(Eb) 및 불균형률(d)을 순서대로 구하시오.

┤ 보기 ├

작업장	1	2	3	4
작업시간	35분	31분	27분	19분

① 79%, 21% ② 80%, 20%
③ 81%, 19% ④ 82%, 18%

17 주문비용이나 생산준비비용을 줄이기 위해 한꺼번에 많은 양을 주문할 때 발생하는 재고를 고르시오.

① 안전재고 ② 순환재고
③ 예상재고 ④ 파이프라인 재고

18 [보기]는 부품A에 대한 자료이다. [보기]에 제시된 자료만을 참고하여 경제적 주문량(EOQ)을 구하시오.

┤ 보기 ├

• 연간수요량: 200개 • 1회 주문비용: 100원
• 부품단가: 80원 • 연간 재고유지비율: 0.2

① 40개 ② 50개
③ 60개 ④ 70개

기출문제

19 자재소요계획(MRP: Material Requirement Planning) 시스템의 주요 입력요소에 해당하지 않은 것은?

① 자재명세서
② 기준생산계획
③ 재고기록파일
④ 기간별 수요량

20 공급망관리(SCM: Supply Chain Management)의 세 가지 주요 흐름에 해당하지 않는 것은?

① 공정의 흐름
② 정보의 흐름
③ 제품의 흐름
④ 재정의 흐름

실무문제는 [실기메뉴]를 활용하여 답하시오.
웹하드(http://www.webhard.co.kr)에서 Guest(ID: samil3489, PASSWORD: samil3489)로
로그인하여 백데이터를 다운받아 설치한 후 생산 2급 2024년 2회로 로그인한다.

01 아래 [보기]의 조건으로 데이터를 조회한 후 물음에 답하시오.

┤ 보기 ├

- 계정구분: [2. 제품]　　　　　　· 검사여부: [0. 무검사]　　　　　· LEAD TIME: 5 DAYS

다음 [보기]의 조건에 해당하는 품목으로 옳은 것을 고르시오.

① [NAX-A422. 산악자전거(P-21G,A422)]
② [NAX-A401. 일반자전거(P-GRAY RED)]
③ [NAX-A402. 일반자전거(P-GRAY BLACK)]
④ [NAX-A400. 일반자전거(P-GRAY WHITE)]

02 아래 [보기]의 조건으로 데이터를 조회한 후 물음에 답하시오.

┤ 보기 ├

- 사업장: [2000. ㈜한국자전거지사]

다음 [보기]의 조건에 해당하는 생산공정, 작업장을 조회 한 후 적합여부가 '적합'이면서 작업장의 사
용여부가 '미사용'인 작업장의 생산공정명, 작업장명으로 올바르게 연결되어 있는 것을 고르시오.

① [작업공정, 제품작업장_적합]　　　　　② [작업공정(도색), 코팅작업장]
③ [작업공정, 반제품작업장_적합]　　　　④ [작업공정(도색), 도색작업장(대전)]

03 아래 [보기]의 조건으로 데이터를 조회한 후 물음에 답하시오.

┤ 보기 ├

- 계정: [2. 제품]
- 구매담당자: [4000. 최일영]　　　　　· 자재담당자: [6000. 고준호]

다음 [보기]의 조건에 해당하는 품목으로 옳은 것을 고르시오.

① [NAX-A421. 산악자전거(P-21G,A421)]
② [NAX-A422. 산악자전거(P-21G,A422)]
③ [NAX-A402. 일반자전거(P-GRAY BLACK)]
④ [NAX-A400. 일반자전거(P-GRAY WHITE)]

04 아래 [보기]의 조건으로 데이터를 조회한 후 물음에 답하시오.

┤ 보기 ├

- 자품목: [21-1030600. FRONT FORK(S)]
- 기준일자: 2024/03/01
- 사용여부: [1. 여]

다음 [보기]의 자품목 [21-1030600. FRONT FORK(S)]에 대한 상위 모품목 정보로 옳지 않은 것을 고르시오. (단, LEVEL 기준은 1 LEVEL을 기준으로 한다.)

① 83-2000100. 전장품 ASS'Y
② 87-1002001. BREAK SYSTEM
③ 88-1002000. PRESS FRAME-Z
④ 88-1001000. PRESS FRAME-W

05 아래 [보기]의 조건으로 데이터를 조회한 후 물음에 답하시오.

┤ 보기 ├

- 검사구분: [41. 공정검사]
- 사용여부: [1. 사용]

다음 [보기]의 공정검사 내역에 대하여 입력필수 항목이 '필수'인 검사유형 질문이 속해있는 검사유형명으로 옳은 것을 고르시오.

① 휠조립검사
② 바디조립검사
③ 핸들조합검사
④ 브레이크검사

06 아래 [보기]의 조건으로 데이터를 조회한 후 물음에 답하시오.

┤ 보기 ├

- 사업장: [2000. ㈜한국자전거지사]
- 작업예정일: 2024/01/01 ~ 2024/01/07
- 계정구분: [4. 반제품]

다음 [보기]의 조건에 해당하는 생산계획 내역 중 계획 수량의 합이 가장 많은 품목을 고르시오.

① [87-1002001. BREAK SYSTEM]
② [85-1020400. POWER TRAIN ASS'Y(MTB)]
③ [81-1001000. BODY-알미늄(GRAY-WHITE)]
④ [85-1020420. POWER TRAIN ASS'Y(MTB, TYPE B)]

07 아래 [보기]의 조건으로 데이터를 조회한 후 물음에 답하시오.

┤ 보기 ├

- 사업장: [2000. ㈜한국자전거지사]
- 공정: [L200. 작업공정]
- 작업장: [L201. 제품작업장]
- 지시기간: 2024/01/01 ~ 2024/01/06

다음 [보기]의 조건에 해당하는 작업지시등록 내역 중 청구조회 기능을 이용하여 작업지시를 등록한
작업지시번호로 옳은 것을 고르시오.

① WO2401000001
② WO2401000002
③ WO2401000003
④ WO2401000004

08 아래 [보기]의 조건으로 데이터를 조회한 후 물음에 답하시오.

┤ 보기 ├

- 사업장: [2000. ㈜한국자전거지사]
- 공정: [L200. 작업공정]
- 작업장: [L202. 반제품작업장]
- 지시기간: 2024/01/07 ~ 2024/01/13
- 사용일: 2024/01/11

다음 [보기]의 작업지시 내역에 대하여 '확정' 처리를 진행한 후 청구된 자재들의 확정수량의 합이
가장 많은 작업지시번호로 옳은 것을 고르시오.

① WO2401000005
② WO2401000006
③ WO2401000007
④ WO2401000008

09 아래 [보기]의 조건으로 데이터를 조회한 후 물음에 답하시오.

┤ 보기 ├

- 사업장: [2000. (주)한국자전거지사]
- 출고기간: 2024/01/14 ~ 2024/01/20
- 청구공정: [L300. 작업공정(도색)]
- 청구기간: 2024/01/14 ~ 2024/01/20
- 청구작업장: [L304. 코팅작업장]

(주)한국자전거지사 홍길동 사원은 출고요청 기능을 이용하여 청구된 자재를 출고처리를 한다. 다음
중 청구잔량의 합이 가장 많이 남아 있는 품목으로 옳은 것을 고르시오.

① 83-2000100. 전장품 ASS'Y
② 21-3001610. PEDAL (TYPE A)
③ 88-1001010. PRESS FRAME-W (TYPE A)
④ 85-1020410. POWER TRAIN ASS'Y(MTB, TYPE A)

기출문제

10 아래 [보기]의 조건으로 데이터를 조회한 후 물음에 답하시오.

┤ 보기 ├
- 사업장: [2000. ㈜한국자전거지사]
- 지시공정: [L300. 작업공정(도색)]
- 지시(품목): 2024/01/21 ~ 2024/01/27
- 지시작업장: [L302. 반제품작업장(조립품)]

㈜한국자전거지사 홍길동 사원은 실적등록 시 실적 품목에 대하여 창고, 장소로 입고처리를 진행하여야 하는데 실수로 창고, 장소가 아닌 공정, 작업장으로 이동처리를 하였다. 다음 중 공정, 작업장으로 잘못 이동처리 된 작업실적번호를 고르시오.

① WR2401000001
② WR2401000002
③ WR2401000003
④ WR2401000004

11 아래 [보기]의 조건으로 데이터를 조회한 후 물음에 답하시오.

┤ 보기 ├
- 사업장: [2000. ㈜한국자전거지사]
- 실적공정: [L200. 작업공정]
- 실적기간: 2024/01/28 ~ 2024/02/03
- 구분: [1. 생산]
- 실적작업장: [L202. 반제품작업장]
- 상태: [1. 확정]

다음 [보기]의 조건에 해당하는 실적품목에 대한 자재사용 내역 중 청구적용 조회 시 적용예정량의 합 보다 적용수량의 합이 더 많이 사용된 작업실적번호를 고르시오.

① WR2401000005
② WR2401000006
③ WR2402000001
④ WR2402000002

12 아래 [보기]의 조건으로 데이터를 조회한 후 물음에 답하시오.

┤ 보기 ├
- 사업장: [2000. ㈜한국자전거지사]
- 공정: [L300. 작업공정(도색)]
- 실적일: 2024/02/04 ~ 2024/02/10
- 작업장: [L305. 도색작업장(서울)]

다음 [보기]의 조건에 해당하는 생산실적검사 내역에 대한 설명으로 옳지 않은 것을 고르시오.

① 작업실적번호 WR2402000003의 검사담당자는 임준수이며 전수검사를 진행하였다.
② 작업실적번호 WR2402000005의 불합격수량은 바디(BODY)불량으로 인해 발생하였다.
③ 작업실적번호 WR2402000004는 샘플검사를 진행 하였으며 시료수는 10EA로 진행하였다.
④ 작업실적번호 WR2402000006는 불량수량이 2EA 발생하여 합격여부를 불합격 처리하였다.

13 아래 [보기]의 조건으로 데이터를 조회한 후 물음에 답하시오.

┤ 보기 ├

- 사업장: [2000. ㈜한국자전거지사]
- 실적기간: 2024/02/11 ~ 2024/02/17
- 공정: [L300. 작업공정(도색)]
- 작업장: [L301. 제품작업장(완성품)]

다음 [보기]의 생산품창고입고처리 내역에 대한 설명으로 옳지 않은 것을 고르시오.

① 실적번호 WR2402000007는 생산실적검사를 진행하였다.
② 실적번호 WR2402000008는 입고처리 시 분할 입고처리를 진행하였다.
③ 실적번호 WR2402000010의 실적품목은 LOT번호를 관리하는 품목이다.
④ 실적번호 WR2402000009의 실적품목에 대한 프로젝트는 일반용자전거이다.

14 아래 [보기]의 조건으로 데이터를 조회한 후 물음에 답하시오.

┤ 보기 ├

- 사업장: [2000. ㈜한국자전거지사]
- 지시일: 2024/02/18 ~ 2024/02/24
- 공정구분: [1. 생산]
- 공정: [L200. 작업공정]
- 작업장: [L206. 반제품작업장_적합]

다음 [보기]의 조건에 해당하는 작업지시 내역 중 마감처리가 가능하면서 실적잔량이 가장 많이 남아있는 작업지시번호를 고르시오.

① WO2402000015
② WO2402000016
③ WO2402000017
④ WO2402000018

15 아래 [보기]의 조건으로 데이터를 조회한 후 물음에 답하시오.

┤ 보기 ├

- 사업장: [2000. ㈜한국자전거지사]
- 실적기간: 2024/02/25 ~ 2024/02/29
- 조건 1: ㈜한국자전거지사 홍길동 사원은 2024년 2월 29일 출고공정, 출고작업장인 [L200. 작업공정], [L201. 제품작업장]에서 품목 [NAX-A420. 산악자전거(P-20G)]를 재공이동처리 하였다.
- 조건 2: 입고공정, 입고작업장은 [L300. 작업공정(도색)], [L301. 제품작업장(완성품)]으로 이동처리 하였으며 이동수량은 5EA로 처리하였다.
- 조건 3: 재공품에 대한 이동 시 PROJECT로는 [P100. 산악용자전거]로 처리 하였다.

다음 [보기]의 조건에 해당 하는 재공이동에 대한 이동번호로 옳은 것을 고르시오.

① WM2402000001
② WM2402000002
③ WM2402000003
④ WM2402000004

16 아래 [보기]의 조건으로 데이터를 조회한 후 물음에 답하시오.

┤ 보기 ├

- 사업장: [2000. ㈜한국자전거지사]
- 지시기간: 2024/03/01 ~ 2024/03/09
- 지시작업장: [L202. 반제품작업장]
- 지시공정: [L200. 작업공정]
- 실적기간: 2024/03/01 ~ 2024/03/09

다음 [보기]의 조건에 해당하는 작업실적 내역 중 실적수량의 합이 가장 많은 작업팀으로 옳은 것을 고르시오.

① [P2A. 작업 1팀]
② [P2B. 작업 2팀]
③ [P2C. 작업 3팀]
④ [P2D. 작업 4팀]

17 아래 [보기]의 조건으로 데이터를 조회한 후 물음에 답하시오.

┤ 보기 ├

- 사업장: [2000. (주)한국자전거지사]
- 실적기간: 2024/03/10 ~ 2024/03/16
- 공정: [L300. 작업공정(도색)]
- 수량조회기준: [0. 실적입고기준]
- 단가 OPTION: 조달구분 구매, 생산 모두 실제원가[품목등록] 체크함
- 구분: [1. 공정]
- 작업장: [L302. 반제품작업장(조립품)]
- 검사기준: 검사 체크함

다음 [보기]의 조건에 해당하는 실적검사기준의 생산일보를 조회 한 후 불량금액이 가장 큰 품목으로 옳은 것을 고르시오.

① [83-2000110. 전장품 ASS'Y (TYPE A)]
② [83-2000120. 전장품 ASS'Y (TYPE B)]
③ [87-1002011. BREAK SYSTEM (TYPE A)]
④ [87-1002021. BREAK SYSTEM (TYPE B)]

18 아래 [보기]의 조건으로 데이터를 조회한 후 물음에 답하시오.

┤ 보기 ├

- 사업장: [2000. ㈜한국자전거지사]
- 해당년도 : 2024
- 공정: [L400. 포장공정]
- 재공유무 : [1. 유]

다음 [보기] 조건으로 조회되는 현재공 내역 중 재공수량(관리)의 합이 가장 많은 작업장으로 옳은 것을 고르시오.

① [L401. 제1작업장]
② [L402. 제2작업장]
③ [L403. 제3작업장]
④ [L404. 제4작업장]

19 아래 [보기]의 조건으로 데이터를 조회한 후 물음에 답하시오.

┤ 보기 ├

- 사업장: [2000. ㈜한국자전거지사]
- 공정: [L200. 작업공정]
- 사용기간 : 2024/03/17 ~ 2024/03/23
- 작업장: [L201. 제품작업장]

다음 [보기] 조건의 제품별 자재사용 내역에 대하여 자재의 사용수량의 합이 가장 많이 발생한 모품목 정보로 옳은 것을 고르시오.

① [NAX-A420. 산악자전거(P-20G)]
② [NAX-A421. 산악자전거(P-21G,A421)]
③ [NAX-A401. 일반자전거(P-GRAY RED)]
④ [NAX-A402. 일반자전거(P-GRAY BLACK)]

20 아래 [보기]의 조건으로 데이터를 조회한 후 물음에 답하시오.

┤ 보기 ├

- 사업장: [2000. (주)한국자전거지사]
- 검사기간 : 2024/03/03 ~ 2024/03/09
- 검사자: [5000. 방석환]

다음 [보기]의 조건에 해당하는 전수검사 기준의 품목별 품질현황 조회 시 합격율이 가장 낮은 품목으로 옳은 것을 고르시오.

① [83-2000120. 전장품 ASS'Y (TYPE B)]
② [87-1002021. BREAK SYSTEM (TYPE B)]
③ [88-1002020. PRESS FRAME-Z (TYPE B)]
④ [88-1001020. PRESS FRAME-W (TYPE B)]

국가공인 ERP® 정보관리사 합격지름길 수험서

삼일아이닷컴 **www.samili.com**에서 유용한 정보 확인!
ERP 전체모듈 자료는 웹하드(http://www.webhard.co.kr)에서 다운로드!

• 교재의 실무예제(수행내용) 입력이 완성된 각 부문별 백데이터 제공
• 출제경향을 완벽히 분석한 유형별 연습문제와 해설 수록
• 최신 기출문제 수록 및 통합DB 제공
• 저자들의 빠른 Q&A

정가 25,000원

13320

9 791167 843524

ISBN 979-11-6784-352-4

2025

ERP 정보관리사

물류
생산

답안 및 풀이

임상종 · 김혜숙 · 김진우 지음

2급

SAMIL | 삼일회계법인
삼일인포마인

제4장

답안 및 풀이

물류 및 생산 2급 유형별 연습문제

01 ERP 시스템의 이해

1.1 ERP 개념과 등장

1	2	3	4	5	6	7	8	9	10
②	③	③	③	④	②	①	①	③	③

[풀이]

01 ② ERP는 개별시스템이 아니라 통합시스템에 해당한다.

02 ③ ERP는 다양한 보안정책으로 인해 접근이 인가된 사용자만 ERP 시스템에 접근할 수 있다.

03 ③ 전산시스템은 회계, 인사, 생산 및 영업·물류관리 등의 시스템을 통합하여 개발 및 운영된다.

04 ③ 기업 내 각 영역의 업무프로세스를 지원하고 통합 업무처리의 강화를 추구하는 시스템이다.

05 ④ ERP 시스템은 주요 기능별로 최적화된 시스템이 아니라 프로세스 중심적이며 전체 업무의 최적화를 목표로 한다.

06 ② ERP 도입으로 관리의 중복을 배제할 수 있다.

07 ① 기존 방식의 고수는 BPR(업무 재설계)의 필요성이라고 볼 수 없다.

08 ① 자사의 업무를 ERP에 내장되어 있는 Best Practice에 맞추어야 한다.

09 ③ 기존 정보시스템(MIS)은 수직적으로 업무를 처리하고, ERP는 수평적으로 업무를 처리한다.

10 ③ 프로세스 혁신(PI, Process Innovation)에 대한 설명이다.

1.2 ERP 발전과정과 특징

1	2	3	4	5	6	7	8	9	10
②	②	①	②	④	④	①	②	③	①

[풀이]

01 ② ERP 발전과정: MRP → MRP II → ERP → 확장형 ERP

02 ② MRP II의 주요 관리범위는 제조자원관리이며, 원가절감이 주된 목표이다.

03 ① MRP II, 확장 ERP, 자재수급관리, 전사적 자원관리

04 ② 보기의 내용은 MRP II에 대한 설명이다.

05 ④ 조직의 분권화 및 상호견제와 내부통제제도를 강화하여 투명 경영의 수단으로 활용가능하다.

06 ④ 조직의 변경이나 프로세스의 변경에 대한 대응이 가능하고 기존 하드웨어와의 연계에 있어서도 개방적이다.

07 ① 다국적, 다통화, 다언어 지원은 기술적 특징이 아닌 기능적 특징에 해당된다.

08 ② 객체지향기술 사용은 기술적 특징에 해당되며, 나머지 내용은 기능적 특징에 해당된다.

09 ③ Open Multi-Vendor: 특정 H/W 업체에 의존하지 않는 Open 형태를 채택, C/S형의 시스템 구축이 가능하다.

10 ① 파라미터(Parameter)에 대한 설명이다.

1.3 ERP 도입과 구축

1	2	3	4	5	6	7	8	9	10
①	③	④	④	②	①	②	②	④	④

11	12	13	14	15	16	17	18	19	20
①	④	②	③	①	④	①	①	③	①

[풀이]

01 ① ERP 도입의 궁극적인 효과는 비즈니스 프로세스 혁신 추구에 있다.

02 ③ 결산작업의 시간이 단축된다.

03 ④ 업무의 시작에서 종료까지의 시간을 의미하는 리드타임(Lead Time)이 감소된다.

04 ④ 의사결정의 신속성으로 인한 정보 공유의 공간적, 시간적 한계가 없다.

05 ② ERP 도입과 사업의 다각화는 직접적인 관련이 없다.

06 ① 선진 업무프로세스(Best Practice) 도입을 목적으로 ERP 패키지를 도입하였는데, 기존 업무처리에 따라 ERP 패키지를 수정한다면 BPR은 전혀 이루어지지 않는다.

07 ② 일반적으로 ERP 시스템이 구축되기 전에 BPR(업무재설계)을 수행해야 ERP 구축성과가 극대화될 수 있다.

08 ② ERP 시스템의 유지비용은 초기 ERP 시스템 구축 초기 단계보다 감소하게 된다.

09 ④ ERP 시스템에 대한 투자비용에 관한 개념으로 시스템의 전체 라이프사이클을 통해 발생하는 전체 비용을 계량화하는 것을 총소유비용(Total Cost of Ownership)이라 한다.

10 ④ 지속적인 교육과 훈련이 필요하다.

11 ① 업무 단위별 추진은 실패의 지름길이므로 통합적으로 추진하여야 한다.

12 ④ 자사의 규모, 업종 등 특성을 고려하여 자사에 맞는 패키지를 선정하여야 한다.

13 ② 상용화 패키지에 의한 ERP 시스템 구축에는 자체 개발인력을 보유할 필요가 없다.

14 ③ ERP의 구축단계: 분석 → 설계 → 구축 → 구현

15 ① 전 직원을 상대로 요구분석을 실시하는 단계는 분석단계에 해당한다.

16 ④ 구축단계에 해당된다.

17 ① 모듈 조합화는 구축단계에 해당하고, GAP분석은 설계단계에 해당한다.

18 ① BPR(Business Process Re-Engineering)은 급진적으로 비즈니스 프로세스를 개선하는 방식을 의미하며, BPI(Business Process Improvement)는 단계적으로 시간의 흐름에 따라 비즈니스 프로세스를 개선하는 점 증적 방법론을 의미한다.

19 ③ ERP를 패키지가 아닌 자체개발 방식을 사용할 경우 사용자의 요구사항을 충실하게 반영하여 시스템의 수정과 유지보수가 주기적이고 지속적으로 단시간에 가능하다.

20 ① ERP 구축 시 유능한 컨설턴트를 통해 최적의 패키지를 선정하는데 도움을 주는 역할을 하며, 프로젝트 주 도권이 넘어가지는 않는다.

1.4 확장형 ERP

1	2	3	4	5	6	7	8		
④	②	④	④	②	③	④	④		

[풀이]

01 ④ 확장형 ERP에는 기본기능 이외에 고유기능이 추가되어야 한다.

02 ② 생산자원관리(MRP Ⅱ)시스템은 E-ERP라 불리우는 확장형 ERP의 과거모델이다.

03 ④ 전략적 기업경영(SEM) 시스템에는 성과측정관리(BSC), 가치중심경영(VBM), 전략계획수립 및 시뮬레이션(SFS), 활동기준경영(ABM) 등이 포함된다.

04 ④ 마케팅(marketing), 판매(sales) 및 고객서비스(customer service)를 자동화하는 것은 고객관계관리(CRM)에 대한 설명이다.

05 ② 공급망관리(SCM: Supply Chain Management)에 대한 설명이다.

06 ③ IT아웃소싱을 하더라도 아웃소싱 업체에 전적으로 의존하거나 종속되는 것은 아니고 협력관계에 있다.

07 ④ 지식관리시스템(KMS)은 조직 내의 인적자원들이 축적하고 있는 개별적인 지식을 체계화하고 공유하기 위한 정보시스템으로 ERP시스템의 비즈니스 프로세스를 지원한다.

08 ④ 마케팅(marketing), 판매(sales) 및 고객서비스(customer service)를 자동화함으로써 현재 및 미래 고객들과 상호작용할 수 있도록 지원하는 것은 CRM 모듈의 실행 효과이다.

1.5 4차 산업혁명과 스마트 ERP

1	2	3	4	5	6	7	8	9	10
①	③	③	①	③	①	③	②	③	③
11	12	13	14	15	16	17	18	19	20
②	④	④	①	③	②	①	④	①	②
21	22	23							
④	④	①							

[풀이]

01 ① 클라우드를 통해 ERP 도입에 관한 진입장벽을 낮출 수 있다.

02 ③ 데이터베이스 클라우드 서비스와 스토리지 클라우드 서비스는 IaaS에 속한다.

03 ③ SaaS(Software as a Service)는 클라우드 컴퓨팅 서비스 사업자가 클라우드 컴퓨팅 서버에 소프트웨어를 제공하고, 사용자가 원격으로 접속해 해당 소프트웨어를 활용하는 모델이다.

04 ① ERP는 4차 산업혁명의 핵심기술인 인공지능(Artificial Intelligence, AI), 빅데이터(Big Data), 사물인터넷(Internet of Things, IoT), 블록체인(Blockchain) 등의 신기술과 융합하여 보다 지능화된 기업경영이 가능한 통합시스템으로 발전된다.

05 ③ 비즈니스 애널리틱스는 ERP 시스템 내의 데이터 분석 솔루션으로 구조화된 데이터(structured data)와 비구조화된 데이터(unstructured data)를 동시에 이용하여 과거 데이터에 대한 분석뿐만 아니라, 이를 통한 새로운 통찰력 제안과 미래 사업을 위한 시나리오를 제공한다.

06 ① 비즈니스 애널리틱스는 구조화된 데이터(structured data)와 비구조화된 데이터(unstructured data)를 동시에 이용한다.

07 ③

[스마트팩토리의 구성역영과 기술요소]

구 분	주 요 기 술 요 소
제품개발	제품수명주기관리(PLM: Product Lifecycle Management)시스템을 이용하여 제품의 개발, 생산, 유지보수, 폐기까지의 전 과정을 체계적으로 관리
현장자동화	인간과 협업하거나 독자적으로 제조작업을 수행하는 시스템으로 공정자동화, IoT, 설비제어장치(PLC), 산업로봇, 머신비전 등의 기술이 이용
공장운영관리	자동화된 생산설비로부터 실시간으로 가동정보를 수집하여 효율적으로 공장운영에 필요한 생산계획 수립, 재고관리, 제조자원관리, 품질관리, 공정관리, 설비제어 등을 담당하며, 제조실행시스템(MES), 창고관리시스템(WMS), 품질관리시스템(QMS) 등의 기술이 이용
기업자원관리	고객주문, 생산실적정보 등을 실시간으로 수집하여 효율적인 기업운영에 필요한 원가, 재무, 영업, 생산, 구매, 물류관리 등을 담당하며, ERP 등의 기술이 이용
공급사슬관리	제품생산에 필요한 원자재 조달에서부터 고객에게 제품을 전달하는 전체 과정의 정보를 실시간으로 수집하여 효율적인 물류시스템 운영, 고객만족을 목적으로 하며, 공급망관리(SCM) 등의 기술이 이용

08 ② 폐쇄형 클라우드는 데이터의 소유권 확보와 프라이버시 보장이 필요한 경우 사용된다.

09 ③ 연결주의 시대는 막대한 컴퓨팅 성능과 방대한 학습데이터가 필수적이나 학습에 필요한 빅데이터와 컴퓨팅 파워의 부족이라는 한계를 극복하지 못해 비즈니스 활용 측면에서 제약이 있었다.

10 ③ 인공지능이 개인, 가족, 지역 사회의 데이터 권리 또는 개인정보를 감소시켜서는 안 된다.

11 ② 텍스트 마이닝은 자연어 형태로 구성된 비정형 또는 반정형 텍스트 데이터에서 패턴 또는 관계를 추출하여 의미 있는 정보를 찾아내는 기법이다.

12 ④ 빅데이터의 주요 특성(5V)은 규모(volume), 속도(velocity), 다양성(variety), 정확성(veracity), 가치(value) 등이 해당된다.

13 ④ 제품 및 서비스의 일원화
스마트팩토리의 주요 구축 목적은 생산성 향상, 유연성 향상을 위하여 생산시스템의 지능화, 유연화, 최적화, 효율화 구현에 있다.

14 ①

[RPA(Robotic Process Automation) 적용단계]
- 기초프로세스 자동화(1단계): 정형화된 데이터 기반의 자료 작성, 단순 반복 업무처리, 고정된 프로세스 단위 업무 수행
- 데이터 기반의 머신러닝 활용(2단계): 이미지에서 텍스트 데이터 추출, 자연어 처리로 정확도와 기능성을 향상시키는 단계
- 인지자동화(3단계): RPA가 업무 프로세스를 스스로 학습하면서 자동화하는 단계이며, 빅데이터 분석을 통해 사람이 수행하는 더 복잡한 작업과 의사결정을 내리는 수준

15 ③
- 제조실행시스템(MES): 제조공정의 효율적인 자원관리를 위한 시스템으로 공장운영관리에 필요
- 사이버물리시스템(CPS): 실제의 물리적인 제품, 생산설비, 공정, 공장을 사이버 공간에 그대로 구현하고 서로 긴밀하게 통합되어 동작하는 통합시스템
- 제품수명주기관리(PLM)시스템: 제품의 개발, 생산, 유지보수, 폐기까지의 전 과정을 관리하기 위한 시스템

16 ②

17 ①

[기계학습(머신러닝) 워크플로우 6단계]
- 데이터 수집(1단계): 인공지능 구현을 위해서는 머신러닝·딥러닝 등의 학습방법과 이것을 학습할 수 있는 방대한 양의 데이터와 컴퓨팅 파워가 필요
- 점검 및 탐색(2단계): 데이터의 구조와 결측치 및 극단적 데이터를 정제하는 방법을 탐색하며, 변수들 간 데이터 유형 등 데이터의 특징을 파악
- 전처리 및 정제(3단계): 다양한 소스로부터 획득한 데이터 중 분석하기에 부적합하거나 수정이 필요한 경우, 데이터를 전처리하거나 정제하는 과정
- 모델링 및 훈련(4단계): 머신러닝에 대한 코드를 작성하는 모델링 단계로 적절한 알고리즘을 선택하여 모델링을 수행하고, 알고리즘에 전처리가 완료된 데이터를 학습(훈련)하는 단계
- 평가(5단계): 머신러닝 기법을 이용한 분석모델(연구모형)을 실행하고 성능(예측정확도)을 평가하는 단계
- 배표(6단계): 평가 단계에서 머신러닝 기법을 이용한 분석모델(연구모형)이 성공적으로 학습된 것으로 판단되면 완성된 모델을 배포

18 ④ 기계학습(머신러닝)은 지도학습, 비지도학습, 강화학습 으로 구분된다.
- 지도학습(Supervised Learning): 학습 데이터로부터 하나의 함수를 유추하기 위한 방법으로 학습 데이터로부터 주어진 데이터의 예측 값을 추측하는 방법
- 비지도학습(Unsupervised Learning): 데이터가 어떻게 구성되었는지를 알아내는 문제의 범주 속함
- 강화학습(Reinforcement Learning): 선택 가능한 행동 중 보상을 최대화하는 행동 혹은 순서를 선택하는 방법

19 ①

[인공지능 비즈니스 적용 프로세스]
비즈니스 영역 탐색 → 비즈니스 목표 수립 → 데이터 수집 및 적재 → 인공지능 모델 개발 → 인공지능 배포 및 프로세스 정비

20 ②
- 챗봇(Chatbot): 채팅(Chatting)과 로봇(Robot)의 합성어, 로봇의 인공지능을 대화형 인터페이스에 접목한 기술로 인공지능을 기반으로 사람과 상호작용하는 대화형 시스템
- 블록체인(Blockchain): 분산형 데이터베이스(distributed database)의 형태로 데이터를 저장하는 연결구조체로 모든 구성원이 네트워크를 통해 데이터를 검증 및 저장하여 특정인의 임의적인 조작이 어렵도록 설계된 저장플랫폼
- 메타버스(Metaverse): 가공, 추상을 의미하는 메타(Meta)와 현실 세계를 의미하는 유니버스(Universe)가 합쳐진 말로 3차원 가상현실 세계를 뜻함
- RPA(Robotic Process Automation): 소프트웨어 프로그램이 사람을 대신해 반복적인 업무를 자동 처리하는 기술

21 ④

22 ④

[인공지능 규범(AI CODE)의 5대 원칙]
- Code 1: 인공지능은 인류의 공동 이익과 이익을 위해 개발되어야 한다.
- Code 2: 인공지능은 투명성과 공정성의 원칙에 따라 작동해야 한다.
- Code 3: 인공지능이 개인, 가족, 지역 사회의 데이터 권리 또는 개인정보를 감소시켜서는 안 된다.
- Code 4: 모든 시민은 인공지능을 통해서 정신적, 정서적, 경제적 번영을 누리도록 교육받을 권리를 가져야 한다.
- Code 5: 인간을 해치거나 파괴하거나 속이는 자율적 힘을 인공지능에 절대로 부여하지 않는다.

23 ① 비지도학습 방법에는 군집분석, 오토인코더, 생성적 적대신경망(GAN) 등이 있다.

02 물류 2급 이론

2.1 공급망관리

1	2	3	4	5	6	7	8	9	10
④	②	②	③	③	④	④	④	①	④
11	12	13	14	15	16	17	18	19	20
①	①	③	②	③	④	③	③	④	④
21	22	23	24	25	26	27	28	29	30
①	③	③	②	③	③	②	④	③	④

[풀이]

01 ④ 공급망관리는 경영 의사결정을 주도하는 핵심 요소로 정보 기술 전략과 연계하고 공급자·제조업자·소비자 모두가 파트너십을 기반으로 인터페이스를 통합(integration)하고 협업(collaboration)하여 상호 원윈(win-win)하는 것이며, 공급망상의 정보(information)·물자(material)·현금(cash)의 흐름을 최적화하여 경제성·생산성·수익성을 극대화하는 것이 그 본질

02 ②

[공급망관리 경쟁능력 4요소]
- 유연성(flexibility): 설계변화와 수요변화에 효율적으로 대응할 수 있는 능력
- 시간(time): 경쟁사보다 빠른 신제품 개발능력, 신속한 제품 배달 능력, 정시배달능력
- 비용(cost): 적은 자원으로 제품·서비스를 창출할 수 있는 능력
- 품질(quality): 고객 욕구를 만족시키는 척도이며 소비자에 의하여 결정

03 ②

04 ③

05 ③

[SCM 정보시스템의 유형]
- 창고관리시스템(WMS: Warehouse Management System): 창고 내에서 이루어지는 물품의 입출고 관리, 로케이션 관리, 재고관리, 피킹, 분류, 차량관리 지원, 인원 관리, 작업관리, 지표관리 등을 수행하는 정보시스템
- 효율적 소비자 대응 시스템(ECR): 유통업체와 제조업체가 효율적인 상품 보충, 점포진열, 판매촉진, 상품개발을 목적으로 POS 시스템 도입을 통하여 자동적으로 제품을 보충하는 전략
- 신속대응(QR: Quick Response): 미국의 패션의류 산업에서 소매업자와 제조업체가 정보공유를 통해 효율적으로 생산과 공급망 재고량을 최소화하는 전략
- 크로스도킹(CD: Cross Docking): 물류센터에 보관하지 않고 당일 입고, 당일 출고하는 통과형 운송시스템으로, 24시간 이내 직송하는 공급망 간 협업 시스템
- 지속적보충프로그램(CRP: continuous replenishment program): 제조업체의 효과적인 재고관리와 유통업체에 대한 적시보충이 가능하도록 하여 결품비율을 낮추어 주고, 상호 협업기능을 강화한 시스템
- 공급자관리재고(VMI: vendor managed inventory) 시스템: 유통(구매)업체의 물류 센터에 있는 재고 데이터가 제조(공급)업체로 전달되면 제조업체가 물류센터로 제품을 배송하고, 유통업체의 재고를 직접 관리하는 방식으로 재고관리 책임을 공급자에게 위탁하는 성격의 시스템

- 공동재고관리(CMI: co-managed inventory) 시스템: 소매업자(유통업체)와 공급자(제조업체)가 공동으로 판촉 활동을 하고 지역 여건, 경쟁 상황을 고려하면서 적절하게 재고 수준을 관리하는 것

06 ④

07 ④

[공급망운영참고(SCOR)모델의 프로세스]
- 계획(plan): 수요와 공급을 계획하는 단계
- 조달(source): 원료의 공급과 관련된 단계
- 생산(make): 조달된 자재를 이용하여 제품을 생산하고, 검사·포장·보관하는 단계
- 배송(deliver): 주문을 입력하고, 고객 정보를 관리하며, 주문 발송과 제품의 포장, 보관, 발송, 창고관리, 배송 기반 구조 관리 등의 활동
- 반품(return): 공급자에 대한 원재료의 회수 및 고객 활동에서 완제품의 회수, 영수증 관리 등의 활동

08 ④

[공급망 거점 설계에서 고려되어야 할 비용 요소]
- 재고비용: 물류거점 수가 증가함에 따라 처음에는 크게 증가하다가 어느 수준 이상이 되면 완만히 증가하는 경향
- 고정투자비용: 물류거점 수에 비례하여 증가하는 경향
- 변동운영비용: 물류거점의 규모에 영향을 받음
- 운송비용: 물류거점 수가 증가함에 따라 서서히 감소하다가 어느 수준을 넘어서게 되면 오히려 증가하는 경향

09 ①

[공급망 물류거점 운영방식]
- 직배송방식: 생산자 창고만 보유하고, 물류거점을 거치지 않고 소비자에게 직접 배송하는 방식
- 크로스도킹 운영방식: 물류 거점에 재고를 보유하지 않고, 물류 거점이 화물에 대한 '환적'기능만을 제공
- 공급자관리재고 운영방식: 물류거점의 운영을 자재·부품 공급업체에 일임하고 필요한 경우에 필요한 수량만큼 공급자가 운영하는 물류거점에서 가져오는 방식
- 통합 물류센터 운영방식: 중앙 물류센터에서 전체 공급망의 물품을 통합하여 운영하는 방식
- 지역 물류센터 운영방식: 소비자 근처로 위치한 분산 물류 거점을 두는 방식
- 통합·지역 물류센터 혼합 운영 방식: 중앙 물류센터와 지역 물류센터를 혼합하여 운영. 수요처가 매우 넓은 지역에 분포되거나, 글로벌 공급망인 경우에 주로 적용

10 ④

11 ①

[재고의 유형]
- 예상(비축)재고: 계절적인 수요 급등, 가격급등, 파업으로 인한 생산중단 등이 예상될 때, 향후 발생할 수요를 대비하여 미리 생산하여 보관하는 재고
- 순환재고: 비용 절감을 위하여 경제적 주문량(생산량) 또는 로트 사이즈(lot size)로 구매(생산)하게 되어, 당장 필요한 수량을 초과하는 잔량에 의해 발생하는 재고로서 다음의 구매시점까지 계속 보유하는 재고를 말한다.
- 안전재고: 조달기간의 불확실, 생산의 불확실, 또는 그 기간 동안의 수요량이 불확실한 경우 등 예상외의 소비나 재고부족 상황에 대비하여 보유하는 재고
- 수송(파이프라인)재고: 재고비용을 부담하여 물품에 대한 소유권을 가지고 있으며, 수송 중에 있는 재고로 수입물품 등과 같이 긴 조달(수송)기간을 갖는 재고, 유통과정의 이동 중인 재고, 정유회사의 수송용 파이프로 이동 중인 재고

12 ① 안전재고는 수요량이 불확실한 경우 외에도 조달기간이나 생산의 불확실 등 예상외의 소비나 재고부족 상황에 대비하여 보유하는 재고이다. 따라서 수요율이 일정하더라도 안전재고는 필요하다.

13 ③

14 ② 고정주문기간모형(P System)의 발주량은 최대재고수준에 도달하기 위한 현재고수준의 부족량으로 결정

15 ③

[공급망 재고 보충 기법]
- 유통소요계획(DRP): 다단계 유통체계를 갖는 공급망에서 고객·거래처의 수요에 따라 필요 수량을 필요한 시기에 공급하는 방법
- 공급자관리재고(VMI): 유통업체(구매자)가 물류거점의 운영을 자재·부품 제조업체(공급자)에게 일임한다. 제조업체는 유통업체로부터 물류정보를 전달받고, 유통업체의 재고를 직접 관리한다. 유통업체는 필요한 경우에 필요한 수량만큼 공급자가 운영하는 물류거점에서 가져오는 방식
- 공동재고관리(CMI): 공급업체와 거래처가 수요 및 재고 정보를 공유하며, 고객의 재고관리 업무를 고객과 공급업체가 공동으로 관리하는 방법
- 지속적보충프로그램(CRP): 공급자가 고객의 수요 및 재고정보를 공유하여 소매업체나 유통센터의 상품 재고량, 생산공장의 자재 재고량을 지속적으로 보충 관리하는 방법

16 ④

17 ③

[유통소요계획 수립을 위해 필요한 정보]
- 지점별 또는 지역 유통 센터별 재고저장단위의 수요 예측
- 접수된 고객의 주문 현황
- 현재 보유하고 있는 판매 가능한 재고
- 물류·제조·구매 간 단계별 리드타임
- 배송 빈도와 방법
- 지점 또는 유통 센터의 안전재고 정책
- 재보충 최소량 또는 구매 최소량 크기

18 ③
- 당기 기말재고 = 전기 기말재고 − 당기 수요예측 + 당기 입고예정량

주차	이전기간	1주차	2주차	3주차	4주차
수요 예측		110	110	110	110
운송 중 재고					
예정 입고량	450	340	230	120	210
기말재고수준					200
주문량			**200**		

- 4주 차 기말재고 = 450− 110−110−110−110 = 10
- 산출된 재고에 안전재고(100)를 감안할 경우, 4주차에 재고부족 발생
- 재고부족을 해결하기 위해, 2주차에 최소 구매량인 200을 주문

19 ④

[매입가격 상승기(인플레이션 상황)의 재고자산 평가방법 비교]
- 기말재고자산가액: 선입선출법 〉이동평균법 〉총평균법 〉후입선출법
- 매출원가: 후입선출법 〉총평균법 〉이동평균법 〉선입선출법
- 매출총이익: 선입선출법 〉이동평균법 〉총평균법 〉후입선출

20 ④

[매입가격 하락기(디플레이션 상황)의 재고자산 평가방법 비교]
- 기말재고자산가액: 선입선출법 〈이동평균법 〈총평균법 〈후입선출법
- 매출원가: 후입선출법 〈총평균법 〈이동평균법 〈선입선출법
- 매출총이익: 선입선출법 〈이동평균법 〈총평균법 〈후입선출

21 ①

[보관의 기본 원칙]
- 통로 대면의 원칙: 창고 내에서 제품의 입출고 작업이 쉽게 이루어지도록 창고 통로를 서로 대면, 즉 마주보게 보관하는 원칙
- 높이 쌓기의 원칙: 창고 보관 효율, 특히 용적 효율을 높이기 위해 물품을 높게 쌓는 원칙
- 위치 표시의 원칙: 보관 적치한 물품의 로케이션에 주소 번호를 표시하는 원칙
- 선입선출의 원칙: 먼저 입고된 물품을 먼저 출고한다는 원칙
- 명료성의 원칙: 창고에 보관되어 있는 물품을 쉽게 찾고 관리할 수 있도록 명료하게 보관하는 원칙
- 회전 대응의 원칙: 보관할 물품의 장소를 회전 정도에 따라 정하는 원칙
- 동일성 및 유사성의 원칙: 동일 물품은 동일 장소에 보관하고, 유사품은 가까운 장소에 보관하는 원칙
- 중량 특성의 원칙: 보관 물품의 중량에 따라 보관 장소를 정하는 원칙
- 형상 특성의 원칙: 보관 물품의 형상에 따라 보관 장소를 정하는 원칙
- 네트워크 보관의 원칙: 보관 물품의 상호 관련 정도에 따라 연계하여 보관 장소를 정하는 원칙

22 ③ 위치 표시의 원칙은 보관 적치한 물품의 로케이션에 주소 번호를 표시하는 원칙으로, 위치를 표시함으로써 작업의 단순화를 통한 업무 효율화를 증대할 수 있고 재고 관리 및 작업할 때 불필요한 작업이나 실수를 줄여 창고 부도를 방지할 수 있다.

23 ③

24 ③ 창고 출고 업무 프로세스는 주문·출하 요청 → 주문 마감 집계 → 출고 계획 수립 → 출고 지시 → 피킹 → 분류 → 검사(검품·검수) → 출하 포장 → 적재 출하 이동 → 출하마감 순이다.

25 ④

[운송수단별 특성]

구분	화물 차량	철도	항공	선박	파이프라인
운송량	중소량 화물	대량·중량 화물	중소량 고가화물	대량·중량 화물	대량 화물
운성거리	단·중거리	원거리	원거리	중·원거리	중·원거리
운임	탄력적	경직적	경직적(비쌈)	탄력적	경직적(저렴)
기후	조금 받음	전혀 받지 않음	많이 받음	많이 받음	전혀 받지 않음
안전성	조금 낮음	높음	낮음	낮음	매우 높음
중량 제한	있음	거의 없음	있음	없음	있음
운송시간	보통	조금 느리다	매우 빠르다	매우 느리다	조금 느리다
화물 수취	편리	불편	불편	불편	불편

26 ②

27 ③

[운송경로의 형태별 장단점]

경로 형태	장점	단점
공장 직영 운송 방식	발송 화주에서 도착지 화주 직송(원스톱 운송)	운송 차량의 차량 단위별 운송물동량 확보 (대량 화물 운송 적합)
중앙 집중 거점 방식	다수의 소량 발송 화주가 단일 화주에게 일괄 운송	다수의 화주로부터 집하하여 단일 거래처 (소비자) 전제
복수 거점 방식	화주별·권역별·품목별로 집하하여 고객처별 공동 운송	물류 거점을 권역별 또는 품목별 운영이 요구됨
다단계 거점 방식	권역별·품목별 거래처(소비지) 밀착형 물류 거점 운영, 거래처(소비자) 물류 서비스 만족도 향상	물류 거점 및 지역별 창고 운영으로 다수의 물류 거점 확보 및 운영비 가중
배송 거점 방식	고객처별 물류 거점 운영으로 고객 대응 신속한 대응 가능(물류 서비스 만족도 높음)	고객 밀착형 물류 거점 설치로 다수의 물류 거점 확보 및 운영비 가중

28 ④

29 ③

30 ④

[효율적인 운송경로 선정을 위한 고려사항]
- 수·배송의 비율
- 운송 화물의 특성
- 고객 서비스 수준
- 수·배송 범위와 운송 경로
- 운송 수단의 선택
- 운송료 산정 기준
- 운송 차량의 적재율
- 운송 물동량 파악을 통한 차량 수단과 필요 대수
- 리드타임(수주부터 납품까지의 기간, 당해 수주부터 다음 수주까지의 소요기간)

영업관리

1	2	3	4	5	6	7	8	9	10
④	④	①	③	②	④	③	②	③	④
11	12	13	14	15	16	17	18	19	20
④	②	④	①	③	②	③	④	④	②
21	22	23	24	25	26	27	28		
④	①	④	①	②	④	②	①		

[풀이]

01 ④ 수요예측이란 재화나 서비스가 일정 기간 동안에 발생 가능한 모든 수요(잠재+현재(유효)수요)의 크기를 추정하는 것이다.

02 ④

[수요예측 및 판매예측의 특성]
- 예측치는 평균기대치와 예측오차를 포함하여야 한다.
- 장기예측보다는 단기예측이 더 정확하다.
- 총괄예측이 개별품목예측보다 더 정확하다.
- 인구통계학적인 요소가 장래의 수요 규모를 결정한다.
- 수요가 안정적인 기간 또는 기존의 상품이나 서비스에 대한 예측은 불안정한 기간 또는 신규 상품이나 서비스에 대한 예측보다는 적중률이 높아진다.
- 영속성이 있는 상품이나 서비스 등은 영속성이 없는 상품이나 서비스의 경우보다 지속적으로 정확한 예측이 어렵다. 그 이유는 경기변동이나 경제환경 등의 외부환경요인에 영향을 받아 수요패턴이 변화하기 때문이다.

03 ① 수요예측 및 판매 예측방법은 정량적 방법과 정성적 방법 두 가지로 구분된다.
- 정량적 예측방법: 시계열분석법(이동평균법, 지수평활법, ARIMA, 분해법, 확산모형), 인과모형분석법(회귀분석법) 등
- 정성적 예측방법: 델파이법, 시장조사법, 중역 및 판매원평가법, 패널동의법, 수명주기유추법 등

04 ③

[시계열 데이터의 변동요인]
- 경향 및 추세변동: 오랜 기간 동안의 수요 경향 또는 추세적으로 나타나는 장기적인 변동
- 순환변동: 경기변동 등과 같이 1년 이상의 기간에 걸쳐 발생하는 일정한 주기의 변동
- 계절변동: 매년 반복되는 계절 변화에 따른 단기적인 변동
- 불규칙변동: 우발적으로 발생하는 불규칙적인 변동

05 ②
- 6월 예측치 = 지수평활계수(α) × 전기실적치 + (1−지수평활계수(α)) × 전기예측치
  = 0.2 × 150대 + (1−0.2) × 110대 = 118대

06 ④

[정성적 예측방법]
- 델파이법: 여러 전문가들의 의견을 수집한 다음 해당 의견들을 정리하여 다시 전문가들에게 배부한 후 의견의 합의가 이루어질 때까지 반복적으로 서로 논평하게 하여 수요를 예측하는 방법으로 신제품 개발, 시장전략 등을 위한 장기예측이나 기술예측에 적합
- 시장조사법: 설문지, 인터뷰, 전화조사, 시제품 발송 등 다양한 방법을 통해 소비자들의 의견 및 시장조사를 통하여 수요를 예측하는 방법
- 중역 및 판매원평가법: 회사의 주요 간부들의 의견을 모으거나 판매원들의 담당지역별 수요 예측치를 집계하여 전체 수요를 예측하는 방법이다. 특히 판매현장의 경험이 풍부한 영업담당자의 판단에 의한 판매예측은 단기·중기적 예측에 적합
- 패널동의법: 경영자, 판매원, 소비자 등으로 패널을 구성하여 자유롭게 의견을 제시함으로써 예측치를 구하는 방법
- 수명주기 유추법: 신제품의 경우와 같이 과거자료가 없을 때 이와 비슷한 기존 제품이 과거 시장에서 도입기, 성장기, 성숙기를 거치면서 어떠한 수요패턴이었는지를 유추하여 수요를 예측하는 방법

07 ③

08 ②

[판매계획 수립 기간]
- 단기계획: 연간 목표매출액 설정, 목표매출액 달성을 위한 제품별 가격, 판매촉진 방안, 구체적인 판매할당 등을 결정
- 중기계획: 제품별 수요예측과 판매예측을 통하여 제품별로 매출액을 예측하고, 제품별 경쟁력 강화를 위한 계획을 수립
- 장기계획: 신제품 개발, 새로운 시장 개척, 판매경로 강화 등에 관한 계획 수립

09 ③

10 ④
- 판매계획 순서: 시장조사 → 수요예측 → 판매예측 → 판매목표설정 → 판매할당

11 ④

[판매할당의 유형]
- 영업거점별 할당: 판매점, 영업소, 영업팀 등 영업활동을 수행하는 영역별로 목표매출액을 배분
- 영업사원별 할당: 영업거점의 목표매출액을 해당 영업사원별로 배분
- 제품 및 서비스별 할당: 해당 제품 및 서비스별로 목표매출액을 할당하며, 제품 및 서비스별 시장점유율, 과거 판매실적의 경향, 공헌이익 정도, 교차(주의)비율을 고려할 필요가 있다.
- 지역 및 시장별 할당: 세분화된 지역과 시장에 대하여 목표매출액을 적절하게 배분하기 위하여 일반적으로 시장(잠재구매력)지수를 작성하고, 이 지수에 의하여 목표매출액을 할당
- 거래처(고객)별 할당: 각 거래처(고객)별 과거 판매액, 판매(수주)실적 경향, 목표 수주점유율, 고객의 영업전략 등을 고려하여 할당
- 월별 할당: 연간 목표매출액을 12개월로 나누어서 1개월당 평균 목표매출액을 할당한다. 월별 매출액은 항상 일정하지 않으며, 시계열분석의 계절변동과 불규칙변동 등과 같은 다양한 이유로 변동이 발생하므로 이러한 변동의 영향을 고려한 할당 필요

12 ② 교차비율이란 제품 및 상품형태로 변환된 자본에 대한 한계(공헌)이익 비율이므로 생산성 효율지표와 같은 성격을 가지고 있으며, 교차비율이 높을수록 이익을 많이 낸다.
- 교차비율 = 상품회전율 × 한계이익률
  = (매출액÷평균재고액) × (한계이익÷매출액)
  = 한계이익 ÷ 평균재고액

13 ④
- 상품 A의 교차비율 = 한계이익 ÷ 평균재고액 = 40 ÷ 20 = 2
- 상품 B의 교차비율 = 한계이익 ÷ 평균재고액 = 50 ÷ 50 = 1

따라서 상품 A의 교차비율이 상품 B보다 높고, 교차비율이 높을수록 이익도 높아지므로 상품 A의 목표판매액을 상품 B보다 높게 할당하는 것이 바람직하다.

14 ①
[가격결정에 영향을 미치는 기업 내·외부적인 요인]
- 내부적 요인: 제품특성(생산재·소비재, 필수품·사치품, 표준품·주문품 등), 원가 및 비용(손익분기점, 목표이익 등), 마케팅목표(생존, 이윤극대화, 시장점유율 확대 등)
- 외부적 요인: 고객수요(소비자의 구매능력, 품질, 제품이미지, 용도, 가격탄력성 등), 유통채널(유통이익, 물류비용, 여신한도 등), 경쟁환경(대체품가격 등), 법·규제 환경(독점금지법, 공정거래법, 각종 세금 등)

15 ③

16 ②
- 소매가격 = 소매매입 원가 + 소매업자 이익 + 소매업자 영업비용
  = 5만 원 + 5만 원 + 5만 원 = 15만 원

17 ③
- 시장가격에 의한 가격 결정 방법: 경쟁환경분석 → 선발기업의 가격조사 → 자사의 시장입지도 분석 → 경쟁기업의 가격과 비교 → 전략적 판매가격 설정 → 도소매 유통비용을 고려한 생산자가격(판매단가) 결정

18 ④
- 손익분기점 수량 = 고정비 ÷ 단위당 공헌이익(단위당 판매가−단위당 변동비)
  = 8,000,000원 ÷ (1,000원−600원) = 20,000개
- 손익분기점 매출액 = 손익분기점 수량 × 단위당 판매가
  = 20,000개 × 1,000원 = 20,000,000원

19 ④ 리베이트 전략에 의한 가격유지 정책은 생산업자와 판매업자간, 또는 도매업자와 소매업자간에 일정 기간의 판매액을 기준으로 판매에 도움을 준 판매업자에게 이익의 일부를 할인해주는 되돌려주는 방법이다.

20 ② 파레토분석(ABC분석), 매트릭스분석, 거래처포트폴리오 분석 등은 고객 중점화 전략의 분석 방법이며, ARIMA 분석은 수요예측 분석이다.

21 ④
[고객(거래처) 중점 선정 방법]
- ABC(파레토)분석: 과거 실적데이터를 중심으로 고객을 분류
- 매트릭스(이원표)분석: 거래처/고객의 경영능력이나 판매력, 그리고 향후 성장 가능성 등을 데이터로 분석하여 분류(서로 다른 2개의 요인을 이용하여 이원표를 구성한 후 고객을 범주화하여 분류)
- 거래처포트폴리오분석: 3개 이상의 요인에 대한 가중치를 이용하여 결합하고 다면적으로 분석하여 일정한 기준에 따라 범주화하여 분류

22 ① ABC 분석은 파레토의 원리에 입각하여 중요한 고객·거래처만 집중적으로 관리하는 기법으로 20~30%의 고객의 매출액이 전체 매출액의 70~80%를 차지한다면 이러한 우량 고객을 집중관리하는 분석방법이다.
- A + B = 80억 원
- A + B + C + D + E + F = 100억 원

따라서, $\dfrac{A+B}{A+B+C+D+E+F} = \dfrac{80억\ 원}{100억\ 원} \times 100 = 80\%$

23 ④ 매출채권회전율이 높다는 것은 매출채권이 빠르게 회수되고 있다는 것을 의미한다. 따라서 대손발생의 위험은 낮아진다. 이에 반해 매출채권회전율이 낮으면 매출채권의 회수기간이 길어지므로, 이에 따른 대손발생의 위험이 증가하고 수익성 감소의 원인이 된다.

24 ①

- 매출채권회수기간 $= \dfrac{\text{매출채권잔액}}{\text{매출액}} \times 365$

- 재고회전기간 $= \dfrac{\text{상품재고잔액}}{\text{매출액}} \times 365$

25 ②

[거래처의 매출액 예측에 의한 방법에 의한 여신한도액 계산]
- 여신한도액 = 거래처의 총매입액 × 자사 수주점유율 × 여신기간
  = 50만 원 × 20% × 30일 = 300만 원
- 거래처의 총매입액 = 거래처의 예상매출액 × 매입원가율
  = 100만 원 × 50% = 50만 원

26 ④

[월말마감의 차월회수방법에 의한 회수율 계산]
- 회수율 = 당월회수액 ÷ (전전월말외상매출금잔액+당월매출액) × 100
  = 2억 원 ÷ (3억 원+1억 원) × 100 = 50%

27 ②

- 받을어음 회수기간 = (각 받을어음 금액×각 어음기간)의 합계 ÷ 매출총액
  = ((4억 원×0) + (2억 원×30일) + (2억 원×60일) + (2억 원×90일)) ÷ 10억 원
  = 36일

28 ① 외상매출채권의 회수율이 낮아지면 외상매출채권의 회수기간이 길어지며, 그에 따른 대손발생의 위험이 증가하고 수익감소의 원인이 된다. 또한 부실채권 발생의 원인이 되며 여신한도의 증가를 초래한다.

2.3 구매관리

1	2	3	4	5	6	7	8	9	10
④	②	④	②	②	③	②	③	②	②

11	12	13	14	15	16	17	18		
②	②	③	③	④	②	③	③		

[풀이]

01 ④

[구매관리 업무영역 및 기능]
- 구매전략: 구매방침 설정, 구매계획 수립, 구매방법 결정
- 구매실무: 시장조사 및 원가분석, 구매가격 결정, 공급자 선정 및 평가, 계약 및 납기관리, 규격 및 검사관리
- 구매분석: 구매활동의 성과평가, 구매활동의 감사

02 ②

[구매관리의 기능 변화]
- 전통적 시각: 단기간의 성과중시, 획득비용(구입가격) 중심, 비용관리센터, 요청에 지원하는 업무(수동)
- 현대적 시각: 장기간의 전략적 구매중시, 총원가에 집중, 이익관리센터, 사전 계획적인 업무(능동)

03 ④

[구매방침]

	자체생산결정	외주(구매)결정
기술적 권리 측면	• 자사가 고유기술을 보호해야 하는 경우에는 특허권을 취득할 때까지	• 특허가 없는 품목에 대해서는 위탁 가공 • 특허된 부품에 맞추어 설계를 수정하여 해당 부품을 구매
제조기술 측면	• 제품의 구성에서 전략적인 중요성을 가진 부품 • 자사와 타사의 제조기술능력 차이가 없는 경우에는 원가를 비교하여 결정	• 주요 부품이나 중요기술이 포함되지 않음
원가절감 측면	• 지속적으로 대량생산을 해야 하는 경우 • 단위당 생산 한계비용이 낮은 경우	• 생산제품 모델변경이 잦은 경우 • 다품종 소량생산인 경우 • 기술진부화가 예측되는 경우 • 제조시설에 대한 신규투자와 유지 등의 고정비를 고려 • 계절적 수요를 갖는 품목의 경우
생산능력 측면		• 자체 보유시설과 생산인력 등의 생산능력을 초과하는 수요 • 납기 단축요구, 긴급주문, 일시적 주문, 불규칙한 수요

04 ②

[본사 집중구매와 사업장별 분산구매의 장점]
• 본사 집중구매
  – 대량구매로 가격이나 거래조건을 유리하게 정할 수 있다.
  – 공통자재를 일괄 구매하므로 단순화, 표준화하기가 쉽고 재고량이 감소
  – 전문적인 구매지식과 구매기능을 효과적으로 활용
  – 구매절차의 일관성 확보 및 구매비용 절감
  – 구매가격 조사, 공급자 조사, 구매효과 측정 등 구매분석 용이
• 사업장별 분산구매
  – 각 사업장별 구매진행으로 구매수속이 간단하고 구매기간이 줄어든다.
  – 긴급수요의 경우에는 유리
  – 지역구매가 많으므로 물류비가 절감
  – 해당 지역과 호의적인 관계를 유지

05 ②

[구매방법의 유형]
• 수시구매: 구매청구가 있을 때마다 구매하여 공급하는 방식이며, 과잉구매를 방지하고 설계변경 등에 대응하기가 용이한 장점이 있으며, 계절품목 등과 같이 일시적인 수요품목에 적합한 방법임
• 시장구매: 제조계획에 따르지 않고 시장상황이 유리할 때 구매하는 방법이며, 생산시기가 일정한 품목, 항상 비축이 필요한 상비 저장품목에 적합한 방법
• 예측구매: 미래 수요를 예측하여 시장상황이 유리할 때 일정한 양을 미리 구매하여 재고로 보유하였다가 생산계획이나 구매청구에 따라 재고에서 공급하는 방식
• 투기구매: 가격인상(인플레이션)을 대비하여 이익을 도모할 목적으로 가격이 낮을 때 장기간의 수요량을 미리 구매하여 재고로 보유하는 구매방식
• 장기계약구매: 자재의 안정적인 확보가 중요할 때 주로 적용하는 방법으로 특정 품목에 대해 수립된 장기 생산계획에 따라 필요한 자재의 소요량을 장기적으로 계약하여 구매하는 방법
• 일괄구매: 소량 다품종의 품목을 구매해야 하는 경우 품목별로 구매처를 선정하는데 많은 시간과 노력이 소모된다. 이 경우 품종별로 공급처를 선정하여 구매 품목을 일괄 구매함으로써 구매시간과 비용을 절감하고 구매절차를 간소화하는 방법

06 ③

• 시장조사: 구매시장의 정보를 수집하고 분석하는 과정

    – 직접조사: 자재의 시세와 변동에 대하여 판매시장 현장에서 확인하는 조사 활동
    – 간접조사: 신문, 관련 잡지, 협회 및 조합 등 정부기관에서 발간되는 간행물을 통하여 파악

07 ② 판매원가는 판매가격에서 이익을 차감한 금액이다.
  [원가의 구분]
  • 원가의 3요소
    – 재료비: 제품 제조를 위하여 투입되는 재료의 원가
    – 노무비: 제품 제조에 투입된 노동력의 대가
    – 경비: 제품 제조를 위하여 재료비와 노무비 이외에 계속적으로 지출된 비용
  • 직접비와 간접비
    – 직접비: 제조과정에서 단위제품에 직접 투입된 비용
    – 간접비: 다수 제품의 제조과정에 공통적으로 소비된 비용
  • 변동비와 고정비
    – 변동비: 생산량 또는 판매량, 즉 조업도의 증감에 따라 비례적으로 증감하는 비용
    – 고정비: 생산량 또는 판매량, 즉 조업도의 증감과는 상관없이 항상 일정하게 지출되는 비용

08 ③
  [원가의 구성 정보를 바탕으로 매출가 계산]
  • 직접원가 = 직접재료비 + 직접노무비 + 직접경비 = 3,000 + 2,000 + 2,000 = 7,000
  • 제조원가 = 직접원가 + 제조간접비 = 7,000 + 2,000 = 9,000
  • 판매원가 = 제조원가 + 판매 및 일반관리비 = 9,000 + 3,000원 = 12,000
  • 매출가 = 판매원가 + 판매자 이익 = 12,000 + 2,000 = 14,000

09 ②
  [원가의 분류]
  • 표준원가: 공정상에서의 어떠한 원가손실도 가정하지 않으며, 최적의 제조환경에서 설계도에 따라 가장 이상
    적으로 제조과정이 진행된 경우에 구성되는 이론적인 원가
  • 예정원가: 과거 제조경험을 고려하고 향후 제조환경을 반영하여 미래에 산출될 것으로 기대하는 추정원가
  • 실제(사후)원가: 완제품의 제조과정에서 실제로 발생한 원가로 표준원가와 비교·분석되어 원가개선활동의
    평가요소로 활용되는 원가

10 ②
  [가격결정 방식]
  • 비용(원가) 중심적 가격결정: 제품의 생산 또는 판매에 지출되는 총비용을 포함하고 목표이익을 달성할 수 있
    는 수준에서 가격을 결정하는 방식
    – 코스트 플러스 방식: 제품원가에 판매비와 관리비, 목표이익을 가산함으로써 가격을 결정하는 방식
    – 가산이익률 방식: 제품단위당 매출원가에 적정이익이 가능한 가산이익률을 곱하여 가격을 결정하는 방식
    – 목표투자이익률 방식: 기업이 목표로 하는 투자이익률을 달성할 수 있도록 가격을 결정하는 방식
    – 손익분기점분석 방식: 손익분기점의 매출액 또는 매출수량을 기준으로 가격을 결정하는 방식
  • 구매자 중심적 가격결정: 생산원가보다는 소비자의 제품에 대한 평가나 소비자들의 수요를 바탕으로 가격을
    결정하는 방식
    – 구매가격 예측 방식: 소비자의 구매의도, 구매능력 등을 고려하여 소비자가 기꺼이 지불할 수 있는 가격수
     준으로 결정하는 방식
    – 지각가치 기준방식: 소비자들이 직접 지각하는 제품의 가치를 물어보는 방법으로 소비자가 느끼는 가치를
     토대로 가격을 결정하는 방식
  • 경쟁자 중심적 가격결정: 경쟁환경을 고려하여 시장점유율을 높이기 위해 경쟁기업의 가격을 기준으로 가격
    을 결정하는 방식
    – 경쟁기업 가격기준 방식: 자사의 시장점유율, 이미지, 제품경쟁력 등을 고려하여 판매이익보다는 경쟁기
     업의 가격을 기준으로 전략적으로 판매가격을 결정하는 방식
    – 입찰경쟁 방식: 입찰경쟁에서 경쟁자를 이기기 위하여 전략적으로 가격을 결정하는 방식

11 ②

[구매가격의 유형]
- 시중가격: 판매자와 구매자의 판단에 좌우되지 않고 시장에서 수요와 공급의 균형에 따라 가격이 변동하는 것으로, 시기나 환경에 따라 수요 또는 공급의 변동이 심한 야채, 어류, 꽃, 철광 등
- 개정가격: 가격 그 자체는 명확히 결정되어 있지는 않으나 업계의 특수성이나 지역성 등으로 자연히 일정한 범위의 가격이 정해져 있는 것으로 판매자가 그 당시의 환경과 조건에 따라 가격을 정한다는 성격
- 정가가격: 판매자가 자기의 판단으로 결정하는 가격이며, 서적, 화장품, 약국, 맥주 등과 같이 전국적으로 시장성을 가진 상품에 주로 적용
- 협정가격: 판매자 다수가 서로 협의하여 일정한 기준에 따라 가격을 결정하는 것으로서 일반적으로 공공요금 성격을 갖는 교통비, 이발료, 목욕료 등 공정거래를 위해 설정된 각종 업계의 협정가격
- 교섭가격: 거래당사자 간의 교섭을 통하여 결정되는 가격으로 건축공사, 주문용 기계설비, 광고료 등이 이에 해당하며, 거래품목, 거래조건, 기타 거래환경에 따라 가격이 차이가 날 수 있으므로 교섭기술이 가격결정에 크게 영향을 미침

12 ②

13 ③

14 ③ 선일부 현금할인(Advanced dating): 현금할인의 기산일을 거래일보다 늦추어 잡는 방식

15 ④

A. 5/10 ROG: 수취일기준현금할인, 선적화물수취일로부터 10일 이내에 5% 현금할인
B. 5/10 EOM: 구매당월락현금할인, 25일 이후 구매는 익월 1일부터 기산되며, 익월 10일까지 5% 현금할인
C. 5/10 advanced: 선일부현금할인, 현금할인의 기산일을 거래일보다 늦추어 잡게 되는 방식으로, 할인기산일로부터 10일 이내 5% 현금할인
D. 5/10-10 days, extra: 특인기간현금할인, 계약일로부터 10일 이내 현금할인하며, 특별할인기간 10일을 더해서 총 20일간 5% 현금할인

16 ②

[공급자 선정방식]
- 평점방식: 평가항목과 평가기준이 포함된 평가표에 의하여 평가대상 기업들을 평가한 후, 최고의 평가점수를 받은 기업을 공급자로 선정하는 방식
- 경쟁 방식
  - 일반경쟁방식: 불특정 다수를 입찰에 참여시켜 가장 유리한 조건을 제시한 공급자를 선정하는 방식
  - 지명경쟁방식: 공급자로서 적합한 자격을 갖추었다고 인정하는 다수의 특정한 경쟁참가자를 지명하여 경쟁입찰에 참가하도록 하는 방법
  - 제한경쟁방식: 입찰참가자의 자격을 제한하지만 자격을 갖춘 모든 대상자를 입찰참가자에 포함시키는 방법
  - 수의계약방식: 경쟁입찰방법에 의하지 않고 특정 기업을 공급자로 선정하여 구매계약을 체결하는 방식

17 ③

18 ③

03 생산 2급 이론

3.1 생산계획 및 통제

1	2	3	4	5	6	7	8	9	10
②	②	③	③	②	①	①	②	②	④

11	12	13	14	15	16	17	18		
④	①	①	①	③	④	③	③		

[풀이]

01 ②
- 생산성 = 산출량(output) ÷ 투입량(input)
생산성이란 노동력 혹은 기계 사용시간 등 생산요소(투입물)를 유형, 무형의 경제재(산출물)로 변환시킴으로서 효용을 산출하는 과정이다.

02 ②
- 기계생산성 = 총생산량 / (기계대수×작업시간)
= 800개 / (2대×10시간) = 40개/시간

03 ③
- 노동생산성 = 산출량 / 투입시간
= 800개 / (4명×10시간) = 20개/인시

04 ③
- 생산성 = 산출량 / 투입량
- 15대 / 15시간 = 1, 20% 줄여서 생산하면 15대 / 12시간 = 1.25
따라서 생산성은 25% 향상 된다.

05 ②
[부분생산성 척도]
- 노동생산성: 노동 시간당 산출량, 교대 횟수당 산출량, 노동 시간당 부가가치, 노동 시간당 산출물의 화폐가치
- 기계생산성: 기계작동 시간당 산출량, 기계작동 시간당 산출물의 화폐가치
- 자본생산성: 투자된 화폐 단위당 산출량, 투자된 화폐 단위당 산출물의 화폐가치
- 에너지생산성: 전력사용 시간당 산출량, 전력사용 단위당 산출물의 화폐가치

06 ①
[생산방식의 특징]
- 개별생산방식(Job Shop): 단속생산, 주문에 의한 생산, 범용기계, 공정별 기계배치, 큰 유연성, 숙련공, 공장 내의 물자이송(물류)량이 큼
- 흐름생산방식(Flow Shop): 주로 석유, 화학, 가스, 주류 등 원자재가 파이프라인을 통하여 공정으로 이동되며, 각 공정의 옵션에 따라서 몇 가지의 제품을 생산하는 방식이다. 연속생산, 특수기계의 생산라인, 적은 유연성, 물자이송(물류)량이 작음, 전용기계, 제품별 배치, 비숙련공도 투입, 대량 및 재고생산(make-to-stock)에 해당
- 프로젝트생산방식(Project Shop): 제품은 고정, 설비나 작업자가 이동
- 연속생산방식(Continuous Production): 반복생산, 제품으로써 대량데이터 처리, 시간단축 등으로 효율화시

킨 MRP가 적용되고 있으며, 부품조달과 절차개선에 JIT 기법이 광범위하게 이용

07 ① 프로젝트 생산방식의 경우에도 제품구조를 중심으로 한 BOM을 만들 수는 있으나 일반적으로 1회성으로 사용되기 때문에 MRP를 적용하기에는 지나치게 많은 비용과 노력이 소요된다.

08 ② Job Shop 생산방식은 일반적으로 범용 설비를 활용하여 진행된다.

09 ②
① 단속생산은 주로 다품종소량생산, 연속생산은 소품종대량생산
③ 단속생산의 경우는 범용설비, 연속생산은 전용설비
④ 단속생산 높은 노동숙련도, 연속생산은 비교적 낮은 노동숙련도

10 ④
[생산시스템의 제조전략에 따른 분류]
- 계획생산(MTS: Make – To – Stock): 주로 생산계획에 의해 운영되는 Push System으로 완제품을 재고로 가지고 있다가 고객의 주문에 맞추어 공급하는 전략으로 생산되는 제품들은 일반적으로 저가품이며, 소품종 대량생산 형태
- 주문생산(MTO: Make – To – Order): 고객의 주문에 의해 운영되는 Pull System으로 고객의 주문이 들어오면 원자재의 가공, 반제품의 생산 및 완제품의 조립이 이루어지는 형태이다. 고객의 주문이 접수되기 전에는 고객의 요구사항을 정확하게 파악할 수 없기 때문에 주문접수 후 일정, 수량, 자재 등이 결정된다. 따라서 다품종 소량생산 형태
- 주문조립생산(ATO: Assemble – To – Order): 주문생산(MTO)의 일종으로 반제품을 재고로 보관하고 있다가, 고객의 주문에 맞추어 조립한 후에 제품을 공급하는 전략이다. 주로 자동차와 같이 옵션의 종류가 많고 고가인 제품의 생산전략으로 이용
- 주문설계생산(ETO: Engineer – To – Order): 주문생산(MTO)의 일종으로 고객의 주문이 들어오면, 설계부터 시작해서 자재의 구입, 생산 및 조립을 하는 생산전략이다. 주로 항공기, 선박 그리고 금형 등 고가제품이면서 고객의 요구사항이 설계단계에 반영되어야 하는 제품의 생산에 이용

11 ④
① MTS(Make-To-Stock): 판매리드타임
② ATO(Assemble-To-Order): 조립 + 판매
③ MTO(Make-To-Order): 가공 + 조립 + 판매
④ ETO(Engineer-To-Order): 구매 + 가공 + 조립 + 판매

12 ①
② 재고생산방식(MTS: Make to Stock)
③ 주문생산방식(MTO: Make to Order)
④ 주문설계방식(ETO: Engineer to Order)

13 ①
[제품수명주기 단계별 수요예측 방법]
- 도입기: 정성적 방법(델파이법, 중역 및 판매원평가법, 시장실험법, 집단토의법, 전문가 의견 등)
- 성장기: 트랜드(추세)를 고려할 수 있는 예측방법(시장조사법, 추세분석 등)
- 성숙기: 정량적 방법(이동평균법, 지수평활법)
- 쇠퇴기: 트랜드(추세)를 고려할 수 있는 예측방법, 정성적 방법(사업규모 축소 및 철수여부 결정)

14 ①
[수요예측방법]
- 정량적 예측방법: 시계열분석법(이동평균법, 지수평활법, ARIMA, 분해법, 확산모형), 인과모형분석법(회귀분석법) 등
- 정성적 예측방법: 델파이법, 시장조사법, 중역 및 판매원평가법, 패널동의법, 수명주기유추법 등

15 ③
- 가중평균이동법 예측치 = $(0.1 \times 120) + (0.2 \times 130) + (0.2 \times 100) + (0.5 \times 110)$
  $= 12 + 26 + 20 + 55 = 113$

16 ④
- 가중평균이동법 예측치 = $(0.2 \times 380) + (0.3 \times 400) + (0.5 \times 420)$
  $= 76 + 120 + 210 = 406$

17 ③
- 수요변동에 대한 대응전략: 생산율조정, 고용수준 변동, 재고수준의 조정, 하청 등이 효과적

18 ③ POQ(Periodic Order Quantity)란 기간 주문량으로서, 일정한 기간 동안 필요한 소요량을 모아서 한꺼번에 주문하는 방식이다.

[기준생산계획 수립 시 주문 정책]
- Lot for Lot(LFL, L4L): 필요한 만큼만 생산 및 구매하며, 재고를 최소화하는 방법
- FOQ(Fixed Order Quantity): 고정주문량, 매번 동일한 양을 주문하는 방법으로 공급자로부터 항상 일정한 양만큼 공급받는 경우
- EOQ(Economic Order Quantity): 경제적 주문량, 주문비용과 재고유지비용 간의 관계를 이용하여 가장 합리적인 주문량을 결정하는 방법
- ROP(Reorder Point System): 재주문점, 재고가 일정수준에 이르면 주문하는 방법
- POQ(Periodic Order Quantity): 주기적 주문량, 해당 품목별로 미래의 수요를 고려하여 사전에 결정한 최대 재고수준까지 정기적으로 미리 정해 놓은 일정한 간격마다 발주하는 방식

 3.2 공정관리

1	2	3	4	5	6	7	8	9	10
④	②	③	②	④	②	③	①	①	①
11	12	13	14	15	16	17	18	19	20
④	④	②	③	②	②	②	②	④	③
21	22	23	24	25	26	27	28	29	30
③	④	②	②	③	①	③	②	①	④

[풀이]

01 ④
- 공정관리의 대내적 목표: 가동률 향상, 재공품의 감소, 생산속도의 향상
- 공정관리의 대외적 목표: 고객의 요구조건(가격, 품질, 납기 등)을 충족시키기 위해 생산과정을 합리화

02 ②
[공정계획]
- 공정(절차)계획(Routing): 작업의 순서, 표준시간, 각 작업이 행해질 장소를 결정하고 할당하고, 리드타임 및 자원양을 계산하고 원가계산시 기초 자료로 활용되는 것
- 공수계획: 생산예정표에 의해 결정된 생산량에 대해 작업량을 구체적으로 결정하고 그것을 현재 보유하고 있는 사람이나 기계의 능력을 고려하여 양자를 조정하는 것
  - 부하계획: 최대작업량과 평균작업량의 비율인 부하율을 최적으로 유지할 수 있는 작업량의 할당계획
  - 능력계획: 부하계획과 더불어 기준조업도와 실제조업도와의 비율을 최적으로 유지하기 위한 계획

03 ③

04 ②

[일정계획]

- 소일정계획(Detailed Scheduling): 중일정계획의 지시일정에 따라 특정기계 또는 작업자에게 할당될 작업을 결정하고 그 작업의 개시일과 종료일을 나타내며, 소일정계획을 통해서 진도관리와 작업분배가 이루어짐
- 중일정계획(Operation Scheduling): 대일정계획에 준해 제작에 필요한 세부작업, 즉 공정별 또는 부품별 일정계획이다. 일정계획의 기본이 되는 계획이며 작업공정별 일정계획 또는 제조계획이라고도 함
- 대일정계획(Master Scheduling): 주일정계획 또는 대강일정계획이라고도 하며, 납기에 따른 월별생산량이 예정되면 기준일정표에 의거한 각 직장별 또는 제품별, 부분품별로 작업개시일과 작업시간 및 완성기일을 지시하는 것

[공정계획]

- 공정(절차)계획(Routing): 원재료를 어떻게 사용하여 어떤 공정에서 가공할 것인가를 계획하는 것이다. 즉 작업의 순서, 표준시간, 각 작업이 행해질 장소를 결정하고, 할당한다. 리드타임 및 소요되는 자원의 양을 계산하고 원가계산 시 기초자료로 활용
- 공수계획: 주어진 생산예정표에 의해 결정된 생산량에 대해서 작업량을 구체적으로 결정하고, 이것을 현재의 인원과 기계설비능력을 고려하여 양자를 조정하는 기능

05 ④ 병목현상이 발생하는 공정의 능력증강으로 전체 생산속도를 상향시켜야 한다.

06 ②

[일정계획 수립 시 방침]

- 작업흐름의 신속화: 가공로트 수를 작게 할 것, 이동로트 수를 작게 할 것, 공정계열의 병렬화
- 생산기간의 단축
- 작업의 안정화와 가동률 향상
- 애로공정의 능력 증대
- 생산활동의 동기화

07 ③

- 공정분석: 공정 자체의 개선, 레이아웃의 개선, 공정 편성 및 운반 방법의 개선을 목적으로 수행

08 ①

② 가공을 위해 가까운 작업대에서 재료를 가져오는 경우는 가공의 일부를 하고 있는 것으로 생각하며, 독립된 운반으로는 볼 수 없는 것은 운반공정이다.

③ 양의 검사는 대상 제품이나 부품의 수량, 중량의 측정하는 것은 공정검사이다.

④ 제조의 목적을 직접적으로 달성하는 공정은 가공공정이다.

09 ①

[공정의 분류]

- 가공공정(Operation): 제조의 목적을 직접적으로 달성하는 공정으로 그 내용은 변질, 변형, 변색, 조립, 분해 등을 통하여 대상물을 목적에 접근시키는 공정이다. 즉 부가가치를 창출하는 공정
- 운반공정(Transportation): 특정 작업영역에서 다른 작업영역으로 이동시키기 위해 적재, 이동, 하역 등을 하고 있는 상태
- 검사공정(Inspection): 양적 검사와 질적 검사가 있는데 양적 검사는 수량, 중량의 측정 등이다. 질적 검사는 설정된 품질표준에 대해서 가공부품의 가공정도를 확인하거나 가공 부품을 품질 및 등급별로 분류하는 공정
- 정체공정(Delay): 대기와 저장의 상태에 있는 것이다. 대기는 제품이나 부품이 다음의 가공 및 조립을 하기 위해 일시적으로 기다리는 상태이며, 저장은 계획적인 보관이며 다음의 가공 및 조립으로 허가 없이 이동하는 것이 금지되어 있는 상태

10 ①

11 ④

[공정의 기본분석 기호]

- 가공(○): 원료, 재료, 부품 또는 제품의 형상, 품질에 변화를 주는 과정
- 운반(⇨): 원료, 재료, 부품 또는 제품의 위치에 변화를 주는 과정

- 수량검사(□): 원료, 재료, 부품 또는 제품의 양이나 개수를 세어 그 결과를 기준과 비교하여 차이를 파악하는 과정
- 품질검사(◇): 원료, 재료, 부품 또는 제품의 품질특성을 시험하고 그 결과를 기준과 비교해서 로트의 합격, 불합격 또는 제품의 양, 불량을 판정하는 과정
- 저장(▽): 원료, 재료, 부품 또는 제품을 계획에 의해 쌓아두는 과정
- 대기(D): 원료, 재료, 부품 또는 제품이 계획의 차질로 체류되어 있는 상태

12 ④
[복합 공정분석 기호]
- ◈ : 품질검사를 주로 하면서 수량검사도 한다.
- ◇ : 수량검사를 주로 하면서 품질검사도 한다.
- ⬡ : 가공을 주로 하면서 수량검사도 한다.
- ⬡→ : 가공을 주로 하면서 운반도 한다.

13 ②

14 ③ 가동률 = 출근율 × (1−간접작업률) = 0.8 × (1−0.2) = 0.64

15 ② 가동률 = 출근율 × (1−간접작업률) = 0.80 × (1−0.1) = 0.72(72%)

16 ② 가동률 = 출근율 × (1−간접작업율)

17 ②
[공수계획의 기본적 방침]
- 부하와 능력의 균형화: 특정된 공정에 부하가 과도하게 집중되지 않도록 조정한다.
- 가동률의 향상: 사람이나 기계가 유휴상태가 되지 않도록 알맞은 작업량을 할당한다.
- 일정별 부하변동 방지: 일정계획과 대비하여 시간에 따라 부하의 변동방지 및 부하의 조정
- 적성배치와 전문화 촉진: 작업의 성질이 작업자의 특성과 기계의 성능에 맞도록 할당한다.
- 여유성: 부하와 능력 두 측면에 적당한 여유를 둔다.

18 ②
ㄴ. 작업주기가 짧으면 초기에 학습향상이 나타난다.
ㄷ. 작업의 성격과 학습주체에 따라 다르게 일어난다.

19 ④
[간트차트 정보의 유용성]
- 간트차트를 이용하여 각 작업의 전체 공정시간을 알 수 있다.
- 각 작업의 완료시간을 알 수 있다.
- 다음 작업의 시작시간을 알 수 있다.

20 ③
[간트차트의 한계]
- 일정계획의 변경을 유연하게 수용할 수 없다.
- 복잡하고 세밀한 일정계획에 적용하기 힘들다.
- 작업들 간의 유기적인 관련성을 파악하기 어렵다.
- 문제점을 사전에 파악하는데 적절하지 않다. 따라서 주요 위험요소의 중점관리 및 사전 통제를 효율적으로 할 수 없다.

21 ③ 계획과 실적의 비교가 용이하다는 점을 들 수 있다. 또한 계획과 실적의 차이로 책임소재와 그 원인을 규명할 수 있고 작업진행상황을 쉽게 파악할 수 있다.

22 ④ 공장건설이나 설비보전에 사용되는 자금, 시간, 비용등과 같은 자원의 효율향상을 위해 개발된 기법이다.
[네트워크 계획기법]
- PERT: 작업기간이 불확실한 프로젝트를 관리하기 위해 작업활동에 소요되는 시간을 비관적일 경우, 낙관적일 경우, 일반적인 경우로 구분하여 각 시간추정치의 가중평균치를 통해 작업일정을 결정하는 형태

- CPM: 공장건설 및 설비보전에 소요되는 자원(자금, 시간, 비용 등)의 효율향상을 위하여 개발되었다. 프로젝트 내 활동들의 소요시간이 확정적인 경우에 사용되며, 주로 안정적인 산업에서 많이 이용

23 ② 복잡하거나 대규모인 공사에는 PERT와 CPM과 같은 네트워크 계획기법이 적용하기 적합하다.

24 ② 프로젝트의 소요시간(지속시간)은 주공정의 소요시간과 같다. 경로 중 가장 긴 경로인 주공정은 1-2-4-5-6 으로 35주가 된다.
  - 경로: 1-2-4-6의 경우 5+13+11=29주
  - 경로: 1-2-4-5-6의 경우 5+13+9+8=35주
  - 경로: 1-2-5-6의 경우 5+10+8=23주
  - 경로: 1-2-3-6의 경우 5+8+5=18주
  - 경로: 1-3-6의 경우 7+5=12주

25 ③ 납기우선순위: 납기일자가 가장 급박한 순서로 작업을 진행하는 것이다.
[작업의 우선순위 결정]
  - 납기 우선순위: 납기가 가장 급박한 순서로 작업을 진행한다.
  - FIFO: 먼저 작업지시가 내려진 순서대로 작업을 진행한다.
  - 전체 작업시간이 가장 짧은 순서로 진행한다.
  - 최소공정수를 가지는 작업순서로 진행한다.
  - 여유(Slack) 시간이 가장 작은 순서로 작업을 진행한다.
  - 긴급률(CR: Critical Ratio)이 가장 작은 순서로 작업을 진행한다.

26 ①
  - 라인밸런스 효율(Eb) = $\dfrac{\text{라인(작업)의 순작업시간합계}(\sum_{ti})}{\text{작업장수}(n) \times \text{애로공정의 시간}(t_{max})} \times 100$

  $= \dfrac{11+12+15+13}{4 \times 15} \times 100 = 85\%$

27 ③ JIT 생산방식은 High-speed의 자동화가 반드시 요구되는 생산방식이 아니다.
[JIT 생산방식의 특징]
  - 낭비제거(소 Lot 생산): 최소한의 로트사이즈로 생산하며, 철저하게 낭비를 제거하여 생산성을 높이고 원가를 절감
  - 풀 시스템(Pull System): 후행공정의 작업자가 부품을 소비한 만큼만 선행공정에서 가져가도록 하는 시스템
  - 수요에 의한 생산: 생산이 소시장 수요에 따라간다. 즉 계획을 일 단위로 세워 생산
  - 공급업체의 기업내부화 외부 공급업체와 긴밀한 관계를 유지하며, 신뢰를 바탕으로 한 장기적으로 거래
  - 생산공정의 신축성 요구: 생산공정의 신축성(flexibility)을 요구한다. 여기서 신축성은 생산제품을 바꿀 때 필요한 설비, 공구의 교체 등에 소요되는 시간을 짧게 함

28 ② 칸반방식은 추가 생산이 필요하다는 특정신호에 의해 끌어당기는 후공정 인수방식(Pull System)으로 작업이 진행된다.

29 ①
[칸반시스템의 운영규칙]
  - 칸반은 미세조종의 수단이다.
  - 생산을 평준화한다.
  - 공정을 안정화하여 합리화한다.
  - 후공정이 필요한 만큼 선행공정에 가지러 간다.
  - 불량품은 절대로 후공정에 보내지 않는다.
  - 선행공정은 후공정이 인수해 간 양만큼만 생산한다.

30 ④
[JIT 시스템의 7가지 낭비]
  - 과잉 생산의 낭비: 낭비의 뿌리
  - 재고의 낭비
  - 불량의 낭비
  - 동작의 낭비
  - 운반의 낭비
  - 가공의 낭비
  - 대기의 낭비

③③ 자재소요 및 생산능력계획

1	2	3	4	5	6	7	8	9	10
②	②	③	①	①	①	①	④	③	④

11	12	13	14	15	16	17	18	19	20
①	②	④	①	②	④	①	②	④	②

[풀이]

01 ②
- A. J. Arrow의 재고보유의 동기: 거래동기, 예방동기, 투기동기

02 ②

[재고의 분류]
- 예상(비축)재고(anticipation stock): 계절적 요인, 가격의 변화 등을 예상하고 대비하기 위해 보유하는 재고
- 안전재고(safety stock): 조달기간의 불확실, 생산의 불확실, 또는 그 기간 동안의 수요량이 불확실한 경우 등 예상외의 소비나 재고부족 상황에 대비하여 보유하는 재고
- 순환재고(cycle stock): 비용 절감을 위하여 경제적 주문량 또는 로트 사이즈(lot size)로 구매(생산)하게 되어 당장 필요한 수량을 초과하는 잔량에 의해 발생하는 재고
- 수송(파이프라인)재고(pipeline stock): 재고비용을 부담하여 물품에 대한 소유권을 가지고 있으며, 수송 중에 있는 재고로 수입물품 등과 같이 긴 조달(수송)기간을 갖는 재고, 유통과정의 이동 중인 재고, 정유회사의 수송용 파이프로 이동 중인 재고

03 ③

[재고비용의 분류]
- 구매/발주비용(procurement cost): 주문과 관련된 비용(신용장 개설비용, 통신료), 가격 및 거래처 조사비용(물가조사비, 거래처 신용조회비용), 물품수송비, 하역비용, 입고비용, 검사·시험비, 통관료
- (생산)준비비용(production change cost): 생산공정의 변경이나 기계·공구의 교환 등으로 인한 비용, 준비시간 중의 기계유휴비용, 준비요원의 직접노무비·사무처리비·공구비용 등
- 재고유지비용(holding cost):
  - 자본비용: 재고자산에 투입된 자금의 금리
  - 보관비용: 창고의 임대료, 유지경비, 보관료, 재고관련 보험료·세금
  - 재고감손비: 보관 중 도난·변질·진부화 등으로 인한 손실
  - 재고유지비(H) = 가격(P) × 재고유지비율(i)

04 ①

[경제적 발주(주문)량(EOQ)의 가정]
- 구매량에 관계없이 단위당 구입가격은 일정하다.
- 구매비용은 구매량의 크기에 관계없이 항상 일정하다.
- 수요량과 조달기간이 확정적이다.
- 재고유지비는 구매량의 증가와 함께 비례적으로 증가한다.
- 단일품목을 대상으로 하며, 재고부족은 없다.
- 단위당 재고유지비용과 1회 주문비용은 항상 일정하다.
- 주문량은 전량 일시에 입고된다.
- 연간 자재사용량이 일정하고 연속적이다.

05 ①

$$\text{경제적 발주(주문)량(EOQ)} = \sqrt{\frac{2SD}{H}} = \sqrt{\frac{2 \times 1\text{회 주문비용}(S) \times \text{연간 총수요}(D)}{\text{단위당 연간 재고유지비용}(H)}}$$

$$= \sqrt{\frac{2 \times 20,000 \times 20,000}{4,000 \times 0.2}} = \sqrt{\frac{800,000,000}{800}} = 1,000\text{개}$$

06 ①

$$\text{경제적 발주(주문)량(EOQ)} = \sqrt{\frac{2 \times 1,000 \times 10,000}{2,000}} = \sqrt{\frac{20,000,000}{2,000}} = 100\text{개}$$

07 ①

$$\text{경제적 발주(주문)량(EOQ)} = \sqrt{\frac{2 \times 2,000 \times 1,000}{(1,000 \times 0.4)}} = \sqrt{\frac{4,000,000}{400}} = 100\text{개}$$

08 ④ MRP(자재소요계획)는 주생산일정계획을 토대로 하여 제품생산에 필요한 원자재의 종류, 수량, 주문시기 등을 결정하는 과정을 말한다. 다시 말해 자재소요계획은 재료, 부품, 반제품 등의 종속적 수요를 갖는 자재의 소요량 및 조달시기에 대한 관리를 통하여 주문과 생산계획을 효율적으로 처리하도록 만들어진 자재관리 기법이다. 자재소요계획을 효과적으로 수립하기 위해서는 주생산일정계획, 자재명세서, 재고기록철, 조달기간을 지속적으로 확보하고 검토하여야 한다.

09 ③ 자재소요계획은 무한능력계획으로 Capacity를 사전 고려하지 않는다.

10 ④ ㄹ. Inverted BOM이라고 부른다.
  자재명세서(BOM: Bill of Material)는 제품구조정보(Product Structure), Part List 등으로 불리며, 모품목(제품, 반제품) 한 단위를 생산하기 위해 필요한 자품목(재료, 부품, 반제품 등)의 품목, 규격, 소요량 등에 대한 명세서이다.
  [BOM 종류]
  • Engineering BOM: 설계자의 시각에서 본 제품의 형상으로 설계의 편이성을 반영
  • Manufacturing BOM 또는 Production BOM: MRP 시스템에서 사용하는 BOM으로 생산관리 및 생산현장에서 사용하며 생산공정의 순서를 담고 있다. 필요할 때 가상의 품번을 정의하여 사용
  • Planning BOM: Manufacturing BOM 또는 Production BOM을 근거로 주생산일정계획(MPS) 등에서 사용
  • Modular BOM: Option과 밀접한 관계가 있으며, 방대한 양의 BOM 데이터관리가 용이하며, MPS 수립 시에도 Option을 대상으로 생산계획을 수립
  • Percentage BOM: Planning BOM의 일종으로 제품을 구성하는 부품의 양을 정수로 표현하지 않고 백분율로 표현
  • Inverted BOM: 화학이나 제철과 같은 산업에서의 소수의 종류 또는 단일 부품(원료)을 가공하여 여러 종류의 최종제품을 만드는 데 이용된다. 나무가 뒤집힌 형태, 즉 역삼각형 형태의 BOM
  • Common Parts BOM: 제품에 공통적으로 사용되는 부품들을 모아 놓은 BOM, 최상위 Item은 가상의 Item Number를 갖음
  • Multilevel BOM: 모품목과 자품목의 관계뿐만 아니라 자품목의 자품목까지 보여줌
  • Bill of Activity: 부품정보뿐만 아니라 Routing 정보까지 포함하고, 제조·설계·구매 등의 활동까지 표현하고 있는 BOM이며, 주로 금형산업에서 많이 사용
  • Phantom BOM: 실제로 존재하는 품목은 아니며 포장자재 등 관리상의 중요도가 떨어지는 품목들을 모아서 가상의 품목으로 BOM을 구성하여 BOM 구조를 좀 더 간단하게 관리하고자 할 경우에 주로 이용

11 ① Engineering BOM(설계 BOM)이란 설계부서에서 사용하는 BOM으로 제품 설계기능을 중심으로 구성된다.

12 ② 재고기록철(IRF)에는 리드타임(lead time), 로트크기(lot size), 안전재고 및 기타 특별한 사항에 대한 정보도 포함되어 있다.

13 ④ 개략생산능력계획(RCCP: Rough Cut Capacity Planning)이란 기준생산계획(MPS)이 주어진 제조자원의 용량을 넘어서는지를 계산하는 모듈이다. 즉, 기준생산계획과 제조자원 간의 크기를 비교하여 자원요구량을 계산해내는 것이다.
  ① BOM(Bill of Material: 자재명세서)은 제품의 설계사양, 특정품목을 만드는데 필요한 부품정보, 자재 불출 목록표 생성, 제품원가 산정, 구매 및 생산 일정 수립에 사용

② MRP(Material Requirement Planning: 자재소요량계획): 제품을 생산할 때 부품이 투입될 시점과 투입되는 양을 관리하기 위한 시스템
③ CRP(Capacity Requirement Planning: 능력소요계획): MRP 전개에 의해 생성된 계획이 얼마만큼의 제조자원을 요구하는지를 계산하는 모듈

14 ① RCCP(Rough Cut Capacity Planning): 주생산일정계획(MPS: Master Production Scheduling)이 주어진 자원의 용량을 넘어서는지 여부를 확인하기 위해 계산하는 모듈
② CRP는 RCCP보다 더 현실적인 자원요구량계획을 생성
③, ④ 능력소요계획(CRP: Capacity Requirement Planning)

15 ② 능력소요계획(CRP: Capacity Requirement Planning)이란 자재소요계획 또는 생산계획 활동 중에서 MRP 전개에 의해 생성된 계획이 얼마만큼의 제조자원을 요구하는지를 계산하는 모듈이다.
① 총괄생산계획(APP): 수요변동에 대비하여 사용되는 전략은 대표적으로 고용
② 자재소요계획(MRP): 제품을 생산할 때 부품이 투입될 시점과 투입되는 양을 관리하기 위한 시스템
③ 주생산일정계획(MPS): 주생산계획 또는 기준생산계획이라고도 하며, 총괄생산계획을 수립한 후에 보다 구체적으로 각 제품에 대한 생산시기와 수량을 나타내기 위해 수립하는 생산계획
④ 개략능력요구계획(RCCP): 기준생산계획(MPS)이 주어진 제조자원의 용량을 넘어서는지를 계산하는 모듈이다. 즉, 기준생산계획과 제조자원 간의 크기를 비교하여 자원요구량을 계산해내는 것

16 ④ 능력소요계획(CRP)의 입력정보는 MRP에서 산출된 발주계획 정보, 절차계획 정보, 확정주문 정보, 작업공정표 정보, 작업장 상태 정보이다. MRP 전개에 의해 생성된 계획이 얼마만큼의 제조자원을 요구하는지를 계산하는 모듈이다.

17 ①

18 ②
[SCM의 기능]
• 내재적 기능: 공급자 네트워크에 의해 공급된 원자재 등을 변형시키는 데 사용하는 여러 프로세스, 고객의 주문을 실제 생산 작업으로 투입하기 위한 생산 일정계획
• 외재적 기능: 올바른 공급자 선정, 공급자와의 긴밀한 파트너십 유지

19 ④
[SCM 추진효과]
• 통합적 정보시스템 운영
• 고객만족, 시장변화에 대응
• 생산효율화
• 물류비용 절감
• 구매비용 절감
• 총체적 경쟁우위 확보

20 ② 공급망은 공급망 전체 비용의 최소화를 목적으로 한다.

기출문제 답안 및 해설

| 물류 2급 | 2025년 1회 (2025년 1월 25일 시행) |

[이론 답안]

1	2	3	4	5	6	7	8	9	10
④	④	②	①	③	④	③	④	④	③
11	12	13	14	15	16	17	18	19	20
④	③	③	④	③	④	③	④	②	④

[풀이]

01 ④
- 채팅(Chatting)과 로봇(Robot)의 합성어인 챗봇(ChatBot)은 로봇의 인공지능을 대화형 인터페이스에 접목한 기술로 인공지능을 기반으로 사람과 상호작용하는 대화형 시스템을 지칭한다.
- 블록체인(Block Chain)이란 분산형 데이터베이스의 형태로 데이터를 저장하는 연결구조체이며, 모든 구성원이 네트워크를 통해 데이터를 검증 및 저장하여 특정인의 임의적인 조작이 어렵도록 설계된 저장플랫폼이다.

02 ④ 인간을 해치거나 파괴하거나 속이는 자율적 힘을 인공지능에 절대로 부여하지 않는다.

03 ②

04 ① 비즈니스 애널리틱스는 구조화된 데이터(structured data)와 비구조화된 데이터(unstructured data)를 동시에 이용한다.

05 ③
- 수요예측치 = 지수평활계수(α) × 전기실적치 + (1−지수평활계수(α)) × 전기예측치
- 2월 예측치 = 0.4 × 2,500개 + (1−0.4) × 2,000개 = 2,200개

06 ④
- 손익분기점 = (단위당 판매가격−단위당변동비) × 수량 − 고정비
    = (650−500) × Q − 3,000,000
    = 150Q − 3,000,000
  Q = 3,000,000 ÷ 150 = 20,000개
따라서, 손익분기점 매출액 = 20,000개 × 650원 = 13,000,000원

07 ③
- 교차비율 = 제품회전율 × 한계이익률
    = (매출액÷평균재고액) × (한계이익÷매출액) = 한계이익 ÷ 평균재고액
- 제품 A의 교차비율 = 20 ÷ 40 = 0.50
- 제품 B의 교차비율 = 30 ÷ 30 = 1.00
- 제품 C의 교차비율 = 25 ÷ 20 = 1.25
- 제품 D의 교차비율 = 50 ÷ 30 = 1.67
교차비율이 높을수록 이익도 높아지므로, 제품 A의 목표판매액을 가장 높게 할당하는 것이 바람직하다.

08 ④

[시장의 형태]
- 과점시장: 소수의 생산자가 시장을 장악하고 비슷한 제품을 생산하며 같은 시장에서 경쟁하는 시장 형태(예: 이동통신사 등)
- 독점시장: 특정 산업을 단 하나의 기업이 지배하는 시장 형태를 말하며, 높은 진입장벽을 활용해 장기적으로 초과이윤 확보가 가능한 시장(예: 한국전력공사 등)
- 완전경쟁시장: 다수의 경쟁자들이 참여하고 동질의 상품이 거래되며, 거래자들이 상품의 가격·품질 등에 대한 완전한 정보를 가지고 시장에 자유로이 들어가거나 나갈 수 있는 시장
- 독점적 경쟁시장: 시장에 다수의 기업들이 참여하고 있지만 참여 기업들은 각자 디자인, 품질, 포장 등에 있어 어느 정도 차이가 있는 유사 상품을 생산, 공급하며 상호 경쟁하고 있는 시장(예: 미용실, 병원, 목욕탕 등)

09 ④

[가격결정에 영향을 미치는 기업 내·외부적인 요인]
- 내부적 요인: 제품특성(생산재·소비재, 필수품·사치품, 표준품·주문품 등), 원가 및 비용(손익분기점, 목표이익 등), 마케팅목표(생존, 이윤극대화, 시장점유율 확대 등)
- 외부적 요인: 고객수요(소비자의 구매능력, 품질, 제품이미지, 용도, 가격탄력성 등), 유통채널(유통이익, 물류비용, 여신한도 등), 경쟁환경(대체품가격 등), 법·규제 환경(독점금지법, 공정거래법, 각종 세금 등)

10 ③ 수요예측이란 재화나 서비스가 일정 기간 동안에 발생 가능한 모든 수요(유효수요와 잠재수요)의 크기를 추정하는 것이다.

11 ④

[공급사슬관리의 물류활동]
- 반품물류: 소비자가 교환, 환불 또는 수리를 위하여 구입한 제품을 판매자에게 되돌려 보내기까지의 물류
- 생산물류: 원부자재가 제조기업의 생산공정에 투입되어 완제품으로 생산되어 포장되기까지의 물류
- 조달물류: 원부자재가 구매시장으로부터 공급자(제조업자)의 자재창고에 입고될 때까지의 물류
- 판매물류: 공장이나 물류센터로부터 출하하여 고객에게 인도하기까지의 물류

12 ③

[공급망 물류거점 운영방식]
- 직배송방식: 생산자 창고만 보유하고, 물류거점을 거치지 않고 소비자에게 직접 배송하는 방식
- 크로스도킹 운영방식: 물류 거점에 재고를 보유하지 않고, 물류 거점이 화물에 대한 '환적'기능만을 제공
- 공급자관리재고 운영방식: 물류거점의 운영을 자재·부품 공급업체에 일임하고 필요한 경우에 필요한 수량만큼 공급자가 운영하는 물류거점에서 가져오는 방식
- 통합 물류센터 운영방식: 중앙 물류센터에서 전체 공급망의 물품을 통합하여 운영하는 방식
- 지역 물류센터 운영방식: 소비자 근처로 위치한 분산 물류 거점을 두는 방식
- 통합·지역 물류센터 혼합 운영 방식: 중앙 물류센터와 지역 물류센터를 혼합하여 운영. 수요처가 매우 넓은 지역에 분포되거나, 글로벌 공급망인 경우에 주로 적용

13 ③
- 목표재고(최대 재고량) = 검토 주기 동안의 수요 + 리드타임 동안의 수요 + 안전재고
  = 15개 + 50개 + 20개 = 85개
- 발주량 = 목표재고(최대 재고량) − 현재 재고수량
  = 85개 − 30개 = 55개

14 ④

[운용경로의 형태]
- 공장직영운송방식: 발송 화주에서 도착지 화주 직송(원스톱 운송)
- 중앙집중거점방식: 다수의 소량 발송 화주가 단일 화주에게 일괄 운송
- 복수거점방식: 화주별·권역별·품목별로 집하하여 고객처별 공동 운송
- 다단계거점방식: 권역별·품목별 거래처(소비지) 밀착형 물류 거점 운영, 거래처(소비자) 물류 서비스 만족도 향상
- 배송거점방식: 고객처별 물류 거점 운영으로 고객 대응 신속한 대응 가능(물류 서비스 만족도 높음)

15 ③ 높이 쌓기의 원칙: 창고 보관 효율, 특히 용적 효율을 높이기 위해 물품을 높게 쌓는 원칙

[창고보관의 기본 원칙]
- 통로 대면의 원칙: 창고 내에서 제품의 입출고 작업이 쉽게 이루어지도록 창고 통로를 서로 대면, 즉 마주보게 보관하는 원칙
- 높이 쌓기의 원칙: 창고 보관 효율, 특히 용적 효율을 높이기 위해 물품을 높게 쌓는 원칙
- 위치 표시의 원칙: 보관 적치한 물품의 로케이션에 주소 번호를 표시하는 원칙
- 선입선출의 원칙: 먼저 입고된 물품을 먼저 출고한다는 원칙
- 명료성의 원칙: 창고에 보관되어 있는 물품을 쉽게 찾고 관리할 수 있도록 명료하게 보관하는 원칙
- 회전 대응의 원칙: 보관할 물품의 장소를 회전 정도에 따라 정하는 원칙
- 동일성 및 유사성의 원칙: 동일 물품은 동일 장소에 보관하고, 유사품은 가까운 장소에 보관하는 원칙
- 중량 특성의 원칙: 보관 물품의 중량에 따라 보관 장소를 정하는 원칙
- 형상 특성의 원칙: 보관 물품의 형상에 따라 보관 장소를 정하는 원칙
- 네트워크 보관의 원칙: 보관 물품의 상호 관련 정도에 따라 연계하여 보관 장소를 정하는 원칙

16 ④
① 입고 지시: 검사 결과가 합격이면 입고를 지시하는 단계, 입고 지시에는 품목별 수량, 적치 위치(로케이션), 작업 방법, 유의 사항 등이 포함됨
② 입고 마감: 품목별 수량, 적치 위치(로케이션), 특이사항 등을 기록하여 보고하고 마감 처리를 하여 입고 작업을 완료하는 단계
③ 입고 통보 접수: 발주품목에 대한 구매부서와 협력사로부터 입고 통보를 하는 단계

17 ③

[구매가격의 유형]
- 시중가격: 판매자와 구매자의 판단에 좌우되지 않고 시장에서 수요와 공급의 균형에 따라 가격이 변동하는 것으로, 시기나 환경에 따라 수요 또는 공급의 변동이 심한 야채, 어류, 꽃, 철광 등
- 개정가격: 가격 그 자체는 명확히 결정되어 있지는 않으나 업계의 특수성이나 지역성 등으로 자연히 일정한 범위의 가격이 정해져 있는 것으로 판매자가 그 당시의 환경과 조건에 따라 가격을 정한다는 성격
- 정가가격: 판매자가 자기의 판단으로 결정하는 가격이며, 서적, 화장품, 약국, 맥주 등과 같이 전국적으로 시장성을 가진 상품에 주로 적용
- 협정가격: 판매자 다수가 서로 협의하여 일정한 기준에 따라 가격을 결정하는 것으로서 일반적으로 공공요금 성격을 갖는 교통비, 이발료, 목욕료 등 공정거래를 위해 설정된 각종 업계의 협정가격
- 교섭가격: 거래당사자 간의 교섭을 통하여 결정되는 가격으로 건축공사, 주문용 기계설비, 광고료 등이 이에 해당하며, 거래품목, 거래조건, 기타 거래환경에 따라 가격이 차이가 날 수 있으므로 교섭기술이 가격결정에 크게 영향을 미침

18 ④
"3/10-30 days extra"는 10일 이내에 3% 할인을 인정하고 그 후 30일간의 할인도 특별히 인정하게 된다는 조건이다. 따라서, 총 40일의 할인기간이 된다.

19 ② 간접조사에 의해 수집된 자료를 2차 자료라 말하며, 이는 신문, 관련 잡지, 기타 협회, 조합, 정부기관에서 발간되는 간행물을 통하여 파악할 수 있어, 1차 자료에 비하여 시간, 비용, 인력이 적게 든다.

20 ④

[구매방법의 유형]
- 수시구매: 구매청구가 있을 때마다 구매하여 공급하는 방식이며, 과잉구매를 방지하고 설계변경 등에 대응하기가 용이한 장점이 있으며, 계절품목 등과 같이 일시적인 수요품목에 적합한 방법임
- 시장구매: 제조계획에 따르지 않고 시장상황이 유리할 때 구매하는 방법이며, 생산시기가 일정한 품목, 항상 비축이 필요한 상비 저장품목에 적합한 방법
- 예측구매: 미래 수요를 예측하여 시장상황이 유리할 때 일정한 양을 미리 구매하여 재고로 보유하였다가 생산계획이나 구매청구에 따라 재고에서 공급하는 방식
- 투기구매: 가격인상(인플레이션)을 대비하여 이익을 도모할 목적으로 가격이 낮을 때 장기간의 수요량을 미리 구매하여 재고로 보유하는 구매방식

- 장기계약구매: 자재의 안정적인 확보가 중요할 때 주로 적용하는 방법으로 특정 품목에 대해 수립된 장기 생산계획에 따라 필요한 자재의 소요량을 장기적으로 계약하여 구매하는 방법
- 일괄구매: 소량 다품종의 품목을 구매해야 하는 경우 품목별로 구매처를 선정하는데 많은 시간과 노력이 소모된다. 이 경우 품종별로 공급처를 선정하여 구매 품목을 일괄 구매함으로써 구매시간과 비용을 절감하고 구매절차를 간소화하는 방법

[실무 답안]

1	2	3	4	5	6	7	8	9	10
②	③	①	④	②	③	④	①	②	③

11	12	13	14	15	16	17	18	19	20
④	①	③	①	④	④	④	①	③	②

[풀이]

01 ② [시스템관리] → [기초정보관리] → [일반거래처등록] 기본등록사항 탭에서 확인

02 ③ [시스템관리] → [기초정보관리] → [품목등록] 해당 품목 선택 후 MASTER/SPEC 및 ORDER/COST 탭에서 세부사항 확인

03 ① [시스템관리] → [기초정보관리] → [검사유형등록] 검사구분(51. 출하검사) 선택 후 조회하여 확인

04 ④ [영업관리] → [영업관리] → [판매계획등록(고객별상세)] 사업장, 대상년월 선택 후 조회하여 확인

05 ② [영업관리] → [영업관리] → [견적등록] 사업장, 견적기간 입력 후 조회 / 견적번호별 하단의 결제조건 확인 후 견적의 유효일자 확인

06 ③ [영업관리] → [영업관리] → [수주등록] 사업장, 주문기간 입력 후 조회 / 주문번호별 납품처 및 하단의 품목 검사여부 확인

07 ④ [영업관리] → [영업관리] → [출고검사등록] 사업장, 검사기간 입력 후 조회하여 세부사항 확인

08 ① [영업관리] → [영업관리] → [출고처리(국내수주)] 사업장, 출고기간, 출고창고 입력 후 예외출고 탭에서 조회 / 하단의 품목별 출고장소 확인

09 ② [영업관리] → [영업관리] → [매출마감(국내거래)] 사업장, 마감기간 입력 후 조회하여 세부사항 확인

10 ③ [영업관리] → [영업관리] → [수금등록] 사업장, 수금기간 입력 후 조회 / 수금번호별 상단의 [선수금정리] 클릭 후 정리금액 확인

11 ④ [영업관리] → [기초정보관리] → [채권기초/이월/조정(출고기준)] 사업장, 해당연도 선택 후 채권기초 탭에서 조회하여 확인

12 ① [구매/자재관리] → [구매관리] → [소요량전개(MRP)] 사업장, 내역조회(1. 조회함) 선택 후 조회 / 전개구분, 계획기간 입력 후 예정발주일 확인

13 ③ [구매/자재관리] → [구매관리] → [청구등록] 사업장, 요청일자 입력 후 조회하여 세부사항 확인

14 ① [구매/자재관리] → [구매관리] → [발주등록] 사업장, 발주기간 입력 후 조회 / 발주 건별로 하단에서 마우스 R 클릭하여 부가기능에서 [품목상세정보] 클릭하여 주거래처와 발주 거래처 확인

15 ④ [구매/자재관리] → [구매관리] → [입고처리(국내발주)] 사업장, 입고기간, 입고창고 선택 후 발주입고 탭에서 조회 / 해당 입고번호 선택 후 하단에서 마우스 R 클릭하여 [입고처리(국내발주)] 이력정보 확인 / 이력정보 팝업 창에서 세부사항 확인

16 ④ [구매/자재관리] → [구매현황] → [매입미마감현황] 사업장, 입고기간 입력 후 조회 / 정렬조건(프로젝트별) 선택 후 프로젝트별 소계 수량 확인

17 ④ [구매/자재관리] → [구매관리] → [회계처리(매입마감)] 사업장, 기간 입력 후 매입마감 탭에서 조회하여 전표번호와 순번 확인

18 ① [구매/자재관리] → [재고수불현황] → [현재고현황(전사/사업장)] 전사 탭에서 해당년도, 계정구분(4. 반제품) 선택 후 조회하여 확인

19 ③ [구매/자재관리] → [재고평가] → [생산품표준원가등록] 사업장, 해당년도/월 입력 후 조회 / 해당 품목별 표준원가(품목등록)와 표준원가 금액을 비교하여 확인

20 ② 1) [구매/자재관리] → [재고관리] → [재고이동등록(창고)] 사업장, 이동기간 입력 후 조회 / 이동번호별 입고 창고 및 입고장소 확인
    2) [시스템관리] → [기초정보관리] → [창고/공정(생산)/외주공정등록] 사업장 입력 후 창고/장소 탭에서 조회 / 해당 창고의 세부 장소(위치)를 확인

물류 2급 | 2024년 6회 (2024년 11월 23일 시행)

[이론 답안]

1	2	3	4	5	6	7	8	9	10
①	①	④	②	②	④	②	②	③	②

11	12	13	14	15	16	17	18	19	20
②	③	②	①	④	③	④	②	③	④

[풀이]

01 ①

02 ① 커스터마이징을 최소화할 수 있다.

03 ④ 빅데이터의 주요 특성(5V)은 규모(volume), 속도(velocity), 다양성(variety), 정확성(veracity), 가치(value) 등이 해당된다.

04 ②

05 ② 수요가 불안정한 기간에는 예측하기 힘든 미래의 상황이 생길 가능성이 높기 때문에 안정적인 기간의 예측 적중률이 높다.

06 ④
- 수요예측치 = 지수평활계수(α) × 전기실적치 + (1−지수평활계수(α)) × 전기예측치
- 8월 예측치 = 0.4 × 300개 + (1−0.4) × 350개 = 330개
- 9월 예측치 = 0.4 × 400개 + (1−0.4) × 330개 = 358개

07 ②
영업거점의 목표매출액은 해당 영업사원별로 배분된다.
목표매출액을 할당하는 단계에서 가장 먼저 설정되는 것은 영업거점별 할당이며, 세분화된 지역과 시장에 대하여 목표매출액을 적절하게 배분하는 활동은 지역 및 시장별 판매할당 방법이다.

08 ②
- 도매가격 = 도매매입원가 + 도매업자 영업비 + 도매업자 이익
  = 4,000원 + 1,000원 + 2,000원
  = 7,000원
- 소매가격 = 도매가격 + 소매업자 영업비 + 소매업자 이익
  10,000원 = 7,000원 + 1,000원 + 소매업자 이익
  따라서, 소매업자 이익은 2,000원

09 ③ 회사의 자금조달기간은 자사의 연간 총여신한도액을 설정하기 위하여 이용하는 요소이다.

10 ②
통계적 기법에 따라 대상 그룹을 분리하며, 산업마다 차이는 있지만 대략 A그룹의 비중은 70~80%이다(파레토). 판매치에 의존하여 분석하기 때문에 다양한 상황을 고려하기 어렵다는 한계점이 존재하며, 이를 보완한 방법이 거래처 포트폴리오 분석이다.

11 ②
- 효율적 공급망 전략은 가능한 가장 낮은 비용으로 예측 가능한 수요에 대응하고자 한다. 또한 높은 가동률을 통해 낮은 비용을 유지하려고 하며 공급망에서 높은 재고회전율과 낮은 재고수준을 유지하고자 한다. 리드타임 전략으로 비용을 증가시키지 않는 범위에서 리드타임을 최소화하려고 하며 비용과 품질에 근거해 공급자를 선정한다.
- 대응적 공급망 전략은 품질, 가격 인하 압력, 불용 재고를 최소화하기 위해 예측이 어려운 수요에 재빠르게 대응하고자 하는 전략으로 리드타임을 줄이기 위해 공격적으로 투자하는 전략을 활용한다.

12 ③
- 재발주점(ROP) = 리드타임 동안의 수요(일평균사용량 × 조달기간) + 안전재고
  = (6,000개 × 4일) + 3,000개 = 27,000개

13 ②
- 계속기록법은 보관과정 중에 발생하는 재고자산의 입출고 시에 재고의 증감수량과 금액을 일일이 계속 장부에 기록하는 방법으로 거래가 빈번하지 않을 때 적용이 적합한 방법이다. 감모손실이 기말재고수량에 포함되지 않으므로 실제 재고수량보다 기말재고수량이 많을 수 있다.
- 실지재고조사법은 재고자산의 입출고를 일일이 기록하지 않고 재고조사를 통하여 기말재고 수량과 당기의 매출수량을 파악하며, 출고기록이 없으므로 기말재고로 파악되지 않는 수량은 당기에 매출된 수량으로 간주하게 된다. 따라서 파악이 곤란한 감모손실의 수량도 매출수량에 포함되므로 매출원가가 과대평가되고 당기 매출이익이 작게 나타난다.

14 ① 물품의 취급 횟수를 최소화시켜야 한다.
[창고배치의 기본원리]
- 흐름 방향의 직진성의 원리
- 물품, 사람, 운반 기기의 역행 교차 없애기
- 취급 횟수 최소화
- 높낮이 차이의 최소화
- 모듈화·규격화 고려 등

15 ④
[창고 입고업무 프로세스]
구매·주문 요청 → 입고 통보 접수 → 입고 계획 수립 → 입하·하차 → 검사(검품·검수) → 입고 지시 → 입고 작업(적치) → 입고 마감

16 ③

17 ④ 총원가(판매원가)는 제조원가(제조활동)와 판매 및 일반관리비(판매활동)를 더한 것이고, 총원가에 이익을 더한 것은 매출가(판매가)이다.

18 ②
비가격경쟁 방법은 광고·판매, 제품차별화, 판매계열화 등 가격 외적인 면에서 행하여지는 경쟁방법이다. 구체적인 방법으로는 브랜드 이미지, 수요에 대응한 신제품 개발력, 강력한 홍보력, 유리한 지급조건, 면밀한 판매망, 수요에 따른 공급능력, 차별화 상품을 통한 틈새시장 공략 등이 있다.

19 ③
본사 집중구매가 유리한 품목은 대량구매품목, 고가품목, 공통 또는 표준품목 등이며, 사업장별 분산구매가 유리한 품목은 지역성 품목, 소량구매품목 등을 들 수 있다.

20 ④
[구매방법의 유형]
- 수시구매: 구매청구가 있을 때마다 구매하여 공급하는 방식이며, 과잉구매를 방지하고 설계변경 등에 대응하기가 용이한 장점이 있으며, 계절품목 등과 같이 일시적인 수요품목에 적합한 방법임
- 시장구매: 제조계획에 따르지 않고 시장상황이 유리할 때 구매하는 방법이며, 생산시기가 일정한 품목, 항상 비축이 필요한 상비 저장품목에 적합한 방법

- 예측구매: 미래 수요를 예측하여 시장상황이 유리할 때 일정한 양을 미리 구매하여 재고로 보유하였다가 생산계획이나 구매청구에 따라 재고에서 공급하는 방식
- 투기구매: 가격인상(인플레이션)을 대비하여 이익을 도모할 목적으로 가격이 낮을 때 장기간의 수요량을 미리 구매하여 재고로 보유하는 구매방식
- 장기계약구매: 자재의 안정적인 확보가 중요할 때 주로 적용하는 방법으로 특정 품목에 대해 수립된 장기 생산계획에 따라 필요한 자재의 소요량을 장기적으로 계약하여 구매하는 방법
- 일괄구매: 소량 다품종의 품목을 구매해야 하는 경우 품목별로 구매처를 선정하는데 많은 시간과 노력이 소모된다. 이 경우 품종별로 공급처를 선정하여 구매 품목을 일괄 구매함으로써 구매시간과 비용을 절감하고 구매절차를 간소화하는 방법

[실무 답안]

1	2	3	4	5	6	7	8	9	10
②	④	③	①	③	②	④	③	②	②
11	12	13	14	15	16	17	18	19	20
③	①	③	④	②	①	③	③	④	②

[풀이]

01 ② [시스템관리] → [마감/데이타관리] → [자재마감/통제등록] 세부사항 확인

02 ④ [시스템관리] → [기초정보관리] → [물류실적(품목/고객)담당자등록] 거래처 탭에서 조회 후 구매담당자 확인

03 ③ [시스템관리] → [기초정보관리] → [품목등록] 해당 품목 선택 후 MASTER/SPEC 탭에서 확인

04 ① [영업관리] → [영업관리] → [판매계획등록] 사업장, 계획년도/월 선택 후 수정계획 탭에서 조회하여 해당 품목 확인

05 ③ [영업관리] → [영업관리] → [견적등록] 사업장, 견적기간 입력 후 조회하여 견적번호별 하단의 관리구분 확인

06 ② [영업관리] → [영업관리] → [수주등록] 사업장, 주문기간 입력 후 조회 / 수주 건별로 하단의 품목 선택 후 마우스 R 클릭하여 [수주등록] 이력정보 확인

07 ④ [영업관리] → [영업현황] → [수주대비출고현황] 주문기간 입력 후 조회 / 수주번호별 주문수량과 출고수량 확인

08 ③ [영업관리] → [영업현황] → [출고현황] 출고기간, 실적담당자(3000. 박용덕), 관리구분(S50. 비정기매출) 선택 후 조회하여 확인

09 ② [영업관리] → [영업관리] → [수금등록] 사업장, 수금기간 입력 후 조회 / 수금번호별로 헤더 부분의 선수금 정리잔액 확인

10 ② [영업관리] → [영업관리] → [매출마감(국내거래)] 사업장, 마감기간 입력 후 조회하여 마감번호별 세부사항 확인

11 ③ [영업관리] → [영업관리] → [회계처리(매출마감)] 사업장, 기간 입력 후 회계전표 탭에서 조회하여 전표별 하단의 계정과목 확인

12 ① [구매/자재관리] → [구매관리] → [청구등록] 사업장, 요청일자 입력 후 조회하여 청구번호별 청구구분 확인

13 ③ [구매/자재관리] → [구매관리] → [소요량전개(MRP)] 사업장 입력 후 조회 / 전개구분, 계획기간 입력 후 예정발주일 확인

14 ④ 1) [구매/자재관리] → [구매관리] → [발주등록] 사업장, 발주기간 입력 후 조회 / 해당 발주번호의 하단에서
마우스 R 클릭하여 부가기능에서 [품목상세정보] 클릭하여 품목정보 확인과 [발주등록] 이력정보 클릭하
여 진행 이력 확인

   2) [구매/자재관리] → [구매현황] → [입고현황] 사업장, 입고기간 입력 후 조회하여 세부사항 확인

15 ② [구매/자재관리] → [재고평가] → [생산품표준원가등록] 사업장, 해당년도/월 입력 후 조회하여 품목별 표준
원가 금액 확인

16 ① [구매/자재관리] → [구매관리] → [매입마감(국내거래)] 사업장, 마감기간 입력 후 조회하여 마감번호별 세
부사항 확인(마감번호 선택 후 하단에서 마우스 R 클릭하여 [매입마감(국내거래)] 이역정보 확인 가능)

17 ③ [구매/자재관리] → [구매관리] → [회계처리(매입마감)] 사업장, 기간 입력 후 회계전표 탭에서 조회하여 세
부사항 확인

18 ③ 1) [구매/자재관리] → [재고관리] → [재고이동등록(창고)] 사업장, 이동기간 입력 후 조회 / 이동변호별 입
고창고 및 입고장소 확인

   2) [시스템관리] → [기초정보관리] → [창고/공정(생산)/외주공정등록] 사업장 입력 후 창고/장소 탭에서 조회
/ 해당 창고의 세부 장소(위치)를 확인

19 ④ [구매/자재관리] → [재고관리] → [재고실사등록] 사업장, 실사기간 입력 후 조회하여 확인(전산재고가 실사
재고보다 부족하면 재고를 증가시켜야 한다.)

20 ② [구매/자재관리] → [재고수불현황] → [현재고현황(전사/사업장)] 전사 탭에서 해당년도, 계정구분(5. 상품)
선택 후 조회하여 확인

물류 2급 2024년 5회 (2024년 9월 28일 시행)

[이론 답안]

1	2	3	4	5	6	7	8	9	10
④	①	③	①	②	④	③	④	②	②

11	12	13	14	15	16	17	18	19	20
②	④	④	③	④	①	④	③	④	④

[풀이]

01 ④

02 ① IaaS는 데이터베이스와 스토리지 등을 제공하는 서비스이다.
- SaaS(Software as a Service): 업의 핵심 애플리케이션인 ERP, CRM 솔루션 등의 소프트웨어를 클라우드 서비스를 통해 제공하고, 사용자가 원격으로 접속해 ERP소프트웨어를 활용하는 서비스
- PaaS(Platform as a Service): 소프트웨어 개발을 위한 플랫폼을 클라우드 서비스로 제공
- IaaS(Infrastructure as a Service): 서버 인프라를 서비스로 제공하는 것으로 클라우드를 통하여 저장장치 또는 컴퓨팅 능력을 인터넷을 통한 서비스 형태로 제공

03 ③ 성과측정관리는 SEM(전략적기업경영시스템)의 단위 시스템에 해당한다.
e-Business 지원 시스템을 구성하는 단위 시스템에는 전자상거래시스템(EC), 의사결정지원시스템(DSS), 고객관계관리시스템(CRM), 지식경영시스템(KMS), 경영자정보시스템(EIS), 공급업체관리시스템(SCM) 등이 있다.

04 ①

05 ②
- 시장조사법: 예측대상의 제품 및 서비스에 대해 고객의 의견을 직접 조사하는 기법으로 소비자의 의견을 직접 확인할 수 있는 장점이 있으나, 비용 및 시간이 많이 소요되는 단점을 갖는다.
- 델파이법: 전문가 집단에게 실적이나 예측데이터에 대한 설문을 수차례 실시하여 그 결과를 집계하여 수요예측을 하는 방법
- 자료유추법: 예측하고자 하는 제품의 과거 자료가 존재하지 않는 경우 유사제품의 수요변화나 보급상황, 또는 기타 유사사례와 비교 유추하여 신제품의 미래 수요를 예측하는 방법
- 판매원 추정법: 고객과 직접 접촉하는 일선 판매망 혹은 판매원의 개별 예측치들을 합성하여 예측치를 구하는 방법

06 ④
[판매계획 수립 기간]
- 단기계획: 연간 목표매출액 설정, 목표매출액 달성을 위한 제품별 가격, 판매촉진 방안, 구체적인 판매할당 등을 결정
- 중기계획: 제품별 수요예측과 판매예측을 통하여 제품별로 매출액을 예측하고, 제품별 경쟁력 강화를 위한 계획을 수립
- 장기계획: 신제품 개발, 새로운 시장 개척, 판매경로 강화 등에 관한 계획 수립

07 ③
- 교차비율 = 제품회전율 × 한계이익률
  = (매출액÷평균재고액) × (한계이익÷매출액) = 한계이익 ÷ 평균재고액

- 제품 A의 교차비율 = 10 ÷ 5 = 2.00
- 제품 B의 교차비율 = 15 ÷ 10 = 1.50
- 제품 C의 교차비율 = 20 ÷ 15 = 1.33
- 제품 D의 교차비율 = 30 ÷ 20 = 1.50

교차비율이 높을수록 이익도 높아지므로, 제품 A의 목표판매액을 가장 높게 할당하는 것이 바람직하다.

08 ④ 외부적 요인 중 물류비용은 유통채널 요인에 속하며, 가격탄력성과 제품이미지는 고객수요 요인에 속한다.
[가격결정에 영향을 미치는 기업 내·외부적인 요인]
- 내부적 요인: 제품특성(생산재·소비재, 필수·사치품, 표준품·주문품 등), 원가 및 비용(손익분기점, 목표이익 등), 마케팅목표(생존, 이윤극대화, 시장점유율 확대 등)
- 외부적 요인: 고객수요(소비자의 구매능력, 품질, 제품이미지, 용도, 가격탄력성 등), 유통채널(유통이익, 물류비용, 여신한도 등), 경쟁환경(대체품가격 등), 법·규제 환경(독점금지법, 공정거래법, 각종 세금 등)

09 ②

10 ②
- 매출채권회전율 = 총매출액 ÷ 매출채권잔액
  = 600억원 ÷ 300억원 = 2회

11 ② 공급망관리는 수요예측 효율향상을 통해 채찍효과를 최소화한다.

12 ④ 고정적으로 발생하는 인건비 및 초기 설비 투자비용은 고정투자비용에 포함된다.
[공급망 거점 설계에서 고려되어야 할 비용 요소]
- 재고비용: 물류거점 수가 증가함에 따라 처음에는 크게 증가하다가 어느 수준 이상이 되면 완만히 증가하는 경향
- 고정투자비용: 물류거점 수에 비례하여 증가하는 경향
- 변동운영비용: 물류거점의 규모에 영향을 받음
- 운송비용: 물류거점 수가 증가함에 따라 서서히 감소하다가 어느 수준을 넘어서게 되면 오히려 증가하는 경향

13 ④ 정기적으로 보충하는 저가품, 재고의 수시파악이 어려운 다품목 경우에는 고정주문기간모형을 적용한다.

14 ③ 철도운송은 대부분 출발 및 도착역에서 환적 작업 후 일반화물차운송이 이루어지므로 운송 도중에 적재변동이 필수적이다.

15 ④ 출입구가 동일한 창고의 경우 입출고 빈도가 높은 화물은 출입구에 가까운 장소에 보관하고, 낮은 경우에는 먼 장소에 보관하는 것으로 작업 동선을 줄이고 작업 효율을 높일 수 있다.
[창고보관의 기본 원칙]
- 통로 대면의 원칙: 창고 내에서 제품의 입출고 작업이 쉽게 이루어지도록 창고 통로를 서로 대면, 즉 마주보게 보관하는 원칙
- 높이 쌓기의 원칙: 창고 보관 효율, 특히 용적 효율을 높이기 위해 물품을 높게 쌓는 원칙
- 위치 표시의 원칙: 보관 적치한 물품의 로케이션에 주소 번호를 표시하는 원칙
- 선입선출의 원칙: 먼저 입고된 물품을 먼저 출고한다는 원칙
- 명료성의 원칙: 창고에 보관되어 있는 물품을 쉽게 찾고 관리할 수 있도록 명료하게 보관하는 원칙
- 회전 대응의 원칙: 보관할 물품의 장소를 회전 정도에 따라 정하는 원칙
- 동일성 및 유사성의 원칙: 동일 물품은 동일 장소에 보관하고, 유사품은 가까운 장소에 보관하는 원칙
- 중량 특성의 원칙: 보관 물품의 중량에 따라 보관 장소를 정하는 원칙
- 형상 특성의 원칙: 보관 물품의 형상에 따라 보관 장소를 정하는 원칙
- 네트워크 보관의 원칙: 보관 물품의 상호 관련 정도에 따라 연계하여 보관 장소를 정하는 원칙

16 ① 수량과 품질을 확인하는 단계는 검사에 해당한다.

17 ④ 구매의 주요 목표는 조직 전체의 목표 달성을 위해 구매부분 최적화가 아닌 전체최적화를 추구하여야 한다. 즉, 구매의 목표 달성에만 몰입하여 기업 전체 목표달성에 저해되는 활동을 하여서는 안된다.

18 ③
수취일기준 현금할인 방식은 가격할인 방식 중 현금할인 방식에 해당한다. "3/10 ROG"인 경우 선적화물 수취

일로부터 10일 이내에 현금지불이 되면 3%의 할인이 적용된다는 의미이다.

19 ④ 공급자 생산능력 사항은 공급계약사항에 포함될 내용과는 거리가 멀다.

20 ④

[구매방법의 유형]
- **수시구매:** 구매청구가 있을 때마다 구매하여 공급하는 방식이며, 과잉구매를 방지하고 설계변경 등에 대응하기가 용이한 장점이 있으며, 계절품목 등과 같이 일시적인 수요품목에 적합한 방법임
- **시장구매:** 제조계획에 따르지 않고 시장상황이 유리할 때 구매하는 방법이며, 생산시기가 일정한 품목, 항상 비축이 필요한 상비 저장품목에 적합한 방법
- **예측구매:** 미래 수요를 예측하여 시장상황이 유리할 때 일정한 양을 미리 구매하여 재고로 보유하였다가 생산계획이나 구매청구에 따라 재고에서 공급하는 방식
- **투기구매:** 가격인상(인플레이션)을 대비하여 이익을 도모할 목적으로 가격이 낮을 때 장기간의 수요량을 미리 구매하여 재고로 보유하는 구매방식
- **장기계약구매:** 자재의 안정적인 확보가 중요할 때 주로 적용하는 방법으로 특정 품목에 대해 수립된 장기 생산계획에 따라 필요한 자재의 소요량을 장기적으로 계약하여 구매하는 방법
- **일괄구매:** 소량 다품종의 품목을 구매해야 하는 경우 품목별로 구매처를 선정하는데 많은 시간과 노력이 소모된다. 이 경우 품종별로 공급처를 선정하여 구매 품목을 일괄 구매함으로써 구매시간과 비용을 절감하고 구매절차를 간소화하는 방법

[실무 답안]

1	2	3	4	5	6	7	8	9	10
④	②	③	①	②	③	④	①	④	③

11	12	13	14	15	16	17	18	19	20
②	①	④	②	③	①	④	③	②	③

[풀이]

01 ④ [시스템관리] → [기초정보관리] → [품목등록] 해당 품목 선택 후 ORDER/COST 탭에서 LEAD TIME 확인

02 ② [시스템관리] → [기초정보관리] → [물류관리내역등록] LQ. 품질검사구분 관리항목 확인

03 ③ [시스템관리] → [기초정보관리] → [일반거래처등록] 해당 거래처별 대표자명 확인

04 ① [영업관리] → [영업관리] → [판매계획등록] 사업장, 계획년도/월 선택 후 수정계획 탭에서 조회하여 해당 품목 확인

05 ② [영업관리] → [영업관리] → [견적등록] 사업장, 견적기간 입력 후 조회하여 해당 견적번호 확인

06 ③ [영업관리] → [영업관리] → [수주등록] 사업장, 주문기간 입력 후 조회 / 수주번호별 하단의 품목 선택 후 마우스 R 클릭하여 [수주등록] 이력정보 확인

07 ④ [영업관리] → [영업현황] → [수주현황] 사업장, 주문기간 입력 후 조회하여 관리구분별 합계 확인(마우스 R 클릭 후 정렬 및 소계설정 기능을 활용하면 편리함)

08 ① [영업관리] → [영업관리] → [출고처리(국내수주)] 사업장, 출고기간, 출고창고 입력 후 예외출고 및 주문출고 탭에서 각각 조회 / 출고번호별 하단의 출고장소 확인

09 ④ [영업관리] → [영업관리] → [매출마감(국내거래)] 사업장, 마감기간 입력 후 조회하여 해당 마감번호 세부사항 확인
　　※ 마감구분이 '건별'인 경우 마감메뉴에서 과세구분, 세무구분, 수량, 금액 등은 수정이 불가능하다.

마감구분이 '일괄'인 경우 마감메뉴에서 과세구분 및 세무구분은 수정이 불가능하며, 전표처리가 되지
않은 상태에서는 수량과 단가 등의 수정이 가능하다.

10 ③ [영업관리] → [영업현황] → [미수채권상세현황] 사업장, 조회기간, 조회기준 선택 후 고객 탭에서 고객 선택
후 조회하여 확인

11 ② [영업관리] → [영업분석] → [수주미납현황] 사업장, 기준일자, 납기일, 거래구분(0. DOMESTIC) 선택 후 조
회하여 확인

12 ① [구매/자재관리] → [구매관리] → [주계획작성(MPS)] 사업장, 계획기간, 계획구분(2. SIMULATION), 조달구
분(0. 구매), 품목군(Y100. 일반용) 선택 후 조회하여 확인

13 ④ [구매/자재관리] → [구매관리] → [발주등록] 사업장, 발주기간 입력 후 조회 / 상단의 '청구적용 조회' 버튼
을 클릭하여 청구기간 입력 후 조회
※ 청구구분이 '구매'로 등록되어야 발주등록에서 조회된다.

14 ② [구매/자재관리] → [구매현황] → [발주현황] 사업장, 발주기간 입력 후 정렬조건(프로젝트별) 선택 후 조회
하여 확인(마우스 R 클릭 후 정렬 및 소계설정 기능을 활용하면 편리함)

15 ③ [구매/자재관리] → [구매현황] → [입고현황] 사업장, 입고기간 입력 후 조회 / 조회된 입고내역 더블 클릭
하면 입고처리(국내발주) 메뉴로 이동됨 / 세부사항 확인 및 입고번호 하단에서 마우스 R 클릭하여 [입고처
리(국내발주)] 이력정보 확인

16 ① [구매/자재관리] → [구매관리] → [매입마감(국내거래)] 사업장, 마감기간 입력 후 조회 / 해당 마감번호의
세부사항 확인 및 하단에서 마우스 R 클릭하여 [매입마감(국내거래)] 이력정보 확인

17 ④ [구매/자재관리] → [구매관리] → [회계처리(매입마감)] 사업장, 기간 입력 후 회계전표 탭에서 조회하여 전
표별 하단의 계정과목 확인

18 ③ [구매/자재관리] → [재고관리] → [기초재고/재고조정등록] 사업장, 조정기간 입력 후 입고조정 탭에서 조회
하여 확인

19 ② 1) [구매/자재관리] → [재고관리] → [재고이동등록(창고)] 사업장, 이동기간 입력 후 조회 / 이동번호별 입
고창고 및 입고장소 확인
2) [시스템관리] → [기초정보관리] → [창고/공정(생산)/외주공정등록] 사업장 입력 후 창고/장소 탭에서 조회
/ 해당 창고의 세부 장소(위치)를 확인

20 ③ [구매/자재관리] → [구매관리] → [발주대비입고현황] 사업장, 발주기간 입력 후 조회 / 해당 품목별로 발주대비
입고수량을 확인

물류 2급 2024년 4회 (2024년 7월 27일 시행)

[이론 답안]

1	2	3	4	5	6	7	8	9	10
③	②	①	④	④	②	①	①	①	④

11	12	13	14	15	16	17	18	19	20
④	①	③	①	②	②	①	②	③	③

[풀이]

01 ③ ERP시스템 구축 후에도 IT아웃소싱 업체와 협업하면서 ERP시스템을 운영할 수 있다.

02 ② ERP 커스터마이징은 오픈 멀티-벤더(Open Multi-vendor) 지원기능과 무관하다.

03 ① 비즈니스 애널리틱스는 구조화된 데이터(structured data)와 비구조화된 데이터(unstructured data)를 동시에 이용한다.

04 ④ 마케팅(marketing), 판매(sales) 및 고객서비스(customer service)를 자동화함으로써 현재 및 미래 고객들과 상호작용할 수 있도록 지원하는 것은 CRM 모듈의 실행 효과이다.

05 ④ 수요예측은 장래에 발생할 가능성이 있는 모든 수요(잠재수요+현재수요)에 대하여 예측하는 것으로 자사가 소속하는 업종·업계에 있어서 당해 상품·서비스의 장래의 총수요의 크기와 그 방향을 추정하는 것이라고 할 수 있다.

06 ②
[수요예측방법]
- 정량적 예측방법: 시계열분석법(이동평균법, 지수평활법, ARIMA, 분해법, 확산모형), 인과모형분석법(회귀분석법) 등
- 정성적 예측방법: 델파이법, 시장조사법, 중역 및 판매원평가법, 패널동의법, 수명주기유추법 등

07 ①
영업사원 1인당 평균 목표매출액은 생산성지표 활용 시 필요한 요소이며, 전년 대비 자사 시장점유율 증가율은 시장점유율을 이용한 목표매출액 설정 시 필요한 요소이다.

08 ① 잠재구매력지수는 지역 및 시장별로 판매 할당하고자 할 때 이용되는 고려사항이다.

09 ①
일반적으로 수요가 지속적으로 유지되는 생필품의 가격탄력성이 사치품보다 작다.
가격탄력성이란 가격이 1% 변화하였을 때 수요량은 몇 % 변화하는가를 절대치로 나타낸 크기이다. 가격탄력성이 1보다 큰 상품의 수요는 탄력적(elastic)이라 하고, 1보다 작은 상품의 수요는 비탄력적(inelastic)이라고 한다. 가격탄력성의 산출식은 수요변화율을 가격변화율로 나눈 값이다.

10 ④
- 여신한도액 = 과거 3년간의 회수누계액 × 평균총이익률
- 여신한도액 = 과거 3년간의 (총매출액 - 외상매출채권잔액) × 평균총이익률

11 ④
[공급망관리 경쟁능력 4요소]
- 유연성(flexibility): 설계변화와 수요변화에 효율적으로 대응할 수 있는 능력

- 시간(time): 경쟁사보다 빠른 신제품 개발능력, 신속한 제품 배달 능력, 정시배달능력
- 비용(cost): 적은 자원으로 제품·서비스를 창출할 수 있는 능력
- 품질(quality): 고객 욕구를 만족시키는 척도이며 소비자에 의하여 결정

12 ① 생산준비비용은 생산공정의 변경이나 기계·공구의 교체 등으로 인해 발생되는 고정비용이다.
[재고관리 비용]
- 재고유지비용: 창고시설 이용 및 유지비용, 보험료, 취급 및 보관비용, 도난, 감소와 파손에 따른 손실비용
- 생산준비비용: 생산공정의 변경이나 기계·공구의 교체 등으로 인해 발생되는 고정비용
- 주문비용: 1회 주문량을 크게 할수록 재고 1단위당 비용이 줄어드는 특성이 있음
- 재고부족비용: 납기지연, 판매기회 상실, 거래처 신용하락, 잠재적 고객상실 등과 관련된 비용

13 ③
- 재발주점(ROP) = 리드타임 동안의 수요(일평균사용량 × 조달기간) + 안전재고
              = (6개 × 3일) + 2개 = 20개

14 ①
- 화물자동차 운송: 도로를 이용하는 화물 자동차가 운송 수단으로 운송 거리가 비교적 단거리이며, 발송 화주의 문전에서 도착 화주의 문전까지 일괄 운송이 가능
- 파이프라인 운송: 송유관을 통해 유류(액상)·기체·분말 등을 운송하기 위한 수단으로, 교통 혼잡도 완화 및 환경문제가 발생되지 않은 친환경적 운송수단
- 해상 운송: 선박을 이용하고 있어 기상 상태와 각국의 해상운송관련 법·제도에 제약이 많으며, 대량의 화물을 저렴하게 운송할 수 있음

15 ②
- 복수 거점방식: 화주별·권역별·품목별로 집하하여 고객처별 공동 운송하는 방식
- 다단계 거점방식: 권역별·품목별 거래처 밀착형 물류거점 운영으로 거래처의 물류서비스 만족도는 향상되나 단점으로는 물류거점 및 지역별 창고 운영으로 다수의 물류거점 확보 및 운영비가 가중되는 운송 방식
- 공장 직송 운송방식: 발송 화주에서 도착지 화주 직송방식
- 중앙 집중 거점방식: 단일의 물류센터만을 운용하는 운송경로 방식
- 배송 거점방식: 고객처별 물류 거점 운영으로 신속한 고객대응이 가능하여 서비스 만족도가 높으나, 다수의 물류 거점을 확보하여야 하므로 운영비가 가중됨

16 ②
먼저 입고된 물품을 먼저 출고해야 한다. 재고회전율이 낮은 품목, 모델 변경이 잦은 품목, 라이프사이클이 짧은 품목, 파손·감모가 쉬운 품목 등이 주요 대상이다.

17 ①
[구매가격의 유형]
- 시중가격: 판매자와 구매자의 판단에 좌우되지 않고 시장에서 수요와 공급의 균형에 따라 가격이 변동하는 것으로, 시기나 환경에 따라 수요 또는 공급의 변동이 심한 야채, 어류, 꽃, 철광 등
- 개정가격: 가격 그 자체는 명확히 결정되어 있지는 않으나 업계의 특수성이나 지역성 등으로 자연히 일정한 범위의 가격이 정해져 있는 것으로 판매자가 그 당시의 환경과 조건에 따라 가격을 정한다는 성격
- 정가가격: 판매자가 자기의 판단으로 결정하는 가격이며, 서적, 화장품, 약국, 맥주 등과 같이 전국적으로 시장성을 가진 상품에 주로 적용
- 협정가격: 판매자 다수가 서로 협의하여 일정한 기준에 따라 가격을 결정하는 것으로서 일반적으로 공공요금 성격을 갖는 교통비, 이발료, 목욕료 등 공정거래를 위해 설정된 각종 업계의 협정가격
- 교섭가격: 거래당사자 간의 교섭을 통하여 결정되는 가격으로 건축공사, 주문용 기계설비, 광고료 등이 이에 해당하며, 거래품목, 거래조건, 기타 거래환경에 따라 가격이 차이가 날 수 있으므로 교섭기술이 가격결정에 크게 영향을 미침

18 ②
[가격결정 방식]
- 비용(원가) 중심적 가격결정: 제품의 생산 또는 판매에 지출되는 총비용을 포함하고 목표이익을 달성할 수 있는 수준에서 가격을 결정하는 방식

    – 코스트 플러스 방식: 제품원가에 판매비와 관리비, 목표이익을 가산함으로써 가격을 결정하는 방식
    – 가산이익률 방식: 제품단위당 매출원가에 적정이익이 가능한 가산이익률을 곱하여 가격을 결정하는 방식
    – 목표투자이익률 방식: 기업이 목표로 하는 투자이익률을 달성할 수 있도록 가격을 결정하는 방식
    – 손익분기점분석 방식: 손익분기점의 매출액 또는 매출수량을 기준으로 가격을 결정하는 방식
• 구매자 중심적 가격결정: 생산원가보다는 소비자의 제품에 대한 평가나 소비자들의 수요를 바탕으로 가격을 결정하는 방식
    – 구매가격 예측 방식: 소비자의 구매의도, 구매능력 등을 고려하여 소비자가 기꺼이 지불할 수 있는 가격 수준으로 결정하는 방식
    – 지각가치 기준방식: 소비자들이 직접 지각하는 제품의 가치를 물어보는 방법으로 소비자가 느끼는 가치를 토대로 가격을 결정하는 방식
• 경쟁자 중심적 가격결정: 경쟁환경을 고려하여 시장점유율을 높이기 위해 경쟁기업의 가격을 기준으로 가격을 결정하는 방식
    – 경쟁기업 가격기준 방식: 자사의 시장점유율, 이미지, 제품경쟁력 등을 고려하여 판매이익보다는 경쟁기업의 가격을 기준으로 전략적으로 판매가격을 결정하는 방식
    – 입찰경쟁 방식: 입찰경쟁에서 경쟁자를 이기기 위하여 전략적으로 가격을 결정하는 방식

19 ③

20 ③
    품질유지가 필요한 경우 및 자사가 고유기술을 보호해야 하는 경우와 제품의 구성에서 전략적인 중요성을 가진 부품의 경우에는 자체생산을 실시한다.

[실무 답안]

1	2	3	4	5	6	7	8	9	10
②	①	④	④	②	③	④	①	②	③

11	12	13	14	15	16	17	18	19	20
④	①	③	②	④	①	④	③	④	①

[풀이]

01 ② [시스템관리] → [기초정보관리] → [품목등록] 해당 품목 선택 후 MASTER/SPEC 및 ORDER/COST 탭에서 세부사항 확인

02 ① [시스템관리] → [기초정보관리] → [물류실적(품목/고객)담당자등록] 거래처 탭에서 거래처분류(2000. 우수), 지역(1000. 서울) 선택 후 조회하여 확인

03 ④ [시스템관리] → [기초정보관리] → [일반거래처등록] 해당 거래처별 기본등록사항 탭에서 세부사항 확인

04 ④ [영업관리] → [영업관리] → [판매계획등록] 사업장, 계획년도/월 선택 후 기초계획 탭에서 조회 / 우측 상단의 '복사' 버튼을 클릭하여 팝업창에서 년월(2024년 5월) 선택 후 '품목단가 적용' 체크하고 조회 / 품목 선택 후 확인하여 기초계획으로 반영 후 확인

05 ② [영업관리] → [영업관리] → [견적등록] 사업장, 견적기간 입력 후 조회 / 견적번호별 하단의 결제조건 확인 후 납기일자 확인

06 ③ [영업관리] → [영업관리] → [수주등록] 사업장, 주문기간 입력 후 조회 / 우측 상단의 '견적적용 조회' 버튼 클릭하여 팝업창에서 견적기간 입력 후 견적적용(LIST) 탭에서 견적잔량 확인

07 ④ [영업관리] → [영업현황] → [수주현황] 사업장, 주문기간, 프로젝트(M100. 일반용자전거) 선택 후 조회하여 확인

08 ① [영업관리] → [영업관리] → [수주등록] 사업장, 주문기간 입력 후 조회 / 해당 수주번호 선택 후 세부사항 확인 / 하단에서 마우스 R 클릭하여 [수주등록] 이력정보 확인 / [수주마감처리] 메뉴에서 해당 수주번호 마감 여부 확인

09 ② 1) [영업관리] → [영업현황] → [출고현황] 사업장, 출고기간 입력 후 조회하여 출고번호별 출고창고 및 출고장소 확인
　　 2) [시스템관리] → [기초정보관리] → [창고/공정(생산)/외주공정등록] 사업장 입력 후 창고/장소 탭에서 조회 / 해당 창고의 세부 장소(위치)를 확인

10 ③ [영업관리] → [영업관리] → [회계처리(수금)] 사업장, 기간 입력 후 회계전표 탭에서 조회하여 해당 전표 하단의 계정과목 확인

11 ④ [영업관리] → [영업분석] → [수주미납집계] 사업장, 일자기준(0.주문일), 기간 입력 후 담당자 탭에서 조회하여 확인(마우스 R 클릭 후 정렬 및 소계설정 기능을 활용하면 편리함)

12 ① [구매/자재관리] → [구매관리] → [주계획작성(MPS)] 사업장, 계획기간, 계획구분(0. 판매계획) 선택 후 조회 / 우측 상단의 'OPTION' 버튼 클릭하여 '판매계획(고객별상세)' 선택 후 확인 / 우측 상단의 '판매계획적용' 버튼 클릭하여 해당 년월 선택 후 조회하여 품목별 미적용수량 확인

13 ③ [구매/자재관리] → [구매관리] → [소요량전개(MRP)] 사업장, 내역조회(1. 조회함) 선택 후 조회 / 전개구분, 계획기간 입력 후 품목별 예정발주일 확인

14 ② [구매/자재관리] → [구매관리] → [발주등록] 사업장, 발주기간 입력 후 조회 / 우측 상단 '청구일괄적용' 버튼 클릭하여 청구일자, 과세구분, 입고예정일, 검사여부 선택 후 확인 / '해당 조건의 일괄 적용할 데이터가 존재하지 않습니다.' 확인
　　※ 청구일괄적용 기능은 청구등록의 내역을 품목의 '주거래처'별로 집계하여 일괄등록하는 기능이다. 청구 내역의 주거래처가 등록되어 있지 않을 경우 등록대상에 집계되지 않는다

15 ④ [구매/자재관리] → [구매관리] → [발주등록] 사업장, 발주기간 입력 후 조회 / 발주번호별로 하단에서 마우스 R 클릭하여 [발주등록] 이력정보 클릭 후 진행 이력 확인

16 ① [구매/자재관리] → [구매관리] → [발주등록] 사업장, 발주기간 입력 후 조회 / 해당 발주번호의 품목 '검사여부' 확인

17 ④ [구매/자재관리] → [구매현황] → [입고현황] 사업장, 입고기간 입력 후 조회하여 확인

18 ③ [구매/자재관리] → [구매관리] → [회계처리(매입마감)] 사업장, 기간 입력 후 매입마감 탭에서 조회하여 세부사항 확인

19 ④ [구매/자재관리] → [재고관리] → [재고이동등록(창고)] 사업장, 이동기간 입력 후 조회하여 확인

20 ① [구매/자재관리] → [재고평가] → [생산품표준원가등록] 사업장, 해당년도/월 입력 후 조회 / 해당 품목별 실제원가(품목등록)과 표준원가 금액을 비교하여 확인

물류 2급 2024년 3회 (2024년 5월 25일 시행)

[이론 답안]

1	2	3	4	5	6	7	8	9	10
④	④	④	③	②	③	④	④	②	①

11	12	13	14	15	16	17	18	19	20
③	④	①	②	②	②	①	③	②	④

[풀이]

01 ④ 특정 하드웨어나 소프트웨어 업체에 의존하지 않고, 다양한 애플리케이션과 연계가 가능한 개방형 시스템이다.
- 기능적 특징: 다국적·다통화·다언어, 중복업무의 배제 및 실시간 정보처리체계 구축, 선진 비즈니스 프로세스 모델에 의한 BPR 지원, 파라미터 지정에 의한 프로세스 정의, 경영정보 제공 및 경영 조기경보체계 구축, 투명 경영의 수단으로 활용, 오픈 – 멀티벤더
- 기술적 특징: 4세대 언어로 개발, 관계형 데이터베이스 시스템 채택, 객체지향 기술의 사용, 인터넷 환경의 e – 비즈니스를 수용할 수 있는 Multi – Tier 환경 구성

02 ④

03 ④

04 ③ 현업의 요구사항을 반영하면서 커스터마이징은 최소화하여야 한다.

05 ②
- 수요예측치 = 지수평활계수(α) × 전기실적치 + (1−지수평활계수(α)) × 전기예측치
  따라서, 전기예측치 = [수요예측치 − (지수평활계수(α)×전기실적치)] ÷ (1−지수평활계수(α))
  = [6개 − (0.2×6개)] ÷ (1−0.2)
  = 4.8개 ÷ 0.8 = 6개

06 ③
- 손익분기점 = (단위당 판매가격−단위당변동비) × 수량 − 고정비
  = (900−600) × Q − 3,000,000
  = 300Q − 3,000,000
  Q = 3,000,000 ÷ 300 = 10,000개
  따라서, 손익분기점 매출액 = 10,000개 × 900원 = 9,000,000원

07 ④
[시장의 형태]
- 과점시장: 소수의 생산자가 시장을 장악하고 비슷한 제품을 생산하며 같은 시장에서 경쟁하는 시장 형태(예: 이동통신사 등)
- 독점시장: 특정 산업을 단 하나의 기업이 지배하는 시장 형태를 말하며, 높은 진입장벽을 활용해 장기적으로 초과이윤 확보가 가능한 시장(예: 한국전력공사 등)
- 완전경쟁시장: 다수의 경쟁자들이 참여하고 동질의 상품이 거래되며, 거래자들이 상품의 가격·품질 등에 대한 완전한 정보를 가지고 시장에 자유로이 들어가거나 나갈 수 있는 시장
- 독점적 경쟁시장: 시장에 다수의 기업들이 참여하고 있지만 참여 기업들은 각자 디자인, 품질, 포장 등에 있어 어느 정도 차이가 있는 유사 상품을 생산, 공급하며 상호 경쟁하고 있는 시장(예: 미용실, 병원, 목욕탕 등)

08 ④

[고객(거래처) 중점 선정 방법]
- ABC(파레토)분석: 과거 실적데이터를 중심으로 고객을 분류
- 매트릭스(이원표)분석: 거래처/고객의 경영능력이나 판매력, 그리고 향후 성장 가능성 등을 데이터로 분석하여 분류(서로 다른 2개의 요인을 이용하여 이원표를 구성한 후 고객을 범주화하여 분류)
- 거래처포트폴리오분석: 3개 이상의 요인에 대한 가중치를 이용하여 결합하고 다면적으로 분석하여 일정한 기준에 따라 범주화하여 분류

09 ②

- 받을어음 회수기간 = (각 받을어음 금액×각 어음기간)의 합계 ÷ 매출총액
  $$= ((9억원×0) + (3억원×30일) + (3억원×60일) + (5억원×90일)) ÷ 20억원$$
  $$= 36일$$

10 ① 예측오차의 발생 확률은 예측하는 기간의 길이에 비례하여 높아지기 때문에 예측치에는 평균 기대치와 예측오차를 포함하여야 예측의 정확도를 높일 수 있다.

[수요예측 및 판매예측의 특성]
- 예측오차의 발생 확률은 예측하는 기간의 길이에 비례하여 높아지기 때문에 예측치에는 평균 기대치와 예측오차를 포함하여야 예측의 정확도를 높일 수 있다.
- 장기예측보다는 단기예측이 더 정확하다.
- 총괄예측이 개별품목예측보다 더 정확하다.
- 기존의 상품이나 서비스에 대한 예측은 신규상품이나 서비스에 대한 예측보다는 적중률이 높아진다.
- 수요가 안정적인 기간 또는 기존의 상품이나 서비스에 대한 예측은 불안정한 기간 또는 신규 상품이나 서비스에 대한 예측보다는 적중률이 높아진다.
- 영속성이 있는 상품이나 서비스 등은 영속성이 없는 상품이나 서비스의 경우보다 지속적으로 정확한 예측이 어렵다. 그 이유는 경기변동이나 경제환경 등의 외부환경요인에 영향을 받아 수요패턴이 변화하기 때문이다.

11 ③ 주문 리드타임과 정보 리드타임을 단축한다.

[채찍효과 대처방안]
- 공급망 전반의 수요 정보를 중앙 집중화하여 불확실성을 제거
- 안정적인 가격구조로 소비자 수요의 변동 폭을 조정
- 고객·공급자와 실시간 정보 공유
- 제품 생산과 공급에 소요되는 주문 리드타임과 주문처리에 소요되는 정보 리드타임을 단축
- 공급망의 재고관리를 위하여 기업 간 전략적 파트너십 구축

12 ④

[공급망 물류거점 운영방식]
- 직배송방식: 생산자 창고만 보유하고, 물류거점을 거치지 않고 소비자에게 직접 배송하는 방식
- 크로스도킹 운영방식: 물류 거점에 재고를 보유하지 않고, 물류 거점이 화물에 대한 '환적'기능만을 제공
- 공급자관리재고 운영방식: 물류거점의 운영을 자재·부품 공급업체에 일임하고 필요한 경우에 필요한 수량만큼 공급자가 운영하는 물류거점에서 가져오는 방식
- 통합 물류센터 운영방식: 중앙 물류센터에서 전체 공급망의 물품을 통합하여 운영하는 방식
- 지역 물류센터 운영방식: 소비자 근처로 위치한 분산 물류 거점을 두는 방식
- 통합·지역 물류센터 혼합 운영 방식: 중앙 물류센터와 지역 물류센터를 혼합하여 운영. 수요처가 매우 넓은 지역에 분포되거나, 글로벌 공급망인 경우에 주로 적용

13 ①

[재고관리 비용]
- 재고유지비용: 창고시설 이용 및 유지비용, 보험료, 취급 및 보관비용, 도난, 감소와 파손에 따른 손실비용
- 생산준비비용: 생산공정의 변경이나 기계·공구의 교체 등으로 인해 발생되는 고정비용
- 주문비용: 1회 주문량을 크게 할수록 재고 1단위당 비용이 줄어드는 특성이 있음
- 재고부족비용: 납기지연, 판매기회 상실, 거래처 신용하락, 잠재적 고객상실 등과 관련된 비용

14 ② 실지재고조사법은 파악이 곤란한 감모손실의 수량도 매출수량에 포함되므로 매출원가가 과대평가되고 당기 매출이익이 작게 나타난다.
- 계속기록법은 보관과정 중에 발생하는 재고자산의 입출고 시에 재고의 증감수량과 금액을 일일이 계속 장부에 기록하는 방법으로 거래가 빈번하지 않을 때 적용이 적합한 방법이다. 감모손실이 기말재고수량에 포함되지 않으므로 실제 재고수량보다 기말재고수량이 많을 수 있다.
- 실지재고조사법은 재고자산의 입출고를 일일이 기록하지 않고 재고조사를 통하여 기말재고 수량과 당기의 매출수량을 파악하며, 출고기록이 없으므로 기말재고로 파악되지 않는 수량은 당기에 매출된 수량으로 간주하게 된다. 따라서 파악이 곤란한 감모손실의 수량도 매출수량에 포함되므로 매출원가가 과대평가되고 당기 매출이익이 작게 나타난다.

15 ②
- 복수 거점방식: 화주별·권역별·품목별로 집하하여 고객처별 공동 운송하는 방식
- 다단계 거점방식: 권역별·품목별 거래처 밀착형 물류거점 운영으로 거래처의 물류서비스 만족도는 향상되나 단점으로는 물류거점 및 지역별 창고 운영으로 다수의 물류거점 확보 및 운영비가 가중되는 운송 방식
- 공장 직송 운송방식: 발송 화주에서 도착지 화주 직송방식
- 중앙 집중 거점방식: 단일의 물류센터만을 운용하는 운송경로 방식
- 배송 거점방식: 고객처별 물류 거점 운영으로 신속한 고객대응이 가능하여 서비스 만족도가 높으나, 다수의 물류 거점을 확보하여야 하므로 운영비가 가중됨

16 ② 높낮이 차이의 최소화
[창고배치의 기본원리]
- 흐름 방향의 직진성의 원리
- 물품, 사람, 운반 기기의 역행 교차 없애기
- 취급 횟수 최소화
- 높낮이 차이의 최소화
- 모듈화·규격화 고려 등

17 ①
[자체생산과 외주생산 중 자체생산이 유리한 경우]
- 고유기술을 보호해야 하는 경우
- 제품의 구성에서 전략적으로 중요한 부품의 경우
- 지속적으로 대량생산을 해야 하는 경우
- 시설감가액을 고려한 생산한계비용이 한계수입보다 낮은 경우 등

18 ③

19 ②
- 매출가(판매가) = 판매원가(총원가) + 이익
  = 500원 + 100원 = 600원

20 ④
[구매방법의 유형]
- 수시구매: 구매청구가 있을 때마다 구매하여 공급하는 방식이며, 과잉구매를 방지하고 설계변경 등에 대응하기가 용이한 장점이 있으며, 계절품목 등과 같이 일시적인 수요품목에 적합한 방법임
- 시장구매: 제조계획에 따르지 않고 시장상황이 유리할 때 구매하는 방법이며, 생산시기가 일정한 품목, 항상 비축이 필요한 상비 저장품목에 적합한 방법
- 예측구매: 미래 수요를 예측하여 시장상황이 유리할 때 일정한 양을 미리 구매하여 재고로 보유하였다가 생산계획이나 구매청구에 따라 재고에서 공급하는 방식
- 투기구매: 가격인상(인플레이션)을 대비하여 이익을 도모할 목적으로 가격이 낮을 때 장기간의 수요량을 미리 구매하여 재고로 보유하는 구매방식
- 장기계약구매: 자재의 안정적인 확보가 중요할 때 주로 적용하는 방법으로 특정 품목에 대해 수립된 장기 생산계획에 따라 필요한 자재의 소요량을 장기적으로 계약하여 구매하는 방법

• 일괄구매: 소량 다품종의 품목을 구매해야 하는 경우 품목별로 구매처를 선정하는데 많은 시간과 노력이 소모된다. 이 경우 품종별로 공급처를 선정하여 구매 품목을 일괄 구매함으로써 구매시간과 비용을 절감하고 구매절차를 간소화하는 방법

[실무 답안]

1	2	3	4	5	6	7	8	9	10
②	④	①	①	③	③	②	④	②	①
11	12	13	14	15	16	17	18	19	20
③	④	①	③	②	④	①	②	③	④

[풀이]

01 ② [시스템관리] → [기초정보관리] → [일반거래처등록] 해당 거래처별 기본등록사항 탭에서 세부사항 확인

02 ④ [시스템관리] → [기초정보관리] → [물류실적(품목/고객)담당자등록] 거래처 탭에서 조회 후 구매담당자 확인

03 ① [시스템관리] → [기초정보관리] → [품목등록] 해당 품목 선택 후 MASTER/SPEC 탭에서 세부사항 확인

04 ① [영업관리] → [영업관리] → [판매계획등록] 사업장, 계획년도/월 선택 후 수정계획 탭에서 조회하여 해당 품목 확인

05 ③ [영업관리] → [영업관리] → [견적등록] 사업장, 견적기간 입력 후 조회하여 견적번호별 하단의 결제조건 확인

06 ③ [영업관리] → [영업관리] → [수주등록] 사업장, 주문기간 입력 후 조회 / 수주번호별로 하단의 품목 선택 후 마우스 R 클릭하여 [수주등록] 이력정보 확인

07 ② [영업관리] → [영업관리] → [수주마감처리] 사업장, 주문기간 입력 후 조회하여 품목별 마감사유 확인

08 ④ [영업관리] → [영업현황] → [출고현황] 사업장, 출고기간 입력 후 정렬조건에서 '관리구분별' 선택 후 조회하여 확인

09 ② [영업관리] → [영업관리] → [수금등록] 사업장, 수금기간 입력 후 조회하여 수금번호별 세부사항 확인

10 ① ④ [영업관리] → [영업관리] → [매출마감(국내거래)] 사업장, 마감기간 입력 후 조회 / 해당 마감번호 하단에서 마우스 R 클릭하여 [매출마감(국내거래)] 이력정보 확인
　　※ 마감구분이 '건별'인 경우 마감메뉴에서 과세구분, 세무구분, 수량, 금액 등은 수정이 불가능하다.
　　　 마감구분이 '일괄'인 경우 마감메뉴에서 과세구분 및 세무구분은 수정이 불가능하며, 전표처리가 되지 않은 상태에서는 수량과 단가 등의 수정이 가능하다.

11 ③ [영업관리] → [영업현황] → [미수채권집계] 사업장, 조회기간, 조회기준, 미수기준 선택 후 고객 탭에서 조회하여 확인

12 ④ [구매/자재관리] → [구매관리] → [청구등록] 사업장, 요청일자 입력 후 조회하여 청구번호별 청구구분 확인
　　※ 청구구분이 '구매'인 경우에 발주 대상이고, '생산'인 경우에는 생산지시 대상이다.

13 ① [구매/자재관리] → [구매관리] → [주계획작성(MPS)] 사업장, 계획기간, 계획구분(1. 주문) 선택 후 조회하여 확인

14 ③ [구매/자재관리] → [구매관리] → [발주등록] 사업장, 발주기간 입력 후 조회 / 발주번호별로 하단에서 마우스 R 클릭하여 [발주등록] 이력정보 클릭 후 진행 이력 확인

15 ② [구매/자재관리] → [구매관리] → [소요량전개(MRP)] 사업장 입력 후 조회하여 품목별 예정발주일 확인

16 ④ [구매/자재관리] → [구매관리] → [입고처리(국내발주)] 사업장, 입고기간, 입고창고 입력 후 발주입고 탭에서 조회 / 우측 상단의 발주적용 버튼을 클릭하여 발주기간 입력 후 발주적용(LIST) 탭에서 조회하여 품목별 발주잔량 확인

17 ① [구매/자재관리] → [구매관리] → [회계처리(매입마감)] 사업장, 기간 입력 후 매입마감 탭에서 조회하여 전표상태 확인

18 ② 1) [구매/자재관리] → [구매현황] → [입고현황] 사업장, 입고기간, 거래처 선택 후 조회 / 해당 입고번호의 입고창고 및 장소 확인
    2) [구매/자재관리] → [재고관리] → [재고이동등록(창고)] 사업장, 이동기간 입력 후 조회하여 확인

19 ③ [구매/자재관리] → [재고수불현황] → [현재고현황(전사/사업장)] 전사 탭에서 해당년도 선택 후 조회하여 확인

20 ④ [구매/자재관리] → [재고평가] → [생산품표준원가등록] 사업장, 해당년도/월 입력 후 조회하여 해당 품목 표준원가 금액 확인

물류 2급   2024년 2회 (2024년 3월 23일 시행)

[이론 답안]

1	2	3	4	5	6	7	8	9	10
③	③	①	①	④	①	③	③	②	③

11	12	13	14	15	16	17	18	19	20
③	③	④	①	②	①	③	①	④	②

[풀이]

01 ③ 클라우드 ERP를 사용하더라도 클라우드 서비스 제공자와 별도의 계약을 체결한 어플리케이션은 자율적으로 설치 및 활용이 가능하다.

02 ③ 기존 정보시스템은 업무처리 방식은 수직적이고, ERP 업무처리 방식은 수평적이다.

03 ① IaaS는 데이터베이스와 스토리지 등을 제공하는 서비스이다.
- SaaS(Software as a Service): 업의 핵심 애플리케이션인 ERP, CRM 솔루션 등의 소프트웨어를 클라우드 서비스를 통해 제공하고, 사용자가 원격으로 접속해 ERP소프트웨어를 활용하는 서비스
- PaaS(Platform as a Service): 소프트웨어 개발을 위한 플랫폼을 클라우드 서비스로 제공
- IaaS(Infrastructure as a Service): 서버 인프라를 서비스로 제공하는 것으로 클라우드를 통하여 저장장치 또는 컴퓨팅 능력을 인터넷을 통한 서비스 형태로 제공

04 ① 성과측정관리는 SEM(전략적기업경영시스템)의 단위 시스템에 해당한다.
e-Business 지원 시스템을 구성하는 단위 시스템에는 전자상거래시스템(EC), 의사결정지원시스템(DSS), 고객관계관리시스템(CRM), 지식경영시스템(KMS), 경영자정보시스템(EIS), 공급업체관리시스템(SCM) 등이 있다.

05 ④
[수요예측 및 판매예측의 특성]
- 예측치는 평균기대치와 예측오차를 포함하여야 한다.
- 장기예측보다는 단기예측이 더 정확하다.
- 총괄예측이 개별품목예측보다 더 정확하다.
- 인구통계학적인 요소가 장래의 수요 규모를 결정한다.
- 수요가 안정적인 기간 또는 기존의 상품이나 서비스에 대한 예측은 불안정한 기간 또는 신규 상품이나 서비스에 대한 예측보다는 적중률이 높아진다.
- 영속성이 있는 상품이나 서비스 등은 영속성이 없는 상품이나 서비스의 경우보다 지속적으로 정확한 예측이 어렵다. 그 이유는 경기변동이나 경제환경 등의 외부환경요인에 영향을 받아 수요패턴이 변화하기 때문이다.

06 ①
- 수요예측치 = 지수평활계수(α) × 전기실적치 + (1-지수평활계수(α)) × 전기예측치
- 4월 예측치 = 0.4 × 200개 + (1-0.4) × 200개 = 200개
- 5월 예측치 = 0.4 × 300개 + (1-0.4) × 200개 = 240개

07 ③
자사의 연간 총여신한도액 요소는 거래처 신용한도 설정 시 필요한 요소이다.

08 ③
- 교차비율 = 제품회전율 × 한계이익률
= (매출액÷평균재고액) × (한계이익÷매출액) = 한계이익 ÷ 평균재고액
- 제품 A의 교차비율 = 10 ÷ 10 = 1.00
- 제품 B의 교차비율 = 20 ÷ 15 = 1.33
- 제품 C의 교차비율 = 30 ÷ 20 = 1.50
- 제품 D의 교차비율 = 40 ÷ 30 = 1.33

교차비율이 높을수록 이익도 높아지므로, 제품 C의 목표판매액을 가장 높게 할당하는 것이 바람직하다.

09 ②
재고유지비용은 경제적 발주량 산정 시 이용되는 요소이다.

10 ③ 견적은 수주이전 단계로서 고객이 구매하고자 하는 물품에 대한 가격을 산출하는 과정이다.

11 ③
[채찍효과의 원인]
- 잦은 수요예측 변경: 변동하는 고객 주문을 반영하여 수요예측, 생산, 발주와 일정 계획이 자주 갱신
- 배치 주문방식: 운송비·주문비의 절감을 위하여 대량의 제품을 한꺼번에 발주
- 가격 변동: 불안정한 가격 구조, 가격 할인 행사 등으로 불규칙한 구매 형태를 유발
- 리드타임 증가: 조달 리드타임이 길어지면 수요·공급의 변동성·불확실성이 확대
- 과도한 발주: 공급량 부족으로 주문량보다 적게 할당될 때, 구매자가 실제 필요량보다 확대하여 발주

12 ③
- 대응적 공급망 전략: 혁신적 제품과 같이 수요 예측이 어렵고, 이익률은 높은 제품에 빠르게 대응하는 공급망 전략으로서 고객 서비스를 비용적인 측면보다 우선 시 하는 전략으로, 스피드, 유연성, 품질을 중심으로 공급자를 선정
- 효율적 공급망 전략: 예측 가능한 안정적 수요를 가지고 이익률이 낮은 제품에 대응하는 공급망 전략으로서 낮은 재고 수준과 비용 최소화가 가장 중요한 목적이며, 비용과 품질에 근거하여 선정

13 ④
① 수송비용은 수송거리에 비례하여 증가하며, 물류거점 수가 증가하면 수송비용은 서서히 감소하다가 어느 수준을 넘어서게 되면 수송 비용이 증가한다.
② 고정투자비용에는 인건비 및 초기 설비투자 비용을 포함하며, 물류거점 수에 비례하여 증가하는 경향을 갖는다.
③ 재고비용은 물류거점 수가 증가에 따라 초기 증가폭이 크다가 일정 수준 이상이 되면 완만히 증가하는 경향을 보인다.

14 ①
[재고의 유형]
- 예상(비축)재고: 계절적인 수요 급등, 가격급등, 파업으로 인한 생산중단 등이 예상될 때, 향후 발생할 수요를 대비하여 미리 생산하여 보관하는 재고
- 순환재고: 비용 절감을 위하여 경제적 주문량(생산량) 또는 로트 사이즈(lot size)로 구매(생산)하게 되어, 당장 필요한 수량을 초과하는 잔량에 의해 발생하는 재고로서 다음의 구매시점까지 계속 보유하는 재고를 말한다.
- 안전재고: 조달기간의 불확실, 생산의 불확실, 또는 그 기간 동안의 수요량이 불확실한 경우 등 예상외의 소비나 재고부족 상황에 대비하여 보유하는 재고
- 수송(파이프라인)재고: 재고비용을 부담하여 물품에 대한 소유권을 가지고 있으며, 수송 중에 있는 재고로 수입물품 등과 같이 긴 조달(수송)기간을 갖는 재고, 유통과정의 이동 중인 재고, 정유회사의 수송용 파이프로 이동 중인 재고

15 ②
- 재발주점(ROP) = 리드타임 동안의 수요(일평균사용량 × 조달기간) + 안전재고
= (7,000개 × 3일) + 3,000개 = 24,000개

16 ①
- 복수 거점방식: 화주별·권역별·품목별로 집하하여 고객처별 공동 운송하는 방식
- 다단계 거점방식: 권역별·품목별 거래처 밀착형 물류거점 운영으로 거래처의 물류서비스 만족도는 향상되나 단점으로는 물류거점 및 지역별 창고 운영으로 다수의 물류거점 확보 및 운영비가 가중되는 운송 방식
- 공장 직송 운송방식: 발송 화주에서 도착지 화주 직송방식
- 중앙 집중 거점방식: 단일의 물류센터만을 운용하는 운송경로 방식
- 배송 거점방식: 고객처별 물류 거점 운영으로 신속한 고객대응이 가능하여 서비스 만족도가 높으나, 다수의 물류 거점을 확보하여야 하므로 운영비가 가중됨

17 ③
구매계획을 수립할 때에는 가격추세, 대용자재, 생산계획, 재고수량, 구매량 및 구매시기, 조달소요시간, 납기 등을 고려하여야 한다. 판매계획은 구매계획 수립 전에 진행되어야 할 업무이다.

18 ①
시중가격은 판매자와 구매자의 판단에 좌우되지 않고 시장 전체의 움직임, 즉 수요와 공급의 균형에 의해 가격, 그 자체가 변동하는 것으로 야채, 어류, 생화, 철광, 견사 등이 해당된다.
서적은 전국적으로 시장성을 가진 상품으로 판매자가 자기의 판단으로 결정하는 가격인 정가가격에 유리한 품목이다.

19 ④

20 ② 재료비는 조업도의 증감에 따라 비례적으로 증감하는 변동비이다.

[실무 답안]

1	2	3	4	5	6	7	8	9	10
④	①	④	③	④	②	③	①	④	②

11	12	13	14	15	16	17	18	19	20
①	②	①	④	④	①	②	③	④	③

[풀이]

01 ④ [시스템관리] → [기초정보관리] → [품목등록] 해당 품목 선택 후 MASTER/SPEC 및 ORDER/COST 탭에서 세부사항 확인

02 ① [시스템관리] → [기초정보관리] → [물류실적(품목/고객)담당자등록] 거래처 탭에서 거래처분류(2000. 우수), 지역(2000. 경기) 선택 후 조회하여 확인

03 ④ [시스템관리] → [기초정보관리] → [일반거래처등록] 해당 거래처별 기본등록사항 탭에서 세부사항 확인

04 ③ [영업관리] → [영업관리] → [판매계획등록] 사업장, 계획년도/월, 수정계획반영 선택 후 수정계획 탭에서 조회하여 확인

05 ④ [영업관리] → [영업관리] → [견적등록] 사업장, 견적기간 입력 후 조회하여 견적번호별 견적금액 확인

06 ② [영업관리] → [영업관리] → [수주등록] 사업장, 주문기간 입력 후 조회 / 수주번호별로 하단의 품목 선택 후 마우스 R 클릭하여 [수주등록] 이력정보 확인

07 ③ [영업관리] → [영업관리] → [수주마감처리] 사업장, 주문기간 입력 후 조회 / 주문번호별 하단의 마감사유 확인

08 ① [영업관리] → [영업관리] → [출고처리(국내수주)] 사업장, 출고기간, 창고 선택 후 예외출고 및 주문출고 탭에서 각각 조회 / 출고번호별 하단의 품목 출고장소 확인

09 ④ 1) [영업관리] → [영업관리] → [출고처리(국내수주)] 사업장, 출고기간, 창고 선택 후 예외출고 및 주문출고
탭에서 각각 조회 / 출고번호별 하단에서 마우스 R 클릭하여 [출고처리(국내수주)] 이력정보 확인
2) [영업관리] → [영업관리] → [매출마감(국내거래)] 사업장, 마감기간 입력 후 조회하여 세부사항 확인

10 ② [영업관리] → [영업관리] → [회계처리(매출마감)] 사업장, 기간 입력 후 회계전표 탭에서 조회하여 매출마감
번호별 세부사항 확인

11 ① [영업관리] → [영업관리] → [수금등록] 사업장, 수금기간 입력 후 조회 / 수금번호별 상단의 [선수금정리]
클릭 후 정리금액 확인

12 ② [구매/자재관리] → [구매관리] → [주계획작성(MPS)] 사업장, 계획기간, 계획구분(0. 판매계획) 선택 후 조회
/ 우측 상단의 '판매계획적용' 버튼 클릭하여 해당 년월 선택 후 조회하여 품목별 미적용수량 확인

13 ① [구매/자재관리] → [구매현황] → [청구현황] 사업장, 청구기간, 청구구분(0. 구매) 선택 후 조회하여 확인
(마우스 R 클릭 후 정렬 및 소계설정 기능을 활용하면 편리함)

14 ④ [구매/자재관리] → [구매관리] → [발주등록] 사업장, 발주기간 입력 후 조회 / 발주 건별로 하단에서 마우
스 R 클릭하여 부가기능에서 [품목상세정보] 클릭하여 품목정보 확인과 [발주등록] 이력정보 클릭하여 진행
이력 확인

15 ④ [구매/자재관리] → [구매관리] → [발주등록] 사업장, 발주기간 입력 후 조회 / 해당 발주번호 선택 후 세부
사항 확인 / 하단에서 마우스 R 클릭하여 [발주등록] 이력정보 확인 / [발주마감처리] 메뉴에서 해당 발주번호
마감 여부 확인

16 ① [구매/자재관리] → [구매관리] → [입고처리(국내발주)] 사업장, 입고기간, 입고창고 선택 후 예외입고 탭
에서 조회하여 입고번호별 세부사항 확인 / 입고번호별 하단에서 마우스 R 클릭하여 [입고처리(국내발주)]
이력정보 확인

17 ② [구매/자재관리] → [구매관리] → [매입마감(국내거래)] 사업장, 마감기간 입력 후 조회 / 상단의 입고적용
조회 버튼 클릭하여 입고기간 입력 후 입고적용(건별) 탭에서 조회하여 거래처별 미마감 수량 확인

18 ③ 1) [구매/자재관리] → [구매관리] → [입고처리(국내발주)] 사업장, 입고기간, 입고창고 입력 후 예외입고 탭
에서 조회 / 해당 입고번호 하단에서 마우스 R 클릭하여 [입고처리(국내발주)] 이력정보 클릭 후 매입마
감번호 확인
2) [구매/자재관리] → [구매관리] → [회계처리(매입마감)] 사업장, 기간 입력 후 매입마감 탭에서 조회하여
순번 확인

19 ④ [구매/자재관리] → [재고관리] → [재고실사등록] 사업장, 실사기간 입력 후 조회하여 확인(전산재고가 실사
재고보다 부족하면 재고를 증가시켜야 한다.)

20 ③ 1) [구매/자재관리] → [재고관리] → [재고이동등록(창고)] 사업장, 이동기간 입력 후 조회 / 이동번호별 입
고창고 및 입고장소 확인
2) [시스템관리] → [기초정보관리] → [창고/공정(생산)/외주공정등록] 사업장 입력 후 창고/장소 탭에서 조회
/ 해당 창고의 세부 장소(위치)를 확인

생산 2급 ┃ 2025년 1회 (2025년 1월 25일 시행)

[이론 답안]

1	2	3	4	5	6	7	8	9	10
①	②	④	③	④	①	③	④	③	①
11	12	13	14	15	16	17	18	19	20
③	④	③	③	③	④	③	②	③	①

[풀이]

01 ① 비지도학습 방법에는 군집분석, 오토인코더, 생성적 적대신경망(GAN)이 있다.

[기계학습의 유형]
- 지도학습: 학습 데이터로부터 하나의 함수를 유추해내기 위한 방법, 즉 학습 데이터로부터 주어진 데이터의 예측 값을 추측한다. 지도학습 방법에는 분류모형과 회귀모형이 있다.
- 비지도학습: 데이터가 어떻게 구성되었는지를 알아내는 문제의 범주에 속한다. 지도학습 및 강화학습과 달리 입력값에 대한 목표치가 주어지지 않는다. 비지도학습 방법에는 군집분석, 오토인코더, 생성적 적대신경망 (GAN)이 있다.
- 강화학습: 선택 가능한 행동 중 보상을 최대화하는 행동 혹은 순서를 선택하는 방법이다. 강화학습에는 게임 플레이어 생성, 로봇 학습 알고리즘, 공급망 최적화 등의 응용영역이 있다.

02 ②

03 ④ ERP시스템 구축 후에도 IT아웃소싱 업체와 협업하면서 ERP시스템을 운영할 수 있다.

04 ③ 선진 업무프로세스(Best Practice) 도입을 목적으로 ERP 패키지를 도입하였는데, 기존 업무처리에 따라 ERP 패키지를 수정한다면 BPR은 전혀 이루어지지 않는다.

05 ④
- 노동생산성 = 산출량 / 투입시간
  = 1,080㎡ / (3명×8시간) = 45㎡/인시

06 ① BOM은 제품의 물리적 특성이 관리된다.

07 ③

08 ④

[생산시스템의 제조전략에 따른 분류]
- 계획생산(MTS: Make-To-Stock): 주로 생산계획에 의해 운영되는 Push System으로 완제품을 재고로 가지고 있다가 고객의 주문에 맞추어 공급하는 전략으로 생산되는 제품들은 일반적으로 저가품이며, 소품종 대량생산 형태
- 주문생산(MTO: Make-To-Order): 고객의 주문에 의해 운영되는 Pull System으로 고객의 주문이 들어오면 원자재의 가공, 반제품의 생산 및 완제품의 조립이 이루어지는 형태이다. 고객의 주문이 접수되기 전에는 고객의 요구사항을 정확하게 파악할 수 없기 때문에 주문접수 후 일정, 수량, 자재 등이 결정된다. 따라서 다품종 소량생산 형태
- 주문조립생산(ATO: Assemble-To-Order): 주문생산(MTO)의 일종으로 반제품을 재고로 보관하고 있다가, 고객의 주문에 맞추어 조립한 후에 제품을 공급하는 전략이다. 주로 자동차와 같이 옵션의 종류가 많고 고가인 제품의 생산전략으로 이용

- 주문설계생산(ETO: Engineer – To – Order): 주문생산(MTO)의 일종으로 고객의 주문이 들어오면, 설계부터 시작해서 자재의 구입, 생산 및 조립을 하는 생산전략이다. 주로 항공기, 선박 그리고 금형 등 고가제품이면서 고객의 요구사항이 설계단계에 반영되어야 하는 제품의 생산에 이용

09 ③

총괄생산계획(APP: Aggregate Production Plan) 하에서 수요변동에 대비하여 사용되는 전략은 대표적으로 고용수준의 변동, 생산율 조정, 재고수준의 조정, 하청 및 설비확장 등이다.

10 ①

- 일정계획: 생산계획에 따라서 실제로 작업을 수행하기 위하여 작업을 언제 시작할 것인지, 언제까지 완료할 것인지 등의 계획을 수립하는 것
- 총괄생산계획: 생산시스템의 능력을 전체적 입장에서 파악하여 조정해 가는 계획
- 기준생산계획: 총괄생산계획을 수립한 후 보다 구체적으로 각 제품의 생산시기, 수량 등을 수립하는 계획
- 수요예측: 일정 기간 동안에 발생할 가능성이 있는 모든 수요의 크기를 추정하는 것

11 ③

- 공정관리의 대내적 목표: 가동률 향상, 재공품의 감소, 생산속도의 향상
- 공정관리의 대외적 목표: 고객의 요구조건(가격, 품질, 납기 등)을 충족시키기 위해 생산과정을 합리화

12 ④

[공수계획의 기본적 방침]
- 부하와 능력의 균형화: 특정된 공정에 부하가 과도하게 집중되지 않도록 조정한다.
- 가동률의 향상: 사람이나 기계가 유휴상태가 되지 않도록 알맞은 작업량을 할당한다.
- 일정별 부하변동 방지: 일정계획과 대비하여 시간에 따라 부하의 변동방지 및 부하의 조정
- 적성배치와 전문화 촉진: 작업의 성질이 작업자의 특성과 기계의 성능에 맞도록 할당한다.
- 여유성: 부하와 능력 두 측면에 적당한 여유를 둔다.

13 ③

14 ③ 복잡하고 세밀한 일정계획에 적용하기 힘들다.

[간트차트 정보의 유용성]
- 간트차트를 이용하여 각 작업의 전체 공정시간을 알 수 있다.
- 각 작업의 완료시간을 알 수 있다.
- 다음 작업의 시작시간을 알 수 있다.

[간트차트의 한계]
- 일정계획의 변경을 유연하게 수용할 수 없다.
- 복잡하고 세밀한 일정계획에 적용하기 힘들다.
- 작업들 간의 유기적인 관련성을 파악하기 어렵다.
- 문제점을 사전에 파악하는데 적절하지 않다. 따라서 주요 위험요소의 중점관리 및 사전 통제를 효율적으로 할 수 없다.

15 ③

[JIT 시스템의 5S]
- 정리(SEIRI): 필요한 물품과 불필요한 물품을 구분하여 불필요한 물품은 처분한다.
- 정돈(SEITON): 필요한 물품은 즉시 끄집어 낼 수 있도록 만든다.
- 청소(SEISO): 먼지와 더러움을 없애 직장 및 설비를 깨끗한 상태로 만든다.
- 청결(SEIKETSU): 직장을 위생적으로 하여, 작업환경을 향상시킨다. 1), 2), 3)항의 3S를 유지하는 것이다.
- 마음가짐(SHITSUKE): 4S(정리, 정돈, 청소, 청결)를 실시하여 사내에서 결정된 사항, 표준을 준수해 나가는 태도를 몸에 익힌다.

16 ④

1개에 대한 생산시간 100시간일 때,
2개에 대한 생산시간 = (100시간×0.8) × 2개 = 160시간
따라서, 4개에 대한 생산시간 = (100시간×0.8×0.8) × 4개 = 256시간

17 ③

경제적주문량(EOQ: Economic Order Quantity)은 재고관련 비용인 주문비용과 재고유지비용의 합을 최소화하기 위한 1회 주문량을 의미한다.

18 ②

• 자재소요계획(MRP)의 입력요소: 주생산일정계획(MPS), 자재명세서(BOM), 재고기록철(IRF)

19 ③ 개략능력요구계획(RCCP)의 주요 입력데이터는 기준생산계획(MPS)이다.

20 ①

[SCM 추진효과]
• 통합적 정보시스템 운영
• 고객만족, 시장변화에 대응
• 생산효율화
• 물류비용 절감
• 구매비용 절감
• 총체적 경쟁우위 확보

[실무 답안]

1	2	3	4	5	6	7	8	9	10
④	②	②	④	①	②	④	④	③	③

11	12	13	14	15	16	17	18	19	20
①	④	②	④	③	④	①	②	①	③

01 ④ [시스템관리] → [기초정보관리] → [품목등록] 계정구분, 조달구분, 검사여부 선택 후 조회 / 품목별로 MASTER/SPEC 및 ORDER/COST 탭에서 세부사항 확인

02 ② [시스템관리] → [기초정보관리] → [창고/공정(생산)/외주공정등록] 사업장 입력 후 생산공정/작업장 탭에서 조회하여 확인

03 ② [시스템관리] → [기초정보관리] → [물류실적(품목/고객)담당자등록] 품목 탭에서 계정 선택 후 조회 / 품목별 구매담당자 및 생산담당자 확인

04 ④ [생산관리공통] → [기초정보관리] → [BOM등록] 모품목, 기준일자, 사용여부 선택 후 조회하여 자품목의 세부사항 확인

05 ① [생산관리공통] → [기초정보관리] → [BOM역전개] 자품목, 기준일자, 사용여부 선택 후 BOM 탭에서 조회하여 확인

06 ② [생산관리공통] → [생산관리] → [생산계획등록] 사업장, 작업예정일, 계정구분 선택 후 품목별 탭에서 조회하여 확인

07 ④ [생산관리공통] → [생산관리] → [작업지시등록] 사업장, 공정, 작업장, 지시기간 입력 후 조회 / 작업지시번호별로 마우스 R 클릭 후 [작업지시등록] 이력정보 확인

08 ④ [생산관리공통] → [생산관리] → [작업지시확정] 사업장, 공정, 작업장, 지시기간 입력 후 조회 / 작업지시번호별로 하단의 확정수량의 합계 확인

09 ③ [생산관리공통] → [생산관리] → [생산자재출고] 사업장, 출고기간, 공정, 작업장 선택 후 조회하여 해당 출고번호 하단 품목별 관리항목의 모품목명 확인

10 ③ [생산관리공통] → [생산관리] → [작업실적등록] 사업장, 지시(품목), 지시공정, 지시작업장 선택 후 조회 / 작업실적번호별로 하단의 세부사항 확인

11 ① [생산관리공통] → [생산관리] → [생산자재사용등록] 사업장, 구분, 실적공정, 실적작업장, 실적기간, 상태 선택 후 조회 / 작업실적번호별 상단의 청구적용 버튼 클릭하여 잔량 합계 확인

12 ④ [생산관리공통] → [생산관리] → [생산실적검사] 사업장, 실적일, 공정, 작업장 선택 후 조회 / 작업실적번호별 검사 내역에 대한 세부사항 확인

13 ② [생산관리공통] → [생산관리] → [생산실적검사] 사업장, 실적일, 공정, 작업장 선택 후 조회하여 생산실적 검사를 진행한 작업실적번호 확인

14 ③ [생산관리공통] → [생산관리] → [작업지시마감처리] 사업장, 지시일, 공정구분, 공정, 작업장 선택 후 조회 / 작업지시번호별 하단의 실적잔량 확인
※ 계획 상태에서는 마감처리가 불가능하다.

15 ③ [생산관리공통] → [재공관리] → [기초재공등록] 사업장, 등록일 입력 후 조회하여 등록번호별 세부사항 확인

16 ④ [생산관리공통] → [생산/외주/재공현황] → [실적현황] 사업장, 지시기간 입력 후 조회하여 실적번호별 실적 수량 확인

17 ① [생산관리공통] → [생산/외주/재공현황] → [자재사용현황(제품별)] 사업장, 지시기간, 공정, 작업장 선택 후 조회 / 상단의 지시품목별 하단의 사용금액 확인

18 ② [생산관리공통] → [생산/외주/재공현황] → [지시대비실적현황] 사업장, 지시기간 입력 후 조회하여 품목별 잔량 소계 확인

19 ① [생산관리공통] → [생산/외주/재공현황] → [품목별품질현황(샘플검사)] 사업장, 검사기간 입력 후 조회하여 품목별 샘플 합격률 확인

20 ③ [생산관리공통] → [생산/외주/재공현황] → [생산일보] 우측 상단의 단가 OPTION 버튼 클릭하여 조달구분 구매, 생산 모두 실제원가(품목등록) 체크 / 사업장, 실적기간, 구분, 수량조회기준 선택 후 실적기준 탭에서 조회하여 품목별 양품금액 확인

생산 2급　2024년 6회 (2024년 11월 23일 시행)

[이론 답안]

1	2	3	4	5	6	7	8	9	10
④	①	②	①	①	①	②	②	①	③
11	12	13	14	15	16	17	18	19	20
②	④	③	④	③	④	③	③	①	④

[풀이]

01 ④
스마트팩토리의 주요 구축목적은 생산성 향상, 유연성 향상을 위하여 생산시스템의 지능화, 유연화, 최적화, 효율화 구현에 있다.
세부적으로는 고객서비스 향상, 비용절감, 납기향상, 품질향상, 인력효율화, 맞춤형제품생산, 통합된 협업생산시스템, 최적화된 동적생산시스템, 새로운 비즈니스 창출, 제품 및 서비스의 생산통합, 제조의 신뢰성 확보 등이 있다.

02 ①
[RPA(로봇프로세스자동화) 적용 단계]
• 기초프로세스 자동화(1단계): 정형화된 데이터 기반의 자료 작성, 단순 반복 업무 처리, 고정된 프로세스 단위 업무 수행 등이 해당된다.
• 데이터 기반의 머신러닝 활용(2단계): 이미지에서 텍스트 데이터 추출, 자연어 처리로 정확도와 기능성을 향상시키는 단계이다.
• 인지자동화(3단계): RPA가 업무 프로세스를 스스로 학습하면서 자동화하는 단계이며, 빅데이터 분석을 통해 사람이 수행하는 더 복잡한 작업과 의사결정을 내리는 수준이다.

03 ②

04 ① 비즈니스 애널리틱스는 파일이나 스프레드시트와 데이터베이스를 포함하는 구조화된 데이터(structured data)와 전자메일, 문서, 소셜미디어 포스트, 영상자료 등의 비구조화된 데이터(unstructured data)를 동시에 활용이 가능하다.

05 ①
생산성 측정은 부분생산성, 다요소생산성, 총요소생산성으로 측정된다.

06 ① 자재명세서(BOM)는 제품의 설계사양, 특정 제품을 만드는데 필요한 부품정보, 제품의 원가산정, 구매 및 생산일정 수립 등에 사용된다.

07 ②
[수요예측 방법]
• 정량적 예측방법: 시계열분석법(이동평균법, 지수평활법, ARIMA, 분해법, 확산모형), 인과모형분석법(회귀분석법) 등
• 정성적 예측방법: 델파이법, 시장조사법, 중역 및 판매원평가법, 패널동의법, 수명주기유추법

08 ② 피드백을 통해 효율적이고 경쟁적으로 시장의 변화에 대응할 수 있다.

09 ①
[기준생산계획 수립 시 주문 정책]

- Lot for Lot(LFL, L4L): 필요한 만큼만 생산 및 구매하며, 재고를 최소화하는 방법
- FOQ(Fixed Order Quantity): 고정주문량, 매번 동일한 양을 주문하는 방법으로 공급자로부터 항상 일정한 양만큼 공급받는 경우
- EOQ(Economic Order Quantity): 경제적 주문량, 주문비용과 재고유지비용 간의 관계를 이용하여 가장 합리적인 주문량을 결정하는 방법
- ROP(Reorder Point System): 재주문점, 재고가 일정수준에 이르면 주문하는 방법
- POQ(Periodic Order Quantity): 주기적 주문량, 해당 품목별로 미래의 수요를 고려하여 사전에 결정한 최대 재고수준까지 정기적으로 미리 정해 놓은 일정한 간격마다 발주하는 방식

10 ③ 전체 작업시간이 가장 짧은 순서로 진행한다.
[작업의 우선순위 결정]
- 납기 우선순위: 납기가 가장 급박한 순서로 작업을 진행한다.
- FIFO: 먼저 작업지시가 내려진 순서대로 작업을 진행한다.
- 전체 작업시간이 가장 짧은 순서로 진행한다.
- 최소공정수를 가지는 작업순서로 진행한다.
- 여유(Slack) 시간이 가장 작은 순서로 작업을 진행한다.
- 긴급률(CR: Critical Ratio)이 가장 작은 순서로 작업을 진행한다.

11 ② 주문자 또는 수요자의 요건을 충족시키는 것은 대외적인 목표이다.
- 공정관리의 대내적 목표: 가동률 향상, 재공품의 감소, 생산속도의 향상
- 공정관리의 대외적 목표: 고객의 요구조건(가격, 품질, 납기 등)을 충족시키기 위해 생산과정을 합리화

12 ④
[공정의 분류]
- 가공공정(Operation): 제조의 목적을 직접적으로 달성하는 공정으로 그 내용은 변질, 변형, 변색, 조립, 분해로 되어 있고 대상물을 목적에 접근시키는 유일한 상태
- 운반공정(Transportation): 특정 작업영역에서 다른 작업영역으로 이동시키기 위해 적재, 이동, 하역 등을 하고 있는 상태를 말한다. 가공을 위해 가까운 작업대에서 재료를 가져온다든지, 제품을 쌓아둔다든지 하는 경우는 가공의 일부로 보며, 독립된 운반으로는 볼 수 없음
- 검사공정(Inspection): 양적 검사와 질적 검사가 있는데 양적 검사는 수량, 중량의 측정 등이다. 질적 검사는 설정된 품질표준에 대해서 가공부품의 가공정도를 확인하거나, 가공 부품을 품질 및 등급별로 분류하는 공정
- 정체공정(Delay): 대기와 저장의 상태에 있는 것이다. 대기는 제품이나 부품이 다음의 가공 및 조립을 하기 위해 일시적으로 기다리는 상태이며, 저장은 계획적인 보관이며, 다음의 가공 및 조립으로 허가 없이 이동하는 것이 금지되어 있는 상태

13 ③
- 가동률 = 출근율 × (1−간접작업률)
  = 0.7 × (1−0.2) = 0.56(56%)

14 ④
애로공정(Bottleneck Operation): 생산라인에서 작업시간이 가장 긴 공정이며, 전체 라인의 생산속도를 좌우하며, 전체 공정의 흐름을 막고 있는 공정이다.

15 ③ 작업을 할 수 있는 여력이 있어도 수요가 없으면 작업을 진행하지 않는다.

16 ④
[JIT 시스템의 7가지 낭비]
- 과잉 생산의 낭비: 낭비의 뿌리
- 재고의 낭비
- 운반의 낭비
- 불량의 낭비
- 가공의 낭비
- 동작의 낭비
- 대기의 낭비

17 ③ 연간 자재사용량은 일정하고 연속적이다.
[경제적 발주(주문)량(EOQ)의 가정]

- 구매량에 관계없이 단위당 구입가격은 일정하다.
- 구매비용은 구매량의 크기에 관계없이 항상 일정하다.
- 수요량과 조달기간이 확정적이다.
- 재고유지비는 구매량의 증가와 함께 비례적으로 증가한다.
- 단일품목을 대상으로 하며, 재고부족은 없다.
- 단위당 재고유지비용과 1회 주문비용은 항상 일정하다.
- 주문량은 전량 일시에 입고된다.
- 연간 자재사용량이 일정하고 연속적이다.

18 ③
- 자재소요계획(MRP)의 입력요소: 주생산일정계획(MPS), 자재명세서(BOM), 재고기록철(IRF)

19 ① 판촉계획, 회계정보시스템, 제품관리 등은 SCM에 포함되지 않는다.

20 ④
- 경제적 생산량(EPQ) = $\sqrt{\dfrac{2SD}{H\left(1-\dfrac{d}{p}\right)}} = \sqrt{\dfrac{2SD}{P_i\left(1-\dfrac{d}{p}\right)}}$

  S = 1회 준비비
  D = 연간 총생산량
  H = 단위당 연간 재고유지비용
  P = 생산단가
  i = 연간 재고유지비율
  d = 수요율(일 수요량)
  p = 생산율(일 생산량)

- 경제적 생산량(EPQ) = $\sqrt{\dfrac{2SD}{H\left(1-\dfrac{d}{p}\right)}} = \sqrt{\dfrac{2 \times 2,250원 \times 24,000개}{100원\left(1-\dfrac{100개}{400개}\right)}}$ = 1,200개

  * d (일 수요량) = 24,000개 ÷ 240일 = 100개/일

[실무 답안]

1	2	3	4	5	6	7	8	9	10
④	②	①	④	③	④	③	①	②	③

11	12	13	14	15	16	17	18	19	20
①	④	②	③	②	④	①	①	②	④

[풀이]

01 ④ [시스템관리] → [기초정보관리] → [품목등록] 조달구분, 검사여부 선택 후 조회 / 품목별로 MASTER/SPEC 및 ORDER/COST 탭에서 세부사항 확인

02 ② [시스템관리] → [기초정보관리] → [창고/공정(생산)/외주공정등록] 사업장 입력 후 생산공정/작업장 탭에서 조회하여 확인

03 ① [시스템관리] → [기초정보관리] → [물류실적(품목/고객)담당자등록] 품목 탭에서 계정 선택 후 조회하여 해당 품목별 구매담당자 및 자재담당자 확인

04 ④ [생산관리공통] → [기초정보관리] → [BOM등록] 모품목, 기준일자, 사용여부 선택 후 조회하여 자품목의 세부사항 확인

05 ③ [생산관리공통] → [기초정보관리] → [BOM역전개] 자품목, 기준일자, 사용여부 선택 후 BOM 탭에서 조회하여 확인

06 ④ [생산관리공통] → [생산관리] → [생산계획등록] 사업장, 작업예정일, 계정구분 선택 후 날짜별 탭에서 조회하여 확인(검색조건에서 '생산계획 등록 품목만 조회' 체크하면 검색이 용이함)

07 ③ [생산관리공통] → [생산관리] → [작업지시등록] 사업장, 공정, 작업장, 지시기간 입력 후 조회 / 작업지시번호별 마우스 R 클릭 후 부가기능의 [품목상세정보] 클릭하여 검사여부 확인

08 ① [생산관리공통] → [생산관리] → [작업지시확정] 사업장, 공정, 작업장, 지시기간 입력 후 조회 / 작업지시번호 전체 선택 후 상단의 확정 버튼 클릭 / 사용일 입력 후 확인 / 작업지시번호별로 하단의 확정수량 확인

09 ② [생산관리공통] → [생산관리] → [생산자재출고] 사업장, 출고기간 입력 후 조회 / 우측 상단의 출고요청 버튼을 클릭 후 [출고요청 조회] 창에서 청구기간, 청구공정, 청구작업장 선택 후 조회하여 모품목 확인

10 ③ [생산관리공통] → [생산관리] → [작업실적등록] 사업장, 지시(품목), 지시공정, 지시작업장 선택 후 조회 / 하단의 작업실적번호별로 세부사항 확인

11 ① [생산관리공통] → [생산관리] → [생산자재사용등록] 사업장, 구분, 실적공정, 실적작업장, 실적기간, 상태 입력 후 조회 / 작업실적번호별로 선택 후 우측 상단의 청구적용 버튼을 클릭하여 잔량 확인

12 ④ [생산관리공통] → [생산관리] → [생산실적검사] 사업장, 실적일, 공정, 작업장, 검사여부 선택 후 조회 / 작업실적별 검사 내역에 대한 세부사항 확인

13 ② [생산관리공통] → [생산관리] → [생산품창고입고처리] 사업장, 실적기간, 공정, 작업장 선택 후 조회하여 등록되어 있는 작업실적번호 확인

14 ③ [생산관리공통] → [생산관리] → [작업지시마감처리] 사업장, 지시일, 공정구분, 공정, 작업장 선택 후 조회 / 작업지시번호별 하단의 실적잔량 확인
※ 계획 상태에서는 마감처리가 불가능하다.

15 ② [생산관리공통] → [재공관리] → [재공창고입고/이동/조정등록] 사업장, 실적기간 입력 후 재공이동 탭에서 조회 / 지문의 조회 조건에 맞는 이동번호 확인

16 ④ [생산관리공통] → [생산/외주/재공현황] → [자재청구대비투입/사용현황] 사업장, 지시기간, 공정, 작업장 선택 후 조회 / 작업지시번호별로 하단의 청구수량 합계와 투입수량 합계를 비교하여 확인

17 ① [생산관리공통] → [생산/외주/재공현황] → [실적현황] 사업장, 지시기간, 지시공정, 지시작업장 선택 후 조회하여 작업팀별 실적수량 확인(마우스 R 클릭 후 정렬 및 소계 설정 기능을 이용하면 편리함)

18 ① [생산관리공통] → [생산/외주/재공현황] → [자재사용현황(제품별)] 사업장, 사용기간, 공정, 작업장 선택 후 조회 / 작업지시번호별 사용수량 합산하여 확인(마우스 R 클릭 후 정렬 및 소계 설정 기능을 이용하여 품명의 소계를 적용하여 확인)

19 ② [생산관리공통] → [생산/외주/재공현황] → [생산일보] 우측 상단의 단가 OPTION 버튼 클릭하여 조달구분 구매, 생산 모두 실제원가(품목등록) 체크 / 사업장, 실적기간, 구분, 공정, 작업장, 수량조회기준 선택 후 실적기준 탭에서 조회하여 품목별 양품금액 확인

20 ④ [생산관리공통] → [생산/외주/재공현황] → [현재공현황(공정/작업장)] 사업장, 공정, 해당년도, 계정, 품목, 재공유무 선택 후 작업장 탭에서 조회하여 확인

생산 2급 | 2024년 5회 (2024년 9월 28일 시행)

[이론 답안]

1	2	3	4	5	6	7	8	9	10
①	④	①	②	②	②	④	④	②	③

11	12	13	14	15	16	17	18	19	20
④	①	③	②	③	③	①	④	④	④

[풀이]

01 ① IaaS에는 데이터베이스 클라우드 서비스와 스토리지 클라우드 서비스가 있다.
  • SaaS(Software as a Service): 업의 핵심 애플리케이션인 ERP, CRM 솔루션 등의 소프트웨어를 클라우드 서비스를 통해 제공하고, 사용자가 원격으로 접속해 ERP소프트웨어를 활용하는 서비스
  • PaaS(Platform as a Service): 소프트웨어 개발을 위한 플랫폼을 클라우드 서비스로 제공
  • IaaS(Infrastructure as a Service): 서버 인프라를 서비스로 제공하는 것으로 클라우드를 통하여 저장장치 또는 컴퓨팅 능력을 인터넷을 통한 서비스 형태로 제공

02 ④ 마케팅(marketing), 판매(sales) 및 고객서비스(customer service)를 자동화함으로써 현재 및 미래 고객들과 상호작용할 수 있도록 지원하는 것은 CRM 모듈의 실행 효과이다.

03 ① 현업의 요구사항을 반영하면서 커스터마이징은 최소화하여야 한다.

04 ② ERP 커스터마이징은 오픈 멀티-벤더(Open Multi-vendor) 지원기능과 무관하다.

05 ② 채찍효과를 대처하는 방안으로 불확실성을 제거하기 위해 수요정보를 중앙집중화 할 수 있다.
  [채찍효과 대처방안]
  • 공급망 전반의 수요 정보를 중앙 집중화하여 불확실성을 제거
  • 안정적인 가격구조로 소비자 수요의 변동 폭을 조정
  • 고객·공급자와 실시간 정보 공유
  • 제품 생산과 공급에 소요되는 주문 리드타임과 주문처리에 소요되는 정보 리드타임을 단축
  • 공급망의 재고관리를 위하여 기업 간 전략적 파트너십 구축

06 ② 생산성 척도는 목적에 따라 다르게 선택되고 노동생산성은 노동력이 주된 투입척도가 되며 직무의 유형에 따라 다르게 나타난다.

07 ④
테일러의 과학적 관리시스템: 과거의 관습과 경험에 의존하던 작업관리에서 시간연구와 동작연구 등을 적용하여 작업과정의 능률과 노동생산성을 높이기 위한 관리시스템

08 ④
[제품수명주기 단계별 수요예측 방법]
  • 도입기: 정성적 방법(델파이법, 중역 및 판매원평가법, 시장실험법, 집단토의법, 전문가 의견 등)
  • 성장기: 트랜드(추세)를 고려할 수 있는 예측방법(시장조사법, 추세분석 등)
  • 성숙기: 정량적 방법(이동평균법, 지수평활법)
  • 쇠퇴기: 트랜드(추세)를 고려할 수 있는 예측방법, 정성적 방법(사업규모 축소 및 철수여부 결정)

09 ②

[생산방식의 특징]
- 개별생산방식(Job Shop): 단속생산, 주문에 의한 생산, 범용기계, 공정별 기계배치, 큰 유연성, 숙련공, 공장 내의 물자이송(물류)량이 큼
- 흐름생산방식(Flow Shop): 주로 석유, 화학, 가스, 주류 등 원자재가 파이프라인을 통하여 공정으로 이동되며, 각 공정의 옵션에 따라서 몇 가지의 제품을 생산하는 방식이다. 연속생산, 특수기계의 생산라인, 적은 유연성, 물자이송(물류)량이 작음, 전용기계, 제품별 배치, 비숙련공도 투입, 대량 및 재고생산(make-to-stock)에 해당
- 프로젝트생산방식(Project Shop): 제품은 고정, 설비나 작업자가 이동
- 연속생산방식(Continuous Production): 반복생산, 제품으로써 대량데이터 처리, 시간단축 등으로 효율화시킨 MRP가 적용되고 있으며, 부품조달과 절차개선에 JIT 기법이 광범위하게 이용

10 ③ 대규모 공사관리에 적합한 방법으로 주로 토목/건설공사에 활용한다. 그리고 네트워크를 사용하므로 전체적인 활동을 파악할 수 있다. 주일정공정이 포함된 계획내용은 일정관리에 활용한다.

11 ④

시간과 자원은 제한이 있고, 사용할 수 있는 능력도 한계가 있다.

12 ①

[공정계획]
- 공정(절차)계획(Routing): 작업의 순서, 표준시간, 각 작업이 행해질 장소를 결정하고 할당하고, 리드타임 및 자원양을 계산하고 원가계산시 기초 자료로 활용되는 것
- 공수계획: 생산예정표에 의해 결정된 생산량에 대해 작업량을 구체적으로 결정하고 그것을 현재 보유하고 있는 사람이나 기계의 능력을 고려하여 양자를 조정하는 것
  - 부하계획: 최대작업량과 평균작업량의 비율인 부하율을 최적으로 유지할 수 있는 작업량의 할당계획
  - 능력계획: 부하계획과 더불어 기준조업도와 실제조업도와의 비율을 최적으로 유지하기 위한 계획

13 ③

[공정의 분류]
- 가공공정(Operation): 제조의 목적을 직접적으로 달성하는 공정으로 그 내용은 변질, 변형, 변색, 조립, 분해 등을 통하여 대상물을 목적에 접근시키는 공정이다. 즉 부가가치를 창출하는 공정
- 운반공정(Transportation): 특정 작업영역에서 다른 작업영역으로 이동시키기 위해 적재, 이동, 하역 등을 하고 있는 상태
- 검사공정(Inspection): 양적 검사와 질적 검사가 있는데 양적 검사는 수량, 중량의 측정 등이다. 질적 검사는 설정된 품질표준에 대해서 가공부품의 가공정도를 확인하거나 가공 부품을 품질 및 등급별로 분류하는 공정
- 정체공정(Delay): 대기와 저장의 상태에 있는 것이다. 대기는 제품이나 부품이 다음의 가공 및 조립을 하기 위해 일시적으로 기다리는 상태이며, 저장은 계획적인 보관이며 다음의 가공 및 조립으로 허가 없이 이동하는 것이 금지되어 있는 상태

14 ②

- 가동률 = 출근율 × (1-간접작업률)
  = 0.9 × (1-0.2) = 0.72(72%)

15 ③

간트차트는 자원활용이 아닌 능력활용을 위한 작업부하도표이다.
[간트차트 정보의 유용성]
- 간트차트를 이용하여 각 작업의 전체 공정시간을 알 수 있다.
- 각 작업의 완료시간을 알 수 있다.
- 다음 작업의 시작시간을 알 수 있다.

16 ③

- 라인밸런스 효율(Eb) = $\dfrac{\text{라인(작업)의 순작업시간합계}(\Sigma_{ti})}{\text{작업장수}(n) \times \text{애로공정의시간}(t_{max})} \times 100$

$= \dfrac{40+37+35+32}{4 \times 40} \times 100 = 90\%$

- 불균형률(d) = 1- 라인밸런스 효율(Eb) = 1 - 0.9 = 0.1(10%)

17 ①

- 경제적 발주(주문)량(EOQ) = $\sqrt{\dfrac{2SD}{H}}$ = $\sqrt{\dfrac{2 \times \text{1회 주문비용}(S) \times \text{연간 총수요}(D)}{\text{단위당 연간 재고유지비용}(H)}}$

$= \sqrt{\dfrac{2 \times 80 \times 200}{200 \times 0.1}} = 40$개

18 ④ 납기준수를 통해 고객 서비스가 개선되고 자재부족이 최소화되어 동효율이 높아지고 생산소요시간이 줄어든다.

MRP(자재소요계획)는 주생산일정계획을 토대로 하여 제품생산에 필요한 원자재의 종류, 수량, 주문시기 등을 결정하는 과정을 말한다. 다시 말해 자재소요계획은 재료, 부품, 반제품 등의 종속적 수요를 갖는 자재의 소요량 및 조달시기에 대한 관리를 통하여 주문과 생산계획을 효율적으로 처리하도록 만들어진 자재관리 기법이다. 자재소요계획을 효과적으로 수립하기 위해서는 주생산일정계획, 자재명세서, 재고기록철, 조달기간을 지속적으로 확보하고 검토하여야 한다.

19 ④

- 자재소요계획(MRP: Material Requirement Planning): 제품을 생산할 때 부품이 투입될 시점과 투입되는 양을 관리하기 위한 시스템
- 총괄생산계획(APP: Aggregate Production Planning): 생산시스템의 능력을 전체의 입장에서 파악하여 조정해 나가는 계획, 연간 예측수요를 만족시키기 위해 제품군별로 월별 생산수준, 인력수준, 재고수준 등을 결정하는 것
- 생산능력소요계획(CRP: Capacity Requirement Planning): MRP 전개에 의해 생성된 계획이 얼마만큼의 제조자원을 요구하는지를 계산하는 모듈
- 개략생산능력계획(RCCP: Rough Cut Capacity Planning): MPS가 주어진 제조자원의 용량을 넘어서는지 아닌지를 계산하는 모듈
- 기준생산계획(MPS: Master Production Scheduling): APP를 수립한 후에 이를 기준으로 보다 구체적으로 각 제품의 생산시기, 수량 등을 수립하는 생산계획

20 ④

SCM에 포함되는 사항은 경영정보시스템, 공급및조달, 생산계획, 주문처리, 현금흐름, 재고관리, 창고관리, 고객관리 등이다.

[실무 답안]

1	2	3	4	5	6	7	8	9	10
②	④	②	③	①	③	④	②	④	③
11	12	13	14	15	16	17	18	19	20
②	④	②	①	③	①	②	④	①	③

[풀이]

01 ② [시스템관리] → [기초정보관리] → [품목등록] 계정구분, 검사여부 선택 후 조회 / 해당 품목별 ORDER/COST 탭에서 LEAD TIME 확인

02 ④ [시스템관리] → [기초정보관리] → [창고/공정(생산)/외주공정등록] 사업장 입력 후 창고/장소 탭에서 조회하여 확인

03 ② [시스템관리] → [기초정보관리] → [물류실적(품목/고객)담당자등록] 품목 탭에서 계정 선택 후 조회하여 해당 품목별 구매담당자 및 생산담당자 확인

04 ③ [생산관리공통] → [기초정보관리] → [BOM역전개] 자품목, 기준일자, 사용여부 입력 후 BOM 탭에서 조회하여 확인

05 ① [시스템관리] → [기초정보관리] → [검사유형등록] 검사구분, 사용여부 선택 후 조회하여 확인

06 ③ [생산관리공통] → [생산관리] → [생산계획등록] 사업장, 작업예정일, 계정구분 선택 후 품목별 탭에서 조회하여 확인

07 ④ [생산관리공통] → [생산관리] → [작업지시등록] 사업장, 공정, 작업장, 지시기간 입력 후 조회 / 작업지시번호별로 마우스 R 클릭 후 [작업지시등록] 이력정보 확인

08 ② [생산관리공통] → [생산관리] → [작업지시확정] 사업장, 공정, 작업장, 지시기간 입력 후 조회 / 작업지시번호별 하단의 확정수량 확인

09 ④ [생산관리공통] → [생산관리] → [생산자재출고] 사업장, 출고기간, 공정, 작업장 선택 후 조회 / 출고번호별 하단의 품목 선택 후 모품목 확인

10 ③ [생산관리공통] → [생산관리] → [작업실적등록] 사업장, 지시(품목), 지시공정, 지시작업장 입력 후 조회 / 작업지시번호별로 하단의 세부사항 확인

11 ② [생산관리공통] → [생산관리] → [생산자재사용등록] 사업장, 구분, 실적공정, 실적작업장, 실적기간, 상태 선택 후 조회 / 작업실적번호별로 선택 후 상단의 청구적용 버튼을 클릭하여 잔량 확인

12 ④ [생산관리공통] → [생산관리] → [생산실적검사] 사업장, 실적일, 공정, 작업장, 검사여부 선택 후 조회 / 작업실적별 검사 내역에 대한 세부사항 확인

13 ② [생산관리공통] → [생산관리] → [생산품창고입고처리] 사업장, 실적기간, 공정, 작업장 선택 후 조회하여 실적번호별 세부사항 확인

14 ① [생산관리공통] → [생산관리] → [작업지시마감처리] 사업장, 지시일, 공정구분, 공정, 작업장 선택 후 조회 / 작업지시번호별 하단의 실적잔량 확인
※ 계획 상태에서는 마감처리가 불가능하다.

15 ③ [생산관리공통] → [재공관리] → [기초재공품등록] 사업장, 등록일 입력 후 조회하여 등록번호별 세부사항 확인

16 ① [생산관리공통] → [생산/외주/재공현황] → [실적현황] 사업장, 지시기간, 검사진행 선택 후 조회하여 실적번호별 실적수량 확인

17 ② [생산관리공통] → [생산/외주/재공현황] → [생산일보] 우측 상단의 단가 OPTION 버튼 클릭하여 조달구분 구매, 생산 모두 실제원가(품목등록) 체크 / 사업장, 실적기간, 구분, 공정, 작업장, 수량조회기준 선택 후 실적검사기준 탭에서 검사기준 선택 및 조회하여 품목별 검사대기금액 확인

18 ④ [생산관리공통] → [생산/외주/재공현황] → [지시대비실적현황] 사업장, 지시기간 입력 후 조회하여 품목별 잔량 소계 확인(마우스 R 클릭 후 정렬 및 소계 설정 기능을 이용하면 편리함)

19 ① [생산관리공통] → [생산/외주/재공현황] → [품목별품질현황(샘플검사)] 사업장, 검사기간 입력 후 조회하여 확인

20 ③ [생산관리공통] → [생산/외주/재공현황] → [자재사용현황(작업별)] 사업장, 사용기간, 공정, 작업장 선택 후 조회 / 작업지시번호별 사용수량 합산하여 확인(마우스 R 클릭 후 정렬 및 소계 설정 기능을 이용하면 편리함)

생산 2급 | 2024년 4회 (2024년 7월 27일 시행)

[이론 답안]

1	2	3	4	5	6	7	8	9	10
③	①	④	②	③	①	③	①	③	③

11	12	13	14	15	16	17	18	19	20
④	④	②	①	②	②	②	③	④	②

[풀이]

01 ③ 전체적인 업무 프로세스를 통합시스템으로 구축하여 관리의 효율성을 높인다.

02 ① 비즈니스 애널리틱스는 파일이나 스프레드시트와 데이터베이스를 포함하는 구조화된 데이터(structured data)와 전자메일, 문서, 소셜미디어 포스트, 영상자료 등의 비구조화된 데이터(unstructured data)를 동시에 활용이 가능하다.

03 ④ 마케팅(marketing), 판매(sales) 및 고객서비스(customer service)를 자동화함으로써 현재 및 미래 고객들과 상호작용할 수 있도록 지원하는 것은 CRM 모듈의 실행 효과이다.

04 ②
- SaaS(Software as a Service): 업의 핵심 애플리케이션인 ERP, CRM 솔루션 등의 소프트웨어를 클라우드 서비스를 통해 제공하고, 사용자가 원격으로 접속해 ERP소프트웨어를 활용하는 서비스
- PaaS(Platform as a Service): 소프트웨어 개발을 위한 플랫폼을 클라우드 서비스로 제공
- IaaS(Infrastructure as a Service): 서버 인프라를 서비스로 제공하는 것으로 클라우드를 통하여 저장장치 또는 컴퓨팅 능력을 인터넷을 통한 서비스 형태로 제공

05 ③ 생산성 측정은 부분생산성, 다요소생산성, 총요소생산성으로 측정된다.

06 ① 나무가 뒤집힌 형태, 즉 역삼각형의 특징은 Inverted(반전) BOM이다.
Percentage BOM: Planning BOM의 일종으로, 제품군을 구성하는 제품 또는 제품을 구성하는 부품의 양을 백분율로 표현한 BOM이다.

07 ③
[수요예측 방법]
- 정량적 예측방법: 시계열분석법(이동평균법, 지수평활법, ARIMA, 분해법, 확산모형), 인과모형분석법(회귀분석법) 등
- 정성적 예측방법: 델파이법, 시장조사법, 중역 및 판매원평가법, 패널동의법, 수명주기유추법

08 ①
[기준생산계획 수립 시 주문 정책]
- Lot for Lot(LFL, L4L): 필요한 만큼만 생산 및 구매하며, 재고를 최소화하는 방법
- FOQ(Fixed Order Quantity): 고정주문량, 매번 동일한 양을 주문하는 방법으로 공급자로부터 항상 일정한 양만큼 공급받는 경우
- EOQ(Economic Order Quantity): 경제적 주문량, 주문비용과 재고유지비용 간의 관계를 이용하여 가장 합리적인 주문량을 결정하는 방법
- ROP(Reorder Point System): 재주문점, 재고가 일정수준에 이르면 주문하는 방법
- POQ(Periodic Order Quantity): 주기적 주문량, 해당 품목별로 미래의 수요를 고려하여 사전에 결정한 최대 재고수준까지 정기적으로 미리 정해 놓은 일정한 간격마다 발주하는 방식

09 ③ 가공에 소요되는 시간이 짧은 순서대로 작업을 진행한다.

[작업의 우선순위 결정]
- 납기 우선순위: 납기가 가장 급박한 순서로 작업을 진행한다.
- FIFO: 먼저 작업지시가 내려진 순서대로 작업을 진행한다.
- 전체 작업시간이 가장 짧은 순서로 진행한다.
- 최소공정수를 가지는 작업순서로 진행한다.
- 여유(Slack) 시간이 가장 작은 순서로 작업을 진행한다.
- 긴급률(CR: Critical Ratio)이 가장 작은 순서로 작업을 진행한다.

10 ③
- 긴급률(CR) = 잔여납기일수 ÷ 잔여제조일수 = (납기일−현재일) ÷ 잔여제조일수

작업	납기일	현재일	잔여작업일	긴급률
J	30	20	5	2.0
U	30	20	10	1.0
L	25	20	10	0.5
Y	25	20	4	1.0

11 ④
- 공정관리의 대내적 목표: 가동률 향상, 재공품의 감소, 생산속도의 향상
- 공정관리의 대외적 목표: 고객의 요구조건(가격, 품질, 납기 등)을 충족시키기 위해 생산과정을 합리화

12 ④

[공정의 분류]
- 가공공정(Operation): 제조의 목적을 직접적으로 달성하는 공정으로 그 내용은 변질, 변형, 변색, 조립, 분해 등을 통하여 대상물을 목적에 접근시키는 공정이다. 즉 부가가치를 창출하는 공정
- 운반공정(Transportation): 특정 작업영역에서 다른 작업영역으로 이동시키기 위해 적재, 이동, 하역 등을 하고 있는 상태
- 검사공정(Inspection): 양적 검사와 질적 검사가 있는데 양적 검사는 수량, 중량의 측정 등이다. 질적 검사는 설정된 품질표준에 대해서 가공부품의 가공정도를 확인하거나 가공 부품을 품질 및 등급별로 분류하는 공정
- 정체공정(Delay): 대기와 저장의 상태에 있는 것이다. 대기는 제품이나 부품이 다음의 가공 및 조립을 하기 위해 일시적으로 기다리는 상태이며, 저장은 계획적인 보관이며 다음의 가공 및 조립으로 허가 없이 이동하는 것이 금지되어 있는 상태

13 ②

[공수계획의 기본적 방침]
- 부하와 능력의 균형화: 특정된 공정에 부하가 과도하게 집중되지 않도록 조정한다.
- 가동률의 향상: 사람이나 기계가 유휴상태가 되지 않도록 알맞은 작업량을 할당한다.
- 일정별 부하변동 방지: 일정계획과 대비하여 시간에 따라 부하의 변동방지 및 부하의 조정
- 적성배치와 전문화 촉진: 작업의 성질이 작업자의 특성과 기계의 성능에 맞도록 할당한다.
- 여유성: 부하와 능력 두 측면에 적당한 여유를 둔다.

14 ①
- 라인밸런스 효율(Eb) = $\dfrac{라인(작업)의 순작업시간합계(\sum_{t_i})}{작업장수(n) \times 애로공정의시간(t_{max})} \times 100$

$$= \frac{32+37+40+35}{4 \times 40} \times 100 = 90\%$$

15 ②

[복합 공정분석 기호]
- ◇: 품질검사를 주로 하면서 수량검사도 한다.
- ◇: 수량검사를 주로 하면서 품질검사도 한다.

- ⬭ : 가공을 주로 하면서 수량검사도 한다.
- ⬀ : 가공을 주로 하면서 운반도 한다.

16 ②

[JIT 시스템의 5S]
- 정리(SEIRI): 필요한 물품과 불필요한 물품을 구분하여 불필요한 물품은 처분한다.
- 정돈(SEITON): 필요한 물품은 즉시 끄집어 낼 수 있도록 만든다.
- 청소(SEISO): 먼지와 더러움을 없애 직장 및 설비를 깨끗한 상태로 만든다.
- 청결(SEIKETSU): 직장을 위생적으로 하여, 작업환경을 향상시킨다. 1), 2), 3)항의 3S를 유지하는 것이다.
- 마음가짐(SHITSUKE): 4S(정리, 정돈, 청소, 청결)를 실시하여 사내에서 결정된 사항, 표준을 준수해 나가는 태도를 몸에 익힌다.

17 ②

[경제적 발주(주문)량(EOQ)의 가정]
- 구매량에 관계없이 단위당 구입가격은 일정하다.
- 구매비용은 구매량의 크기에 관계없이 항상 일정하다.
- 수요량과 조달기간이 확정적이다.
- 재고유지비는 구매량의 증가와 함께 비례적으로 증가한다.
- 단일품목을 대상으로 하며, 재고부족은 없다.
- 단위당 재고유지비용과 1회 주문비용은 항상 일정하다.
- 주문량은 전량 일시에 입고된다.
- 연간 자재사용량이 일정하고 연속적이다.

18 ③ 재고수준을 감소시켜 자재재고비용이 절감되고 자재부족 최소화로 생산공정의 가동효율이 높아지고 생산소요시간이 단축된다.
　　MRP(자재소요계획)는 주생산일정계획을 토대로 하여 제품생산에 필요한 원자재의 종류, 수량, 주문시기 등을 결정하는 과정을 말한다. 다시 말해 자재소요계획은 재료, 부품, 반제품 등의 종속적 수요를 갖는 자재의 소요량 및 조달시기에 대한 관리를 통하여 주문과 생산계획을 효율적으로 처리하도록 만들어진 자재관리 기법이다. 자재소요계획을 효과적으로 수립하기 위해서는 주생산일정계획, 자재명세서, 재고기록철, 조달기간을 지속적으로 확보하고 검토하여야 한다.

19 ④ 생산공정비용과 작업자 공구비용이 생산준비비용에 해당한다.

20 ②
- SCM의 주요 흐름: 제품 흐름, 정보 흐름, 재정 흐름 등

[실무 답안]

1	2	3	4	5	6	7	8	9	10
①	④	③	③	④	②	①	④	③	③

11	12	13	14	15	16	17	18	19	20
②	④	③	①	②	①	②	②	④	④

[풀이]

01 ① [시스템관리] → [기초정보관리] → [품목등록] 계정구분, 검사여부 선택 후 조회 / 해당 품목별 MASTER/ SPEC 및 ORDER/COST 탭에서 확인

02 ④ [시스템관리] → [기초정보관리] → [창고/공정(생산)/외주공정등록] 사업장 입력 후 생산공정/작업장 탭에서 조회하여 확인

03 ③ [시스템관리] → [기초정보관리] → [물류실적(품목/고객)담당자등록] 품목 탭에서 계정, 대분류, 중분류 선택 후 조회하여 해당 품목별 생산담당자 확인

04 ③ [생산관리공통] → [기초정보관리] → [BOM등록] 모품목, 기준일자, 사용여부 선택 후 조회하여 자품목의 세부사항 확인

05 ④ [생산관리공통] → [기초정보관리] → [BOM역전개] 자품목, 기준일자, 사용여부 입력 후 BOM 탭에서 조회하여 확인

06 ② [생산관리공통] → [생산관리] → [생산계획등록] 사업장, 작업예정일, 계정구분 선택 후 날짜별 탭에서 조회하여 확인

07 ① [생산관리공통] → [생산관리] → [작업지시등록] 사업장, 공정, 작업장, 지시기간 입력 후 조회 / 우측 상단의 주문조회 버튼을 클릭하여 수주기간, 납기일, 출고수량 체크, 출하예정일 입력 후 조회 / 해당 품목별 수주잔량 확인

08 ④ [생산관리공통] → [생산관리] → [작업지시확정] 사업장, 공정, 작업장, 지시기간 입력 후 조회 / 작업지시번호별로 세부사항 확인

09 ③ [생산관리공통] → [생산관리] → [생산자재출고] 사업장, 출고기간, 공정, 작업장 선택 후 조회 / 출고번호별 하단의 품목 선택 후 모품목 확인

10 ③ [생산관리공통] → [생산관리] → [작업실적등록] 사업장, 지시(품목), 지시공정, 지시작업장 입력 후 조회 / 작업지시번호별로 하단의 세부사항 확인

11 ② [생산관리공통] → [생산관리] → [생산자재사용등록] 사업장, 구분, 실적공정, 실적작업장, 실적기간, 상태 선택 후 조회 / 작업실적번호별로 선택 후 상단의 청구적용 버튼을 클릭하여 잔량 확인

12 ④ [생산관리공통] → [생산관리] → [생산실적검사] 사업장, 실적일, 공정, 작업장 선택 후 조회 / 작업실적별 검사 내역에 대한 세부사항 확인

13 ③ [생산관리공통] → [생산관리] → [생산품창고입고처리] 사업장, 실적기간, 공정, 작업장 선택 후 조회하여 실적번호별 세부사항 확인

14 ① [생산관리공통] → [생산관리] → [작업지시마감처리] 사업장, 지시일, 공정구분, 공정, 작업장 선택 후 조회 / 작업지시번호별 하단의 실적잔량 확인
※ 계획 상태에서는 마감처리가 불가능하다.

15 ② [생산관리공통] → [재공관리] → [재공창고입고/이동/조정등록] 사업장, 실적기간 입력 후 재공조정 탭에서 조회하여 해당 조정번호 확인

16 ① [생산관리공통] → [생산/외주/재공현황] → [실적현황] 사업장, 지시기간, 지시공정, 지시작업장, 실적기간 입력 후 조회하여 작업조별 실적수량 확인(마우스 R 클릭 후 정렬 및 소계 설정 기능을 이용하면 편리함)

17 ② [생산관리공통] → [생산/외주/재공현황] → [생산계획대비실적현황(월별)] 사업장, 해당년도, 계정 선택 후 실적기준 탭에서 조회하여 품목별로 계획합계와 실적합계 수량 확인

18 ② [생산관리공통] → [생산/외주/재공현황] → [품목별품질현황(샘플검사)] 사업장, 검사기간 입력 후 조회하여 품목별 샘플 합격률 확인

19 ④ [생산관리공통] → [생산/외주/재공현황] → [자재사용현황(제품별)] 사업장, 사용기간, 공정, 작업장 선택 후 조회 / 작업지시번호별 사용수량 합산하여 확인(마우스 R 클릭 후 정렬 및 소계 설정 기능을 이용하여 품명의 소계를 적용하여 확인)

20 ④ [생산관리공통] → [생산/외주/재공현황] → [현재공현황(공정/작업장)] 사업장, 공정, 해당년도, 계정, 품목 선택 후 작업장 탭에서 조회하여 확인

생산 2급 | 2024년 3회 (2024년 5월 25일 시행)

[이론 답안]

1	2	3	4	5	6	7	8	9	10
①	③	②	③	①	②	④	④	②	②
11	12	13	14	15	16	17	18	19	20
④	④	②	②	④	②	④	③	④	④

[풀이]

01 ① Open Multi-vendor: 특정 H/W 업체에만 의존하지 않는 Open 형태를 채용, C/S형의 시스템 구축이 가능하다.

02 ③

03 ② 현재 업무방식을 고수한다는 것은 BPR을 고려하지 않는 것이므로 바람직하지 않다.

04 ③ 현업의 요구사항을 반영하면서 커스터마이징은 최소화하여야 한다.

05 ①
[부분생산성 척도]
- 노동생산성: 노동 시간당 산출량, 교대 횟수당 산출량, 노동 시간당 부가가치, 노동 시간당 산출물의 화폐가치
- 기계생산성: 기계작동 시간당 산출량, 기계작동 시간당 산출물의 화폐가치
- 자본생산성: 투자된 화폐 단위당 산출량, 투자된 화폐 단위당 산출물의 화폐가치
- 에너지생산성: 전력사용 시간당 산출량, 전력사용 단위당 산출물의 화폐가치

06 ②
채찍효과는 공급망상에서 수요정보를 왜곡시키는 결과를 야기하고, 그 결과 공급사슬관리의 조정이 잘 안되고 전체 공급망상에서 수익성은 떨어진다.

07 ④
총괄생산계획(APP: Aggregate Production Plan) 하에서 수요변동에 대비하여 사용되는 전략은 대표적으로 고용수준의 변동, 생산율 조정, 재고수준의 조정, 하청 및 설비확장 등이다.

08 ④
[총괄생산계획(APP)의 수립절차]
총괄 수요의 예측 → 생산능력의 조정(인력, 기계 등) → 전략 대안의 결정 → 생산 기간별 수요 배정

09 ②
[일정계획 수립 시 방침]
- 작업흐름의 신속화: 가공로트 수를 작게 할 것, 이동로트 수를 작게 할 것, 공정계열의 병렬화
- 생산기간의 단축
- 작업의 안정화와 가동률 향상
- 애로공정의 능력 증대
- 생산활동의 동기화

10 ② 주일정공정이 포함된 계획내용은 일정관리에 활용한다.

11 ④

[공정계획]
- 공정(절차)계획(Routing): 원재료를 어떻게 사용하여 어떤 공정에서 가공할 것인가를 계획하는 것이다. 즉 작업의 순서, 표준시간, 각 작업이 행해질 장소를 결정하고 할당한다. 리드타임 및 소요되는 자원의 양을 계산하고 원가계산 시 기초자료로 활용
- 공수계획: 주어진 생산예정표에 의해 결정된 생산량에 대해서 작업량을 구체적으로 결정하고, 이것을 현재의 인원과 기계설비능력을 고려하여 양자를 조정하는 기능

12 ④

[공정의 기본분석 기호]
- 가공(○): 원료, 재료, 부품 또는 제품의 형상, 품질에 변화를 주는 과정
- 운반(⇨): 원료, 재료, 부품 또는 제품의 위치에 변화를 주는 과정
- 수량검사(□): 원료, 재료, 부품 또는 제품의 양이나 개수를 세어 그 결과를 기준과 비교하여 차이를 파악하는 과정
- 품질검사(◇): 원료, 재료, 부품 또는 제품의 품질특성을 시험하고 그 결과를 기준과 비교해서 로트의 합격, 불합격 또는 제품의 양, 불량을 판정하는 과정
- 저장(▽): 원료, 재료, 부품 또는 제품을 계획에 의해 쌓아두는 과정
- 대기(D): 원료, 재료, 부품 또는 제품이 계획의 차질로 체류되어 있는 상태

13 ②

14 ② 간트차트는 사전예측이나 사후통제가 곤란하다.

15 ④ 칸반시스템은 당기기 방식(Pull System)으로 작업을 진행한다.

[칸반시스템의 운영규칙]
- 불량품은 절대로 후공정에 보내지 않는다.
- 생산을 평준화한다.
- 칸반은 미세조종의 수단이다.
- 후공정이 필요한 만큼 선행공정에 가지러 간다.
- 선행공정은 후공정이 인수해 간 양만큼만 생산한다.
- 공정을 안정화하여 합리화한다.

16 ②

[JIT 시스템의 7가지 낭비]
- 과잉 생산의 낭비: 낭비의 뿌리
- 재고의 낭비
- 불량의 낭비
- 동작의 낭비
- 운반의 낭비
- 가공의 낭비
- 대기의 낭비

17 ④

[경제적 발주(주문)량(EOQ)의 가정]
- 구매량에 관계없이 단위당 구입가격은 일정하다.
- 구매비용은 구매량의 크기에 관계없이 항상 일정하다.
- 수요량과 조달기간이 확정적이다.
- 재고유지비는 구매량의 증가와 함께 비례적으로 증가한다.
- 단일품목을 대상으로 하며, 재고부족은 없다.
- 단위당 재고유지비용과 1회 주문비용은 항상 일정하다.
- 주문량은 전량 일시에 입고된다.
- 연간 자재사용량이 일정하고 연속적이다.

18 ③ 납기준수를 통해 고객서비스가 개선, 자재부족 최소화, 가동율 증대, 생산소요시간이 단축 등의 효과가 있다. MRP(자재소요계획)는 주생산일정계획을 토대로 하여 제품생산에 필요한 원자재의 종류, 수량, 주문시기 등을 결정하는 과정을 말한다. 다시 말해 자재소요계획은 재료, 부품, 반제품 등의 종속적 수요를 갖는 자재의 소요량 및 조달시기에 대한 관리를 통하여 주문과 생산계획을 효율적으로 처리하도록 만들어진 자재관리 기법이다. 자재소요계획을 효과적으로 수립하기 위해서는 주생산일정계획, 자재명세서, 재고기록철, 조달기간을 지속적으로 확보하고 검토하여야 한다.

19 ④
- 생산능력소요계획(CRP: Capacity Requirement Planning): MRP 전개에 의해 생성된 계획이 얼마만큼의 제조자원을 요구하는지를 계산하는 모듈
- 개략생산능력계획(RCCP: Rough Cut Capacity Planning): MPS가 주어진 제조자원의 용량을 넘어서는지 아닌지를 계산하는 모듈

20 ④
[SCM 추진효과]
- 통합적 정보시스템 운영
- 고객만족, 시장변화에 대응
- 생산효율화
- 물류비용 절감
- 구매비용 절감
- 총체적 경쟁우위 확보

[실무 답안]

1	2	3	4	5	6	7	8	9	10
①	③	④	④	④	①	③	②	①	②
11	12	13	14	15	16	17	18	19	20
④	②	③	④	③	①	②	①	③	②

[풀이]

01 ① [시스템관리] → [기초정보관리] → [품목등록] 계정구분, 대분류 선택 후 조회 / 해당 품목별 ORDER/COST 탭에서 확인

02 ③ [시스템관리] → [기초정보관리] → [창고/공정(생산)/외주공정등록] 사업장 입력 후 창고/장소 탭에서 조회하여 확인

03 ④ [시스템관리] → [기초정보관리] → [물류실적(품목/고객)담당자등록] 품목 탭에서 계정, 조달 선택 후 조회하여 해당 품목별 생산담당자 확인

04 ④ [생산관리공통] → [기초정보관리] → [BOM역전개] 자품목 선택 후 BOM 탭에서 조회하여 확인

05 ④ [생산관리공통] → [기초정보관리] → [BOM등록] 모품목, 기준일자, 사용여부 선택 후 조회하여 자품목의 세부사항 확인

06 ① [생산관리공통] → [생산관리] → [생산계획등록] 사업장, 작업예정일, 계정구분 선택 후 품목별 탭에서 조회하여 확인

07 ③ [생산관리공통] → [생산관리] → [작업지시등록] 사업장, 공정, 작업장, 지시기간 입력 후 조회 / 작업지시번호별 마우스 R 클릭 후 부가기능의 [품목상세정보] 클릭하여 검사여부 확인

08 ② [생산관리공통] → [생산관리] → [작업지시확정] 사업장, 공정, 작업장, 지시기간 입력 후 조회 / 작업지시번호별로 하단의 확정수량 확인

09 ① [생산관리공통] → [생산관리] → [생산자재출고] 사업장, 출고기간 입력 후 조회 / 출고번호별 하단의 요청수량과 출고수량을 비교하여 확인

10 ② [생산관리공통] → [생산관리] → [작업실적등록] 사업장, 지시(품목), 지시공정, 지시작업장 입력 후 조회 / 작업지시번호별로 하단의 작업실적이 '이동'으로 등록한 작업실적번호 확인

11 ④ [생산관리공통] → [생산관리] → [생산자재사용등록] 사업장, 구분, 실적공정, 실적작업장, 실적기간, 상태 선택 후 조회 / 작업실적번호별로 선택 후 상단의 청구적용 버튼을 클릭하여 잔량 확인

12 ② [생산관리공통] → [생산관리] → [생산실적검사] 사업장, 실적일, 공정, 작업장 선택 후 조회 / 작업실적별 검사 내역에 대한 세부사항 확인

13 ③ [생산관리공통] → [생산관리] → [생산품창고입고처리] 사업장, 실적기간, 공정, 작업장 선택 후 조회하여 실적번호별 세부사항 확인

14 ④ [생산관리공통] → [생산관리] → [작업지시마감처리] 사업장, 지시일, 공정구분, 지시상태 선택 후 조회 / 작업지시번호별 하단의 실적잔량 확인

15 ③ [생산관리공통] → [재공관리] → [기초재공품등록] 사업장, 등록일 입력 후 조회하여 등록번호별 세부사항 확인

16 ① [생산관리공통] → [생산/외주/재공현황] → [지시대비실적현황] 사업장, 지시기간 입력 후 조회하여 품목별 잔량 소계 확인(마우스 R 클릭 후 정렬 및 소계 설정 기능을 이용하면 편리함)

17 ② [생산관리공통] → [생산/외주/재공현황] → [생산일보] 우측 상단의 단가 OPTION 버튼 클릭하여 조달구분 구매, 생산 모두 표준원가(품목등록) 체크 / 사업장, 실적기간, 구분, 수량조회기준 선택 후 실적기준 탭에서 조회하여 품목별 양품금액 확인

18 ① [생산관리공통] → [생산/외주/재공현황] → [생산계획대비실적현황(월별)] 사업장, 해당년도, 계정 선택 후 실적기준 탭에서 조회하여 품목별로 계획과 실적수량을 비교하여 확인

19 ③ [생산관리공통] → [생산/외주/재공현황] → [자재사용현황(제품별)] 사업장, 사용기간 입력 후 조회 / 작업 지시번호별 사용수량 합산하여 확인(마우스 R 클릭 후 정렬 및 소계 설정 기능을 이용하여 품명의 소계를 적용하여 확인)

20 ② [생산관리공통] → [생산/외주/재공현황] → [현재공현황(공정/작업장)] 사업장, 해당년도, 재공유무 선택 후 작업장 탭에서 조회하여 확인

생산 2급 | 2024년 2회 (2024년 3월 23일 시행)

[이론 답안]

1	2	3	4	5	6	7	8	9	10
④	④	①	③	④	②	①	③	④	③
11	12	13	14	15	16	17	18	19	20
③	③	③	②	③	②	②	②	④	①

[풀이]

01 ④ 모든 사용자들은 사용권한이 있어야 ERP 정보에 접근할 수 있다.

02 ④ 클라우드 ERP를 사용하더라도 클라우드 서비스 제공자와 별도의 계약을 체결한 어플리케이션은 자율적으로 설치 및 활용이 가능하다.

03 ① 성과측정관리는 SEM(전략적기업경영시스템)의 단위 시스템에 해당한다.
e-Business 지원 시스템을 구성하는 단위 시스템에는 전자상거래시스템(EC), 의사결정지원시스템(DSS), 고객관계관리시스템(CRM), 지식경영시스템(KMS), 경영자정보시스템(EIS), 공급업체관리시스템(SCM) 등이 있다.

04 ③ ERP시스템 구축 후에도 IT아웃소싱 업체와 협업하면서 ERP시스템을 운영할 수 있다.

05 ④
생산·운영관리의 구체적인 목표는 원가(비용), 품질, 시간(납기), 유연성으로 구분할 수 있다.

06 ② 자재명세서(BOM: Bill of Material)는 생산일정 수립에 쓰인다.

07 ①

08 ③
[생산시스템의 제조전략에 따른 분류]
- 계획생산(MTS: Make‑To‑Stock): 주로 생산계획에 의해 운영되는 Push System으로 완제품을 재고로 가지고 있다가 고객의 주문에 맞추어 공급하는 전략으로 생산되는 제품들은 일반적으로 저가품이며, 소품종 대량생산 형태
- 주문생산(MTO: Make‑To‑Order): 고객의 주문에 의해 운영되는 Pull System으로 고객의 주문이 들어오면 원자재의 가공, 반제품의 생산 및 완제품의 조립이 이루어지는 형태이다. 고객의 주문이 접수되기 전에는 고객의 요구사항을 정확하게 파악할 수 없기 때문에 주문접수 후 일정, 수량, 자재 등이 결정된다. 따라서 다품종 소량생산 형태
- 주문조립생산(ATO: Assemble‑To‑Order): 주문생산(MTO)의 일종으로 반제품을 재고로 보관하고 있다가, 고객의 주문에 맞추어 조립한 후에 제품을 공급하는 전략이다. 주로 자동차와 같이 옵션의 종류가 많고 고가인 제품의 생산전략으로 이용
- 주문설계생산(ETO: Engineer‑To‑Order): 주문생산(MTO)의 일종으로 고객의 주문이 들어오면, 설계부터 시작해서 자재의 구입, 생산 및 조립을 하는 생산전략이다. 주로 항공기, 선박 그리고 금형 등 고가제품이면서 고객의 요구사항이 설계단계에 반영되어야 하는 제품의 생산에 이용

09 ④
[작업의 우선순위 결정]
- 납기 우선순위: 납기가 가장 급박한 순서로 작업을 진행한다.

- FIFO: 먼저 작업지시가 내려진 순서대로 작업을 진행한다.
- 전체 작업시간이 가장 짧은 순서로 진행한다.
- 최소공정수를 가지는 작업순서로 진행한다.
- 여유(Slack) 시간이 가장 작은 순서로 작업을 진행한다.
- 긴급률(CR: Critical Ratio)이 가장 작은 순서로 작업을 진행한다.

10 ③

[일정계획 수립 시 방침]
- 작업흐름의 신속화: 가공로트 수를 작게 할 것, 이동로트 수를 작게 할 것, 공정계열의 병렬화
- 생산기간의 단축
- 작업의 안정화와 가동률 향상
- 애로공정의 능력 증대
- 생산활동의 동기화

11 ③

[공정관리의 기능]
- 계획기능: 생산계획을 통칭하는 것으로서 공정계획을 행하여 작업의 순서와 방법을 결정하고, 일정계획을 통해 공정별 부하를 고려한 개개 작업의 착수 시기와 완성 일자를 결정하며 납기를 유지케 함
- 통제기능: 계획기능에 따른 실제과정의 지도, 조정 및 결과와 계획을 비교하고 측정, 통제하는 기능
- 감사기능: 계획과 실행의 결과를 비교 및 검토하여 차이를 찾아내고, 그 원인을 분석하여 적절한 조치를 취하며, 문제점을 개선해 나감으로써 생산성을 향상시키는 기능

12 ③

[공정의 분류]
- 가공공정(Operation): 제조의 목적을 직접적으로 달성하는 공정으로 그 내용은 변질, 변형, 변색, 조립, 분해 등을 통하여 대상물을 목적에 접근시키는 공정이다. 즉 부가가치를 창출하는 공정
- 운반공정(Transportation): 특정 작업영역에서 다른 작업영역으로 이동시키기 위해 적재, 이동, 하역 등을 하고 있는 상태
- 검사공정(Inspection): 양적 검사와 질적 검사가 있는데 양적 검사는 수량, 중량의 측정 등이다. 질적 검사는 설정된 품질표준에 대해서 가공부품의 가공정도를 확인하거나 가공 부품을 품질 및 등급별로 분류하는 공정
- 정체공정(Delay): 대기와 저장의 상태에 있는 것이다. 대기는 제품이나 부품이 다음의 가공 및 조립을 하기 위해 일시적으로 기다리는 상태이며, 저장은 계획적인 보관이며 다음의 가공 및 조립으로 허가 없이 이동하는 것이 금지되어 있는 상태

13 ③
- 가동률 = 출근율 × (1−간접작업률)
    = 0.9 × (1−0.2) = 0.72(72%)

14 ②

[생산방식의 특징]
- 개별생산방식(Job Shop): 단속생산, 주문에 의한 생산, 범용기계, 공정별 기계배치, 큰 유연성, 숙련공, 공장 내의 물자이송(물류)량이 큼
- 흐름생산방식(Flow Shop): 주로 석유, 화학, 가스, 주류 등 원자재가 파이프라인을 통하여 공정으로 이동되며, 각 공정의 옵션에 따라서 몇 가지의 제품을 생산하는 방식이다. 연속생산, 특수기계의 생산라인, 적은 유연성, 물자이송(물류)량이 작음, 전용기계, 제품별 배치, 비숙련공도 투입, 대량 및 재고생산(make-to-stock)에 해당
- 프로젝트생산방식(Project Shop): 제품은 고정, 설비나 작업자가 이동
- 연속생산방식(Continuous Production): 반복생산, 제품으로써 대량데이터 처리, 시간단축 등으로 효율화시킨 MRP가 적용되고 있으며, 부품조달과 절차개선에 JIT 기법이 광범위하게 이용

15 ③

[공수계획의 기본적 방침]
- 부하와 능력의 균형화: 특정된 공정에 부하가 과도하게 집중되지 않도록 조정한다.

- 가동률의 향상: 사람이나 기계가 유휴상태가 되지 않도록 알맞은 작업량을 할당한다.
- 일정별 부하변동 방지: 일정계획과 대비하여 시간에 따라 부하의 변동방지 및 부하의 조정
- 적성배치와 전문화 촉진: 작업의 성질이 작업자의 특성과 기계의 성능에 맞도록 할당한다.
- 여유성: 부하와 능력 두 측면에 적당한 여유를 둔다.

16 ②

- 라인밸런스 효율(Eb) = $\dfrac{\text{라인(작업)의 순작업시간합계}(\sum_{ti})}{\text{작업장수}(n) \times \text{애로공정의시간}(t_{max})} \times 100$

$$= \frac{35+31+27+19}{4 \times 35} \times 100 = 80\%$$

- 불균형률(d) = 1 − 라인밸런스 효율(Eb) = 1 − 0.8 = 0.2(20%)

17 ②

[재고의 유형]

- 예상(비축)재고: 계절적인 수요 급등, 가격급등, 파업으로 인한 생산중단 등이 예상될 때, 향후 발생할 수요를 대비하여 미리 생산하여 보관하는 재고
- 순환재고: 비용 절감을 위하여 경제적 주문량(생산량) 또는 로트 사이즈(lot size)로 구매(생산)하게 되어, 당장 필요한 수량을 초과하는 잔량에 의해 발생하는 재고로서 다음의 구매시점까지 계속 보유하는 재고를 말한다.
- 안전재고: 조달기간의 불확실, 생산의 불확실, 또는 그 기간 동안의 수요량이 불확실한 경우 등 예상외의 소비나 재고부족 상황에 대비하여 보유하는 재고
- 수송(파이프라인)재고: 재고비용을 부담하여 물품에 대한 소유권을 가지고 있으며, 수송 중에 있는 재고로 수입물품 등과 같이 긴 조달(수송)기간을 갖는 재고, 유통과정의 이동 중인 재고, 정유회사의 수송용 파이프로 이동 중인 재고

18 ②

- 경제적 발주(주문)량(EOQ) = $\sqrt{\dfrac{2SD}{H}}$ = $\sqrt{\dfrac{2 \times 1\text{회 주문비용}(S) \times \text{연간 총수요}(D)}{\text{단위당 연간 재고유지비용}(H)}}$

$$= \sqrt{\frac{2 \times 100 \times 200}{80 \times 0.2}} = 50개$$

19 ④

- 자재소요계획(MRP)의 입력요소: 주생산일정계획(MPS), 자재명세서(BOM), 재고기록철(IRF)

20 ①

- SCM의 주요 흐름: 제품 흐름, 정보 흐름, 재정 흐름 등

[실무 답안]

1	2	3	4	5	6	7	8	9	10
②	①	③	①	①	③	④	④	④	②

11	12	13	14	15	16	17	18	19	20
③	④	④	②	①	①	②	①	④	③

[풀이]

01 ② [시스템관리] → [기초정보관리] → [품목등록] 계정구분, 검사여부 선택 후 조회 / 해당 품목별 ORDER/COST 탭에서 LEAD TIME 확인

02 ① [시스템관리] → [기초정보관리] → [창고/공정(생산)/외주공정등록] 사업장 입력 후 생산공정/작업장 탭에서 조회하여 확인

03 ③ [시스템관리] → [기초정보관리] → [물류실적(품목/고객)담당자등록] 품목 탭에서 계정 선택 후 조회하여 해당 품목별 구매담당자 및 생산담당자 확인

04 ① [생산관리공통] → [기초정보관리] → [BOM역전개] 자품목, 기준일자, 사용여부 입력 후 BOM 탭에서 조회하여 확인

05 ① [시스템관리] → [기초정보관리] → [검사유형등록] 검사구분, 사용여부 선택 후 조회하여 확인

06 ③ [생산관리공통] → [생산관리] → [생산계획등록] 사업장, 작업예정일, 계정구분 선택 후 날짜별 탭에서 조회하여 확인

07 ④ [생산관리공통] → [생산관리] → [작업지시등록] 사업장, 공정, 작업장, 지시기간 입력 후 조회 / 작업지시번호별로 마우스 R 클릭 후 [작업지시등록] 이력정보 확인

08 ④ [생산관리공통] → [생산관리] → [작업지시확정] 사업장, 공정, 작업장, 지시기간 입력 후 조회 / 작업지시번호 전체 선택 후 상단의 확정 버튼 클릭 / 사용일 입력 후 확인 / 작업지시번호별로 하단의 확정수량 확인

09 ④ [생산관리공통] → [생산관리] → [생산자재출고] 사업장, 출고기간 입력 후 조회 / 우측 상단의 출고요청 버튼을 클릭 후 [출고요청 조회] 창에서 청구기간, 청구공정, 청구작업장 선택 후 조회하여 품목별 청구잔량 합산하여 확인

10 ② [생산관리공통] → [생산관리] → [작업실적등록] 사업장, 지시(품목), 지시공정, 지시작업장 입력 후 조회 / 작업지시번호별로 하단의 작업실적이 '이동'으로 등록한 작업실적번호 확인

11 ③ [생산관리공통] → [생산관리] → [생산자재사용등록] 사업장, 구분, 실적공정, 실적작업장, 실적기간, 상태 선택 후 조회 / 작업실적번호별로 선택 후 상단의 청구적용 버튼을 클릭하여 잔량 확인(잔량이 음수(-)이면 적용예정량보다 적용수량이 크다는 의미이다.)

12 ④ [생산관리공통] → [생산관리] → [생산실적검사] 사업장, 실적일, 공정, 작업장 선택 후 조회 / 작업실적별 검사 내역에 대한 세부사항 확인

13 ④ [생산관리공통] → [생산관리] → [생산품창고입고처리] 사업장, 실적기간, 공정, 작업장 선택 후 조회하여 실적번호별 세부사항 확인

14 ② [생산관리공통] → [생산관리] → [작업지시마감처리] 사업장, 지시일, 공정구분, 공정, 작업장 선택 후 조회 / 작업지시번호별 하단의 실적잔량 확인
※ 계획 상태에서는 마감처리가 불가능하다.

15 ① [생산관리공통] → [재공관리] → [재공창고입고/이동/조정등록] 사업장, 실적기간 입력 후 재공이동 탭에서 조회 / 지문의 조회 조건에 맞는 이동번호 확인

16 ① [생산관리공통] → [생산/외주/재공현황] → [실적현황] 사업장, 지시기간, 지시공정, 지시작업장, 실적기간 입력 후 조회하여 작업팀별 실적수량 확인(마우스 R 클릭 후 정렬 및 소계 설정 기능을 이용하면 편리함)

17 ② [생산관리공통] → [생산/외주/재공현황] → [생산일보] 우측 상단의 단가 OPTION 버튼 클릭하여 조달구분 구매, 생산 모두 실제원가(품목등록) 체크 / 사업장, 실적기간, 구분, 공정, 작업장, 수량조회기준 선택 후 실적검사기준 탭에서 검사기준 선택 및 조회하여 품목별 불량금액 확인

18 ① [생산관리공통] → [생산/외주/재공현황] → [현재공현황(공정/작업장)] 사업장, 공정, 해당년도, 재공유무 선택 후 작업장 탭에서 조회하여 확인

19 ④ [생산관리공통] → [생산/외주/재공현황] → [자재사용현황(제품별)] 사업장, 사용기간, 공정, 작업장 선택 후 조회 / 작업지시번호별 사용수량 합산하여 확인(마우스 R 클릭 후 정렬 및 소계 설정 기능을 이용하여 품명의 소계를 적용하여 확인)

20 ③ [생산관리공통] → [생산/외주/재공현황] → [품목별품질현황(전수검사)] 사업장, 검사기간, 검사자 선택 후 조회하여 품목별 합격률 확인

저자 약력

임상종

- 계명대학교 경영학박사(회계학)
- (주)더존비즈온 근무
- 한국생산성본부 ERP 공인강사
- 대구지방국세청 납세자보호위원회 위원
- 중소기업청 정책자문위원
- (현) 계명대학교 경영대학 회계세무학과 교수

- ERP정보관리사 회계 1급, 2급 (「삼일인포마인」, 2025)
- ERP정보관리사 인사 1급, 2급 (「삼일인포마인」, 2025)
- ERP정보관리사 물류·생산 1급, 2급 (「삼일인포마인」, 2025)

김혜숙

- 홍익대학교 교육대학원 석사 졸업(상업교육)
- 홍익대학교 일반대학원 박사 수료(세무학)
- 홍익대학교 외래교수
- 한국공인회계사회AT(TAT·FAT)연수강사
- 한국생산성본부 ERP연수강사
- (현) (주)더존에듀캠 전임교수
- (현) 해커스 TAT(세무실무) 1급, 2급 전임교수
- (현) 서울사이버대학교 세무회계과 겸임교수
- (현) 안양대학교 글로벌경영학과 겸임교수

- ERP정보관리사 회계 1급, 2급 (「삼일인포마인」, 2025)
- ERP정보관리사 인사 1급, 2급 (「삼일인포마인」, 2025)
- ERP정보관리사 물류·생산 1급, 2급 (「삼일인포마인」, 2025)
- I CAN FAT 회계실무 2급 (「삼일인포마인」, 2023)
- I CAN FAT 회계실무 1급 (「삼일인포마인」, 2023)
- I CAN TAT 세무실무 2급 (「삼일인포마인」, 2023)
- I CAN TAT 세무실무 1급 (「삼일인포마인」, 2023)
- SAMIL전산세무2급 (「삼일인포마인」, 2011)
- SAMIL전산회계1급 (「삼일인포마인」, 2011)
- SAMIL전산회계2급 (「삼일인포마인」, 2011)

김진우

- 경남대학교 경영학석사(회계전문가 과정)
- 경남대학교 경영학박사(회계전공)
- 한국생산성본부 ERP 공인강사
- 영남사이버대학교 외래교수
- 영진전문대학교 외래교수
- 창원문성대학교 외래교수
- 경남도립거창대학 세무회계유통과 초빙교수
- 거창세무서 국세심사위원회 위원
- 한국공인회계사회 AT연수강사
- (현) YBM원격평생교육원 운영교수
- (현) (주)더존에듀캠 전임교수
- (현) 울산과학대학교 세무회계학과 겸임교수
- (현) 경남대학교 경영학부 겸임교수
- (현) 서원대학교 경영학부 겸임교수

- ERP정보관리사 회계 1급, 2급 (「삼일인포마인」, 2025)
- ERP정보관리사 인사 1급, 2급 (「삼일인포마인」, 2025)
- ERP정보관리사 물류·생산 1급, 2급 (「삼일인포마인」, 2025)
- I CAN 전산세무 2급 (「삼일인포마인」, 2025)
- I CAN 전산회계 1급 (「삼일인포마인」, 2025)
- I CAN 전산회계 2급 (「삼일인포마인」, 2025)
- 바이블 원가회계 (「도서출판 배움」, 2021)
- 바이블 회계원리 (「도서출판 배움」, 2023)

2025 국가공인 ERP 정보관리사 물류·생산 2급

발　　　행	2025년 3월 13일(2025년판)
저　　　자	임상종·김혜숙·김진우
발　행　인	이 희 태
발　행　처	**삼일피더블유씨솔루션**
주　　　소	서울특별시 한강대로 273 용산빌딩 4층
등　　　록	1995. 6. 26 제3－633호
전　　　화	(02) 3489－3100
팩　　　스	(02) 3489－3141
정　　　가	25,000원
I S B N	979-11-6784-352-4 13320

저자와의
협의하에
인지생략

제**4**부

정답 및 해설

출제예상 평가문제 정답 및 해설

출제예상 평가문제

01 재무회계실무 제대로 알기

1	2	3	4	5
1,350,000원	43,000,000원	02001	206	9,800,000원
6	7	8	9	10
935	1,457,114,000원	10,200,000원*	1,800,000원	745,089,936원

* 퇴직연금운용자산은 퇴직급여충당부채의 차감항목이며, 퇴직급여충당부채를 초과하는 금액은 투자자산으로 표시된다.

02 부가가치세실무 제대로 알기

1	2	3	4	5
7매	5	126,528,000원	2,200,000원	200,000원
6	7	8	9	10
400,000원	127,397원	242,306원	6,600,000원	1,890,000원

03 근로소득실무 제대로 알기

1	2	3	4	5
200,000원	200,000원	1,500,000원	4,247,250원	14,800,000원
6	7	8	9	10
290,170원	6명	76,569원	1099,850원	162,900,000원

부록/정답 및 해설

유형별 연습문제 정답 및 해설

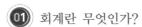

제**1**장 **재무회계**

01 회계란 무엇인가?

01 ②
- ① 판매대금의 회수가 구매자의 재판매에 의해 결정되는 경우에 판매자는 구매자에게 판매시 수익을 인식하지 아니한다.
- ③ 매도가능증권으로부터 발생하는 배당금수익과 이자수익은 당기손익으로 처리한다.
- ④ 추가 생산단계에 투입하기 전에 보관이 필요한 경우 외의 보관비용은 재고자산 원가에 포함할 수 없으며 발생기간의 비용으로 인식하여야 한다.

02 ③
- 재무제표의 작성책임은 회사 경영자에게 있다.

03 ②
- 관리회계는 내부 정보이용자에게 경영 활동에 유용한 정보를 제공하는 것이고, 재무회계는 외부 정보이용자에게 유용한 정보를 제공하는 것을 주된 목적으로 한다.

04 ②
- 재무상태표에 대한 설명이다.

05 ①
- 지배회사와 종속회사가 법적실체가 다름에도 단일의 경제적 실체를 형성하여 하나의 회계단위로서 연결재무제표를 작성하는 것은 기업실체의 가정과 관련이 있다.

06 ③
- 적시에 제공되지 않은 정보는 의사결정에 이용할 수 없으므로 목적적합성을 상실하게 된다.

07 ③
- 예측가치와 피드백가치는 목적적합성의 하위 질적특성이다.

08 ②
- 재무회계의 기본가정: 계속기업의 가정, 기업실체의 가정, 기간별 보고의 가정

09 ②
- 금융리스는 표현의 충실성에 대한 사례이고, 표현의 충실성은 회계정보의 신뢰성을 구성한다.

10 ②
- 회계정보가 갖추어야 할 가장 중요한 질적 특성은 목적적합성과 신뢰성이다.

11 ③
- 적시성은 목적적합성과 관련된 특성이다. 재무제표가 신뢰성을 갖기 위해서는 그 정보가 나타내고자 하는 대상을 충실히 표현하고 있어야 하고(표현의 충실성), 객관적으로 검증 가능하여야 하며(검증가능성), 중립적(중립성)이어야 한다.

12 ①
- 회계정보가 정보이용자에게 유용하기 위해서는 그 정보가 의사결정에 반영될 수 있도록 적시에 제공되어야 한다.

13 ②
- 목적적합성에 대한 설명이다.

14 ④
- 회계정보의 목적적합성과 신뢰성을 높일 수 있는 대체적방법이 있음에도 불구하고 비교가능성의 저하를 이유로 회계기준의 개정이나 회계정책의 변경이 이루어지지 않는 것은 적절하지 않다.

15 ④
- 회계정보의 질적특성은 서로 상충될 수 있다. 예를 들어, 유형자산을 역사적원가로 평가하면 일반적으로 검증가능성이 높으므로 측정의 신뢰성은 제고되나 목적적합성은 저하될 수 있으며, 시장성 없는 유가증권에 대해 역사적원가를 적용하면 자산가액 측정치의 검증가능성은 높으나 유가증권의 실제 가치를 나타내지 못하여 표현의 충실성과 목적적합성이 저하될 수 있다.

16 ②
- 정보이용자가 기업실체의 미래 사건의 결과에 대한 예측을 하는 데 도움이 되는 정보는 목적적합한 정보이다.

17 ③
- 재무상태표에 표시되는 자본 총액은 장부금액으로서, 기업의 시가총액과 일치하는 개념이 아니다.

18 ②
- 표현의 충실성을 설명한 것으로서 신뢰성의 속성에 해당한다.

19 ③
- 계속기업의 가정이란 기업실체는 그 목적과 의무를 이행하기에 충분할 정도로 장기간 존속한다고 가정하는 것을 말한다.

02 재무제표

01 ③
- 부채의 정의를 만족하기 위해서는 금액이 반드시 확정되어야 하는 것은 아니다.

02 ④
- 정상적인 영업주기 내에 회수되는 매출채권은 보고기간종료일부터 1년 이내에 실현되지 않더라도 유동자산으로 분류한다.

03 ①
- 재무제표의 표시와 관련하여 재무제표 본문과 주석에 적용하는 중요성에 대한 판단기준은 서로 다를 수 있다. 예를 들어, 재무제표 본문에는 통합하여 표시한 항목이라 할지라도 주석에는 이를 구분하여 표시할 만큼 중요한 항목이 될 수 있다.

04 ④
- 자산과 부채는 원칙적으로 상계하여 표시하지 않는다.

05 ②
- ① 재무제표는 재무상태표, 손익계산서, 현금흐름표, 자본변동표로 구성되며, 주석을 포함한다.
- ③ 재무상태표의 과목배열은 유동성이 높은 순서대로 배열함을 원칙으로 한다.
- ④ 중단사업손익은 영업외손익에 해당하지 않는다.

06 ④
- 발생주의에 따라 측정된 회계이익에 대한 정보는 순현금흐름보다 기업실체의 미래 순현금흐름의 예측에 더 유용한 것으로 인식된다.

07 ②
- 재무상태표에 대한 설명이다.

08 ③
- 미지급금은 상품매입 외의 외상거래(예를 들어, 비품 등의 구입)에서 대금을 1년 이내의 기간에 지급하기로 한 경우에 발생한다.

09 ③
- 경우에 따라서는 법적권리가 없어도 자산의 정의를 충족할 수 있다.

10 ④
- ①, ②, ③은 기타포괄손익누계액, ④는 자본조정 항목이다.

11 ②
- 영업권에 대한 설명이다.

12 ③
- 타인에게 임대하거나 자체적으로 사용하기 위하여 보유하고 있는 부동산은 유형자산으로 분류하고 시세차익을 얻기 위하여 보유하고 있는 부동산은 투자자산으로 분류한다.

13 ④
- 정상적인 영업주기 내에 판매되거나 사용되는 재고자산은 보고기간 종료일로부터 1년 이내에 실현되지 않더라도 유동자산으로 분류한다.

14 ④
- 기업이 고유의 영업활동과 직접적인 관련 없이 투자 목적으로 보유하고 있는 부동산을 투자부동산이라고 한다. 투자부동산은 비유동자산인 투자자산으로 분류된다.

15 ③
- 기업이 미래에 자산을 사용하거나 용역을 제공하는 등 경제적 자원의 희생이 예상될 경우에는 현재시점에서 지출될 금액이 확정되지 않았어도 부채로 인식할 수 있다.

16 ②
- 감가상각방법의 변경과 잔존가치의 변경 모두 회계추정의 변경에 해당한다.

17 ②
- 시송품은 시용자가 매입의사를 표시하는 경우 소유권이 이전된다. 따라서 이 경우 기말재고자산에 포함되지 않는다.

03 당좌자산

01 ①
- 현금및현금성자산 = 타인발행 당좌수표 + 만기도래 공사채이자표 + 배당금지급통지표
  = 230,000원 + 160,000원 + 10,000원 = 400,000원
- 정기적금(1년 만기)은 단기투자자산, 당좌차월은 단기차입금, 사용이 제한된 정기예금(1년 만기)은 단기투자자산이다.

02 ②
- 매출원가 = 120,000원 + 200,000원 - 110,000원
  = 210,000원
  매출액 = 210,000원 + 90,000원 = 300,000원
  외상매출액 = 300,000원 - 50,000원 = 250,000원
  기말매출채권 = 80,000원 + 250,000원 - 200,000원
  = 130,000원

03 ②
- 현금및현금성자산 = 통화 + 만기도래국채이자표 + 타인발행수표 = 1,000,000원 + 200,000원 + 500,000원 = 1,700,000원
- 타인발행약속어음: 매출채권
- 6개월 만기 정기예금, 단기매매지분증권: 단기투자자산

04 ②
- 기초매출채권 = (당기현금회수매출채권 + 당기 대손처리액 + 기말매출채권) − 당기외상매출액 = (3,480,000원 + 20,000원 + 1,500,000원) − 4,000,000원 = 1,000,000원

05 ①
- 회계연도말 매출채권 130,000원 = 기초매출채권 70,000원 + 총매출액 290,000원 − 당기현금매출액 40,000원 − 매출채권회수액 190,000원

06 ④
- 주식취득

  (차) 단기매매증권   1,300,000원
      (대) 현금   1,300,000원

- 2023년말

  (차) 단기매매증권   200,000원
      (대) 단기매매증권평가이익   200,000원

- 주식처분

  (차) 현금   1,000,000원
      단기매매증권처분손실   500,000원
      (대) 단기매매증권   1,500,000원

 재고자산

01 ③
- 재고자산 수량의 감소는 재고자산감모손실로, 재고자산 가격의 하락은 재고자산평가손실로 회계처리한다.

02 ④
- 저가법을 적용함으로써 발생한 재고자산평가손실은 매출원가에 가산한다.

03 ④
- 매출원가 = 매출액 − 매출총이익 = 300,000원 − (300,000원 × 30%) = 210,000원
- 횡령액 = 장부상 기말재고액 − 실사에 의한 기말재고액 = 140,000원* − 80,000원 = 60,000원
  * 기초재고액 + 당기매입액 − 기말재고액 = 매출원가 50,000원 + 300,000원 − 기말재고액(x) = 210,000원
  기말재고액(x) = 140,000원

04 ③
- 재고자산의 취득원가 = 매입가격 + 취득제비용 − 매입에누리 − 매입할인 = 1,000,000원 + 10,000원 − 5,000원 − 10,000원 = 995,000원

05 ②
- 재고자산의 취득원가 = 매입가격 + 매입부대비용 − 매입에누리 − 매입할인 − 매입환출 = 1,200,000원 + 10,000원 − 5,000원 − 10,000원 − 3,000원 = 1,192,000원

06 ②
- 상품의 순매입액 = 총매입액 + 매입부대비용 − 매입할인 − 매입환출 = 3,000,000원 + 50,000원 − 10,000원 − 20,000원 = 3,020,000원

07 ③
- 물가가 지속적으로 상승하고 기초재고자산수량과 기말 재고자산수량이 동일한 경우 당기순이익의 크기는 "선입선출법〉이동평균법〉총평균법〉후입선출법"의 순서이다.

08 ④
- 선적지 인도조건으로 매입한 경우 선적시점에 재고자산을 인식하므로 기말재고액에 포함되어야 한다.

09 ①
- 선입선출법에 따라 기초재고와 11월 16일에 매입한 재고자산 중 4,000개가 판매되었으므로 매출원가는 (4,000개 × @400원) + (4,000개 × @440원) = 3,360,000원이다.

10 ③
- 이동평균법
  - 단위당 매출원가 = (1,000개 × 100원 + 1,000개 × 110원) ÷ 2,000개 = 105원
  - 기말상품재고액 = (2,000개 − 1,500개) × 105원 + 1,000개 × 120원 = 172,500원
- 총평균법
  - 단위당 매출원가 = 330,000원 ÷ 3,000개 = 110원
  - 기말상품재고액 = 1,500개 × 110원 = 165,000원

11 ③
- 단위당원가 = (100개 × 100원 + 500개 × 130원) / (100개 + 500개) = 75,000원 / 600개 = 125원
- 월초재고수량 100개 + 당월매입수량 500개 − 당월매출수량 500개 = 월말재고수량 100개
- 월말재고자산 = 100개 × 125원 = 12,500원

12 ③
- 기말재고수량 = 600개 − 550개 = 50개(5/25)
- 기말상품재고액 = 50개 × @1,500원 = 75,000원

- 매출원가 = 기초상품재고액 + 당기순매입액 – 기말상
  품재고액
  = 100개 × @1,000원 + 400개 × @1,300원 + 100개
  × @1,500원 – 75,000원 = 695,000원

13 ③
- 물가가 지속적으로 상승할 경우 당기순이익이 가장 크게
  나타나는 재고자산 평가방법은 선입선출법이다. 따라서,
  기말재고 수량 100개(판매가능수량 600개 – 매출 수량
  500개)에 대한 단가는 가장 최근에 매입한 8월 5일의
  1,500원이 된다.

05 투자자산

01 ③
- 처분손익 = 처분금액 – 취득원가 = 1,300원 × 100주
  – 1,000원 × 100주 = 30,000원 이익

02 ①
- ② 매도가능증권평가손익은 기타포괄손익누계액에 영향
  을 미친다.
  ③ 매도가능증권처분손익은 영업외손익으로 인식된다.
  ④ 단기매매증권의 취득과 관련된 매입수수료는 비용
  으로 처리한다.

03 ④
- 2024년 12월 31일 평가 시 회계처리

  (차) 매도가능증권   1,000,000원
     (대) 매도가능증권평가이익   1,000,000원

- 2025년 7월 1일 처분 시 매도가능증권평가이익을 정리
  한다.

  (차) 현금   3,000,000원
     매도가능증권평가이익   1,000,000원
     매도가능증권처분손실   500,000원
     (대) 매도가능증권   4,500,000원

04 ③
- 2023년말

  (차) 매도가능증권평가손실   100,000원
     (대) 매도가능증권   100,000원

- 2024년말

  (차) 매도가능증권   300,000원
     (대) 매도가능증권평가손실   100,000원
        매도가능증권평가이익   200,000원

- 2025년 중

  (차) 현금   1,100,000원
     매도가능증권평가이익   200,000원
     (대) 매도가능증권   1,200,000원
        매도가능증권처분이익   100,000원

- 매도가능증권평가손익은 기타포괄손익누계액에 해당된다.

06 유형·무형·기타 비유동자산

01 ③
- 300,000원 + 400,000원 = 700,000원
- 생산 전 또는 사용 전의 시작품과 모형의 설계, 제작 및
  시험활동과 새로운 기술과 관련된 공구, 금형, 주형 등을
  설계하는 활동은 개발단계에 속하는 활동으로서 무형자산의
  개발비로 계상할 수 있다.

02 ③
- 유동자산 항목: 현금및현금성자산, 매출채권, 단기투자
  자산, 선급금, 상품 → 1,220,000원
  비유동자산 항목: 장기대여금, 개발비, 차량운반구
  → 980,000원

03 ③
- 무형자산의 상각기간은 독점적·배타적 권리를 부여하고
  있는 관계 법령이나 계약에 정해진 경우를 제외하고는
  20년을 초과할 수 없다.

04 ①
- 무형자산의 상각방법에는 정액법, 정률법, 연수합계법,
  생산량비례법 등이 있으나, 합리적인 상각방법을 정할
  수 없는 경우에는 정액법을 사용한다.

05 ③

2024.12.31. 미상각액: 100,000원 × 6/10   60,000원
2025. 1. 1. 자본적 지출   6,000원
합 계   66,000원
2025.12.31. 상각액: 66,000원 × 1/6 = 11,000원

06 ④
- 무형자산에 대한 설명이다.
  - 개발비, 특허권, 광업권: 무형자산
  - 연구개발비: 기간비용
  - 임대보증금: 기타비유동부채
  - 임차보증금: 기타비유동자산

07 ③
- 무형자산에 대한 지출로서 과거 회계연도의 재무제표나
  중간재무제표에서 비용으로 인식한 지출은 그 후의 기
  간에 무형자산의 취득원가로 인식할 수 없다.

08 ②
- 무형자산의 상각방법을 합리적으로 정할 수 없는 경우에는 정액법을 사용한다.

09 ④
- 무형자산은 경제적 효익이 소비되는 행태를 반영하여 합리적인 방법으로 상각하며, 합리적인 상각방법을 정할 수 없는 경우에는 정액법으로 상각한다.(일반기업회계기준 11장 문단32)

10 ②
- ② 회사간 합병으로 취득한 영업권은 무형자산이다.
  ①, ③, ④는 당기비용으로 인식한다.

11 ④
- 동종자산의 교환으로 취득한 유형자산의 취득원가는 교환을 위하여 제공한 자산의 장부금액으로 한다. (주)한공이 제공한 자산의 장부금액은 600,000원이므로 취득한 기계장치의 취득원가는 600,000원이 된다. 따라서 (주)한공의 회계처리는 다음과 같다.

(차) 감가상각누계액		2,400,000원
기계장치		600,000원
(대) 기계장치		3,000,000원

12 ①
- 본래의 용도를 변경하기 위한 개조와 빌딩의 피난시설 설치는 자본적 지출이고 나머지는 수익적 지출이다.

13 ③
- 자본적 지출을 수익적 지출로 처리 한 경우 자산은 과소계상되고 비용은 과대 계상된다. 따라서 당기순이익은 과소계상된다.

14 ③
- 본사건물 증축에 지출된 금액이 자본적지출이므로 수선비로 처리한 것은 잘못된 회계처리이다.
- 이로 인하여 비용(판매비와관리비)은 과대계상(수선비가 감가상각비 증가액보다 큼)되고 당기순이익은 과소계상되었으며, 본사건물 취득금액과 감가상각누계액이 과소계상되었다. 그러나 매출원가에 미치는 영향은 없다.

15 ①
- 유형자산에 대한 자본적 지출을 수익적 지출로 잘못 회계처리하는 경우, 순이익의 과소계상, 자산의 과소계상, 비용의 과대계상되는 효과가 발생한다.

16 ③
- 재평가시점의 회계처리

(차) 토지(자산의 증가)		300,000원
(대) 재평가잉여금(자본의 증가)		300,000원

17 ④
- 2025년 감가상각

(차) 감가상각비		100,000원
(대) 감가상각누계액		100,000원

- 2025년 재평가

(차) 감가상각누계액		100,000원
건물		250,000원
(대) 재평가잉여금		350,000원

18 ③
- 전기말 회수가능액 = Max(55,000,000원, 60,000,000원) = 60,000,000원
  전기말 손상차손 = 80,000,000원 − 60,000,000원 = 20,000,000원
  당기말 손상차손환입 = Min(85,000,000원, 80,000,000원) − 60,000,000원 = 20,000,000원

19 ②
- 2024년 말

(차) 토지		200,000원
(대) 재평가이익(기타포괄손익)		200,000원

- 2025년 말

(차) 재평가이익(기타포괄손익)		200,000원
재평가손실(당기손익)		100,000원
(대) 토지		300,000원

20 ①
- 2024년 말

(차) 토지		200,000원
(대) 재평가이익(기타포괄손익)		200,000원

- 2025년 말

(차) 재평가이익(기타포괄손익)		200,000원
재평가손실(당기손익)		200,000원
(대) 토지		400,000원

21 ①
- 유형자산손상차손에 대한 설명이다.

22 ③
- 2025년말 손상차손=회수가능가액-유형자산장부금액
  : 900,000원 − (2,000,000원 − 2,000,000원 × 2/5) = (−)300,000원

23 ④
- 유형자산의 장부금액이 재평가로 인하여 증가된 경우에 그 증가액은 기타포괄손익으로 인식한다. 그러나 동일한 유형자산에 대하여 이전에 당기손익으로 인식한 재평가감소액이 있다면 그 금액을 한도로 재평가증가액만큼 당기손익으로 인식한다.

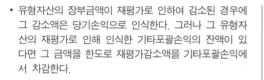

- 유형자산의 장부금액이 재평가로 인하여 감소된 경우에 그 감소액은 당기손익으로 인식한다. 그러나 그 유형자산의 재평가로 인해 인식한 기타포괄손익의 잔액이 있다면 그 금액을 한도로 재평가감소액을 기타포괄손익에서 차감한다.

24 ③
- 유형자산손상차손 = 장부금액 − MAX(순공정가치, 계속사용가치)
  = 200,000,000원 − 40,000,000원 − 70,000,000원
  = 90,000,000원

25 ④
- 동종자산과의 교환으로 취득한 유형자산의 취득원가는 교환으로 제공한 자산의 장부금액으로 한다.

26 ④
- 새로운 상품을 소개하는데 소요되는 지출은 광고선전비이므로 건물의 취득원가에 포함되지 아니한다.

27 ①
- 정액법
  2024년도 감가상각비: (2,000,000원 − 200,000원)
  ÷ 5년 = 360,000원
  2025년도 감가상각비: (2,000,000원 − 200,000원)
  ÷ 5년 × 6/12 = 180,000원
  처분손익: 2,000,000원 − (2,000,000원 − 360,000원
  − 180,000원) = 540,000원 이익
- 연수합계법
  2024년도 감가상각비: (2,000,000원 − 200,000원)
  × 5/15 = 600,000원
  2025년도 감가상각비: (2,000,000원 − 200,000원)
  × 4/15 × 6/12 = 240,000원
  처분손익: 2,000,000원 − (2,000,000원 − 600,000원
  − 240,000원) = 840,000원 이익

28 ①
- 2025년 7월 1일 장부금액 = 1,000,000원(처분가액) − 100,000원(처분이익) = 900,000원
- 2025년 감가상각비 = 1,000,000원(2024년말 장부금액) − 900,000원(2025년 7월 1일 장부금액)
  = 100,000원

29 ②
- 2025년 8월 1일 장부금액 = 2,000,000원(처분금액) − 250,000원(처분이익) = 1,750,000원
- 2025년 감가상각비 = 2,000,000원(2024년 장부금액) − 1,750,000원(2025년 8월 1일 장부금액) = 250,000원

30 ②
- 건물
  취득원가:15,000,000원×8,000,000원/20,000,000원
  = 6,000,000원

- 2024년 결산 시 감가상각비: (6,000,000 ÷ 10)
  × 6/12 = 300,000원
- 2025년 결산 시 감가상각비: 600,000원
- 2025년 기말 건물 장부금액: 6,000,000원 − (300,000원
  + 600,000원) = 5,100,000원

31 ①
- 상환의무가 없는 자산관련 정부보조금은 관련 자산 취득시 자산의 차감계정으로 회계처리한다.

32 ②

(차) 감가상각비	100,000원		
정부보조금	50,000원		
(대) 감가상각누계액			100,000원
감가상각비			50,000원

33 ①
- 2025년 감가상각비
  (100,000원 − 40,000원) × 1년/5년 × 6개월/12개월
  = 6,000원
- 정부보조금은 유형자산의 취득원가에서 차감하는 형식으로 표시하고 그 자산의 내용연수에 걸쳐 감가상각비와 상계한다.

34 ①
- 2025년도 감가상각 금액 계산
  건물(1,000,000원 − 0원) ÷ 10년 = 100,000원
  정부보조금 100,000원 ÷ 10년 = 10,000원
  100,000원 − 10,000원 = 90,000원

35 ①
- 정부보조금 수령 시 분개

(차) 현금	1,000,000원	
(대) 정부보조금		1,000,000원
(현금차감)		

36 ②
- 2025년 1월 1일 차량운반구 장부금액
  = 1,200,000원 − 400,000원 = 800,000원
- 2025년 감가상각비
  = 800,000원/5년 = 160,000원
- 2025년말 차량운반구 장부금액
  = 800,000원 − 160,000원 = 640,000원

37 ①
- 기계장치에 대한 총 감가상각비 = (3,000,000원
  − 300,000원) × 1/5 = 540,000원
- 총 감가상각비 중 정부보조금 해당분 = 500,000원
  × 1/5 = 100,000원
- 손익계산서에 계상될 감가상각비 = 540,000원
  − 100,000원 = 440,000원

38 ③

- 상환의무가 없는 정부보조금 1,000,000원으로 기계장치를 1,000,000원에 취득할 경우의 회계처리는 다음과 같다.(보통예금 수령/지급 가정)

(차) 기계장치 　　　　　　　　　　 1,000,000원
　　정부보조금(보통예금 차감)　 1,000,000원
　　(대) 보통예금 　　　　　　　　　　 1,000,000원
　　　　정부보조금(기계장치 차감)　 1,000,000원

07 부채와 자본

01 ②

- 사채할인발행차금은 유효이자율법으로 상각하며, 당기에 인식되는 이자비용(유효이자액)은 액면이자액과 사채할인발행차금 상각액의 합계액이다.
- 사채할인발행차금의 상각액은 대변에 분개된다.

02 ④

- 사채가 할증발행 되었을 때 유효이자율법을 적용하면, 만기까지의 기간 중에 발행기업의 재무상태표상 사채의 장부금액은 매년 감소하며, 이에 따라 장부금액에 유효이자율을 곱하는 이자비용 금액은 매년 감소한다.

03 ②

- 사채의 액면금액은 100,000원이고 발행금액은 95,196원이다.

04 ③

- ① 사채계정에는 액면금액을 기록하고 사채발행으로 유입된 현금과 액면금액과의 차액이 사채할인(할증)발행차금으로 기록된다.
- ② 사채발행 시 액면이자율보다 유효이자율이 높으면 할인발행된다.
- ④ 사채가 만기상환되는 경우 사채상환손익이 발생하지 않는다.

05 ③

- 이자비용 = 기초장부금액 × 유효이자율
= 995,843원 × 15% = 149,376원

06 ①

- 사채할인발행차금은 시장이자율보다 액면이자율이 낮을 경우에 발생한다.

07 ④

- 손익계산서상 사채의 이자비용은 사채장부금액에 유효이자율을 곱한 금액이다.

08 ③

- 손익계산서상 이자비용 = 발행가액 × 유효이자율
= 974,000원 × 6% = 58,440원

(차) 이자비용 　　　　　　　　　　 58,440원
　　(대) 현금 　　　　　　　　　　　 50,000원
　　　　사채할인발행차금 　　　　 8,440원

09 ②

- 사채할증발행차금은 사채 액면금액에 가산하는 형식으로 재무상태표에 보고한다.

10 ④

- 주식배당액은 주주총회에서 결정될 때 자본조정인 미교부주식배당금으로 계상한다.

11 ③

(차) 현금 등 　　　　　　　　　　 3,000,000원
　　(대) 자기주식(자본조정) 　　　 2,000,000원
　　　　자기주식처분이익(자본잉여금)　 1,000,000원

12 ②

- 주식발행비용은 주식발행초과금에서 차감하여 회계처리한다.

13 ①

- 회사가 이미 발행한 주식을 소각 또는 재발행할 목적으로 취득한 경우 이를 자기주식으로 처리하고, 자본조정으로 분류한다.

14 ③

가. (차) 이익잉여금 　　　　　　　 ×××
　　　　(대) 자본금 　　　　　　　　　 ×××
　　⇒ 자본총계 영향없음
나. (차) 현금 　　　　　　　　　　　 ×××
　　　　(대) 배당금수익 　　　　　　　 ×××
　　⇒ 자본총계 증가
다. (차) 자본금 등 　　　　　　　　 ×××
　　　　(대) 자기주식 　　　　　　　　 ×××
　　⇒ 자본총계 영향없음
라. (차) 현금 등 　　　　　　　　　 ×××
　　　　(대)자본금 등 　　　　　　　　 ×××
　　⇒ 자본총계 증가

15 ②

- ① 기타포괄손익누계액 - 해외사업환산손익
③ 자본조정 - 주식선택권
④ 기타포괄손익누계액 - 매도가능증권평가손익

16 ②

- 자기주식 처분거래를 기록하는 시점에서 이익잉여금의 변동은 발생하지 않는다.

17 ①

- 미교부주식배당금은 자본조정항목으로 자본에 해당한다.

18 ④

- 대화 내용대로 주식을 발행하면 할증발행을 하게 된다.

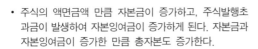

- 주식의 액면금액 만큼 자본금이 증가하고, 주식발행초 과금이 발생하여 자본잉여금이 증가하게 된다. 자본금과 자본잉여금이 증가한 만큼 총자본도 증가한다.

19 ①
- 3월 5일 거래에서 주식발행초과금 5,000,000원 발생하고, 9월 20일 거래에서 주식할인발행차금 1,100,000원 발생한다. 따라서 상계 처리 후 주식발행초과금의 잔액은 3,900,000원이다.

20 ②
- 비유동부채 : 퇴직급여충당부채 50,000,000 + 장기차입금 20,000,000 = 70,000,000원

21 ②
- 이익잉여금 = 이익준비금 + 임의적립금 + 미처분이익잉여금
  = 10,000,000원 + 15,000,000원 + 40,000,000원
  = 65,000,000원

22 ③
- 무상증자와 토지의 재평가는 현금이 유입되지 않는다.

23 ①
- 2025년도말 지급하여야 할 기여금   84,000,000원
  − 2025년도말 기 지급한 기여금   72,000,000원
  미지급비용   12,000,000원

24 ②
- 확정급여형 퇴직연금제도에서는 퇴직급여와 퇴직급여충당부채를 인식한다.

25 ①
- 퇴직급여충당부채는 보고기간말 현재 전종업원이 일시에 퇴직할 경우 지급하여야 할 퇴직금에 상당하는 금액으로 한다.

26 ④

(차) 퇴직급여충당부채	10,000,000원
퇴직급여	4,000,000원
(대) 보통예금	13,560,000원
예수금	440,000원

27 ③
- 결산분개

(차) 퇴직급여	2,000,000원
(대) 퇴직급여충당부채	2,000,000원

- 당기 퇴직금 추산액(6,000,000원) = 전기이월 잔액(x)
  − 당기 퇴직금 지급액(1,000,000원) + 결산 시 추가
  설정액(2,000,000원)
  → 전기이월 잔액(x) = 5,000,000원

28 ④
- 재무상태표에 계상될 퇴직급여충당부채는 2025년 말전 종업원이 일시에 퇴직할 경우 지급하여야 할 퇴직금인

6,000,000원이다
- 퇴직급여 = 기말 퇴직급여충당부채 − (기초 퇴직급여충당부채 − 퇴직금지급액)
  = 6,000,000원 − (5,000,000원 − 1,000,000원)
  = 2,000,000원

29 ②
- ① 재무상태표상 퇴직급여충당부채는 7,000,000원이다.
  ③ 퇴직급여규정의 개정으로 증가된 전기 이전분 1,300,000원도 당기비용으로 처리한다.
  ④ (주)한공은 확정급여제도(DB형)를 적용하고 있다.

30 ③
- 퇴직금추계액 7,000,000원
  = 퇴직급여충당부채 잔액 4,000,000원 + 결산 시 추가액 3,000,000원

31 ②
- 손익계산서에 표시될 퇴직급여 = 퇴직금추계액 − 결산전 퇴직급여충당부채 잔액
  = 18,000,000원 − (20,000,000원 − 6,500,000원)
  = 4,500,000원

(08) 수익과 비용

01 ①

	기초자본	400,000원
+	유상증자	300,000원
−	현금배당	100,000원
+	당기순이익	x원
=	기말자본	700,000원

- 단, 주식배당은 자본의 변동이 없으므로 고려하지 않는다.

02 ④
- 2024년 12월 31일 특허권상각액 = 400,000원/10년
  = 40,000원 (2024년까지 총 160,000원 상각)
  2024년 12월 31일 현재 미상각액:
  (400,000원 − 160,000원) = 240,000원
  2025년 1월 1일 자본적지출:
  60,000원, 잔존내용연수 6년(10년 − 4년)
  2025년 12월 31일 특허권상각액 =
  (240,000원 + 60,000원) / 6년 = 50,000원

03 ③
- 2025년도 기초상품재고액은 2023년도 기말상품재고액(순실현가능가치)이다.
- 2025년도 매출원가 = 기초상품재고액 + 당기매입액
  − 기말상품재고액
  = 1,500,000원 + 7,000,000원 − 2,000,000원
  = 6,500,000원

04 ②
- 재고자산 = (1,000개 + 2,000개 − 2,500개 − 100개)
  × 110원[*1] = 400개 × 110원 = 44,000원
  *1 시가(110원)가 취득원가(120원)보다 하락한 경우 저가법을 사용한다.
- 매출원가 = 월초재고자산 + 당월매입 − 월말재고자산
  = 1,000개 × 100원 + 2000개 × 120원 − ((500개
  × 120원) − (100개 × 120원)[*2] − (10원 × 400개)[*3])
  = 296,000원
  *2 재고자산감모손실
  *3 재고자산평가손실

05 ①
- 매출원가 = 기초상품 재고분 (300개 × 단위당 1,000원
  = 300,000원) + 7월 1일 매입분 (250개 × 단위당
  1,500원 = 375,000원) = 675,000원

06 ③
- 기말상품재고액은 저가법을 적용한다.
  2024년 기말상품재고액
  = Min[2,000,000원, 1,500,000원] = 1,500,000원
  2025년 기말상품재고액
  = Min[3,000,000원, 2,000,000원] = 2,000,000원
- 2025년도 매출원가 = 기초상품재고액 + 당기매입액 −
  기말상품재고액
  = 1,500,000원 + 7,000,000원 − 2,000,000원
  = 6,500,000원

07 ②
- 기초매입채무(60,000원) + 당기상품매입액 − 매입채무
  현금지급액(550,000원) = 기말매입채무(45,000원)
  따라서 상품매입액 = 535,000원
- 매출원가 = 기초상품재고액 + 당기상품매입액 − 기말
  상품재고액
  = 100,000원 + 535,000원 − 130,000원 = 505,000원

08 ②
- 7월말 상품재고액 = (20개 × 170원) + (70개 × 180원)
  = 16,000원
  7월 매출원가 = (50개 × 150원) + (30개 × 170원)
  = 12,600원

09 ②
- 매출원가 = 100개 × 1,000원 + 50개 × 1,200원
  = 160,000원
- 매출총이익 = 매출액 − 매출원가 = 150개 × 4,000원
  − 160,000원 = 440,000원

10 ③
- 재고자산 매출시 운반비는 판매비와관리비에 포함

11 ③
- 2024년도 기말상품재고액(저가법에 의한 순실현가능가
  치)가 2024년도 기초상품재고액으로 이월된다.
- 2025년도 매출원가 = 기초상품재고액 + 당기매입액 −
  기말상품재고액(저가법 적용)
  = 1,500,000원 + 7,000,000원 − 2,000,000원
  = 6,500,000원

12 ②
- 수익과 비용은 각각 총액으로 보고하는 것을 원칙으로
  한다.

13 ①
- 재화의 판매로 인한 수익은 통상적으로 위험과 보상이
  이전되는 재화의 인도시점에 인식한다.

14 ②
- 회계처리(월할계산 시)
- (차) 보험료　2,000,000원(판매비와관리비의 증가)
  　선급보험료　　　　　 400,000원(자산의 증가)
  　(대) 현금　　　　　2,400,000원(자산의 감소)
  ➔ 당기순이익과 자본이 감소하고, 판매비와관리비는 증
  　가한다.
- 화재보험료는 비용처리하므로 본사 건물 취득원가를 증가
  시키지 않으며, 감가상각누계액과도 무관하다.

15 ①
- (가) 매출거래처 선물용: 접대비(기업업무추진비)
  (나) 불우청소년 선물용: 기부금
  (다) 생산직종업원 선물용: 복리후생비

16 ①
- 종업원의 급여에서 공제한 건강보험료는 예수금계정으로,
  회사부담분은 복리후생비계정으로 회계처리한다.

17 ①
- (가) 거래처 직원과의 회식비(접대비(기업업무추진비))
  (나) 전기요금(수도광열비)
  (다) 사무실 월세(지급임차료)

18 ①
- 매출거래처에 제공한 금액은 접대비(기업업무추진비)로,
  불우이웃에게 제공한 금액은 기부금으로 처리한다.

19 ③
- 매출총이익: 매출 112,000,000 − 매출원가 48,000,000
  = 64,000,000
- 판관비: 급여 12,090,000 + 대손상각비 27,000,000
  = 39,090,000
- 영업이익: 매출총이익 64,000,000 − 판관비
  39,090,000 = 24,910,000
- 법인세비용차감전순이익: 24,910,000 + 5,000,000
  − 17,000,000 = 12,910,000
- 당기순이익: 12,910,000 − 5,000,000 = 7,910,000

20 ④

- 수정전 당기순이익
  = 수익 - 비용
  = (매출 +유형자산처분이익) - (매출원가 + 급여 + 임차료 + 이자비용 + 법인세비용)
  = (90,000,000원 + 7,000,000원) - (30,000,000원 + 12,000,000원 + 10,000,000원 + 30,000,000원 + 5,000,000원) = 10,000,000원
- 수정사항 (+) 선급임차료: 5,000,000원
  (+) 이자수익: 5,000,000원
- 수정후 당기순이익 = 20,000,000원

21 ②

- 판매비와관리비: 종업원 작업복(복리후생비) + 자동차세(세금과공과) = 100,000원 + 30,000원 = 130,000원
- 재고자산 매입 운반비는 취득원가에 가산하고, 은행차입금 이자는 영업외비용이다.

22 ③

미반영사항 반영 전 매출액	10,000,000원
도착지 인도조건 매출[*1]	-
수탁자가 판매한 매출[*2]	300,000원
상품권 매출[*3]	800,000원
미반영사항 반영 후 매출액	11,100,000원

*1 도착지 인도조건은 매출에 포함되지 않는다.
*2 수탁자가 상품을 판매한 때에 매출을 인식한다.
*3 물품을 판매하고 상품권을 회수한 때에 매출을 인식한다.

23 ①

- 매출원가 800,000원 = 당기상품매출액 1,000,000원 × (1 - 0.2)
- 장부상 기말상품재고액 700,000원
  = 기초상품재고액 300,000원 + 당기상품매입액 1,200,000원 - 매출원가 800,000원
- 유실된 재고자산 100,000원
  = 장부상 기말상품재고액 700,000원 - 기말상품재고실제액 600,000원

24 ①

- 단기매매증권평가손실은 영업외비용(손익계산서)으로 처리하지만 매도가능증권평가손실은 기타포괄손익누계액(재무상태표)으로 처리한다.
- 단기매매증권평가손실 = (7,000원 - 5,000원) × 2,000주 = 4,000,000원

25 ②

- ① 당기분 임차료는 400,000원이다.
- ③ 차기로 이연되는 이자수익은 400,000원이다.
- ④ 당기분 이자수익은 500,000원이다.

26 ①

- 거래처 직원 결혼 축의금은 판매비와관리비 항목인 접대비(기업업무추진비)에 해당하나, 기부금은 영업외비용으로 분류된다. 따라서 영업이익이 과대계상되나 당기순이익에는 영향이 없다.

27 ③

- (주)서울의 매출채권에 대해 다음의 회계처리가 필요하다.
  (차) 대손상각비(당기순이익 과대계상) XXX
  (이익잉여금 과대계상)
  (대) 매출채권(자산 과대계상) XXX
- 매출과는 관련이 없다

28 ③

- 대손처리하였던 외상매출금을 회수하는 경우 대변에 대손충당금으로 회계처리한다.

29 ②

(차) 현금	2,000,000원
유형자산처분손실	200,000원
(대) 기계장치(장부금액)	2,200,000원

- 2025년 1월 1일 ~ 2025년 7월 1일까지의 감가상각비 : 2,560,000원 - 2,200,000원 = 360,000원

30 ③

- 2024년 감가상각비= 1,000,000원 × 1/10 = 100,000원
  2025년 감가상각비= (1,000,000원 + 600,000원 - 100,000원) × 1/12 = 125,000원
  2025년 감가상각누계액 = 100,000원 + 125,000원 = 225,000원

31 ③

- 1.1. ~ 6.30.의 감가상각 = 20,000,000원 ÷ 5년 × 6개월/12개월 = 2,000,000원
- 7.1. ~ 12.31.의 감가상각 = (20,000,000원 - 2,000,000원 + 5,400,000원) × 6개월/54개월 = 2,600,000원
- 2025년 기계장치의 감가상각비 = 2,000,000원 + 2,600,000원 = 4,600,000원

32 ①

- ① 당기순이익 증가 ② 당기순이익 감소
  ③ 당기순이익 감소 ④ 당기순이익 감소

33 ②

- 당기분 보험료 500,000원을 선급보험료로 대체하여 비용으로 인식하고, 임대료수익 과대계상분 200,000원을 선수임대료로 대체한다.
- 비용 증가 500,000원 + 수익 감소 200,000원 = 당기순이익 감소 700,000원

34 ①
- 이연이란 선수수익과 같이 미래에 수익을 인식하기 위해 현재의 현금유입액을 부채로 인식하거나, 선급비용과 같이 미래에 비용을 인식하기 위해 현재의 현금유출액을 자산으로 인식하는 것을 말한다.

    ㉠ (차) 선급보험료(자산의 증가)   XXX
         (대) 보험료(비용의 감소)   XXX
    ㉡ (차) 미수임대료(자산의 증가)   XXX
         (대) 임대료수익(수익의 증가)   XXX
    ㉢ (차) 이자수익(수익의 감소)   XXX
         (대) 선수이자(부채의 증가)   XXX
    ㉣ (차) 이자비용(비용의 증가)   XXX
         (대) 미지급이자(부채의 증가)   XXX

35 ④
- 이자수익 미수분 계상: (차) 미수수익 20,000(자산 증가) (대) 이자수익 20,000(수익 증가)
- 소모품의 미사용분 계상: (차) 소모품 30,000(자산 증가) (대) 소모품비 30,000(비용 감소)
- 결산 정리에 따른 자산 증가액: 미수수익 20,000원 + 소모품 30,000원 = 50,000원

36 ②

수정 전 당기순이익		500,000원
미지급이자	–	30,000원
임대료선수분	–	20,000원
보험료선급분	+	5,000원
미수이자	+	50,000원
수정 후 당기순이익		505,000원

37 ①
- 비품의 장부금액 = 취득가액 – 감가상각누계액
                   = 10,000원 – 3,000원 = 7,000원

38 ①

수정 전 당기순이익   545,000원
(차) 급여   12,000원   (12,000원)
   (대) 외상매출금(자산의 감소)   12,000원
(차) 임대료   22,000원   (22,000원)
   (대) 선수임대료   22,000원
(차) 미수이자   15,000원   15,000원
   (대) 이자수익   15,000원
(차) 선급보험료   8,000원   8,000원
   (대) 보험료   8,000원
수정 후 당기순이익   534,000원

39 ②
- 임대료수익에 대한 회계처리

    2025.5.1.
  (차) 현금   12,000원
    (대) 임대료수익   12,000원

    2025.12.31.
  (차) 임대료수익   4,000원
    (대) 선수임대료   4,000원

- 보험료에 대한 회계처리

    2025.10.1.
  (차) 보험료   24,000원
    (대) 현금   24,000원

    2025.12.31.
  (차) 선급보험료   21,000원
    (대) 보험료   21,000원

40 ①
- 미수수익 = 10,000,000원 × 5% × 9개월/12개월
          = 375,000원

41 ③
- 임차료 = 3,000,000원×(9개월÷12개월) = 2,250,000원
- 선급비용 = 3,000,000원 – 2,250,000원 = 750,000원

    4월 1일
  (차) 임차료   3,000,000원
    (대) 현금   3,000,000원

    12월 31일
  (차) 선급비용   750,000원
    (대) 임차료   750,000원

42 ③
- (주)한공이 누락한 기말수정분개

  (차) 미수수익   20,000원(당기순이익 20,000원 증가)
    (대) 임대료   20,000원
  (차) 감가상각비   30,000원(당기순이익 30,000원 증가)
    (대) 감가상각누계액   30,000원
  (차) 선급비용   40,000원(당기순이익 40,000원 증가)
    (대) 보험료   40,000원

- 정확한 당기순이익 = 450,000원 + 20,000원 – 30,000원 + 40,000원 = 480,000원

43 ③
- 기말 대손충당금 설정액: 대손추정액(5,980원) – 대손충당금 잔액(3,000원) = 2,980원
- 결산 분개

  (차) 대손상각비   2,980원
    (대) 대손충당금   2,980원

- ① 당기 대손발생액은 2,000원이다.
  ② 당기 외상매출금 회수액은 400,000원이다.
  ④ 손익계산서에 반영될 대손상각비는 2,980원이다.

44 ③
- 영업이익 계산에 영향을 미치는 항목은 미지급임차료, 보험료선급분이다.
  영업이익 = 600,000원 − 50,000원(미지급임차료) + 10,000원(보험료선급분) = 560,000원
- 이자수익은 영업외수익이다.

45 ②
- 재고자산은 저가법에 의하여 취득원가와 시가를 비교하여 낮은 금액으로 표시한다.
- 재고수량 × Min [취득 단가, 시가(개당 추정판매가격 − 개당 추정판매비용)]
  → 3,000개 × 700원 = 2,100,000원

46 ③
- 선입선출법에 의한 기말재고자산은 가장 최근에 매입한 상품으로 구성된다.
  - 기말재고수량 = 120개 + 100개 − 30개 − 50개 = 140개
  - 기말재고금액 = 70개 × 12,000원 + 70개 × 10,000원 = 1,540,000원

47 ③
- 최종 기말재고액 = 1,800,000원 + 350,000원 + 150,000원 = 2,300,000원

48 ④
- 기말재고액 = 기말재고 실사액 + 운송중인 상품 + 미판매 위탁상품 + 미판매 시송품
  = 2,500,000원 + 600,000원 + (100,000원 − 70,000원) + (1,000,000원 − 400,000원) = 3,730,000원

49 ①
- 재무상태표에 표시해야 하는 대손충당금은 기말 매출채권잔액의 3%인 30,000원이고, 그 금액과 설정전 대손충당금 잔액 20,000원의 차액 10,000원이 당기 대손충당금 추가설정액(대손상각비)이다.

50 ①
- 2025년 말 대손상각비:
  2025년 말 대손추정액 − 2024년 말 대손충당금 − 2025년 중 대손 확정액 = (200,000원 × 5%) − (14,250원 − 5,000원) = 750원

51 ①
- 대손발생시

(차) 대손충당금	100,000원	
대손상각비	400,000원	
(대) 매출채권		500,000원

- 기말 대손충당금 설정시

| (차) 대손상각비 | 225,000원 | |
| (대) 대손충당금 | | 225,000원 |

  * 기말대손충당금 = (5,000,000원 − 500,000원) × 5% = 225,000원

52 ④
- 기말 대손충당금 설정 후 잔액 = 기말 대손추정액 = 70,000원
- 기말 대손충당금 설정 전 잔액 = 65,000원 − 50,000원 = 15,000원
- 당기 대손상각비 = 70,000원 − 15,000원 = 55,000원

53 ③
- 기말 매출채권 잔액 3,000,000원 × 3% = 90,000원 (대손충당금설정목표액)
  대손충당금설정목표 초과액: 125,000원 − 90,000원 = 35,000원

| (차) 대손충당금 | 35,000원 | |
| (대) 대손충당금환입 | | 35,000원 |

54 ①

대손충당금

6. 1. 매출채권	25,000	1. 1. 기초	50,000
		8. 1. 현금	25,000
12.31. 기말	100,000	12.31. 대손상각비	50,000
	125,000		125,000

55 ②

2025년 2월 18일

(차) 대손충당금	1,000,000원	
대손상각비	200,000원	
(대) 매출채권		1,200,000원

2025년 5월 15일

| (차) 현금 | 700,000원 | |
| (대) 매출채권 | | 700,000원 |

2025년 12월 31일

| (차) 대손상각비* | 300,000원 | |
| (대) 대손충당금 | | 300,000원 |

  * 100,000,000원 × 1% − 700,000원 = 300,000원

56 ④
- 결산일 현재 매출채권 금액 = 외상매출금 금액 + 받을어음 금액 = 1,000,000원
- 매출채권에 대한 대손충당금 = 매출채권 금액(1,000,000원) × 대손추정율(2%) = 20,000원

57 ②
- 결산분개전 대손충당금 = 기초대손충당금 – 대손처리금액
  = 80,000원 – 30,000원 = 50,000원
- 기말대손충당금 = 기말매출채권 × 대손추정율
  = 700,000원 × 10% = 70,000원
- 대손상각비 = 기말대손충당금 – 결산분개전 대손충당금
  = 70,000원 – 50,000원 = 20,000원

58 ①
- 매출채권 기말잔액 = 300,000원 + 940,000원
  – 700,000원 – 20,000원 = 520,000원
- 대손상각비 = 기말대손충당금 – (기초대손충당금
  – 당기대손처리액)
- 대손상각비 = (520,000원 × 10%) – (300,000원
  × 10% – 20,000원) = 42,000원

59 ①
- 2025년 기말매출채권 = 기초매출채권 + 외상매출액 –
  회수액 –대손처리액
  = 100,000원 + 140,000원 – 30,000원 – 20,000원 =
  190,000원
- 2025년 기말대손충당금 = 기초대손충당금 – 대손처리액
  = 40,000원 – 20,000원 = 20,000원

60 ②
- 매출채권의 회수불능으로 인한 대손상각비 = 600,000원
  – 500,000원 = 100,000원
- 기말대손상각비 추가계상액 = 30,000,000원 × 2%
  – 400,000원 = 200,000원
- 2025년 대손상각비 합계액 = 100,000원 + 200,000원
  = 300,000원

61 ①
- 대손충당금 계정 대변 = 기초 + 대손상각비 = 1,000원
  + 1,500원 = 2,500원
  따라서 대손충당금 계정 차변 = 대손확정액 + 기말
  = 500원 + 2,000원
  당기말 매출채권 계정잔액 – 대손충당금 = 매출채권 순
  장부금액
  X – 2,000원 = 4,200원
  X = 6,200원

62 ①
- 4월 22일

(차) 대손충당금	300,000원	
(대) 매출채권		300,000원

- 10월 28일

(차) 현금	100,000원	
(대) 대손충당금		100,000원

- 12월 31일

(차) 대손상각비*	800,000원	
(대) 대손충당금		800,000원

* 대손상각비: 100,000,000 × 1% – 200,000
  = 800,000원

63 ④
- 대손충당금 기말잔액 = 대손충당금 기초잔액 – 당기 대손
  발생액 + 당기 대손상각비 계상액
  = 34,000원 – 20,000원 + 66,000원 = 80,000원

64 ②
- 손익계산서에 계상될 대손상각비: 10,000,000원
  × 1% – 60,000원 = 40,000원
- ① 기말 매출채권 총액은 10,000,000원이다.
  ③ 수정후 잔액시산표의 대손충당금 잔액은 100,000원
  이다.
  ④ 매출채권 순장부금액은 9,900,000원이다.

09 회계변경과 오류수정

01 ④
- ① 회계추정의 변경은 전진법으로 처리하고, 회계정책의
  변경은 소급법으로 처리한다.
  ② 내용연수의 변경은 회계추정의 변경이다.
  ③ 현금주의로 한 것을 발생주의로 변경하는 것은 오류
  수정이다.

02 ③
- 재고자산의 원가결정방법을 선입선출법에서 총평균법으로
  변경하는 것은 회계정책의 변경이고, 그 이외의 것은
  회계추정의 변경이다.

03 ④
- 회계변경의 속성상 그 효과를 회계정책의 변경효과와 회
  계추정의 변경효과로 구분하기가 불가능한 경우에는 이를
  회계추정의 변경으로 본다.

04 ④
- ① 회계정책의 변경은 소급적용하고 회계추정의 변경은
  전진적으로 처리한다.
  ② 단순히 세법의 규정을 따르기 위한 회계변경은 정당한
  회계변경으로 보지 아니한다.
  ③ 회계변경의 속성상 그 효과를 회계정책의 변경효과와
  회계추정의 변경효과로 구분하기 불가능한 경우에는
  이를 회계추정의 변경으로 본다.

05 ④
- 회계정책의 변경: 재고자산 평가방법의 변경
  회계추정의 변경: ① ② ③

06 ②
- 단순히 세법의 규정을 따르기 위한 회계변경은 정당한 회계변경으로 보지 아니한다.

07 ②
- 설아가 대답한 재고자산평가방법의 변경은 회계정책의 변경이고, 나머지는 회계추정의 변경에 해당한다.

08 ②
- 단순히 세법의 규정을 따르기 위한 회계변경은 정당한 회계변경으로 보지 아니한다.

09 ③
- ① 유동자산 과소계상, 당기순이익 과소계상
  ② 유동부채 과소계상, 당기순이익 과대계상
  ④ 비유동자산 과대계상, 당기순이익 과대계상

10 ④
- ① 선급비용의 과소 계상: 유동자산의 과소 계상, 자본의 과소 계상
  ② 미지급비용의 과소 계상: 유동부채의 과소 계상, 자본의 과대 계상
  ③ 장기매출채권을 유동자산으로 잘못 분류: 유동자산의 과대 계상, 자본에 영향 없음
  ④ 매출채권에 대한 대손충당금의 과소 계상: 유동자산의 과대 계상, 자본의 과대 계상

11 ①

기말 재고자산 과소계상	(−) 500,000원
미지급급여 과소계상	(+) 100,000원
미지급보험료 과소계상	(+) 200,000원
당기순이익에 미치는 영향	(−) 200,000원

12 ②
- 올바른 분개는
  (차) 이자비용 500,000원 (대) 미지급비용 500,000원
- 수익의 과대계상으로 당기순이익 500,000원이 과대계상되었으며, 비용의 과소계상으로 당기순이익 500,000원이 과대계상 되었으므로 당기순이익은 총 1,000,000원이 과대계상되었다.

13 ④
- 재고자산을 과대계상하고 매출원가를 과소계상하면 당기순이익과 순자산이 과대계상된다.

14 ③
- 오류수정분개

(가) (차) 임차료(비용과소)	60,000원	
(대) 선급임차료(자산과대)		60,000원
(나) (차) 재해손실(비용과소)	50,000원	
(대) 상품(자산과대)		50,000원

따라서 비용이 110,000원 과소계상되어 있고, 자산과 이익잉여금이 110,000원 과대계상되어 있다.

15 ③
- 재고자산평가손실은 매출원가로 당기손익에 영향을 미친다.

16 ③
- 거래처 직원과의 식사비용은 접대비(기업업무추진비)로서 판매비와관리비 항목이다. 따라서 접대비(기업업무추진비) 과소계상은 판매관리비 과소계상, 영업이익 과대계상을 초래하나, 영업외비용과 매출총이익에 미치는 영향은 없다.

17 ②
- 5,000,000원 + 1,000,000원 − 500,000원 − 600,000원 = 4,900,000원

18 ②
- 누락된 결산수정분개

(차) 보험료	300,000원	
(대) 선급비용		300,000원

- 보험료(판매비와관리비) 300,000원이 과소계상되어 영업이익이 300,000원 과대계상되고, 선급비용(유동자산) 300,000원이 과대계상된다.

19 ②
- 수정후 당기순이익 = 수정전 당기순이익(10,000,000원) + 보험료 선급분(300,000원) − 이자 미지급분(200,000원) = 10,100,000원

⑩ 내부통제제도와 내부회계관리제도

01 ③
- 내부통제제도의 세 가지 목적은 기업운영의 효율성 및 효과성 확보(운영목적), 재무정보의 신뢰성 확보(재무보고목적), 관련 법규 및 정책의 준수(법규준수목적)임

02 ④
- 회사의 (대표이사)는 효과적인 내부회계관리제도의 설계 및 운영에 대한 최종 책임을 지며, 내부회계관리제도 운영을 담당할 (내부회계관리자)를 지정한다.

03 ④
- 내부통제제도의 구성요소 중 정보 및 의사소통에 대한 설명이다.

04 ③
- 정보는 회사의 규모 및 여건에 따라 공식적 또는 비공식적일 수 있다.

05 ①
- 내부회계관리제도가 내부통제제도의 일부분으로 운영된다.

06 ②

- 이사회는 경영진이 설계·운영하는 내부회계관리제도 전반에 대한 감독책임을 지며, 감사(위원회)는 경영진과 독립적으로 내부회계관리제도에 대한 평가기능을 수행함으로써 내부회계관리제도의 적정한 운영 및 개선을 지원한다.

07 ①

- 내부통제제도의 목적은 다음의 3가지 목적을 달성하기 위하여 운영된다.
  - 기업운영의 효율성 및 효과성 확보
  - 재무정보의 신뢰성 확보
  - 관련 법규 및 정책의 준수

08 ③

- 회계 담당자의 업무 처리 내용을 독립된 내부감사위원회가 평가하는 기능을 수행하여야 한다.

09 ③

- 내부통제의 구성요소 중 통제활동에 대한 설명이다.

10 ③

- 내부회계관리제도는 외부감사인이 따라야 하는 절차가 아니라, 기업 내부의 구성원들에 의하여 운영되는 제도이다.

제2장　부가가치세

01　부가가치세 기본이론

01 ④

- 부가가치세는 인세가 아닌 물세에 해당한다.

02 ①

- 부가가치세는 각 단계별로 과세하는 다단계거래세이다.

03 ②

- 비례세제도로서 10%의 동일한 세율을 적용한다.

04 ④

- ① 소비지국 과세원칙을 적용한다.
  ② 전단계세액공제법을 따르고 있다.
  ③ 담세자와 납세자가 다른 간접세에 해당한다.

05 ③

- 임시사업장은 기존사업장에 포함되는 것으로 본다.

06 ①

- ② 주사업장 총괄납부를 하는 경우에도 세금계산서는 각 사업장별로 작성·발급해야 한다.

③ 주사업장 총괄납부 사업자가 주사업장 총괄납부를 포기할 때에는 납부하려는 과세기간 개시 20일전에 포기신고서를 제출하여야 한다.
④ 법인이 주사업장 총괄납부를 하려는 경우 지점을 주된 사업장으로 할 수 있다.

07 ②

- 부가가치세법상 과세기간은 납세자의 신고에 의해 변경할 수 없다.

02　과세대상 거래

01 ①

- 부동산임대업을 하는 사업자가 특수관계인에게 건물을 사무실로 무상 임대하는 경우에는 부가가치세가 과세된다.

02 ①

- 재화를 현물출자한 경우에는 재화의 공급이다. 담보제공, 조세의 물납과 매입세액이 불공제된 재화를 면세사업에 사용한 경우에는 재화의 공급이 아니다.

03 ③

- 가. 담보목적으로 부동산을 제공하는 경우: 공급이 아님
  나. 매입세액공제를 받지 못한 재화를 거래처에 증정하는 경우: 공급이 아님
  다. 특수관계인에게 부동산을 무상으로 임대하는 경우: 과세거래
  라. 건물을 교환한 경우: 과세거래

04 ④

- 은행에 담보로 제공한 컴퓨터 10대는 재화의 공급으로 보지 아니한다.

05 ③

- 부동산에 근저당권 설정은 부가가치세 과세대상 재화의 공급으로 보지 않는다.

06 ②

- ②는 재화의 공급으로 보나, 그 밖의 것은 재화의 공급으로 보지 아니한다.

07 ③

- 사업자가 타인에게 무상으로 용역을 공급하는 경우 과세거래로 보지 아니하나, 특수관계인에게 사업용 부동산을 무상임대하는 경우에는 과세거래로 본다.

08 ④

- 자기가 주요자재의 전부 또는 일부를 부담하고 상대방으로부터 인도받은 재화를 가공하여 새로운 재화를 만드는 가공계약에 따라 재화를 인도하는 것은 재화의 공급이다.

09 ③
- 당근은 미가공 식료품으로서 부가가치세 면세대상이다.

10 ④
- 재화를 잃어버리거나 재화가 멸실된 경우에는 재화의 공급으로 보지 않는다.

11 ③
- ① 광업권의 양도는 재화의 공급에 해당한다.
  ② 화재로 인하여 재화가 멸실된 경우에는 재화의 공급에 해당하지 않는다.
  ④ 현물출자에 의하여 재화를 인도하는 것은 과세거래에 해당한다.

12 ①
- 의료보건 용역의 제공은 면세대상 용역의 공급에 해당한다.

13 ③
- 매입세액 공제된 판매장려물품을 고객에게 제공하는 경우에는 사업상 증여에 따른 재화의 공급에 해당한다.

14 ①
- ② 자기가 주요자재의 전부를 부담하고 상대방으로부터 인도받은 재화를 가공하여 새로운 재화를 만들어 인도하는 경우는 재화의 공급에 해당한다.
  ③ 부동산 매매를 사업목적으로 하여 부동산을 판매하는 경우는 재화의 공급에 해당한다.
  ④ 특허권을 양도하고 대가를 수령하는 경우는 재화의 공급에 해당한다.

15 ①
- ② 매입세액공제를 받지 않았으므로 거래처에 무상제공하는 경우에도 재화 공급의 특례에 해당하지 아니한다.
  ③ 재화의 공급은 재화를 공급하는 자가 사업자인 경우에 한하여 부가가치세 과세대상이 된다.
  ④ 사업을 위하여 대가를 받지 아니하고 다른 사업자에게 인도하거나 양도하는 견본품은 재화의 공급으로 보지 아니한다.

16 ③
- 단기할부판매시에는 인도기준을 적용한다.

17 ③
- 보세구역에서 국내로 재화를 반입하는 것을 재화의 수입으로 본다.

18 ①
- 재화의 수입은 수입자가 사업자인지 여부와 관계없이 과세대상이다.

⑩③ 영세율과 면세

01 ②
- 영세율의 목적은 소비지국과세원칙의 구현이다. 부가가치세 세부담의 역진성 완화는 면세의 취지이다.

02 ④
- 도서관, 과학관 등 문화관련 재화와 용역은 부가가치세 면세대상이다.

03 ④
- 영세율은 완전면세제도에 해당한다.

04 ④
- 수출대행수수료는 국내사업자 간의 용역거래이므로 영세율이 적용되지 않는다.

05 ④
- 국가에 무상으로 공급하는 재화는 영세율과세대상이 아닌 면세 대상이다.

06 ④
- 수출업자가 수출자문을 하고 받는 수출자문수수료는 영세율이 적용되지 않는다.

07 ②
- 면세사업자가 영세율을 적용받기 위하여는 면세를 포기하여야 한다.

08 ②
- 면세는 부가가치세의 역진성을 완화하기 위한 목적으로 도입되었다.

09 ①
- 부가가치세의 부담이 완전히 제거되지는 않으므로 부분면세에 해당한다.

10 ②
- 연탄과 무연탄, 시내버스 운송용역이 면세에 해당한다.
  200,000원 + 100,000원 = 300,000원

11 ③
- 100,000원 + 70,000원 = 170,000원
- 중국산 콩과 실내 도서열람 용역은 면세이나, 고속철도 운송용역과 수집용 우표는 과세이다.

12 ③
- 토지, 국민주택, 수돗물의 공급은 면세이나, 착화탄의 공급은 과세이다.

13 ④
- 국가에 판매한 컴퓨터, 주차장용 토지의 임대, 자동차운전학원의 교육용역은 과세대상이나, 토지의 공급은 면세대상이다.

14 ②
- ① 면세사업자는 매입시 부담한 부가가치세액을 공제받을 수 없다.
  ③ 영세율은 소비지국 과세원칙을 구현하기 위한 제도이다.
  ④ 사업자가 비거주자 또는 외국법인인 경우에 상호(면세) 주의에 따른다.

04 과세표준과 매출세액

01 ③
- 대가의 일부로 받는 운송비, 포장비, 하역비, 운송보험료, 산재보험료는 과세표준에 포함된다.

02 ④
- 장기외상매출금의 할부이자 상당액과 제품의 외상판매가액에 포함된 운송비는 부가가치세 공급가액에 포함된다.

03 ④
- 대가의 일부로 받는 운송비와 포장비는 과세표준에 포함된다.

04 ①
- 대손금은 과세표준에서 공제하지 않으며 파산 등의 사유로 대손되어 회수할 수 없는 경우에는 대손세액을 그 대손이 확정된 날이 속하는 과세기간의 매출세액에서 차감할 수 있다.
  공급에 대한 대가의 지급이 지체되었음을 이유로 받는 연체이자는 과세표준에 포함하지 않는다.

05 ①
- 매출환입과 매출할인은 과세표준에서 제외된다.

06 ④
- 확정신고시에만 대손세액공제가 가능하다.

07 ①
- (66,000,000원 × 10/110) + (40,000,000원 × 0%) − (3,300,000원 × 10/110)
  = 6,000,000원 + 0원 − 300,000원 = 5,700,000원

08 ③
- 토지는 면세재화이므로 과세대상이 아니다.
  과세표준 = 100,000,000원 + 20,000,000원 + 60,000,000원 = 180,000,000원

09 ②
- $11,000,000원 \times \dfrac{10}{110} - 550,000원 \times \dfrac{10}{110}$
  = 950,000원
  토지는 면세이므로 매출세액 계산에 포함하지 아니함.

10 ②
- 매출세액
  - 과세
    (80,000,000원 + 7,000,000원) × 10% = 8,700,000원
  - 영세율
    US\$ 22,000 × 1,000원/US\$ × 0%   = _____-
    계   8,700,000원

11 ③
- (150,000원 + 110,000원) × 10% = 26,000원
  외상판매액과 상가 임대용역의 간주임대료는 과세표준에 포함된다.

12 ②
- 200,000원 + 130,000원 = 330,000원
  특수관계인에게 시가보다 저가로 판매한 경우에는 부당행위계산의 부인에 따라 시가를 공급가액으로 한다.

13 ①
- 가. 매출세액 = (100,000,000원 − 200,000원)
       × 10% = 9,980,000원
  나. 직수출은 영세율 적용대상이므로 매출세액 계산 시 고려할 필요가 없다.
  다. 판매장려금은 재화 또는 용역의 공급에 대한 대가가 아니므로 과세하지 아니한다.

14 ②
- (주)한공과 영찬산업 모두 자기가 공급한 재화의 시가를 공급가액으로 하므로 (주)한공은 700만원, 영찬산업은 690만원이 공급가액이다.

15 ②
- (180,000,000원 + 20,000,000원 + 6,000,000원)
  ×10% = 20,600,000원

16 ③
- 2,000,000원 + 1,000,000원 + 800,000원) × 10%
  = 380,000원
  특수관계인에게 무상으로 공급한 재화는 시가를 공급가액으로 보며, 토지는 부가가치세 면세대상이다.

17 ②
- (2,500,000원 + 4,500,000원) × 10% = 700,000원
  상품 외상판매액과 건물 처분액은 10%의 세율을 적용한다. 내국신용장에 의한 공급은 영세율을 적용한다.

18 ②
- (6,000,000원 − 2,000,000원) + 2,500,000원
  = 6,500,000원
  자산수증이익은 부가가치세 과세표준에 포함하지 않는다.

19 ①
- (55,000,000원 × 10/110) − (5,500,000원 × 10/110)
  = 4,500,000원

20 ④
- 4,000,000원 − 1,000,000원 + 2,000,000원
  = 5,000,000원
  견본품과 파손된 재화는 과세표준에 포함하지 아니한다.
  매출할인은 과세표준 계산시 총매출액에서 차감한다.

21 ③
- 수출액은 영세율과세대상으로 매출세액이 없으며, 토지
  매각액은 면세대상임
  4,400,000원 × 10% + 600,000원 × 10%
  + 500,000원 × 10% = 550,000원

22 ①
- 국외매출액은 영세율 과세 대상이므로 매출세액이 없으며,
  하치장반출액과 무상으로 제공한 견본품은 과세표준에
  해당하지 아니한다.
  7,000,000원 × 10% = 700,000원

23 ①
- 부가가치세 과세표준 = 60,000,000원 + 5,000,000원
  = 65,000,000원
- 견본품은 과세표준에 포함하지 않는다.
- 토지의 공급은 면세거래에 해당한다.

24 ②
- 부가가치세 과세표준금액 = 50,000,000원
  + 10,000,000원 = 60,000,000원
- 국가 무상 기증은 면세 대상에 해당한다.
  화재로 인한 손실은 재화의 공급이 아니다.

25 ②
- (12,000,000원 − 500,000원) + 3,000,000원
  + 6,000,000원 = 20,500,000원
  자산수증이익은 과세표준에 포함하지 않는다.
  개인적 공급은 시가를 과세표준에 포함한다.

26 ②
- 외상판매액 10,000,000원 + 비영업용 소형승용차의 매
  각액 5,000,000원 = 15,000,000원
- 토지매각은 면세에 해당되고, 재화 공급과 직접 관련되지
  않는 국고보조금 수령액은 공급가액에 포함하지 않는다.

27 ②
- (30,000,000원 + 3,000,000원) × 10% = 3,300,000원
- 현금매출액은 2기 예정신고기간의 과세표준임.
  거래처 증여인 개인적공급은 시가로 과세됨.
  연체이자는 과세표준에 포함되지 아니함.

05 매입세액

01 ①
- 매입자발행세금계산서의 경우 매입세액 공제가 가능하다.

02 ③
- ①, ②, ④는 토지 관련 매입세액이므로 매출세액에서
  공제하지 아니하나, ③은 손실 관련 매입세액이므로 매
  출세액에서 공제한다.(부법 39조, 부령 80조)

03 ①
- 거래처 선물 목적으로 시계를 구입하면서 발생한 매입세
  액은 접대비(기업업무추진비) 관련 매입세액이므로 공제
  받을 수 없다.

04 ①
- 제조업은 물론이고 음식점업을 영위하는 사업자도 의제
  매입세액의 공제를 받을 수 있다.

05 ③
- 예정신고를 할 때에는 예정신고기간에 있어서 총공급가
  액에 대한 면세공급가액(비과세공급가액을 포함)의 비율에
  따라 안분하여 계산하고, 확정신고를 할 때에 당해 과
  세기간(6개월)의 공급가액으로 정산한다.

06 ④
- 1,800,000원 + 6,000,000원 = 7,800,000원
- 사무용 소모품 구입 관련 매입세액과 수입원자재 관련 매
  입세액은 공제대상이며, 접대비(기업업무추진비) 관련 매
  입세액은 공제받지 못할 매입세액이다.

07 ②
- 200,000원 + 400,000원 × 200,000원 ÷ 500,000
  = 360,000원
- 업무무관비용 관련 매입세액과 접대비(기업업무추진비)
  관련 매입세액은 공제가 불가능하다.

08 ②
- 1,000,000원(기계장치) + 1,600,000원(트럭)
  = 2,600,000원

09 ①
- 19,500,000원 × 10% = 1,950,000원
- 원재료를 운반하는 트럭에 대한 수선비 관련 매입세액은
  공제가 가능하다. 그러나 소형승용차, 접대비(기업업무
  추진비), 토지 조성 공사비(토지의 자본적지출) 관련세액은
  공제하지 아니한다.

10 ③
- 3,000,000원 + 20,000,000원 = 23,000,000원
  접대비(기업업무추진비) 관련 매입세액과 토지조성 관련
  매입세액은 매입세액 불공제 대상이다.

11 ①
- 제2기 과세기간에 구입한 원재료 관련 매입세액
  500,000원은 기말 현재 보유중이더라도 공제가능하다.
  또한, 직장체육대회 관련 매입세액 800,000원은 공제
  가능하다.

부록/정답 및 해설

12 ④
- 2,000,000원(접대비(기업업무추진비) 지출) + 50,000,000원(공장부지의 조성관련 지출) + 1,000,000원(종업원 식대, 제2기 지출분) = 53,000,000원

13 ②
- 원재료를 운반하는 트럭 매입세액과 회계감사 수수료 관련 매입세액은 공제받을 수 있으나, 토지 조성 매입세액과 비영업용 소형승용차 매입세액은 불공제 한다.

14 ③
- 2,500,000원 + 4,000,000원 = 6,500,000원
- 공장용 화물차 유류대와 사무용 비품 구입 관련 매입세액은 공제대상이며, 거래처 발송용 추석 선물세트 구입 관련 매입세액과 토지 자본적 지출 관련 매입세액은 공제받지 못할 매입세액이다.

15 ②
- 2,500,000원 + 1,200,000원 = 3,700,000원
- 접대비(기업업무추진비) 관련 매입세액 및 비영업용 소형 승용차 구입 관련 매입세액은 공제 대상 매입세액이 아니다.

16 ①
- 당해 과세기간에 매입한 경우에는 과세기간 말 현재 사용하지 않아도 원재료의 매입세액을 공제받을 수 있다.(나머지 금액들은 매입세액 불공제 대상이다.)

17 ③
- 3,500,000원(수입세금계산서) + 2,200,000원(기계장치 유지보수) = 5,700,000원
- 거래처 선물용품 구입 관련 매입세액과 대표이사 업무용 승용차(3,500cc) 구입 관련 매입세액은 불공제 대상이다.

18 ②
- 매출세액: 30,000,000 × 10% + 12,000,000 × 0% = 3,000,000원
- 매입세액: 11,000,000 × 10% + 15,000,000 × 10% = 2,600,000원
- 납부세액: 3,000,000 - 2,600,000 = 400,000원

19 ②
- 전자세금계산서를 지연발급하면 발급자와 수취자 모두에게 가산세가 부과된다.

20 ②
- 내국신용장에 의하여 공급하는 재화는 세금계산서를 발급해야 하나, 나머지는 세금계산서 발급의무가 면제된다.

21 ④
- 전자세금계산서 발급명세는 전자세금계산서 발급일의 다음날까지 국세청장에게 전송하여야 한다.

22 ②
- 택시운송 사업자가 공급하는 재화 또는 용역에 대해서는 세금계산서의 발급의무가 면제된다.

23 ②
- 부가가치세가 과세되는 미용성형수술에 대해서는 세금계산서의 발급의무가 면제된다.

24 ②
- 4월 27일에 상품을 외상으로 판매한 경우 인도일을 공급시기로 하므로 대금을 받는 날에 세금계산서를 발급할 수 없다.

25 ②
- 전자세금계산서를 발급하였을 때에는 그 발급명세를 발급일의 다음날까지 국세청장에게 전송하여야 한다.

26 ③
- ① 세금계산서 기재사항 중 공급 연월일은 임의적 기재사항이다.
  ② 소매업을 경영하는 자는 공급을 받는 자가 세금계산서의 발급을 요구하는 경우에는 세금계산서를 발급하여야 한다.
  ④ 법인사업자는 전자세금계산서 의무발급 사업자이다.

27 ②
- ① 공급가액과 부가가치세액은 세금계산서의 필요적 기재사항이다.
  ③ 전자세금계산서 발급명세는 전자세금계산서 발급일의 다음 날까지 국세청장에게 전송하여야 한다.
  ④ 간주임대료에 대해서는 세금계산서 발급의무를 면제한다.

28 ③
- ① 전자세금계산서 발급명세는 발급일의 다음날까지 국세청장에 전송해야 한다.
  ② 공급받는자의 성명은 임의적 기재사항에 해당한다.

06 신고와 납부 등

01 ②
- 사업자가 폐업하는 경우 폐업일이 속하는 달의 다음달 25일까지 확정신고와 납부를 하여야 한다.

02 ③
- ① 주사업장 총괄납부의 경우에는 납부만을 주된 사업장에서 하고, 신고는 각 사업장별로 한다.
  ② 사업자는 예정신고에 있어서 이미 신고한 내용을 제외하고 확정신고하여야 한다.
  ④ 일반환급의 경우에는 확정신고기한이 지난 후 30일 이내에 환급한다.

03 ③
- 폐업하는 경우 폐업일이 속한 달의 다음달 25일 이내에 신고·납부하여야 한다.

04 ①
- 부가가치세는 분납제도가 없다.

05 ④
- 개인사업자도 영세율 적용, 사업설비 신설 등의 사유에 의해 조기환급을 신청할 수 있다.

06 ④
- 영세율 등 조기환급기간별로 당해 조기환급신고기한 경과 후 15일 이내에 환급해야 한다.

07 ①
- 일반환급의 경우 예정신고시 환급세액은 환급하지 아니하고 확정신고시 납부세액에서 차감한다.

08 ③
- 거래별 회계처리:

(차) 매출채권　　935,000원 (대) 매출　　　　850,000원
　　　　　　　　　　　　　　부가세예수금　85,000원

(차) 접대비(기업업무추진비)　　　　165,000원
　　　　　　　　　　　　(대) 미지급금　　165,000원

(차) 복리후생비 100,000원 (대) 미지급금　110,000원
　　　부가세대급금 10,000원

- 부채로 계상될 금액 = 부가세예수금 + 미지급금
  = (935,000원/1.1) × 10% + 165,000원 + 110,000원
  = 360,000원
- 비용으로 계상될 금액 = 접대비(기업업무추진비) + 복리후생비
  = 165,000원 + 100,000원 = 265,000원

⑦ 간이과세자

01 ②
- 법인사업자는 간이과세자가 될 수 없다.

02 ②
- 변호사업은 간이과세 적용배제업종이다.
- 직전 연도의 공급대가가 1억 400만원[주1] 이상이거나 법인사업자는 간이과세 적용을 배제한다.
  (주1) 부동산임대업 또는 과세유흥장소를 경영하는 사업자로서 해당 업종의 직전 연도의 공급대가의 합계액이 4,800만원 이상인 사업자는 간이과세 적용을 배제한다.

03 ④
- 일반과세자는 부가가치세를 포함하지 않은 공급가액을 과세표준으로 하나, 간이과세자는 부가가치세를 포함한 공급대가를 과세표준으로 한다.

04 ②
- 간이과세자는 해당 과세기간의 공급대가의 합계액을 과세표준으로 한다.

05 ②
- 직전연도 공급대가가 4,800만원 이상인 경우 세금계산서 발급대상이다.

제3장 소득세

① 소득세법 총설

01 ④
- 소득세는 납세의무자가 과세기간의 다음연도 5월 1일부터 5월 31일(성실신고 대상자는 6월 30일)까지 과세표준 확정신고를 함으로써 확정된다.

02 ②
- 일용근로소득은 무조건 분리과세한다.

03 ③
- 근로소득과 공적연금소득은 둘 다 종합소득으로 각각 연말정산을 해도 세액이 정확하게 계산된 것이 아니기 때문에 종합소득 확정신고를 하여야 한다.
- ①, ②, ④는 연말정산으로 소득세가 정확하게 과세되었으므로 확정신고를 하지 않아도 된다.

04 ③
- 소득세는 신고납세제도를 채택하고 있으므로 납세의무자의 확정신고에 의하여 납세의무가 확정된다.

05 ③
- 소득세의 과세기간은 소득세법에 획일적으로 규정되어 있고, 변경이 불가능하다

06 ④
- 비거주자는 국내원천소득에 대하여만 소득세 납세의무를 진다.

07 ④
- ① 연금저축에 가입하고 연금형태로 지급받는 소득: 연금소득
- ② 곡물재배업으로부터 발생하는 소득: 과세 제외
- ③ 직장공제회 초과반환금: 이자소득

08 ③
- 납부할 세액이 1,000만원을 초과하는 경우 분납을 할 수 있다.

09 ④
- ① 폐업하는 경우에도 과세기간은 1월 1일부터 12월 31일까지이다.

② 부가가치세 면세대상인 의료보건용역과 인적용역에 대한 수입금액은 원천징수대상이다.
③ 이자소득은 종합과세 또는 분리과세 대상이나, 분류과세대상은 아니다.

10 ③
- 부부라고 하더라도 개인별 소득을 기준으로 과세하는 것이 원칙이다.

11 ②
- ① 근로소득과 분리과세이자소득만 있는 자는 과세표준 확정신고를 하지 않아도 된다.
  ③ 근로소득과 공적연금소득이 있는 자는 과세표준 확정신고를 하여야 한다.
  ④ 차감납부할 세액이 1천만원을 초과하는 경우 그 납부할 세액의 일부를 납부기한이 지난 후 2개월이내에 분납할 수 있다.

12 ②
- ① 비거주자도 국내원천소득에 대해 소득세를 납부할 의무가 있다.
  ③ 소득세법은 열거주의 과세방식(일부 소득에 대해서는 유형별 포괄주의)을 적용하고 있다.
  ④ 퇴직소득은 분류과세 대상소득으로 다른 소득과 합산하지 않고 별도로 과세한다.

13 ④
- 이자소득에는 필요경비가 없으며, 연금소득과 근로소득은 근로소득공제 및 연금소득공제를 일률적으로 공제 받는다. 사업소득의 경우 장부를 작성하여 신고하면 사업자 본인의 건강보험료를 필요경비로 인정받을 수 있다.

14 ①
- ② 조은유: 상가 임대소득에서 발생한 결손금은 타소득과 통산하지 않는다.
  ③ 안이현: 퇴직소득과 양도소득은 분류과세에 해당한다.
  ④ 이지호: 공동사업의 경우에는 원칙적으로 소득금액을 각각 계산한다.

15 ④
- 국내에 거소를 둔 기간은 입국한 날의 다음 날부터 출국한 날까지로 한다.

16 ①
- 과세표준이 없거나 결손시에도 신고해야한다.

17 ④
- 우리나라의 경우에는 원칙적으로 개인단위과세를 채택하고 있으므로 부부나 가족의 소득을 합산하여 과세하지 않는다. 그러나 공동사업자의 동거가족이 손익분배비율을 허위로 정하는 경우에는 그렇지 아니한다.

18 ④
- 국외에서 지급받는 이자소득은 무조건종합과세대상이고 나머지는 무조건분리과세대상이다.

19 ①
- 계약의 위약, 해약을 원인으로 한 손해배상금에 대한 법정이자는 기타소득, 기타의 원인으로 인한 손해배상금에 대한 법정이자는 과세 제외한다.

20 ①
- 비영업대금의 이익은 조건부 종합과세 대상 이자소득으로, 금융소득 합계액이 2천만원을 초과하면 종합과세하고, 2천만원 이하이면 분리과세 한다.

21 ④
- 출자공동사업자의 배당소득은 무조건 종합과세대상이고, 나머지는 무조건 분리과세대상 소득이다.

22 ①
- 직장공제회 초과반환금은 무조건 분리과세대상이며, 이를 제외한 이자·배당소득의 합계액이 1,900만원으로 2,000만원을 초과하지 않으므로 종합과세되지 아니한다. 그러므로 무조건 종합과세대상인 외국법인으로부터 받은 현금배당금에 대해서만 종합과세한다.

23 ③
- ① 금융소득종합과세는 인별 과세이다.
  ② 원천징수되지 않은 이자소득은 무조건 종합과세이다.
  ④ 금융소득은 필요경비는 인정 받을 수 없다.

24 ③
- 직장공제회 초과반환금과 비실명 이자소득은 무조건 분리과세대상이며, 비영업대금의 이익은 조건부 종합과세 대상 금융소득임

25 ③
- 외국법인으로부터 받은 원천징수 대상이 아닌 현금배당은 무조건 종합과세 대상이다.

26 ④
- 국내 또는 국외에서 받는 집합투자기구로부터의 이익은 소득세법상 배당소득에 해당한다.

27 ④
- ① 통지예금의 이자는 인출일을 수입시기로 한다.
  ② 출자공동사업자의 배당소득은 무조건 종합과세 배당 소득에 해당한다.
  ③ 실지명의가 확인되지 아니하는 금융소득은 무조건 분리과세 대상이다.

28 ①
- 계약의 해약으로 인한 배상금은 기타소득이며, 이를 제외한 이자·배당소득의 합계액이 1,600만원으로 2,000만원을 초과하지 않아 종합과세 되지 아니한다.

그러므로 무조건 종합과세대상인 외국법인으로부터 받은 배당에 대해서만 종합과세한다.

29 ②
- 보험모집수당 등 연말정산대상 사업소득도 종합소득에 합산되므로 분리과세대상이라는 설명은 옳지 않다.

30 ②
- ① 대표자 본인에 대한 급여는 필요경비로 인정되지 않는다.
  ③ 상품 등의 위탁판매는 수탁자가 그 위탁품을 판매하는 날을 수입시기로 한다.
  ④ 분리과세되는 사업소득은 없다.

31 ②
- 사업소득금액 = 100,000,000원 − 2,000,000원(예금이자수익) + 5,000,000원(소득세 비용) = 103,000,000원

32 ①
- 종업원에게 지급하는 공로금, 위로금, 학자금, 장학금은 과세되는 것이 원칙이다.

33 ③
- 법인세법에 따라 상여로 처분된 금액은 과세되는 것이 원칙이다.

34 ④
- 하계휴가비는 과세대상 근로소득이다. 그러나 사회통념상 타당한 범위의 경조금, 비출자임원이 사택을 제공받아 얻은 이익, 근로자가 제공받은 식사는 소득세 과세대상이 아니다.

35 ③
- 종업원이 받는 자녀학자금은 과세 대상 근로소득이다.

36 ②
- 가. 종업원이 사택을 무상으로 제공받음으로써 얻는 이익은 근로소득이 아니다.
  나. 사보에 배낭여행기를 기고하고 받은 금액은 기타소득에 해당한다.
  다. 김한공 씨는 차량을 소유하고 있지 않으므로 자가운전보조금은 과세대상 근로소득이다.
  라. 식사를 별도로 제공받으므로 식대는 과세대상 근로소득이다.

37 ③
- 식사의 제공을 받지 않고 수령한 20만원의 식대를 제외하고 모두 과세대상 근로소득에 해당한다.

38 ②
- 비출자임원과 종업원이 사택을 제공받음으로써 얻는 이익은 근로소득으로 보지 아니함.

39 ④
- 근로제공의 대가로 받은 주식매수선택권을 퇴직 후 행사하여 얻은 이익은 기타소득에 해당한다.

40 ④
- ①, ②, ③은 근로소득에 해당하지 않으나, ④는 근로소득이다.

41 ①
- 종업원이 받는 직무수당은 금액에 관계없이 근로소득으로 본다.

42 ①
- 종업원이 사택을 제공받음으로써 얻는 이익은 소득세 과세대상 근로소득에 해당하지 않는다.

43 ③
- 보장성보험료 세액공제와 월세액에 대한 세액공제는 근로소득이 있는 자만 적용 가능하다.

44 ③
- 36,000,000원 + 5,000,000원 + 3,000,000원 + 2,400,000원 = 46,400,000원

45 ③
- 36,000,000원 + 3,000,000원 + (300,000원 − 200,000원) × 12 + (300,000원 − 200,000원) × 12 = 41,400,000원

46 ③
- 24,000,000원 + 3,600,000원 + 3,000,000원 = 30,600,000원
- 식대보조금은 별도의 식사를 제공 받았으므로 전액 과세임. 자가운전보조금은 전액 비과세임.

47 ③
- 인정상여의 귀속시기는 해당 법인의 사업연도 중 근로를 제공한 날이 된다.

48 ①
- 주식매수선택권을 행사함으로써 얻은 이익은 주식매수선택권을 행사한 날을 수입시기로 한다.

49 ④
- 동일한 고용주에게 3개월 이상 고용되지 않은 근로자를 말한다.

50 ③
- 일용근로자의 근로소득공제액은 1일 15만원이다.

51 ②
- 6% 단일세율을 적용한다.

52 ③
- 공적연금 관련법에 따라 받는 유족연금은 비과세되나, 그 밖의 연금소득은 비과세대상이 아니다.

53 ④
- 연금계좌에서 연금수령하는 경우의 연금소득은 연금수령한 날이 수입시기가 된다.

54 ①
- 공적연금을 일시금으로 수령하는 경우에는 퇴직소득으로 과세한다.

55 ③
- 공적연금소득만 있는 자는 연말정산으로 과세가 종결된다.

56 ④
- 무조건분리과세대상 사적연금을 제외한 사적연금소득의 합계액이 연 1,500만원 이하인 경우는 분리과세를 선택할 수 있다.

57 ④
- 공적연금 관련법에 따라 받는 일시금은 퇴직소득에 해당한다.

58 ③
- 계약의 위약 또는 해약으로 받은 위약금(계약금이 위약금으로 대체되는 경우)과 그 외의 기타소득(원천징수되는 소득에 한함)의 소득금액이 연간 300만원 이하이면서 원천징수가 된 때에는 분리과세와 종합과세 중 선택할 수 있다.

59 ④
- 사적연금불입액과 운용수익을 연금외 수령한 소득, 서화·골동품의 양도로 발생하는 소득은 무조건 분리과세하며, 일시적으로 제공한 인적용역 소득은 연 300만원 이하인 경우 분리과세 또는 종합과세를 선택할 수 있다. 그러나 알선수재 및 배임수재에 따라 받은 금품은 무조건 종합과세 한다.

60 ③
- 저축성보험의 보험차익은 이자소득에 해당한다.

61 ③
- 위약금과 배상금 중 주택입주 지체상금은 최소한 총수입금액의 80%를 필요경비로 인정하나, 나머지는 실제 발생된 필요경비만 인정된다.

62 ①
- 전문직사업자가 독립적인 지위에서 사업목적으로 자문용역을 제공하고 얻는 소득은 사업소득에 해당한다.

63 ③
- 저작자 이외의 자에게 귀속되는 소득은 기타소득이지만, 저작자 자신에게 귀속되는 소득은 사업소득에 해당한다.

64 ③
- ① 복권 당첨 소득 중 3억원 초과분은 30%의 세율로 원천징수한다.
  ② 연금계좌에서 연금 외 수령한 기타소득은 무조건 분리과세 대상 기타소득에 해당한다.
  ④ 뇌물, 알선수재 및 배임수재에 따라 받은 금품은 무조건 종합과세 대상 기타소득에 해당한다.

65 ④
- 저작자 또는 실연자·음반제작자·방송사업자가 저작권 또는 저작인접권의 양도 또는 사용의 대가로 받는 금품은 사업소득에 해당한다.

66 ①
- 유실물의 습득으로 인한 보상금은 실제 소요된 필요경비가 없으며, 주택입주 지체상금은 80%의 필요경비가 인정되며, 원작자가 받는 원고료는 60%의 필요경비가 인정된다.
2,000,000원 + 1,000,000원 × (100% - 80%) + 500,000원 × (100% - 60%) = 2,400,000원

67 ②
- 위약금으로 받은 주택입주 지체상금: 3,000,000원 × (1 - 80%) = 600,000원
고용관계 없이 다수인에게 강연을 하고 받은 대가로 받은 강연료
: 8,000,000원 × (1 - 60%) = 3,200,000원
합계: 3,800,000원
※ 상훈법에 따른 상금과 골동품을 박물관에 양도하고 받은 대가는 비과세이다.

68 ②
- 무기명주식의 배당은 그 지급을 받은 날을 수입시기로 한다.

69 ③
- 무기명 채권의 이자와 할인액: 실제 지급을 받은 날

70 ①
- 법인세법에 따라 처분된 기타소득은 법인의 해당 사업연도의 결산확정일을 수입시기로 한다.

71 ②
- ① 시용판매는 구매자가 구입의사를 표시한 날이 수입시기이다.
  ③ 인적용역제공은 용역대가를 지급받기로 한 날 또는 용역의 제공을 완료한 날 중 빠른 날이 수입시기이다.
  ④ 자산의 임대소득은 계약에 의하여 지급일이 정해진 경우에는 그 정해진 날이 수입시기이다.

72 ②
- 금융소득이 연간 2천만원을 초과하는 경우에는 원천징수 후 종합소득에 합산된다.

02 종합소득공제 및 세액공제

01 ①
- 근로소득자 본인의 저축성 보험료는 보험료 공제대상이 아니다.

02 ④
- ①은 장애인공제, ②는 경로우대자공제, ③은 부녀자공제가 적용되나, ④는 추가공제대상이 아니다.

03 ④
- ① 기본공제대상자가 부녀자공제와 한부모공제에 모두 해당되는 경우 한부모공제를 적용한다.
- ② 계부·계모는 직계존속과 동일하게 보아 기본공제대상인지 판정한다.
- ③ 장애인은 나이의 제한이 없으나, 소득금액의 제한은 있다.
- ④ 해당 과세기간에 사망한 자는 사망일 전 날의 상황에 따라 기본공제여부를 판단하므로 기본공제대상이 될 수 있다.

04 ①
- 과세기간 종료일 전에 장애가 치유된 자에 대하여는 치유일 전일의 상황에 따라 공제여부를 판정한다.

05 ④
- 과세기간 중에 이혼한 배우자는 기본공제대상이 아니나, 제시된 그 밖의 사람은 기본공제대상이다.

06 ①
- 종합소득공제액 중 미공제액은 퇴직소득과 양도소득에서 공제할 수 없다.

07 ③
- ① 기본공제대상자가 아닌 경우 추가공제대상자가 될 수 없다.
- ② 양도소득금액 200만원이 있는 경우 기본공제대상자가 될 수 없다.
- ④ 기본공제대상자가 장애인인 경우 200만원을 추가로 공제한다.

08 ④
- 가. 장애인은 나이요건이 없다.
- 다. 조카는 기본공제 대상자에 해당하지 않는다.

09 ③
- ① 경로우대공제는 1인당 100만원이다.
- ② 소득이 없는 직계비속이 해당 과세기간 중 20세가 된 경우에도 기본공제대상자에 해당한다.
- ④ 주택담보노후연금 이자비용은 연 200만원을 한도로 연금소득금액에서 공제한다.

10 ④
- 간편장부대상자가 복식부기로 기장한 경우 기장세액공제 대상이다.

11 ③
- 총소득금액이 100만원(근로소득만 있는 경우, 총급여 500만원) 이하만 공제 가능하다.

12 ④
- 의료비 지출액에 대해서는 신용카드소득공제와 의료비 세액공제를 중복하여 적용할 수 있다.

13 ②
- 과세기간 종료일 전에 사망한 경우 사망일 전일의 상황에 따라 공제 여부를 판정한다.

14 ③
- 국내 은행이지만 연간 1,800만원이 있는 생계를 같이 하는 모친(63세)의 소득은 전액 분리과세되므로 기본공제를 적용받을 수 있다.

15 ②
- 기본공제: 1,500,000원 × 4명(본인, 배우자, 아들, 모친)
= 6,000,000원
- 추가공제: 경로우대공제　　　1,000,000원
계　　　　　　　　7,000,000원

　딸(장애인)은 소득요건을 충족하지 못하므로 기본공제대상이 아니다.

16 ④
- 기본공제: 1,500,000원 × 4명 = 6,000,000원(본인, 배우자, 아들, 모친)
추가공제: 3,000,000원(경로우대공제 모친(1,000,000원) 장애인공제 아들(2,000,000원))

17 ③
- 4인(본인, 배우자, 장남, 차남) × 1,500,000원
= 6,000,000원. 사업소득금액이 1,000,000원 이상인 부친은 공제대상에서 제외된다.

18 ②
- 기본공제: 150만원 × 4명 = 600만원(본인, 배우자, 아들, 모친)
추가공제: 300만원(경로우대공제 100만원 + 장애인공제 200만원)
- 부친은 소득금액이 100만원을 초과하므로 기본공제대상자에 해당하지 않는다.

19 ②

구 분	본인	배우자	부친
기본공제	1,500,000원	1,500,000원	1,500,000원
추가공제			1,000,000원
합 계			

구 분	장남	장녀	합 계
기본공제	×	1,500,000원	6,000,000원
추가공제			1,000,000원
합 계			7,000,000원

20 ④
- 기본공제: 1,500,000원 × 4명 = 6,000,000원(본인, 배우자, 아들, 모친)

추가공제: 3,000,000원(경로우대공제 모친 1,000,000원. 장애인공제 자녀 2,000,000원)
- 부친은 소득금액이 1,000,000원을 초과하여 기본공제 대상자에 해당하지 않으므로 추가공제 중 경로우대공제도 적용되지 않는다.

21 ①
- 보험료 세액공제 중 장애인전용보장성보험료는 연간 한도 100만원을 초과할 수 없다.

22 ②
- 공제액이 해당 과세기간의 합산과세되는 종합소득금액을 초과하는 경우 그 초과되는 금액은 없는 것으로 한다.

23 ③
- 외국대학병원에서의 치료비와 미용을 위한 성형수술비는 의료비세액공제대상이 아니다.

24 ③
- 교육비 세액공제의 경우 본인의 대학원 등록금은 세액 공제대상이다.

25 ④
- ① 사업소득자가 지출한 보험료는 특별세액공제 대상이 아니다.
  ② 근로소득자가 국내병원에서 지출한 의료비는 특별 세액공제 대상이나 외국병원에서 지출한 의료비는 특별세액공제 대상이 아니다.
  ③ 연금소득자가 지출한 교육비는 특별세액공제 대상이 아니다.

26 ①
- 의료비세액공제는 총급여액의 3%를 초과하는 의료비지 출액에 한하여 적용한다.

27 ②
- ① 공제대상 의료비에는 미용목적 성형수술비용은 포함 하지 아니한다.
  ③ 대학생의 교육비는 1명당 연 900만원을 한도로 공 제한다.
  ④ 근로자가 기본공제대상자를 위해 지출한 보장성보험 료만 공제대상이다.

28 ②
- 5,000,000원 × 15% + 1,000,000원 × 12%
  = 870,000원
  보장성보험료는 100만원을 한도로 하며, 의료비는 총급 여액의 3%에 미달하므로 세액공제액은 없다.

29 ②
- 9,000,000원 + 1,800,000원 = 10,800,000원

30 ④
- 비실명금융자산의 이자는 무조건 분리과세되므로 종합 과세에서 제외된다.

31 ②
- ①은 근로소득세액공제, ③은 배당세액공제, ④는 재해 손실세액공제를 받을 수 있다. 기장세액공제는 간편장부 대상자가 복식부기장부로 기장한 경우에 적용하므로 간 편장부대상자가 간편장부로 기장한 경우에는 기장세액 공제를 받을 수 없다.

32 ④
- 소득세의 모든 소득은 종합과세, 분리과세, 분류과세 중 어느 한 방법으로 과세된다.

33 ①
- ② 2,000만원 이하의 출자공동사업자 배당소득은 무조 건 종합과세 대상 소득이다.
  ③ 일용근로소득은 원천징수로 과세가 종결된다.
  ④ 기타소득 중 복권당첨소득은 원천징수로 과세가 종 결된다.

34 ①
- 국내은행예금이자는 금융소득이 2,000만원 이하이므로 분리과세한다.
- 비상장주식의 양도소득은 양도소득이고, 공적연금 관련법 에 따라 받는 유족연금은 비과세소득이다.
- 유물습득으로 인한 보상금은 실제 필요경비만 인정하 는 기타소득으로서 필요경비가 확인되지 아니하므로 기 타소득금액은 6,000,000원이다. 이는 3,000,000원을 초과하므로 종합과세한다.

35 ①
- 종합소득금액: 30,000,000원(근로소득금액)
  (금융소득의 합계액이 2,000만원 이하이므로 무조건종 합과세대상만 종합과세함)
  종합소득과세표준: 30,000,000원 - 20,000,000원
  = 10,000,000원

36 ①
- 가. 금융소득이 2,000만원 이하이므로 분리과세한다.
  나. 양도소득은 종합과세하지 아니하고 분류과세한다.
  다. 국민연금법에 따라 받는 유족연금은 비과세 연금소 득이다.
  라. 골동품을 박물관에 양도함으로써 발생하는 소득은 비과세 기타소득이다.

37 ①
- 종합소득금액 : 30,000,000원
  (금융소득의 합계액이 2,000만원 이하이므로 무조건종 합과세대상만 종합과세함)
- 종합소득과세표준 : 30,000,000원 - 20,000,000원
  = 10,000,000원
- 종합소득산출세액 : 10,000,000원 × 6% = 600,000원

38 ②

구분	금액
이자소득금액(A)	15,000,000 + 6,000,000 = 21,000,000
사업소득금액(B)	42,000,000원
종합소득금액 (C=A+B)	63,000,000원

- 금융소득이 2천만원을 초과하므로 금융소득은 종합과세하며, 퇴직소득은 분류과세한다.

39 ①

- (12,000,000원 – 5,000,000원) × 6% = 420,000원
  금융소득의 합계액이 2,000만원 이하 이므로 금융소득은 분리과세 한다.

40 ①

- 근로소득금액과 사업소득금액은 종합과세대상이나, 2,000만원 이하의 금융소득(이자소득, 배당소득)과 직장공제회초과반환금은 분리과세대상이다.
- 50,000,000원 + 12,000,000원 = 62,000,000원

41 ②

- 가. 퇴직소득은 종합과세하지 아니하고 분류과세한다.
  나. 비과세 근로소득이다.
  다. 20,000,000원 – (20,000,000원 × 60%)
    = 8,000,000원(연 3,000,000원을 초과하므로 종합과세한다.)

42 ①

- 2,000만원 이하의 금융소득 및 골동품 양도로 인한 기타소득은 분리과세된다. 비상장주식 양도소득은 양도소득으로 분류과세된다.

43 ①

- 근로소득금액 – 종합소득공제 = 15,000,000원
  – 6,000,000원 = 9,000,000원
  직장공제회초과반환금은 분리과세이고, 국가보안법에 의한 상금은 비과세이다.

44 ②

- 가. 로또복권 당첨금은 분리과세한다.
  나. 양도소득에 해당한다.
  다. 실제 필요경비만 인정하는 기타소득으로서 필요경비가 확인되지 아니하므로 기타소득금액은 500만원이다. 이는 300만원을 초과하므로 종합과세한다.

45 ①

- 근로소득은 종합소득 과세대상이나 정신적피해로 인한 보상금은 과세대상이 아니고, 2천만원 이하의 금융소득은 분리과세대상이다. 소액주주의 상장주식 양도차익은 비과세대상 양도소득이다.

46 ②

- 가. 금융소득이 2,000만원 이하이므로 분리과세한다.
  나. 퇴직소득으로 과세한다.

다. 실제 필요경비가 확인되지 아니하므로 60%의 법정 필요경비를 공제하여 기타소득금액은 4,000,000원이다. 이는 3,000,000원을 초과하므로 종합과세한다.

47 ①

- 고가주택을 임대하고 받은 소득: 24,000,000원
  – 14,000,000원 = 10,000,000원
  일시적인 문예창작의 대가: 15,000,000원
  – 15,000,000원 × 60% = 6,000,000원
  합계: 16,000,000원
  ※ 논·밭을 작물 생산에 이용하게 함으로써 발생하는 소득은 비과세소득이고, 「복권 및 복권기금법」에 따른 복권 당첨금은 분리과세 기타소득에 해당한다.

48 ①

- 과세표준: 36,000,000원 + 4,000,000원 – 3,000,000원
  = 37,000,000원
  산출세액: 37,000,000원 × 15% – 1,260,000원
  = 4,290,000원
- 직장공제회 초과반환금은 무조건 분리과세 대상 이자소득에 해당한다.

49 ①

- 종합소득금액의 계산: 30,000,000원 + 50,000,000원
  = 80,000,000원
  과세표준의 계산: 80,000,000원 – 24,000,000원
  = 56,000,000원
  산출세액의 계산: 56,000,000원 × 24% – 5,760,000원)
  = 7,680,000원
- 직장공제회 초과반환금은 무조건 분리과세되는 이자소득에 해당한다.

50 ③

- 학원의 수강료로 납부한 금액은 신용카드 소득공제 대상이다.

51 ④

- 미용을 위한 성형수술 비용은 신용카드 등 사용금액에 대한 소득공제대상이나, 그 밖의 것은 신용카드 등 사용금액에 대한 소득공제대상이 아니다.

52 ③

- 의료비 세액공제를 적용 받은 의약품 구입비는 신용카드 등 사용금액에 해당한다.

53 ①

- 아파트관리비와 해외에서 사용한 신용카드 사용액은 공제대상에서 제외된다.

54 ②

- 중학생의 보습학원비는 교육비 세액공제를 적용받을 수 없으므로 신용카드 사용공제 적용 대상이 된다.

55 ④

- 학원의 수강료는 신용카드 등 사용금액에 대한 소득공제 적용 대상에 포함 된다.

56 ④

- 교육비 중 교복구입비 신용카드 결제액은 교육비 세액공제와 신용카드 등 사용액 소득공제가 중복적용 된다.

57 ②

- 일용근로자의 근로소득은 분리과세되므로 연말정산 대상이 아니다.

58 ②

- 중도퇴직자는 퇴직한 달의 급여를 지급하는 때에 정산한다.

59 ③

- 과세표준: 36,000,000원 – 24,000,000원
  = 12,000,000원
  산출세액: 12,000,000원 × 6% = 720,000원
  결정세액: 720,000원 – 520,000원(세액공제)
  = 200,000원
  환급세액: 200,000원 – 500,000원(기납부세액)
  = (-)300,000원

재무회계 분개 연습문제 정답 및 해설

▌1. 일반분개 ▌

[01] (차) 외상매입금(평화상사)   2,000,000원   (대) 받을어음(서울상사)   2,000,000원

[02] (차) 당좌예금(우리은행)   11,930,000원   (대) 받을어음(대구상사)   12,000,000원
     수수료비용(판)   70,000원

[03] (차) 현금   950,000원   (대) 받을어음(대전상사)   1,000,000원
     매출채권처분손실   50,000원
     ※ 1,000,000원 × 12% × 5/12 = 50,000원

[04] (차) 현금   29,480,000원   (대) 받을어음(제주상사)   30,000,000원
     매출채권처분손실   520,000원

[05] (차) 단기대여금(광주상사)   4,700,000원   (대) 외상매출금(광주상사)   4,700,000원

[06] (차) 외상매입금(평화상사)   10,000,000원   (대) 보통예금(한국은행)   5,000,000원
         단기차입금(평화상사)   5,000,000원

[07] (차) 외상매입금(우리상사)   8,200,000원   (대) 매입환출및에누리(154)   700,000원
         현금   7,500,000원

[08] (차) 당좌예금(우리은행)   4,900,000원   (대) 외상매출금(강릉상사)   5,000,000원
     매출할인(406)   100,000원

[09] (차) 대손충당금(109)   10,000,000원   (대) 외상매출금(부실상사)   33,000,000원
     대손상각비   23,000,000원

[10] (차) 대손충당금(111)   5,000,000원   (대) 받을어음(나약기업)   6,000,000원
     대손상각비   1,000,000원

[11] (차) 대손충당금(115)   7,000,000원   (대) 단기대여금(부실기업)   10,000,000원
     기타의대손상각비   3,000,000원

[12] (차) 보통예금(한국은행)   2,000,000원   (대) 대손충당금(109)   2,000,000원
     ※ 당기 이전에 대손 처리한 채권을 회수한 경우에는 대손충당금의 증가로 처리한다.

[13] (차) 현금   4,400,000원   (대) 대손충당금(109)   4,000,000원
         부가세예수금   400,000원

[14] (차) 현금   5,000,000원   (대) 대손충당금(115)   5,000,000원

[15] (차) 현금   1,000,000원   (대) 선수금(경기상사)   1,000,000원

[16] (차) 임차보증금   100,000,000원   (대) 보통예금(한국은행)   100,000,000원

[17] (차) 특정현금과예금(우리은행)   3,000,000원   (대) 현금   3,000,000원

[18] (차) 보통예금(한국은행)   30,000,000원   (대) 정부보조금(보통예금차감계정)   30,000,000원

[19] (차) 기계장치   50,000,000원   (대) 보통예금(한국은행)   55,000,000원
     부가세대급금   5,000,000원
     정부보조금(보통예금차감계정)   30,000,000원   정부보조금(기계장치차감계정)   30,000,000원

[20] (차) 부가세예수금   46,900,000원   (대) 부가세대급금   9,100,000원
     미지급세금   37,800,000원

[21] (차) 미지급세금   5,000,000원   (대) 보통예금(한국은행)   5,024,000원
     세금과공과금(판)   24,000원

[22] (차) 토지   52,600,000원   (대) 현금   2,600,000원
     보통예금(한국은행)   50,000,000원

[23] (차) 토지   50,800,000원   (대) 보통예금(한국은행)   45,000,000원
     선급금(기흥개발)   5,000,000원
     현금   780,000원
     예수금   20,000원

[24] (차) 건물   200,000,000원   (대) 미지급금(현대개발)   300,000,000원
     토지   100,000,000원
     ※ 건물: 300,000,000 × (160,000,000/240,000,000) = 200,000,000
       토지: 300,000,000 × (80,000,000/240,000,000) = 100,000,000

[25] (차) 토지   105,000,000원   (대) 보통예금(한국은행)   100,000,000원
     현금   5,000,000원

[26] (차) 감가상각누계액   80,000,000원   (대) 건물   100,000,000원
     유형자산처분손실   23,000,000원   현금   3,000,000원
     ※ 사용중인 기존건물 철거시 철거비용과 장부금액은 당기 비용처리한다.

[27] (차) 보통예금(한국은행)   25,000,000원   (대) 토지   23,000,000원
     외상매입금((주)부산산업)   15,000,000원   유형자산처분이익   17,000,000원

[28] (차) 현금   10,000원   (대) 차량운반구   8,500,000원
     감가상각누계액   8,499,000원   유형자산처분이익   9,000원

[29] (차) 건설중인자산   2,500,000원   (대) 보통예금(한국은행)   2,500,000원

[30] (차) 감가상각누계액(209)   2,000,000원   (대) 차량운반구   20,000,000원
     재해손실   18,000,000원

[31] (차) 기계장치손상차손   400,000원   (대) 손상차손누계액   400,000원
     ※ 장부금액 (1,200,000원 – 300,000원) –* 회수가능금액 500,000원 = 400,000원
       * 회수가능금액: 순공정가치와 사용가치를 비교하여 큰 금액

[32] (차) 투자부동산   210,000,000원   (대) 현금   210,000,000원

[33] (차) 미수금(아진상사)   250,000,000원   (대) 투자부동산   190,000,000원
     투자자산처분이익   60,000,000원

[34] (차) 토지   9,300,000원   (대) 당좌예금(우리은행)   12,000,000원
     특허권   1,400,000원
     영업권   1,300,000원

[35] (차) 단기매매증권   50,000,000원   (대) 현금   50,500,000원
     수수료비용(영업외비용)   500,000원
     ※ 당기손익인식금융자산(단기매매증권) 취득을 위한 거래원가는 즉시 비용처리한다.

[36] (차) 단기매매증권   750,000원   (대) 현금   1,000,000원
     차량운반구   250,000원

[37] (차) 단기매매증권   1,750,000원   (대) 현금   2,000,000원
　　　　토지   250,000원

[38] (차) 보통예금(한국은행)   2,620,000원   (대) 단기매매증권   3,000,000원
　　　　단기매매증권처분손   380,000원

[39] (차) 보통예금(한국은행)   14,990,000원   (대) 단기매매증권   16,000,000원
　　　　단기매매증권처분손   1,055,000원   　　　현금   45,000원

[40] (차) 보통예금(한국은행)   6,250,000원   (대) 단기매매증권   6,400,000원
　　　　단기매매증권처분손   150,000원
　　　※ 장부금액 = (3,960,000원 + 5,000,000원) × 500주/700주 = 6,400,000원

[41] (차) 현금   6,550,000원   (대) 단기매매증권   5,700,000원
　　　　　　　　　　　　　　　　　　　　　　단기매매증권처분익   850,000원

　　　※ 장부금액 = 19,000원 × 300주 = 5,700,000원

[42] (차) 매도가능증권(178)   9,502,580원   (대) 현금   9,502,580원

[43] (차) 차량운반구   300,000원   (대) 현금   1,000,000원
　　　　매도가능증권(178)   700,000원

[44] (차) 현금   12,000,000원   (대) 매도가능증권(178)   15,000,000원
　　　　매도가능증권평가익   5,000,000원   　　　매도가능증권처분익   2,000,000원

[45] (차) 보통예금 (한국은행)   6,000,000원   (대) 매도가능증권(178)   5,000,000원
　　　　매도가능증권처분손   1,000,000원   　　　매도가능증권평가손   2,000,000원

[46] (차) 단기차입금(뉴욕은행)   13,000,000원   (대) 현금   12,000,000원
　　　　　　　　　　　　　　　　　　　　　　외환차익   1,000,000원

[47] (차) 보통예금(한국은행)   158,400,000원   (대) 외상매출금(블랙홀사)   156,000,000원
　　　　　　　　　　　　　　　　　　　　　　외환차익   2,400,000원

[48] (차) 보통예금(한국은행)   10,000,000원   (대) 단기대여금(혼다사)   9,000,000원
　　　　　　　　　　　　　　　　　　　　　　외환차익   1,000,000원

[49] (차) 외상매입금(교토상사)   9,000,000원   (대) 현금   9,500,000원
　　　　외환차손   500,000원

[50] (차) 외화장기차입금(뉴욕은행)   10,000,000원   (대) 현금   11,220,000원
　　　　외환차손   1,000,000원
　　　　이자비용   220,000원

[51] (차) 보통예금(한국은행)   95,000,000원   (대) 사채   100,000,000원
　　　　사채할인발행차금   5,000,000원

[52] (차) 보통예금(한국은행)   1,200,000원   (대) 사채   1,000,000원
　　　　사채할인발행차금   100,000원   　　　현금   300,000원

[53] (차) 사채   20,000,000원   (대) 보통예금(한국은행)   20,330,000원
　　　　사채상환손실   330,000원

[54] (차) 사채   15,000,000원   (대) 보통예금(한국은행)   12,800,000원
　　　　사채상환손실   300,000원   　　　사채할인발행차금   2,500,000원

[55] (차) 사채 150,000,000원 (대) 당좌예금(우리은행) 132,000,000원
사채할인발행차금 15,000,000원
사채상환이익 3,000,000원

※ 사채할인발행차금 = 20,000,000원 × 150,000,000원/200,000,000원 = 15,000,000원

[56] (차) 사채 100,000,000원 (대) 당좌예금(우리은행) 110,000,000원
사채할증발행차금 4,000,000원
사채상환손실 6,000,000원

※ 사채할증발행차금 = 12,000,000원 × 100,000,000원/300,000,000원 = 4,000,000원

[57] (차) 이월이익잉여금 41,000,000원 (대) 이익준비금 1,000,000원
미지급배당금 10,000,000원
미교부주식배당금 20,000,000원
사업확장적립금 10,000,000원

[58] (차) 배당평균적립금 7,500,000원 (대) 이월이익잉여금 7,500,000원
이월이익잉여금 19,000,000원 이익준비금 1,000,000원
미지급배당금 10,000,000원
미교부주식배당금 5,000,000원
감채적립금 3,000,000원

[59] (차) 미지급배당금 10,000,000원 (대) 현 금 8,460,000원
미교부주식배당금 5,000,000원 예수금 1,540,000원
자본금 5,000,000원

[60] (차) 당좌예금(우리은행) 12,000,000원 (대) 자본금 10,000,000원
현 금 200,000원
주식발행초과금 1,800,000원

※ 주식발행비용은 별도항목으로 인식하지 않고 주식의 발행금액에서 차감하여 인식한다.

[61] (차) 보통예금 (한국은행) 38,400,000원 (대) 자본금 40,000,000원
주식할인발행차금 2,100,000원 현 금 500,000원

[62] (차) 보통예금(한국은행) 78,000,000원 (대) 자본금 100,000,000원
주식발행초과금 20,000,000원
주식할인발행차금 2,000,000원

[63] (차) 보통예금(한국은행) 60,000,000원 (대) 자본금 50,000,000원
주식할인발행차금 2,000,000원
주식발행초과금 3,500,000원
당좌예금(우리은행) 4,500,000원

[64] (차) 장기차입금(신한은행) 300,000,000원 (대) 자본금 200,000,000원
주식발행초과금 100,000,000원

[65] (차) 자본금 15,000,000원 (대) 보통예금(한국은행) 12,000,000원
감자차익 3,000,000원

[66] (차) 미수금((주)삼일) 5,000,000원 (대) 자기주식 3,000,000원
자기주식처분이익 2,000,000원

[67] (차) 현 금 240,000원 (대) 자기주식 300,000원
자기주식처분이익 50,000원
자기주식처분손실 10,000원

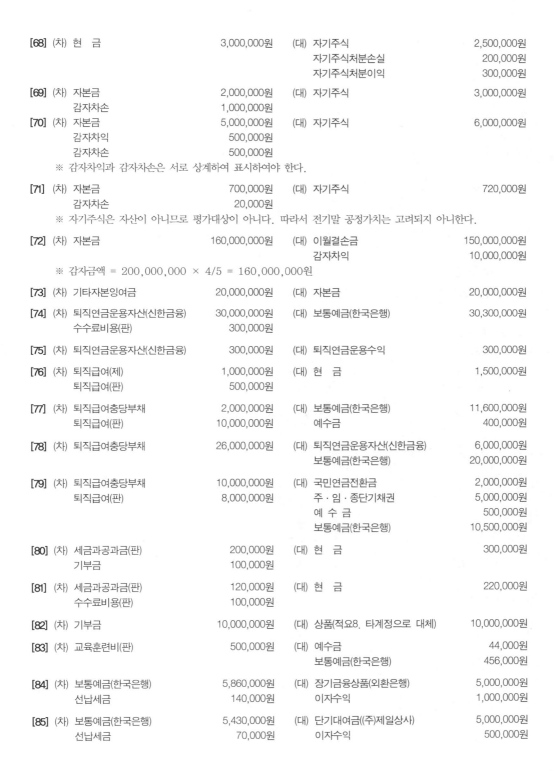

[68] (차) 현　금　　　　　　　3,000,000원　　(대) 자기주식　　　　　　　2,500,000원
　　　　　　　　　　　　　　　　　　　　　　　　자기주식처분손실　　　 200,000원
　　　　　　　　　　　　　　　　　　　　　　　　자기주식처분이익　　　 300,000원

[69] (차) 자본금　　　　　　　2,000,000원　　(대) 자기주식　　　　　　　3,000,000원
　　　 감자차손　　　　　　1,000,000원

[70] (차) 자본금　　　　　　　5,000,000원　　(대) 자기주식　　　　　　　6,000,000원
　　　 감자차익　　　　　　 500,000원
　　　 감자차손　　　　　　 500,000원
　　　 ※ 감자차익과 감자차손은 서로 상계하여 표시하여야 한다.

[71] (차) 자본금　　　　　　　 700,000원　　(대) 자기주식　　　　　　　 720,000원
　　　 감자차손　　　　　　　20,000원
　　　 ※ 자기주식은 자산이 아니므로 평가대상이 아니다. 따라서 전기말 공정가치는 고려되지 아니한다.

[72] (차) 자본금　　　　　　160,000,000원　　(대) 이월결손금　　　　　150,000,000원
　　　　　　　　　　　　　　　　　　　　　　　　감자차익　　　　　　 10,000,000원
　　　 ※ 감자금액 = 200,000,000 × 4/5 = 160,000,000원

[73] (차) 기타자본잉여금　　 20,000,000원　　(대) 자본금　　　　　　 20,000,000원

[74] (차) 퇴직연금운용자산(신한금융) 30,000,000원　　(대) 보통예금(한국은행) 30,300,000원
　　　 수수료비용(판)　　　 300,000원

[75] (차) 퇴직연금운용자산(신한금융) 300,000원　　(대) 퇴직연금운용수익　　 300,000원

[76] (차) 퇴직급여(제)　　　　1,000,000원　　(대) 현　금　　　　　　　1,500,000원
　　　 퇴직급여(판)　　　　 500,000원

[77] (차) 퇴직급여충당부채　　2,000,000원　　(대) 보통예금(한국은행) 11,600,000원
　　　 퇴직급여(판)　　　 10,000,000원　　　　 예수금　　　　　　　 400,000원

[78] (차) 퇴직급여충당부채　 26,000,000원　　(대) 퇴직연금운용자산(신한금융) 6,000,000원
　　　　　　　　　　　　　　　　　　　　　　　　보통예금(한국은행) 20,000,000원

[79] (차) 퇴직급여충당부채　 10,000,000원　　(대) 국민연금전환금　　　2,000,000원
　　　 퇴직급여(판)　　　　8,000,000원　　　　 주·임·종단기채권　　5,000,000원
　　　　　　　　　　　　　　　　　　　　　　　　예　수　금　　　　　 500,000원
　　　　　　　　　　　　　　　　　　　　　　　　보통예금(한국은행) 10,500,000원

[80] (차) 세금과공과금(판)　　 200,000원　　(대) 현　금　　　　　　　 300,000원
　　　 기부금　　　　　　　100,000원

[81] (차) 세금과공과금(판)　　 120,000원　　(대) 현　금　　　　　　　 220,000원
　　　 수수료비용(판)　　　100,000원

[82] (차) 기부금　　　　　　 10,000,000원　　(대) 상품(적요8. 타계정으로 대체) 10,000,000원

[83] (차) 교육훈련비(판)　　　 500,000원　　(대) 예수금　　　　　　　　44,000원
　　　　　　　　　　　　　　　　　　　　　　　　보통예금(한국은행)　　456,000원

[84] (차) 보통예금(한국은행)　5,860,000원　　(대) 장기금융상품(외환은행) 5,000,000원
　　　 선납세금　　　　　　140,000원　　　　 이자수익　　　　　　1,000,000원

[85] (차) 보통예금(한국은행)　5,430,000원　　(대) 단기대여금((주)제일상사) 5,000,000원
　　　 선납세금　　　　　　 70,000원　　　　 이자수익　　　　　　 500,000원

[86]	(차)	보통예금(한국은행)	86,000원	(대)	미수수익	81,000원
		선납세금	14,000원		이자수익	19,000원
[87]	(차)	건물	105,000,000원	(대)	자산수증이익	100,000,000원
					현 금	5,000,000원
[88]	(차)	토지	315,000,000원	(대)	자산수증이익	300,000,000원
					현 금	15,000,000원
[89]	(차)	외상매입금((주)상일)	3,000,000원	(대)	당좌예금(우리은행)	1,500,000원
					채무면제이익	1,500,000원
[90]	(차)	보통예금(한국은행)	1,500,000원	(대)	배당금수익	1,500,000원
[91]	(차)	현 금	800,000원	(대)	배당금수익	800,000원
[92]	(차)	보통예금(한국은행)	200,000원	(대)	전기오류수정이익(영업외수익)	200,000원
[93]	(차)	단기차입금((주)여유통상)	30,000,000원	(대)	보통예금(한국은행)	31,500,000원
		이자비용	2,000,000원		예수금	500,000원
[94]	(차)	전기오류수정손실(영업외비용)	10,000,000원	(대)	퇴직급여충당부채	10,000,000원

▌2. 결산 수동분개 ▌

[95]	(차)	소모품	1,300,000원	(대)	광고선전비(판)	1,300,000원
[96]	(차)	가수금(박상준)	75,000원	(대)	가지급금(박상준)	300,000원
		여비교통비(판)	225,000원			
[97]	(차)	여비교통비	32,000원	(대)	현금과부족	40,000원
		잡 손 실	8,000원			
[98]	(차)	장기차입금(신한은행)	100,000,000원	(대)	유동성장기부채(신한은행)	100,000,000원

※ 결산일 현재부터 1년 이내 상환기일이 도래하는 1억원(=5억원/5)은 비유동부채에서 유동부채로 대체한다.

[99]	(차)	이자비용	3,000,000원	(대)	사채할인발행차금	3,000,000원

※ 사채할인발행차금 상각은 유효이자율법을 적용하는 것이 원칙이며 상각액은 이자비용으로 회계처리한다.

[100]	(차)	선급비용	3,000,000원	(대)	보험료(판)	3,000,000원

※ 선급비용: 4,000,000 × 18월/24월 = 3,000,000원

[101]	(차)	임차료(판)	21,000,000원	(대)	선급비용	21,000,000원

※ 임차료 중 7개월분 21,000,000원은 당기 귀속분, 15,000,000원은 차기 귀속분이다.

[102]	(차)	이자수익	1,000,000원	(대)	선수수익	1,000,000원
[103]	(차)	미수수익	300,000원	(대)	이자수익	300,000원
		이자비용	875,000원		미지급비용	875,000원

※ 10,000,000 × 6% × 6/12 = 300,000원
  50,000,000 × 7% × 3/12 = 875,000원

[104]	(차)	단기매매증권	500,000원	(대)	단기매매증권평가이익	500,000원

※ 단기매매증권은 시가법으로 기말평가를 하며 단기매매증권의 평가손익은 영업외손익에 반영된다.

[105] (차) 단기매매증권   2,000,000원   (대) 단기매매증권평가익   2,000,000원
　　　　　　단기매매증권평가손   1,500,000원   단기매매증권   1,500,000원

[106] (차) 매도가능증권(178)   900,000원   (대) 매도가능증권평가이익   900,000원

[107] (차) 매도가능증권(178)   300,000원   (대) 매도가능증권평가손실   200,000원
　　　　　　　　　　　　　　　　　　　　　　　　　　　　매도가능증권평가이익   100,000원

　　　　※ [참고] 전기 회계처리
　　　(차) 매도가능증권평가손실   200,000원   (대) 매도가능증권   200,000원

[108] (차) 매도가능증권평가이익   3,000,000원   (대) 매도가능증권   4,000,000원
　　　　　　매도가능증권평가손실   1,000,000원
　　　　※ 장부상에 매도가능증권평가이익부터 먼저 제거한 후 매도가능증권평가손실을 인식한다.

[109] (차) 외화환산손실   750,000원   (대) 장기차입금(외국은행)   750,000원

[110] (차) 외화환산손실   500,000원   (대) 외화장기차입금(실버사)   500,000원
　　　　※ 장부상 외화장기차입금 = $10,000 × 1,120원 = 11,200,000원
　　　　　결산일 외화장기차입금 = $10,000 × 1,170원 = 11,700,000원

[111] (차) 보통예금(외화은행)   954,000원   (대) 외화환산이익   954,000원
　　　　※ 장부상 보통예금 = 34,662,000원
　　　　　결산일 보통예금 = ¥31,800 × 1,120원 = 35,616,000원

[112] (차) 감가상각비   18,750,000원   (대) 감가상각누계액(시설장치)   18,750,000원
　　　　　　정부보조금(시설장치)   12,500,000원   감가상각비   12,500,000원
　　　　※ 감가상각비 = 150,000,000 × 1/4 × 6/12 = 18,750,000원
　　　　　정부보조금상각액 = 100,000,000 × 1/4 × 6/12 = 12,500,000원
　　　　　자산차감항목인 정부보조금은 당해자산의 감가상각 시 동일한 비율만큼 당기 감가상각비와 상계처리한다.

[113] (차) 유형자산손상차손   27,000,000원   (대) 손상차손누계액(토지)   27,000,000원
　　　　※ 유형자산손상차손 = 200,000,000 - max(136,000,000, 173,000,000) = 27,000,000원

[114] (차) 무형자산손상차손   2,000,000원   (대) 특허권   2,000,000원

▌3. 결산 자동분개 ▌

[115] [결산자료입력]
　　　원재료: 13,000,000원,　재공품: 11,000,000원,　제품: 6,000,000원 입력 후 전표추가
　　　※ 기말제품 중 시송품 1,000,000원을 차감한 6,000,000원만 입력한다.

[116] [결산자료입력]
　　　원재료: 1,500,000원,　재공품: 2,200,000원,　제품: 1,850,000원 입력 후 전표추가
　　　※ 운송 중인 원재료는 도착 전이므로 포함시킬 필요가 없다.

[117] [결산자료입력]
　　　원재료: 1,500,000원,　재공품: 3,000,000원,　제품: 4,000,000원 입력 후 전표추가
　　　※ 운송 중인 원재료는 도착 전이므로 제외하여야 한다.

[118] [결산자료입력]
　　　재공품: 24,650,000원,　제품: 27,300,000원,　상품: 33,200,000원 입력 후 전표추가
　　　※ 운송 중인 상품 2,000,000원은 포함하여야 한다.

[119] [일반전표입력]

(차) 기계장치   50,000,000원   (대) 제품(적요8. 타계정으로 대체)   50,000,000원

[결산자료입력]

원재료: 320,000,000원,   재공품: 170,000,000원,   제품: 231,000,000원 입력 후 전표추가

※ 제품재고액 중 타계정대체분 50,000,000원은 제외한다.

[120] [일반전표입력]

(차) 재고자산감모손실   2,000,000원   (대) 원재료(적요8. 타계정으로 대체)   2,000,000원

※ 비정상적인 감모손실은 영업외비용으로 처리한다.

[결산자료입력]

원재료: 70,000,000원,   재공품: 45,540,000원,   제품: 82,575,000원 입력 후 전표추가

[121] [일반전표입력]

(차) 재고자산감모손실   900,000원   (대) 상품(적요8. 타계정으로 대체)   900,000원

[결산자료입력]

상품: 25,500,000원 입력 후 전표추가

※ 8,500개 × 3,000원 = 25,500,000원

재고자산은 이를 판매하여 수익을 인식한 기간에 매출원가로 인식한다. 재고자산의 시가가 장부금액 이하로 하락
하여 발생한 평가손실은 재고자산의 차감계정으로 표시하고 매출원가에 가산한다. 재고자산의 장부상 수량과 실제
수량과의 차이에서 발생하는 감모손실의 경우 정상적으로 발생한 감모손실은 매출원가에 가산하고 비정상적으로
발생한 감모손실은 영업외비용으로 분류한다.

[122] [결산자료입력]

상품매출원가[평가손실]   5,000,000원
상품매출원가[기말상품재고액]   40,000,000원

원재료: 30,000,000원,   재공품: 50,000,000원,   제품: 35,000,000원 입력 후 전표추가

※ 상품매출원가의 평가손실에 대해서는 결산자료입력 대신 12월 31일 일반전표입력에 수동입력 가능하다.

(차) 재고자산평가손실   5,000,000원   (대) 재고자산평가충당금(관계코드146)   5,000,000원

최신 기출문제 정답 및 해설

최신 기출문제 제69회

[실무이론평가]

1	2	3	4	5	6	7	8	9	10
②	①	②	③	①	①	③	①	②	①

01 ②
- 내부회계관리제도는 외부감사인이 따라야 하는 절차가 아니라, 기업 내부의 구성원들에 의하여 운영되는 제도이다.

02 ①
- 매도가능증권평가이익 및 주식발행초과금은 재무상태표 계정과목이다.

03 ②
- 무형자산의 상각기간은 독점적 · 배타적 권리를 부여하고 있는 관계 법령이나 계약에 정해진 경우를 제외하고는 20년을 초과할 수 없다.

04 ③
- 외상매출액 = 300,000원 – 40,000원 = 260,000원
  기말매출채권 = 30,000원 + 260,000원 – 190,000원 = 100,000원

05 ①
- 회계정책의 변경: 재고자산 평가방법의 변경
  회계추정의 변경: ②, ③, ④

06 ①
- 수정 후 영업이익 = 수정 전 영업이익(5,000,000원) – 미지급임차료(300,000원)
  + 보험료선급분(100,000원) = 4,800,000원
- 이자미수분은 영업이익에 영향을 미치지 않는다.

07 ③
- ① 주사업장총괄납부의 경우 지점도 총괄사업장이 될 수 있다.
  ② 직매장은 사업장에 해당한다.
  ④ 사업자단위 과세의 경우 과세표준 및 세액의 계산을 사업자단위 과세적용 사업장에서 적용한다.

08 ①
- 매출세액 = (55,000,000원 × 10/110) – (5,500,000원 × 10/110)
  = 4,500,000원

09 ②
- 인정상여의 귀속시기는 해당 법인의 사업연도 중 근로를 제공한 날이 된다.

10 ①
- 근로소득은 종합소득 과세대상이나 정신적피해로 인한 보상금은 과세대상이 아니고, 2천만원 이하의 금융소득은 분리과세대상이다. 소액주주의 상장주식 양도차익은 비과세대상 양도소득이다.

[실무수행과제]

문제 1 거래자료입력

1 [일반전표입력] 2월 10일

(차) 821.보험료　　840,000원　　(대) 103.보통예금(98000.국민은행(보통))　　840,000원

[영수증수취명세서(2)]

	거래일자	상 호	성 명	사업장	사업자등록번호	거래금액	구분	계정코드	계정과목	적요
	2025-01-20	카카오택시			119-15-50400	40,000	28	812	여비교통비	택시요금
	2025-02-03	제일카센타	마정남	서울 강남구 압구정로 52	106-08-12514	200,000		822	차량유지비	차량수리
	2025-02-10	(주)캐롯손해보험				840,000	16	821	보험료	차량종합보험

입력순

[영수증수취명세서(1)]

영수증수취명세서(2)　영수증수취명세서(1)　해당없음

1. 세금계산서, 계산서, 신용카드 등 미사용내역

9. 구분	3만원 초과 거래분		
	10. 총계	11. 명세서제출 제외대상	12. 명세서제출 대상(10-11)
13. 건수	3	2	1
14. 금액	1,080,000	880,000	200,000

2. 3만원 초과 거래분 명세서제출 제외대상 내역

구분	건수	금액	구분	건수	금액
15. 읍, 면 지역 소재			26. 부동산 구입		
16. 금융, 보험 용역	1	840,000	27. 주택임대용역		
17. 비거주자와의 거래			28. 택시운송용역	1	40,000
18. 농어민과의 거래			29. 전산발매통합관리시스템가입자와의		
19. 국가 등과의 거래			30. 항공기항행용역		
20. 비영리법인과의 거래			31. 간주임대료		
21. 원천징수 대상사업소			32. 연체이자지급분		
22. 사업의 양도			33. 송금명세서제출분		
23. 전기통신, 방송용역			34. 접대비필요경비부인분		
24. 국외에서의 공급			35. 유료도로 통행료		
25. 공매, 경매, 수용			36. 합계	2	880,000

2 [일반전표입력] 2월 20일

(차) 251.외상매입금(01122.(주)화광물산)　　5,000,000원　　(대) 110.받을어음(01116.(주)우주산업)　　5,000,000원

[자금관리]

어음상태	3 배서	어음번호	0042025020512 3456789	수취구분	1 자수	발행일	2025-02-05	만 기 일	2025-05-05
발행인	01116	(주)우주산업		지급은행	100 국민은행			지 점	삼성
배 서 인			할인기관		지 점		할인율 (%)		어음종류 6 전자
지급거래처	01122	(주)화광물산					* 수령된 어음을 타거래처에 지급하는 경우에 입력합니다.		

3 [일반전표입력] 3월 15일

(차) 178.매도가능증권　　2,540,000원　　(대) 103.보통예금(98000.국민은행(보통))　　2,540,000원

문제 2 부가가치세관리

1 전자세금계산서 발급

1. [매입매출전표입력] 5월 20일

거래유형	품명	공급가액	부가세	거래처	전자세금
11.과세	차량용 청소기	15,000,000	1,500,000	02040.(주)돌풍산업	전자발행
분개유형	(차) 108.외상매출금	13,500,000원	(대) 404.제품매출		15,000,000원
3.혼합	259.선수금	3,000,000원	255.부가세예수금		1,500,000원

2. [전자세금계산서 발행 및 내역관리]

① 미전송된 내역이 조회되면, 미전송내역을 체크한 후 [전자발행 ▼]을 클릭하여 표시되는 로그인 화면에서 [확인(Tab)] 클릭

② '전자세금계산서 발행' 화면이 조회되면 [발행(F3)] 버튼을 클릭한 다음 [확인(Tab)] 클릭

③ 국세청란에 '발행대상'으로 표시되면 [ACADEMY 전자세금계산서]를 클릭

④ [Bill36524 교육용전자세금계산서] 화면에서 [로그인]을 클릭

⑤ 좌측화면: [세금계산서 리스트]에서 [미전송]으로 체크 후 [매출조회]를 클릭
  우측화면: [전자세금계산서]에서 [발행]을 클릭

⑥ [발행완료되었습니다.] 메시지가 표시되면 [확인(Tab)] 클릭

2 수정전자세금계산서의 발급

1. [수정세금계산서 발급]

① [매입매출전표 입력] 6월 12일 전표 선택 ➡ [수정세금계산서] 클릭 ➡ [수정사유] 화면에서 [3.환입] 선택 후 [확인(Tab)]을 클릭

② [수정세금계산서(매출)] 화면에서 수정분 [작성일 6월 20일] [수량 -20, 단가 200,000원] 입력을 통해 공급가액과 세액을 반영한 후 [확인(Tab)]을 클릭

③ [매입매출전표입력] 6월 20에 수정분이 1건 입력된다.

거래유형	품명	공급가액	부가세	거래처	전자세금
11.과세	청소기	-4,000,000	-400,000	02050.(주)알리전자	전자발행
분개유형	(차) 108.외상매출금	-4,400,000원	(대) 404.제품매출		-4,000,000원
2.외상 또는 3.혼합			255.부가세예수금		-400,000원

2. [전자세금계산서 발행 및 내역관리]

① [전자세금계산서 발행 및 내역관리]를 클릭하면 수정 전표 1매가 미전송 상태로 조회된다.

② 해당 내역을 클릭하여 전자세금계산서 발행 및 국세청 전송을 한다.

3 의제매입세액공제신고사업자의 부가가치세신고서 작성

1. 전표입력
[일반전표입력] 7월 20일
(차) 530.소모품비   30,000원   (대) 101.현금   30,000원
또는 (출) 530.소모품비   30,000원
※ 재활용봉투는 의제매입세액공제 대상이 아니다.

[매입매출전표입력] 8월 12일

거래유형	품명	수량	공급가액	부가세	거래처	전자세금
58.카면	당근	4	160,000		00118.해태유통	
분개유형	(차) 153.원재료 160,000원			(대) 251.외상매입금		160,000원
3.혼합 또는 2.외상	(적요6.의제매입세액원재료차감)			(99600.삼성카드)		

[매입매출전표입력] 9월 20일

거래유형	품명	수량	공급가액	부가세	거래처	전자세금
60.면건	마늘	10	820,000		00120.이승우	
분개유형	(차) 153.원재료 820,000원			(대) 103.보통예금		820,000원
3.혼합	(적요6.의제매입세액원재료차감)			(98000.국민은행(보통))		

※ 제조업을 영위하는 사업자가 농·어민으로부터 직접 구입하는 경우에는 의제매입세액 공제대상이다.

2. [의제매입세액공제신고서] 7월 ~ 9월
    중소제조업을 영위하는 사업자의 공제율: 4/104

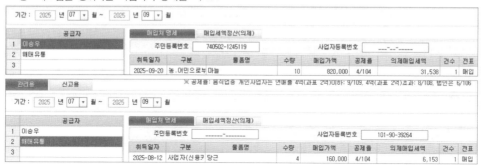

3. [부가가치세신고서] 7월 1일 ~ 9월 30일

	구분		금액	세율	세액
14 그 밖의 공제 매입 세액 명세	신용매출전표수취/일반	41	150,000		15,000
	신용매출전표수취/고정	42			
	의제매입세액/평창,광주	43	980,000	뒤쪽참조	37,691
	재활용폐자원등매입세	44		뒤쪽참조	
	과세사업전환매입세액	45			
	재고매입세액	46			
	변제대손세액	47			
	외국인관광객환급세액	48			
	합계	49	1,130,000		52,691

4. [일반전표입력] 9월 30일

(차) 135.부가세대급금   37,691원   (대) 153.원재료   37,691원

또는 (차) 135.부가세대급금   37,691원

     (차) 153.원재료   -37,691원

4 매입세액불공제내역 작성자의 부가가치세신고서 작성

1. [매입매출전표입력]
- 10월 23일

거래유형	품명	공급가액	부가세	거래처	전자세금
54.불공	중고차	8,000,000	800,000	00131.강원자동차(주)	전자입력
불공사유	3. 비영업용 소형차(개별소비세법§1②3호) 구입, 유지, 임차 관련 매입				
분개유형	(차) 208.차량운반구	8,800,000원	(대) 253.미지급금		8,800,000원
3.혼합					

- 11월 20일

거래유형	품명	공급가액	부가세	거래처	전자세금
54.불공	전통과자선물세트	2,200,000	220,000	00601.365마트	전자입력
불공사유	9. 접대비 관련 매입세액				
분개유형	(차) 513.접대비(기업업무추진비) 2,420,000원		(대) 101.현금		2,420,000원
1.현금					

2. [일반전표입력]
- 12월 24일

(차) 813.접대비(기업업무추진비)   440,000원   (대) 253.미지급금(99600.삼성카드)   440,000원

3. [매입세액불공제내역]

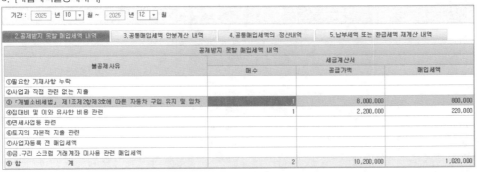

4. [부가가치세신고서] 10월 1일 ~ 12월 31일

문제 3 결산

1 수동결산

[일반전표입력] 12월 31일

(차) 116.미수수익　　　　　　　　　　　250,000원　　(대) 901.이자수익　　　　　　　　　　　250,000원

　　경과이자 = 정기예금액 × 이자율 × 기간경과

　　　　　　 = 20,000,000원 × 5% × 3/12 = 250,000원

2 결산자료입력에 의한 자동결산

[결산자료입력 1]

① 고정자산등록

② [결산자료입력]

　　결산자료입력에서 판매비관리비 무형고정자산상각 소프트웨어란에 300,000원을 직접 입력하고 전표추가(F3) 를 클릭
하여 결산분개를 생성한다.

[결산자료입력 2]

- 결산자료입력에서 기말 제품 24,000,000원을 입력하고 전표추가(F3) 를 클릭하여 결산분개를 생성한다.

[이익잉여금처분계산서] 메뉴

- 이익잉여금처분계산서에서 처분일을 입력한 후, 전표추가(F3) 를 클릭하여 손익대체 분개를 생성한다.

문제 4 근로소득관리

1 주민등록등본에 의한 사원등록

[사원등록]

● 부 양 가 족 명 세 (2025. 12. 31 기준)

	연말정산관계	기본	세대	부녀	장애	경로70세	출산입양	자녀	한부모	성명	주민(외국인)번호	가족관계
1	0.본인	본인	○						○	이성하	내 810203-1222226	
2	1.(소)직계존4	부								오미자	내 430411-2222229	04.모
3	4.자녀,손자녀	20세 이하						○		이연우	내 050501-3200489	05.자녀
4	4.자녀,손자녀	20세 이하						○		이연서	내 130802-4777776	05.자녀

① 이성하: 한부모 추가공제 대상임.
② 오미자: 양도소득금액이 100만원 이상이므로 기본공제 대상이 아님.
③ 이연우, 이연서: 소득이 없는 20세 이하로 기본공제, 자녀세액공제 대상임.

2 중도퇴사자의 원천징수

1. [사원등록]

20. 퇴 사 년 월 일 2025 년 08 월 25 일

2. [급여자료입력]

수당등록	공제등록	비과세/감면설정	사회보험

	코드	공제항목명	공제소득유형
1	501	국민연금	0.무구분
2	502	건강보험	0.무구분
3	503	고용보험	0.무구분
4	504	장기요양보험료	0.무구분
5	505	학자금상환액	0.무구분
6	903	농특세	0.사용
7	600	건강보험료정산	2.건강보험료정산
8	601	장기요양보험료정산	4.장기요양보험료정산

귀속년월 2025 년 08 월 구분 1.급여 지급일 2025 년 08 월 25 일 정렬 1.코드

	코드	사원명	직급	감면율	급여항목	지급액	공제항목	공제액
☐	1001	김채원			기본급	4,000,000	국민연금	180,000
☐	1002	박해진(중도인					건강보험	141,800
☐	1003	이재훈					고용보험	36,000
☐	1004	이성하					장기요양보험료	18,360
☐							건강보험료정산	45,320
							장기요양보험료정산	5,850
							소득세	-752,670
							지방소득세	-75,220

3. [원천징수이행상황신고서]

귀속기간	2025 년 08 ▼ 월 ~ 2025 년 08 ▼ 월	지급기간	2025 년 08 ▼ 월 ~ 2025 년 08 ▼ 월	0.정기신고 ▼

1.신고구분 ☑ 매월 ☐ 반기 ☐ 수정 ☐ 연말 ☐ 소득처분 ☑ 환급신청	2.귀속연월 202508	3.지급연월 202508	일괄납부 ○ 여 ◉ 부	사업자단위 ○ 여 ◉ 부

원천징수내역 | 부표-거주자 | 부표-비거주자 | 부표-법인원천

구분		코드	소득지급(과세미달,비과세포함)		징수세액				9.당월 조정 환급세액	10.소득세 등 (가산세 포함)	11.농어촌 특별세
			4.인원	5.총지급액	6.소득세 등	7.농어촌특별세	8.가산세				
근로소득	간 이 세 액	A01	4	16,300,000	548,210						
	중 도 퇴 사	A02	1	32,000,000	-752,670						
	일 용 근 로	A03									
	연말정산합계	A04									
	연말분납금액	A05									
	연말납부금액	A06									
	가 감 계	A10	5	48,300,000	-204,460						
퇴직소득	연 금 계 좌	A21									
	그 외	A22									
	가 감 계	A20									
사업소득	매 월 징 수	A25									
	연 말 정 산	A26									
	가 감 계	A30									
기타소득	연 금 계 좌	A41									
	종교매월징수	A43									

전월 미환급 세액의 계산				당월 발생 환급세액				18.조정대상환급 (14+15+16+17)	19.당월조정 환급액계	20.차월이월 환급액(18-19)	21.환급신청액
12.전월미환급	13.기환급신청	14.잔액12-13	15.일반환급	16.신탁재산	17.금융등	17.합병등				
210,000		210,000	204,460					414,460		414,460	414,460

3 국세청연말정산간소화 및 이외의 자료를 기준으로 연말정산

[연말정산 근로소득원천징수영수증]

1. 신용카드 소득공제

2. 주택자금 소득공제

34⑨.주택임차차입금원리금상환액(①+②) 40+34⑨ <= 연 400만				
장기주택 저당차입금 이자상환액	2011년 이전 차입분	상환 15년미만(한도600)		
		상환 15년~29년(한도1,000)		
		상환 30년이상(한도1,500)		
	2011년 이전(15년 이상상환)	고정 and비거치 (2,000)		
		고정 or비거치(1,800)		
	2012년 이후 차입분	15년 이상 상환	고정and비거치 (한도2,000)	1,800,000	1,800,000
			고정or비거치 (한도1,800)		
			기타상환 (한도800)		
		10~15 년미만	고정금리or비거치(한도600)		
34⑩.장기주택저당차입금 이자 상환액계				1,800,000	1,800,000
합 계 (40+34⑨+34⑩)				1,800,000	1,800,000

3. 연금계좌 세액공제

4. 정산명세 조회

특별소득공제						세액공제				
34.주택	11년이전 차입분	15년미만	>			60-1. ISA만기시연금계좌		>		
		15~29년	>			61.보장성보험		0 >		
		30년이상	>			62.의료비		0 >		
나.장기주택저당차입금이자상환액	11년이전 차입분 (15년이상)	고정and비거치	>		특별세액공제	63.교육비		0 >		
		고정or비거치	>			64.기부금	정치자금	10만 이하	>	
	12년이후 차입분 (15년이상)	고정&비거치	>	1,800,000				10만 초과	>	
		고정or비거치	>				고향사랑	10만 이하	>	
		기타대출	>					10만 초과	>	
	12년이후 차입분 (10~15년)	고정or비거치	>				다.특례(법정)기부금		>	
							라.우리사주기부금		>	
35.계				4,739,400			마.일반기부금(종교외)		>	
36.차감소득금액				34,310,600			바.일반기부금(종교)		>	
그밖의 소득공제	37.개인연금저축		>			65.계				
	38.소기업·소상공인공제부금		>			66.표준세액공제				
	39.주택마련저축	가.청약저축	>			67.납세조합공제		>		
		나.주택청약종합저축	>			68.주택차입금		>		
		다.근로자주택마련저축	>			69.외국납부		>		
	40.투자조합출자 등		>			70.월세액		>		
	41.신용카드등		17,430,000 >	372,000						
	42.우리사주조합 출연금		>							
	43.고용유지중소기업근로자		>							
	44.장기집합투자증권저축		>			71.세액공제계			1,092,000	
	45.청년형장기집합투자증권저축		>			72.결정세액(50-55-71)			2,738,790	
	46.그 밖의 소득 공제 계			372,000		82.실효세율(%)(72/21)×100%			4.6%	

	소득세	지방소득세	농어촌특별세	계
73.결정세액	2,738,790	273,879	0	3,012,669
기납부세액 74.종(전)근무지	0	0	0	0
75.주(현)근무지	2,854,200	285,360	0	3,139,560
76. 납부특례세액	0	0	0	
77. 차감징수세액(73-74-75-76)	-115,410	-11,480	0	-126,890

실무수행평가

11	12	13	14	15
17,000,000	26	3	37,691	260,000,000
16	17	18	19	20
1,130,000	③	10,200,000	8,000,000	3,933,200
21	22	23	24	25
880,000	③	385,639,000	5,000,000	1,840,000
26	27	28	29	30
219,960,000	3,854,500	3,170,000	57,540,000	153,224,000
31	32	33	34	35
①	24,000,000	38,800,000	1,700,000	③
36	37	38	39	40
④	2	1,000,000	4,500,000	550,000
41	42	43	44	45
4,400,560	210,000	414,460	1,331,050	−827,890
46	47	48	49	50
1,800,000	34,310,600	372,000	432,000	−115,410

최신 기출문제 제70회

[실무이론평가]

1	2	3	4	5	6	7	8	9	10
④	①	②	③	①	④	③	④	①	②

01 ④
- 정보이용자가 기업실체의 미래 사건의 결과에 대한 예측을 하는 데 도움이 되는 정보는 목적적합한 정보이다.

02 ①
- 매출원가 = 매출액 – 매출총이익
  = 400,000원 – (400,000원 × 30%) = 280,000원
- 횡 령 액 = 장부상 기말재고액 – 실사에 의한 기말재고액
  = 60,000원* – 50,000원 = 10,000원
  * 기초재고액 + 당기매입액 – 기말재고액 = 매출원가
  40,000원 + 300,000원 – 기말재고액(x) = 280,000원
  기말재고액(x) = 60,000원

03 ②
- 선입선출법에 따라 기초재고와 3월 16일에 매입한 재고자산 중 2,000개가 판매되었으므로 매출원가는 (4,000개 × @400원) + (2,000개 × @450원) = 2,500,000원이다.

04 ③
- (차) 현금   1,800,000원   (대) 기계장치(장부금액)   2,000,000원
  유형자산처분손실   200,000원
- 2025년 1월 1일부터 2025년 7월 1일까지의 감가상각비: 2,500,000원 – 2,000,000원 = 500,000원

05 ①
- 재고자산의 원가결정방법을 총평균법에서 선입선출법으로 변경하는 것은 회계정책의 변경이고, 그 이외의 것은 회계추정의 변경이다.

06 ④
- 1월 1일: 대변 150,000원은 대손충당금 전기이월액이다.
  7월 6일: 차변 40,000원은 당기 실제 대손발생액에 대한 회계처리 금액이다.
  12월 31일: 차변 210,000원은 당기 매출채권 잔액에 대한 대손추정액이다.
  12월 31일: 대변 100,000원은 기말 대손충당금 추가설정 금액이다.

07 ③
- 거래처에 접대를 목적으로 제품을 증여하는 것은 사업상 증여로 간주공급에 해당함.

08 ④
- (5,000,000원 + 30,000,000원 + 3,000,000원) × 10% = 3,800,000원
- 거래처 증여인 개인적공급은 시가로 과세되며, 연체이자는 과세표준에 포함되지 아니함.

09 ①
- 중소기업 직원에 대한 주택 구입·임차 자금 무상 대여 이익과 식사의 제공을 받지 않고 수령한 20만원의 식대는 비과세된다.

10 ②
- 종합소득금액: 50,000,000원
  (금융소득의 합계액이 2,000만원 이하이므로 무조건 종합과세대상만 종합과세함.)

- 종합소득과세표준: 50,000,000원 − 20,000,000원 = 30,000,000원
- 종합소득산출세액: 30,000,000원 × 15% − 1,260,000원 = 3,240,000원

[실무수행과제]

문제 1 거래자료입력

1 [일반전표입력] 1월 12일

| (차) 201.토지 | 3,500,000원 | (대) 103.보통예금(98000.국민은행(보통)) | 3,500,000원 |

[경비등송금명세서]

번호	⑥거래일자	⑦법인명(상호)	⑧성명	⑨사업자(주민)등록번호	⑩거래내역	⑪거래금액	⑫송금일자	CD	⑬은행명	⑭계좌번호	계정코드
1	2025-01-12	가람부동산중개	윤하윤	511-52-00362	토지중개수수료	3,500,000	2025-01-12	088	신한은행	125-610215-140	

2 [일반전표입력] 2월 25일

| (차) 176.장기성예금(98004.한화생명) | 620,000원 | (대) 103.보통예금(98000.국민은행(보통)) | 700,000원 |
| (차) 521.보험료(제) | 80,000원 | | |

3 [매입매출전표입력] 4월 10일

거래유형	품명	공급가액	부가세	거래처	전자세금
53.면세	폐기물처리	150,000		00121.성원환경	전자입력
분개유형	(차) 531.수수료비용	150,000원	(대) 253.미지급금		150,000원
3.혼합					

문제 2 부가가치세관리

1 전자세금계산서 발급

1. [매입매출전표입력] 4월 15일

거래유형	품명	공급가액	부가세	거래처	전자세금
11.과세	탈모샴푸	15,000,000원	1,500,000원	03170.(주)모발모발	전자발행
분개유형	(차) 108.외상매출금	11,500,000원	(대) 404.제품매출		15,000,000원
3.혼합	259.선수금	5,000,000원	255.부가세예수금		1,500,000원

2. [전자세금계산서 발행 및 내역관리]
    ① 미전송된 내역이 조회되면, 미전송내역을 체크한 후 전자발행 ▼을 클릭하여 표시되는 로그인 화면에서 확인(Tab) 클릭
    ② '전자세금계산서 발행' 화면이 조회되면 발행(F3) 버튼을 클릭한 다음 확인(Tab) 클릭
    ③ 국세청란에 '발행대상'으로 표시되면 ACADEMY 전자세금계산서 를 클릭
    ④ [Bill36524 교육용전자세금계산서] 화면에서 [로그인]을 클릭
    ⑤ 좌측화면: [세금계산서 리스트]에서 [미전송]으로 체크 후 [매출조회]를 클릭
      우측화면: [전자세금계산서]에서 [발행]을 클릭
    ⑥ [발행완료되었습니다.] 메시지가 표시되면 확인(Tab) 클릭

2 수정전자세금계산서의 발급

1. [매입매출전표입력] 6월 12일

① 6월 12일 전표에서 상단 [수정세금계산서]를 클릭하여 수정사유(1.기재사항 착오·정정)를 선택하고 비고란에 [2.작성년월일]을 선택하여 [확인]을 클릭한다.

② 수정세금계산서(매출)화면에서 6월 22일과 수량, 단가를 입력한 후 [확인(Tab)]을 클릭한다.

③ 수정세금계산서 2건에 대한 회계처리가 자동 반영된다.

→ 6월 12일 당초에 발급한 과세세금계산서의 (-)세금계산서 발급분에 대한 회계처리

거래유형	품명	공급가액	부가세	거래처	전자세금
11.과세	천연샴푸	-4,000,000	-400,000	03180.(주)머리천사	전자발행
분개유형	(차) 108.외상매출금	-4,400,000원	(대) 404.제품매출		-4,000,000원
2.외상			255.부가세예수금		-400,000원

→ 6월 22일 수정분 세금계산서 발급분에 대한 회계처리

거래유형	품명	공급가액	부가세	거래처	전자세금
11.과세	천연샴푸	4,000,000	400,000	03180.(주)머리천사	전자발행
분개유형	(차) 108.외상매출금	4,400,000원	(대) 404.제품매출		4,000,000원
2.외상			255.부가세예수금		400,000원

2. [전자세금계산서 발행 및 내역관리]

① [전자세금계산서 발행 및 내역관리]를 클릭하면 수정 전표 2매가 미전송 상태로 나타난다.

② 해당내역을 클릭하여 [전자세금계산서 발행] 및 국세청 전송을 한다.

3 매입세액불공제내역 작성자의 부가가치세 신고서 작성

1. [매입매출전표입력] 8월 10일

거래유형	품명	공급가액	부가세	거래처	전자세금
51.과세	포터 트럭	20,000,000	2,000,000	00126.현대자동차(주)	전자입력
분개유형	(차) 208.차량운반구	20,000,000원	(대) 253.미지급금		22,000,000원
3.혼합	135.부가세대급금	2,000,000원			

2. [매입세액불공제내역]

기간 : 2025 년 07 ▼ 월 ~ 2025 년 09 ▼ 월

2.공제받지 못할 매입세액 내역	3.공통매입세액 안분계산 내역	4.공통매입세액의 정산내역	5.납부세액 또는 환급세액 재계산 내역

	계산식	구분	과세,면세 사업등 공통매입 (10)공급가액	(11)세액	(12)총공급가액 등 (총예정사용면적)	(13)면공급가액 등 (총예정사용면적)	(14)불공제 매입세액 (⑪×⑫÷⑬)
1	1.공급가액기준		20,000,000	2,000,000	360,000,000	50,400,000	280,000
2							
	합 계		20,000,000	2,000,000	360,000,000	50,400,000	280,000

공통매입세액 2,000,000 × 면세공급가액 50,400,000 / 총공급가액 360,000,000 = 불공제매입세액 280,000

3. [부가가치세신고서] 7월 1일 ~ 9월 30일

공제받지못할매입세액명세 ✕

	구분		금액	세액
16 공제받지 못할매입 세액명세	공제받지못할매입세액	50		
	공통매입세액면세사업	51	2,800,000	280,000
	대손처분받은세액	52		
	합계	53	2,800,000	280,000

4. [일반전표입력] 9월 30일

(차) 208.차량운반구　　　　　　　　　　280,000원　　(대) 135.부가세대급금　　　　　　　　　　280,000원

4 대손세액공제신고서 작성자의 부가가치세신고서 작성

1. [대손세액공제신고서]

대손발생	대손변제

기간 : 2025 년 10 ▼ 월 ~ 2025 년 12 ▼ 월　　　　　　　　　　　　　　　　　　　　공제율 : 10/110

	당초공급일	대손사유	대손기준일	대손확정일	대손금액	대손세액	코드	거래상대방 상호	사업자등록번호	주민등록번호	성명
1	2024-10-01	부도[6월 되는날]	2025-06-05	2025-12-06	2,750,000	250,000	00114	(주)영애샴푸	109-81-25501		전지현

2. [부가가치세신고서] 10월 1일 ~ 12월 31일

	구 분		금액	세율	세액
과세표준및매출세액	과세	세금계산서발급분 1	236,340,000	10/100	23,634,000
		매입자발행세금계산서 2		10/100	
		신용카드.현금영수증 3		10/100	
		기타 4		10/100	
	영세	세금계산서발급분 5		0/100	
		기타 6	69,907,500	0/100	
	예정신고누락분	7			
	대손세액가감	8			-250,000
	합계	9	306,247,500	㉮	23,384,000

그 밖의 경감·공제 세액 명세

	구분		금액	세율	세액
	전자신고및전자고지	54			10,000
18	전자세금계산서발급세액	55			
그 밖의	택시운송사업자경감세	56			
경감공제 세액명세	대리납부 세액공제	57			
	현금영수증사업자세액	58			
	기타	59			
	합계	60			10,000

3. [일반전표입력] 12월 6일 (대손충당금 잔액 확인 후 입력)

(차) 835.대손상각비   2,500,000원   (대) 110.받을어음(00114.(주)영애샴푸)   2,750,000원
   255.부가세예수금   250,000원

문제 3   결산

1 수동결산

[일반전표입력] 12월 31일

(차) 293.장기차입금(98100.국민은행(차입금))   10,000,000원   (대) 264.유동성장기부채(98100.국민은행(차입금)) 10,000,000원

2 결산자료입력에 의한 자동결산

[결산자료입력 1]

 [방법 1] [일반전표입력] 12월 31일 선납세금과 미지급법인세 분개

  (차) 998.법인세등   18,000,000원   (대) 136.선납세금   9,462,000원
                                                            261.미지급세금   8,538,000원

 [방법 2] [일반전표입력] 12월 31일 선납세금 정리분개 입력

  (차) 998.법인세등   9,462,000원   (대) 136.선납세금   9,462,000원
  입력 후 [결산자료입력]의 '법인세등'란에 8,538,000원을 입력

[결산자료입력 2]

 - 결산자료입력에서 기말 원재료 28,000,000원, 제품 68,000,000원을 입력하고 전표추가(F3) 를 클릭하여 결산분개를
  생성한다.

[이익잉여금처분계산서]

 - 이익잉여금처분계산서에서 처분일을 입력한 후, 전표추가(F3) 를 클릭하여 손익대체 분개를 생성한다.

문제 4   근로소득관리

1 가족관계증명서에 의한 사원등록

[사원등록] 메뉴의 부양가족명세

부양가족명세 (2025.12.31기준)

	연말정산관계	기본	세대	부녀	장애	경로70세	출산입양	자녀	한부모	성명	주민(외국인)번호	가족관계
1	0.본인	본인	○							강은성	내 690902-1030745	
2	1.(소)직계존속	60세이상				○				강성삼	내 421110-1919012	03.부
3	1.(소)직계존속	60세이상				○				이영자	내 460901-2122786	04.모
4	3.배우자	배우자								이미선	내 730527-2381047	02.배우자
5	4.자녀,손자녀	20세이하						○		강민지	내 150123-4070787	05.자녀
6	4.자녀,손자녀	20세이하								강민서	내 180310-4231457	05.자녀

2 급여명세에 의한 급여자료

1. [수당등록]

	코드	수당명	과세구분	근로소득유형
1	101	기본급	과세	1.급여
2	102	상여	과세	2.상여
3	200	육아수당	비과세	7.보육수당
4	201	자가운전보조금	과세	1.급여
5	202	식대	비과세	2.식대
6	203	자격수당	과세	1.급여

탭: 수당등록 / 공제등록 / 비과세/감면설정 / 사회보험

2. [급여자료입력 - 3월]

급여항목	지급액	공제항목	공제액
기본급	3,500,000	국민연금	180,000
상여	3,000,000	건강보험	141,800
육아수당	500,000	고용보험	65,250
자가운전보조금	300,000	장기요양보험료	18,360
식대	250,000	소득세	617,710
자격수당	100,000	지방소득세	61,770

3. [원천징수이행상황신고서]
- 귀속기간 3월 ~ 3월, 지급기간 3월 ~ 3월

귀속기간 2025 년 03 월 ~ 2025 년 03 월 지급기간 2025 년 03 월 ~ 2025 년 03 월 0.정기신고

1.신고구분 ☑매월 □반기 □수정 □연말 □소득처분 □환급신청 2.귀속연월 202503 3.지급연월 202503 일괄납부 ○여 ◉부 사업자단위 ○여 ◉부

	구분	코드	소득지급(과세미달,비과세포함)		징수세액			9.당월 조정 환급세액	10.소득세 등 (가산세 포함)	11.농어촌 특별세
			4.인원	5.총지급액	6.소득세 등	7.농어촌특별세	8.가산세			
근로소득	간이세액	A01	1	7,650,000	617,710					
	중도퇴사	A02								
	일용근로	A03								
	연말정산합계	A04								
	연말분납금액	A05								
	연말납부금액	A06								
	가 감 계	A10	1	7,650,000	617,710				617,710	

3 국세청연말정산간소화 및 이외의 자료를 기준으로 연말정산

[연말정산 근로소득원천징수영수증]

1. 종전근무지 입력

구분/항목	계	종전1
근무처명		(주)글로리산업
사업자등록번호(숫자10자리입력)		305-86-11110
13.급여	43,700,000	14,000,000
14.상여	7,000,000	7,000,000
15.인정상여		
15-1.주식매수선택권행사이익		
15-2.우리사주조합인출금		
15-3.임원퇴직소득한도초과액		
15-4.직무발명보상금		
16.급여계	50,700,000	21,000,000
미제출비과세		
건강보험료	1,586,570	533,750
장기요양보험료	167,860	33,040
국민연금보험료	2,031,500	695,000
고용보험료	407,300	140,000
소득세	329,220	
지방소득세	32,850	

탭: 정산명세 / 소득명세 / 소득공제 / 의료비 / 기부금 / 신용카드

2. 의료비 세액공제

정산명세	소득명세	소득공제	의료비	기부금	신용카드	연금투자	월세액	출산지원

● 지 급 내 역

	공제대상자				지급처		지급명세		
부양가족 관계코드	성명	내 외	주민등록번호	본인등 해당여부	상호	사업자번호	의료증빙 코 드	건수	지급액	실손의료보험금
1 배우자	김지영	내	880103-2774918	×			국세청	1	2,800,000	

3. 보험료 세액공제

정산명세	소득명세	소득공제	의료비	기부금	신용카

	관계 코드	성 명	기	보험료	
	내외 국인	주민등록번호	본	보장성	장애인
1	0 1	신민규 900512-1887561	본인/세대주		
2	3 1	김지영 880103-2774918	부		
3	1 1	김영순 520411-2222220	60세이상	450,000	
4	4 1	신소율 120123-4070012	20세이하		
5	6 1	신준규 980305-1111119	부		

4. 교육비 세액공제

정산명세	소득명세	소득공제	의료비	기부금	신용카드	연

	관계 코드	성 명	기	교육비		
	내외 국인	주민등록번호	본	구분	일반	장애인 특수교육
1	0 1	신민규 900512-1887561	본인/세대주	본인		
2	3 1	김지영 880103-2774918	부			
3	1 1	김영순 520411-2222220	60세이상			
4	4 1	신소율 120123-4070012	20세이하			
5	6 1	신준규 980305-1111119	부	대학생	5,500,000	

5. 정산명세 조회

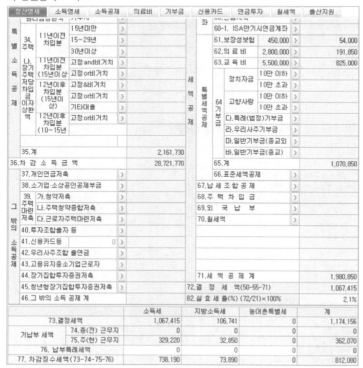

정산명세	소득명세	소득공제	의료비	기부금	신용카드	연금투자	월세액	출산지원

							좌	60-1. ISA만기시연금계좌	>	
특 별 소 득 공 제	34. 주택	11년이전 차입분	15년미만	>				61.보장성보험	450,000 >	54,000
			15~29년	>				62.의 료 비	2,800,000 >	191,850
			30년이상	>				63.교육비	5,500,000 >	825,000
	나. 장기 주택 저당 차입 금 이자 상환 액	11년이전 차입분 (15년이상	고정and비거치	>			세 액 공 제	특 별 세 액 공 제	정치자금	10만 이하	
			고정or비거치	>						10만 초과	
		12년이후 차입분 (15년이 상)	고정&비거치	>				64 기 부 금	고향사랑	10만 이하	
			고정or비거치	>						10만 초과	
			기타대출	>					다.특례(법정)기부금		
		12년이후 차입분 (10~15년	고정or비거치	>					라.우리사주기부금		
									마.일반기부금(종교외)		
	35.계			2,161,730				바.일반기부금(종교)		
	36.차 감 소 득 금 액			28,721,770				65.계		1,070,850
그 밖 의 소 득 공 제	37.개인연금저축		>					66.표준세액공제	>	
	38.소기업·소상공인공제부금		>					67.납 세 조 합 공 제	>	
	39. 주택 마련 저축	가.청약저축	>					68.주 택 차 입 금	>	
		나.주택청약종합저축	>					69.외 국 납 부	>	
		다.근로자주택마련저축	>					70.월세액	>	
	40.투자조합출자 등		>							
	41.신용카드등		0 >							
	42.우리사주조합 출연금		>							
	43.고용유지중소기업근로자		>							
	44.장기집합투자증권저축		>					71.세 액 공 제 계		1,980,850
	45.청년형장기집합투자증권저축		>					72.결 정 세 액(50-55-71)		1,067,415
	46.그 밖의 소득 공제 계							82.실 효 세 율(%) (72/21)×100%		2.1%

		소득세	지방소득세	농어촌특별세	계
73.결정세액		1,067,415	106,741	0	1,174,156
기납부세액	74.종(전) 근무지	0	0	0	0
	75.주(현) 근무지	329,220	32,850	0	362,070
76. 납부특례세액		0	0	0	0
77. 차감징수세액 (73-74-75-76)		738,190	73,890	0	812,080

실무수행평가

11	12	13	14	15
1	2,150,000	35	280,000	309,600,000
16	17	18	19	20
150,000,000	③	④	−250,000	20,258,000
21	22	23	24	25
088	200,000	65,500,000	8,050,000	④
26	27	28	29	30
52,195,400	2,500,000	39,620,000	49,095,000	9,254,000
31	32	33	34	35
55,280,000	28,000,000	8,538,000	80,000,000	①
36	37	38	39	40
1,500,000	4	2,000,000	9,107,500	204,238
41	42	43	44	45
300,000	300,000	50,000	6,565,110	617,710
46	47	48	49	50
28,721,770	54,000	191,850	825,000	738,190

최신 기출문제 제71회

[실무이론평가]

1	2	3	4	5	6	7	8	9	10
④	①	①	①	④	②	②	②	①	②

01 ④
- 목적적합성에 대한 설명이다.

02 ①
- 2024년 기말상품재고액(저가법에 의한 순실현가능가치)이 2025년 기초상품재고액으로 이월된다.
- 2025년 매출원가 = 기초상품재고액 + 당기매입액 – 기말상품재고액(저가법 적용)
  = 1,500,000원 + 6,000,000원 – 2,000,000원
  = 5,500,000원

03 ①
- 2024년 말

(차) 토지	300,000원	(대) 재평가이익(기타포괄손익)	300,000원

- 2025년 말

(차) 재평가이익(기타포괄손익)	300,000원	(대) 토지	800,000원
재평가손실(당기손익)	500,000원		

04 ①
- 6월 5일 거래에서 주식발행초과금 2,500,000원 발생하고, 10월 20일 거래에서 주식할인발행차금 1,100,000원 발생한다. 따라서 상계 처리 후 주식발행초과금의 잔액은 1,400,000원이다.

05 ④

• 주식취득	(차) 단기매매증권	1,200,000원	(대) 현금	1,300,000원
	지급수수료	100,000원		
2024년말	(차) 단기매매증권	200,000원	(대) 단기매매증권평가이익	200,000원
주식처분	(차) 현금	1,000,000원	(대) 단기매매증권	1,400,000원
	단기매매증권처분손실	400,000원		

06 ②
- 수정후 당기순이익 = 수정전 당기순이익(8,000,000원) + 보험료 선급분(400,000원)
  – 이자 미지급분(300,000원) = 8,100,000원

07 ②
- 간이과세를 포기하고 일반과세자 사업자로 신고한 자는 일반과세자에 관한 규정을 적용받으려는 달의 1일부터 3년이 되는 날이 속하는 과세기간까지는 간이과세자에 대한 규정을 적용받지 못한다.

08 ②
- (30,000,000원 + 3,000,000원) × 10% = 3,300,000원
- 현금매출액은 1기 예정 신고기간의 과세표준임.
  거래처 증여인 개인적공급은 시가로 과세표준을 적용함.
  연체이자는 과세표준에 포함되지 아니함.

09 ①
- 비영업대금의 이익은 조건부 종합과세 대상 이자소득으로, 금융소득 합계액이 2천만원을 초과하면 종합과세하고, 2천만원 이하이면 분리과세 한다.

10 ②
- 사업소득금액 = 100,000,000원 − 2,000,000원(예금이자수익) + 5,000,000원(소득세 비용)
   = 103,000,000원

[실무수행과제]

문제 1 거래자료입력

1 [일반전표입력] 1월 13일

(차) 811.복리후생비(98000.국민은행(보통))   560,000원   (대) 103.보통예금   560,000원

[경비등의송금명세서]

번호	⑥거래일자	⑦법인명(상호)	⑧성명	⑨사업자(주민)등록번호	⑩거래내역	⑪거래금액	⑫송금일자	CD	⑬은행명	⑭계좌번호	계정코드
1	2025-01-13	김순철	김순철	670928-1000315	상추 30박스	560,000	2025-01-13	088	신한은행	211-0321-1007	

2 [일반전표입력] 1월 20일

(차) 103.보통예금(98200.기업은행(보통))   185,000원   (대) 120.미수금(01010.서대문세무서)   185,000원

3 [일반전표입력] 4월 5일

(차) 103.보통예금(98001.외환은행(보통))   3,850,000원   (대) 109.대손충당금   3,500,000원
                                                   255.부가세예수금   350,000원

문제 2 부가가치세관리

1 전자세금계산서 발급

1. [매입매출전표입력] 5월 2일

거래유형	품명	공급가액	부가세	거래처	전자세금
11.과세	아이링고 신품	16,000,000	1,600,000	00132.(주)아이존	전자발행
분개유형	(차) 259.선수금	2,600,000원	(대) 404.제품매출		16,000,000원
3.혼합	108.외상매출금	15,000,000원	255.부가세예수금		1,600,000원

2. [전자세금계산서 발행 및 내역관리]
   ① 미전송된 내역이 조회되면, 미전송내역을 체크한 후 전자발행 ▾을 클릭하여 표시되는 로그인 화면에서 확인(Tab) 클릭
   ② '전자세금계산서 발행' 화면이 조회되면 발행(F3) 버튼을 클릭한 다음 확인(Tab) 클릭
   ③ 국세청란에 '발행대상'으로 표시되면 ACADEMY 전자세금계산서 를 클릭
   ④ [Bill36524 교육용전자세금계산서] 화면에서 [로그인]을 클릭
   ⑤ 좌측화면: [세금계산서 리스트]에서 [미전송]으로 체크 후 [매출조회]를 클릭
      우측화면: [전자세금계산서]에서 [발행]을 클릭
   ⑥ [발행완료되었습니다.] 메시지가 표시되면 확인(Tab) 클릭

2 수정전자세금계산서 발급

1. [수정전자세금계산서 발급]

① [매입매출전표입력] 5월 10일 전표선택 ➡ 수정세금계산서 ➡ [수정사유](5.내국신용장 사후 개설)를 선택 ➡ [내국
신용장개설일(7월 15일)]을 입력하고 확인(Tab)을 클릭

② 수정세금계산서(매출)화면에서 수량, 단가, 공급가액을 입력한 후 확인(Tab)을 클릭

③ 수정세금계산서 2건에 대한 회계처리가 자동 반영된다.

거래유형	품명	공급가액	부가세	거래처	전자세금
11.과세	캡슐토이 SET	-20,000,000	-2,000,000	03050.(주)유정무역	전자발행
분개유형	(차) 108.외상매출금	-22,000,000원		(대) 404.제품매출	-20,000,000원
2.외상				255.부가세예수금	-2,000,000원

거래유형	품명	공급가액	부가세	거래처	전자세금
12.영세	캡슐토이 SET	20,000,000		03050.(주)유정무역	전자발행
분개유형	(차) 108.외상매출금	20,000,000원		(대) 404.제품매출	20,000,000원
2.외상					

2. [전자세금계산서 발행 및 내역관리]

① 전자세금계산서 발행 및 내역관리 를 클릭하면 수정 전표 2매가 미전송 상태로 나타난다.
② 해당내역을 클릭하여 전자세금계산서 발행 및 국세청 전송을 한다.

3 건물등감가상각자산취득명세서 작성자의 부가가치세신고서 작성

1. [일반전표입력]

- 8월 20일

(차) 202.건물   100,000,000원   (대) 214.건설중인자산   100,000,000원

2. [매입매출전표입력]

- 8월 5일

거래유형	품명	공급가액	부가세	거래처	전자세금
51.과세	회의용 테이블	8,000,000	800,000	03060.에이스가구	전자입력
분개유형	(차) 212.비품	8,000,000원		(대) 101.현금	1,800,000원
3.혼합	135.부가세대급금	800,000원		253.미지급금	7,000,000원

- 8월 20일

거래유형	품명	공급가액	부가세	거래처	전자세금
51.과세	창고 신축공사 잔금	50,000,000	5,000,000	03150.(주)코스모산업	전자입력
분개유형	(차) 202.건물	50,000,000원	(대) 103.보통예금		55,000,000원
3.혼합	135.부가세대급금	5,000,000원	(98000.국민은행(보통))		

3. [건물등감가상각자산취득명세서] 7월 ~ 9월

기간 : 2025 년 07 ▼ 월 ~ 2025 년 09 ▼ 월

	감가상각자산 종류	건 수	공 급 가 액	세 액	비 고
취득내역	합 계	2	58,000,000	5,800,000	
	(1) 건 물 · 구 축 물	1	50,000,000	5,000,000	
	(2) 기 계 장 치				
	(3) 차 량 운 반 구				
	(4) 기타감가상각자산	1	8,000,000	800,000	

거래처별 감가상각자산 취득명세

일련번호	취득일자 월	일	상 호	사업자등록번호	자 산 구 분	공 급 가 액	세 액	건 수	유 형
1	08	05	에이스가구	110-06-67125	4 기타감가상각자산	8,000,000	800,000	1	세금계산서
2	08	20	(주)코스모산업	106-81-57571	1 건 물 / 구 축 물	50,000,000	5,000,000	1	세금계산서

4. [부가가치세신고서] 7월 1일 ~ 9월 30일

세금계산서수취부분	일반매입	10	78,100,000	7,810,000
	수출기업수입분납부유예	10-1		
	고정자산매입	11	58,000,000	5,800,000
매입세액	예정신고누락분	12		
	매입자발행세금계산서	13		
	그밖의공제매입세액	14	1,600,000	160,000
	합계 (10-(10-1)+11+12+13+14)	15	137,700,000	13,770,000
	공제받지못할매입세액	16		
	차감계 (15-16)	17	137,700,000	⑭ 13,770,000
납부(환급)세액 (㉮매출세액 -⑭매입세액)			⑮	15,910,000

4 신용카드매출전표발행집계표 작성자의 부가가치세신고서 작성

1. [매입매출전표입력]
- 10월 10일

거래유형	품명	공급가액	부가세	거래처	전자세금
12.영세	토미카 레고	500,000		00107.(주)토이존상사	전자입력
분개유형	(차) 108.외상매출금	500,000원	(대) 404.제품매출		500,000원
4.카드	(99602.신한카드)				

- 10월 20일

거래유형	품명	공급가액	부가세	거래처	전자세금
17.카과	블럭나라	400,000	40,000	03190.김은영	
분개유형	(차) 108.외상매출금	440,000원	(대) 404.제품매출		400,000원
3.혼합 또는 4.카드	(99602.신한카드)		255.부가세예수금		40,000원

- 12월 15일

거래유형	품명	공급가액	부가세	거래처	전자세금
22.현과	레고수리KIT	100,000	10,000	03200.박요하	
분개유형	(차) 101.현금	110,000원	(대) 404.제품매출		100,000원
1.현금			255.부가세예수금		10,000원

2. [신용카드매출전표발행집계표] 10월 ~ 12월

기간 : 2025 년 10 ▼ 월 ~ 2025 년 12 ▼ 월

1. 신용카드매출전표 등 발행금액 현황

구 분	⑤ 합 계	⑥ 신용 · 직불 · 기명식 선불카드	⑦ 현금영수증	⑧ 직불 · 기명식 선불전자지급수단
합 계	1,050,000	940,000	110,000	
과 세 매 출 분	1,050,000	940,000	110,000	
면 세 매 출 분				
봉 사 료				

2. 신용카드 매출전표등 발행금액(⑤합계) 중 세금계산서(계산서) 발급내역

⑨ 세금계산서 발급금액	500,000	⑩ 계산서 발급금액	

3. [부가가치세신고서] 10월 1일 ~ 12월 31일

기 간 : 2025 년 10 월 01 일 ~ 2025 년 12 월 31 일 [?] 신고구

	구 분		금액	세율	세액
과세표준및매출세액	과세	세금계산서발급분 1	40,860,000	10/100	4,086,000
		매입자발행세금계산서 2		10/100	
		신용카드·현금영수증 3	500,000	10/100	50,000
		기타 4		10/100	
	영세	세금계산서발급분 5	500,000	0/100	
		기타 6		0/100	
	예정신고누락분 7				
	대손세액가감 8				
	합계 9		41,860,000	㉘	4,136,000

문제 3   결산

1 수동결산

[일반전표입력] 12월 31일

(차) 526.도서인쇄비	300,000원	(대) 101.현금	500,000원
960.잡손실	200,000원		

2 결산자료입력에 의한 자동결산

[결산자료입력]

- 결산자료입력에서 기말 원재료 15,250,000원, 재공품 18,300,000원, 제품 22,400,000원을 입력하고 [전표추가(F3)]를 클릭하여 결산분개를 생성한다.

[이익잉여금처분계산서]

- 이익잉여금처분계산서에서 처분일을 입력한 후, [전표추가(F3)]를 클릭하여 손익대체 분개를 생성한다.

문제 4   근로소득관리

1 중도퇴사자의 원천징수

1. [사원등록]

사원등록에서 퇴사년월일 입력

20. 퇴 사 년 월 일	2025 년 03 월 25

2. [공제등록]

	코드	공제항목명	공제소득유형
1	501	국민연금	0.무구분
2	502	건강보험	0.무구분
3	503	고용보험	0.무구분
4	504	장기요양보험료	0.무구분
5	505	학자금상환액	0.무구분
6	903	농특세	0.사용
7	600	건강보험료정산	2.건강보험료정산
8	601	장기요양보험료정산	4.장기요양보험정산

3. [급여자료입력]

급여자료를 입력한 후, [중도퇴사자 정산]을 클릭하여 연말정산 결과를 반영한다.

귀속년월 2025 년 03 ▼ 월 구분 1. 급여 ▼ 지급일 2025 년 03 월 25 일 ? 정렬 1. 코드

	코드	사원명	직급	감면율
☐	1001	배인철		
☐	1002	윤상현		
☐	1003	정우승		
☑	1004	이준수(중도인		
☐	1005	김혜진		
☐				

급여항목	지급액
기본급	3,500,000

공제항목	공제액
국민연금	157,500
건강보험	124,070
고용보험	31,500
장기요양보험료	16,060
건강보험료정산	20,210
장기요양보험료정산	2,050
소득세	-254,440
지방소득세	-25,440

4. [원천징수이행상황신고서]

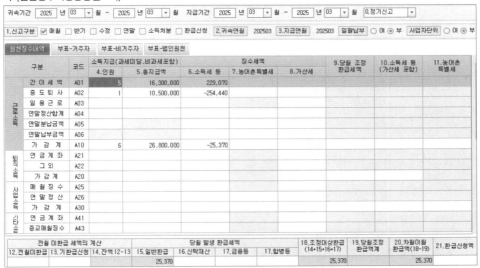

귀속기간 2025 년 03 ▼ 월 ~ 2025 년 03 ▼ 월 지급기간 2025 년 03 ▼ 월 ~ 2025 년 03 ▼ 월 0.정기신고 ▼

1.신고구분 ☑매월 ☐반기 ☐수정 ☐연말 ☐소득처분 ☐환급신청 2.귀속연월 202503 3.지급연월 202503 일괄납부 ○여 ◉부 사업자단위 ○여 ◉부

원천징수내역 | 부표-거주자 | 부표-비거주자 | 부표-법인원천

	구분	코드	소득지급(과세미달,비과세포함)		징수세액				9.당월 조정 환급세액	10.소득세 등 (가산세 포함)	11.농어촌 특별세
			4.인원	5.총지급액	6.소득세 등	7.농어촌특별세	8.가산세				
근로소득	간 이 세 액	A01	5	16,300,000	229,070						
	중 도 퇴 사	A02	1	10,500,000	-254,440						
	일 용 근 로	A03									
	연말정산합계	A04									
	연말분납금액	A05									
	연말납부금액	A06									
	가 감 계	A10	6	26,800,000	-25,370						
퇴직소득	연 금 계 좌	A21									
	그 외	A22									
	가 감 계	A20									
사업소득	매 월 징 수	A25									
	연 말 정 산	A26									
	가 감 계	A30									
기타소득	연 금 계 좌	A41									
	종교매월징수	A43									

전월 미환급 세액의 계산			당월 발생 환급세액				18.조정대상환급 (14+15+16+17)	19.당월조정 환급세액계	20.차월이월 환급액(18-19)	21.환급신청액
12.전월미환급	13.기환급신청	14.잔액12-13	15.일반환급	16.신탁재산	17.금융등	17.합병등				
			25,370					25,370	25,370	

2 가족관계증명서에 의한 사원등록

[사원등록]

	연말정산관계	기본	세대	부녀	장애	경로 70세	출산입양	자녀	한부모	성명	주민 (외국인)번호	가족관계
1	0.본인	본인	○							윤상현	내 780605-1341715	
2	1.(소)직계존	60세 이상			3	○				윤재용	내 510505-1678526	03.부
3	1.(소)직계존	60세 이상				○				김영자	내 530402-2023347	04.모
4	3.배우자	부								김현희	내 741002-2024454	02.배우자
5	4.자녀,손자녀	20세이하						○		윤성재	내 050203-3023185	05.자녀

부양가족명세 (2025.12.31기준)

① 윤재용: 기본공제, 장애인(3) 및 경로우대자 공제 가능함.
② 김영자: 일용근로소득은 분리과세이므로 기본공제, 경로우대자 공제 가능함.
③ 김현희: 이자소득이 20,000,000원을 초과하므로 기본공제 대상이 아님.
④ 윤성재: 만 20세 이하이고, 소득이 없으므로 기본공제 가능함.

3 국세청연말정산간소화 및 이외의 자료를 기준으로 연말정산

[연말정산 근로소득원천징수영수증]

1. 의료비 세액공제

정산명세	소득명세	소득공제	**의료비**	기부금	신용카드	연금투자	월세액	출산지원

지급내역

	공제대상자				지급처			지급명세		
	부양가족관계코드	성명	내외	주민등록번호	본인등해당여부	상호	사업자번호	의료증빙코드	건수	지급액	실손의료보험금
1	소득자의 직계존	정진규	내	540608-1899730	○			국세청	1	3,100,000	

- 부양가족의 의료비는 나이·소득 무관하게 공제 가능함.

2. 보험료 세액공제

정산명세	소득명세	**소득공제**	의료비	기부금	신용카ㅣ

관계코드	성명	기	보험료	
내외국인	주민등록번호	본	보장성	장애인
0 1	정우승 750321-1111115	본인/세대주		
2 3 1	이지원 790502-2222221	배우자		
3 1 1	정진규 540608-1899730	부		
4 4 1	정하열 091215-3094119	20세 이하	720,000	

- 저축성 보험료는 공제대상이 아님.

3. 교육비 세액공제

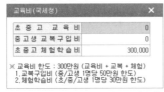

교육비(국세청)	✕
초 중 고 교 육 비	0
중 고 생 교 복 구 입 비	0
초 중 고 체 험 학 습 비	300,000

※ 교육비 한도 : 300만원 (교육비 + 교복 + 체험)
　1.교복구입비 (중/고생 1명당 50만원 한도)
　2.체험학습비 (초/중/고생 1명당 30만원 한도)

- 현장체험학습비는 1인당 30만원까지 공제대상이며, 학원비는 미취학 아동만 공제대상임.

4. 연금저축 세액공제

- 소득자 본인 명의만 세액공제 대상임.

《 실무수행평가 》

11	12	13	14	15
2,400,000	30	5	50,000,000	110,000
16	17	18	19	20
500,000	70.8	④	58,000,000	1,019,200
21	22	23	24	25
088	26,317,400	3,200,000	④	④
26	27	28	29	30
1,400,000	31,705,902	4,400,000	12,730,000	250,000,000
31	32	33	34	35
26,700,000	21,088,279	49,306,000	57,550,000	③
36	37	38	39	40
−254,440	3,428,490	26,800,000	25,370	94,500
41	42	43	44	45
4	2,000,000	2,000,000	15,447,120	250,000
46	47	48	49	50
86,400	210,750	45,000	①	413,520

최신 기출문제 제72회

[실무이론평가]

1	2	3	4	5	6	7	8	9	10
③	②	③	③	③	③	①	③	②	②

01 ③
- '(가)'는 내부회계관리제도에 대한 설명이다.

02 ②
- 회계연도말 매출채권 150,000원 = 기초매출채권 80,000원 + 총매출액 300,000원
  - 당기현금매출액 50,000원 - 매출채권회수액 180,000원

03 ③
- 매출원가 = 100개 × 1,100원 + 50개 × 1,200원 = 170,000원
- 매출총이익 = 매출액 - 매출원가 = 150개 × 2,000원 - 170,000원 = 130,000원

04 ③
- 매출거래처에 제공한 금액은 접대비(기업업무추진비)로, 불우이웃에게 제공한 금액은 기부금으로 처리한다.

05 ③
- 2023년말 (차) 매도가능증권평가손실 100,000원 (대) 매도가능증권 100,000원
  2024년말 (차) 매도가능증권 300,000원 (대) 매도가능증권평가손실 100,000원
  매도가능증권평가이익 200,000원
  2025년중 (차) 현금 1,100,000원 (대) 매도가능증권 1,200,000원
  매도가능증권평가이익 200,000원 매도가능증권처분이익 100,000원
- 매도가능증권평가손익은 기타포괄손익누계액에 해당된다.

06 ③
- (주)한공이 누락한 기말수정분개
  (차) 미수수익 30,000원 (대) 임대료 30,000원(당기순이익 30,000원 증가)
  (차) 감가상각비 40,000원 (대) 감가상각누계액 40,000원(당기순이익 40,000원 감소)
  (차) 선급비용 20,000원 (대) 보험료 20,000원(당기순이익 20,000원 증가)
- 정확한 당기순이익 = 400,000원 + 30,000원 - 40,000원 + 20,000원 = 410,000원

07 ①
- 일반환급의 경우 예정신고시 환급세액은 환급하지 아니하고 확정신고시 납부세액에서 차감한다.

08 ③
- 매출세액: 40,000,000원 × 10% + 12,000,000원 × 0% = 4,000,000원
- 매입세액: 11,000,000원 × 10% + 15,000,000원 × 10% = 2,600,000원
- 납부세액: 4,000,000원 - 2,600,000원 = 1,400,000원

09 ②
- 과세표준이 없거나 결손시에도 신고해야한다.

10 ②
- Min{①11,000,000원, ②9,000,000원} + 1,800,000원 = 10,800,000원

[실무수행과제]

문제 1 거래자료입력

1 [일반전표입력] 1월 31일

(차) 817.세금과공과금 402,290원 (대) 101.현금 402,290원

[영수증수취명세서 (2)]

	거래일자	상 호	성 명	사업장	사업자등록번호	거래금액	구분	계정코드	계정과목	적요
	2025-02-20	(주)삼성화재				1,000,000	16	521	보험료	
	2025-01-27	다모아마트(주)	권다정	서울 서대문구 연희로 3	110-81-45128	200,000		811	복리후생비	
	2025-01-31	강남구청				402,290	19	817	세금과공과금	

입력순

[영수증수취명세서 (1)]

영수증수취명세서(2) **영수증수취명세서(1)** 해당없음

1. 세금계산서, 계산서, 신용카드 등 미사용내역

9. 구분	3만원 초과 거래분		
	10. 총계	11. 명세서제출 제외대상	12. 명세서제출 대상(10-11)
13. 건수	3	2	1
14. 금액	1,602,290	1,402,290	200,000

2. 3만원 초과 거래분 명세서제출 제외대상 내역

구분	건수	금액	구분	건수	금액
15. 읍, 면 지역 소재			26. 부동산 구입		
16. 금융, 보험 용역	1	1,000,000	27. 주택임대용역		
17. 비거주자와의 거래			28. 택시운송용역		
18. 농어민과의 거래			29. 전산발매통합관리시스템가입자와의		
19. 국가 등과의 거래	1	402,290	30. 항공기항행용역		
20. 비영리법인과의 거래			31. 간주임대료		
21. 원천징수 대상사업소			32. 연체이자지급분		
22. 사업의 양도			33. 송금명세서제출분		
23. 전기통신, 방송용역			34. 접대비필요경비부인분		
24. 국외에서의 공급			35. 유료도로 통행료		
25. 공매, 경매, 수용			36. 합계	2	1,402,290

2 [일반전표입력] 3월 14일

(차) 103.보통예금(98000.국민은행(보통)) 20,000,000원 (대) 178.매도가능증권 26,000,000원
981.매도가능증권평가익 5,000,000원
946.매도가능증권처분손 1,000,000원

3 [일반전표입력] 4월 1일

(차) 833.광고선전비 1,350,000원 (대) 150.제품(적요 8.타계정으로 대체액) 1,350,000원

문제 2 부가가치세관리

1 전자세금계산서 발급

1. [매입매출전표입력] 5월 31일

거래유형	품명	공급가액	부가세	거래처	전자세금
11.과세	무풍슬림AC (중형)외	17,000,000	1,700,000	00107.(주)명신전자	전자발행
분개유형	(차) 101.현금	18,700,000원	(대) 404.제품매출		17,000,000원
1.현금			255.부가세예수금		1,700,000원

2. [전자세금계산서 발행 및 내역관리]

① 미전송된 내역이 조회되면, 미전송내역을 체크한 후 전자발행 ▼ 을 클릭하여 표시되는 로그인 화면에서 확인(Tab) 클릭

② '전자세금계산서 발행' 화면이 조회되면 발행(F3) 버튼을 클릭한 다음 확인(Tab) 클릭

③ 국세청란에 '발행대상'으로 표시되면 ACADEMY 전자세금계산서 를 클릭

④ [Bill36524 교육용전자세금계산서] 화면에서 [로그인]을 클릭

⑤ 좌측화면: [세금계산서 리스트]에서 [미전송]으로 체크 후 [매출조회]를 클릭
우측화면: [전자세금계산서]에서 [발행]을 클릭

⑥ [발행완료되었습니다.] 메시지가 표시되면 확인(Tab) 클릭

2 수정전자세금계산서 발급

1. [수정전자세금계산서 발급]

① [매입매출전표입력] 5월 25일 전표선택 → 수정세금계산서 → [수정사유] 화면에서 [4.계약의 해제, 당초(세금)계산서 작성일: 2025년 5월 25일] 선택후 확인(Tab) 을 클릭

② 수정세금계산서(매출) 화면에서 수정분 [작성일 6월 7일]입력, [공급가액 -3,000,000원], [세액 -300,000원] 자동 반영 후 확인(Tab) 을 클릭

③ [매입매출전표입력] 6월 7일

방법 1.

거래유형	품명	공급가액	부가세	거래처	전자세금
11. 과세	계약금	-3,000,000	-300,000	00167.미래전자(주)	전자발행
분개유형	(차) 101.현금		-3,300,000원	(대) 259.선수금	-3,000,000원
1.현금 또는 3.혼합				255.부가세예수금	-300,000원

방법 2.

거래유형	품명	공급가액	부가세	거래처	전자세금
11. 과세	계약금	-3,000,000	-300,000	00167.미래전자(주)	전자발행
분개유형	(차) 259.선수금		3,000,000원	(대) 255.부가세예수금	-300,000원
3.혼합				101.현금	3,300,000원

방법 3.

거래유형	품명	공급가액	부가세	거래처	전자세금
11. 과세	계약금	-3,000,000	-300,000	00167.미래전자(주)	전자발행
분개유형				(대) 255.부가세예수금	-300,000원
				259.선수금	-3,000,000원
3.혼합				101.현금	3,300,000원

2. [전자세금계산서 발행 및 내역관리]
  ① 전자세금계산서 발행 및 내역관리 를 클릭하면 수정 전표 1매가 미전송 상태로 조회된다.
  ② 해당내역을 클릭하여 전자세금계산서 발급(발행) 및 국세청 전송을 한다.

3 부동산임대사업자의 부가가치세신고서 작성

1. [매입매출전표입력] 9월 1일

거래유형	품명	공급가액	부가세	거래처	전자세금
11.과세	9월 임대료	2,500,000	250,000	01116.(주)우주산업	전자입력
분개유형	(차) 103.보통예금	2,750,000원		(대) 411.임대료수입	2,500,000원
3.혼합	(98001.신한은행(보통))			255.부가세예수금	

2. [부동산임대공급가액명세서 작성]
- 간주임대료: 100,000,000원×3.1%×30일 / 365일=254,794원

3. [매입매출전표입력] 9월 30일

거래유형	품명	공급가액	부가세	거래처	전자세금
14.건별	간주임대료	254,794	25,479		
분개유형	(차) 817.세금과공과금	25,479원		(대) 255.부가세예수금	25,479원
3.혼합					

부록/정답 및 해설

4. [부가가치세신고서] 7월 1일 ~ 9월 30일

		구 분		금액	세율	세액
과세표준	과세	세금계산서발급분	1	252,500,000	10/100	25,250,000
		매입자발행세금계산서	2		10/100	
		신용카드 · 현금영수증	3		10/100	
		기타	4	254,794	10/100	25,479

4 매입세액불공제내역 작성자의 부가가치세신고서 작성

1. [매입세액불공제내역]

	계산식	구분	(20)해당재화의 매입세액	(21)경감률 (1- 체감률 ×과세기간수)			(22)증가또는감소된면세 공급가액(사용면적)비율	(23)가산또는공제되는 매입세액(20 × 21 × 22)
				체감률	경과된 과세기간수	경감률		
1	1.건축 · 구축물		10,000,000	5/100	2	90	15	1,350,000
2	2.기타 감가상각		5,000,000	25/100	2	50	15	375,000

- 건물: 10,000,000원×(1 − 5%×2)×15%(면세증가비율) = 1,350,000원
- 기계장치: 5,000,000원×(1 − 25%×2)×15%(면세증가비율) = 375,000원
- 토지는 면세대상이므로 공통매입세액 재계산에서 제외

2. [부가가치세신고서] 4월 1일 ~ 6월 30일

16 공제받지 못할매입 세액명세	구분		금액	세액
	공제받지못할매입세액	50		
	공통매입세액면세사업	51	17,250,000	1,725,000
	대손처분받은세액	52		
	합계	53	17,250,000	1,725,000

18 그 밖의 경감공제 세액명세	구분		금액	세율	세액
	전자신고및전자고지	54			10,000
	전자세금발급세액	55			
	택시운송사업자경감세	56			
	대리납부 세액공제	57			
	현금영수증사업자세액	58			
	기타	59			
	합계	60			10,000

3. [일반전표입력] 6월 30일

(차) 202.건물	1,350,000원	(대) 135.부가세대급금	1,725,000원
206.기계장치	375,000원		

문제 3 결산

1 수동결산

[일반전표입력] 12월 31일

(차) 821.보험료	400,000원	(대) 133.선급비용	400,000원

※ 경과된 보험료 1,200,000원×2/6 = 400,000원

2 결산자료입력에 의한 자동결산

1. [결산자료입력 1]
- 퇴직급여(전입액)란에 제조: 12,300,000원, 판매관리비: 14,500,000원을 입력한다.
※ 생산부: 퇴직급여추계액 52,300,000원 − 퇴직급여충당부채 잔액 40,000,000원 = 12,300,000원
※ 영업부: 퇴직급여추계액 26,500,000원 − 퇴직급여충당부채 잔액 12,000,000원 = 14,500,000원

[결산자료입력 2]
- 결산자료입력에서 기말 원재료 45,000,000원, 제품 105,000,000원을 입력하고 전표추가(F3) 를 클릭하여 결산분개를 생성한다.

2. [이익잉여금처분계산서]
- 이익잉여금처분계산서에서 처분일을 입력한 후, 전표추가(F3) 를 클릭하여 손익대체 분개를 생성한다.

문제 4 근로소득관리

1 주민등록등본에 의한 사원등록

[사원등록]

부양가족명세											(2025. 12. 31 기준)	
	연말정산관계	기본	세대	부녀	장애	경로70세	출산입양	자녀	한부모	성명	주민(외국인)번호	가족관계
1	0.본인	본인	○							고주원	내 861111-1111111	
2	1.(소)직계존속	부								고영일	내 500102-1111116	03.부
3	3.배우자	배우자			1					최혜정	내 830827-2222220	02.배우자
4	4.자녀,손자녀,입	부								고정원	내 120122-3122220	05.자녀
5	4.자녀,손자녀,입	20세 이하						○		고지원	내 140406-3182818	05.자녀

① 고영일: 총 급여액이 500만원을 초과하므로 기본공제 대상이 아님.
② 최혜정: 기타소득금액(필요경비 60% 차감)이 100만원 이하 이므로, 기본공제 및 장애인 추가공제 대상임.
③ 고정원: 소득금액이 100만원을 초과하므로 기본공제 대상이 아님.
④ 고지원: 만 20세 이하 이고, 소득금액 100만원 이하 이므로 기본공제 대상임.

2 급여명세에 의한 급여자료

1. [사원등록]
임유건 사원의 생산직, 연장근로비과세 여부

18. 생산직 등 여부	1	여	연장근로비과세	1	여

2. [수당등록]

수당등록	공제등록	비과세/감면설정	사회보험	
	코드	수당명	과세구분	근로소득유형
1	101	기본급	과세	1.급여
2	102	상여	과세	2.상여
3	200	육아수당	비과세	7.보육수당 Q02
4	201	자격수당	과세	1.급여
5	202	자가운전보조금	비과세	3.자가운전 H03
6	203	식대	과세	1.급여
7	204	야간근로수당	비과세	1.연장근로 O01

3. [급여자료입력]

급여항목	지급액	공제항목	공제액
기본급	1,500,000	국민연금	108,000
육아수당	100,000	건강보험	85,080
자격수당	100,000	고용보험	19,800
자가운전보조금	300,000	장기요양보험료	11,010
식대	300,000	상조회비	10,000
야간근로수당	200,000	소득세	18,950
		지방소득세	1,890

4. [원천징수이행상황신고서]

| 귀속기간 | 2025 년 04 ▼ 월 ~ | 2025 년 04 ▼ 월 | 지급기간 | 2025 년 04 ▼ 월 ~ | 2025 년 04 ▼ 월 | 0.정기신고 ▼ |

| 1.신고구분 | ☑ 매월 □ 반기 □ 수정 □ 연말 □ 소득처분 □ 환급신청 | 2.귀속연월 202504 | 3.지급연월 202504 | 일괄납부 ○여 ⊙부 | 사업자단위 ○여 ⊙부 |

원천징수내역 부표-거주자 부표-비거주자 부표-법인원천

구분		코드	소득지급(과세미달,비과세포함)		징수세액				9.당월 조정 환급세액	10.소득세 등 (가산세 포함)	11.농어촌 특별세
			4.인원	5.총지급액	6.소득세 등	7.농어촌특별세	8.가산세				
근로소득	간이세액	A01	4	15,500,000	633,810						
	중도퇴사	A02									
	일용근로	A03									
	연말정산합계	A04									
	연말분납금액	A05									
	연말납부금액	A06									
	가감계	A10	4	15,500,000	633,810				240,000	393,810	
퇴직소득	연금계좌	A21									
	그외	A22									
	가감계	A20									
사업소득	매월징수	A25									
	연말정산	A26									
	가감계	A30									
기타소득	연금계좌	A41									
	종교매월징수	A43									

전월 미환급 세액의 계산				당월 발생 환급세액				18.조정대상환급 (14+15+16+17)	19.당월조정 환급액계	20.차월이월 환급액(18-19)	21.환급신청액
12.전월미환급	13.기환급신청	14.잔액12-13	15.일반환급	16.신탁재산	17.금융등		17.합병등				
240,000		240,000						240,000	240,000		

3 국세청연말정산간소화 및 이외의 자료를 기준으로 연말정산

[사원등록]

● 부양가족명세										(2025.12.31기준)		
	연말정산관계	기본	세대	부녀	장애	경로 70세	출산 입양	자녀	한부모	성명	주민(외국인)번호	가족관계
1	0.본인	본인	○							정진영	내 731123-1111113	
2	3.배우자	부								주경선	내 770202-2045678	02.배우자
3	1.(소)직계존속	60세이상				○				김규진	내 520411-2899736	04.모
4	4.자녀,손자녀,입	20세이하					○			정수진	내 070711-4321578	05.자녀
5	4.자녀,손자녀,입	20세이하					○(2)			정수영	내 200927-3321583	05.자녀

[연말정산 근로소득원천징수영수증]
1. 종전근무지 입력

| 정산명세 | **소득명세** | 소득공제 | 의료비 | 기부금 | 신용카드 |

구분/항목	계	종전1
근무처명		(주)순수산업
사업자등록번호(숫자10자리입력)		504-81-43121
13.급여	80,000,000	20,000,000
14.상여	6,000,000	6,000,000
15.인정상여		
15-1.주식매수선택권행사이익		
15-2.우리사주조합인출금		
15-3.임원퇴직소득한도초과액		
15-4.직무발명보상금		
16.급여계	86,000,000	26,000,000
미제출비과세		
건강보험료	2,467,320	340,320
장기요양보험료	318,850	43,450
국민연금보험료	3,132,000	432,000
고용보험료	626,400	86,400
소득세	2,543,880	139,680
지방소득세	254,328	13,968

2. 기부금 세액공제

정산명세	소득명세	소득공제	의료비	기부금	신용카드	연금투자	월세액	출산지원

해당연도 기부명세	기부금 조정명세	조정명세서 현황	급여공제내역					엑셀

● 1. 해당연도 기부명세

NO	기부자				기부처			유형	코드	기부명세		
	관계	성명	내.외	주민번호	사업자번호	상호				건수	합계금액	기부대상액	장려금신청
1	4.직계존속	김규진	내	520411-2899736	106-82-99369	거룩 교회	종교	41	1	2,400,000	2,400,000	

- 공제액계산 정산명세보내기

공제액계산후 정산명세보내기 ✕

	근로소득금액	73,850,000				세액공제한도액	7,607,324
코	구분	기부금지출액	공제대상기부금	세액(소득)공제금액	한도초과 이월금액	조정된 세액공제액	해당년도 공제금액
20	정치자금						
43	고향사랑						
10	특례법정이월(13년)						
	특례법정(14년 이후)						
	특례법정(16년 이후)						
10	특례법정(19년~20년)						
	특례법정(21년~22년)						
	특례법정 당기(23년)						
42	우리사주기부금						
40	일반종교외이월(13년)						
41	일반종교이월(13년)						
	일반종교외(14년 이후)						
	일반종교외(16년 이후)						
40	일반종교외(19년~20년)						
	일반종교외(21년~22년)						
	일반종교외 당기(23년)						
	일반종교(14년 이후)						
	일반종교(16년 이후)						
41	일반종교(19년~20년)						
	일반종교(21년~22년)						
	일반종교 당기(23년)	2,400,000	2,400,000	360,000		360,000	2,400,000
20	정치자금(10만원이하)						
43	고향사랑(10만원이하)						
	합계	2,400,000	2,400,000			360,000	2,400,000
	기부금(이월분)소득공제		정치10만원초과공제	0	법정기부금세액공제액		고향10만원초과공제
	우리사주기부금공제		지정기부금(종교외 40)		지정기부금(종교 41)	360,000	0

3. 교육비 세액공제

정산명세	소득명세	소득공제	의료비	기부금	신용카드	연

	관계 코드	성 명	기	교육비		
	내외 국인	주민등록번호	본	구분	일반	장애인 특수교육
1	0	정진영	본인/세대주	본인		
	1	731123-1111113				
2	3	주경선	부			
	1	770202-2045678				
3	1	김규진	60세 이상			
	1	520411-2899736				
4	4	정수진	20세 이하	초중고	1,150,000	
	1	070711-4321578				
5	4	정수영	20세 이하			
	1	200927-3321583				

- 중·고등학교 교복 구입비는 500,000원이 한도이다.

11	12	13	14	15
32,000,000	16	4	286,885	50
16	17	18	19	20
1,500,000	1,725,000	10,000	252,786,885	③
21	22	23	24	25
200,000	1,745,000	990,290	④	2,500,000
26	27	28	29	30
④	303,429,563	12,200,000	18,866,000	3,092,978
31	32	33	34	35
1,350,000	②	364,000,000	45,000,000	②
36	37	38	39	40
3	1,500,000	①	2,000,000	250,000
41	42	43	44	45
100,000	②	④	200,000	389,610
46	47	48	49	50
58,405,430	④	172,500	360,000	139,680

[실무이론평가]

1	2	3	4	5	6	7	8	9	10
④	②	④	③	①	③	③	②	④	①

01 ④
- 지배회사와 종속회사가 법적실체가 다름에도 단일의 경제적 실체를 형성하여 하나의 회계단위로서 연결재무제표를 작성하는 것은 기업실체의 가정과 관련이 있다.

02 ②
- 기초매입채무(80,000원) + 당기상품매입액 − 매입채무 현금지급액(500,000원) = 기말매입채무(45,000원)
  따라서 상품매입액 = 465,000원
- 매출원가 = 기초상품재고액 + 당기상품매입액 − 기말상품재고액
  = 120,000원 + 465,000원 − 150,000원 = 435,000원

03 ④
- 사채의 장부금액은 액면금액에서 사채할인발행차금을 차감한 금액이다. 사채할인발행차금은 액면금액과 발행금액과의 차액에 사채발행비를 합산한 금액이다.

  (차) 당좌예금   26,500,000원   (대) 사채   30,000,000원
  　　사채할인발행차금   3,500,000원

04 ③
- 물가가 지속적으로 상승할 경우 당기순이익이 가장 크게 나타나는 재고자산 평가방법은 선입선출법이다.
- 기말재고 수량 100개(판매가능수량 600개 − 매출 수량 500개)에 대한 단가는 가장 최근에 매입한 9월 5일의 1,400원이 된다.
- 기말재고금액: 100개 × 1,400원 = 140,000원

05 ①
- 2025년 3월 31일 장부금액 = 9,000,000원(처분금액) − 1,250,000원(처분이익)
  = 7,750,000원
- 2025년 감가상각비 = 8,000,000원(2024년말 장부금액)
  − 7,750,000원(2025년 3월 31일 장부금액) = 250,000원

06 ③
- 단순히 세법의 규정을 따르기 위한 회계변경은 정당한 회계변경으로 보지 아니한다.

07 ③
- 시내버스에 의한 여객운송용역의 제공은 면세대상 용역의 공급에 해당한다.

08 ②
- (180,000,000원 + 20,000,000원 + 6,000,000원) × 10% = 20,600,000원

09 ④
- 소득세는 신고납세제도를 채택하고 있으므로 납세의무자의 확정신고에 의하여 납세의무가 확정된다.

10 ①
- 상가를 임대하고 받은 소득: 24,000,000원 − 14,000,000원 = 10,000,000원
  일시적인 문예창작의 대가: 15,000,000원 − 15,000,000원 × 60% = 6,000,000원
  합계: 16,000,000원
  ※ 논·밭을 작물 생산에 이용하게 함으로써 발생하는 소득은 비과세소득이고, 「복권 및 복권기금법」에 따른 복권 당첨금은 분리과세 기타소득에 해당한다.

[실무수행과제]

문제 1 거래자료입력

1 [일반전표입력] 3월 15일

(차) 824.운반비   48,000원   (대) 101.현금   48,000원

[경비등의송금명세서]

번호	⑥ 거래 일자	⑦ 법인명(상호)	⑧ 성 명	⑨사업자(주민) 등록번호	⑩ 거래내역	⑪ 거 래 금 액	⑫ 송금 일자	CD	⑬ 은 행 명	⑭ 계 좌 번 호	계정 코드
1	2025-03-15	개별화물	신빠른	120-21-12348	운송비	48,000	2025-03-15	081	하나은행	815175-56-026271	

2 [일반전표입력] 4월 12일

(차) 934.기타의대손상각비   4,400,000원   (대) 120.미수금(03729.(주)오토바이천국)   4,400,000원

3 [거래처원장] 4월 21일 외상매출금 조회

		잔액		내용	총괄잔액		총괄내용				

기 간 2025 년 01 월 01 일 ~ 2025 년 04 월 12 일   계정과목 108 ? 외상매출금

거래처 03300 ? (주)삼광산업 ~ 03300 ? (주)삼광산업   부서/사원 ?

금 액 0. 전체 ▼ ~

	코드	거래처	전기(월)이월	차변	대변	잔액	사업자번호	코드
	03300	(주)삼광산업	22,000,000		10,000,000	12,000,000	211-85-41419	

- (주)삼광산업의 외상매출금 잔액: 12,000,000원

[일반전표입력] 4월 21일
(차) 179.장기대여금(03300.(주)삼광산업)   12,000,000원   (대) 108.외상매출금(03300.(주)삼광산업)   12,000,000원

문제 2 부가가치세관리

1 전자세금계산서 발급

1. [매입매출전표입력] 3월 20일

거래유형	품명	공급가액	부가세	거래처	전자세금
11.과세	승합차	15,000,000	1,500,000	03110.동아가공	전자발행
분개유형	(차) 209.감가상각누계액	21,000,000원	(대) 208.차량운반구		35,000,000원
	120.미수금	16,500,000원	255.부가세예수금		1,500,000원
3.혼합			914.유형자산처분이익		1,000,000원

2. [전자세금계산서 발행 및 내역관리]
  ① 미전송된 내역이 조회되면, 미전송내역을 체크한 후 `전자발행 ▼`을 클릭하여 표시되는 로그인 화면에서 `확인(Tab)` 클릭
  ② '전자세금계산서 발행' 화면이 조회되면 `발행(F3)` 버튼을 클릭한 다음 `확인(Tab)` 클릭
  ③ 국세청란에 '발행대상'으로 표시되면 `ACADEMY 전자세금계산서`를 클릭
  ④ [Bill36524 교육용전자세금계산서] 화면에서 [로그인]을 클릭
  ⑤ 좌측화면: [세금계산서 리스트]에서 [미전송]으로 체크 후 [매출조회]를 클릭
        우측화면: [전자세금계산서]에서 [발행]을 클릭
  ⑥ [발행완료되었습니다.] 메시지가 표시되면 `확인(Tab)` 클릭

2 수정전자세금계산서 발급

1. [수정전자세금계산서 발급]
① [매입매출전표입력] 2월 20일 전표선택 →  → [수정사유] 화면에서 [3.환입, 당초(세금)계산서 작성일:
2025년 2월 20일] 선택후 확인(Tab) 을 클릭

수정사유	×
수정사유 3. 환입 ▼	(발행매수 : 1 매 발행)
비 고	당초(세금)계산서작성일 2025 년 02 월 20 일

② 수정세금계산서(매출) 화면에서 수정분 [작성일 3월 24일]입력, [수량 −10개], [단가 100,000원] 입력 후 확인(Tab) 을 클릭

수정세금계산서(매출)											×
수정입력사유 3 환입				당초(세금)계산서작성		2025-02-20					
구분	년 월 일	유형	품명	수량	단가	공급가액	부가세	합계	코드	거래처명	사업.주민번호
당초분	2025 02 20	과세	등산가방	100	100,000	10,000,000	1,000,000	11,000,000	03400	(주)백두산업	120-81-51234
수정분	2025 03 24	과세	등산가방	-10	100,000	-1,000,000	-100,000	-1,100,000	03400	(주)백두산업	120-81-51234
	합 계					9,000,000	900,000	9,900,000			
당초승인번호 :											

참고사항 복수거래(F7) 확인(Tab) 취소(Esc)

③ [매입매출전표입력] 3월 24일에 수정분 1건이 반영된다.

거래유형	품명	공급가액	부가세	거래처	전자세금
11.과세	등산가방	-1,000,000	-100,000	03400.(주)백두산업	전자발행
분개유형	(차) 108.외상매출금	-1,100,000원	(대) 404.제품매출		-1,000,000원
2.외상			255.부가세예수금		-100,000원

2. [전자세금계산서 발행 및 내역관리]
① 전자세금계산서 발행 및 내역관리 를 클릭하면 수정 전표 1매가 미전송 상태로 조회된다.
② 해당내역을 클릭하여 전자세금계산서 발급(발행) 및 국세청 전송을 한다.

3 매입세액불공제내역 작성자의 부가가치세신고서 작성

1. 거래자료 입력

[매입매출전표입력] 4월 10일

거래유형	품명	공급가액	부가세	거래처	전자세금
54.불공	노트북	1,200,000	120,000	03800.하나로마트	전자입력
불공제사유	2.사업과 관련 없는 지출				
분개유형	(차) 134.가지급금	1,320,000원	(대) 253.미지급금		1,320,000원
3.혼합	(04200.최종길)				

※ 대표이사의 개인적 사용은 매입세액이 공제되지 않으며 가지급금으로 처리한다.

[매입매출전표입력] 4월 14일

거래유형	품명	공급가액	부가세	거래처	전자세금
51.과세	차량수리	800,000	80,000	03170.(주)옵트정비	전자입력
분개유형	(차) 522.차량유지비	800,000원	(대) 253.미지급금		880,000원
3.혼합	135.부가세대급금	80,000원			

[일반전표입력] 4월 17일
(차) 822.차량유지비   132,000원   (대) 253.미지급금(99608.현대카드)   132,000원
※ 개별소비세 과세대상 자동차의 구입, 임차 및 유지와 관련된 매입세액은 공제되지 않으며, 신용카드로 결제한 경우
   에는 일반전표에 입력한다.

2. 매입세액불공제내역 [2. 공제받지 못할 매입세액 내역] 4월 ~ 6월

기간 : 2025 년 04 ▼ 월 ~ 2025 년 06 ▼ 월

2.공제받지 못할 매입세액 내역	3.공통매입세액 안분계산 내역	4.공통매입세액의 정산내역	5.납부세액 또는 환급세액 재계산 내역

	공제받지 못할 매입세액 내역			
불공제 사유		세금계산서		
		매수	공급가액	매입세액
①필요한 기재사항 누락				
②사업과 직접 관련 없는 지출		1	1,200,000	120,000
③「개별소비세법」 제1조제2항제3호에 따른 자동차 구입.유지 및 임차				
④접대비 및 이와 유사한 비용 관련				
⑤면세사업등 관련				
⑥토지의 자본적 지출 관련				
⑦사업자등록 전 매입세액				
⑧금.구리 스크랩 거래계좌 미사용 관련 매입세액				
⑨ 합 계		1	1,200,000	120,000

3. [부가가치세신고서] 4월 1일 ~ 6월 30일

공제받지못할매입세액명세			금액	세액
16 공제받지 못할매입 세액명세	공제받지못할매입세액	50	1,200,000	120,000
	공통매입세액면세사업	51		
	대손처분받은세액	52		
	합계	53	1,200,000	120,000

4 매입세액불공제내역 작성자의 부가가치세신고서 작성

1. 거래자료 입력
[매입매출전표입력 11월 30일]

거래유형	품명	공급가액	부가세	거래처	전자세금
51.과세	고객관리 SW	5,000,000	500,000	03500.(주)유니온	전자입력
분개유형	(차) 240.소프트웨어		5,000,000원	(대) 253.미지급금	5,500,000원
3.혼합	135.부가세대급금		500,000원		

2. [4. 공통매입세액의 정산내역] 10월~12월

기간 : 2025 년 10 ▼ 월 ~ 2025 년 12 ▼ 월

2.공제받지 못할 매입세액 내역	3.공통매입세액 안분계산 내역	4.공통매입세액의 정산내역	5.납부세액 또는 환급세액 재계산 내역

	계산식	구분	(15)총공통 매입세액	(16)면세사업등 확정비율			(17)불공제매입세액 총액 ((15)×(16))	(18)기 불공제 매입세액	(19)가산또는공제되는 매입세액((17)-(18))
				면세공급가액 (면세사용면적)	총공급가액 (총사용면적)	면세비율			
1	1.면세공급가액기준		500,000	240,000,000	600,000,000	40.000000	200,000		200,000

3. [부가가치세신고서] 10월 1일 ~ 12월 31일

공제받지못할매입세액명세			금액	세액
16 공제받지 못할매입 세액명세	공제받지못할매입세액	50		
	공통매입세액면세사업	51	2,000,000	200,000
	대손처분받은세액	52		
	합계	53	2,000,000	200,000

4. [일반전표입력] 12월 31일

(차) 240.소프트웨어	200,000원	(대) 135.부가세대급금	200,000원

문제 3   결산

1 수동결산

[일반전표입력] 12월 31일

(차) 901.이자수익	440,000원	(대) 263.선수수익	440,000원

2 결산자료입력에 의한 자동결산

1. [결산자료입력]
- 결산자료입력에서 기말 원재료 재고액 50,000,000원, 기말 재공품 재고액 30,000,000원, 기말 제품 60,000,000원을 입력하고 전표추가(F3) 를 클릭하여 결산분개를 생성한다.

2. [이익잉여금처분계산서] 메뉴
- 이익잉여금처분계산서에서 처분일을 입력한 후, 전표추가(F3) 를 클릭하여 손익대체 분개를 생성한다.

문제 4   근로소득관리

1 일용직사원의 원천징수

1. [일용직사원등록]

2. [일용직급여입력]

801

3. [원천징수이행상황신고서]

| 귀속기간 | 2025 년 07 ▼ 월 ~ 2025 년 07 월 | 지급기간 | 2025 년 07 ▼ 월 ~ 2025 년 07 ▼ 월 | 0.정기신고 ▼ |

| 1.신고구분 | ☑ 매월 ☐ 반기 ☐ 수정 ☐ 연말 ☐ 소득처분 ☐ 환급신청 | 2.귀속연월 202507 | 3.지급연월 202507 | 일괄납부 ○ 여 ⦿ 부 | 사업자단위 ○ 여 ⦿ 부 |

원천징수내역 | 부표-거주자 | 부표-비거주자 | 부표-법인원천

	구분		코드	소득지급(과세미달,비과세포함)		징수세액				9.당월 조정 환급세액	10.소득세 등 (가산세 포함)	11.농어촌 특별세
				4.인원	5.총지급액	6.소득세 등	7.농어촌특별세	8.가산세				
근로소득		간 이 세 액	A01	4	17,200,000	791,540						
		중 도 퇴 사	A02									
		일 용 근 로	A03	1	1,200,000	12,150						
		연말정산합계	A04									
		연말분납금액	A05									
		연말납부금액	A06									
		가 감 계	A10	5	18,400,000	803,690				122,000	681,690	
퇴직소득		연 금 계 좌	A21									
		그 외	A22									
		가 감 계	A20									
사업소득		매 월 징 수	A25									
		연 말 정 산	A26									
		가 감 계	A30									
기타소득		연 금 계 좌	A41									
		종교매인징수	A43									

전월 미환급 세액의 계산				당월 발생 환급세액					18.조정대상환급 (14+15+16+17)	19.당월조정 환급액계	20.차월이월 환급액(18-19)	21.환급신청액
12.전월미환급	13.기환급신청	14.잔액12-13		15.일반환급	16.신탁재산	17.금융등		17.합병등				
122,000		122,000								122,000	122,000	

2 주민등록등본에 의한 사원등록

[사원등록]

● 부 양 가 족 명 세　　　　　　　　　　　　(2025. 12. 31 기준)

	연말정산관계	기본	세대	부녀	장애	경로 70세	출산 입양	자녀	한부모	성명	주민(외국인)번호	가족관계
1	0.본인	본인	○						○	이승용	내 741011-1111113	
2	1.(소)직계존속	60세이상				○				이일섭	내 440405-1649478	03.부
3	1.(소)직계존속	부								박성애	내 500102-2111119	04.모
4	4.자녀,손자녀,입	20세이하			1		○			이서진	내 111215-3094119	05.자녀
5	4.자녀,손자녀,입	20세이하					○			이영진	내 130802-4777776	05.자녀

① 이승용: 기본공제대상 자녀가 있으므로 한부모공제 대상임.
② 이일섭: 사망 전일 기준으로 공제여부를 판단하므로 기본공제 대상임.
③ 박성애: 양도소득금액이 100만원 초과하므로 공제 대상이 아님.
④ 이서진: 기본공제 및 장애인공제 대상임.
⑤ 이영진: 만 20세 이하 이고, 소득금액 100만원 이하 이므로 기본공제 대상임.
⑥ 박순애: 이모는 부양가족 공제 대상이 아님.

3 국세청연말정산간소화 및 이외의 자료를 기준으로 연말정산

[연말정산 근로소득원천징수영수증]

1. 신용카드 소득공제

정산명세 | 소득명세 | 소득공제 | 의료비 | 기부금 | **신용카드** | 연금투자 | 월세액 | 출산지원

● 1. 공제대상자및대상금액

공제대상자			신용카드 등 사용액공제								
내.외 관계	성 명 생년월일	구분	⑥소계(⑥+⑦+⑧+⑨+⑩+⑪)	⑥신용카드	⑦직불선불카드	⑨현금영수증	⑧도서공연박물관미술관사용분(총급여7천만원…			⑩전통시장 사용분	⑪대중교통 이용분
							신용카드	직불선불카드	현금영수증		
내 본인	이성빈 1972-10-10	국세청자료 그밖의자료									
내 3	성혜은 1977-02-02	국세청자료 그밖의자료	20,750,000	20,500,000							250,000
내 2	장영자 1943-04-11	국세청자료 그밖의자료	1,300,000			520,000				780,000	

2. 의료비 세액공제

정산명세	소득명세	소득공제	의료비	기부금	신용카드	연금투자	월세액	출산지원

● 지 급 내 역

	공제대상자				지급처			지급명세		
	부양가족 관계코드	성 명	내 외	주민등록번호	본인등 해당여부	상호	사업자번호	의료증빙 코　드	건수	지급액	실손의료보험금
1	배우자의 직계존	장영자	내	430411-2222229	○			국세청	1	6,800,000	1,500,000

- 안경구입비는 50만원 한도임

3. 보험료 세액공제

정산명세	소득명세	소득공제	의료비	기부금	신용카

	관계 코드	성 명	기	보험료	
	내외 국인	주민등록번호	본	보장성	장애인
1	0	이성빈	본인/세대주	800,000	
	1	721010-1774918			
2	3	성혜은	배우자		
	1	770202-2045678			
3	2	장영자	60세 이상		
	1	430411-2222229			
4	4	이혜빈	부		
	1	121218-3094117			
5	4	이영진	20세 이하		
	1	130802-4777776			

4. 퇴직연금

연금계좌　　　　　　　　　　　　　　　　　　×

구분	금융회사등		계좌번호	불입금액
1.퇴직연금	304	(주)우리은행	123-4520-4578	3,600,000

《《 실무수행평가 》》

11	12	13	14	15
②	15,000,000	32	3	1,200,000
16	17	18	19	20
15,000,000	9,687,000	15,000	40	200,000
21	22	23	24	25
081	111,000	4,651,000	9,900,000	16,500,000
26	27	28	29	30
④	34,100,000	502,212,215	490,000	1,260,000
31	32	33	34	35
14,430,000	1,320,000	105,000,000	②	③
36	37	38	39	40
10,800	1,175,850	12,150	5	681,690
41	42	43	44	45
4	③	2,000,000	1,000,000	④
46	47	48	49	50
1,528,000	432,000	96,000	541,200	1,435,536

최신 기출문제 제74회

[실무이론평가]

1	2	3	4	5	6	7	8	9	10
④	④	②	③	②	④	③	①	④	④

01 ④
- 내부회계관리제도는 외부감사인이 따라야 하는 절차가 아니라, 기업 내부의 구성원들에 의하여 운영되는 제도이다.

02 ④

수 량	장부상 단가 (가)	단위당 예상 판매가격 ①	단위당 예상 판매비용 ②	단위당 예상 순실현가능가치 (나)=①-②	단위당 평가손실 (가)-(나)
2,000개	120원	130원	30원	100원	20원

- 재고자산평가손실 = 2,000개×20원=40,000원

03 ②
- 무형자산의 상각기간은 독점적·배타적 권리를 부여하고 있는 관계 법령이나 계약에 정해진 경우를 제외하고는 20년을 초과할 수 없다.

04 ③
- 대손충당금 기말잔액=대손충당금 기초잔액-당기 대손발생액+당기 대손상각비 계상액
  = 40,000원-30,000원+50,000원=60,000원

05 ②
- 유형자산에 대한 자본적 지출을 수익적 지출로 잘못 회계처리하는 경우, 순이익의 과소계상, 자산의 과소계상, 비용의 과대계상되는 효과가 발생한다.

06 ④
- 재고자산의 원가결정방법을 총평균법에서 선입선출법으로 변경하는 것은 회계정책의 변경이고, 그 이외의 것은 회계추정의 변경이다.

07 ③
- ① 면세사업자는 매입시 부담한 부가가치세액을 공제받을 수 없다.
- ② 영세율은 소비지국 과세원칙을 구현하기 위한 제도이다.
- ④ 면세는 부가가치세의 역진성 완화를 위한 제도이다.

08 ①
- $11,000,000원 \times \dfrac{10}{110} - 600,000원 - 550,000원 \times \dfrac{10}{110} = 350,000원$

  토지는 면세이므로 납부세액 계산에 포함하지 아니함

09 ④
- ① 정기예금의 이자는 실제로 이자를 지급받는 날이 수입시기의 원칙이다.
- ② 출자공동사업자의 배당소득은 무조건 종합과세 배당소득에 해당한다.
- ③ 실지명의가 확인되지 아니하는 금융소득은 무조건 분리과세 대상이다.

10 ④
- 우리나라의 경우에는 원칙적으로 개인단위과세를 채택하고 있으므로 부부나 가족의 소득을 합산하여 과세하지 않는다. 그러나 공동사업자의 동거가족이 손익분배비율을 허위로 정하는 경우에는 그렇지 아니한다.

[실무수행과제]

문제 1 거래자료입력

1 [일반전표입력]

2월 12일
(차) 829.사무용품비   33,000원   (대) 101.현금   33,000원

2월 17일
(차) 511.복리후생비   32,000원   (대) 101.현금   32,000원

2. [영수증수취명세서 (2)]

	거래일자	상호	성명	사업장	사업자등록번호	거래금액	구분	계정코드	계정과목
☐	2025-01-29	(주)해피뷰티	한시준	서울시 강남구 강남대로 369	144-81-12955	35,000		172	소모품
☐	2025-03-28	기업은행	한명준	서울시 강동구 천호대로 1033	104-85-12616	125,000	16	931	이자비용
☐	2025-02-12	(주)오피스박스	김철재	서울시 강남구 테헤란로 51길 234	220-81-12128	33,000		829	사무용품비
☐	2025-02-17	(주)오피스박스	김철재	서울시 강남구 테헤란로 51길 234	220-81-12128	32,000		811	복리후생비

[영수증수취명세서 (1)]

1. 세금계산서, 계산서, 신용카드 등 미사용내역

9. 구분	3만원 초과 거래분		
	10. 총계	11. 명세서제출 제외대상	12. 명세서제출 대상(10-11)
13. 건수	4	1	3
14. 금액	225,000	125,000	100,000

2. 3만원 초과 거래분 명세서제출 제외대상 내역

구분	건수	금액	구분	건수	금액
15. 읍, 면 지역 소재			26. 부동산 구입		
16. 금융, 보험 용역	1	125,000	27. 주택임대용역		
17. 비거주자와의 거래			28. 택시운송용역		
18. 농어민과의 거래			29. 전산발매통합관리시스템가입자와의		
19. 국가 등과의 거래			30. 항공기항행용역		
20. 비영리법인과의 거래			31. 간주임대료		
21. 원천징수 대상사업소			32. 연체이자지급분		
22. 사업의 양도			33. 송금명세서제출분		
23. 전기통신, 방송용역			34. 접대비필요경비부인분		
24. 국외에서의 공급			35. 유료도로 통행료		
25. 공매, 경매, 수용			36. 합계	1	125,000

2 [일반전표입력] 3월 10일

(차) 941.재해손실   6,000,000원   (대) 150.제품(적요 8.타계정으로 대체액)   6,000,000원

3 [일반전표입력] 3월 15일

(차) 131.선급금(00200.(주)하남스킨)   800,000원   (대) 103.보통예금(98000.국민은행(보통))   800,000원

제**4**부   부록 / 정답 및 해설

문제 **2**   부가가치세관리

1 전자세금계산서 발급

1. [매입매출전표] 6월 18일

거래유형	품명	공급가액	부가세	거래처	전자세금
12.영세	에어 건	8,500,000	0	00107.월메이드(주)	전자발행
분개유형	(차) 108.외상매출금	8,500,000원		(대) 404.제품매출	8,500,000원
2.외상					

2. [전자세금계산서 발행 및 내역관리]

① 미전송된 내역이 조회되면, 미전송내역을 체크한 후 [전자발행▼]을 클릭하여 표시되는 로그인 화면에서 [확인(Tab)] 클릭

② '전자세금계산서 발행' 화면이 조회되면 [발행(F3)] 버튼을 클릭한 다음 [확인(Tab)] 클릭

③ 국세청란에 '발행대상'으로 표시되면 [ACADEMY 전자세금계산서]를 클릭

④ [Bill36524 교육용전자세금계산서] 화면에서 [로그인]을 클릭

⑤ 좌측화면: [세금계산서 리스트]에서 [미전송]으로 체크 후 [매출조회]를 클릭
  우측화면: [전자세금계산서]에서 [발행]을 클릭

⑥ [발행완료되었습니다.] 메시지가 표시되면 [확인(Tab)] 클릭

2 수정전자세금계산서 발급

1. [수정전자세금계산서 발급]

① [매입매출전표입력]에서 6월 11일 전표 1건 선택 →툴바의 [수정세금계산서]을 클릭→수정사유(6.착오에 의한 이중발급 등)선택 → [확인(Tab)]을 클릭

② 수정세금계산서(매출)] 화면에서 수정분 [작성일 6월 11일]입력, [공급가액 -2,820,000원], [세액 -282,000원] 자동 반영 후 [확인(Tab)]을 클릭

③ [매입매출전표입력] 6월 11일에 수정분 1건이 입력된다.

거래유형	품명	공급가액	부가세	거래처	전자세금
11.과세	나이트 크림	-2,820,000	-282,000	00102.(주)서린뷰티	전자발행
분개유형	(차) 108.외상매출금	-3,102,000원		(대) 404.제품매출	-2,820,000원
2.외상				255.부가세예수금	-282,000원

2. [전자세금계산서 발행 및 내역관리]
   ① 전자세금계산서 발행 및 내역관리 를 클릭하면 수정 전표 1매가 미전송 상태로 조회된다.
   ② 해당내역을 클릭하여 전자세금계산서 발급(발행) 및 국세청 전송을 한다.

3 신용카드매출전표등 수령금액합계표 작성자의 부가가치세신고서 작성

1. 거래자료 입력

[일반전표입력 7월 15일]

(차) 811.복리후생비   330,000원   (대) 253.미지급금(99601.롯데카드)   330,000원

※ 세금계산서 발급이 불가능한 간이과세자에 해당하여 매입세액공제가 되지 않으므로 일반전표에 입력한다.

[매입매출전표입력 7월 23일]

거래유형	품명	공급가액	부가세	거래처	전자세금
57.카드	주유비	150,000	15,000	00123.GS주유소	
분개유형	(차) 522.차량유지비	150,000원	(대) 253.미지급금		165,000원
4.카드	135.부가세대급금	15,000원	(99650.삼성카드)		

[매입매출전표입력 7월 28일]

거래유형	품명	공급가액	부가세	거래처	전자세금
61.현과	복합기	2,500,000	250,000	04322.모든사무기(주)	
분개유형	(차) 212.비품	2,500,000원	(대) 101.현금		2,750,000원
1.현금	135.부가세대급금	250,000원			

2. [신용카드매출전표등 수령금액 합계표] 7월 ~ 9월

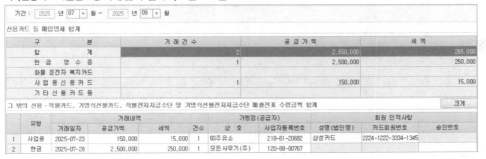

3. [부가가치세신고서] 7월 1일 ~ 9월 30일

구분		금액	세율	세액
신용매출전표수취/일반	41	150,000		15,000
신용매출전표수취/고정	42	2,500,000		250,000

4 대손세액공제신고서 작성자의 부가가치세신고서 작성

1. [대손세액공제신고서] 작성

		대손발생	대손변제							

기간 : 2025 년 10 ▼ 월 ~ 2025 년 12 ▼ 월   공제율 : 10/110

	당초공급일	대손사유	대손기준일	대손확정일	대손금액	대손세액	코드	거래상대방 상호	사업자등록번호	주민등록번호	성명
1	2025-01-15	부도 [6월 되는날]	2025-04-10	2025-10-11	13,200,000	1,200,000	00108	(주)페이스샵	621-81-22741		박창훈

2. [부가가치세신고서] 10월 1일 ~ 12월 31일

		구 분		금액	세율	세액
과세표준및매출세액	과세	세금계산서발급분	1	236,795,000	10/100	23,679,500
		매입자발행세금계산서	2		10/100	
		신용카드·현금영수증	3		10/100	
		기타	4		10/100	
	영세	세금계산서발급분	5		0/100	
		기타	6	69,907,500	0/100	
	예정신고누락분		7			
	대손세액가감		8			-1,200,000
	합계		9	306,702,500	㉮	22,479,500

3. [일반전표입력] 10월 11일

(차) 255.부가세예수금   1,200,000원   (대) 976.부도어음과수표(00108.(주)페이스샵) 13,200,000원
    835.대손상각비   12,000,000원

문제 3 결산

1 수동결산

[일반전표입력] 12월 31일
(차) 172.소모품   1,500,000원   (대) 530.소모품비   900,000원
                                   830.소모품비   600,000원

2 결산자료입력에 의한 자동결산

1. [결산자료입력]
 - 결산자료입력에서 기말 제품 재고액 60,000,000원을 입력하고 전표추가(F3) 를 클릭하여 결산분개를 생성한다.

2. [이익잉여금처분계산서] 메뉴
 - 이익잉여금처분계산서에서 처분일을 입력한 후, 전표추가(F3) 를 클릭하여 손익대체 분개를 생성한다.

문제 4 근로소득관리

1 가족관계증명서에 의한 사원등록

[사원등록]

		부양가족명세								(2025.12.31기준)		
	연말정산관계	기본	세대	부녀	장애	경로 70세	출산 입양	자녀	한부모	성명	주민(외국인)번호	가족관계
1	0.본인	본인	○							노은찬	내 770521-1229103	
2	1.(소)직계존속	60세이상				○				이현자	내 401112-2075529	04.모
3	3.배우자	배우자		3						오서인	내 780202-2011213	02.배우자
4	4.자녀,손자녀,입	20세이하					○			노윤영	내 110101-4231454	05.자녀
5	6.형제자매	부								노동찬	내 810203-1222226	22.제

① 오서인: 질병이 완치되었으나 완치 전일 기준으로 공제여부를 판단하므로 기본공제, 장애인(3) 공제 대상임.
② 이현자: 연금소득금액이 1,000,000원 이하이므로 기본공제 및 경로우대 공제 대상임.
③ 노윤영: 기타소득금액이 1,000,000원(필요경비 80% 차감) 이하 이므로 기본공제 대상임.
④ 노동찬: 사업소득금액이 1,000,000원 초과 이므로 공제 대상이 아님.

2 급여명세에 의한 급여자료

1. [수당등록]

수당등록	공제등록	비과세/감면설정	사회보험

	코드	수당명	과세구분	근로소득유형	
1	101	기본급	과세	1.급여	
2	102	상여	과세	2.상여	
3	200	직책수당	과세	1.급여	
4	201	자가운전보조금	과세	1.급여	
5	202	식대	비과세	2.식대	P01
6	203	자녀수당	과세	1.급여	

2. [급여자료입력]

급여항목	지급액	공제항목	공제액
기본급	4,000,000	국민연금	180,000
상여	2,000,000	건강보험	141,800
직책수당	300,000	고용보험	62,100
자가운전보조금	300,000	장기요양보험료	18,360
식대	300,000	소득세	550,270
자녀수당	200,000	지방소득세	55,020

3. [원천징수이행상황신고서]

귀속기간	2025 년 08 월 ~ 2025 년 08 월	지급기간 2025 년 08 월 ~ 2025 년 08 월	0.정기신고

1.신고구분 ☑매월 □반기 □수정 □연말 □소득처분 □환급신청 2.귀속연월 202508 3.지급연월 202508 일괄납부 ○여 ◉부 사업자단위 ○여 ◉부

원천징수내역	부표-거주자	부표-비거주자	부표-법인원천

	구분	코드	소득지급(과세미달,비과세포함)		징수세액				9.당월 조정 환급세액	10.소득세 등 (가산세 포함)	11.농어촌 특별세
			4.인원	5.총지급액	6.소득세 등	7.농어촌특별세	8.가산세				
근로소득	간이세액	A01	3	15,400,000	864,830						
	중도퇴사	A02									
	일용근로	A03									
	연말정산합계	A04									
	연말분납금액	A05									
	연말납부금액	A06									
	가 감 계	A10	3	15,400,000	864,830					864,830	

3 국세청연말정산간소화 및 이외의 자료를 기준으로 연말정산

[연말정산 근로소득원천징수영수증]

1. 보험료 세액공제

정산명세	소득명세	소득공제	의료비	기부금	신용카

	관계코드	성명	기	보험료	
	내외국인	주민등록번호	본	보장성	장애인
1	0	한성현	본인/세대주		
	1	900512-1887561			
2	3	이연진	배우자		
	1	880103-2774918			
3	2	김윤희	60세이상	1,200,000	
	1	520411-2222220			
4	4	한우주	20세이하		840,000
	1	070119-4030223			

2. 교육비 세액공제

정산명세	소득명세	소득공제	의료비	기부금	신용카

	관계코드	성명	기	교육비	교육비
	내외국인	주민등록번호	본	일반	장애인 특수교육
1	0	한성현	본인/세대주		
	1	900512-1887561			
2	3	이연진	배우자		
	1	880103-2774918			
3	2	김윤희	60세이상		
	1	520411-2222220			
4	4	한우주	20세이하		4,000,000
	1	070119-4030223			

3. 기부금세액공제

	정산명세	소득명세	소득공제	의료비	기부금	신용카드	연금투자	월세액	출산지원

| 해당연도 기부명세 | 기부금 조정명세 | 조정명세서 현황 | 급여공제내역 | | | | | | | | | 엑셀 |

● 1. 해당연도 기부명세

NO	기부자				기부처			유형	코드	기부명세			구분	내용
	관계	성명	내.외	주민번호	사업자번호	상호				건수	합계금액	기부대상액	장려금신청		
1	2.배우자	이연진	내	880103-2774918	116-82-14426	사회복지공동5	특례	10		1	1,700,000	1,700,000		국세청	금전

- 정치자금은 본인 지출분만 공제 가능함.

4. 월세액 세액공제

월세액									✕

2. 월세액 세액공제 명세 　　　　　　　　　　　　　　　　무주택자해당여부　◉ 여　○ 부

임대인성명 (상호)	주민(사업자)등 록번호	주택 유형	주택계약 면적(㎡)	임대차계약서상 주소지	임대차계약기간		월세액
					시작	종료	
김성수	731123-1111113	단독주택	85.00	서울특별시 관악구 관천로 62(신림	2024-04-01	2026-03-31	6,000,000

《 실무수행평가 》

11	12	13	14	15
③	23,500,000	32,367,000	6	150,000
16	17	18	19	20
33.51	2,500,000	④	−1,200,000	19,362,700
21	22	23	24	25
100,000	5,032,000	6,245,000	④	12,000,000
26	27	28	29	30
11,541,500	④	210,851,000	178,398,782	15,400,000
31	32	33	34	35
6,000,000	900,000	73,800,000	61,500,000	③
36	37	38	39	40
4	1,500,000	1,000,000	2,000,000	250,000
41	42	43	44	45
300,000	④	②	①	864,830
46	47	48	49	50
246,000	600,000	255,000	900,000	749,840

최신 기출문제 제75회

[실무이론평가]

1	2	3	4	5	6	7	8	9	10
③	②	②	①	①	③	④	③	④	①

01 ③
- 회계정보가 정보이용자에게 유용하기 위해서는 그 정보가 의사결정에 반영될 수 있도록 적시에 제공되어야 한다.

02 ②
- 대화 내용대로 주식을 발행하면 할증발행을 하게 된다.
- 주식의 액면금액 만큼 자본금이 증가하고, 주식발행초과금이 발생하여 자본잉여금이 증가하게 된다. 자본금과 자본잉여금이 증가한 만큼 총자본도 증가한다.

03 ②
- 매출원가 = 기초상품 재고분(150개 × 단위당 2,000원 = 300,000원)
  + 6월 1일 매입분(350개 × 단위당 1,500원 = 525,000원) = 825,000원

04 ①
- 토지의 장부금액이 재평가로 인하여 감소한 경우에 그 감소액은 당기손익으로 인식한다. 그러나 토지의 재평가로 인해 인식한 기타포괄손익의 잔액이 있다면 그 금액을 한도로 재평가감소액을 기타포괄손익에서 차감한다.
- 2025년도 말 토지 재평가 회계처리
(차) 재평가잉여금(자본)	500,000원	(대) 토지	900,000원
재평가손실(당기손익)	400,000원		

05 ①
- 3월 22일: (차) 대손충당금　　300,000원　(대) 매출채권　　300,000원
  9월 28일: (차) 현금　　100,000원　(대) 대손충당금　　100,000원
  12월 31일: (차) 대손상각비　　700,000원　(대) 대손충당금　　700,000원
  대손상각비　　100,000,000원 × 1% − 300,000원 = 700,000원

06 ③
- 재고자산평가손실은 매출원가로 당기손익에 영향을 미친다.

07 ④
- 가. 담보목적으로 부동산을 제공하는 경우 : 공급이 아님
  나. 매입세액공제를 받지 못한 재화를 거래처에 증정하는 경우 : 공급이 아님
  다. 특수관계인에게 부동산을 무상으로 임대하는 경우: 과세거래
  라. 건물을 교환한 경우 : 과세거래

08 ③
- 3,500,000원(수입세금계산서) + 2,200,000원(기계장치 유지보수) = 5,700,000원
- 거래처 접대용품 구입 관련 매입세액과 대표이사 업무용 승용차(3,500cc) 구입 관련 매입세액은 불공제 대상이다.

09 ④
- ① 연금계좌에서 연금 외 수령한 기타소득은 무조건 분리과세 대상 기타소득에 해당한다.
  ② 복권 당첨 소득 중 3억원 초과분은 30%의 세율로 원천징수한다.
  ③ 뇌물, 알선수재 등에 따라 받은 금품은 무조건 종합과세 대상 기타소득에 해당한다.
  산출세액의 계산: 6,240,000원 + (56,000,000 − 50,000,000) × 24% = 7,680,000원

10 ①
- 직장공제회 초과반환금은 무조건 분리과세대상이며, 이를 제외한 이자·배당소득의 합계액이 1,900만원으로 2,000만 원을 초과하지 않으므로 종합과세되지 아니한다. 그러므로 무조건 종합과세대상인 외국법인으로부터 받은 현금배당 금에 대해서만 종합과세한다.

[실무수행과제]

문제 1   거래자료입력

1 [일반전표입력] 3월 4일

(차) 933.기부금	8,000,000원	(대) 101.현금	8,000,000원
또는 (출) 933.기부금	8,000,000원		

[영수증수취명세서 (2)]

	거래일자	상 호	성 명	사업장	사업자등록번호	거래금액	구분	계정코드	계정과목
□	2025-02-25	베스트문구	베스트	서울 구로구 천호대로 1004	514-81-35782	35,000		829	사무용품비
□	2025-03-04	(재)조은교육재단		서울 강남구 강남대로 252(도곡동	101-82-21513	8,000,000	20	933	기부금

[영수증수취명세서 (1)]

1. 세금계산서, 계산서, 신용카드 등 미사용내역

9. 구분	3만원 초과 거래분		
	10. 총계	11. 명세서제출 제외대상	12. 명세서제출 대상(10-11)
13. 건수	2	1	1
14. 금액	8,035,000	8,000,000	35,000

2. 3만원 초과 거래분 명세서제출 제외대상 내역

구분	건수	금액	구분	건수	금액
15. 읍, 면 지역 소재			26. 부동산 구입		
16. 금융, 보험 용역			27. 주택임대용역		
17. 비거주자와의 거래			28. 택시운송용역		
18. 농어민과의 거래			29. 전산발매통합관리시스템가입자와의		
19. 국가 등과의 거래			30. 항공기항행용역		
20. 비영리법인과의 거래	1	8,000,000	31. 간주임대료		
21. 원천징수 대상사업소			32. 연체이자지급분		
22. 사업의 양도			33. 송금명세서제출분		
23. 전기통신, 방송용역			34. 접대비필요경비부인분		
24. 국외에서의 공급			35. 유료도로 통행료		
25. 공매, 경매, 수용			36. 합계	1	8,000,000

2 [일반전표입력]

1. [어음등록]

어음책등록		✕
1. 수 령 일	2025-03-10	?
2. 어 음 종 류	4.전자 ▼	
3. 구 분	수령	
4. 어 음 으 로 대 체	▼	
5. 금 융 기 관	98000	? 국민은행(보통)
6. 시 작 어 음 번 호		004202503101234 ?
7. 매 수	1	

전자어음일괄등록	등록(F3)	편집(F4)	종료(Esc)

2. [일반전표입력] 3월 10일

(차) 251.외상매입금(00101.(주)예성전자) 15,000,000원   (대) 252.지급어음(00101.(주)예성전자) 15,000,000원

- [거래처원장] (주)예성전자의 외상매입금 잔액 조회

3. [지급어음관리]

어음상태	2 발행	어음번호	00420250310123456789	어음종류	4 전자	발행일	2025-03-10
만기일	2025-09-10	지급은행	98000 국민은행(보통)	지점	삼성		

3 [일반전표입력] 4월 20일

(차) 305.외화장기차입금(01230.Craft.co.kr) 48,000,000원   (대) 103.보통예금(99500.하나은행(보통)) 52,800,000원
    932.외환차손   4,800,000원

* 외화장기차입금 장부금액: 48,000,000원($40,000 × 1$당 1,200원)
* 외화장기차입금 보통예금 지급액: 52,800,000원($40,000 × 1$당 1,320원)

문제 2 부가가치세관리

1 전자세금계산서 발급

1. [매입매출전표] 4월 24일 (복수거래)

거래유형	품명	공급가액	부가세	거래처	전자세금
11.과세	에어팟 프로 외	15,000,000	1,500,000	02000.(주)오성전자	전자발행
분개유형	(차) 101.현금		16,500,000원	(대) 404.제품매출	15,000,000원
1.현금				255.부가세예수금	1,500,000원

2. [전자세금계산서 발행 및 내역관리]

① 미전송된 내역이 조회되면, 미전송내역을 체크한 후 전자발행▼을 클릭하여 표시되는 로그인 화면에서 확인(Tab)
   클릭

② '전자세금계산서 발행' 화면이 조회되면 발행(F3) 버튼을 클릭한 다음 확인(Tab) 클릭

③ 국세청란에 '발행대상'으로 표시되면 ACADEMY 전자세금계산서 를 클릭

④ [Bill36524 교육용전자세금계산서] 화면에서 [로그인]을 클릭

⑤ 좌측화면: [세금계산서 리스트]에서 [미전송]으로 체크 후 [매출조회]를 클릭
   우측화면: [전자세금계산서]에서 [발행]을 클릭

⑥ [발행완료되었습니다.] 메시지가 표시되면 확인(Tab) 클릭

2 수정전자세금계산서 발급

1. [수정세금계산서 발급]

① [매입매출전표 입력] 4월 2일 전표 선택 ➔ 수정세금계산서 클릭 ➔ [수정사유] 화면에서 [1. 기재사항 착오·정정,
   착오항목: 1. 공급가액 및 세액] 선택 후 확인(Tab)을 클릭

② [수정세금계산서(매출)] 화면에서 수정분 [수량 500] [단가 50,000원] 입력을 통해 공급가액과 세액을 반영한 후 확인(Tab)을 클릭

수정세금계산서(매출)

수정입력사유			1 기재사항 착오 정정		기재사항착오항목		1. 공급가액 및 세액					

구분	년	월	일	유형	품명	수량	단가	공급가액	부가세	합계	코드	거래처명	사업.주민번호
당초분	2025	04	02	과세	휴대용공청기	300	50,000	15,000,000	1,500,000	16,500,000	00105	(주)정밀전자	135-81-22099
수정분	2025	04	02	과세	휴대용공청기	-300	50,000	-15,000,000	-1,500,000	-16,500,000	00105	(주)정밀전자	135-81-22099
수정분	2025	04	02	과세	휴대용공청기	500	50,000	25,000,000	2,500,000	27,500,000	00105	(주)정밀전자	135-81-22099
					합 계			25,000,000	2,500,000	27,500,000			

당초승인번호 :   수량을 입력합니다. [환경설정 확인]

참고사항   복수거래(F7)   확인(Tab)   취소(Esc)

③ [매입매출전표입력] 4월 2일에 수정분 2건이 입력된다.

거래유형	품명	공급가액	부가세	거래처	전자세금
11.과세	휴대용공청기	-15,000,000	-1,500,000	00105.(주)정밀전자	전자발행
분개유형	(차) 108.외상매출금	-16,500,000원		(대) 404.제품매출	-15,000,000원
2.외상				255.부가세예수금	-1,500,000원

거래유형	품명	공급가액	부가세	거래처	전자세금
11.과세	휴대용공청기	25,000,000	2,500,000	00105.(주)정밀전자	전자발행
분개유형	(차) 108.외상매출금	27,500,000원		(대) 404.제품매출	25,000,000원
2.외상				255.부가세예수금	2,500,000원

2. [전자세금계산서 발행 및 내역관리]

① 전자세금계산서 발행 및 내역관리 를 클릭하면 수정 전표 2매가 미전송 상태로 조회된다.

② 해당내역을 클릭하여 전자세금계산서 발급(발행) 및 국세청 전송을 한다.

3 매입세액불공제내역 작성자의 부가가치세 신고서 작성

1. [매입매출전표입력] 7월 20일

거래유형	품명	공급가액	부가세	거래처	전자세금
51.과세	원재료	12,000,000	1,200,000	00106.세일산업(주)	전자입력
분개유형	(차) 153.원재료	12,000,000원		(대) 251.외상매입금	13,200,000원
2.외상	135.부가세대급금	1,200,000원			

2. [매입세액불공제내역] 7월 ~ 9월

기간: 2025 년 07 ▼ 월 ~ 2025 년 09 ▼ 월

	2.공제받지 못할 매입세액 내역		3.공통매입세액 안분계산 내역		4.공통매입세액의 정산내역		5.납부세액 또는 환급세액 재계산 내역	

	계산식	구분	과세.면세 사업등 공통매입		(12)총공급가액 등 (총예정사용면적)	(13)면세공급가액 등 (총예정사용면적)	(14)불공제 매입세액 (⑫×⑬÷⑫)
			(10)공급가액	(11)세액			
1	1.공급가액기준		12,000,000	1,200,000	400,000,000	100,000,000	300,000

3. [부가가치세신고서] 7월 1일 ~ 9월 30일

공제받지못할매입세액명세

16 공제받지 못할매입 세액명세	구분		금액	세액
	공제받지못할매입세액	50		
	공통매입세액면세사업	51	3,000,000	300,000
	대손처분받은세액	52		
	합계	53	3,000,000	300,000

4. [일반전표입력] 9월 30일

(차) 153.원재료   300,000원   (대) 135.부가세대급금   300,000원

4 의제매입세액공제신고사업자의 부가가치세신고서 작성

1. [거래자료입력]
- [매입매출전표입력] 10월 10일

거래유형	품명	공급가액	부가세	거래처	전자세금
53.면세	호두	1,000,000		00601.365마트	
분개유형	(차) 153.원재료	1,000,000원	(대) 101.현금		1,000,000원
1.현금	(적요: 6.의제매입세액 원재료차감)				

- [매입매출전표입력] 10월 15일

거래유형	품명	공급가액	부가세	거래처	전자세금
60.면건	아몬드	450,000		03200.이농산	
분개유형	(차) 153.원재료	450,000원	(대) 101.현금		450,000원
1.현금	(적요: 6.의제매입세액 원재료차감)				

2. [의제매입세액공제신고서] 10월 ~ 12월
- 매입처명세

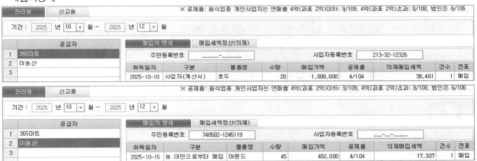

- 매입세액정산(의제)

815

3. [부가가치세신고서] 10월 1일 ~ 12월 31일

그밖의공제매입세액	14	1,450,000		55,769

4. [일반전표입력] 12월 31일
(차) 135.부가세대급금　　　　　　　　　　　55,769원　　(대) 153.원재료　　　　　　　　　　　55,769원
또는
(차) 153.원재료　　　　　　　　　　　　　　-55,769원
(차) 135.부가세대급금　　　　　　　　　　　55,769원

문제 3 결산

1 수동결산

[일반전표입력] 12월 31일
(차) 116.미수수익　　　　　　　　　　　　500,000원　　(대) 901.이자수익　　　　　　　　　　　500,000원
※ 미수수익: 50,000,000원×4%×3/12＝500,000원

2 결산자료입력에 의한 자동결산

1. [결산자료입력]
- 결산자료입력에서 재공품 7,600,000원, 제품 11,640,000원을 입력하고 전표추가(F3) 를 클릭하여 결산분개를 생성한다.

2. [이익잉여금처분계산서] 메뉴
- 이익잉여금처분계산서에서 처분일을 입력한 후, 전표추가(F3) 를 클릭하여 손익대체 분개를 생성한다.

문제 4 근로소득관리

1 주민등록등본에 의한 사원등록

[사원등록]

				(2025. 12. 31 기준)							

● 부양가족명세

	연말정산관계	기본	세대	부녀	장애	경로 70세	출산 입양	자녀	한부모	성명	주민(외국인)번호	가족관계
1	0.본인	본인								배수진	내 800117-2247093	
2	3.배우자	배우자								김준수	내 750915-1927317	02.배우자
3	4.자녀,손자녀,입	20세 이하						○		김수호	내 060305-3111116	05.자녀
4	4.자녀,손자녀,입	20세 이하						○		김수현	내 090619-4180212	05.자녀
5	4.자녀,손자녀,입	20세 이하					○(3)			김수영	내 250127-3111152	05.자녀

① 배수진: 근로소득금액이 3천만원을 초과하므로 부녀자공제 대상은 아님.
② 김준수: 이자소득은 분리과세 대상이고, 총급여액이 500만원이므로 기본공제 대상임.
③ 김수호: 만 20세 이하이고, 사업소득금액이 100만원 이하 이므로 기본공제 대상임.
④ 김수현: 만 20세 이하이고, 소득금액 100만원 이하 이므로 기본공제 대상임.
⑤ 김수영: 해당연도 출산입양공제(셋째) 대상임.

2 중도퇴사자의 원천징수

1. [사원등록]
- 사원등록에서 퇴사년월일 입력

20. 퇴 사 년 월 일	2025 년	10 월	31 일

2. [수당/공제등록]

	코드	수당명	과세구분	근로소득유형
1	101	기본급	과세	1.급여
2	102	상여	과세	2.상여
3	200	직책수당	과세	1.급여
4	201	자가운전보조금	비과세	3.자가운전 H03
5	202	식대	비과세	2.식대 P01

수당등록 **공제등록** 비과세/감면설정 사회보험

	코드	공제항목명	공제소득유형
1	501	국민연금	0.무구분
2	502	건강보험	0.무구분
3	503	고용보험	0.무구분
4	504	장기요양보험료	0.무구분
5	505	학자금상환액	0.무구분
6	903	농특세	0.사용
7	600	건강보험료정산	2.건강보험료정산
8	601	장기요양보험료정산	4.장기요양보험료정산

3. [급여자료입력]
- 급여자료를 입력한 후, [중도퇴사자 정산]을 클릭하여 연말정산 결과를 반영한다.

귀속년월 2025 년 10 월 구분 1.급여 지급일 2025 년 10 월 31 일 ? 정렬 1.코드

	코드	사원명	직급	감면율
☐	1010	구성태		
☐	1020	김문성(중도인		
☐	1030	배수진		

급여항목	지급액
기본급	5,000,000
직책수당	500,000
자가운전보조금	200,000
식대	200,000

공제항목	공제액
국민연금	225,000
건강보험	177,250
고용보험	49,500
장기요양보험료	22,950
건강보험료정산	18,210
장기요양보험료정산	1,200
소득세	-211,630
지방소득세	-21,130

4. [원천징수이행상황신고서]

귀속기간 2025 년 10 월 ~ 2025 년 10 월 지급기간 2025 년 10 월 ~ 2025 년 10 월 0.정기신고

1.신고구분 ☑매월 ☐반기 ☐수정 ☐연말 ☐소득처분 ☐환급신청 2.귀속연월 202510 3.지급연월 202510 일괄납부 ○여 ⊙부 사업자단위 ○여

	구분	코드	소득지급(과세미달,비과세포함)		징수세액			9.당월 조정 환급세액	10.소득세 등 (가산세 포함)	11.농어촌특별세
			4.인원	5.총지급액	6.소득세 등	7.농어촌특별세	8.가산세			
근로소득	간이세액	A01	3	16,100,000	569,330					
	중도퇴사	A02	1	53,700,000	-211,630					
	일용근로	A03								
	연말정산합계	A04								
	연말분납금액	A05								
	연말납부금액	A06								
	가 감 계	A10	4	69,800,000	357,700				357,700	

3 국세청연말정산간소화 및 이외의 자료를 기준으로 연말정산

[사원등록]
- 부양가족명세에서 정미주 장애(3) 수정

● 부양가족명세 (2025.12.31기준)

	연말정산관계	기본	세대	부녀	장애	경로70세	출산입양	자녀	한부모	성명	주민(외국인)번호	가족관계
1	0.본인	본인	○							구성태	내 741011-1111113	
2	3.배우자	배우자			3					정미주	내 790502-2222221	02.배우자
3	1.(소)직계존속	60세이상				○				구영철	내 421110-1919012	03.부
4	4.자녀,손자녀,입	부								구유진	내 990203-2111116	05.자녀
5	4.자녀,손자녀,입	20세이하					○			구유빈	내 070203-3023180	05.자녀

① 정미주: 복권당첨 소득은 분리과세 되므로, 기본공제 대상임.
② 구영철: 사적연금소득 1,500만원 이하는 분리과세 되므로 기본공제 대상임.

[연말정산 근로소득원천징수영수증]

1. 신용카드 소득공제

정산명세	소득명세	소득공제	의료비	기부금	신용카드	연금투자	월세액	출산지원

● 1. 공제대상자및대상금액

공제대상자			신용카드 등 사용액공제							
내.외 관 계 성 명 생년월일	구분	⑤소계(⑥+ ⑦+⑧+⑨+ ⑩+⑪)	⑥신용카드	⑦직불선불카드	⑧현금영수증	⑨도서공연박물관미술관사용분(총급여 7천만원…)			⑩ 전통시장 사용분	⑪ 대중교통 이용분
						신용카드	직불선불카드	현금영수증		
내 구성태 본인 1974-10-11	국세청자료 그밖의자료									
내 구영철 1 1942-11-10	국세청자료 그밖의자료	2,320,000			2,320,000					
내 정미주 3 1979-05-02	국세청자료 그밖의자료	17,700,000	15,500,000							2,200,000

2. 의료비 세액공제

정산명세	소득명세	소득공제	의료비	기부금	신용카드	연금투자	월세액	출산지원

● 지 급 내 역

	공제대상자				지급처			지급명세		
	부양가족 관계코드	성명	내 외	주민등록번호	본인등 해당여부	상호	사업자번호	의료증빙 코 드	건수	지급액	실손의료보험금
1	배우자	정미주	내	790502-2222221	○			국세청	1	5,900,000	
2	직계비속(자녀,입	구유빈	내	070203-3023180	×			국세청	1	6,400,000	

3. 교육비 세액공제

- 대학원 교육비는 본인명의만 공제 대상임.

4. 장기주택저당차입금 소득공제

주택자금			×
내 역		불입 / 상환액	공제대상금액
⑨청약저축(연 납입 300만원 한도)			
⑪주택청약종합저축(무주택확인서 제출후 연 납입 300만원 한도)			
⑫근로자 주택마련 저축(월 납입 15만원 한도), 연 180만원 한도)			
40.주택마련저축(⑨~⑪) 연 400만원 한도			
주택임차 차입금 원리금상환액	①대출기관		
	②거주자 (총급여액 5천만원 이하) >		
34⑨.주택임차차입금원리금상환액(①+②) 40+34⑨ <= 연 400만			
장기주택 저당차입금 이자상환액	2011년 이전 차입분	상환 15년미만(한도600)		
		상환 15년~29년(한도1,000)		
		상환 30년이상(한도1,500)		
	2011년 이전(15년 이상상환)	고정and비거치 (2,000)		
		고정 or비거치(1,800)		
	2012년 이후 차입분	15년 이상 상환	고정and비거치 (한도2,000)		
			고정 or비거치 (한도1,800)	20,000,000	18,000,000
			기타상환 (한도800)		
		10~15 년미만	고정금리 or비거치(한도600)		
34⑪.장기주택저당차입금 이자 상환액계			20,000,000	18,000,000
합 계 (40+34⑨+34⑪)			20,000,000	18,000,000

11	12	13	14	15
②	15,000,000	33	1	00106
16	17	18	19	20
50,000,000	16,830,453	3,000,000	55,769	②
21	22	23	24	25
35,000	16,000,000	8,745,000	74,467,810	100,000
26	27	28	29	30
300,000	500,000	2,512,569	15,000,000	②
31	32	33	34	35
27,994,741	80,786,130	716,753,942	3,520,000	③
36	37	38	39	40
5	1,500,000	①	2	700,000
41	42	43	44	45
400,000	5,638,650	69,800,000	2,021,410	3,078,313
46	47	48	49	50
④	18,000,000	0	1,494,000	①

최신 기출문제 제76회

[실무이론평가]

1	2	3	4	5	6	7	8	9	10
②	①	③	②	③	④	①	②	①	②

01 ②
- 기업실체의 가정이란 기업을 소유주와는 독립적으로 존재하는 회계단위로 간주하고 기업을 하나의 회계단위의 관점에서 그 경제활동에 대한 재무정보를 측정, 보고하는 것을 말한다.

02 ①

수 량	장부상 단가 (가)	단위당 예상 판매가격 ①	단위당 예상 판매비용 ②	단위당 예상 순실현가능가치 (나)=①-②	단위당 평가손실 (가)-(나)
2,000개	200원	220원	100원	120원	80원

- 재고자산평가손실 = 2,000개 × 80원 = 160,000원

03 ③
- 자본조정 - 주식할인발행차금

04 ②
- 재고자산 매출 시 지급된 운반비는 판매비와관리비에 포함

05 ③
- 2024.09.01. 주식 취득 시

   (차) 단기매매증권   1,500,000원   (대) 현금   1,500,000원

   2024.12.31.

   (차) 단기매매증권   600,000원   (대) 단기매매증권평가이익   600,000원

   2025.10.01. 주식처분

   (차) 현금   2,000,000원   (대) 단기매매증권   2,100,000원

       단기매매증권처분손실   100,000원

06 ④
- 2025년 8월 1일 장부금액 = 24,000,000원(처분금액) - 2,500,000원(처분이익)

   = 21,500,000원
- 2025년 감가상각비 = 25,000,000원(2024년 장부금액) - 21,500,000원(2025년 8월 1일 장부금액)

   = 3,500,000원

07 ①
- 부동산임대업을 하는 사업자가 특수관계인에게 건물을 사무실로 무상 임대하는 경우에는 부가가치세가 과세된다.

08 ②
- 매출세액: 30,000,000원 × 10% + 12,000,000원 × 0% = 3,000,000원
- 매입세액: 11,000,000원 × 10% + 15,000,000원 × 10% = 2,600,000원
- 납부세액: 3,000,000원 - 2,600,000원 = 400,000원

09 ①
- 계약의 해약으로 인한 배상금은 기타소득이며, 이를 제외한 이자·배당소득의 합계액이 1,600만원으로 2,000만원을 초과하지 않아 종합과세 되지 아니한다.

그러므로 무조건 종합과세대상인 외국법인으로부터 받은 배당에 대해서만 종합과세한다.

10 ②
- ① 대표자 본인에 대한 급여는 필요경비로 인정되지 않는다.
- ③ 국내 소재 1주택(고가주택임)의 임대소득은 비과세 사업소득에 해당하지 않는다.
- ④ 분리과세되는 사업소득은 없다.

[실무수행과제]

문제 1 거래자료입력

1 [일반전표입력] 3월 25일

(차) 519.임차료　　　　　　　　　　1,650,000원　(대) 103.보통예금(98000.하나은행(보통))　1,650,000원

[경비등의송금명세서]

번호	⑥거래일자	⑦법인명(상호)	⑧성명	⑨사업자(주민)등록번호	⑩거래내역	⑪거래금액	⑫송금일자	CO	⑬은행명	⑭계좌번호	계정코드
1	2025-03-25	지승환	지승환	123-12-12345	3월 임차료	1,650,000	2025-03-25	004	국민은행	801210-52-072659	

2 [일반전표입력] 3월 31일

(차) 295.퇴직급여충당부채　　　　24,000,000원　(대) 198.퇴직연금운용자산(99501.조은생명)　24,000,000원

3 [일반전표입력] 4월 7일

(차) 103.보통예금(98001.국민은행(보통))　100,000,000원　(대) 293.장기차입금(03155.중소벤처기업진흥공단)　40,000,000원
　　　　　　　　　　　　　　　　　　　　　　　104.정부보조금　　　　　　　　　　　60,000,000원

문제 2 부가가치세관리

1 전자세금계산서 발급

1. [매입매출전표입력] 4월 30일

거래유형	품명	공급가액	부가세	거래처	전자세금
12.영세	물광톤업 세럼	2,425,000		01122.(주)스물무역	전자발행
분개유형	(차) 108.외상매출금		2,425,000원	(대) 404.제품매출	2,425,000원
2.외상					

2. [전자세금계산서 발행 및 내역관리]
- ① 미전송된 내역이 조회되면, 미전송내역을 체크한 후 전자발행 ▼을 클릭하여 표시되는 로그인 화면에서 확인(Tab) 클릭
- ② '전자세금계산서 발행' 화면이 조회되면 발행(F3) 버튼을 클릭한 다음 확인(Tab) 클릭
- ③ 국세청란에 '발행대상'으로 표시되면 ACADEMY 전자세금계산서 를 클릭
- ④ [Bill36524 교육용전자세금계산서] 화면에서 [로그인]을 클릭
- ⑤ 좌측화면: [세금계산서 리스트]에서 [미전송]으로 체크 후 [매출조회]를 클릭
　　우측화면: [전자세금계산서]에서 [발행]을 클릭
- ⑥ [발행완료되었습니다.] 메시지가 표시되면 확인(Tab) 클릭

2 **수정전자세금계산서의 발급**

1. [매입매출전표입력]

① [매입매출전표입력] 4월 9일 전표선택 ➡ 수정세금계산서 클릭 ➡ 수정사유(2.공급가액변동)를 선택 ➡ [확인(Tab)]을 클릭

② [수정세금계산서(매출)] 화면에서 수정분 [작성일 5월 2일], [공급가액 -300,000원], [세액 -30,000원]을 입력한 후 [확인(Tab)] 클릭

수정세금계산서(매출)

수정입력사유	2	공급가액 변동			당초(세금)계산서작성		2025-04-09					
구분	년 월 일	유형	품명	수량	단가	공급가액	부가세	합계	코드	거래처명	사업.주민번호
당초분	2025 04 09	과세	화이트닝 홀세!	50	200,000	10,000,000	1,000,000	11,000,000	00107	(주)유림산업	110-81-24986
수정분	2025 05 02	과세	매출에누리			-300,000	-30,000	-330,000	00107	(주)유림산업	110-81-24986
		합 계				9,700,000	970,000	10,670,000			

당초승인번호 :

참고사항 복수거래(F7) 확인(Tab) 취소(Esc)

③ [매입매출전표입력] 5월 2일

거래유형	품명	공급가액	부가세	거래처	전자세금
11.과세	매출에누리	-300,000	-30,000	00107.(주)유림산업	전자발행
분개유형	(차) 108.외상매출금 -330,000원			(대) 404.제품매출 -300,000원	
2.외상				255.부가세예수금 -30,000원	

2. [전자세금계산서 발행 및 내역관리]

① 전자세금계산서 발행 및 내역관리 를 클릭하면 수정 전표 1매가 미전송 상태로 나타난다.

② 해당내역을 클릭하여 전자세금계산서 발행 및 국세청 전송을 한다.

3 **수출실적명세서 작성자의 부가가치세 신고서 작성**

1. [매입매출전표입력] 8월 24일

거래유형	품명	공급가액	부가세	거래처	전자세금
16.수출	WHITE-SERUM	13,250,000		03010.MAC Co., Ltd.	
분개유형	(차) 103.보통예금 13,250,000원			(대) 404.제품매출	13,250,000원
3.혼합	(98100.외환은행(외화))				

2. [수출실적명세서] 7월 ~ 9월

기간: 2025 년 07 월 ~ 2025 년 09 월	※ [주의] 상단 신고기간의 범위안에 입력된 선적일을 기준으로 조회됩니다.				선적일자순
구 분	건 수	외화금액	원화금액		비 고
⑨합 계	1	10,000.00	13,250,000		
⑩수 출 한 재 화	1	10,000.00	13,250,000		
⑪기타영세율적용					기타영세율은 하단상세내역에 입력

NO	☐	수출신고번호	기타영세율건수	(14)선(기)적일자	(15)통화코드	(16)환율	(17)외화	(18)원화
1	☐	11863-19-120643-X		2025-08-24	USD	1,325.0000	10,000.00	13,250,000

3. [부가가치세신고서] 7월 1일 ~ 9월 30일

영세	세금계산서발급분	5	5,000,000
	기타	6	13,250,000

4 대손세액공제신고서 작성자의 부가가치세신고서 작성

1. [대손세액공제신고서] 10월 ~ 12월

	대손발생	대손변제								

기간: 2025 년 10 월 ~ 2025 년 12 월   공제율 : 10/110

	당초공급일	대손사유	대손기준일	대손확정일	대손금액	대손세액	코드	거래상대방 상호	사업자등록번호	주민등록번호	성명
1	2024-03-30	대손금 회수	2024-10-24	2025-10-24	-3,300,000	-300,000	02200	지용전자(주)	113-81-43454		문지용

2. [부가가치세신고서] 10월 1일 ~ 12월 31일

기 간: 2025 년 10 월 01 일 ~ 2025 년 12 월 31 일 ? 신고구

	구 분			금액	세율	세액
과세표준및매출세액	과세	세금계산서발급분	1	270,000,000	10/100	27,000,000
		매입자발행세금계산서	2		10/100	
		신용카드·현금영수증	3		10/100	
		기타	4		10/100	
	영세	세금계산서발급분	5		0/100	
		기타	6		0/100	
	예정신고누락분		7			
	대손세액가감		8			300,000
	합계		9	270,000,000	㉮	27,300,000

3. 부가가치세신고서 작성(전자신고세액공제)

	구분		금액	세율	세액
18 그 밖의 경감공제세액명세	전자신고및전자고지	54			10,000
	전자세금발급세액	55			
	택시운송사업자경감세	56			
	대리납부 세액공제	57			
	현금영수증사업자세액	58			
	기타	59			
	합계	60			10,000

4. [일반전표입력] 10월 24일

(차) 103.보통예금(98005.신한은행(보통))   3,300,000원   (대) 255.부가세예수금   300,000원
　　　　　　　　　　　　　　　　　　　　　　　　　　　　　　　　　　109.대손충당금   3,000,000원

문제 3 결산

1 수동결산

[일반전표입력] 12월 31일
(차) 293.장기차입금(98500.농협은행(차입))   20,000,000원   (대) 264.유동성장기부채(98500.농협은행(차입))   20,000,000원

2 결산자료입력에 의한 자동결산

[결산자료입력 1]
- 단기대여금 대손상각비 설정액: 64,500,000원×1% - 500,000원 = 145,000원
① 방법 1. [결산자료입력]
　　기타의 대손상각비란에 단기대여금 145,000원 입력
② 방법 2. [일반전표입력] 12월 31일
(차) 934.기타의대손상각비   145,000원   (대) 115.대손충당금   145,000원

[결산자료입력 2]
결산자료입력에서 기말 원재료 3,000,000원, 재공품 2,000,000원, 제품 750,000원을 입력하고 전표추가(F3) 를 클릭하여 결산분개를 생성한다.

[이익잉여금처분계산서]
- 이익잉여금처분계산서에서 처분일을 입력한 후, 전표추가(F3) 를 클릭하여 손익대체 분개를 생성한다.

문제 4 근로소득관리

1 가족관계증명서에 의한 사원등록

[사원등록] 메뉴의 부양가족명세

	연말정산관계	기본	세대	부녀	장애	경로70세	출산입양	자녀	한부모	성명	주민(외국인)번호	가족관계
						(2025. 12. 31 기준)						
1	0.본인	본인								박복순	내 800117-2247093	
2	1.(소)직계존속	60세이상		1		○				박병준	내 421110-1919012	03.부
3	1.(소)직계존속	60세이상				○				정말자	내 401112-2075529	04.모
4	3.배우자	배우자								류근덕	내 741011-1111113	02.배우자
5	4.자녀,손자녀,입	20세이하					○			류선재	내 150812-3985717	05.자녀
6	4.자녀,손자녀,입	20세이하								류임솔	내 180310-4231457	05.자녀

① 박복순: 종합소득금액 3천만원 초과로 부녀자공제 대상은 아님.
② 박병준: 해당 연도 사망이므로 기본공제, 장애인, 경로자우대공제 대상임.
③ 정말자: 복권당첨소득은 분리과세 대상이므로, 기본공제, 경로자우대공제 대상임.
④ 류근덕: 실업급여는 과세대상이 아니며, 일용근로소득은 분리과세 대상이므로 기본공제 대상임.
⑤ 류선재: 기타소득금액이 100만원 이하(필요경비 80%) 이고, 20세 이하이므로 기본공제 대상임.
⑥ 류임솔: 소득이 없는 20세 이하(7세이므로 자녀세액공제 대상은 아님)로 기본공제 대상임.

2 급여명세에 의한 급여자료

1. [수당등록]

	코드	수당명	과세구분	근로소득유형
1	101	기본급	과세	1.급여
2	102	상여	과세	2.상여
3	200	자녀수당	과세	1.급여
4	201	자가운전보조금	과세	1.급여
5	202	식대	비과세	2.식대 P01
6	203	직무발명보상금	비과세	17.직무발명보상금 R11

[공제등록]

	코드	공제항목명	공제소득유형
1	501	국민연금	0.무구분
2	502	건강보험	0.무구분
3	503	고용보험	0.무구분
4	504	장기요양보험료	0.무구분
5	505	학자금상환액	0.무구분
6	903	농특세	0.사용
7	600	상조회비	0.무구분

2. [급여자료입력]

급여항목	지급액	공제항목	공제액
기본급	3,000,000	국민연금	135,000
상여	3,000,000	건강보험	106,350
자녀수당	500,000	고용보험	61,650
자가운전보조금	300,000	장기요양보험료	13,770
식대	250,000	상조회비	20,000
직무발명보상금	5,000,000	소득세	429,160
		지방소득세	42,910

3. [원천징수이행상황신고서]
- 귀속기간: 3월 ~ 3월, 지급기간: 3월 ~ 3월

3 국세청연말정산간소화 및 이외의 자료를 기준으로 연말정산

[연말정산 근로소득원천징수영수증]

1. 종전근무지 입력

정산명세	소득명세	소득공제	의료비	기부금	신용카드

구분/항목	계	종전1
근무처명		(주)용두리산업
사업자등록번호(숫자10자리입력)		305-86-11110
13.급여	50,000,000	14,000,000
14.상여	7,000,000	7,000,000
15.인정상여		
15-1.주식매수선택권행사이익		
15-2.우리사주조합인출금		
15-3.임원퇴직소득한도초과액		
15-4.직무발명보상금		
16.급여계	57,000,000	21,000,000
미제출비과세		
건강보험료	1,809,910	533,750
장기요양보험료	198,240	33,040
국민연금보험료	2,315,000	695,000
고용보험료	464,000	140,000
소득세	1,875,680	
지방소득세	187,520	

2. 의료비 세액공제

정산명세	소득명세	소득공제	의료비	기부금	신용카드	연금투자	월세액	출산지원

● 지급내역

	공제대상자					지급처			지급명세		
	부양가족 관계코드	성명	내 외	주민등록번호	본인등 해당여부	상호	사업자번호	의료증빙 코 드	건수	지급액	실손의료보험금
1	배우자	홍해인	내	880103-2774918	×			국세청	1	1,800,000	
2	형제자매	백현태	내	980305-1111119	×			국세청	1	1,000,000	

※ 미용목적의 성형수술비용은 의료비 공제 대상이 아님.

3. 보험료 세액공제

정산명세	소득명세	소득공제	의료비	기부금	신용카드

	관계 코드	성 명	기	보험료	
	내외 국인	주민등록번호	본	보장성	장애인
1	0	백현우	본인/세대주	900,000	
	1	900512-1887561			
2	3	홍해인	부		
	1	880103-2774918			
3	1	백두관	부		
	1	520411-1222227			
4	1	전봉애	60세이상		
	1	500102-2111119			
5	4	백호열	20세이하		
	1	120123-4070012			
6	6	백현태	부		
	1	980305-1111119			

※ 저축성보험은 보험료 공제대상이 아니며, 백두관(직계존속)은 기본공제대상자가 아니므로 보험료 공제 대상이 아님.

4. 교육비 세액공제

관계코드	성 명	기	교육비		
내외국인	주민등록번호	본	구분	일반	장애인특수교육
0	백현우	본인/세대주	본인		
1	900512-1887561				
3	홍혜인	부			
1	880103-2774918				
1	백두관	부			
1	520411-1222227				
1	전봉애	60세 이상			
1	500102-2111119				
4	백호열	20세 이하	초중고	300,000	
1	120123-4070012				
6	백현태	부			
1	980305-1111119				

교육비(국세청) ✕

초 중 고 교 육 비	0
중 고 생 교 복 구 입 비	0
초 중 고 체 험 학 습 비	300,000

※ 교육비 한도 : 300만원 (교육비 + 교복 + 체험)
  1. 교복구입비 (중/고생 1명당 50만원 한도)
  2. 체험학습비 (초/중/고생 1명당 30만원 한도)

5. 연금저축 공제
- 연금저축은 본인만 공제가능함.

6. 정산명세 조회

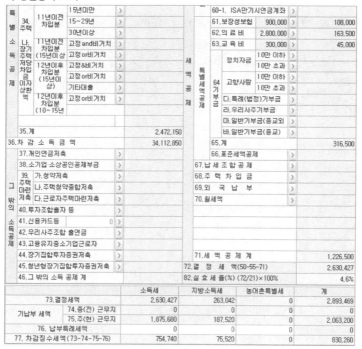

특별소득공제	34.주택	11년이전 차입분	15년미만	>			60-1. ISA만기시연금계좌	>	
			15~29년	>			61.보장성보험	900,000 >	108,000
			30년이상	>			62.의료비	2,800,000 >	163,500
	나.장기주택저당차입금이자상환액	11년이전 차입분(15년이상)	고정and비거치	>		세액공제	63.교육비	300,000 >	45,000
		12년이후 차입분(15년이상)	고정or비거치	>			특별세액공제	정치자금	10만 이하	
			고정&비거치	>					10만 초과	
			고정or비거치	>			64기부금	고향사랑	10만 이하	
			기타대출	>					10만 초과	
		12년이후 차입분(10~15년)	고정or비거치	>				다.특례(법정)기부금	>	
								라.우리사주기부금	>	
	35.계			2,472,150				마.일반기부금(종교외)	>	
36.차감소득금액				34,112,850				바.일반기부금(종교)	>	
그 밖의 소득공제	37.개인연금저축			>			65.계		316,500
	38.소기업·소상공인공제부금			>			66.표준세액공제		>
	39.주택마련저축	가.청약저축		>			67.납세조합공제		>
		나.주택청약종합저축		>			68.주택차입금		>
		다.근로자주택마련저축		>			69.외국납부		>
	40.투자조합출자 등			>			70.월세액		>
	41.신용카드등		0	>					
	42.우리사주조합 출연금			>					
	43.고용유지중소기업근로자			>					
	44.장기집합투자증권저축			>			71.세액공제계		1,226,500
	45.청년형장기집합투자증권저축			>			72.결정세액(50-55-71)		2,630,427
	46.그 밖의 소득공제 계						82.실효세율(%)(72/21)×100%		4.6%

		소득세	지방소득세	농어촌특별세	계
73.결정세액		2,630,427	263,042	0	2,893,469
기납부 세액	74.종(전) 근무지	0	0	0	0
	75.주(현) 근무지	1,875,680	187,520	0	2,063,200
76. 납부특례세액		0	0	0	0
77. 차감징수세액(73-74-75-76)		754,740	75,520	0	830,260

실무수행평가

11	12	13	14	15
④	2	12,425,000	34	13,250,000
16	17	18	19	20
③	④	②	10,000	24,033,200
21	22	23	24	25
004	7,800,000	104	265,385,000	2,425,000
26	27	28	29	30
④	13,711,500	④	28,000,000	5,000,000
31	32	33	34	35
10,207,000	②	750,000	26,000,000	①
36	37	38	39	40
1,500,000	4	2,000,000	0	22,101,680
41	42	43	44	45
500,000	50,000	5,000,000	11,241,160	1,484,080
46	47	48	49	50
34,112,850	108,000	163,500	45,000	854,740

최신 기출문제 제77회

[실무이론평가]

1	2	3	4	5	6	7	8	9	10
③	③	②	④	④	④	③	③	②	②

01 ③
- 지배회사와 종속회사가 법적실체가 다름에도 단일의 경제적 실체를 형성하여 하나의 회계단위로서 연결재무제표를 작성하는 것은 기업실체의 가정과 관련이 있다.

02 ③
- 거래처 직원 결혼 축의금은 판매비와관리비 항목인 접대비(기업업무추진비)에 해당하나, 기부금은 영업외비용으로 분류된다. 따라서, 영업이익이 과대계상되나 당기순이익에는 영향이 없다.

03 ②
- 기계장치에 대한 총 감가상각비 = 3,000,000원 × 1년/5년 = 600,000원
- 총 감가상각비 중 정부보조금 해당분 = 500,000원 × 1년/5년 = 100,000원
- 손익계산서에 계상될 감가상각비 = 600,000원 – 100,000원 = 500,000원

04 ④
- 매출원가 = 매출액 – 매출총이익
  = 400,000원 – (400,000원 × 20%) = 320,000원
- 횡령액 = 장부상 기말재고액 – 실사에 의한 기말재고액
  = 190,000원* – 100,000원 = 90,000원
  * 기초재고액 + 당기매입액 – 기말재고액 = 매출원가
    60,000원 + 450,000원 – 기말재고액(x) = 320,000원
    기말재고액(x) = 190,000원

05 ④
- 퇴직급여충당부채 기말잔액 = 결산전 퇴직급여충당부채 잔액 + 결산 시 추가 설정액
  = (5,000,000원 – 2,000,000원) + 6,000,000원 = 9,000,000원

06 ④
- 유형자산처분손실을 판매비와관리로 계상한 것은 당기순이익에 영향을 주지 않는다.

07 ③
- ① 광업권의 양도는 재화의 공급에 해당한다.
  ② 화재로 인하여 재화가 멸실된 경우에는 재화의 공급에 해당하지 않는다.
  ④ 현물출자에 의하여 재화를 인도하는 것은 과세거래에 해당한다.

08 ③
- 3,000,000원 + 20,000,000원 = 23,000,000원
  접대 관련 매입세액과 토지조성 관련 매입세액은 매입세액 불공제 대상이다.

09 ②
- 소득세법에 따라 세액공제를 적용받는 월세액은 신용카드 등 사용금액에 포함하지 아니한다.

10 ②
- 사업소득금액 = 100,000,000원 – 2,000,000원(예금이자수입) + 5,000,000원(소득세 비용)
  = 103,000,000원

[실무수행과제]

문제 1 거래자료입력

1 [일반전표입력] 3월 30일

(차) 525.교육훈련비 1,000,000원 (대) 254.예수금 33,000원
　　　　　　　　　　　　　　　　　　　103.보통예금(98001.하나은행(보통)) 967,000원

[영수증수취명세서 (2)]

	거래일자	상　호	성　명	사업장	사업자등록번호	거래금액	구분	계정코드	계정과목
□	2025-01-06	강동구청				50,000	19	517	세금과공과금
□	2025-02-06	대한화재보험				4,000,000	16	521	보험료
□	2025-02-13	맛나피자	김사장	서울시 서대문구 충정로 20	123-12-12345	55,000		811	복리후생비
□	2025-03-30	최민재		서울시 구로구 도림로 33길 27	880103-2774918	1,000,000	21	525	교육훈련비

[영수증수취명세서 (1)]

영수증수취명세서(2)	영수증수취명세서(1)	해당없음	

1. 세금계산서, 계산서, 신용카드 등 미사용내역

9. 구분	3만원 초과 거래분		
	10. 총계	11. 명세서제출 제외대상	12. 명세서제출 대상(10-11)
13. 건수	4	3	1
14. 금액	5,105,000	5,050,000	55,000

2 [일반전표입력] 4월 17일

(차) 107.단기매매증권 1,050,000원 (대) 103.보통예금(98000.국민은행(보통)) 1,250,000원
　　 208.차량운반구 200,000원

3 [일반전표입력] 6월 25일

(차) 936.매출채권처분손실 450,000원 (대) 110.받을어음(00125.(주)드림산업) 30,000,000원
　　 103.보통예금 (98001.하나은행(보통)) 29,550,000원

[자금관리]

어음상태	2 할인(전액)	어음번호	00420250525123456780	수취구분	1 자수	발 행 일	2025-05-25	만 기 일	2025-09-25
발 행 인	00125	(주)드림산업		지급은행	100 국민은행			지　점	서대문
배 서 인		할인기관	98001 하나은행(보통)	지　점	강동	할 인 율 (%)	6	어음종류	6 전자
지급거래처				* 수령된 어음을 타거래처에 지급하는 경우에 입력합니다.					

문제 2 부가가치세관리

1 전자세금계산서 발급

1. [매입매출전표입력] 2월 20일

거래유형	품명	공급가액	부가세	거래처	전자세금
11.과세	조립기계	25,000,000	2,500,000	00121.(주)대진산업	전자발행
분개유형	(차) 108.외상매출금	27,500,000원	(대) 404.제품매출		25,000,000원
4.카드 또는 3.혼합	(99600.현대카드)		255.부가세예수금		2,500,000원

2. [전자세금계산서 발행 및 내역관리]
  ① 미전송된 내역이 조회되면, 미전송내역을 체크한 후 전자발행 ▼ 을 클릭하여 표시되는 로그인 화면에서 확인(Tab) 클릭
  ② '전자세금계산서 발행' 화면이 조회되면 발행(F3) 버튼을 클릭한 다음 확인(Tab) 클릭
  ③ 국세청란에 '발행대상'으로 표시되면 ACADEMY 전자세금계산서 를 클릭
  ④ [Bill36524 교육용전자세금계산서] 화면에서 [로그인]을 클릭
  ⑤ 좌측화면: [세금계산서 리스트]에서 [미전송]으로 체크 후 [매출조회]를 클릭
     우측화면: [전자세금계산서]에서 [발행]을 클릭
  ⑥ [발행완료되었습니다.] 메시지가 표시되면 확인(Tab) 클릭

2 수정전자세금계산서의 발급

① [매입매출전표 입력] 6월 5일 전표 선택 ➔ 수정세금계산서 클릭 ➔ [수정사유] 화면에서 [1.기재사항 착오·정정, 착오항목: 1.공급가액 및 세액] 선택 후 확인(Tab) 을 클릭

② [수정세금계산서(매출)] 화면에서 수정분 [단가 4,300,000원] 입력을 통해 공급가액과 세액을 반영한 후 확인(Tab) 을 클릭

③ [매입매출전표입력] 6월 5일에 수정분이 2건 입력된다.

거래유형	품명	공급가액	부가세	거래처	전자세금
11.과세	절단기계	-40,000,000	-4,000,000	00110.(주)젊은산업	전자발행
분개유형	(차) 108.외상매출금	-44,000,000원		(대) 404.제품매출	-40,000,000원
2.외상 또는 3.혼합				255.부가세예수금	-4,000,000원

거래유형	품명	공급가액	부가세	거래처	전자세금
11.과세	절단기계	43,000,000	4,300,000	00110.(주)젊은산업	전자발행
분개유형	(차) 108.외상매출금	47,300,000원		(대) 404.제품매출	43,000,000원
2.외상 또는 3.혼합				255.부가세예수금	4,300,000원

2. [전자세금계산서 발행 및 내역관리]
  ① 전자세금계산서 발행 및 내역관리 를 클릭하면 수정 전표 2매가 미전송 상태로 조회된다.
  ② 해당 내역을 클릭하여 전자세금계산서 발행 및 국세청 전송을 한다.

3 매입세액불공제내역 작성자의 부가가치세신고서 작성

1. [매입매출전표입력] 8월 7일

거래유형	품명	공급가액	부가세	거래처	전자세금
51.과세	대형선풍기	20,000,000	2,000,000	04030.(주)장수산업	전자입력
분개유형	(차) 212.비품		20,000,000원	(대) 253.미지급금	22,000,000원
3.혼합	135.부가세대급금		2,000,000원		

2. [매입세액불공제내역] 7월 ~ 9월

	계산식	구분	과세.면세 사업등 공통매입		(12)총공급가액 등 (총예정사용면적)	(13)면세공급가액 등 (총예정사용면적)	(14)불공제 매입세액 (⑫×⑬÷⑫)
			(10)공급가액	(11)세액			
1	1.공급가액기준		20,000,000	2,000,000	600,000,000	135,000,000	450,000

3. [부가가치세신고서] 7월 1일 ~ 9월 30일

16 공제받지 못할매입 세액명세	구분		금액	세액
	공제받지못할매입세액	50		
	공통매입세액면세사업	51	4,500,000	450,000
	대손처분받은세액	52		
	합계	53	4,500,000	450,000

4. [일반전표입력] 9월 30일

(차) 212.비품   450,000원   (대) 135.부가세대급금   450,000원

4 부동산임대사업자의 부가가치세신고서 작성

1. [매입매출전표입력] 12월 31일

거래유형	품명	공급가액	부가세	거래처	전자세금
11.과세	12월 임대료	2,000,000	200,000	15001.(주)월드물산	전자입력
분개유형	(차) 103.보통예금		2,200,000원	(대) 411.임대료수입	2,000,000원
3.혼합	(98000.국민은행(보통))			255.부가세예수금	200,000원

2. 부동산임대공급가액명세서

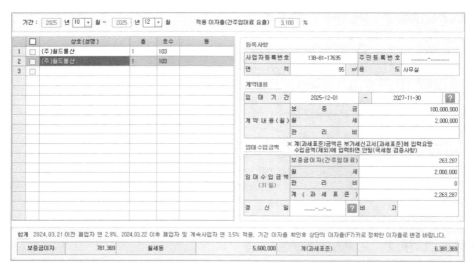

3. [매입매출전표입력] 12월 31일

거래유형	품명	공급가액	부가세	거래처	전자세금
14.건별	간주임대료	781,369	78,136		
분개유형	(차) 817.세금과공과금		78,136원	(대) 255.부가세예수금	78,136원
3.혼합					

4. [부가가치세신고서] 10월 1일 ~ 12월 31일

		구 분		금액	세율	세액
과세표준및매출세액	과세	세금계산서발급분	1	256,600,000	10/100	25,660,000
		매입자발행세금계산서	2		10/100	
		신용카드.현금영수증	3		10/100	
		기타	4	781,369	10/100	78,136
	영세	세금계산서발급분	5		0/100	
		기타	6		0/100	
	예정신고누락분		7			
	대손세액가감		8			
	합계		9	257,381,369	㉮	25,738,136

그 밖의 경감·공제 세액 명세						✕
		구분		금액	세율	세액
18 그 밖의 경감공제 세액명세	전자신고및전자고지		54			10,000
	전자세금발급세액		55			
	택시운송사업자경감세		56			
	대리납부 세액공제		57			
	현금영수증사업자세액		58			
	기타		59			
	합계		60			10,000

문제 3 결산

1 수동결산

[일반전표입력] 12월 31일

(차) 116.미수수익 　　　　　　　600,000원 　　(대) 901.이자수익 　　　　　　　600,000원*

　　　* 경과이자＝정기예금액×이자율×기간경과
　　　　(30,000,000원×6%×4/12＝600,000원)

2 결산자료입력에 의한 자동결산

[결산자료입력 1]

[방법 1] [일반전표입력] 12월 31일 선납세금과 미지급법인세 분개

| (차) 998.법인세등 | 18,000,000원 | (대) 136.선납세금 | 7,308,000원 |
| | | 261.미지급세금 | 10,692,000원 |

[방법 2] [일반전표입력] 12월 31일 선납세금 정리분개 입력

| (차) 998.법인세등 | 7,308,000원 | (대) 136.선납세금 | 7,308,000원 |

입력 후 [결산자료입력]의 '법인세등'란에 10,692,000원을 입력

[결산자료입력 2]

- 결산자료입력에서 기말 원재료 21,600,000원, 제품 200,000,000원을 입력하고 [전표추가(F3)]를 클릭하여 결산분개를 생성한다.

    ➡ 합계잔액시산표 재고자산금액과 일치

[이익잉여금처분계산서] 메뉴

- 이익잉여금처분계산서에서 처분일을 입력한 후, [전표추가(F3)]를 클릭하여 손익대체분개를 생성한다.

문제 4   근로소득관리

1 주민등록등본에 의한 사원등록

[사원등록]

부양가족명세 (2025.12.31기준)

	연말정산관계	기본	세대	부녀	장애	경로70세	출산입양	자녀	한부모	성명	주민(외국인)번호	가족관계
1	0.본인	본인	○							박태수	내 830808-1042112	
2	3.배우자	배우자								윤혜린	내 830426-2785411	02.배우자
3	4.자녀,손자녀,입	20세이하					○			박은식	내 050501-3200489	05.자녀
4	4.자녀,손자녀,입	20세이하				○(2)				박은혜	내 251215-4399493	05.자녀
5	6.형제자매	부								윤세리	내 850426-2785416	30.누이

① 윤혜린: 상속받은 재산은 소득요건 대상이 아니므로 기본공제 대상임.

② 박은식: 직계비속은 동거원칙에 해당하지 않으며 만 20세 이하이고, 소득금액 100만원 이하 이므로 기본공제 및 자녀세액공제 대상임.

③ 박은혜: 당해연도 출생이고 소득이 없으므로 기본공제 및 자녀세액공제(출산입양) 대상임.

④ 윤세리: 장애인인 경우 나이는 무관하지만, 총급여 500만원 초과로 기본공제 대상이 아님.

2 급여명세에 의한 급여자료

1. [사원등록]

- 직전연도 총급여액이 3,000만원을 초과하는 김승우는 연장근로비과세 대상이 아님.

[김승우]

18. 생산직 등 여부 [1] 여   연장근로비과세 [0] 부

[천지훈]

18. 생산직 등 여부 [1] 여   연장근로비과세 [1] 여

2. [수당등록]

	코드	수당명	과세구분	근로소득유형	
1	101	기본급	과세	1.급여	
2	102	상여	과세	2.상여	
3	200	반장수당	과세	1.급여	
4	201	차량보조금	비과세	3.자가운전	H03
5	202	식대	비과세	2.식대	P01
6	203	야간근로수당	비과세	1.연장근로	O01

3. [급여자료입력]

[김승우]

급여항목	지급액	공제항목	공제액
기본급	3,000,000	국민연금	153,000
반장수당	150,000	건강보험	120,530
차량보조금	300,000	고용보험	36,000
식대	200,000	장기요양보험료	15,600
야간근로수당	750,000	소득세	195,960
		지방소득세	19,590

[천지훈]

급여항목	지급액	공제항목	공제액
기본급	2,000,000	국민연금	108,000
반장수당		건강보험	85,080
차량보조금		고용보험	18,000
식대	100,000	장기요양보험료	11,010
야간근로수당	750,000	소득세	19,520
		지방소득세	1,950

4. [원천징수이행상황신고서]

귀속기간	2025 년 01 월 ~ 2025 년 01 월	지급기간	2025 년 01 월 ~ 2025 년 01 월	0.정기신고

| 1.신고구분 | ☑매월 □반기 □수정 □연말 □소득처분 □환급신청 | 2.귀속연월 202501 | 3.지급연월 202501 | 일괄납부 ○여 ⊙부 | 사업자단위 ○여 ⊙부 |

원천징수내역 부표-거주자 부표-비거주자 부표-법인원천

구분		코드	소득지급(과세미달,비과세포함)		징수세액			9.당월 조정 환급세액	10.소득세 등 (가산세 포함)	11.농어촌 특별세
			4.인원	5.총지급액	6.소득세 등	7.농어촌특별세	8.가산세			
근로소득	간 이 세 액	A01	2	7,050,000	215,480					
	중 도 퇴 사	A02								
	일 용 근 로	A03								
	연말정산합계	A04								
	연말분납금액	A05								
	연말납부금액	A06								
	가 감 계	A10	2	7,050,000	215,480				215,480	

3 국세청연말정산간소화 및 이외의 자료를 기준으로 연말정산

[연말정산 근로소득원천징수영수증]

1. 신용카드 소득공제

정산명세 소득명세 소득공제 의료비 기부금 신용카드 연금투자 월세액 출산지원

● 1. 공제대상자및대상금액

공제대상자			신용카드 등 사용액공제				도서공연박물관미술관사용분(총급여7천원…				
내.외 관계	성 명 생년월일	구분	⑥소계(⑦+⑧+⑨+⑩)	⑦신용카드	⑧직불선불카드	⑨현금영수증	신용카드	직불선불카드	현금영수증	⑪전통시장 사용분	⑫대중교통 이용분
내 본인	차은경 1977-02-02	국세청자료 그밖의자료	29,400,000	25,000,000			500,000			3,000,000	900,000

※ 정무진 현금영수증 사용액은 소득금액 초과로 공제 제외

2. 주택자금 소득공제

주택자금			불입 / 상환액	공제대상금액
내 역				
㉮청약저축(연 납입 300만 한도)				
㉯주택청약종합저축(무주택확인서 제출후 연 납입 300만원 한도)				
㉰근로자 주택마련 저축(월 납입 15만원 한도), 연 180만원 한도)				
40.주택마련저축 ㉮~㉰ 연 400만원 한도				
주택임차 차입금 원리금상환액	①대출기관			
	②거주자 (총급여액 5천만원 이하) >			
34㉮.주택임차차입금원리금상환액(①+②) 40+34㉮ <= 연 400만				
장기주택 저당차입금 이자상환액	2011년 이전 차입분	상환 15년미만(한도600)		
		상환 15년~29년(한도1,000)		
		상환 30년이상(한도1,500)		
	2011년 이전(15년 이상상환)	고정 and비거치 (2,000)		
		고정 or비거치(1,800)		
	2012년 이후 차입분	15년 이상 상환	고정and비거치 (한도2,000)		
			고정 or비거치 (한도1,800)	2,400,000	2,400,000
			기타상환 (한도800)		
		10~15 년미만	고정금리 or비거치(한도600)		
34㉯.장기주택저당차입금 이자 상환액계			2,400,000	2,400,000
합 계 (40+34㉮+34㉯)			2,400,000	2,400,000

3. 의료비 세액공제

	정산명세	소득명세	소득공제	의료비	기부금	신용카드	연금투자	월세액	출산지원		

● 지 급 내 역

	공제대상자				지급처			지급명세		
	부양가족 관계코드	성명	내 외	주민등록번호	본인등 해당여부	상호	사업자번호	의료증빙 코 드	건수	지급액	실손의료보험금
1	배우자의 직계존	김윤희	내	430411-2222229	○			국세청	1	5,000,000	

4. 보험료 세액공제

	관계 코드	성 명	기	보험료	
	내외 국인	주민등록번호	본	보장성	장애인
1	0	차은경	본인/세대주	1,200,000	
	1	770202-2045678			
2	3	정무진	부		
	1	721010-1774918			
3	2	김윤희	60세 이상		
	1	430411-2222229			
4	4	정우주	20세 이하		
	1	070119-4030223			

※ 정무진의 보험료는 소득금액 초과로 공제대상이 아님.

5. 교육비 세액공제

	관계 코드	성 명	기	교육비		
	내외 국인	주민등록번호	본	구분	일반	장애인 특수교육
1	0	차은경	본인/세대주	본인		
	1	770202-2045678				
2	3	정무진	부			
	1	721010-1774918				
3	2	김윤희	60세 이상			
	1	430411-2222229				
4	4	정우주	20세 이하	초중고	750,000	
	1	070119-4030223				

교육비(국세청)	✕
초 중 고 교 육 비	0
중 고 생 교 복 구 입 비	450,000
초 중 고 체 험 학 습 비	300,000

※ 교육비 한도 : 300만원 (교육비 + 교복 + 체험)
1. 교복구입비 (중/고생 1명당 50만원 한도)
2. 체험학습비 (초/중/고생 1명당 30만원 한도)

11	12	13	14	15
④	25,000,000	103,957,726	1	450,000
16	17	18	19	20
5,600,000	47.99	④	879,781	10,000
21	22	23	24	25
5,050,000	7,919,000	450,000	64,900,000	④
26	27	28	29	30
203,200,000	40,000,000	187,542,000	20,450,000	④
31	32	33	34	35
21,800,000	2,620,000	50,373,000	221,600,000	③
36	37	38	39	40
4	1,500,000	0	1	267,756
41	42	43	44	45
100,000	300,000	750,000	2,606,440	215,480
46	47	48	49	50
4,921,870	3,210,000	120,000	480,000	112,500

최신 기출문제 제78회

[실무이론평가]

1	2	3	4	5	6	7	8	9	10
③	④	③	②	③	②	④	③	②	④

01 ③
- ① 재무제표의 표시와 관련하여 재무제표 본문과 주석에 적용하는 중요성에 대한 판단기준은 서로 다를 수 있다. 예를 들어, 재무제표 본문에는 통합하여 표시한 항목이라 할지라도 주석에는 이를 구분하여 표시할 만큼 중요한 항목이 될 수 있다.
- ② 현금흐름표는 현금주의에 따라 작성하고, 현금흐름표를 제외하고는 발생주의 원칙에 따라 재무제표를 작성한다.
- ④ 자산, 부채, 자본 중 중요하지 않은 항목은 유사한 항목에 통합하여 표시할 수 있다.

02 ④
- 손익계산서상 이자비용 = 발행가액 × 유효이자율 = 964,000원 × 6% = 57,840원

03 ③
- 4월 5일 거래에서 주식발행초과금 8,000,000원 발생한다.
  11월 20일 거래에서 주식할인발행차금 2,100,000원 발생한다.
  따라서 상계 처리 후 주식발행초과금의 잔액은 5,900,000원이다.

04 ②
- 회계연도말 매출채권 미회수액 1,110,000원
  = 기초매출채권 700,000원 + 총매출액 1,000,000원 − 당기현금매출액 140,000원 − 매출채권회수액 450,000원

05 ③
- 매출원가 = (130개 × 1,000원) + (20개 × 1,100원) = 152,000원
- 매출총이익 = 매출액 − 매출원가
  = (150개 × 5,000원) − 152,000원 = 598,000원

06 ②
- 단기매매증권평가손실은 영업외비용(손익계산서)으로 처리하지만 매도가능증권평가손실은 기타포괄손실누계액(재무상태표)으로 처리한다.
- 단기매매증권평가손실 = (7,000원 − 6,500원) × 3,000주 = 1,500,000원

07 ④
- 가. 담보목적으로 부동산을 제공하는 경우 : 공급이 아님
  나. 매입세액공제를 받지 못한 재화를 거래처에 증정하는 경우 : 공급이 아님
  다. 특수관계인에게 부동산을 무상으로 임대하는 경우: 과세거래
  라. 건물을 교환한 경우 : 과세거래

08 ③
- 3,500,000원(수입세금계산서) + 2,200,000원(기계장치 유지보수) = 5,700,000원
- 거래처 접대용품 구입 관련 매입세액과 대표이사 업무용 승용차(3,500cc) 구입 관련 매입세액은 불공제 대상이다.

09 ②

구분	금액
이자소득금액(A)	15,000,000원 + 6,000,000원 = 21,000,000원
사업소득금액(B)	42,000,000원
종합소득금액(C=A+B)	63,000,000원

• 금융소득이 2천만원을 초과하므로 금융소득은 종합과세하며, 퇴직소득은 분류과세한다.

10 ④
• 우리나라의 경우에는 원칙적으로 개인단위과세를 채택하고 있으므로 부부나 가족의 소득을 합산하여 과세하지 않는다. 그러나 공동사업자의 동거가족이 손익분배비율을 허위로 정하는 경우에는 그렇지 아니한다.

[실무수행과제]

문제 1 거래자료입력

1 [일반전표입력] 3월 14일

(차) 526.도서인쇄비   120,000원   (대) 101.현금   120,000원

2. [영수증수취명세서]

	거래일자	상 호	성 명	사업장	사업자등록번호	거래금액	구분	계정코드	계정과목
☐	2025-02-20	(주)삼성화재				1,000,000	16	521	보험료
☐	2025-01-27	다모아마트(주)	권다정	서울 서대문구 연희로 3	110-81-45128	200,000		811	복리후생비
☐	2025-03-14	선재인쇄	윤선재	서울 중구 퇴계로 246	122-56-12346	120,000		526	도서인쇄비

영수증수취명세서(2) 영수증수취명세서(1) 해당없음

1. 세금계산서, 계산서, 신용카드 등 미사용내역

9. 구분		3만원 초과 거래분		
		10. 총계	11. 명세서제출 제외대상	12. 명세서제출 대상(10-11)
13. 건수		3	1	2
14. 금액		1,320,000	1,000,000	320,000

2 [일반전표입력] 3월 30일

(차) 120.미수금(03030.(주)제이유건설)   1,230,000원   (대) 903.배당금수익   1,230,000원

3 [일반전표입력] 4월 20일

(차) 812.여비교통비   270,000원   (대) 103.보통예금(98000.국민은행(보통)) 390,000원
　　 813.접대비(기업업무추진비)   120,000원

문제 2 부가가치세관리

1 전자세금계산서 발급

1. [매입매출전표입력] 5월 12일

거래유형	품명	공급가액	부가세	거래처	전자세금
11.과세	스마트 실링펜	12,000,000	1,200,000	00885.(주)삼일전자	전자발행
분개유형	(차) 108.외상매출금	10,000,000원	(대) 404.제품매출		12,000,000원
3.혼합	101.현금	3,200,000원	255.부가세예수금		1,200,000원

2. [전자세금계산서 발행 및 내역관리]
① 미전송된 내역이 조회되면, 미전송내역을 체크한 후 전자발행 을 클릭하여 표시되는 로그인 화면에서 확인(Tab) 클릭
② '전자세금계산서 발행' 화면이 조회되면 발행(F3) 버튼을 클릭한 다음 확인(Tab) 클릭
③ 국세청란에 '발행대상'으로 표시되면 ACADEMY 전자세금계산서 를 클릭

④ [Bill36524 교육용전자세금계산서] 화면에서 [로그인]을 클릭
⑤ 좌측화면: [세금계산서 리스트]에서 [미전송]으로 체크 후 [매출조회]를 클릭
　　우측화면: [전자세금계산서]에서 [발행]을 클릭
⑥ [발행완료되었습니다.] 메시지가 표시되면 확인(Tab) 클릭

2 수정전자세금계산서의 발급

1. [수정세금계산서 발급]
① [매입매출전표입력] 6월 5일 전표선택 ➡ 수정세금계산서 클릭 ➡ 수정사유(2.공급가액변동)를 선택 ➡ 확인(Tab) 을 클릭

② [수정세금계산서(매출)] 화면에서 수정분 [작성일 6월 30일, 공급가액 -400,000원, 부가세 -40,000원]을 입력 ➡ 확인(Tab) 클릭

③ [매입매출전표입력] 6월 30일

거래유형	품명	공급가액	부가세	거래처	전자세금
11.과세	매출할인	-400,000	-40,000	00167.영우전자(주)	전자발행
분개유형	(차) 108.외상매출금	-440,000원		(대) 404.제품매출	-400,000원
2.외상				255.부가세예수금	-40,000원

2. [전자세금계산서 발행 및 내역관리]
① 전자세금계산서 발행 및 내역관리 를 클릭하면 수정 전표 1매가 미전송 상태로 나타난다.
② 해당내역을 클릭하여 전자세금계산서 발행 및 국세청 전송을 한다.

3. [일반전표입력] 6월 30일
　　(차) 103.보통예금(98200.토스은행(보통)) 8,360,000원　　(대) 108.외상매출금(00167.영우전자(주))　8,360,000원

3 신용카드매출전표발행집계표 작성자의 부가가치세신고서 작성

1. [매입매출전표입력]
- 8월 26일

거래유형	품명	공급가액	부가세	거래처	전자세금
11.과세	스마트 홈 오토시스템	4,500,000	450,000	04820.하남전자(주)	전자입력
분개유형	(차) 108.외상매출금	4,950,000원		(대) 404.제품매출	4,500,000원
2.외상				255.부가세예수금	450,000원

- 9월 21일

거래유형	품명	공급가액	부가세	거래처	전자세금
17.카과	제품	300,000	30,000	00501.류선재	
분개유형	(차) 108.외상매출금	330,000원		(대) 404.제품매출	300,000원
2.외상 또는 4.카드	(99602.모두카드)			255.부가세예수금	30,000원

- 9월 25일

거래유형	품명	공급가액	부가세	거래처	전자세금
22.현과	제품	400,000	40,000	01105.백도진	
분개유형	(차) 101.현금	440,000원		(대) 404.제품매출	400,000원
1.현금				255.부가세예수금	40,000원

2. [일반전표입력] 9월 6일
(차) 108.외상매출금(99601.신한카드)   4,950,000원   (대) 108.외상매출금(04820.하남전자(주)) 4,950,000원

[자금관리(신용카드관리)]
※ (차)외상매출금 계정에 커서를 두고 [F3]키를 이용하여 신용카드관리내역을 입력한다.

● 미불 계획관리 및 신용카드 관리	(※ 수금예정일 입력하지 않는 방법 : 계정과목 및 적요등록에서 미불 관리항목을 삭제합니다.)				삭제(F5)
자금항목을 입력하셔야 자금계획에 반영됩니다. 실적입력시 동일 자금코드를 입력합니다.					
거래처코드	99601 신한카드	미불상태	1 계획	미불번호	99601-2025090601
미수금액	4,950,000	발생일	2025-09-06	수금예정일	2025-09-06
매출신용카드사	코드 신용카드사(가맹점)	구 분	1	구 분 명	세금계산서 교부분
	99601 신한카드				

3. [신용카드매출전표발행집계표] 7월 ~ 9월

기간 : 2025 년 07 월 ~ 2025 년 09 월

1. 신용카드매출전표 등 발행금액 현황

구 분	⑤ 합 계	⑥ 신용 · 직불 · 기명식 선불카드	⑦ 현금영수증	⑧ 직불 · 기명식 선불전자지급수단
합 계	9,020,000	8,580,000	440,000	
과세매출분	9,020,000	8,580,000	440,000	
면세매출분				
봉 사 료				

2. 신용카드 매출전표등 발행금액(⑤합계) 중 세금계산서(계산서) 발급내역

⑨ 세금계산서 발급금액	4,950,000	⑩ 계산서 발급금액	

4. [부가가치세신고서] 7월 1일 ~ 9월 30일

	구 분		금액	세율	세액
과세표준및매출세액	과세	세금계산서발급분 1	254,500,000	10/100	25,450,000
		매입자발행세금계산서 2		10/100	
		신용카드·현금영수증 3	3,700,000	10/100	370,000
		기타 4		10/100	
	영세	세금계산서발급분 5		0/100	
		기타 6		0/100	
	예정신고누락분 7				
	대손세액가감 8				
	합계 9		258,200,000	㉠	25,820,000

4 대손세액공제신고서 작성자의 부가가치세신고서 작성

1. [대손세액공제신고서] 10월 ~ 12월

	당초공급일	대손사유	대손기준일	대손확정일	대손금액	대손세액	코드	거래상대방 상호	사업자등록번호	주민등록번호	성명
1	2023-10-10	파산	2023-10-10	2025-11-20	2,200,000	200,000	00114	차은경정비(주)	314-81-29981		차은경

2. [부가가치세신고서] 10월 1일 ~ 12월 31일

구 분			금액	세율	세액
과세표준및매출세액	과세	세금계산서발급분	1	270,000,000	10/100	27,000,000
		매입자발행세금계산서	2		10/100	
		신용카드·현금영수증	3		10/100	
		기타	4		10/100	
	영세	세금계산서발급분	5		0/100	
		기타	6		0/100	
	예정신고누락분		7			
	대손세액가감		8			-200,000
	합계		9	270,000,000	㉮	26,800,000

그 밖의 경감·공제 세액 명세			금액	세율	세액
18 그 밖의 경감공제 세액명세	전자신고및전자고지	54			10,000
	전자세금발급세액	55			
	택시운송사업자경감세	56			
	대리납부 세액공제	57			
	현금영수증사업자세액	58			
	기타	59			
	합계	60			10,000

3. [일반전표입력] 11월 20일

(차) 109.대손충당금	1,000,000원	(대) 108.외상매출금(00114.차은경정비(주))	2,200,000원
835.대손상각비	1,000,000원		
255.부가세예수금	200,000원		

문제 **3** 결산

1 수동결산

[일반전표입력] 12월 31일

(차) 935.외화환산손실	3,000,000원	(대) 305.외화장기차입금(99585.외환은행)	3,000,000원

※ 결산전 외화장기차입금: $30,000 × 1,250원 = 37,500,000원
※ 결산시 외화장기차입금: $30,000 × 1,350원 = 40,500,000원
  → 외화환산손실 3,000,000원

2 결산자료입력에 의한 자동결산

[결산자료입력]
- 결산자료입력에서 판매비와 일반관리비에 무형고정자산상각(개발비) 1,000,000원을 입력
- 결산자료입력에서 기말 원재료 18,400,000원, 제품 15,000,000원을 입력하고 전표추가(F3) 를 클릭하여 결산분개를 생성한다.
  → 시용판매중인 제품은 소비자의 구매표시전까지는 재고자산으로 인식한다.

[이익잉여금처분계산서] 메뉴
- 이익잉여금처분계산서에서 처분일을 입력한 후, 전표추가(F3) 를 클릭하여 손익대체분개를 생성한다.

문제 4 근로소득관리

1 주민등록등본에 의한 사원등록

[사원등록]

	연말정산관계	기본	세대	부녀	장애	경로70세	출산입양	자녀	한부모	성명	주민(외국인)번호	가족관계
							(2025.12.31기준)					
1	0.본인	본인	○							김준호	내 751010-1774910	
2	3.배우자	배우자								김지민	내 780426-2785410	02.배우자
3	1.(소)직계존속	60세이상				○				장미란	내 500515-2899731	04.모
4	4.자녀,손자녀,입	부								김대희	내 001001-3299481	05.자녀
5	4.자녀,손자녀,입	부								김동민	내 020809-3013452	05.자녀
6	4.자녀,손자녀,입	20세이하					○(3)			김인규	내 250226-3000003	05.자녀

① 김지민: 종합소득금액 1,000,000원 이하(결손금-근로소득금액)이므로 기본공제 대상임.

② 장미란: 기초연금은 과세대상이 아니므로 기본공제와 경로우대 공제 대상임.

③ 김대희: 나이제한으로 기본공제 대상이 아님.

④ 김동민: 장애인 이지만, 총급여액 5,000,000원 초과이므로 기본공제 대상이 아님.

⑤ 김인규: 당해연도 출생으로 기본공제와 출산입양공제(셋째) 대상임.
　(7세미만으로 자녀세액공제는 대상이 아님.)

2 일용직사원의 원천징수

1. [일용직사원등록]

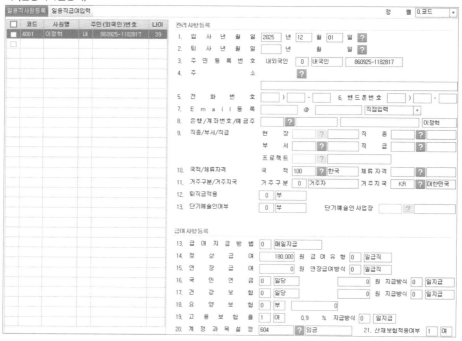

2. [일용직급여입력]

코드	사원명	주민(외국인)번호	근무	지급액	마감
4001	이정혁	내 860925-1182817	5	900,000	X

귀속년월 2025 년 12 월　지급년월 2025 년 12 월　근무일수 반영기준 : 2. 근무 일수 기준　정 렬
현 장 ?　부 서 ? 전체　프로젝트 ?　구 분

※ 만근공수 : 월 만근근무인 경우 정상지급액에 금액을 입력합니다.

	현장		일자	요일	근무	근무시간		지급액		기타비과세	고용보험
	코드	현장명				정상	연장	정상	연장		
			01	월	X						
			02	화	X						
			03	수	X						
			04	목	X						
			05	금	O			180,000			1,620
			06	토	O			180,000			1,620
			07	일	X						
			08	월	X						
			09	화	O			180,000			1,620
			10	수	O			180,000			1,620
			11	목	O			180,000			1,620

3. [원천징수이행상황신고서]

귀속기간 2025 년 12 월 ~ 2025 년 12 월　지급기간 2025 년 12 월 ~ 2025 년 12 월　0.정기신고

1.신고구분 ☑매월 □반기 □수정 □연말 □소득처분 □환급신청　2.귀속연월 202512　3.지급연월 202512　일괄납부 ○여 ⊙부　사업자단위 ○여 ⊙부

원천징수내역　부표-거주자　부표-비거주자　부표-법인원천

구분		코드	소득지급(과세미달,비과세포함)		징수세액				9.당월 조정 환급세액	10.소득세 등 (가산세 포함)	11.농어촌 특별세
			4.인원	5.총지급액	6.소득세 등	7.농어촌특별세	8.가산세				
근로소득	간 이 세 액	A01	2	8,500,000	365,070						
	중 도 퇴 사	A02									
	일 용 근 로	A03	1	900,000							
	연말정산합계	A04									
	연말분납금액	A05									
	연말납부금액	A06									
	가 감 계	A10	3	9,400,000	365,070					365,070	

3 국세청연말정산간소화 및 이외의 자료를 기준으로 연말정산

1. [연말정산 근로소득원천징수 영수증]

1. 기부금 세액공제

[해당연도 기부명세]

해당연도 기부명세　기부금 조정명세　조정명세서 현황　급여공제내역　엑셀

● 1. 해당연도 기부명세

NO	기부자			기부처			유형	코드	기부명세			구분	내용
	관계	성명	내.외	주민번호	사업자번호	상호			건수	합계금액	기부대상액	장려금신청		
1	1.본인	신윤승	내	830303-1850211	507-83-02079	경상북도울진군	고향	43	1	500,000	500,000		국세청	금전

[기부금 조정명세 – 공제액계산 정산명세보내기]

정산명세	소득명세	소득공제	의료비	기부금	신용카드	연금투자	월세액	출산지원

해당연도 기부명세　기부금 조정명세　조정명세서 현황　급여공제내역　엑셀

● 3-1. [당해연도] 기부금조정명세서　공제액계산 정산명세보내기

NO	코드	기부연도	(16)기부금액	(17)전년까지 공제된금액	공제대상 금액(16-17)	해당연도 공제금액	해당연도 공제받지 못한 금액	
							소멸금액	이월금액
1	43	2025	500,000		500,000	500,000		

2. 보험료 세액공제

정산명세	소득명세	**소득공제**	의료비	기부금	신용카

관계 코드	성 명	기	보험료	
내외 국인	주민등록번호	본	보장성	장애인
1 0 1	신윤승 830303-1850211	본인/세대주	1,080,000	
2 3 1	조수연 850501-2775011	부		
3 1 1	박나연 460901-2122786	60세이상	1,800,000	
4 4 1	신하나 040927-3241853	20세이하		
5 4 1	신두나 191030-4123442	20세이하		

3. 교육비 세액공제

정산명세	소득명세	**소득공제**	의료비	기부금	신용카드	연

관계 코드	성 명	기	교육비		
내외 국인	주민등록번호	본	구분	일반	장애인 특수교육
1 0 1	신윤승 830303-1850211	본인/세대주	본인		
2 3 1	조수연 850501-2775011	부			
3 1 1	박나연 460901-2122786	60세이상			
4 4 1	신하나 040927-3241853	20세이하			
5 4 1	신두나 191030-4123442	20세이하	취학전	330,000	

※ 조수연(배우자)은 소득금액 100만원 초과로 교육비공제 불가능함.

4. 연금계좌 세액공제

연금계좌 ✕

구분		금융회사등	계좌번호	불입금액
3.연금저축	405	삼성생명보험(주)	004-121-20301	4,800,000

5. 정산명세 조회

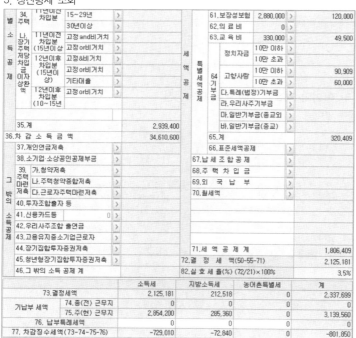

별	34. 주택 차입분	11년이전 차입분	15~29년	>		세 액 공 제	특 별 세 액 공 제	61.보장성보험	2,880,000	>	120,000

(주: 아래 테이블로 정리)

특별소득공제	항목	금액		세액공제	항목	금액	금액2
별소득공제	34.주택차입분 11년이전차입분	15~29년 >		특별세액공제 기부금	61.보장성보험	2,880,000 >	120,000
		30년이상 >			62.의료비	0 >	
	나.장기주택저당차입금이자상환액	11년이전차입분(15년이상) 고정and비거치 >			63.교육비	330,000 >	49,500
		고정or거치 >			정치자금 10만이하		
		12년이후차입분(15년이상) 고정&비거치 >			10만초과		
		고정or비거치 >		64	고향사랑 10만이하		90,909
		기타대출 >			10만초과		60,000
		12년이후차입분(10~15년) 고정or비거치 >			다.특례(법정)기부금 >		
					라.우리사주기부금 >		
	35.계		2,939,400		마.일반기부금(종교외) >		
					바.일반기부금(종교) >		
36.차 감 소 득 금 액			34,610,600		65.계		320,409
그밖의소득공제	37.개인연금저축 >				66.표준세액공제 >		
	38.소기업·소상공인공제부금 >				67.납 세 조 합 공 제 >		
	39.주택마련저축 가.청약저축 >				68.주 택 차 입 금 >		
	나.주택청약종합저축 >				69.외 국 납 부 >		
	다.근로자주택마련저축 >				70.월세액 >		
	40.투자조합출자 등 >						
	41.신용카드등 0 >						
	42.우리사주조합 출연금 >						
	43.고용유지중소기업근로자 >				71.세 액 공 제 계		1,806,409
	44.장기집합투자증권저축 >				72.결 정 세 액(50-55-71)		2,125,181
	45.청년형장기집합투자증권저축 >				82.실효세율(%) (72/21)×100%		3.5%
	46.그 밖의 소득 공제 계						

		소득세	지방소득세	농어촌특별세	계
73.결정세액		2,125,181	212,518	0	2,337,699
기납부세액	74.종(전) 근무지	0	0	0	0
	75.주(현) 근무지	2,854,200	285,360	0	3,139,560
76. 납부특례세액		0	0	0	0
77. 차감징수세액 (73-74-75-76)		-729,010	-72,840	0	-801,850

실무수행평가

11	12	13	14	15
④	8,289,000	2	10,600,000	440,000
16	17	18	19	20
4,950,000	200,000	3,000,000	26,800,000	10,000
21	22	23	24	25
320,000	6,270,000	1,790,000	1,061,600	2,830,000
26	27	28	29	30
④	3,630,000	694,826,651	1,000,000	63,889,789
31	32	33	34	35
17,532,000	40,500,000	2,000,000	15,000,000	②
36	37	38	39	40
1,500,000	3,000,000	1,000,000	①	700,000
41	42	43	44	45
8,100	891,900	9,400,000	365,070	①
46	47	48	49	50
576,000	120,000	49,500	60,000	−729,010

출제예상 모의고사 정답 및 해설

출제예상 모의고사 제1회

[실무이론평가]

1	2	3	4	5	6	7	8	9	10
③	③	②	①	④	①	③	②	③	④

01 ③
- 유형자산을 역사적원가로 평가하면 일반적으로 검증가능성이 높으므로 측정의 신뢰성은 높아지나 목적적합성은 낮아질 수 있다.
- 시장성 없는 유가증권에 대해 역사적원가를 적용하면 자산가액 측정치의 검증가능성은 높으나 유가증권의 공정가치를 나타내지 못하여 표현의 충실성과 목적적합성이 낮아질 수 있다.

02 ③
- 손익계산서의 구조를 쓰고 자료의 금액을 기재하여 영업이익, 매출총이익, 매출원가의 순서로 계산한다.

과　　목	금 액(원)	계산내역
매출액	15,500,000	
매출원가	?	15,500,000 － 5,500,000 ＝ 10,000,000
매출총이익	?	1,000,000 ＋ 4,500,000 ＝ 5,500,000
판매비와관리비	4,500,000	
영업이익	?	900,000 ＋ 700,000 － 600,000 ＝ 1,000,000
영업외수익	600,000	
영업외비용	700,000	
법인세비용 차감전 순이익	900,000	

03 ②
- 자본잉여금에 영향을 미치는 거래
  ㉠ 자기주식처분이익(자본잉여금) 10,000원 발생
  ㉡ 주식발행초과금(자본잉여금) 10,000원 발생
  ㉢ 자기자본에 미치는 영향 없음(이익잉여금의 감소).

04 ①

연도	회수가능가액 ＝ Max(순공정가치, 사용가치)	손상차손(환입액)
2024년말	Max(400,000원, 500,000원) ＝ 500,000원	손상차손 ＝ 1,000,000원 - 500,000원 ＝ 500,000원
2025년말	Max(1,200,000원, 500,000원) ＝ 1,200,000원	손상차손환입액 ＝ 1,000,000원* - 500,000원 ＝ 500,000원

* 손상차손환입으로 증가된 장부금액은 과거에 손상차손을 인식하기 전 장부금액을 초과할 수 없다.
Min(1,200,000원, 1,000,000원) ＝ 1,000,000원

05 ④
- ① 이자비용 ＝ 이자비용지출액 + 미지급이자비용[*1] ＝ 900,000원 + 300,000원 ＝ 1,200,000원
- ② 임대료수익 ＝ 전기선수임대료 + 임대료수령액 － 기말선수임대료[*2] ＝ 500,000원 + 1,200,000원
　　　　　　　　－ 500,000원 ＝ 1,200,000원

- 조정내역

이자비용과소계상(미지급이자비용)	(-)300,000원[*1]
임대료수익과대계상(선수임대료)	(-)500,000원[*2]
당기순이익에 미치는 영향	(-)800,000원

[*1] 미지급이자비용 = 10,000,000원 × 12% × 3월/12월 = 300,000원
[*2] 기말선수임대료 = 1,200,000원 × 5월/12월 = 500,000원

- ④ 미지급이자비용은 300,000원, 기말선수임대료는 500,000원이다.

06 ①
- 일반버스 여객운송용역은 면세이나 우등고속버스 여객운송용역은 과세이다.
- 도서, 신문 등은 면세이나 광고는 과세이다.

07 ③
- 외상판매액 13,000,000원 + 비영업용 소형승용차의 매각액 5,000,000원 = 18,000,000원
- 토지매각은 면세에 해당되고, 재화 공급과 직접 관련되지 않는 국고보조금 수령액은 과세표준에 포함하지 않는다.

08 ②
- ① 대표자 본인에 대한 급여는 필요경비로 인정되지 않는다.
  ③ 상품 등의 위탁판매는 수탁자가 그 위탁품을 판매하는 날을 수입시기로 한다.
  ④ 분리과세되는 사업소득은 없다.

09 ③
- 24,000,000원 + 3,600,000원 + 3,000,000원 = 30,600,000원
- 식대보조금은 별도의 식사를 제공 받았으므로 전액 과세임.
  자가운전보조금은 전액 비과세임.

10 ④
- 기본공제: 6(본인, 배우자, 아들, 딸, 장인, 장모) × 1,500,000 = 9,000,000원
- 추가공제: 1,000,000(경로우대공제, 장인) + 2,000,000(장애인공제, 아들) = 3,000,000원
- 인적공제 합계액: 9,000,000 + 3,000,000 = 12,000,000원

[실무수행과제]

문제 1 거래자료입력

1 [일반전표입력] 1월 31일

(차) 817.세금과공과금 305,230원 (대) 101.현금 305,230원

[영수증수취명세서]

영수증수취명세서(2) 영수증수취명세서(1) 해당없음								
□	거래일자	상호	성명	사업장	사업자등록번호	거래금액	구분	계정코드	계정과목
□	2025-01-15	가인자동차	최지창		108-81-51419	400,000		820	수선비
□	2025-01-31					305,230	19	817	세금과공과금

영수증수취명세서(2) 영수증수취명세서(1) 해당없음			
1. 세금계산서, 계산서, 신용카드 등 미사용내역			
9. 구분	3만원 초과 거래분		
	10. 총계	11. 명세서제출 제외대상	12. 명세서제출 대상(10-11)
13. 건수	2	1	1
14. 금액	705,230	305,230	400,000

2 [일반전표입력] 2월 15일

(차) 110.받을어음(03020.(주)태광산업)   12,000,000원   (대) 108.외상매출금(03020.(주)태광산업) 15,000,000원
101.현금   3,000,000원

※ 03020.(주)태광산업 외상매출금 잔액 15,000,000원 확인

[자금관리]

● 받을어음 관리								삭제(F5)
어음상태	1 보관	어음종류	6 전자	어음번호	00420250215123456789		수취구분	1 자수
발행인	03020	(주)태광산업		발행일	2025-02-15	만기일	2025-06-15	배서인
지급은행	100	국민은행	지점 춘천지점	할인기관		지점		할인율(%)
지급거래처					* 수령된 어음을 타거래처에 지급하는 경우에 입력합니다.			

3 일반전표입력] 3월 1일

(차) 962.임차보증금(03030.(주)이화산업)   30,000,000원   (대) 103.보통예금(98000.국민은행(보통)) 31,650,000원
819.임차료   1,650,000원

문제 **2** 부가가치세

1 과세매출자료의 전자세금계산서 발급

1. [매입매출전표입력] 4월 12일

거래유형	품명	공급가액	부가세	거래처	전자세금
11.과세	골프모자	16,000,000	1,600,000	03040.(주)고려산업	전자발행
분개유형	(차) 101.현금		17,600,000원	(대) 404.제품매출	16,000,000원
1.현금				255.부가세예수금	1,600,000원

2. [전자세금계산서 발행 및 내역관리]
미전송된 내역이 조회되면, 미전송내역을 체크한 후 전자세금계산서 발행 및 국세청 전송

2 수정전자세금계산서의 발행

1. [수정세금계산서 발급]
① [매입매출전표입력] [5월 10일] 전표 선택 → 수정세금계산서 → [수정사유 (4.계약의 해제)를 입력 → 확인(Tab) 클릭
② [수정세금계산서(매출)] 화면에서 수정분 [작성일 5월 20일] 입력, [공급가액 –5,000,000원], [세액 –500,000원] 자동반영 → 확인(Tab) 클릭
③ [매입매출전표입력] → [5월 20일] 전표선택 → 회계처리를 수정

거래유형	품명	공급가액	부가세	거래처	전자세금
11.과세	계약금	–5,000,000	–500,000	03050.(주)유정산업	전자발행
분개유형	(차)			(대) 259.선수금	–5,000,000원
3.혼합				255.부가세예수금	–500,000원
				101.현금	5,500,000원

2. [전자세금계산서 발행 및 내역관리]
① 전자세금계산서 발행 및 내역관리 를 클릭하면 수정 전표 1매가 미전송 상태로 나타난다.
② 해당내역을 클릭하여 전자세금계산서 발행 및 국세청 전송을 한다.

3 매입세액불공제내역 작성자의 부가가치세신고서 작성

1. 거래자료 입력

[매입매출전표입력] 7월 8일

거래유형	품명	공급가액	부가세	거래처	전자세금
54.불공	책상	2,000,000	200,000	03060.에이스가구	전자입력
불공제사유	2. 사업과 관련 없는 지출				
분개유형	(차) 134.가지급금	2,200,000원	(대) 253.미지급금		2,200,000원
3.혼합	(03090.김강남)				

※ 대표이사의 개인적 사용은 매입세액이 공제되지 않으며 가지급금으로 처리한다.

[매입매출전표입력] 8월 6일

거래유형	품명	공급가액	부가세	거래처	전자세금
54.불공	승용차수리	3,000,000	300,000	03070.(주)현대자동차	전자입력
불공제사유	3. 비영업용 승용차(개별소비세법§1②③호) 구입, 유지, 임차 관련 매입				
분개유형	(차) 822.차량유지비	3,300,000원	(대) 253.미지급금		3,300,000원
3.혼합					

2. [매입세액불공제내역] 7월 ~ 9월

2.공제받지 못할 매입세액 내역	3.공통매입세액 안분계산 내역	4.공통매입세액의 정산내역	5.납부세액 또는 환급세액 재계산 내역

	공제받지 못할 매입세액 내역		
불공제 사유		세금계산서	
	매수	공급가액	매입세액
①필요한 기재사항 누락			
②사업과 직접 관련 없는 지출	1	2,000,000	200,000
③비영업용 승용차(개별소비세법 §1②③호)구입,유지,임차 관련 매입	1	3,000,000	300,000
④접대비 및 이와 유사한 비용 관련			
⑤면세사업등 관련			
⑥토지의 자본적 지출 관련			
⑦사업자등록 전 매입세액			
⑧금,구리 스크랩 거래계좌 미사용 관련 매입세액			
⑨ 합　계	2	5,000,000	500,000

3. [부가가치세신고서] 7월 1일 ~ 9월 30일

	구분		금액	세액
16 공제받지 못할매입 세액명세	공제받지못할매입세액	50	5,000,000	500,000
	공통매입세액면세사업	51		
	대손처분받은세액	52		
	합계	53	5,000,000	500,000

4 대손세액공제신고서 작성자의 부가가치세신고서 작성

1. [대손세액공제신고서]

	당초공급일	대손사유	대손기준일	대손확정일	대손금액	대손세액	코드	거래상대방 상호	사업자등록번호	주민등록번호	성명
1	2022-12-07	채권 시효 소멸	2022-12-07	2025-12-07	22,000,000	2,000,000	04000	(주)미나리	209-81-63746		윤여정

대손발생 / 대손변제
기간: 2025년 10월 ~ 2025년 12월　　공제율: 10/110

2. [부가가치세신고서] 10월 1일 ~ 12월 31일

예정신고누락분	7	
대손세액가감	8	-2,000,000

구분		금액	세율	세액
18 그 밖의 경감공제 세액명세	전자신고세액공제 54			10,000
	전자세금발급세액 55			
	택시운송사업자경 56			
	대리납부 세액공제 57			
	현금영수증사업자 58			
	기타 59			
	합계 60			10,000

3. [일반전표입력] 12월 7일

  (차) 109.대손충당금   15,000,000원   (대) 108.외상매출금(04000.(주)미나리)   22,000,000원
       835.대손상각비   5,000,000원
       255.부가세예수금   2,000,000원

문제 3 결산

1 수동결산

[일반전표입력] 12월 31일

  (차) 939.재고자산감모손실   3,500,000원   (대) 150.제품(적요8.타계정으로 대체액)   3,500,000원

2 결산자료입력에 의한 자동결산

[고정자산등록]

주요등록사항	추가등록사항	자산변동사항	
1. 기 초 가 액		15. 전기 말부인누계	
2. 전기말상각누계액	0	16. 전기말자본지출계	
3. 전 기 말 장 부 가 액	0	17. 자본지출즉시상각	
4. 신 규 취 득 및 증 가	10,000,000	18. 전 기 말 의 제누계	
5. 부 분 매 각 및 폐 기	0	19. 당 기 상 각 범 위 액	1,000,000
6. 성 실 기 초 가 액		20. 회 사 계 상 상 각 비	1,000,000
7. 성 실 상 각 누 계 액		사용자수정	
8. 상 각 기 초 가 액	10,000,000	21. 특 별 상 각 률	
9. 상 각 방 법	1 정액법	22. 특 별 상 각 비	0
10. 내용연수(상각률)	5 ? 0.200	23. 당 기 말 상 각 누 계 액	1,000,000
11. 내 용 연 수 월 수 미경과	6	24. 당 기 말 장 부 가 액	9,000,000
12. 상각상태완료년도 진행		25. 특 례 적 용	0 부
13. 성실경과/차감연수	/	* 년 수	년
14. 성 실 장 부 가 액		26. 업무용승용차여부	0 부

1. 취 득 수 량		4. 최 저 한 세 부 인 액	
2. 경 비 구 분	0 800번대	5. 당 기 의 제 상 각 액	
3. 전 체 양 도 일 자	----.--.--	6. 전 체 폐 기 일 자	----.--.--

[결산자료입력]

- 무형고정자산상각 [소프트웨어]에 1,000,000원 입력
- 기말 원재료 22,000,000원 제품 35,000,000원 입력
- 상단 툴바의 전표추가(F3) 를 클릭하여 결산분개 생성

[이익잉여금처분계산서]

- 이익잉여금처분계산서에서 처분일을 입력한 후, 전표추가(F3) 를 클릭하여 손익대체분개 생성

문제 **4** 근로소득관리

1 일용직사원의 원천징수

1. [일용직사원등록]

```
근태사항등록
13. 급 여 지 급 방 법  0  매일지급
14. 정 상 급 여  200,000  원 급여여유형 0  일급직
15. 연 장 급 여  0  원 연장급여방식 0  일급직
16. 국 민 연 금  0  일당  0  원 지급방식 0  일지급
17. 건 강 보 험  0  일당  0  원 지급방식 0  일지급
18. 요 양 보 험  0  부  0
19. 고 용 보 험 율  1  여  0.9  % 지급방식 0  일지급
```

2. [일용직급여입력]

일 자	요 일	근 무	지급액		기타비과세	고용보험	국민연금	건강보험	요양보험	소득세	지방소득세
			정상	연장							
12	금	○	200,000			1,800				1,350	130
13	토	○	200,000			1,800				1,350	130
14	일	○	200,000			1,800				1,350	130
15	월	○	200,000			1,800				1,350	130

3. [원천징수이행상황신고서] 귀속 및 지급기간 2025년 7월 ~ 7월

원천징수내역	부표-거주자	부표-비거주자	부표-법인원천							

	구분	코드	소득지급(과세미달,비과세포함)		징수세액			9.당월 조정 환급세액	10.소득세 등 (가산세 포함)	11.농어촌 특별세
			4.인원	5.총지급액	6.소득세 등	7.농어촌특별세	8.가산세			
근로소득	간 이 세 액	A01	3	13,800,000	717,950					
	중 도 퇴 사	A02								
	일 용 근 로	A03	1	800,000	5,400					
	연말정산합계	A04								
	연말분납금액	A05								
	연말납부금액	A06								
	가 감 계	A10	4	14,600,000	723,350				723,350	

2 급여자료입력

1. [사원등록]

국외에서 사무직으로 근무하고 받는 국외근로수당은 '100만원 비과세'를 선택하여 입력한다.

```
16. 국외근로적용여부  1  100만
```

2. [수당 및 공제등록]

수당등록	공제등록	비과세/감면설정	사회보험

	코드	수당명	과세구분	근로소득유형	
1	101	기본급	과세	1.급여	
2	102	상여	과세	2.상여	
3	200	건강수당	과세	1.급여	
4	201	식대	비과세	2.식대	P01
5	202	자가운전보조금	과세	1.급여	
6	203	국외근로수당	비과세	9.국외등근로(건설지원 M01

수당등록	공제등록	비과세/감면설정	사회보험

	코드	공제항목명	공제소득유형
1	501	국민연금	0.무구분
2	502	건강보험	0.무구분
3	503	고용보험	0.무구분
4	504	장기요양보험료	0.무구분
5	505	학자금상환액	0.무구분
6	903	농특세	0.사용
7	600	상조회비	0.무구분

3. [급여자료입력] 지급일 2025년 9월 25일

급여항목	지급액	공제항목	공제액
기본급	4,300,000	국민연금	193,500
건강수당	160,000	건강보험	152,430
식대	100,000	고용보험	48,690
자가운전보조금	250,000	장기요양보험료	19,740
국외근로수당	1,700,000	상조회비	20,000
		소득세	391,570
		지방소득세	39,150

4. [원천징수이행상황신고서] 귀속 및 지급기간 2025년 9월 ~ 9월

원천징수내역	부표-거주자	부표-비거주자	부표-법인원천							

	구분	코드	소득지급(과세미달,비과세포함)		징수세액			9.당월 조정 환급세액	10.소득세 등 (가산세 포함)	11.농어촌 특별세
			4.인원	5.총지급액	6.소득세 등	7.농어촌특별세	8.가산세			
근로소득	간 이 세 액	A01	1	6,510,000	391,570					
	중 도 퇴 사	A02								
	일 용 근 로	A03								
	연말정산합계	A04								
	연말분납금액	A05								
	연말납부금액	A06								
	가 감 계	A10	1	6,510,000	391,570				391,570	

3 연말정산

1. 의료비 세액공제

● 지 급 내 역 ※ 의료비지출액 합계금액에서 실손의료보험금 합계금액을 차감하여 공제대상금액에 반영합니다.

	공제대상자			본인등 해당여부	지급처		의료증빙코드	건수	지급명세		난임시술비 해당여부	중증질환 결핵환자등	산후조리원 해당여부 (7천만원이하)
	부양가족 관계코드	성명	내외	주민등록번호		상호	사업자번호			지급액	실손의료보험금			
1	본인	김영교	내	800321-1216511	○			국세청	1	9,800,000	500,000	X	X	X

2. 신용카드 등 소득공제

정산명세	소득명세	소득공제	의료비	기부금	신용카드	연금투자명세	월세액명세

● 1. 공제대상자및 대상금액

공제대상자			신용카드 등 공제대상금액					⑨도서공연박물관미술관사용분 (총급여7천만원이하자만)			⑩전통시장 사용분	⑪대중교통 이용분
내·외 관계	성 명 생년월일	구분	⑤소계(⑥+ ⑦+⑧+⑨+ ⑩+⑪)	⑥신용카드	⑦직불선불카드	⑧현금영수증		신용카드	직불선불카드	현금영수증		
내 본인	김영교 1980-03-21	국세청자료										
		그밖의자료										
내 3	박소정 1981-09-05	국세청자료	16,725,600		16,275,000							450,600
		그밖의자료										
		국세청자료										
⑤-1 합 계			16,725,600		16,275,000							450,600

3. 교육비 세액공제

정산명세	소득명세	소득공제	의료비	기부금	

관계 코드	성 명	기		교육비	
내외 국인	주민등록번호	본	구분	일반	장애인 특수교육
1	0 김영교 800321-1216511	본인/세대주	본인		
2	3 박소정 810905-2027511	배우자			
3	4 김민정 070526-4154871	20세이하	초중고	3,000,000	

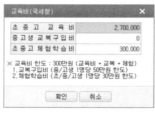

교육비(국세청)

초 중 고 교 육 비	2,700,000
중 고 생 교 복 구 입 비	0
초 중 고 체 험 학 습 비	300,000

※ 교육비 한도 : 300만원 (교육비 + 교복 + 체험)
  1. 교복구입비 (중/고생 1명당 50만원 한도)
  2. 체험학습비 (초/중/고생 1명당 30만원 한도)

[확인] [취소]

※ 현장학습비는 30만원 한도

4. 월세액 세액공제

2. 월세액 세액공제 명세					무주택자해당여부 ○ 여 ◉ 부			
임대인성명 (상호)	주민(사업자)등 록번호	주택유형	주택계약 면적(㎡)	임대차계약서상 주소지	임대차계약기간		월세액
					시작	종료	
윤석준	800707-1026455	단독주택	85.00	서울특별시 서초구 방배로15길 22	2024-07-01	2026-06-30	2,400,000

※ 국민주택규모의 주택 또는 기준시가 4억원 이하의 주택에 대하여 지출한 월세는 월세액 세액공제 대상에 해당

《 실무수행평가 》

11	12	13	14	15
③	4	16,000,000원	18,505,173원	281,827,560원
16	17	18	19	20
②	500,000원	10,784,461원	2,000,000원	18,558,511원
21	22	23	24	25
400,000원	43,864,510원	599,230원	2,150,000원	2,200,000원
26	27	28	29	30
4,433,810원	04000	46.38%	5,000,000원	1,000,000원
31	32	33	34	35
13,412,000원	196,262,552원	35,000,000원	15,054,790원	②
36	37	38	39	40
800,000원	5,400원	786,880원	250,000원	700,000원
41	42	43	44	45
1,100,000원	5,644,920원	391,570원	31,371,000원	1,087,740원
46	47	48	49	50
660,000원	7,710,000원	450,000원	408,000원	0.7%

출제예상 모의고사 제2회

[실무이론평가]

1	2	3	4	5	6	7	8	9	10
①	③	③	③	①	②	②	④	③	②

01 ①
- 토지의 장부금액이 재평가로 인하여 감소한 경우에 그 감소액은 당기손익으로 인식한다. 그러나 토지의 재평가로 인해 인식한 기타포괄손익의 잔액이 있다면 그 금액을 한도로 재평가감소액을 기타포괄손익에서 차감한다.
- 2025년도 말 토지 재평가 회계처리

(차) 재평가잉여금(자본)	500,000원	(대) 토지	700,000원
재평가손실(당기손익)	200,000원		

02 ③
- 시장성 없는 유가증권에 대해 역사적원가를 적용하면 자산가액 측정치의 검증가능성은 높으나 유가증권의 실제 가치를 나타내지 못하여 목적적합성이 저하될 수 있다.

03 ③
- 현금및현금성자산: 현금잔액 + 당좌예금 + 보통예금 + 환매조건부 채권
    180,000원 + 400,000원 + 170,000원 + 500,000원 = 1,250,000원

04 ③
- 선입선출법: 100개 × 350원 = 35,000원
- 후입선출법: 50개 × 250원 + 50개 × 300원 = 27,500원

05 ①
- 사채의 장부금액은 액면금액에서 사채할인발행차금을 차감한 금액이다. 사채할인발행차금은 액면금액과 발행금액과의 차액에 사채발행비를 합산한 금액이다.

(차) 당좌예금	53,500,000원	(대) 사채	60,000,000원
사채할인발행차금	6,500,000원		

06 ②
- 법률에 따른 공매, 경매 및 수용절차에 따라 재화를 인도하거나 양도하는 것은 재화의 공급으로 보지 않는다.

07 ②
- 부가가치세 과세표준금액 = 50,000,000원 + 10,000,000원 = 60,000,000원
- 국가 무상 기증은 면세 대상에 해당한다.
  화재로 인한 손실은 재화의 공급이 아니다.

08 ④
- 저작자 또는 실연자·음반제작자·방송사업자가 저작권 또는 저작인접권의 양도 또는 사용의 대가로 받는 금품은 사업소득에 해당한다.

09 ③
- 36,000,000원 + 3,000,000원 + (300,000원 - 200,000원) × 12 + (300,000원 - 200,000원) × 12 = 41,400,000원

10 ②

구 분	본인	배우자	부친	장남	장녀	합 계
기본공제	1,500,000원	1,500,000원	1,500,000원	×	1,500,000원	6,000,000원
추가공제			1,000,000원			1,000,000원
합 계						7,000,000원

[실무수행과제]

문제 1 거래자료입력

1 [일반전표입력] 3월 2일

(차) 933.기부금　　　　　　　　8,000,000원　(대) 101.현금　　　　　　　　8,000,000원

[영수증수취명세서]

	거래일자	상 호	성 명	사업장	사업자등록번호	거래금액	구분	계정코드	계정과목
□	2025-02-01	(주)알타문구	조성국	서울시 강남구 테헤란로51길	314-81-39140	200,000		830	소모품비
□	2025-01-31	강남구청				320,000	19	817	세금과공과금
□	2025-03-02	(재)아름교육재단				8,000,000	20	933	기부금

영수증수취명세서　　　　　　　　　　　　　　　　　명세서(2)불러오기(F4)　기능모음(F11) ▾

1. 세금계산서, 계산서, 신용카드 등 미사용내역

9. 구분	3만원 초과 거래분		
	10. 총계	11. 명세서제출 제외대상	12. 명세서제출 대상(10-11)
13. 건수	3	2	1
14. 금액	8,520,000	8,320,000	200,000

2 [일반전표입력] 4월 2일

(차) 252.지급어음(00114.(주)선영산업) 33,000,000원　(대) 102.당좌예금(98002.국민은행(당좌)) 33,000,000원

[자금관리]

어음상태	3	결제	어음번호	00420250202335577881	어음종류	4 전자	발 행 일	2025-02-02
만 기 일		2025-04-02	지 급 은 행	98002 국민은행(당좌)	지 점	삼성		

3 일반전표입력] 6월 30일

(차) 806.퇴직급여　　　　　　　26,117,010원　(대) 198.퇴직연금운용자산(98100.(주)삼성생명) 20,000,000원
　　　　　　　　　　　　　　　　　　　　254.예수금　　　　　　　　　620,010원
　　　　　　　　　　　　　　　　　　　　103.보통예금(98200.기업은행(보통)) 5,497,000원

문제 2 부가가치세

1 과세매출자료의 전자세금계산서 발급

1. [매입매출전표입력] 6월 8일

거래유형	품명	공급가액	부가세	거래처	전자세금
12.영세	여름 이불	14,000,000	0	00880.찬용코리아(주)	전자발행
분개유형	(차) 108.외상매출금	14,000,000원	(대) 404.제품매출		14,000,000원
2.외상					

2. [전자세금계산서 발행 및 내역관리]
　미전송된 내역이 조회되면, 미전송내역을 체크한 후 전자세금계산서 발행 및 국세청 전송

2 수정전자세금계산서의 발행

1. [수정세금계산서 발급]
　① [매입매출전표입력]에서 6월 20일 전표 1건 선택 → 툴바의 [수정세금계산서]을 클릭 → 수정사유(6.착오에 의한 이중발급 등)선택 → [확인(Tab)]을 클릭

② 수정세금계산서(매출)화면에서 수정분 [작성일 6월 20일], [공급가액 -20,000,000원], [세액 -2,000,000원] 입력
→ 확인(Tab) 을 클릭

③ [매입매출전표입력] 화면에 수정분이 입력된다.

거래유형	품명	공급가액	부가세	거래처	전자세금
11.과세	고급이불세트	-20,000,000	-2,000,000	01001.(주)소영유통	전자발행
분개유형	(차) 108.외상매출금	-22,000,000원	(대) 255.부가세예수금		-2,000,000원
2.외상			404.제품매출		-20,000,000원

2. [전자세금계산서 발행 및 내역관리]
① 전자세금계산서 발행 및 내역관리 를 클릭하면 수정 전표 1매가 미전송 상태로 나타난다.
② 해당내역을 클릭하여 전자세금계산서 발행 및 국세청 전송을 한다.

3 의제매입세액공제신고사업자의 부가가치세신고서 작성

1. 거래자료 입력

[매입매출전표입력] 7월 10일

거래유형	품명	공급가액	부가세	거래처	전자세금
53.면세	쌀외	20,000,000		06000.영진유통	
분개유형	(차) 153.원재료	20,000,000원	(대) 101.현금		20,000,000원
1.현금	적요6.의제매입세액원재료차감(부가)				

[일반전표입력] 7월 16일
(차) 153.원재료   500,000원   (대) 101.현금   500,000원
※ 음식점업은 농어민으로부터 면세 농산물 등을 직접 공급받은 경우 의제매입세액 공제대상이 아니다.

[매입매출전표입력] 7월 30일

거래유형	품명	공급가액	부가세	거래처	전자세금
62.현면	돼지고기	2,200,000		06200.대길농장	
분개유형	(차) 153.원재료	2,200,000원	(대) 101.현금		2,200,000원
1.현금	적요6.의제매입세액원재료차감(부가)				

2. [의제매입세액공제신고서] 7월 ~ 9월

	공급자	매입처 명세	매입세액정산(의제)						
1	대길농장	주민등록번호	_____-_____		사업자등록번호	101-90-39264			
2	영진유통	취득일자	구분	물품명	수량	매입가액	공제율	의제매입세액	건수
3		2025-07-30	사업자(신용카드)	돼지고기	200	2,200,000	6/106	124,528	1

※ 공제율을 6/106으로 변경한다.

	공급자	매입처 명세	매입세액정산(의제)						
1	대길농장	주민등록번호	_____-_____		사업자등록번호	108-91-31256			
2	영진유통	취득일자	구분	물품명	수량	매입가액	공제율	의제매입세액	건수
3		2025-07-10	사업자(계산서)	쌀외	400	20,000,000	6/106	1,132,075	1

※ 공제율을 6/106으로 변경한다.

3. [부가가치세신고서] 7월 1일 ~ 9월 30일

그밖의공제매입세액	14	22,200,000	1,256,603

4. [일반전표입력] 9월 30일
(차) 135.부가세대급금   1,256,603원   (대) 153.원재료   1,256,603원

4 매입세액불공제내역 작성자의 부가가치세신고서 작성

1. [매입세액불공제내역] 10월 ~ 12월
   - 면세증가비율: 2025년 2기 면세비율 – 2025년 1기 면세비율 = 50% – 30% = 20%
   - 건물: 80,000,000원 × (1 – 5% × 5기) × 20%(면세증가비율) = 12,000,000원

	계산식	구분	(20)해당재화의 매입세액	(21)경감률(%) (1 – 체감률 × 과세기간수)			(22)증가또는감소된면세 공급가액(사용면적)비율(%)	(23)가산또는공제되는 매입세액(20 × 21 × 22)
				체감률	경과된과세기간수	경감률		
1	1.건축.구축물		80,000,000	5/100	5	75	20	12,000,000

※ 원재료는 감가상각 대상 자산이 아니므로 재계산할 필요가 없음.

2. [부가가치세신고서] 10월 1일 ~ 12월 31일

	구분		금액	세액
16 공제받지 못할매입 세액명세	공제받지못할매입세액	50		
	공통매입세액면세사업	51	120,000,000	12,000,000
	대손처분받은세액	52		
	합계	53	120,000,000	12,000,000

3. [일반전표입력] 12월 31일
   (차) 202.건물 12,000,000원 (대) 135.부가세대급금 12,000,000원

문제 3 결산

1 수동결산

[일반전표입력] 12월 31일
   (차) 293.장기차입금 30,000,000원 (대) 264.유동성장기부채 30,000,000원
     (98006.국민은행(차입))   (98006.국민은행(차입))
   (차) 293.장기차입금 10,000,000원 (대) 264.유동성장기부채* 10,000,000원
     (98004.기업은행(차입))   (98004.기업은행(차입))
   * 2026년에 상환해야 하는 10,000,000원에 대해서만 유동성대체 분개를 입력
   ※ 장기차입금(신한은행): 유동성 대체에 해당되지 않으므로 별도의 회계처리 없음

2 결산자료입력에 의한 자동결산

[결산자료입력]
   - 기말 원재료 13,000,000원, 제품 12,000,000원 입력
   - 상단 툴바의 전표추가(F3) 를 클릭하여 결산분개 생성
   ※ 원재료는 당사에 도착하지 않았으나 당사 재고에 포함해야 하므로 3,000,000원을 포함하여야 함

[이익잉여금처분계산서]
   - 이익잉여금처분계산서에서 처분일을 입력한 후, 전표추가(F3) 를 클릭하여 손익대체분개 생성

문제 **4** 근로소득관리

1 사원등록

[부양가족명세]

	연말정산관계	기본	세대	부녀	장애	경로70세	출산입양	자녀	한부모	성명	주민(외국인)번호	가족관계
1	0.본인	본인	○						○	김경순	내 741002-2023457	
2	1.(소)직계존속	60세 이상				○				김진구	내 440405-1649478	03.부
3	1.(소)직계존속	60세 이상			3	○				최미숙	내 470126-2111115	04.모
4	4.자녀,손자녀,입양자	20세 이하						○		서인수	내 051023-3111111	05.자녀
5	4.자녀,손자녀,입양자	20세 이하						○		서인준	내 060305-3111116	05.자녀

① 김경순: 기본공제, 한부모공제 가능
② 김진구: 당해 사망, 일용근로소득(무조건 분리과세), 기본공제, 경로우대공제 가능
③ 최미숙: 기본공제, 장애인(3번)공제, 경로우대공제 가능
④ 서인수: 사업소득금액이 100만원 이하에 해당하므로 기본공제, 자녀세액공제 가능
⑤ 서인준: 기본공제, 자녀세액공제 가능

2 급여자료입력

1. [사원등록]
   사원등록에서 퇴사년월일 2025년 7월 31일 입력

2. [급여자료입력] 지급일 2025년 8월 10일
   급여자료를 입력한 후, [중도퇴사자정산]을 클릭하여 연말정산 결과를 반영한다.

급여항목	지급액	공제항목	공제액
기본급	3,000,000	국민연금	135,000
		건강보험	106,350
		고용보험	27,000
		장기요양보험료	13,770
		건강보험료정산	-27,280
		장기요양보험료정산	-2,310
		소득세	-292,770
		지방소득세	-29,250

3. [원천징수이행상황신고서] 귀속기간 2025년 7월 ~ 7월, 지급기간 2025년 8월 8월

| 원천징수내역 | 부표-거주자 | 부표-비거주자 | 부표-법인원천 | | | | | | | | | |

	구분	코드	소득지급(과세미달,비과세포함)		징수세액				9.당월 조정 환급세액	10.소득세 등 (가산세 포함)	11.농어촌 특별세
			4.인원	5.총지급액	6.소득세 등	7.농어촌특별세	8.가산세				
근로소득	간 이 세 액	A01	1	3,000,000							
	중 도 퇴 사	A02	1	18,000,000	-292,770						
	일 용 근 로	A03									
	연말정산합계	A04									
	연말분납금액	A05									
	연말납부금액	A06									

전월 미환급 세액의 계산				당월 발생 환급세액				18.조정대상환급 (14+15+16+17)	19.당월조정 환급액계	20.차월이월 환급액(18-19)	21.환급신청액
12.전월미환급	13.기환급신청	14.잔액12-13	15.일반환급	16.신탁재산	17.금융등	17.합병등					
			292,770					292,770		292,770	

3 연말정산

1. 의료비 세액공제

| 정산명세 | 소득명세 | 소득공제 | 의료비 | 기부금 | 신용카드 | 연금투자명세 | 월세액명세 |

지급내역

	공제대상자				지급처		지급명세			난임시술비 해당 여부	중증질환 결핵환자등
	부양가족 관계코드	성명	내외	주민등록번호	본인등 해당여부	상호	사업자번호	의료증빙 코드	건수	지급액	실손의료보험금	
1	본인	박철수	내	830303-1850211	○			국세청	1	3,500,000	1,000,000	X	X

※ 안경구입비는 1인당 50만원 한도

2. 기부금 세액공제

① 기부금 탭 [해당연도 기부명세]

정산명세	소득명세	소득공제	의료비	기부금	신용카드	연금투자명세	월세액명세

해당연도 기부명세	기부금 조정명세	조정명세서 현황	노동조합회비	급여공제내역		엑셀

● 1. 해당연도 기부명세

NO	기부자			기부처			유형	코드	기부명세			구분	내용
	관계	성명	내.외	주민번호	사업자번호	상호			건수	합계금액	기부대상액	장려금신청		
1	4.직계존속	한진회	내	450324-2850219	120-80-05335	국학운동시민연합	일반	40	1	1,500,000	1,500,000		국세청	금전

② 기부금 탭 [기부금 조정명세]에서 [공제액계산 정산명세보내기] 클릭

③ 하단의 [공제금액+정산명세 반영] 클릭(공제금액 정산명세로 자동 반영)

3. 교육비 세액공제

※ 대학원 교육비는 본인만 공제 가능

실무수행평가

11	12	13	14	15
①	6	68,500,000원	264,418,469원	1,256,603원
16	17	18	19	20
1,256,603원	20,000,000원	12,000,000원	①	12,000,000원
21	22	23	24	25
8,320,000원	25,000,000원	76,649,629원	42,450,110원	44,503,000원
26	27	28	29	30
40,000,000원	394,227,360원	18,032,000원	17,000,000원	798,328,635원
31	32	33	34	35
25,000,000원	10,000,000원	1,396,300,000원	40,000,000원	①
36	37	38	39	40
5명	6,000,000원	2,000,000원	2,000,000원	0원
41	42	43	44	45
1,000,000원	−69,490원	21,000,000원	292,770원	18,838,800원
46	47	48	49	50
1,300,000원	0원	225,000원	446,880원	−285,060원

출제예상 모의고사 제3회

[실무이론평가]

1	2	3	4	5	6	7	8	9	10
④	②	①	②	①	②	④	③	③	④

01 ④
- 2025년 5월 1일

  (차) 보통예금　　　　　　　　　　200,000원　　　(대) 정부보조금(보통예금 차감)　　　200,000원

- 2025년 7월 1일

  (차) 기계장치　　　　　　　　　　1,000,000원　　　(대) 보통예금　　　　　　　　　　1,000,000원
  　　정부보조금(보통예금 차감)　　200,000원　　　　　정부보조금(기계장치 차감)　　200,000원

  　* 7월 1일 기계장치 장부금액: 1,000,000원 − 200,000원 = 800,000원

- 2025년 12월 31일

  (차) 감가상각비　　　　　　　　　　80,000원　　　(대) 감가상각누계액　　　　　　　　100,000원
  　　정부보조금(기계장치 차감)　　20,000원

  　* 감가상각비: (1,000,000원 − 200,000원) × 1년/5년 × 6개월/12개월 = 80,000원
  　* 정부보조금 상각: 200,000원 × 1년/5년 × 6개월/12개월 = 20,000원(정부보조금 잔액 180,000원)
  　* 12월 31일 기계장치 장부금액: 1,000,000원 − 100,000원 − 180,000원 = 720,000원

02 ②
- 회계정보가 정보이용자의 의사결정에 유용하기 위해서는 신뢰할 수 있는 정보이어야 한다. 회계정보의 신뢰성은 회계정보가 나타내고자 하는 대상을 충실히 표현하고 있어야 하고, 객관적으로 검증가능하여야 하며, 중립적이어야 한다.

03 ①
- 1월 2일

  (차) 현금 등　　　　　　　　　　10,000,000원　　　(대) 자본금　　　　　　　　　　5,000,000원
  　　　　　　　　　　　　　　　　　　　　　　　　　　주식발행초과금　　　　　　5,000,000원

- 9월 20일

  (차) 현금 등　　　　　　　　　　7,000,000원　　　(대) 자본금　　　　　　　　　　10,000,000원
  　　주식발행초과금　　　　　　3,000,000원*

  　* 주식발행수수료는 주식발행초과금에서 차감한다. ⇒ 2,000주 × (4,000원 − 5,000원) − 1,000,000원 = (−)3,000,000원

04 ②
- 매출처 직원과의 식사비용은 접대비(기업업무추진비)로 회계처리한다.
  따라서 접대비(기업업무추진비) 과소계상, 판매관리비 과소계상, 영업이익 과대계상, 매출총이익에 미치는 영향은 없다.

05 ①
- 처분시점 회계처리:

  (차) 현금　　　　　　　　　　580,000원　　　(대) 매도가능증권　　　　　　　　450,000원
  　　매도가능증권처분손실　　20,000원　　　　　매도가능증권평가손실　　　　150,000원
  　　　　　　　　　　　　　　　　　　　　　　　　(기타포괄손익누계액)

06 ②

• (12,000,000원 - 500,000원) + 3,000,000원 + 6,000,000원 = 20,500,000원
  자산수증이익은 과세표준에 포함하지 않는다.
  개인적 공급은 시가를 과세표준에 포함한다.

07 ④

• ① 폐업하는 경우 폐업일이 속한 달의 다음 달 25일 이내에 신고·납부하여야 한다.
  ② 총괄납부사업자의 경우 신고는 각 사업장별로 하되, 주된 사업장에서 종된 사업장분을 합산하여 납부한다.
  ③ 일반환급의 경우 각 과세기간별로 확정신고기한 후 30일 이내에 환급한다.

08 ③

• 외국법인으로부터 받은 원천징수 대상이 아닌 현금배당은 무조건 종합과세 대상이다.

09 ③

• 공적연금소득만 있는 자는 연말정산으로 과세가 종결된다.

10 ④

• 부녀자공제와 한부모공제에 동시에 해당하는 경우 한부모공제를 적용 받는다.

[실무수행과제]

문제 1 거래자료입력

1 [일반전표입력] 3월 10일

| (차) 103.보통예금(98500.기업은행) | 31,150,000원 | (대) 331.자본금 | 20,000,000원 |
| | | 341.주식발행초과금 | 11,150,000원 |

2 [매입매출전표입력 3월 25일]

거래유형	품명	공급가액	부가세	거래처	전자세금
51.과세	로봇기계	50,000,000	5,000,000	00303.(주)은호기계	전자입력
분개유형	(차) 206.기계장치	50,000,000원	(대) 103.보통예금		55,000,000원
3.혼합	135.부가세대급금	5,000,000원	(98500.기업은행)		

[일반전표입력] 3월 25일

| (차) 104.정부보조금 | 30,000,000원 | (대) 219.정부보조금 | 30,000,000원 |

3 [일반전표입력] 6월 10일

| (차) 812.여비교통비 | 230,000원 | (대) 103.보통예금(98050.하나은행) | 380,000원 |
| 813.접대비(기업업무추진비) | 150,000원 | | |

문제 2 부가가치세

1 과세매출자료의 전자세금계산서 발급

1. [매입매출전표입력 4월 30일(복수거래)]

거래유형	품명	공급가액	부가세	거래처	전자세금
11.과세	국내산 가공육외	10,900,000	1,090,000	00924.(주)윤상마트	전자발행
분개유형	(차) 108.외상매출금	9,592,000원	(대) 404.제품매출		10,900,000원
3.혼합	101.현금	2,398,000원	255.부가세예수금		1,090,000원

2. [전자세금계산서 발행 및 내역관리]
   미전송된 내역이 조회되면, 미전송내역을 체크한 후 전자세금계산서 발행 및 국세청 전송

2 수정전자세금계산서의 발행

1. [수정세금계산서 발급]
   ① [매입매출전표입력] 5월 10일 전표 선택 → 수정세금계산서 → [수정사유] 화면에서 [2.공급가액 변동]을 선택한 후 확인(Tab) 클릭
   ② [수정세금계산서(매출)]화면에서 [작성일 5월 15일], [공급가액 3,000,000원, 세액 300,000원]을 입력한 후 확인(Tab) 클릭
   ③ 수정세금계산서 1건이 입력이 되는 것을 확인
      → 5월 15일 공급가액 증가분의 회계처리

거래유형	품명	공급가액	부가세	거래처	전자세금
11.과세	공급가액 증가	3,000,000	300,000	00885.(주)다빈유통	전자발행
분개유형	(차) 108.외상매출금	3,300,000		(대) 404.제품매출	3,000,000원
2.외상				255.부가세예수금	300,000원

2. [전자세금계산서 발행 및 내역관리]
   ① 전자세금계산서 발행 및 내역관리 를 클릭하면 수정 전표 1매가 미전송 상태로 나타난다.
   ② 해당내역을 클릭하여 전자세금계산서 발행 및 국세청 전송을 한다.

3 신용카드매출전표발행집계표 작성자의 부가가치세신고서 작성

1. 거래자료 입력.
   [매입매출전표입력] 7월 9일

거래유형	품명	공급가액	부가세	거래처	전자세금
12.영세	포장 가공용	4,000,000		01122.(주)승연무역	전자입력
분개유형	(차) 108.외상매출금 (99602.국민카드)	4,000,000원		(대) 404.제품매출	4,000,000원
4.카드					

[매입매출전표입력] 7월 13일

거래유형	품명	공급가액	부가세	거래처	전자세금
17.카과	가공식품	300,000	30,000	01230.(주)주영마트	
분개유형	(차) 108.외상매출금 (99600.비씨카드)	330,000원		(대) 404.제품매출	300,000원
4.카드				255.부가세예수금	30,000원

[매입매출전표입력] 7월 21일

거래유형	품명	공급가액	부가세	거래처	전자세금
22.현과	장조림캔	190,000	19,000	05300.박나영	
분개유형	(차) 101.현금	209,000원		(대) 404.제품매출	190,000원
1.현금				255.부가세예수금	19,000원

2. [신용카드매출전표발행집계표] 7월 ~ 9월

1. 신용카드매출전표 등 발행금액 현황			
구 분	⑤합 계	⑥신용·직불·기명식 선불카드	⑦현금영수증
합 계	4,539,000	4,330,000	209,000
과세매출분	4,539,000	4,330,000	209,000
면세매출분			
봉사료			

2. 신용카드 매출전표등 발행금액(⑤합계) 중 세금계산서(계산서) 발급내역	
⑧ 세금계산서 발급금액 4,000,000	⑨ 계산서 발급금액

3. [부가가치세신고서] 7월 1일 ~ 9월 30일

구 분			금액	세율	세액
과세표준및매출세액	과세	세금계산서발급분	1	250,000,000	10/100	25,000,000
		매입자발행세금계산서	2		10/100	
		신용카드·현금영수증	3	490,000	10/100	49,000
		기타	4		10/100	
	영세	세금계산서발급분	5	4,000,000	0/100	
		기타	6		0/100	
	예정신고누락분		7			
	대손세액가감		8			
	합계		9	254,490,000	㉮	25,049,000

4 의제매입세액공제신고사업자의 부가가치세신고서 작성

1. 거래자료 입력

[매입매출전표입력] 11월 25일

거래유형	품명	공급가액	부가세	거래처	전자세금
53.면세	닭다리 정육	80,000,000		00211.준경유통	전자입력
분개유형	(차) 153.원재료	80,000,000원	(대) 101.현금		80,000,000원
1.현금	적요6.의제매입세액원재료차감(부가)				

[매입매출전표입력] 12월 13일

거래유형	품명	공급가액	부가세	거래처	전자세금
60.면건	마늘	2,000,000		00321.조영준	
분개유형	(차) 153.원재료	2,000,000원	(대) 101.현금		2,000,000원
1.현금	적요6.의제매입세액원재료차감(부가)				

[일반전표입력] 12월 20일

(차) 153.원재료　　　　　　　　　　　　　　100,000원　　　(대) 101.현금　　　　　　　　　　　　100,000원

※ 사업자로부터 영수증을 수취한 경우에는 의제매입세액공제 불가능

2. [의제매입세액공제신고서] 10월 ~ 12월

매입처 명세	매입세액정산(의제)				
구분	매입처수	건수	매입가액	공제율	의제매입세액
합 계	2	2	82,000,000	4/104	3,153,846
사업자매입분(계 산 서)	1	1	80,000,000	4/104	3,076,923
사업자매입분(신용카드)					
농·어민 매 입 분	1	1	2,000,000	4/104	76,923

3.면세농산물등 의제매입세액 4.매입시기 집중제조업 면세농산물등 × 확정(폐업)신고시 3번을 작성하셔야 합니다.

가. 과세기간 과세표준 및 공제가능한 금액 등   한도율편집(확정신고)

	과세표준		대상액한도계산	
14.합계	15.예정분	16.확정분	17.한도율	18.한도액
800,000,000	450,000,000	350,000,000	50%	400,000,000

가. 과세기간 과세표준 및 공제가능한 금액 등

	19. 당기 매입액			20.공제대상금액 (=18과 19의 금액 중 적은금액)
합계	월별 조기분	예정분	확정분	
207,000,000		125,000,000	82,000,000	207,000,000

나. 과세기간 공제할 세액

공제대상세액		이미 공제받은 세액			26. 공제 (납부)할 세액(=22-23)
21.공제율	22.공제대상액	23.합계	24.예정신고분	25.월별조기분	
4/104	7,961,538	4,807,692	4,807,692		3,153,846

3. [부가가치세신고서] 10월 1일 ~ 12월 31일

그밖의공제매입세액	14	82,000,000		3,153,846

4. [일반전표입력] 12월 31일

(차) 135.부가세대급금   3,153,846원   (대) 153.원재료   3,153,846원

문제 3 결산

1 수동결산

[일반전표입력] 12월 31일

(차) 107.단기매매증권   1,700,000원   (대) 905.단기매매증권평가익   1,700,000원

※ 500주 × (25,400원 − 22,000원) = 1,700,000원

2 결산자료입력에 의한 자동결산

[고정자산등록]

6월 24일 매입매출전표입력에서 건물의 자본적지출 금액확인

(차) 202.건물   20,000,000원
     135.부가세대급금   2,000,000원
          (대) 253.미지급금   22,000,000원

※ 고정자산등록 메뉴에서 4.신규취득 및 증가 란에 자본적 지출금액 20,000,000원을 입력한다.

[결산자료입력]
- 감가상각비(판) [건물]에 5,500,000원 입력
- 기말 원재료 27,000,000원 제품 32,000,000원 입력
- 상단 툴바의 전표추가(F3) 를 클릭하여 결산분개 생성

[이익잉여금처분계산서]
- 이익잉여금처분계산서에서 처분일을 입력한 후, 전표추가(F3) 를 클릭하여 손익대체분개 생성

문제 4 근로소득관리

1 사원등록

[부양가족명세]

	연말정산관계	기본	세대	부녀	장애	경로 70세	출산 입양	자녀	한부모	성명	주민(외국인)번호	가족관계
1	0.본인	본인	○						○	김상경	내 660825-1111116	
2	1.(소)직계존속	60세 이상			3	○				홍지숙	내 420110-2919386	04.모
3	4.자녀,손자녀,입양자	부								김현철	내 961001-1299482	05.자녀
4	4.자녀,손자녀,입양자	20세 이하					○			김유민	내 060505-3123451	05.자녀
5	6.형제자매	부								김미영	내 830827-2222220	30.누이

① 김상경: 이혼으로 한부모공제 가능
② 황수정: 이혼으로 부양가족공제 불가능
③ 홍지숙: 금융소득합계액이 2,000만원 이하로서 분리과세 대상이므로 기본공제, 장애인공제, 경로우대공제 가능
④ 김현철: 20세 이상으로 기본공제 불가능
⑤ 김유민: 20세 이하로 기본공제, 자녀세액공제 가능
⑥ 김미영: 20세 이상이고, 총급여가 500만원을 초과하므로 기본공제 불가능

2 급여자료입력

1. [수당등록]

	코드	수당명	과세구분	근로소득유형
1	101	기본급	과세	1.급여
2	102	상여	과세	2.상여
3	200	국외근로수당	비과세	9.국외등근로(건설지원 M01
4	201	근속수당	과세	1.급여
5	202	식대	비과세	2.식대 P01
6	203	자격수당	과세	1.급여

2. [급여자료입력] 귀속월: 7월, 지급일 2025년 8월 7일

① 오주연의 급여자료

급여항목	지급액	공제항목	공제액
기본급	2,000,000	국민연금	90,000
상여	1,000,000	건강보험	70,900
근속수당	100,000	고용보험	28,800
식대	200,000	장기요양보험료	9,180
자격수당	100,000	소득세	19,790
		지방소득세	1,970

② 성준기의 급여자료

급여항목	지급액	공제항목	공제액
기본급	3,000,000	국민연금	153,000
상여	1,500,000	건강보험	120,530
국외근로수당	1,500,000	고용보험	46,800
근속수당	200,000	장기요양보험료	15,600
식대	200,000	소득세	21,300
자격수당	200,000	지방소득세	2,130

3. [원천징수이행상황신고서] 귀속기간 2025년 7월 ~ 7월, 지급기간 2025년 8월 ~ 8월

	구분	코드	소득지급(과세미달,비과세포함)		징수세액				9.당월 조정 환급세액	10.소득세 등 (가산세 포함)	11.농어촌 특별세
			4.인원	5.총지급액	6.소득세 등	7.농어촌특별세	8.가산세				
근로소득	간이세액	A01	2	9,800,000	41,090						
	중도퇴사	A02									
	일용근로	A03									
	연말정산합계	A04									
	연말분납금액	A05									
	연말납부금액	A06									
	가 감 계	A10	2	9,800,000	41,090					41,090	

3 연말정산

1. 종전 근무지 입력

정산명세	소득명세	소득공제	의료비	기부금

구분/항목	계	종전1
근무처명		(주)해진산업
사업자등록번호(숫자10자리입력)		108-81-21220
13.급여	53,200,000	28,000,000
14.상여	11,800,000	1,800,000
15.인정상여		
15-1.주식매수선택권행사이익		
15-2.우리사주조합인출금		
15-3.임원퇴직소득한도초과액		
15-4.직무발명보상금		
16.급여계	65,000,000	29,800,000
미제출비과세		
건강보험료	1,148,340	255,000
장기요양보험료	126,500	12,080
국민연금보험료	1,634,000	500,000
고용보험료	366,800	50,000
소득세	2,337,920	1,250,000
지방소득세	233,770	125,000

2. 의료비 세액공제

정산명세	소득명세	소득공제	의료비	기부금	신용카드	연금투자명세	월세액명세

지급내역

	공제대상자				지급처		지급명세		
	부양가족 관계코드	성명	내 외	주민등록번호	본인등 해당여부	상호	사업자번호	의료증빙 코드	건수	지급액	실손의료보험금
1	소득자의 직계존	하출남	내	510102-1111113	○			국세청	1	3,870,000	

※ 안경구입비는 1인당 50만원 한도

3. 기부금 세액공제

① 기부금 탭 [해당연도 기부명세]

해당연도 기부명세	기부금 조정명세	조정명세서 현황	급여공제내역		엑셀

1. 해당연도 기부명세

NO	기부자				기부처			유형	코드	기부명세			구분	내용
	관계	성명·내·외	주민번호	사업자번호	상호					건수	합계금액	기부대상액	장려금신청		
1	2.배우자	이지영 내	790502-2222221	106-89-99368	주님교회			종교	41	1	4,200,000	4,200,000		기타	금전

② 기부금 탭 [기부금 조정명세]에서 [공제액계산 정산명세보내기] 클릭

③ 하단의 [공제금액+정산명세 반영] 클릭(공제금액 정산명세로 자동 반영)

4. 보험료 세액공제

정산명세	소득명세	소득공제	의료비	기부금

	관계 코드	성 명	기	보험료	
	내외 국인	주민등록번호	본	보장성	장애인
1	0	하정근	본인/세대주	1,300,000	
	1	741011-1111113			
2	3	이지영	배우자		
	1	790502-2222221			
3	1	하출남	60세 이상		
	1	510102-1111113			
4	4	하준석	20세 이하	2,100,000	
	1	091215-3094119			

※ 저축성보험료는 공제대상이 아님

《《 실무수행평가 》

11	12	13	14	15
③	2	50,650,000원	239,870,329원	239,870,329원
16	17	18	19	20
4,000,000원	①	490,000원	400,000,000원	20,789,354원
21	22	23	24	25
100,000원	175,902,120원	342,000원	5,610,646원	4,000,000원
26	27	28	29	30
36,150,000원	821,080,253원	4,620,000원	63,735,443원	815,798,821원
31	32	33	34	35
12,700,000원	205,500,000원	35,000,000원	13,150,000원	③
36	37	38	39	40
0원	3,000,000원	1,000,000원	2,000,000원	1,000,000원
41	42	43	44	45
500,000원	400,000원	6,040,640원	41,090원	42,724,360원
46	47	48	49	50
120,000원	1,920,000원	630,000원	1,250,000원	3,300,654원

I CAN TAT 세무실무 2급

발　　　행	▌2014년 2월 20일 초판
저　　　자	▌2025년 4월　1일 개정 12판
	▌삼일피더블유씨솔루션
발　행　인	▌이 희 태
발　행　처	▌**삼일피더블유씨솔루션**
주　　　소	▌서울특별시 한강대로 273 용산빌딩 4층
등　　　록	▌1995. 6. 26 제3-633호
전　　　화	▌(02) 3489-3100
팩　　　스	▌(02) 3489-3141
정　　　가	▌28,000원
I S B N	▌979-11-6784-365-4 13320

저자와의
협의하에
인지생략